유학심리학의 체계 I

–유학사상과 인간 심리의 기본 구성체

조긍호(趙兢鎬)

1948년 경기도 양평에서 태어나, 서울대학교 문리과대학 심리학과와 같은 대학교 대학원을 나왔다. 전남대학교와 서강대학교 심리학과 교수를 거쳐, 현재 서강대학교 명예교수로 있다. "한국 사회 및 성격심리학회" 회장과 "한국심리학회" 회장을 역임하였으며, "대한민국 학술원상"(1999년), "서강학술상"(1999년), "한국심리학회 학술상"(2008년), "과학기술 우수논문상"(2010년), "한국심리학회 공로상"(2014년)을 수상하였다. 서구와 동아시아 사회의 문화차와 그 사상적 배경에 관심을 가지고 있으며, 특히 동아시아인의 특징적인 심리와 행동의 근원을 유학의 고전에서 찾아 그 심리학적 의미를 천착하는 작업에 몰두하고 있다. 저서로는 『불평등사상의 연구』(1992년, 공저, 서강대학교출판부), 『유학심리학: 맹자 순자 편』(1998년, 나남출판, 대한민국 학술원상 수상 저서), 『동양심리학: 서구심리학에 대한 대안 모색』(1999년, 공저, 지식산업사), 『한국인 이해의 개념틀』(2003년, 나남출판), 『이상적 인간형론의 동·서 비교: 새로운 심리학의 가능성 탐색 Ⅰ』(2006년, 지식산업사), 『동아시아 집단주의의 유학사상적 배경: 심리학적 접근』(2007년, 지식산업사), 『선진유학사상의 심리학적 함의』(2008년, 서강대학교출판부), 『사회관계론의 동·서 비교: 새로운 심리학의 가능성 탐색 Ⅱ』(2012년, 서강대학교출판부), 『사회계약론 연구: 홉스·로크·루소를 중심으로』(2012년, 공저, 서강대학교출판부) 등이 있으며, 논문으로는 「동아시아 집단주의와 유학사상: 그 관련성의 심리학적 탐색」(2007년, 한국심리학회지: 사회 및 성격, 21권 4호, 한국심리학회 학술상 수상 논문), 「문화성향과 분노통제: 분노수준과 공감의 매개효과를 중심으로」(2009년, 공저, 한국심리학회지: 사회 및 성격, 23권 1호, 과학기술 우수논문상 수상 논문) 등 80여 편이 있다.

서강학술총서
100

유학심리학의 체계 I

-유학사상과 인간 심리의 기본구성체

조긍호 지음

서강대학교출판부

서강학술총서 100

유학심리학의 체계 I

–유학사상과 인간 심리의 기본구성체

초판 1쇄 발행 | 2017년 9월 11일

지 은 이 | 조긍호
발 행 인 | 박종구
편 집 인 | 전종호
발 행 처 | 서강대학교출판부
등록 번호 | 제2002-000170호

주 소 | 서울특별시 마포구 백범로 35(신수동)
전 화 | (02) 705-8212
팩 스 | (02) 705-8612

ISBN 978-89-7273-336-2 94180
ISBN 978-89-7273-139-9(세트)

값 39,000원

* '서강학술총서'는 SK SUPEX 기금의 후원으로 제작됩니다.

책머리에

대학에서 정년퇴임을 한 지도 2년이 넘어, 벌써 칠십 줄에 들어섰다. 공자(孔子)께서는 칠십에 들어서자 "마음에 하고 싶은 대로 해도 도리에 어긋나지 않게 되었다"[從心所欲 不踰矩]고 하셨는데, 필자 같은 범인(凡人)에게는 어림없는 일이다. 하고 싶은 일마다 그리고 하는 일마다 도리에 맞는 것이 별로 없다. 선친(先親)께서는 겨우 68 수(壽)를 하시고도 많은 사람의 칭송을 받으셨으나, 필자는 선친보다 더 오래 세상에 남아 있으면서도 전혀 내세울 만한 이름을 얻지 못하였다. 이런저런 모양으로 많은 이들에게 빚만 잔뜩 졌을 뿐 별로 본이 되는 삶을 살지 못했으니, 세상에 대해 부끄러울 따름이다. 몸담아 살고 있는 집의 당호(堂號), 지이재(止耳齋: 耻齋 곧 "부끄러움을 느끼는 집"의 破字임)가 필자의 요즈음 심정을 잘 드러내 주고 있다.

지난 2년여는 글자 그대로 공부를 팽개친, 그야말로 완전한 방학(放學)이었다. 옛 글을 고쳐 대여섯 편의 잡문(雜文)을 썼을 뿐 새로운 글에는 전혀 손을 대지 못하였다. 왜 그런지 알 수 없었다. 아무 이유도 없이 그냥 글이 손에 잡히지 않았다. 노는 재미에 푹 빠져 있었다고나 할까? 그러나 노는 틈틈이 "이래도 되나?" 하는 생각이 슬그머니 피어나, 노는 것이 마냥 즐겁지만은 않았다.

사실 이런 증상은 퇴임 2년 전인 2013년부터 생겼으니, 4년이나 된 셈이다. 2013년 2월 22일 돌아가신 어머니의 상(喪)을 모신 후, 슬픔과 회한(悔恨)이 지나친 때문인지는 모르겠으나, 한동안 아무 일도 할 수가 없었다. 그래서 "잠시 쉬자"고 생각했었는데, 그 잠시가 4년이나 이어지게 되었던 것이다.

지난 가을에 접어들면서 "이래서는 안 되겠다"는 생각이 강해졌다. 그래도 어머니가 돌아가시기 전까지 제1부를 마치고 지금까지 미루고 있던 작업인 "심리구성체론의 동·서 비교: 새로운 심리학의 가능성 탐색 Ⅲ - 도덕심리학의 새 지평"에 다시 들러붙을 자신은 생기지 않았다. 그 책을 위한 자료도 모두 모이고 책의 목차도 확고하게 짜여 있는 형편이었으니, 참으로 이상한 일이었다. 필자의 일탈(?)을 걱정스럽게 바라보고 있는 아내에게 얘기했더니, "그러면 순서를 바꾸어 다음에 할 작업부터 해보면 어떻겠어요?"라는 제안을 하였다. 이 책은 이렇게 하여 본래의 계획보다 앞서 나오게 되었다. 필자의 저술계획에 따르면, 아홉째가 일곱째와 여덟째보다 먼저 태어나는 셈이다.

지난 30여 년 동안 필자는 고대 그리스 시대 이래의 서구철학에 바탕을 두고 발달해 온 정통 현대심리학과는 어느 정도 떨어진 거리에서 그 문제점을 찾아보고, 이를 치유할 수 있는 대안을 모색해 보려 해 왔다. 이러한 공부의 자세는 다분히 의식적인 것이었는데, 어떤 현상의 문제점과 그 치유책은 그 현상의 "안"에서보다는 "밖"에서 더 잘 눈에 띌 것이라 생각했기 때문이었다.

필자가 일정한 거리를 두고 현대심리학을 바라보는 방안으로 채택한 것은 그 태동 근거였던 서구철학의 관점에서 벗어나 심리학의 문제를 조감해 보는 것이었다. 그리하여 필자는 지난 30여 년 동안 서구와는 다른 동아시아인의 삶의 지도이념이었던 유학(儒學)사상이 동아시아인의 심성과 행동에 미친 영향에 관한 탐구를 통해 유학사상의 심리학적 함의를 찾아보려는 작업에 몰두해 왔으며, 이러한 작업을 통해 서구철학의 배경에서 태어난 현대심리학의 문제점과 그 치유책을 찾아내려 하였다. 지난 30여 년 동안의 이러한 필자의 작업은 크게 두 가지 방향으로 이루어졌다.

그 하나는 현대 동아시아인, 특히 한국인의 심성과 행동 특징의 배경에 동아시아 사회를 오랫동안 지배해 왔던 유학사상이 놓여 있다는 상식(?)을 실증적인 자료와 이론적인 탐구를 통해 확인하려는 것이었다. 이를 위해 필자는 우선 서구 개인주의사회와 동아시아 집단주의사회의 문화차는 두 문화권에서 인간을 파악하는 관점의 차이로부터 연유한다는 전제 아래, 두 문화권의 지배적인 인간관을 각각 그 사상적 배경인 자유주의와 유학사상에서 중시하는 가치를 바탕으로 하여 도출하고, 이러한 인간관의 차이로부터 두 문화권 사람들의 심성과 행동의 현실적인 차이를 개관하기 위한 개념틀을 구축하였다. 이어서 현대 사회심리학에서 전개된 문화비교연구의 결과들을 이 개념틀에 비추어 개관함으로써, 서구인과 다른 동아시아인의 제반(사회인지·정서·동기) 차원의 실제적인 행동과 심성의 특징들을 추출해 내었다. 다음으로 선진유학(先秦儒學)과 성리학(性理學)에서 유학자들의 사회인지·정서·동기 이론을 도출해 내고, 이를 앞에서 고찰한 바와 같은 동아시아인들의 인지·정서·동기 차원의 실제 행동 및 심성의 특징들과 대조하여, 양자 사이에 강한 논리적 정합성(整合性)이 있다는 사실을 밝혀내었다. 이러한 작업을 근간으로 하여 필자는 동아시아인의 심성과 행동에 가장 커다란 영향을 미친 사상적 배경은 유학사상이라는 사실을 실증적일 뿐만 아니라 이론적으로도 확인할 수 있었다.

이러한 작업의 내용은 두 권의 저술에 정리되어 있다. 한 책(《한국인 이해의 개념틀》, 2003)에서는 동·서의 인간관의 차이를 바탕으로 한 문화차 개관의 기본틀을 정립한 다음, 문화비교심리학의 연구 결과들을 이 틀에 맞추어 고찰함으로써, 한국인을 비롯한 현대 동아시아인의 사회인지·동기·정서 차원의 심성과 행동 특징에 관한 실증적인 자료를 찾아내었다. 다른 책(《동아시아 집단주의의 유학사상적 배경》, 2008)에서는 유학사상의 사회인지·동기·정서에 관한 이론체계를 도출하고, 이를 현대 동아시아인의 실제적인 심성과 행동 특징과 비교하여, 양자 사이에 꽉 짜인 논리적 정합성이 있음을 밝혀내었다. 이러한 고찰을 통해 필자는 현대 동아시아인이 보이는 집단주의적인 성향은 유학사상의 배경에서 도출된 것임을 확인할 수 있었다.

필자의 또 하나의 작업은 이렇게 동아시아인들의 심성과 행동의 사상적 배경이 유학사상이라면, 이러한 유학사상을 기반으로 하여 태동될 심리학의 내용은 어떠한 것이겠는가 하는 문제를 고찰하는 것이었다. 유학은 인간이 본유적으로 갖추고 태어나는 심성에 관한 이론체계인 인성론(人性論), 이러한 본성을 갖추고 있는 인간이 도달할 수 있는 이상적 상태에 관한 논리체계인 군자론(君子論), 이러한 이상적 인간의 실제적인 삶의 양태에 관한 사색체계인 도덕실천론(道德實踐論), 그리고 인성론에서 정위한 바의 현실적 인간이 군자론에서 제시한 바의 이상적 인간상에 도달할 수 있는 방법론에 관한 진술체계인 수양론(修養論)의 네 이론적 기반을 바탕으로 하여 구축되고 있는 사상체계이다. 이러한 유학사상은 최근세에 이르기까지 오랫동안 동아시아인들의 삶의 근간이 되어 왔던 지도이념이었다. 따라서 동아시아인들의 심성과 행동의 특징을 제대로 밝혀낼 수 있는 심리학을 구축하기 위해서는 유학사상에 관한 이해가 선행되지 않을 수 없다. 이러한 맥락에서 필자는 유학의 네 이론체계로부터 각각 심리구성체론, 이상적 인간형론, 사회관계론 및 자기발전론과 관련된 심리학적 함의를 도출해 내고, 이를 서구철학 및 현대심리학의 그것과 비교하여, 서구심리학과는 다른 유학심리학의 체계를 구축해 보려 하였다. 이러한 유학심리학의 체계는 동아시아인의 심성과 행동의 특징을 올바로 이해하기 위한 지침이 될 뿐만 아니라, 서구심리학과 어우러져서 그야말로 보편심리학을 구성하는 중요한 부분이 될 것이라는 생각이 필자의 신념이었다.

이러한 작업은 지금까지 대략 절반 정도가 이루어졌는데, 그 내용은 세 권의 저술에 정리되어 있다. 이 중 한 책(《선진유학사상의 심리학적 함의》, 2007)에서는 위와 같은 생각의 대강을 정리하였고, 이러한 전반적인 논의에 바탕을 둔 각론으로서 다음 두 책에서는 각각 이상적 인간형론(《이상적 인간형론의 동·서 비교》, 2006)과 사회관계론(《사회관계론의 동·서 비교》, 2012)의 동·서 비교를 통해 구축될 새로운 심리학의 가능성을 탐색해 보았다. 앞으로 두 권의 각론(《심리구성체론의 동·서 비교》와 《자기발전론의 동·서 비교》)을 이어 펴낼 예정인데, 이러한 작업의 결과들은 유학사상에 바탕을 두고 구축될 새로운 심리학의 체계를 그려내는 밑그림이 될 것이다.

모두 세 권으로 예정하고 있는 이 기획은 이러한 선행 연구들을 근간으로 하여 도출되는 유학심리학의 체계를 정리해 보려는 시도에서 나온 것이다. 곧 이 기획은 고대 그리스로부터 연유하는 서구철학의 바탕 위에 성립된 현대 서구심리학과는 달리, 오랫동안 동아시아 사회를 지배해 온 이념인 유학사상에 근거를 두고 구축될 수 있는 새로운 심리학의 체계를 모색해 보고자 하는 염원의 결과물이다. 필자는 "공자·맹자·순자와 같은 유학의 창시자들이 오늘날 태어나 심리학을 공부하였다면, 그들은 심리학의 체계를 어떻게 구성하였을까?" 하는 관점에서 이 기획의 내용을 구상하였다. 그러니까 정확히 말하면 이 기획의 저자(著者)는 공·맹·순이고, 필자는 그들의 생각을 대신 옮겨 적은 대필자(代筆者)일 뿐이다. 공자 말씀대로 술이부작(述而不作)이라고나 할까?

제1권(《유학심리학의 체계 I: 유학사상과 인간 심리의 기본구성체》)은 두 부분으로 구성되어 있는데, 이 기획 전체의 서론에 해당되는 제1부에서는 유학사상에서 도출되는 심리학 체계의 특징을 유학사상에서 인간을 이해하는 관점을 바탕으로 하여 탐색해 본 다음, 유학의 인성론·군자론·도덕실천론·수양론에서 도출되는 심리학의 문제를 각각 심리구성체론, 이상적 인간형론, 사회관계론 및 자기발전론으로 정리하는 필자의 오래된 구상을 진술하였다. 이 제1부의 내용은 앞선 저술(《선진유학사상의 심리학적 함의》, 2007)의 알맹이를 축약하는 수준의 것이다. 제2부에서는 인간의 본유적인 심성에 관한 유학의 사분체계(욕구·정서·인지·덕성)의 인성론에서 도출되는 심리학의 기본 연구문제를 "욕구심리학", "정서심리학", "인지심리학" 및 "도덕심리학"으로 정리하여 고찰하였다. 이 제2부의 내용은 인간의 심성과 행동에 관한 과학인 심리학에서 다룰 기본적인 연구문제를 태어날 때부터 갖추고 있는 인간의 본성으로부터 도출하고자 하는 것으로, 그 내용은 앞선 저술(《동아시아 집단주의의 유학사상적 배경》, 2008)의 해당 부분과 이 책에 이어 출간될 예정인 《심리구성체론의 동·서 비교》의 도덕심리학 부분을 기초로 재구성한 것이다.

제2권(《유학심리학의 체계 Ⅱ: 사회적 존재로서의 인간의 삶》)에서는 유학의 "군자론"과 "도덕실천론"을 근간으로 하여, 이로부터 도출되는 "사회적 존재로서의 인간 삶의 실제"에 관해 살펴 볼 것이다. 인간의 본성에 관한 인성론이 인간 존재의 현실태(現實態)를 제시하고 있다면, 군자론은 인간 삶의 목표와 이상(理想)을 제시하고 있는 이론체계이다. 군자론을 통해서는 유학적 이상적 인간형론과 이를 기초로 한 새로운 심리치료의 이론을 도출할 수 있다. 도덕실천론은 이상적 인간의 상태에 이른 군자의 실제적인 삶의 모습을 그려내는 이론체계로서, 이상적 인간인 군자의 대인관계와 사회행동을 통해 개인의 사회생활에 대한 유학적 이상을 제시하고 있다. 유학에서 군자는 자기 자신보다 다른 사람에 대한 관심과 배려를 앞세우고 이를 일상생활에서 실현하려 노력하는 사람으로 그려지고 있는데, 이 책에서는 이와 같은 사회적 존재로서의 인간에 대한 이해의 문제가 주로 다루어질 것이다. 이러한 내용은 각각 "군자론과 이상적 인간형론: 인간 삶의 목표와 심리학의 문제"(제3부)와 "도덕실천론과 사회관계론: 사회적 삶의 양상과 심리학의 문제"(제4부)로 정리할 계획이다.

이어서 제3권(《유학심리학의 체계 Ⅲ: 인간 삶의 목표 추구와 보편심리학의 꿈》)의 앞 부분에서는 유학의 "수양론"을 바탕으로 하여, 이로부터 도출되는 "인간 삶의 목표를 이루는 방법론의 체계"에 관해 천착해 볼 것이다. 즉 "수양론과 자기발전론: 삶의 목표 추구와 심리학의 문제"가 제5부의 주제가 될 것이다. 이어서 이 책의 뒷부분(제6부: 보편심리학의 구성을 위한 동·서 심리학의 통합)에서는 이 기획 전체의 결론으로서 현대 서구심리학과 이 기획에서 고찰한 유학심리학을 대조·비교해 봄으로써, 글자 그대로의 보편심리학은 이 양자의 통섭(統攝)을 통해 이루어질 수 있을 것이라는 사실을 밝혀 보고자 한다.

언제나와 마찬가지로 이 책을 집필하는 과정에서도 많은 사람들의 도움을 받았다. 강원도 고성(高城)에서 시작해 현재 진도(珍島) 바닷가에 이른 해안가 걷기 모임인 우보행(又步行)의 친구들은 항상 따뜻한 삶의 지원자가 되고 있는데, 그들은 필자의 기억력이 쇠퇴할까 염려하여 한 달에 두어 번씩 《논어(論語)》를 함께 읽어 주는 세심한 배려도 잊지 않고 있다. 스승이신 이인(里仁) 정양은(鄭良殷) 선생님과의 인연으로 맺어진 공부 모임인 두륜회(頭崙會)의 여러 선배·동료·후배들은 든든한 학문적인 동지로서, 언제나 필자의 작업을 진심으로 응원해 주고 있다. 서강(西江)에서가 아니면 만나지 못했을 서산회(西山會)를 비롯한 여러 친구들에게도 고마울 따름이다. 그들이 있어 학교생활이 무미하거나 단조롭지 않았다. 서강이 맺어준 또 다른 인연으로 정치학자 강정인(姜正仁) 교수와 국문학자 우찬제(禹燦濟) 교수의 물심양면의 도움도 잊을 수 없다. 탈서구중심주의(脫西歐中心主義)를 지향한다는 공통점으로 묶여 있는 그들은 학교를 떠난 후에도 필자의 든든한 우군(友軍)이 되어 주고 있다. 부산교대(釜山敎大)의 이상익(李相益) 교수 내외는 필자가 몸담아 살고 있는 집의 이름, 지이재(止耳齋)를 현판으로 만들어 주면서까지 격려를 아끼지 않았다. 이 자리를 빌려 이 모든 분들에게 거듭 감사드린다.

부끄러운 사람이 가족들에게 지고 있는 그 많은 빚에 대해서는 어찌 해야 할는지 도무지 갈피를 잡을 수 없다. 큰아이네인 아라와 은수(銀洙), 그리고 작은아이네인 한민(漢珉)이와 연정(衍姃)이는 과분할 정도의 관심과 배려를 베풀어 주어, 주위 사람들이 필자 내외를 부러워하게 만들고 있다. 부끄러운 말이지만, 어른들 살아계실 때 제대로 보살펴 드리지 못했던 필자가 과연 그런 대접을 받을 만한 자격이 있는지 고마울 따름이다.

게다가 아이들은 모두 자기 일에 열심이어서 무능하고 게으른 아버지의 짐을 많이 덜어주고 있다. 큰아이 아라는 각고의 노력 끝에 2013년 봄학기에 한국과학기술원(KAIST)에서 이학박사학위를 받아 온 가족들에게 커다란 기쁨을 안겨 주었다. 그해 초봄 돌아가신 어머니와 할머니를 여읜 슬픔에 젖어 있는 온 가족에게 큰아이의 학위취득은 가뭄 끝의 단비 같은 경사였다. 둘째 한민이도 오랜 학업 끝에 지지난 해

(2015년) 봄학기에 모교인 서강대학교에서 공학박사학위를 받아 또 다시 온 가족의 기쁨이 되었다. 순서에 따라 이 책은 큰아이와 그를 성심으로 뒷받침해 주고 있는 은수의 무궁한 발전을 기원하는 의미를 담아 큰아이 내외에게 준다. 올해 안으로 마칠 계획을 하고 있는 다음 책은 둘째 내외의 것이 될 것이다. 이 책들을 볼 때마다 그들이 아버지를 호학(好學)했던 사람으로 기억해 주면 좋겠다.

같이 늙어가는 아내는 갈수록 더욱 게을러빠지고 골골해 하는 필자를 변함없는 사랑으로 지켜 주고 있다. 아마도 필자가 전생(前生)에 나라를 구한 일이 있었나 보다. 아우들과 그 권솔(眷率)들도 언제나 필자에게는 든든한 후원군들이다. 모두에게 고마운 마음을 전한다.

2017년 초여름 망종일(芒種日)에
지이재(止耳齋) 서창(西窓) 아래에서
부끄러움과 고마움을 담아 삼가 적다

목　차

2부 인성론과 심리구성체론: 인간의 본성과 심리학의 기본 연구문제

1부
서론: 유학사상과 현대심리학의 접목

1부

서론: 유학사상과 현대심리학의 접목

심리학은 사회적 존재로서의 인간이 다른 사람들과 함께 살아가면서 얻게 되는 심적 경험의 내용과 과정 그리고 이의 행동적 표출에 대해 객관적으로 탐구하여, 그 법칙성을 과학적으로 찾아내려는 것을 목적으로 하는 학문이다. 그러므로 심리학은 어느 사회에서나 실제로 삶을 영위하고 있는 사람들을 대상으로 할 수밖에 없으며, 따라서 해당 사회에서 인간을 파악하는 입장이 달라짐에 따라 다루어지는 내용이 달라질 수밖에 없다. 인간을 파악하는 입장의 차이에 따라 개인과 사회 사이의 관계를 보는 눈이 달라지고, 이에 따라 삶을 영위하게 만드는 인간존재의 기본특성에 대한 관점이 변화할 뿐만 아니라 중요하게 고려되는 삶의 내용도 변화하게 마련이므로, 사회마다 탐구되는 심적 경험의 내용과 결과적으로 상정하는 심리학의 모습 사이에는 필연적으로 차이가 있을 수밖에 없을 것이기 때문이다.

서구에서 발달한 현대심리학은 서구인이 가지고 있는 인간 파악의 관점을 그대로 반영하고 있는 것이다. 전통적으로 서구인들은 사회란 상호 독립적이고 평등한 개인들의 집합체라고 보아, 사회를 구성하는 기본 단위로서의 개인을 자유와 권리의 보유자, 이성(理性)의 주체, 고정적이고 안정적인 실체(實體)로 개념화한다. 자유와 권리의 보유자이기 때문에 개인은 스스로의 자율적인 선택과 독특성을 중시하게 되고, 스스로가 이성의 주체로서 합리성의 원천이기 때문에 적극적인 자기주장을 강조하게 되며, 안정적인 실체이기 때문에 자기의 신념이나 행동체계들 사이의 일관된 안정성을 추구하는 개인주의적인 삶의 태도를 갖추게 된다. 서구에서 인간 존재를 파악하는 이와 같은 관점은 서구 사회에서 발달해 온 현대심리학의 연구 내용과 그 방향을 결정하는 토대가 되어, 오늘날 우리가 보는 바와 같은 개체중심적인 심리학의 모습으로 드러나게 되었던 것이다.

그러나 서구의 개인중심적인 인간 파악의 입장이 어느 사회에서나 보편적으로 받아들여지는 것은 아니다. 전통적으로 동아시아인들은 사회의 궁극적인 구성 요소를 개인들이 맺고 있는 사회관계에서 찾아 사람들 사이의 연계성을 중시하며, 이러한 관계 속에서 조화를 이루는 일을 삶의 가장 중요한 주제로 삼는 유학적 가치를 사상적 배경으로 삼아 살아오고 있다. 유학사상에서는 인간의 존재의의를 개체로서의 개인적 특성에서가 아니라 사회적 관계체(關係體)로서의 특성에서 찾으려 하고, 타인에 대한 관심과 배려의 도덕성(道德性)을 인간 존재의 중핵 특성으로 삼으며, 자기수련과 자기개선을 통해 이상적 인간의 상태에 도달할 수 있는 무한한 가능체(可能體)로 파악한다. 사회적 관계체로 개인 존재를 규정하므로 사람들 사이의 상호의존성과 조화성의 추구를 강조하고, 도덕의 주체로 개인 존재를 파악하므로 스스로를 통제의 대상으로 보아 스스로의 욕구와 감정을 드러내지 않는 자기억제를 강조하게 되며, 사람을 무한한 가능체라고 생각하므로 자기향상의 통로로서 자기개선을 중시하는 집단주의적인 삶의 태도를 갖추게 된다.

이렇게 서구와 다른 관점에서 인간을 파악하는 동아시아의 관점에 서면, 서구에서 발달한 개체중심적인 것과는 다른 심리학의 내용이 도출될 수밖에 없을 것이다. 인간의 존재의의의 출처, 동물과는 다른 인간의 중핵 특성, 그리고 이러한 존재 특성의 안정성과 가변성에 대한 서구와 동아시아의 관점이 달라짐에 따라 두 사회인들이 삶의 모습에서 차이가 나게 되고, 따라서 두 사회에서 탐구하는 심리학의 내용이 달라질 수밖에 없을 것이기 때문이다. 이러한 맥락에서 보면, 서구인의 인간관에 토대를 두고 진행된 현대심리학은 서구의 문화특수적인 심리학이지 그것이 글자 그대로 어느 시대 어느 지역에서나 모든 사람에게 통용되는 보편심리학일 수는 없는 것이다. 동아시아인의 삶의 경험에 바탕을 둔 새로운 심리학이 요청되는 까닭이 바로 여기에 있다.

이 시리즈는 이러한 논리적 배경에서 구안된 것이다. 이 시리즈에서 필자는 전통적으로 동아시아인의 삶의 바탕이 되어 온 유학사상에 토대를 둔 심리학의 체계를 구축해 보고자 한다. 이 작업은 현대 서구심리학과 어우러져 보편심리학을 구축하기 위한 이론적 기초가 될 수 있을 것이다. 제1부는 이 시리즈 전체의 서론에 해당되는데, 여기에서는 우선 17세기에 대두된 자유주의 사상을 기초로 하여 서구인의 인간관의 대강을 확인해 보고, 이러한 인간관을 기초로 발달된 현대심리학의 문제점에 대해 고찰한 다음, 유학사상의 인간관과 유학사상으로부터 도출될 심리학체계가 지향할 바를 정리해 보고자 한다. 그리고 이어서 인성론(人性論), 군자론(君子論), 도덕실천론(道德實踐論) 및 수양론(修養論) 같은 유학의 이론체계로부터 도출될 수 있는 심리학체계의 대체적인 모습을 서구의 그것과 대비하여 제시하고자 한다.

1장
서구의 인간관과
현대심리학의 문제점

1장
서구의 인간관과 현대심리학의 문제점

서구의 사상적 뿌리인 고대 그리스는 높은 산으로 막힌 좁은 해안가에서 중앙집권화하지 못한 도시국가(polis)가 발달되어, 도시 사이의 이주와 교역이 활발했으며, 따라서 시장과 정치집회에서 벌어지는 대립과 논쟁이 삶의 중요한 부분이었다. 그들은 삶에 필요한 제반 가용자원을 무역에 의존하여 조달하였고, 그 결과 새로운 상품 교역처를 찾기 위해 계속 이동하는 과정에서 다른 생활양식과 사고양식을 보이는 사람들과 접촉하는 일이 많아질 수밖에 없었다. 이러한 생존조건은 그들의 아동 사회화 과정에 영향을 미쳐, 어려서부터 아이들에게 자립심·자율성·경쟁·독립성·독특성·자기주장과 같은 개체적 삶의 기초가 되는 특성들을 중시하고 북돋움으로써,[1] "원시개인주

---

1 Barry, Child, & Bacon, 1959; Berry, 1979; Nisbett, 2003; Segall, Dasen, Berry, & Poortinga, 1999; Triandis, 1990.

의"(protoindividualism)[2]의 특징을 낳았다. 높은 산지를 경계로 삼아 좁고 긴 해안가에서 생활풍습과 사고양식이 다른 도시국가 또는 부족집단 사이의 교역을 통해 생활필수품을 조달할 수밖에 없었던 고대 그리스에서 개인주의가 발달했던 사정은 바로 이런 데 있었다.

이렇게 고대 그리스인들은 끊임없이 다른 집단의 사람들과 부딪치면서 살아야 했으므로, 나와 나 아닌 것, 인간과 자연, 하나의 사물과 다른 사물을 엄격히 구별하여 범주화하고, 저마다 지니는 일관되고 불변하는 본질(essence)을 추상화하여, 그들을 지배하는 법칙을 찾아내려 노력하게 되었다. 그 결과, 맥락과 분리된 독립적인 대상(object)이 주의(注意)의 초점으로 부각되어, 그리스인들은 이러한 분리된 대상의 안정적·불변적 속성을 인식하는 데 힘을 쏟았으며, 결국 범주화(categorization), 논리 규칙에 따른 갈등 해결, 그리고 분석적 사고(analytical thinking)의 양식이 발달하게 되었다.[3]

이러한 배경에서 지속적으로 고대 그리스 철학의 영향을 받아온 서구인들은, 사회는 상호 분리되고 독립적인 개인들을 기본단위로 하여 구성되는 복수적인 집합에 지나지 않는다고 보아, 집단보다 개인을 중시하는 개인주의의 경향을 띠게 되었다. 그리하여 사회의 이해는 결국 그 구성 요소인 개인의 이해를 통해서 가능하다고 보았고, 개인이 이루어 낸 안정적이고 불변하는 독특한 내적 속성(성격·능력·기호·태도·욕구·감정·의도 등)이 개인의 행위와 사회 운용의 원천이라는 개인중심적인 인간관을 가지게 되었으며, 스스로를 타인과 분리된 독립적이

2 Triandis, 1990, p. 71.

3 Nisbett, 2003, pp. 29–39; Triandis, 1990, pp. 70–77.

고 자율적인 존재로 인식하게 되었다.

이렇게 개체로서 존재하는 개인을 그들이 소속되어 있는 맥락인 집단과 사회보다 우선시하는 서구 개인주의는 서구의 전통이 되어 있지만, 그 이념적 뿌리는 상호 평등하고 독립적이며 자율적인 존재인 개인이 갖는 천부적인 자유와 권리 그리고 보편적인 이성을 중시하는 "자유주의"(自由主義, Liberalism) 사상에서 그 절정을 맞는다. 곧 현대 개인주의의 이념적 배경은 자유주의 사상인 것이다.[4]

1. 자유주의 사상의 대두와 성장

서구의 역사는 한마디로 "개인화"의 흐름으로 요약될 수 있다. 서구의 역사에서도 고대 그리스 이전의 긴 기간은 전체를 앞세우는 관점이 지배하고 있다가, 인간 행위의 점진적인 개인화로 자유가 도래했고, 그 결과 개인과 전체 사이의 관계가 뒤집어진 역사인 것이다. "단순한 상황의 산물이건, 인간 본성의 잠재적 가능성에 의한 예정된 목적에서건, 어쨌거나 인간 본성의 개인화와 내면화는 점점 더 복잡해지는 서구 사회와의 상관관계 속에서 필연적으로 성취될 수밖에 없었다. 이런저런 이념적 충돌이 있었음에도 이 개인화 과정의 문화적 역동성이 지금까지 약화된 적이 결코 없었고, 개인주의적 가치 체계가 전체론적 가치

4 서구 개인주의의 사상적 배경이라 할 "자유주의"에 관해서는 노명식(1991), Gray(1995/2007), 선행저술(조긍호, 2006, pp. 89-193) 참조.

체계를 압도"[5]하게 되었던 것이다.

이렇게 개인을 사회보다 앞세우는 개인주의[6]는 서구 사회를 특징짓는 이념일 뿐만 아니라 "서구 문명의 본질이자 현대성의 진앙지"로서, 그 자체 "발전을 거듭하여, 이제 하나의 이념이 아니라 (서구의) 모든 사람에게 공통된 존재 방식이 되었다."[7] 서구 사회에서 개인주의가 지배적인 삶의 태도로 굳어지게 된 데에는 고대 그리스 문명과 기독교의 유입으로 인해 뿌려진 개인주의의 싹이 르네상스와 기독교개혁을 통해 거세진 개인화의 흐름을 타고, 17세기에 들어서면서 무르익은 자유주의 사상에 힘입어 활짝 꽃피게 되었다는 배경이 놓여 있다. 17세기에 절정을 맞은 자유주의의 물결은 뒤이은 계몽주의 운동과 산업혁명을 통해 정치·경제·사회 분야에 확산됨으로써, 서구인들로 하여금 개인주의적인 삶의 자세를 가지도록 확고한 자리를 차지하게 되었던 것이다.[8]

자유주의는 "개인을 사회제도 및 사회구조에 앞서는 것으로 보아, 사회보다 더 현실적이고 보다 더 기본적인 것"[9]으로 여기는 신념체계이다. 곧 자유주의는 사회의 존재론적 구성 단위를 서로 독립된 개체로 살아가는 개인이라고 보는 신념체계이며, 이렇게 "개인이 사회에 우선하고, 개인이 사회보다 더 절실하다"고 여김으로써, "논리상 사회는 개

5 Laurent, 1993/2001, pp. 158–159.

6 노명식, 1991, p. 31.

7 Laurent, 1993/2001, p. 9.

8 노명식, 1991; 조긍호, 2006, 2007a, 2008, 2012; Dülmen, 1997/2005; Gray, 1995/2007; Laurent, 1993/2001; Lukes, 1973.

9 노명식, 1991, p. 31.

인들의 산술적 총계에 불과한 하나의 허구"[10]라고 인식한다. 사회보다 개인의 우선성을 주장하는 개인주의적 요소가 자유주의적 정체성의 제일의 특성이다.[11] 이와 같이 자유주의의 세계관에서는 움직일 수 없는 중심점을 개인에게 두고 있고, 그렇기 때문에 자유주의는 개인보다 사회를 앞세우는 어떤 종류의 사회이론에 대해서도 시종일관 대항해 왔으며, 따라서 개인주의의 이념적 배경은 바로 자유주의에서 찾을 수 있는 것이다.

그러나 서구 사회가 고대로부터 오늘날과 같은 개인 중심의 사조에 의해 지배되어 온 것은 아니었다. 인류가 환경세계와 외부의 위협으로부터 스스로를 보호하고 적응함으로써 살아남기 위해 택한 원초적인 삶의 양식은 집단적인 것이었다. 그 집단의 크기는 씨족·부족·국가 등으로 점차 넓혀져 갔지만, 집단적인 양태가 삶을 영위하는 기본적인 양식이었던 것은 분명한 사실이다.[12]

하지만 서구에서는 고대 그리스 시대부터 외부 환경세계와 대립적인 존재로서의 인간에 대한 인식이 싹터, "개인화"의 씨앗이 뿌려지고 있었다. 하지만 중세의 긴 시기까지 아직 오늘날과 같은 개성과 개체 존중의 개인주의가 등장하지는 못하였다. 서구 사회에서 개성을 가진 개체로서의 개인을 존중하는 태도가 삶의 기본 양식으로 굳어지는 계기가 된 것은 르네상스 시대부터라고 볼 수 있다. 그러므로 서구 개인주의의 역사적 전개를 통해 서구인의 개인중심적인 인간관을 도출해

10 노명식, 1991, p. 43.

11 Gray, 1995/2007, pp. 16, 155-156.

12 Gamble, Gowlett, & Dunbar, 2014/2016; Liberman, 2013/2015.

내기 위해서는 르네상스 시기 이전과 이후의 서구인의 삶의 모습을 살펴볼 필요가 있다.

1) 르네상스 이전

서구 문명의 뿌리라고 인식되고 있는 고대 그리스의 문명을 보통 "인간(person) 중심적 문명"이라고 한다. 그러나 고대 그리스 문명을 인간중심적이라고 할 때의 인간은 근대 개인주의에서와 같이 개인 존재의 가치를 인정하고 찬양하는 수준은 아니었다. 고대 그리스에서 찬양된 인간은 보편적이고 추상적인 "우리들"로서의 인간이고, 신이나 자연과 대립되는 집합체로서의 인간이었지, 절대 근대적인 의미에서 독립적인 개성의 주체로서의 "개인"이라고는 볼 수 없었다. 이러한 사실은 플라톤(Platon)이 그리는 이상국가(理想國家)가 철저한 계급 사회이자 통제 사회로서 "자립적인 인격체로서의 개인은 거의 존재할 수 없는 국가-기계와 같은 가공할 만한 사회상"[13]으로 그려지고 있다는 점에서 단적으로 드러나고 있다.

고대 그리스에 이어 서구 사회를 지배했던 것은 헬레니즘과 로마 문명이었다. 이 두 문명의 특징은 대통일국가를 형성하여, 그리스 문명을 동방세계(헬레니즘)와 서유럽(로마)에 전파함으로써 세계시민주의(cosmopolitanism)의 색채를 띠었다는 데에 있다. 그러나 세계시민주의의 성격이 강했던 헬레니즘과 로마 문명도 "개인의 등장을 불완전하게 예고했을 뿐, 개인주의와 역사의 만남은 아직 이루어지지 않았다. 그리

13 Russel, 1959/2003, p. 99.

스에서 '원자'(atome)라는 단어는 단지 물질세계의 구성 요소만을 가리킬 뿐이다. 라틴어에서도 '개인'(individuum)이라는 말은 중세 시대에야 등장한다. 인간의 개인성이라는 범주를 표현하는 어휘는 아직 존재하지 않았던 것이다."[14] 이렇게 그리스 이후 헬레니즘과 로마 시대를 거치면서도 근대적 의미의 개인관이 싹트는 데에는 더 큰 계기가 필요했던 것이다. 그것은 바로 기독교의 성장이었다.

로마인이 개인주의의 역사에 남긴 가장 큰 공헌은 기독교를 공인(A.D. 313)하고 국교화(A.D. 380)했다는 사실이다. 본래 기독교는 유대교에 배경을 두고 태어났다. 유대교는 "이스라엘 종족"이라는 선민(選民) 집단과 "야훼"라는 유일신(唯一神)과의 집단적 관계를 중핵으로 하는 종교이다. 즉, 신과 인간의 관계는 집단적 관계이지 절대 개인적이고 직접적인 관계가 아니며, 따라서 신의 일차적인 관심 대상은 이스라엘 종족이라는 선민 집단이라고 보는 것이 유대교이다. 그러나 "예수"(Jesus)라는 한 역사적 인물과 그를 뒤이은 사도(使徒)들의 노력으로 인해 신과 인간의 관계는 집단적 관계에서 개인적 관계로 변모되었다. 기독교에서는 이스라엘 종족이 아닌 사람도 포함해서 "모든 사람은 똑같이 신의 보호 아래에 있는 신의 자녀이며, 그 자신의 고유한 소명을 가진 존재"[15]라고 보며, 따라서 개인은 신앙 고백을 통해 신과 직접적으로 관계를 맺는 제일차적인 종교적 대상으로 부각된다. 그 결과 기독교는 이스라엘 종족의 집단적 종교에서 신앙 고백을 한 사람의 개인적 종교로 탈바꿈하게 된 것이다.

---

14 Laurent, 1993/2001, p. 28.

15 Lukes, 1973, p. 46.

이렇게 "기독교는 처음부터 개인을 상대로 이야기하는 종교였다. 기독교는 개인 한 사람 한 사람의 구원을 다루며, 각 개인이 소속된 가족적 연대와 지배의 관계를 벗어나 노예나 피압박계층, 지배자나 귀족 할 것 없이 모든 개인에게 말을 걸기 때문이다."[16] 그러나 이처럼 기독교 교리에 개인주의의 경향이 농후하게 갖추어져 있다고 해서, 기독교가 지배하는 중세 시대에 그 만큼 개인화가 실제로 진행되었던 것은 아니라는 사실에 주목해야 한다. 중세는 신과 교회를 대표하는 교황과 세속적 통치력을 가진 황제 사이의 대립으로 점철된 시대이자 승려 계급과 속인 계급의 대립이 격화된 시대였다.[17] 이러한 대립과 반목의 과정

16 Dülmen, 1997/2005, pp. 22−23: 흔히 중세 기독교를 인간 속박과 억압의 장치였다고 생각하는 경향이 있는데, 이는 잘못된 생각이다(윤진, 2003). "중세 기독교는 분명히 사람들이 개성을 강화시키는 계기들을 가지고 있었고, 이것은 남성과 여성이 다 함께 참여했던 강력한 종교적 개인주의로 나타났다. 이 종교적 개인주의의 당연한 귀결이 바로 기독교개혁"(Dülmen, 1997/2005, p. 26)인 것이다. Dülmen(1997/2005, pp. 22−26)은 중세 시대 교회가 주도했던 개인화의 계기를 신앙고백, 속죄, 세례, 혼인서약, 종교적 삶의 선택의 다섯 가지로 들고 있다. 이렇게 "기독교는 인간을 자유롭고 유일한 인격체로 철저하게 내면화시키는 한편, 부족이나 국가에 대한 종속 상태에서 해방시킴으로써 개인을 보편적 인간성을 동등하게 구현하는 존재로 만드는 것이다 … 신과 직접적이고 내면화된 관계를 맺은 관계로 '세상 밖에서' 구원받을 수 있다고 믿었기 때문에, 이들은 마음 깊은 곳에서, 그리고 뒤에는 사회와의 관계에 있어서도 개인화되었던 것이다 … 존재의 가장 내밀한 곳에서 변화를 겪은 인간은 이제 스스로 주체가 되고, 자신은 물론 타인과의 관계를 자유롭게 처리할 수 있는 자율적 인격체로 변모한다. 독립적 성향이 싹트면서 인간은 개인의 출현을 진정으로 준비하는 시기에 돌입"(Laurent, 1993/2001, pp. 29−30)하게 되는 것이다. 암흑시대(Dark Age)처럼 보이는 중세가 오히려 역설적으로 근대적 개인의 출현을 적극적으로 준비하는 시기였던 것은 "개인적이고 초월적인 신에 기초한 기독교가 심층적 차원에서 해방과 개인화를 불러오는 역동적 힘"(p. 29)이기 때문이었던 것이다.

17 Russell, 1959/2003, pp. 185−186: 기독교의 평등성과 사제 조직도 기독교가 성공을 거둔 배경이다(Burns, Lerner, & Meacham, 1984/2003, Vol. 1, pp. 256−257). 기독교는 3세기에 이르러 신앙생활을 지도할 사제들의 위계 조직을 발전

에서 점차로 교회 조직의 부패와 타락이 심화되자 교회의 영적 지도력에 금이 가기 시작했고, 교회는 이를 만회하고자 신도들에 대한 통제력을 강화하는 일련의 조치들을 취하게 됨으로써, 기독교 자체에 내재해 있던 "해방과 개인화의 역동적 힘"[18]은 서서히 상실되어 갔던 것이다.

이렇게 근대적 의미의 개인관의 씨앗은 기독교의 공인과 중세를 통한 그 성장에 있었다. 기독교는 유대교와 결별하면서 개인적인 종교로 부각되었고, 따라서 기독교의 공인과 성장은 서구 사회에 개인주의의 씨앗을 심는 계기였다. 그러나 중세 교회는 지나치게 세속화·권력기관화 함으로써, 기독교에 내재되어 있는 개인화를 이루어 내는 보루로서의 역할을 스스로 포기하였다. 이러한 상황에서 기독교 교리에 내재되어 있는 진정한 개인화를 이루어 내기 위해서는 새로운 기폭제가 필요했던 것이다.

2) 르네상스와 그 이후

서구 역사에서 중세의 몰락을 거쳐 17세기의 거대한 진보에 이르는 격랑기, 곧 근대가 출현한 배경에는 14~16세기 이탈리아를 중심으

시켰다. 이 조직은 신도들의 예배와 성사뿐만 아니라, 병자 간호나 노약자 보호 및 장례 등 그 자체 긴밀한 유대 관계를 지닌 신앙공동체를 구성하고 효율적으로 지도하였다. 그러나 이러한 교회 조직은 시간이 흐를수록, 특히 세속 황제와의 세력 다툼의 와중에서 점점 엄격해지고 세속화해 갔다. 결과적으로 조직의 부패 현상도 만연하게 되어, 처음에는 기독교 성장의 밑거름이 되었던 교회 조직이 나중에는 기독교 침체의 커다란 원인이 되었다. 16세기의 기독교개혁은 어떻게 보면, 너무 세속화되고 타락한 교회 조직에 대한 개신운동의 성격이 강한 것이다.

18 Laurent, 1993/2001, p. 29.

로 전개된 르네상스 운동이 놓여 있다. 르네상스(Renaissance)는 좁은 의미에서 "14~16세기의 유럽에서 일어난 새로운 문화 운동"을 가리키기도 하고, 넓은 의미에서는 "중세에서 근대로 넘어가는 과도기"로서의 "역사적 시대 개념"을 뜻하기도 한다.[19] 이렇게 근대는 그리스 시대의 이상으로 돌아가자는 르네상스로부터 시작되어, 이로부터 파생되는 개인 존중 사상, 개인과 신 사이의 직교(直交)에 관한 사상, 개인이 제반 권리와 자유의 보유자라는 사상, 이성(理性)의 원칙에 따른 경험적 탐구를 통한 과학과 기술의 진보, 그리고 재산권의 개념을 기반으로 한 상업자본주의의 대두와 성장 등을 중핵으로 하여 발전되었다고 볼 수 있다. 이러한 근대의 핵심은 개인화가 본격적으로 진행되었다는 것이다.[20] 서구 역사에서 근대는 곧 개인주의가 활짝 핀 시기인 것이다.

르네상스의 지적 이상을 가장 보편적이고도 근본적으로 압축해서 표현해 주는 것은 "휴머니즘"(Humanism)인데, 이는 넓은 의미에서 "인간의 가치와 존엄을 강조하고, 인간의 삶과 조건에 우선적으로 관심을 두는 사상과 사조"[21] 곧 인본주의(人本主義)를 가리킨다. 19세기가 배출한 위대한 역사가인 부르크하르트(J. Burckhardt)는 "자아의 각성, 개인 능력의 발휘, 개성의 성장이 르네상스 이탈리아에 그 원형이 있었고, 그것이 근대 사회의 심리적·정신적 요소를 형성하였음"[22]을 강조하여, 르네상스 운동의 핵심을 "개인주의의 성장"이라고 보았다. 그에 따르

---

19 김영한, 1998, pp. 13-14.

20 Dülmen, 1997/2005; Laurent, 1993/2001.

21 김영한, 1998, p. 11.

22 차하순, 1963, p. 62.

면, 르네상스가 근대 세계에 끼친 공헌은 "개인과 세계의 발견"에서 찾을 수 있다는 것이다.[23]

르네상스에 의한 이러한 "개인과 세계의 발견"은 인간의 능력과 가능성에 대한 확신, 개성과 그 발현에의 예찬, 그리고 도덕적 자율성의 확보를 가져와서, 결과적으로 근대 개인주의가 성장하는 데 크게 기여하였다. 곧 서구 개인주의는 르네상스로 인해 신이나 자연과 대립되는 집합적 개념으로서의 보편적 인간이 아니라, 삶의 주체로서 독립적으로 존재하는 개성을 가진 개인이 관심의 초점으로 등장하면서부터 성장되었다. "이때부터 개인주의는, 그 자체 좋건 싫건 간에, 사람들이 숨 쉬는 대기를 형성"[24]하게 되었던 것이다.

이탈리아 르네상스 운동이 북방으로 전파되어 기독교 휴머니즘으로 전개되던 16세기 초반 독일에서 근대 개인주의의 성장에 또 하나의 기폭제가 된 사건이 발생하였다. 그것은 1517년 비텐베르크(Wittenberg)대학 신학교수인 루터(Martin Luther)가 당시 가톨릭교회의 면벌부(免罰符, Indulgentia) 판매의 부당성을 지적하는 95개조의 반박문을 게시하면서 시작된 기독교개혁(Reformation) 운동이었다. 이는 당시 가톨릭교회의 세속화와 부패화를 공격하고, 기독교에 내재된 개인중심적 신앙체계로 돌아가고자 한 개신 운동이었다.

---

23 Lukes(1973, p. 25)는 "부르크하르트에게 있어서 르네상스를 통한 개인주의의 성장은, 많은 역사철학자들에게서와 마찬가지로, 우연이 아니라 '역사적 필연'(historical necessity)이었다"고 지적함으로써, 부르크하르트가 르네상스를 개인주의 성장의 확고한 기폭제로 인식하고 있음을 지적하고 있다. 르네상스와 개인주의의 성장 사이의 관계에 대한 Burckhardt(1860/1955)의 작업에 대한 평가는 Lukes(1973, pp. 23-25) 참조.

24 Burckhardt, 1860/1955, p. 279.

이들 기독교개혁 운동의 주창자들의 핵심주장은 개인의 영적 자유와 자율성을 모토로 하는 구원론인 "믿음지상주의", 모든 신자들의 영적 평등성과 영적 책임성을 강조하는 "만인사제주의", 그리고 성경 이외의 어느 것에도 신앙생활의 권위를 인정하지 않겠다며 종교조직으로부터의 탈권위주의를 선언한 "성경지상주의"의 세 가지로 요약될 수 있다.[25] 이러한 주장들은 결국 신앙의 내용과 신앙생활의 양식은 스스로의 이성에 따라 자율적으로 선택할 수밖에 없으며, 그에 따르는 책임은 스스로가 질 수밖에 없다는 태도를 유포하게 되었고, 결과적으로 종교적 개인주의의 신조, 곧 "개인 신자는 신과의 사이에 어떠한 중개자도 필요로 하지 않으며, 자기의 영적 운명에 대해 스스로가 일차적인 책임을 져야 하므로, 자기 자신의 방법과 노력을 통해 신과 관계를 맺어야 할 권리와 의무가 개인에게 부여되어 있다는 견해"[26]가 성장하는 데 기여하게 되었던 것이다.

이러한 맥락에서 보면, "기독교개혁과 더불어 개인화 과정의 또 다른 핵심적 측면, 다시 말해 정신적으로 자율적이고 자족적인 주체가 되는 인간의 내면화가 성취된다"[27]고 생각할 수 있다. 바로 이러한 종교적 개인주의로부터 근대적 개인이 출현된다. "'자신의 내면으로 들어가라. 그리고 양심에 따라 살라'는 구호는 개신교 내부에서 나온 강력한 요구였으며 … 여기에서 처음으로 근대적 개인성의 구조가 나타나고"[28] 있

25 박준철, 1998, pp. 33−39.

26 Lukes, 1973, p. 94.

27 Laurent, 1993/2001, pp. 36−37.

28 Dülmen, 1997/2005, p. 93.

는 것이다. 이와 같이 기독교개혁을 통해 개인의 자율성과 자족성, 그리고 내면화와 책임성이라는 개인주의의 핵심적 관념이 널리 받아들여지게 됨으로써, 개인의 위상은 더 한층 높아지게 되었던 것이다.

이렇게 르네상스와 기독교개혁 운동으로 거세어진 개인화의 흐름은 17세기 영국에서 발아한 자유주의(自由主義, Liberalism)에 의해 절정을 맞는다. 어떤 의미에서 서구의 근대는 17세기에 자유주의 사상이 대두되면서 완성되었다고 볼 수 있다. 14~16세기의 르네상스와 기독교개혁에 의해 발아한 개인주의의 싹은 중세 봉건체제의 붕괴를 가져왔으나, 곧 종교분쟁과 절대왕조 체제의 등장으로 위기를 맞게 되었다. 그러나 한번 타오르기 시작한 개인주의의 물결은 가라앉을 수 없었으며, 17세기에 들어서서 베이컨(Francis Bacon)과 뉴턴(Isaac Newton) 등에 의해 주도된 과학혁명, 종교분쟁의 결과 확고해진 종교적 관용주의 및 17세기 말엽 발발한 명예혁명(Glorious Revolution, 1688~1689), 그리고 상공업의 발달로 인해 촉진된 자본주의의 발전 등으로 인해 자유주의 사상이 대두되면서 개인화의 흐름은 역사의 대세가 되었던 것이다.

청교도혁명(Puritan Revolution, 1642~1660)에 이은 명예혁명을 통해, 의회(議會)는 왕으로 하여금 권리장전(權利章典, Bill of Rights)을 선포케 하였는데, 이는 절대왕정의 완전한 항복 문서였다. 그 내용은 중세 이래 발전되어 온 영국의 헌정(憲政)적 전통을 종합하고 확인하면서, 왕권을 제약하고 의회의 우위를 확인함으로써, 개인의 자유를 크게 신장시켜, 국민의 의사와 법에 종속되는 근대국가 출현의 길을 열었다.[29]

---

29 민석홍, 1984, pp. 447-450.

"이 혁명에 의해 촉진된 입헌주의, 종교적 관용, 상업 활동의 자유는 (그 이후 서구 세계에서) '하나의 기준'이 되었"[30]던 것이다.

이러한 명예혁명에 이론적 정당성을 부여해 준 것은 홉스(Thomas Hobbes)를 뒤이은 로크(John Locke) 등의 자연권 사상가들이었다.[31] 그들은 개인은 자신의 생명과 자유 및 재산에 관한 제반 권리, 곧 자연권(自然權)을 본유적으로 갖추고 있으며, 이러한 자연권을 보호하기 위해 사회 성원들 사이에 사회계약(社會契約)을 맺게 되는데, 그 결과 주권(主權)과 국가(國家)가 생성된다는 인위적(人爲的) 국가론을 제시함으로써 근대 정치이론의 초석을 놓았다.[32] 이러한 자연권 사상은 명예혁명의 이론적 기초를 제공하였다.

명예혁명과 자연권 사상 이외에 17세기 영국에서 자유주의 사상이 꽃피게 된 또 하나의 배경으로 베이컨과 뉴턴에 의한 과학혁명을 들 수 있다.[33] 과학혁명은 영국 경험주의 철학의 이성주의적 전통과 합리주의

30 박우룡, 1998, pp. 69-70.

31 Lukes, 1973, pp. 79-87.

32 이에 대해서는 필자의 선행저술(조긍호, 2012, pp. 291-441; 조긍호·강정인, 2012) 참조.

33 민석홍, 1984, pp. 453-455; 박우룡, 1998, pp. 67-69; Burns et al., 1984/2003, Vol. 3, pp. 761-768; Russell, 1959/2003, pp. 271-280: "근대 과학은 르네상스에서 싹텄으나, 17세기에는 이의 발전을 촉진시킬 방법론과 그것을 실천할 수 있는 기구와 수단이 발달하였다"(민석홍, 1984, p. 453). 베이컨은 고대 이래 일반적으로 행해지던 연역법(演繹法, deduction)을 배격하고, 구체적인 사실과 현상의 가능한 한 많은 관찰과 이로부터 얻은 자료를 기초로 하여 일반적인 법칙에 도달하는 귀납법(歸納法, induction)을 과학의 기본적인 방법론으로 강조하였다. 귀납법과 관찰 및 실험의 강조는 근대 과학이 본격적으로 발전하는 데 커다란 공헌을 하였다. 이 이외에 관찰과 실험에 필요한 기구(망원경·현미경·기압계 등)도 17세기에 발명되어 과학 발전의 토대를 이루었다. 이러한 배경에서 뉴턴은 코페르니쿠스(Nikolaus Copernicus), 갈릴레오(Galilei Galileo), 케플러(Johanes

의 직접적인 소산이다.[34] "과학혁명은 질서정연하게 통합된 기계적인 우주상을 제시하는 동시에, 우주와 자연의 외관상의 혼란과 불규칙성에도 불구하고 합리적이고 법칙적인 질서가 존재하며, 인간의 이성은 이를 파악하고, 그럼으로써 이에 생산적인 조작을 가할 수 있다는 인식을 초래하였다."[35] 이렇게 과학혁명을 통해 인간 능력에 대한 무한한 신뢰와 자신감을 가지게 되었으며, "과학의 자율성"과 "정신의 자유로운 활동을 옹호"[36]함으로써, 자유로운 인간의 무한한 진보와 발전이라는 관념이 성숙되는 계기가 되었다.

르네상스와 기독교개혁에 이은 자연권 사상의 대두와 과학혁명을 통해 자유주의 사상이 성숙할 계기는 대체로 마련되었으나, 17세기 영국에서 자유주의 사상이 무르익게 된 배경으로 또 한 가지 생각할 수 있는 것은 상업혁명과 자본주의의 발전이다.[37] 이러한 상업혁명과 자본주의의 발달은 개인의 사유 재산권의 관념을 낳았고, 또 그것의 확보를

Kepler) 등의 업적을 수렴하여 근대적인 새로운 우주상을 제시하였다.

34 Russell, 1959/2003, pp. 312–321.

35 민석홍, 1984, p. 455.

36 Burns et al., 1984/2003, Vol. 3, p. 762.

37 노명식(1991)은 자유주의 사상 대두의 배경을 르네상스·기독교개혁·과학혁명과 함께 자본주의의 발전으로 잡고 있다. 그에 따르면, "르네상스의 세속적 정신은 인간의 관심을 내세의 영생에서 현세의 삶으로 옮기게 하였고, 종교개혁은 개인적 판단에 의한 성서 해석의 길을 열어 교회의 초월적 권위를 부정하고 종교상의 개인주의를 촉진시켰다. 16~17세기의 과학혁명은 우주와 자연은 보편적 불변의 법칙에 의해 움직이는 하나의 기계라는 것을 증명하였는데, 그 법칙 탐구의 과학적 방법은 자유주의의 모델이 되었다. 그리고 화폐 경제의 일반화에 따르는 자본주의적 경제생활은 봉건 사회의 공동체의식을 해체시키면서 개인주의적 관념과 사유재산의 관념을 낳아, 자유주의의 물질적 요인을 준비하고 있었다."(p. 89)는 것이다.

위한 자유로운 경제 활동을 추구하도록 함으로써, 자유주의 사상이 성숙하는 물질적인 토대를 형성하였다.

이상에서 보았듯이, 자유주의 사상은 르네상스와 기독교개혁으로 인한 개인과 세계의 발견 및 신앙과 양심의 자유의 관념을 바탕으로, 17세기 영국에서 발발한 명예혁명과 자연권 사상의 대두, 과학혁명 및 자유주의 경제 체제의 성장을 통해 "16세기 이전의 중세적 사회의 온갖 국면이 근대적인 것으로 전혀 새롭게 변혁하는 가운데서 실제적 정당성과 이론적 타당성을 체계화하게 되었던 것이다."[38] 이러한 배경에서 자유주의는 신앙·양심·표현의 자유 및 제반 정치·경제적 자유, 다른 종교나 신념·양심·의견 등에 대한 관용과 이성적이고 합리적인 태도의 존중, 입헌주의와 민주주의, 그리고 사유재산권의 보호와 기회의 평등 등을 핵심 가치로 하는 사상 체계이다.[39]

이러한 자유주의의 철학적 핵심은 개인주의이다. 즉, 자유주의는 "개인을 사회와 사회 제도 및 사회 구조에 앞서는 것으로 보고, 사회보다 더 현실적이고 보다 더 기본적인 것으로" 간주하며, "사회나 집단보다는 개인에게 보다 더 높은 가치를 부여"하는 사상 체계이다. "따라서 개인의 권리와 요구는 사회의 그것보다 도덕적으로 우선한다"[40]고 보는 것이 바로 자유주의로서, 이는 근대 개인주의의 이론적 및 현실적인 바탕인 것이다. 17세기가 이러한 자유주의가 성숙한 시기라면, 곧 르네상스로부터 발아한 개인주의의 싹이 크게 꽃피운 시기도 바로 17세기부

---

38 노명식, 1991, p. 89.

39 노명식, 1991, pp. 53-84.

40 노명식, 1991, p. 31.

터라고 할 수 있을 것이다.

자유주의와 더불어 절정을 맞은 개인주의의 사조는 18세기의 계몽주의(Enlightenment) 운동과 그로 인한 두 차례의 시민혁명, 곧 미국의 독립혁명(1776년)과 프랑스대혁명(1789년)을 계기로 자유 및 평등과 개인적 권리에 대한 자유주의 이념을 현실의 정치에 실현시킴으로써, 서구 사회에서 사람들의 머릿속에 이념적으로만 머물던 개인주의의 실상이 현실생활에 깊이 착근되도록 하였다. 이어서 19세기에 진행된 산업혁명(Industrial Revolution)의 결과로 공업화와 도시화가 빠르게 진척되고, 생활수준이 향상되어 전반적인 교육수준이 향상됨으로써, 개인주의적인 삶의 양식은 서구 사회의 표준적인 삶의 표준으로 등장하게 되었다.

이러한 과정을 거쳐 서구 사회에서는 단순한 개인의 해방을 넘어서 독립된 개인을 근간으로 하는 새로운 사회상이 탄생한 지 이미 오래이다. "개인용 자동차, 흔히 정서적 집착의 대상이 되는 주거지의 소유권 획득(가정생활의 가치 부여), 점점 더 개인화되고(한 명의 개인만을 위해 준비되고) 개별화된(한 특정한 개인의 욕망에 맞추어진) 서비스와 재산의 소비, 자동화된 기술(비디오·개인용 컴퓨터 등)과 '자동' 또는 '셀프' 서비스에 대한 의존 등 수많은 혁신적 변화에 힘입어, 개인주의는 피할 수 없는 현대의 생활방식으로 확고하게 자리 잡게 된 것이다."[41] 이렇게 개인주의는 이제 "개인적" 개인주의의 차원을 넘어서 "대중적" 개인주의로 전향하고 있다. 르네상스를 통해 선포된 서구 사회의 개인주의는

41 Laurent, 1993/2001, p. 155.

이제 결국 가장 비밀스러운 사회의 내면에까지 파고들어, 더 이상 하나의 이념이 아니라 모두에게 공통된 존재 방식과 삶 그 자체가 되어 있는 것이다.

2. 자유주의의 인간관

이상에서 보듯이, 현대 서구인의 삶의 기본 양식이 되어 있는 개인주의의 이념적 뿌리는 르네상스와 기독교개혁 운동의 결과 17세기에 태동된 자유주의 사상이다. 자유주의는 개인을 사회제도 및 사회구조에 앞서는 것으로 보아, 사회보다 더 현실적이고 보다 더 기본적인 것으로 여기는 신념체계이다. 곧 자유주의는 사회의 존재론적 구성 단위를 서로 독립된 개체로 살아가는 개인이라고 보는 신념체계이며, 이렇게 "개인이 사회에 우선하고, 개인이 사회보다 더 절실하다"고 여김으로써, "논리상 사회는 개인들의 산술적 총계에 불과한 하나의 허구"[42]라고 인식한다. 사회보다 개인의 우선성을 주장하는 개인주의적 요소가 자유주의적 정체성의 제일의 특성인 것이다.[43]

이렇게 자유주의는 개인 존재의 총합체가 곧 사회라는 관념, 곧 사회의 존재론적 구성 단위는 개인이라고 보는 관념을 전제로 하고 있으며, 그런 점에서 개인주의를 그 자체 속에 내포하고 있는 사상체계이다. 그러므로 자유주의적 인간관과 사회관은 개인주의적인 인간관과

42 노명식, 1991, p. 43.

43 Gray, 1885/2007, pp. 16, 155-156.

사회관이다. 곧 자유주의의 기본적인 인간관도 개인주의와 마찬가지로 "개인중심적 인간관"인 것이다.

자유주의의 이러한 개인중심적 인간관은 자유주의가 추구하는 여러 가치들에서 그 구체적 내용이 확인될 수 있다. "자유주의는 일관성과 포괄성을 가지고 있는 하나의 세계관"으로서, 자유주의가 추구하고 있는 여러 가치들은 그것이 개념화하는 인간관과 사회관 속에서 통합적인 의미를 갖추기 때문이다. 곧 "자유주의적 가치들은 자유주의의 인간관과 사회관에 결부"[44]되어 있는 것이다. 학자에 따라 자유주의와 근대 개인주의가 추구하는 핵심 가치와 거기에 담긴 내용 사이의 관련성을 개념화하는 양식에는 서로 차이가 있다. 그러나 이들이 제시하는 내용들은 서로 유사한 가치들이 중복되고 있는데, 이러한 자유주의가 추구하는 가치들은 "자유와 권리", "이성과 진보", 그리고 "평등과 존엄성"의 세 가지 묶음으로 정리해 볼 수 있다.[45]

이렇게 자유주의는 개인의 "자유와 권리", "이성과 진보", 그리고 "평등과 존엄성"의 가치들을 핵심적으로 추구하는 사상체계이다. 자유주의가 추구하는 이러한 세 차원의 가치에서 자유주의 체계가 사회 구성의 기본단위인 개인 존재를 파악하는 관점을 직접 끌어낼 수 있다. "자유와 권리"의 가치에서는 인간 존재의 상호 독립성을 강조하여, 개인을 "자유의 보유자"로 파악하는 입장이 나온다. 이어서 "이성과 진

---

44 노명식, 1991, p. 30.

45 필자(조긍호, 2007a, pp. 77−81; 2012, pp. 79−83)는 노명식(1991), 조긍호(2006, pp. 90−143), Dülmen(1991/2005), Gray(1995/2007), Laurent(1993/2001), Lukes(1973) 등이 제시하고 있는 자유주의의 가치를 이 세 가지로 종합하여 제시하고 있다.

보"의 가치에서는 인간의 합리성을 강조하여, 개인을 "이성의 주체"로 여기는 입장이 나온다. 그리고 "평등과 존엄성"의 가치에서는 인간의 자기완비성을 강조하여, 개인을 언제 어디에서나 일관적인 "안정적 실체"로 개념화하는 입장이 나오게 된다.[46]

1) 자유의 보유자

개인주의의 사상적 배경이 되어 온 자유주의에서는 사회의 궁극적인 구성 단위를 상호 평등하고 독립된 존재인 개인에게서 찾는다. 사회는 이러한 평등하고 독립적인 개인들의 복수적인 집합에 불과하다는 것이다. 개인은 다른 사람들이 미치는 영향력과는 관계없이 존재하는 독립적 개체로서, 스스로 자기의 행위를 선택하여 수행할 수 있는 자율성을 보유하고 있는 독특한 존재라고 간주된다. 이와 같이 개인주의사회에서는 사회의 구성 단위인 개인 존재가 가지는 제일의 특징을 개인이 "자유의 보유자"라는 사실에서 찾는 것이다.

"개인주의의 핵심적 가치는 개인의 자유이다."[47] 자유주의에서는 그 어느 가치보다도 자유가 최고의 위치를 차지하며, 개인적 자유 이외에 자유주의가 추구하는 모든 다른 가치들은 개인적 자유와 밀접하게 관련되어 있다. 자유라는 개념이 서구에서 그 나름의 자리를 차지하게 된 것은 17세기에 들어서서 자유주의 사상이 대두된 이후부터였다.

46 서구 자유주의의 인간관은 필자의 선행저술(조긍호, 2006, pp. 426–441; 2007a, pp. 81–97; 2008, pp. 75–92; 2012, pp. 109–119)의 내용을 기초로 재정리하였는데, 필요한 경우에는 관련 내용을 그대로 따오기도 하였다.

47 노명식, 1991, p. 53.

개성의 적극적인 발휘를 인정하고 존중하는 르네상스와 신앙과 양심의 자유라는 관념을 탄생시킨 기독교개혁을 거치면서 정치적 자유, 표현의 자유, 경제적 자유 같은 근대적 자유의 관념이 보급되었을 뿐만 아니라, 이러한 시민적 제 자유는 곧 인간이 천부적으로 갖추고 있는 권리라는 인식이 뿌리를 내리게 된 것이 17세기였다. 그리하여 "홉스와 로크 시대에 이르면, 어떤 권위도 침범할 수 없는 자연적 초시간적 천부의 권리의 구체적 실체로서의 개인이라는 관념"이 자연권 사상과 함께 다양한 삶의 기반으로 굳어지게 되었으며, "여기서 시민적 제 자유(civic liberties)가 당연한 권리로서 주장되기에 이른 것이다. 이토록 16세기 이래 서구 세계에서는 양심의 자유, 신앙의 자유, 정치적 자유, 표현의 자유, 경제적 자유 및 시민적 제 자유의 기본적 관념들이 성장하여, 근대적 의미의 개인적 자유의 관념이 수립되었다."[48] 이렇게 근대적인 개인적 자유의 개념은 개인의 권리라는 개념과 동전의 앞뒷면처럼 쌍벽을 이루는 관계에 있다. 개인의 자유는 개인의 권리 수호를 목표로 하는 것이고, 개인의 권리는 개인의 자유의 확보를 그 바탕으로 하는 것이다.

자유주의가 추구해 온 제일의 이념은 이와 같이 개인적 자유의 확보에 있었다. 자유주의의 이념에 비추어 볼 때, 개인은 자율적으로 신앙과 양심 및 도덕 표준을 누구의 간섭이나 제재도 받지 않고 스스로 선택하고 준수할 자유를 가진 존재이다. 개인은 이렇게 자기가 자율적으로 선택한 신앙·양심·사상 및 도덕 표준을 누구의 간섭이나 제재도

48 노명식, 1991, pp. 57–58.

받지 않고 말이나 글 또는 행동으로 표현할 수 있는 자유를 가지고 있다. 뿐만 아니라, 개인은 스스로가 본래부터 갖추고 있는 여러 가지 권리를 보호하고 또 이를 신장시켜 줄 수 있는 정치체제와 그 대표자들을 자율적으로 선정할 수 있는 자유를 지니고 있으며, 자기의 사적 소유권과 사적 이익을 어떠한 부당한 간섭이나 제재도 받지 않고 적극적으로 추구할 수 있는 자유를 갖추고 있다. 또한 개인은 사적 공간과 영역을 확보하여 진실로 자기 혼자만의 사생활을 즐기고, 자기만이 갖추고 있는 독특한 개성을 신장시킬 수 있는 자유도 가지고 있다. 자유주의의 이념에 따르면, 이러한 모든 자유는 개인에게 천부의 권리이기도 한 것이다.

이상에서 보듯이, 개인 존재가 "자유의 보유자"로서 지니는 가장 기본적인 특징은 자율적인 선택의 가능성이 그에게 주어져 있다는 사실이다. 개인은 스스로의 판단과 원망(願望)에 따라 자율적으로 자기에게 가장 유리하거나, 가장 적합하거나, 또는 가장 타당한 신앙·양심·사상·도덕률·정치체제 및 경제체제를 선택할 권리를 갖추고 있으며, 이것이 바로 개인적 자유의 내용인 것이다. 따라서 개인적 자유의 핵심은 바로 이러한 개인의 자율성에서 찾을 수 있다. 또한 자유주의 이념에서는, 개인은 자유의 보유자로서 이러한 자율성을 최대로 행사할 수 있는 자기만의 공간과 영역을 지니고, 그러한 사적 영역에서 자기 독특성의 발전을 최대한 꾀할 수 있다고 전제한다. 곧 누구의 간섭과 제재도 받지 않는 사적 영역의 확보는 자율성 행사의 전제 조건인 것이다.

자유의 보유자인 개인의 가장 기본적인 특징인 자율성은 "개인이 독자적이고 합리적인 가치 판단의 주체임을 의미"[49]하는 것으로, 개인이 타인이나 사회 또는 여러 사회적 장치와는 분리된 독특한 존재라는 독립성과 독특성의 개념을 전제로 한다. 곧 개인의 사고와 행동은 독립적인 존재인 개인의 것이며, 그의 통제 밖에 있는 작인(作因)이나 원인에 지배되지 않고, 순전히 그 자신만의 독특한 의지와 의사에 따라 결정된다는 자발적 방향 설정 또는 자기결정성이 곧 자율성의 내용이다. 따라서 개인은 자기가 직면하는 압력과 규범을 의식적 비판적으로 평가하여 자기만의 독특한 의도를 형성하고, 또 독립적이고 합리적인 숙고를 거쳐 실제적 결정을 할 수 있는 한에서 자율적이다. 말하자면, 자율성은 개인의 독립성과 자기결정성 및 독특성을 통해 드러나는 가치인 것이다.

2) 이성의 주체

자유주의자들이 동물과 다른 인간의 중핵 특성이라고 여기는 것은 이성(理性)의 능력이다. 인간은 이러한 이성의 능력을 갖추고 있기 때문에 합리적으로 사고하고 판단하여 세상을 살아가며, 따라서 이러한 이성은 인간 사회가 진보하고 발전할 수 있는 원동력이 된다는 것이다. 물론 자유주의자들은 인간에게 이러한 이성의 능력만이 아니라 이기적인 제반 욕망도 갖추어져 있다는 점을 인정한다. 그러나 욕망은 인간만이 아니라 동물들도 갖추고 있는 것이므로, 욕구가 인간의 중핵 특성일 수는 없다는 것이 그들이 인간을 파악하는 관점이다. 동물과 다른 인간

49 김영한, 1975, p. 111.

의 특성은 바로 인간만이 "이성의 주체"라는 사실에서 찾을 수 있으며, 따라서 인간만이 합리적인 사고와 판단을 통해 진보와 발전을 이룰 수 있는 존재라는 것이 그들의 인간 파악의 특징인 것이다.

이렇게 자유주의자들은 인간을 이성과 욕망의 복합체라고 간주한다.[50] 인간이 갖추고 있는 이기적 욕망은 제반 인간 행동의 제일의 원천으로 작용한다는 것이 자유주의자들의 생각이다. 자유주의자들은 개인은 기본적으로 이기적인 정열과 욕망에 따라 활동하고 행동하는 존재로서, 자기 자신의 행복과 쾌락 및 만족의 추구가 인간 행동의 제일 동인(動因)이라고 보는 것이다. 따라서 자유주의자들은 이러한 쾌락 추구를 위해 적극적으로 노력할 권리가 모든 개인에게 천부적으로 주어져 있을 뿐만 아니라, 아무런 외적인 간섭과 제재만 없다면 최대한의 쾌락 추구라는 자기 본위적 목표가 달성될 수 있다고 간주한다.

여기에서 자유주의의 욕망관과 이성관이 만나게 된다. 자유주의에서는 인간은 이기적인 쾌락 추구의 욕망과 함께 "이성의 주체"로서, 자기가 가지고 있는 욕망의 내용을 인식함은 물론, 이를 자기에게 유리하게 충족시킬 수 있는 방식을 합리적으로 선택할 수 있는 존재라고 보는 것이다. 이렇게 자유주의에서는 욕구의 인식과 그 실현 방법의 선택이 전적으로 개인이 가지고 있는 이성의 결과라고 보아, 욕망에 대한 이성의 우월성을 가정한다.[51]

50 노명식, 1991 p. 38.

51 욕망이 있고, 그것을 추구하는 동력이 있는 것만으로는 그 욕망의 충족이 보장되지 않는다. 이를 자기에게 가장 적절하고 유리한 방법을 선택하여 행동으로 옮겨야 욕망의 충족 여부가 결정된다. 이성은 이러한 선택의 기능을 수행하는 인간의 본성이다. 이성은 개인이 가진 서로 다른 욕망들이 경쟁할 때, 그리고 나

자유주의의 욕망관과 이성관이 만나게 되는 또 하나의 접점은 개인 사이의 욕망 충돌의 가능성에서 찾을 수 있다. 누구든지 천부의 재산권과 소유권에 따라 자기의 이기적 욕구를 채우려 하다 보면, 반드시 욕구의 충돌이 빚어질 수밖에 없고, 그렇게 되면 사회는 혼란에 빠져 서로 간에 공멸하는 상태에 이르게 될 것이다. 이러한 충돌을 피하기 위해 개인들이 동의하여 욕구 조정의 체제를 만들기로 합의하게 되고, 그 결과 나타나는 것이 국가체제라고 자유주의자들은 주장한다. 이것이 유명한 사회계약설(社會契約說)의 요지인데, 이러한 계약설의 근저에는 개인 존재가 가지고 있는 이성 혹은 합리성에 대한 믿음이 놓여 있다. 이렇게 개인들의 욕망이 충돌하여 낳게 될 파괴적 혼란을 방지해 주는 장치가 바로 개인이 본래부터 갖추고 있는 이성 혹은 합리성이라고 보는 것이 개인주의의 기본 이념이다.

자유주의는 계몽사상으로 이어지면서 인간의 이성에 대해 초기보다 더 적극적이고도 낙관적인 관점을 밝히고 있다. "이 흐름의 자유주의자들에게 있어서 이성은 계산 능력보다 더 높은 차원의 것으로서, 개인생활과 사회생활을 그 이성의 이상(理想) 위에 수립할 수 있다고 믿는다."[52] 그들은 개인이나 사회는 이러한 합리적인 이성의 기능에 의해 자연과 인간성에 대한 합리적 이해를 할 수 있게 된다고 생각한다. 그

의 욕구와 타인의 욕구가 충돌할 때 "가장 경제적인 방법으로 최대의 만족을 얻는 방법을 가르친다." 따라서 "이성은 본질적으로 자기이익을 가장 효과적으로 추구할 수 있는 계산 능력"(노명식, 1991, p. 41)을 본질로 한다. 이렇게 욕망이 이성보다 선행하는 것일지는 모르지만, 그 충족 여부는 오로지 그 충족 방법에 대한 합리적인 계산과 선택에 달려 있게 마련이고, 이러한 관점에서 보면 인간의 삶에서 이성은 욕망보다 우월한 것이다.

52 노명식, 1991, p. 42.

뿐만 아니라 자유주의자들은 이러한 합리적 이해에 근거하여 불합리하거나 비합리적인 정열·욕망·증오·편견·습관·전통 따위의 굴레에서 벗어나게 되고, 그 결과 인류의 진보와 행복에 보편적으로 적용할 수 있는 원리들을 체계적으로 도출할 수 있게 된다고 믿는다. 이렇게 이성은 인간과 자연 및 인류 사회를 지배하는 보편적 원리를 발견해 낼 수 있는 과학적 탐구의 근거이며, 결과적으로 인류 사회의 진보는 바로 이성이 인간에게 본유적으로 갖추어져 있다는 사실 때문에 가능하게 된다고 자유주의자들은 보고 있는 것이다. 이와 같은 자유주의를 사상적 배경으로 하고 있는 개인주의사회에서는 인간 존재를 "이성의 주체"로 파악하는 특징을 띤다.

이상에서 보듯이, 이성의 주체로서 개인은 다른 사람들과의 충돌을 최소화하는 범위 안에서 자기의 개인적인 욕구를 실현할 수 있는 최선의 방책을 강구함으로써, 자기이익의 최대화를 꾀할 수 있는 존재이다. 이성은 합리적 선택의 근거이고, 앞에서 살펴본 자율성은 자유로운 선택을 의미하는 것이었다는 점에서, 이성의 주체로 개인 존재를 파악하는 자유주의의 입장은 개인의 "자율성"이라는 요소와도 관련을 맺고 있다고 할 수 있다. 이성 주체인 개인은 스스로의 이성에 따른 합리적 선택을 적극적으로 추구할 수 있는 권리를 지니고 있고, 이러한 과정에서 자기이익이 최대로 보장된다고 여긴다. 그러므로 이성의 주체인 개인들은 합리적이고 자율적인 선택을 거쳐 자기의 이익을 최대한도로 확보하기 위해 적극적으로 "자기주장"을 하는 일을 자연스럽게 받아들여 강조하게 된다.

3) 안정적 실체

서구 사회에서는 일찍부터 모든 사물이 안정적이며 일관적인 특성을 가지고 있다고 믿고, 이를 사물의 본질이라 여겼다. 이러한 안정적이며 일관적인 특성을 가지고 있는 것은 자연 사물뿐만 아니라 동·식물과 같은 생물들, 그리고 심지어는 사람도 마찬가지라 여겼으며, 각각이 가지고 있는 안정적인 실체로서의 본질을 파악하게 되면, 세상의 모든 삼라만상을 이해할 수 있을 것이라 생각했다. 이렇게 안정적인 실체로서 사물의 본질을 이해하려는 경향은 서구 문화 발상의 원천인 그리스 문명에서부터의 전통이었다.[53] 이러한 태도는 서구에서 과학이 발달하는 데 크게 영향을 미쳤는데, 17세기의 자유주의 시대에 이러한 전통은 더욱 확고해져서 과학혁명을 낳는 계기가 되었다.[54]

이와 같은 맥락에서 서구 사회에서는 모든 행위와 심리적 경향의 원천이 되는 내적 성향(성격·능력·감정·동기 등)을 개개인이 본유적으로 갖추고 있으며, 이러한 내적 성향은 시간과 상황에 따라 거의 달라지지 않는 불변적이며 안정적인 경향을 띤다고 인식하는 전통이 강하였다. 자유주의 사상가들은 사람은 누구나 스스로의 행동을 주도할 수 있는 불변적이고 안정적인 내적 속성을 갖추고 있으며, 또한 이를 개발하여 자기실현을 이룰 수 있는 자율성을 갖추고 있다는 점에서 인간은 평등하고, 그러한 내적 속성들은 각 개인에게 특유하다는 점에서 인간은 존

53 Nisbett, 2003, pp. 1−28, 29−39; Nisbett, Peng, Choi, & Norenzayan, 2001.

54 민석홍, 1984, pp. 453−455; 조긍호, 2006, pp. 167−173; Russell, 1959/2003, pp. 312−321.

엄하다고 보았다. 곧 안정적이고 불변하는 내적 속성을 갖추고 있다는 사실은 누구나 마찬가지고(평등성), 또 이러한 내적 속성은 안정적일 뿐만 아니라 불변적이기 때문에 그 특유성과 유일성을 갖는다는 점(존엄성)에서 인간의 평등성과 존엄성의 근거가 생겨난다는 것이다.[55]

이렇게 개인은 누구나가 고정적 불변적인 성향을 갖춘 "안정적 실체"이기 때문에 스스로에 대한 주권을 갖추고 있고, 이러한 점에서 누구나 평등하고 존엄한 존재이다. "자유주의의 철학적 핵심은 개인주의이고, 개인주의에 있어서의 개인의 개념은 본질적으로 보편적이고 평등주의적이다."[56] 비록 그 내용은 서로 다를지라도, 누구나가 똑같이 고정적·불변적인 성향을 갖추고 있는 안정적 실체이고, 이러한 점에서 누구나가 똑같은 주권적 실체라는 사실에서 인간 존엄성의 근거를 찾을 수 있는 것이다.

이와 같이 안정적이고 불변적인 심리적 속성이 개인에게 원천적으로 부여되어 있다는 사실은 개인을 단순히 그러한 속성들의 담지자로서 파악하는 개인에 대한 추상적 관념을 산출한다. 루크스(S. Lukes)에 따르면, 스스로의 행동과 제반 심리적 경향의 원천이 되는 내적 성향을 본유적으로 갖추고 있는 불변적·안정적인 실체로 개인 존재를 인식하는 개인에 대한 추상적 관념은 개인주의의 기본 요소의 하나로서, 이러한 관념은 17~18세기 자유주의 사상의 모태로 작용하였다. 더구나 이는 자유주의 이론가들의 자연권 사상과 사회계약설의 기초가 되어 있

55 조긍호, 2006, pp. 167−173; Lukes, 1973, pp. 45−51, 73−78, 125−137.

56 노명식, 1991, p. 82.

는 관념이기도 하다.[57] 곧 자유주의의 핵심인 자연권 사상과 사회계약설은 개인 존재에게 안정적이며 불변적인 기본권과 내적 성향이 본유적으로 갖추어져 있다는 사실을 전제로 하여 성립되고 있는 것이다.[58]

불변적·안정적 실체로서 개인 존재를 파악하는 자유주의의 이념을 그 사상적 배경으로 하고 있는 개인주의사회에서는 세계를 서로 구별되는 독특한 불변적이고 안정적인 속성을 보유한 대상들로 구성되는 고정되고 안정된 곳이라고 본다. 이들은 개인의 성격 특성이나 능력도 선천적이고 안정적인 것이어서 시간이나 노력에 따라 변화하지 않는다고 간주한다. 이렇게 개인주의사회에서는 개인의 행위를 안정적이고 불변적인 내적 속성의 발현이라고 보아, 내적 속성과 외적 행위의 불일치, 내적 속성들 사이의 상황 간 불일치 및 외적 행동들의 상황 간 불일치는 개인의 정체성에 심한 혼란을 야기하게 되고, 결과적으로 "안정성"과 "일관성" 추구의 경향이 강해지는 것이다. 또한 이렇게 안정적 실체로 개인 존재를 파악하게 되면, 자기가 미리부터 갖추고 있는 "장점의 확충"을 자기향상의 방법으로 중시하게 된다.

57 Lukes, 1973, pp. 73−78.

58 자연권 사상가들은 개인은 그의 행위와 심성의 모든 본질적 원천을 본유적으로 갖추고 있는데, 이는 고정적·불변적·안정적인 것으로서, 결코 남에게 양도할 수도 없고, 또 그 어떤 것으로부터 침해받아서도 안 되며, 이것이 바로 국가 형성 이전의 자연 상태의 모습이라고 본다. 자연 상태에서 개인이 가지는 스스로에 대한 원천적인 주권(sovereignty)은 바로 이러한 고정적·불변적 속성의 본유적인 소여성(所與性, givenness)에 그 근거가 있으며, "이러한 개인적 주권이 집단권위(Group−authority)의 유일한 원천으로서, 사회는 개인의 의지와 권력의 집합체(aggregate)일 뿐"(Lukes, 1973, p. 74)이라고 자유주의자들은 인식하고 있는 것이다.

3. 현대 서구심리학의 특징과 문제점

서구인들이 보이는 개인주의적인 삶의 모습은 전통적으로 이 사회에서 인간과 세상사를 파악하는 배경으로 작용해 온 자유주의 사상의 인간관에서 직접 도출되는 것이다. 자유주의자들은 사회를 이루는 기본단위인 개인을 "자유의 보유자"라고 보아 개인이 하는 모든 사회행위의 원천을 개인의 속성 자체에서 찾으려 하므로, 인간의 존재의의를 타인과 분명한 경계를 이루는 독립적인 존재로서의 "개체성"에서 구한다. 또한 그들은 인간은 하나의 동물체로서 이기적·쾌락적 욕구에 의해 지배되기는 하지만, "이성의 주체"로서 합리적 계산을 통해 욕구 충족을 도모하는 존재이어서, 이러한 "합리성"이 인간과 여타 동물을 구분 짓는 인간의 중핵적 특성이라고 간주한다. 뿐만 아니라 자유주의자들은 인간은 모든 행위의 원천인 내적 속성들을 완비하여 갖추고 있는 "완비적 실체"이어서, 상황의 변이에도 불구하고 불변하는 "안정성"을 갖는다고 상정한다.

이 사회에서 개인은 "자유의 보유자이기 때문에 스스로의 자율적인 선택과 독특성을 중시하게 되고, 스스로가 이성의 주체로서 합리성의 원천이기 때문에 적극적인 자기주장을 강조하게 되며, 안정적인 실체이므로 자기의 신념이나 행동 체계들 사이에 일관된 안정성을 추구하는 삶의 태도를 갖추게 되는 것이다."[59]

빌헬름 분트(Wilhelm Wundt, 1832~1920)와 윌리엄 제임스(William

59 조긍호, 2008, p. 499.

James, 1842~1910) 같은 거장들에 의해 19세기 중엽 이후 철학으로부터 독립하여 과학적 심리학이 창시된 이후, 서구심리학은 객관적·과학적 연구를 통해 인간 행동과 심리 과정에 관해 괄목할 만한 연구 성과를 축적해 왔다. 이러한 연구들의 배경에는 데카르트(Rene Descartes, 1596~1650)의 심신이원론(心身二元論)에 근거한 근대적 과학관이 놓여 있었다. 그러나 최근에는 근대적 과학관에 기초하여 지나치게 경험주의와 객관주의에 몰두하여 심리학의 연구가 이루어지는 데 대한 비판들이 많이 제기되고 있다.[60]

이러한 비판들 중 대표적인 것은 지나친 개인중심주의, 기계론적 환원론(還元論), 그리고 과거 및 현상 중심주의 등을 들 수 있다. 현대 서구심리학이 안고 있는 이러한 문제점들은 서구인이 보유하고 있는 인간관과 직접 또는 간접적으로 관련을 가지는 것들이다. 즉, 개체성을 중심으로 인간을 이해하는 서구인의 관점은 심리학의 연구를 지나치게 개인중심주의에 경도되게 하였고, 합리성을 중시하여 인간을 이해하는 입장은 심리학의 연구가 기계론적 환원론에 의해 주도되도록 하는 데 어느 정도 영향을 미쳤다. 그리고 인간의 실체성을 강조하는 관점은 과거 및 현상 중심주의에 빠지게 만들었다.[61]

60 이러한 비판들에 대해서는 민경환(1986), 이정모(1994, 1997, 2006, 2007), Gergen(1973) 참조.

61 서구 현대심리학의 문제점은 필자의 선행저술(조긍호, 2008, pp. 501-513; 2012, pp. 838-859)의 내용을 기초로 재정리하였는데, 필요한 경우에는 관련 내용을 그대로 따오기도 하였다.

1) 개인중심주의

전통적 심리학은 인간의 사회적 존재로서의 특성을 도외시하고, 지나치게 추상화된 원자적(原子的) 존재로서의 개인(abstracted atomistic individual)을 대상으로 하여 왔다. 곧 실제적인 생활인이 아니라 실제로는 존재하지 않는 상상적인 원자(imaginary atom)로서의 개인을 상정하고, 다시 말하면 사회적 존재 특성을 모두 사상(捨象)해 버리고 남는 껍데기만을 다루어 왔던 것이다. 이는 미국식의 개인주의적 생활 태도와 지나친 자연과학의 모방 및 과도한 보편성의 추구에 그 까닭이 있었던 것으로 보이지만,[62] 근본적으로는 인간을 개체성을 기반으로 하여 이해하려는 자유주의의 인간관으로부터 직접적으로 도출되는 연구의 태도였다고 볼 수 있다.

서구 개인주의의 사상적 배경이 되어 온 자유주의는 "개인을 사회제도 및 사회구조에 앞서는 것으로 보아, 사회보다 더 현실적이고 더 기본적인 것"으로 여기는 신념체계이다. 곧 자유주의는 사회의 존재론적 구성 단위를 서로 독립된 개체로 살아가는 개인이라고 보는 신념체계로서, 이렇게 "개인이 사회보다 우선하고, 개인이 사회보다 더 진실하다"고 여김으로써, "논리상 사회는 개인들의 산술적 총계에 불과한 하나의 허구"[63]라고 인식한다. 이와 같이 자유주의의 세계관에서는 움직일 수 없는 중심점을 개인에게 두고 있고, 그렇기 때문에 자유주의는

62 민경환, 1986, pp. 238−242; Burr, 2002, pp. 1−24; Gergen, 1973, 1982, 1985, 1994; Sampson, 1983, pp. 95−110.

63 노명식, 1991, pp. 31, 43.

개인보다 사회를 앞세우는 어떤 종류의 사회이론에 대해서도 한결같이 대항해 왔던 것이다.

개인의 개체성을 인간의 존재의의의 출처로 보는 이러한 관점에서는 타인과 다른 개인의 독특성(uniqueness)을 사실 이상으로 과장하여 인식하는 경향을 낳는다. 그리하여 서구심리학에서는 개인 사이의 제반 차이가 중요한 연구 문제로 부각된다. 환경 자극에 대한 개인의 반응 양식의 차이인 성격(性格, personality)에 대한 서구심리학자들의 정의 자체 속에 이러한 개인차(individual difference)를 중시하는 관점이 잘 드러나 있다. 초기의 대표적인 성격이론가인 고든 올포트(Gordon W. Allport)는 성격을 "환경에 대한 개인의 독특한 적응을 결정하는 개인 내의 정신신체적 체계들의 역동적 조직"[64]이라 정의하여, 적응 양식의 개인차를 성격의 핵심요인이라 보는 입장의 효시를 열고 있으며, 또 다른 대표적인 성격학자인 길포드(J. P. Guilford)는 성격을 "한 개인의 고유한 특성 패턴"[65]이라 정의하여, 올포트를 이어 성격이 개인차를 기반으로 하는 개념임을 분명히 하고 있다. 개체성을 중시하는 연구 경향이 낳은 또 다른 연구의 문제로는 지능(知能, intelligence)과 적성(適性, aptitude) 같은 지적 능력의 개인차에 관한 연구들을 들 수 있다.[66]

이러한 적응 양식과 지적 능력의 개인차와 이를 측정하는 도구(성격

---

64 Allport, G. W., 1937, p. 48.

65 Guilford, 1959, p. 5.

66 지적 능력의 개인차에 대한 관심은 Francis Galton이 1869년에 출판한 *Hereditary Genius* (London: Macmillan)에서부터 비롯되어, 1905년에 이미 Alfred Binet와 그 제자인 T. Simon이 현대적인 지능검사를 제작하고 있을 정도로, 성격의 개인차에 대한 관심보다 오래된 역사를 가지고 있다.

검사·지능검사·적성검사 등)를 개발하기 위한 연구들은 초창기 심리학의 핵심적인 연구주제들이었으며, 오늘날까지도 심리학자들의 중요한 연구주제가 되어 있다. 또한 심리학에서 실험 연구들의 자료를 분석하는 통계 방법들은 동일한 자극에 대한 개인들의 반응의 차이의 크기인 변산(變散, variance)의 개념을 핵으로 하고 있다는 사실은[67] 심리학자들이 개인차를 얼마나 중시하고 있는지에 대한 단적인 예가 된다고 볼 수 있다.[68]

이렇게 개인의 개체성을 중시하는 사상적 맥락에서 서구인들은 개인의 특성을 통해 사회의 특성을 이해할 수 있다고 생각하는 전통이 강하였다고 볼 수 있다. 그들은 개인은 모든 원인을 스스로 갖추고 있는 존재이며, 따라서 자율적인 주체로서의 개인의 행동과 심리를 이해하여 종합해 내면 곧 사회의 이해에 도달할 수 있다고 보는 입장을 견지하고 있었다.[69] 바로 이러한 태도가 서구심리학에서 개인중심적인 연구의 전통을 형성하였다고 볼 수 있다.

그러나 인간에게서 사회적 존재 특성을 제거하고 추상화시키게 되

67 실험 조작을 가한 집단들 사이의 차이가 독립변인(independent variable)의 실험조작에 의한 차이인지 아니면 우연에 의해 유발된 차이인지를 분석하는 대표적인 방법인 변량분석(變量分析, analysis of variance)은 기본적으로 집단간 차이 변산과 개인간 차이 변산 사이의 비율을 통해 차이검증을 하는 방법이다.

68 물론 차이검증과 함께 통계적 분석방법의 양대 축을 이루는 상관분석의 방법은 유사성을 분석하는 방법으로 생각할 수 있으나, 상관관계란 두 사상(事象) x와 y에 대한 여러 사람의 반응사이의 관계를 분석하는 것으로, 사람들 사이의 유사성이 아니라 기본적으로 x, y 두 사상 간의 유사성을 나타낼 뿐이다. 이러한 상관분석의 방법은 실험심리학자들에 의해 차이검증에 대한 보조적인 연구방법으로 받아들여져 온 것이 사실이다. 상관분석을 통해서는 인과관계를 추론할 수 없기 때문이다.

69 Burr, 2002, pp. 4-10.

면, 실제로는 그런 사람은 어디에도 존재하지 않는다. 이는 단지 심리학자들의 상상 속에서만 존재할 뿐이며, 이런 빈껍데기들을 실험실에 모아 놓고 실증적인 실험이나 관찰을 한다고 해서 실제적인 인간 이해, 특히 사회행동의 이해에는 별로 도움이 되지 않을 것이다. 하이더(F. Heider)가 심리학, 특히 사회심리학의 나아갈 방향을 일상심리학(日常心理學, naive psychology) 또는 상식심리학(常識心理學, common-sense psychology)이라고 규정한 것[70]은 바로 이러한 이유에서일 것이다.

이와 같이 개체성에서 인간의 존재의의를 찾는 서구의 관점만이 보편적으로 타당한 인간 이해의 입장이라고 볼 수는 없다. 앞으로 보게 되겠지만, 동아시아 유학자들은 인간 존재를 사회적 관계망(關係網) 속에서 파악한다. 그들은 사회란 개인들로 구성되는 것이 아니라 다른 사람과 맺는 관계로 구성된다고 보아 인간을 관계 속의 존재로 규정함으로써, 개체성보다는 사회성을 주축으로 하여 인간을 이해한다.

이러한 유학사상의 관점에 서면, 사회관계를 제거해 버린 추상화된 인간 존재란 그 자체를 상정할 수 없는 것이다. 따라서 전통적인 심리학의 지나친 개인중심주의를 타당한 연구 방향이라고 보기는 힘들다. 샘프슨(E. E. Sampson)도 이러한 점을 지적하여, "인류 역사에 대한 심리학의 가장 중요한 기여는 추상화된 원자적 개인의 분석으로부터 … 개인 중심에서 벗어난 관계 속의 대상(decentered subject in relation)의 이해로 … 그 자체 급격한 변혁을 하는 데에서 찾아질 수 있을 것"[71]이라고 진술하고 있다.

---

70 Heider, 1958, pp. 4-7.

71 Sampson, 1983, p. 140.

이러한 맥락에서 고찰해 보면, 현대 서구심리학이 안고 있는 지나친 "개인중심주의"의 문제점을 탈피하기 위해서는 인간의 존재의의를 사회적 관계체로서의 인간의 사회성에서 찾는 유학사상을 심리학의 연구 내용 속에 받아들여야 한다는 당위성이 도출된다.

2) 기계론적 환원론

전통적인 서구심리학은 기계론적 인간관에 입각하여 인간의 반성적 능력을 무시하고, 인간을 단지 수동적인 피동체로만 파악해 온 한계를 노정하고 있다.[72] 이러한 비판은 현대심리학 자체에서도 특히 인본주의(人本主義, Humanistic Psychology)를 표방하는 학자들에 의해 제기되어 왔던 것이다.

인본주의를 부르짖는 심리학자들은 기존의 심리학을 지배해 왔던 입장을 행동주의(行動主義, Behaviorism)와 정신분석학(精神分析學, Psychoanalysis)이라고 보고, 이 두 세력이 모두 기계론적 환원론(mechanistic reductionism)에 입각하여 인간을 이해하려는 오류에 빠져 있다고 지적한다. 즉, 행동주의자들은 인간을 환경 자극의 피동적인 수용체라고 보는 입장에서, 자극-반응 관계(stimulus-response relationship; S-R 관계)에 따라 인간 행동을 파악함으로써, 모든 행동의 원인을 환경 자극의 함수로서 파악하는 기계적인 환경환원론(環境還元論)에 빠지고 말았다는 것이다. 물론 후에 등장한 신(新)행동주의에서 유기체 변인(有機體 變因, organismic variable)을 삽입하여 S-O-R 관계

72 Harré, 1984; Harré & Secord, 1972.

의 연구로 그 입장을 변경시키기는 하였지만, 궁극적으로 환경 자극에서 인간 행동의 원인과 근거를 찾으려고 했다는 점은 같은 것이다. 또한 정신분석학 체계에서는 인간 행동의 원인을 전적으로 성욕과 같은 무의식적인 생물적 욕구에서 구함으로써, 역시 기계적인 생물학적 환원론(生物學的 還元論)에 빠지고 말았다.

이렇게 보면, 행동주의와 정신분석학은 레빈(Kurt Lewin)의 유명한 공식, B = f(P, E), 곧 인간의 행동은 개인적 요인(P)과 환경적 요인(E)의 상호작용의 함수라는 공식에서,[73] 어느 한 쪽만을 강조하는 입장에 서 왔다고 할 수 있다. 행동주의는 과도하게 환경 요인만을 행동의 원인으로 강조해 왔고, 정신분석학은 과도하게 개인적 요인, 그중에서도 생물학적인 욕구만을 강조해 왔던 것이다.

이와 같이 전통적 심리학은 인간의 행동을 포함하는 자연 현상의 원인을 설명하는 원인 상태로 아리스토텔레스가 제시한 네 요인 −질료인(質料因, material cause), 형상인(形相因 , formal cause), 작용인(作用因, efficient cause), 목적인(目的因, final cause)− 가운데,[74] 질료인(정신분석학의 경우)과 작용인(행동주의의 경우)만을 중심으로 하여 인간 행동을 이해

73 Lewin, 1935, p. 79.

74 "질료인"은 물체 자체의 질료적 속성에서 그 원인을 찾는 것이다. 인간의 생물적 속성에서 행동 원인을 찾으려는 정신분석학은 이 요인을 중심으로 설명하려는 입장을 취한다고 볼 수 있다. "형상인"은 물체가 놓여 있는 본질적인 상황에서 원인을 찾는 것이다. 사물들 사이의 관계 구조에서 원인을 찾으려는 입장이 이에 속한다. "작용인"은 어떤 현상의 선행사건에서 원인을 찾으려는 것이다. 행동주의자들이 환경 자극에 대한 반응으로 인간의 행동을 분석하려는 시도가 작용인에서 원인을 찾는 대표적인 관점이다. "목적인"은 행위가 지향하는 미래의 목적에서 원인을 찾는 것이다. "~하기 위해서"가 대표적인 목적인이다. 이에 대해서는 Barnes(1982/1989, pp. 100−109) 참조.

하려 하였기 때문에 "기계적 결정론"에 빠지고 말았다고 볼 수 있다. 이러한 점은 거의 모든 전통적 심리학이 안고 있었던 문제점이라 할 수 있다. "그러나 과연 이러한 가정(질료인과 작용인만을 원인으로 인정하는 기계적 결정론의 가정)이 타당한가에 대하여 이의가 제기될 수 있다. … 인간의 심리 현상, 특히 심리적 현상들을 인간의 행위로 간주하게 될 때 목적과 의도의 개념을 포함시키지 않고서도 충분한 설명이 가능한가에 대하여는 심각한 의문이 제기"[75]되는 것이다.

전통적인 서구심리학이 이러한 기계론적 환원론에 빠지게 된 것은 합리성을 기반으로 하여 인간을 이해하려는 서구인의 입장에서 어느 정도 기인된 바가 크다. 그들은 인간 행동의 설명 체계를 인간 자신의 내적 속성(질료인)과 환경 세계에서 주어지는 선행 자극(작용인)에서 찾으려는 관점을 가장 합리적이라고 보는 견해를 견지해 왔던 것이다. 예컨대, 미래의 목적에서 원인을 찾으려는 것은 "선행사건이 후행사건의 원인"이라는 보편적 원리를 위배하는 것이어서, 합리성에 어긋나는 것으로 받아들였던 데서 그 까닭의 일단을 찾아볼 수 있을 것이다. "선행사건이 후행사건의 원인"이라는 원리는 사물의 세계나 동물의 세계에는 매우 잘 적용되는 보편적이고 합리적인 것이기 때문에, 이에서 벗어나서 "후행 목적이 선행 행동의 원인"이라는 사실을 인정하기 어려웠을 것이다.

이러한 기계론적 환원론에서 벗어나는 길은 인간이 동물과는 질적으로 다르다는 전제에서 출발할 수밖에 없다. 서구인들이 여타 동물과

75 이정모, 1994, p. 25.

다른 인간만의 배타적이고 고유한 특성이라고 보는 것은 이성의 능력이다. 서구 자유주의자들에게 "이성은 본질적으로 자기이익을 가장 효과적으로 추구할 수 있는 계산능력"을 말하는 것이다. 이성은 개인이 가진 서로 다른 욕망들이 경쟁할 때, 그리고 개인의 욕구가 타인의 욕구와 충돌할 때 "가장 경제적인 방법으로 최대의 만족을 얻는 방법을 가르친다."[76] 이렇게 자유주의자들에게 있어 이성은 욕구 충족을 위한 합리적 계산을 제일의 기능으로 하는 능력이다. 이렇게 서구인들이 동물과 다른 인간의 특성이라고 간주하는 이성 능력은 합리적인 방안 강구의 능력일 뿐이라는 한계를 가지고 있다. 그러므로 이성의 능력은 합리적 계산을 통해 행위를 주도하는 기능을 갖는 것일 뿐, 인간 행동의 근본적 원인을 환경자극이나 생물학적 욕구에 환원하여 이해하려는 관점을 근본적으로 변화시킬 수 있는 가능성을 이성의 능력에서 찾을 수는 없다. 즉 합리적 방안의 강구가 이성의 기능일 뿐, 환경이나 생물적 특성에 환원하여 인간을 기계적으로 파악하려는 관점 자체를 수정할 수 있는 힘을 이성에서 찾을 수는 없는 것이다.

계몽사상으로 이어진 자유주의에서는 인간의 이성에 대해 초기의 자유주의자들보다 더 적극적이고 낙관적인 관점을 밝히고 있다. "이 흐름의 자유주의자들에게 있어서 이성은 계산능력보다 더 높은 차원의 것으로서, 개인생활과 사회생활을 그 이성의 이상(理想) 위에 수립할 수 있다고 믿는다."[77] 그들은 "개인이나 사회는 이러한 합리적 이성의 기능에 힘입어 불합리하거나 비합리적인 정열·욕망·증오·편견·습

76 노명식, 1991, p. 41.

77 노명식, 1991, p. 42.

관·전통의 굴레에서 벗어나게 되고, 인류의 진보와 행복에 보편적으로 적용할 수 있는, 또 가장 많이 공헌할 수 있는 일반적·보편적 원리들을 자연과 인간성에 대한 합리적 이해를 바탕으로 하여 체계적으로 끌어내게 된다고 믿는다. 이렇게 이성은 인간과 자연 및 인류 사회를 지배하는 보편적 원리를 발견해 낼 수 있는 과학적 탐구의 근거"[78]라는 것이 자유주의자들의 신념이다. 이러한 신념에 기초하여 서구의 현대심리학자들이 밝혀낸 인간의 심리와 행동에 대한 보편적 이해 양식이 바로 기계론적 환원론이었다. 그러므로 이성의 능력과 그에 따른 합리성을 여타 동물과 다른 인간의 배타적 특성으로 규정하는 입장으로부터는 기계론적 환원론이 갖는 문제점을 치유할 수 있는 방안이 도출될 수는 없는 것이다.

그러나 합리성의 근거인 이성만이 인간의 중핵 특성이라고는 볼 수 없다. 동아시아의 유학자들은 인간과 동물의 차이를 인간만이 도덕성을 갖추고 있다는 사실에서 찾는다. 더 나아가서 유학자들은 인간은 이렇게 스스로가 갖추고 있는 도덕성을 인식하여 실생활의 과정에서 실천할 수 있는 능력을 갖추고 본다. 이러한 점에서 보면, 인간과 다른 동물의 차이를 합리적 이성에서만 구하여 인간을 단지 환경 자극의 수용체로만 보거나, 생물적인 욕구 체계에 의해 지배되는 존재로만 봄으로써 기계론적 환원론에 의해 인간을 이해하려는 전통적 심리학의 입장은 타당한 것이라고 보기 힘든 것이다.

쉘러(M. Scheler)는 인간과 동물의 근본적인 차이를 인간만이 반성

78 조긍호, 2006, pp. 434-435.

적 능력을 갖추고 있다는 데에서 찾는다.[79] 이 반성의 능력은 인간에게 자신의 관찰자로서의 자격을 부여하고, 동시에 인간이 생물학적인 충동에 의해서만 움직이지 않고 적절한 행동을 선택하여 수행하는 내적인 자유, 즉 행위 주체성을 누릴 수 있게 해 주는 것이다.[80] 이러한 반성적 능력의 출처는 바로 도덕성에서 연유하는 것이라는 것이 유학자들의 관점이다. 스스로가 도덕성의 주체라는 사실에 대한 자각으로부터 모든 일의 책임을 자기에게로 돌이켜 구하는 태도[反求諸己]가 나오는 것이기 때문이다.

이러한 맥락에서 고찰해 보면, 현대 서구심리학이 안고 있는 "기계론적 환원론"의 문제점을 탈피하기 위해서는 인간의 중핵적 특성을 인간의 선천적 도덕성에서 구하는 유학사상을 심리학 연구의 배경으로 받아들여야 할 필요성이 도출된다. 그렇게 하여 기계론적 환원론에서 탈피하여 인간의 도덕적 주체성을 지향함으로써, 인간의 능동적 존재 특성을 고려하여 폭넓은 인간이해를 꾀하는 심리학이 가능해질 수 있을 것이다.

3) 결정론적 수동성

전통적인 서구심리학을 지배해 왔던 연구의 태도는 모든 현상에는 원인이 있으며, 이러한 원인은 시간적으로 선행하는 것이 원칙이라는

79 Scheler, 1928.

80 Mead, 1934.

"연역적–인과율적 설명이론"에 기반을 두고 있었다.[81] "이 설명이론에서는 어떤 현상을 관찰하고, 그 현상이 왜 일어났는가를 밝히기 위해 선행사건을 찾고, 그 선행사건이 일어나면 반드시 어떤 후행현상이 뒤따른다는 한 예를 찾고, 이에서 일반적으로 보편적 법칙을 추론하여 설명하고, 그러한 보편적 법칙이 형성된 이후에는 특수 예들이 이 보편적 법칙에서 연역적으로 도출될 수 있다는 논리에 의해 설명하는 것이다."[82]

이렇게 현재의 행동과 심리 현상의 원인을 과거의 사건과 경험에서 찾으려는 태도는 기본적으로 심리학을 과거지향적인 학문으로 만들었다. 즉, 심리학의 연구를 과거결정론(過去決定論)의 오류에 빠지게 하였던 것이다. 전통적인 심리학에서 이러한 과거결정론의 오류를 범하고 있는 대표적인 조류는 행동주의와 정신분석학의 체계였다.

행동주의는 자극–반응 관계에 대한 학습 경험에 의해 현재의 개인을 이해할 수 있다고 봄으로써, 현재의 개인 행동을 과거 학습사(學習史) 또는 강화사(强化史)를 통해 이해할 수 있다는 과거결정론에 빠지고 있다. 또한 정신분석학, 특히 프로이트의 입장도 개인의 현재의 행동 및 성격 체계는 5~6세경, 곧 남근기(男根期, phallic period)까지의 욕구 충족의 양상에 의해 결정된다는 과거결정론에 빠지고 있다.

인본주의 심리학자들은 행동주의와 정신분석학의 과거결정론을 비판하면서, "여기서 현재"(here and now) 경험하는 주관적 체험을 강조한다. 1950~60년대의 인지혁명(認知革命, Cognitive Revolution)을 거

81 이정모, 1994, pp. 25–26; 1997, pp. 160–163.

82 이정모, 1997, p. 161.

쳐 1970년대 이후 위세를 떨치고 있는 인지주의(認知主義) 심리학의 입장도 이렇게 현상적 인식을 강조하는 것이라 볼 수 있다. 곧 객관적 환경 조건 자체보다는 이에 대한 현상적인 주관적 체험 또는 인식이 개인 행동의 결정 요인이라고 보는 입장인 것이다. 이렇게 보면, 지금까지의 심리학은 인간 행동의 원인을 전적으로 과거 경험에서 찾거나 또는 현재의 자극 조건이나 이에 대한 현상적 체험 및 인식에서 찾아왔다고 볼 수 있다. 즉, 지나치게 과거 및 현상 중심주의에 기초하여 인간 행동을 이해하려 해 왔던 것이다.

서구의 심리학자들이 이렇게 과거 및 현상 중심주의에 빠져 있었던 배경에는 그들이 "안정적·고정적 실체"로 인간을 이해하려 하였다는 사실이 놓여 있다고 볼 수 있다. 인간을 포함하는 모든 존재를 고정적·불변적·안정적 실체로 인식하는 경향은 고대 그리스로부터 서구 문화의 전통이 되어 왔다. "이렇게 고정적 불변적인 심리적 속성이 개인에게 원천적으로 부여되어 있다는 사실은 개인을 단순히 그러한 속성들의 담지자로서 파악하는 개인에 대한 추상적 관념(abstract individual)을 산출한다."[83] 이렇게 스스로의 행동과 제반 심리적 경향의 원천이 되는 내적 성향을 본유적으로 갖추고 있는 고정적·불변적·안정적인 실체로 개인 존재를 인식하는 개인에 대한 추상적 관념은 개인주의의 기본 요소의 하나이다. 개인은 이러한 고정적인 내적 속성을 태어날 때부터 갖추고 있거나, 아주 어렸을 때부터 학습한다는 것이 자유주의자들의 관점이다. 즉, 개인의 고정적이고 불변적인 내적 속성은 생

83 Lukes, 1973, p. 73.

물학적으로 갖추어져 있는 특성이거나 과거 경험에 의해 습득되는 특징이라는 것이다. 그러므로 개인의 내적 속성에서 그의 행동의 원인을 찾으려는 서구인의 기본적인 관점[84]은 필연적으로 과거 및 현상 회귀적인 태도를 낳을 수밖에 없는 것이다.

그러나 동아시아 유학사상에서는 인간을 "무한한 가능체"로 파악한다. 사람은 누구나 요·순·우(堯舜禹) 같은 성인이 될 수 있는 가능성을 갖추고 있는 존재이며, 누구나가 주체적인 노력을 통해 군자나 성인의 상태에 이를 수 있다는 점에서 인간의 독특한 특성을 찾으려고 하는 것이 유학자들의 기본 입장인 것이다.

물론 유학자들도 인간 생활에서 과거나 현재에 전적으로 의존되어 있는 측면이 없다고 보는 것은 아니다. 유학자들도 이기적·감각적 욕구의 충족은 현재의 자극 조건에 달려 있다고 본다. 그러나 이러한 것은 동물적 생존과 관계가 있는 것으로, 인간만의 독특한 특성은 아니다. 스스로가 갖추고 있는 도덕성의 근거[善端]를 주체적으로 자각하고, 능동적인 노력을 통해 이를 체득하고 구현하려 하는 데에 인간 존재의 특이성이 있는 것이다.

이와 같이 유학자들은 인간에게 있어서는 현재의 조건이나 현상적인 체험보다는 미래의 가능태를 인식하고, 이를 지향하는 것이 중요하다고 여긴다. 따라서 이러한 관점에서 보면, 인간 행동의 결정 요인을 과거의 경험 또는 생득 조건이나 현상적 인식에서만 구하는 것은 타당

84 Ross와 Nisbett(1991, pp. 119-144)은 개인의 내적 속성에서 행동의 원인을 찾으려는 이러한 경향을 "일상적 성향주의"(lay dispositionism)라 부르면서, 이를 서구 심리학의 특징 가운데 하나로 보고 있다.

한 입장이 되지 못한다고 하겠다. 그들에 따르면, 현재의 자극 조건이 문제가 아니라 이를 통해 얻어지거나 달성될 수 있는 가능태를 인식하고, 이를 위해 주체적으로 노력하는 것이 올바른 삶의 태도라고 유학자들은 보고 있는 것이다. 따라서 이러한 관점에서 보면, 인간 행동의 결정 요인을 과거나 현상적 인식에서만 구하는 것은 타당한 입장이 되지 못한다.

이러한 맥락에서 고찰해 보면, 현대 서구심리학이 안고 있는 "과거 및 현상 중심적 결정론"의 문제점을 탈피하기 위해서는 인간의 변화 가능성과 상황가변성을 상정하는 유학사상을 심리학의 연구 내용 속에 받아들여야 할 것이다. 그렇게 하여 결정론의 함정에서 탈피하여 인간을 미래지향적으로 바라봄으로써, 인간의 존재 확대를 도모하는 가능성을 열어갈 수 있을 것이다.

2장
유학의 인간관과 유학심리학 체계의 지향

2장
유학의 인간관과 유학심리학 체계의 지향

고대로부터 동아시아인들은 서구인들과는 다른 생태조건에 둘러싸여 서로 다른 세계관과 인간관을 가지고 살아 왔으며, 이러한 차이는 오늘날까지도 지속되고 있다. 동아시아의 사상적 뿌리인 고대 중국은 넓고 비옥한 평원에서 위계적인 중앙집권 사회가 형성되어, 사람들이 한 지역에 오랫동안 정착하면서 농경에 힘썼으므로, 관개시설과 성(城)의 축조 등을 위해 대가족 내에서나 이웃과의 사이에 힘을 합쳐 협동하고 조화를 추구하는 일이 삶의 중요한 부분이 되었다. 이러한 생존조건은 그들의 사회화 과정에 영향을 미쳐, 어려서부터 아이들에게 배려심·겸손·의무감·조화성·협동심과 같은 공동체적 삶의 기초가 되는 특성들을 중시하여 북돋움으로써, "집단주의"(collectivism)[1]의 특징을 낳았다. 사회생활을 시작한 처음부터 황하와 양자강 유역 같은 넓고 기름

1 Triandis, 1990, p. 71.

진 평야에서 대가족 제도를 유지하면서, 위계화된 중앙집권적 사회를 형성하고 농경 정착생활을 해왔던 고대 중국에서 집단주의가 발달했던 배경에는 이러한 사정이 놓여 있었다.

이렇게 고대 중국인들은 각 개체로서는 존재 의미가 없고 모든 것은 서로 연결된 맥락 속에 존재한다고 생각했으므로, 부단히 변화하는 상황 속에서 상호 연관된 역할과 의무 및 책임과 같은 규범을 파악하여, 공동생활의 조화와 질서를 이루려 노력하게 되었다. 따라서 그들에게는 분리되고 고립된 대상이 아니라 그들이 놓여 있는 전체 장(場, field)이 주의의 초점으로 부각되어, 전체 맥락 속에서 역동적으로 변화하는 가소성(可塑性, malleability)을 파악하여 통일성을 이루어 내는 데 힘을 쏟았으며, 결국 관계의 유사성과 중도(中道, Middle Way)의 인식, 변증법에 의한 갈등의 해결, 그리고 총체적 사고(holistic thinking)의 양식이 발달하게 되었다.[2]

이러한 배경에서 오랜 세대에 걸쳐 거듭 고대 중국 철학의 영향을 받아온 동아시아인들은, 상호 연관된 사람들 사이의 관계 또는 그러한 관계의 원형인 가족과 같은 일차집단을 기본단위로 하여 구성되는 사회는 그 자체가 하나의 유기체라고 보아, 개인보다 그들이 놓여 있는 장으로서의 집단을 중시하는 집단주의의 경향을 띠게 되었다. 따라서 그러한 관계 속에서 드러나는 각자의 역할과 의무 및 집단 규범이 개인의 행위와 사회 운용의 원천이라는 관계중심적인 인간관을 가지게 되었으며,[3] 스스로를 제반 관계의 연쇄망(network) 속에서 타인들과 연계

2 Nisbett, 2003, pp. 29−39; Triandis, 1990, pp. 70−77.

3 Dumont, 1970; Miller, 1984; Miller & Bersoff, 1992 등.

되어 있는 존재로 인식하게 되었던 것이다.

이렇게 개체로서 존재하는 개인보다 개인들로 구성된 집단(가족·친구·문중·향우회·동창회·회사 들)을 우선시하는 동아시아 집단주의는 사람들 사이의 관계를 중시하고 이러한 관계를 맺는 타인에 대한 관심과 배려, 사회적인 책임과 도덕성을 앞세우는 유학(儒學)의 체계에서 그 사상적 배경을 찾아볼 수 있다.[4] 동아시아 사회에서는 오래 전부터 이미 유학이 관학(官學)으로 받아들여져서, 사람들의 일상적인 삶의 표준으로 굳어져 왔던 것이다.

1. 동아시아 사회와 유학사상

동아시아인들은 자기와 타인 사이의 연계 속에서 개인의 존재의의를 찾고, 개인에게 불리할지라도 소속 집단의 목표를 개인의 목표보다 앞세우며, 사회행위의 원동력을 개인의 내적 속성보다는 사회적 규범·의무·책임감 같은 관계적 및 상황적 요인에서 찾고, 내집단에 강하게 애착하여 내집단원들과 조화로운 관계를 유지하려는 특징을 보인다.[5] 이와 같이 한국·중국·일본 같은 동아시아 사회에서는 개인보다는

4 이승환, 1998a; 조긍호, 1998, 2003a, 2006; 최상진, 2000; 한덕웅, 1994, 2000, 2003; Bond & Hwang, 1986; Fiske, Kitayama, Markus, & Nisbett, 1998; Hofstede, 1991/2014; Kagitcibasi, 1997; Kim, 1994, 1995; Kim & Choi, 1993; King & Bond, 1985; Lew, 1977; Nisbett, 2003; Nisbett et al., 2001; Triandis, 1995; Tu, Wei-Ming, 1985, 1996.

5 Triandis, 1995, pp. 43-44.

집단에 더 큰 관심을 기울이고 중시하는 집단주의적인 행동양식을 높이 평가한다.

이러한 동아시아 사회의 정치·경제·문화 등 제반 삶의 영역에서 중심적인 역할을 한 나라는 역시 중국이었다. 지정학적으로 한국과 일본 같은 주변 국가들은 중국의 영향을 받지 않을 수 없는 위치에 놓여 있다. 전통적으로 중국은 동아시아에서 유일한 문화선진국이자 초강대국이었다. 게다가 역사적으로 동아시아 사회는 오랜 세월 동안 중국의 문자인 한자를 통해 문자 생활을 하는 한자문화권(漢字文化圈)을 형성해 왔으므로, 중국의 선진(先進) 문화와 사상이 이들 동아시아 사회를 지배하게 되었던 것은 어쩌면 당연한 일이었다.

중국뿐만 아니라 한국과 일본 같은 동아시아 사회를 오랫동안, 특히 최근세까지 지배해 왔던 대표적인 사상 체계는 유학(儒學)이었다. 중국에서는 한(漢, B.C. 202~A.D. 220)의 무제(武帝, 재위 B.C. 140~87) 이후 2,000년 이상의 긴 기간 동안 유학이 관학(官學)이자 국가 통치의 기본 이념으로서 사회 전체를 지배하였다. 한국에서는 조선(朝鮮, 1392~1910) 왕조가 등장하면서 유학이 관학으로 숭상되었으며, 일본에서는 에도 막부(江戶幕府, 1603~1867)가 통일 일본 사회를 지배하면서 유학이 국가 경영의 최고 이념으로 떠올랐다. 이와 같이 중국·한국·일본의 동아시아 사회는 유학을 공통의 사상적 기반으로 하는 유교문화권(儒敎文化圈)을 형성하여 오늘에 이르고 있다.

이렇게 중국·한국·일본 같은 동아시아 사회에 집단주의 문화가 태동하게 된 밑바탕에는 공통된 문화적 배경으로 유학사상이 놓여 있다. 곧 사회의 기본적인 구성 단위를 개체로서의 개인이 아니라, 개인 사이의 관계나 이러한 관계의 원형인 가족과 같은 일차집단에서 찾는 강한 집단주의 문화를 보유하고 있는 동아시아 사회의 공통적인 문화기반은 유학사상인 것이다.[6]

유학은 춘추(春秋) 시대 공자(孔子, B.C. 551~479)에 의해 창시되어, 전국(戰國) 시대 맹자(孟子, B C. 371~289)와 순자(荀子, B.C. 321~230) 같은 걸출한 사상가에 의해 기초가 닦인 사상체계이다. 이 시기는 주(周, B.C. 1050~256) 왕실이 쇠퇴하고, 여러 제후국들이 패권을 다투면서 합종연횡(合從連衡)에 열을 올리던 불안한 시대였다. 이렇게 혼란한 춘추·전국 시대의 최대의 위기는 사회가 온통 이기적인 자기이익 추구에 혈안이 되어, 인간관계의 근본이 무너졌다는 데 있었다. 따라서 이 시기의 유학자들이 무너져 버린 인간관계의 원형을 결코 해체될 수 없는 가족과 같은 일차집단에서 찾아, 이 관계에서 이루어지는 조화와 질서를 사회관계에까지 점진적으로 확장하는 일이 사회의 조화와 평화, 그리고 통일을 이루는 근본이라고 생각하게 된 것은 어쩌면 당연한 귀결이었다. 곧 개인과 집단 중에서 집단을 더 중시하고, 인간 존재의 사회성(상호의존성)과 도덕성(타인에 대한 관심·배려·헌신)을 회복하는 일이 이 시기 유학사상가들의 관심사였으며, 그런 점에서 유학사상은 동아시아 집단주의 문화의 사상적 모태로 자리 잡게 되었다.

---

6 필자는 앞선 작업(조긍호, 2007a, b)에서 동아시아 사회에서 유학사상이 차지해 온 위상, 유학의 인간관과 개인관에 드러나 있는 집단주의의 면모, 그리고 유학사상에서 사회인지·정서·동기 같은 인간 심성을 파악하는 기본 입장과 현대 동아시아인들이 보이는 사회인지·정서·동기 행동 사이의 논리적 및 사실적 연관성들을 중심으로 하여 고찰함으로써, 그동안 상식적으로 운위되어 오던 "동아시아 집단주의와 유학사상의 관련성"을 이론적으로 천착해 내었다.

이렇게 기원전 6세기부터 3세기에 걸치는 혼란의 시대에 공자에 의해 창시되고, 맹자와 순자 같은 학자들에 의해 기초가 닦인 체계가 유학사상이다. 초기 유학자들은 유학의 왕도(王道) 사상을 펼치고, 제자백가(諸子百家)와의 경합 속에서 유학을 수호하는 일을 사명으로 삼고 있었다. 이 시대의 유학을 진(秦, B.C. 221~207) 통일 이전 시대의 유학이라 하여 선진유학(先秦儒學) 또는 원시유학(原始儒學)이라 하는데, 이 시기는 이후 중국·한국·일본 등 동아시아의 정신사를 지배해 왔던 유학사상의 기초가 확립되었던 시기였다

그 뒤로 유학사상은 관학으로 승격되어 국가의 통치이념으로 부각된 한대로부터 당(唐, 618~907)대에 이르는 약 천 년 동안의 한당유학(漢唐儒學), 불교 및 도교와 경합하면서 형이상학적 철학 체계로 확립된 송(宋, 960~1270)대 이후의 신유학(新儒學), 유학에 차용된 도교와 불교의 사변적 경향을 제거하고 선진유학의 순수한 형태로 돌아가자는 청(淸, 1616~1912)대의 고증학(考證學)적 유학 등으로 발전하여 왔다.[7]

신유학과 고증학적 유학을 비롯한 새로운 유학의 사조들은 항상 선진유학의 본래 모습으로 돌아가자는 기치 아래, 선진유학의 경전들을 그 이전 시대와는 달리 새롭게 해석하려는 시도들이었다. 곧 "원시유학의 본래 사상으로 돌아간다는 주장은 사실 새로운 해석이 등장할

---

7 김승혜, 1990, pp. 307-333: 근세에 서세동점(西勢東漸)의 여파로 말미암은 유학배척운동에 대항하여 서양 문명과 유학 전통의 절충적 종합을 통해 동양의 문화적 정체성(正體性)을 회복하고자 했던 1930년대 이후의 현대신유학(現代新儒學)의 사조(이승환, 1998b, pp. 367-385; 김성기, 2000, pp. 33-45)를 유학사상사에서 "새로운 조류의 형성이라고 보아야 할 것인가는 … 문제로 대두된다."(김승혜, 1990, p. 312) 이러한 현대신유학에 대해서는 근세 이후 유학의 역사를 정리하면서 다루기로 하겠다.

때마다 있었던 것이다."[8] 그러므로 선진유학은 가장 순수하고 원형적인 유학사상의 정수라고 볼 수 있다.

이러한 유학사상은 동아시아 사회에서 오랫동안 국가의 지도이념으로 떠받들어졌고, 따라서 삶의 기본철학으로 받아들여져 왔다. 그러나 아편전쟁(阿片戰爭, 1840~1842) 이후 서세동점(西勢東漸)의 현상이 본격화하면서 유학의 지배적인 위상은 흔들리기 시작하였다. 근세에 와서 이렇게 유학의 위상이 격하되고 있기는 하지만, 유학사상은 여전히 동아시아인들의 의식구조와 삶의 근간이 되고 있다. 이러한 맥락에서 여기에서는 근세 이전과 그 이후로 나누어 동아시아 사회와 유학사상의 관계에 대해 살펴보기로 하겠다.

1) 근세 이전: 유학의 관학화

18세기 중엽 아편전쟁에서 중국이 영국에 패하면서, 서구 세력에 밀려 개방의 압력과 침략의 위험이 높아지는 이른바 서세동점의 상황이 빚어지기 이전까지만 해도, 유학사상은 중국·한국·일본 같은 동아시아 사회에서 관학 또는 국교(國教)로서 독보적인 위상을 차지하고 있었다. 이러한 경향은 과거제(科擧制)가 실시되어 국가경영층이 유학자들로 충원된 중국과 한국에서 특히 심하였다. 곧 근세 이전 동아시아 사회의 지도이념은 곧 유학사상이었던 것이다.

제자백가 중에서 유학만을 정통으로 인정하고, 따라서 이후 전개되는 중국 역사가 유학사상을 중심으로 전개되는 계기를 이룬 것은 진

---

8 김승혜, 1990, p. 311.

나라에 이어 중국을 통일(B.C. 202)한 한나라의 두 번째 황제인 무제 때부터이다. 한 무제 때 동중서(董仲舒, B.C. 198~106)가 "제자백가 중에서 유가만을 한조의 정통신앙으로 확립하는 데 큰 공적을 세웠고, 또한 유교의 정통성을 수호하기 위하여 제도적인 기반을 창출해 내기도 하였다. 중국의 과거제도는 동중서의 생존 시에 벌써 그 윤곽이 짜이기 시작"[9]했던 것이다.

이 시기는 새로운 왕조가 출현하여 치국의 이념 정립이 시급히 요청되던 때였다. 이런 시기에 문벌이나 부귀에 의해서가 아니라 일정기간에 실시하는 시험인 과거의 합격에 의하여 관리를 등용하게 되었다는 사실은, 전국적으로 인재를 등용한다는 의미 이외에도, 과거시험 과목으로 유학의 경전들이 채택되어 국가 경영의 담당자들이 모두 유학자들로 충원됨으로써 새로운 국가의 사상적 통일이 유학을 중심으로 이루어지게 되었음을 의미한다. 이때로부터 청의 멸망(1912)에 이르기까지 2,000여 년 동안 과거제도는 중국에서 관리를 등용하는 기본이었는데, 과거시험이 유학의 경전을 중심으로 이루어졌다는 사실은 중국에서 유학이 계속 관학 또는 국교로 떠받들어졌음을 드러낸다. 곧 유학사상은 근세에 이르기까지 장구한 세월 동안 중국 사회를 지배하는 유일한 정통 이념으로 숭앙받아 왔던 것이다.

유학사상은 삼국시대에 우리나라로 전해졌으나, 중국에서와 같이 국가경영의 최고이념으로 받아들여진 것은 고려 제4대 임금인 광종(光宗, 재위 949~975)이 과거제를 실시한 이후부터이다.[10] 13세기 말과 14

---

9 馮友蘭, 1948/1977, p. 253.

10 고려 시대에 과거제가 실시되고, 유학사상이 받아들여져 흥기한 역사에 대해서

세기 초엽에는 안향(安珦, 1243~1306)과 백이정(白頤正, 1247~1323) 같은 이들에 힘입어 주자학(朱子學)이 도입되었고, 조선조에 와서는 이러한 주자학, 곧 신유학의 한 갈래인 성리학(性理學)이 국가 경영의 최고 이념이 되면서, 우리나라 정신사의 가장 기본적인 틀이 되어 오늘에 이르고 있다.[11]

더욱이 조선조에서는 강력한 억불숭유(抑佛崇儒)의 정책을 편 까닭에, 사회 상층부는 물론 일반 민중이 일상생활을 영위해 나가는 모든 측면에서 유학사상이 지도이념으로서 지대한 영향을 끼쳤다. 따라서 동아시아의 국가들 가운데서도 한국은 가장 유교적인 국가로서, "홍콩이나 일본보다 더한 것은 말할 것도 없고, 대만이나 중국 자체보다도 더욱 유교적 … 이다. 19세기에 한국을 찾아왔던 선교사들이나 여행가들이 한국인의 생활 거의 모든 부분에 깊이 침투되어 있는 엄격한 유교적 제도와 유교적인 가치관을 보고서 큰 놀라움을 표명"하였으며, "또 현대의 많은 사회학자나 경제학자들도 현재의 한국인이 … 분명한 유교적인 태도와 사고방식을 가지고 있다는 데 대해서 역시 확신하고"[12] 있다.

이상에서 보듯이, 우리나라에서도 이미 10세기 중반부터 과거제도가 실시되어 조선의 멸망(1910)까지 1,000여 년 동안 이어지고, 과거시험이 유학의 경전을 중심으로 이루어짐으로써 유학사상이 계속 국가 경영의 기본 이념으로 작용해 왔다고 볼 수 있다. 이렇게 유학사상은

는 Deuchler(1992/2003, pp. 29−46) 참조.

11 윤사순, 1997, pp. 13−40.

12 고병익, 1996, pp. 280−281.

장구한 세월 동안 한국인의 삶의 과정에 커다란 영향을 끼쳐, 한국인의 문화 전통과 의식구조의 중추가 되어 있는 것이다.[13]

"일본의 유학은 서력 284년 백제로부터 아직기(阿直岐)가 건너가고, 다음 해 왕인(王仁)이 건너가 《논어(論語)》 10권과 《천자문(千字文)》을 전하면서부터 시작된다. 그러나 그 후 그다지 발전을 이룩하지는 못하였으므로, 일본 유학의 실질적 창시기는 주자학이 수입되고 정착된 에도(江戶) 시대(1603~1867)이다."[14] 에도 시대에 본격적으로 받아들인 일본의 유학은 도쿠가와 막부 지배계층의 사회 통합과 사회윤리 구축이라는 목적에 철저히 부응한 사상체계였다. 곧 "일본의 에도 시대에도 조선과 마찬가지로 주자학을 관학으로 승인함으로써,[15] 유교가 공적으로는 일본의 사상계를 독점할 수 있는 상황이 전개되었다. 에도 시대의 유교사상은 265년간 이어져 내려온 사·농·공·상의 신분질서를 정당화하는 체제상의 가치 규범이었다. 유교사상은 무사계급에뿐만 아니라, 서민 교육기관을 통해 민중에게까지 깊숙이 침투하여 그들의 일상생활의 전반을 규제"[16]하고 있었던 것이다.[17]

---

13 윤사순, 1997; 이광세, 1998; 이상은, 1976; 이승환, 1998a, b, 2004; 조긍호, 2003a, 2006, 2007a, b, 2008.

14 이기동, 2003, p. 59.

15 1790년(寬政 2년)에 "칸세이 이가쿠 노 킨"(寬政異學の禁)을 통해, 시바노 리쯔잔(柴野栗山)의 건의에 따라 주자학 이외의 학문을 금지시키고, 유학 특히 주자학을 관학으로 공식화했다(김석근, 2000, p. 61, 주 13).

16 김태영, 2002, p. 12.

17 그러나 유교가 유일한 일원적 통치이념으로 군림한 중국이나 조선과는 달리, "일본은 그들의 전통 종교인 신도(神道)와 중국과 조선으로부터 전래된 불교, 그리고 도쿠가와 시대의 국가윤리인 유교가 한데 섞이면서, 신·불·유가 서로 상해하지 않고 공존하는 종교·도덕의 다원적인 사상 구조를 유지하였다."(김태영,

이러한 사정은 유신 이후의 메이지기(明治期, 1868~1912)에도 마찬가지였다.[18] 오히려 "유교의 위상은 상대적으로 메이지 시대 이후 더 높아졌다. … 천황제 국가를 창출해 낸 후, 상·하 관계와 상호간의 관계를 유지해 가는 세속 윤리로 유교에 주목했으며, 유교적 덕치주의를 원용했기 때문이다. 특히 충과 효를 중시하는 형태로 일본 고유의 논리와 이어지게 되었고, 이어 '일본 이데올로기'의 주요한 측면을 이루게"[19] 되었던 것이다.

2) 근세 이후: 유학배척론과 유학개신론의 대립

앞에서 보았듯이, 중국에서는 한 무제 이후 2,000여 년 동안, 한국에서는 고려 광종이 과거제를 실시한 이래 1,000여 년 가까운 기간

2002, p. 12) 이렇게 된 배경에는 일본인들이 유교에 대해 갖는 친화성(親和性)의 문제(김석근, 2000, pp. 61–62; 黑住眞, 1998, pp. 35–36)와 중국이나 조선과는 달리 일본에는 과거 제도가 없었다는 점(김석근, 2000, p. 63; 김태영, 2002, pp. 13–14; 辻本雅史, 1998, p. 104)들이 작용한 것으로 보인다. 곧 유학을 자기들의 고유한 전통 사상이라고 여기는 한국인이나 중국인들과는 달리, 일본인들에게는 신도라는 분명한 전통이 있었던 만큼, 이것을 오히려 자신들의 고유한 문화와 사상으로 여겨 친화를 느낄 뿐(김석근, 2002, pp. 61–62), "유교는 자신의 것이 아니라고 여기는 감각이 너무나 강해서"(黑住眞, 1998, p. 36), 그들은 유학 유일체계를 인정할 수 없었다. 또한 과거제가 존재하지 않았으므로 "학문과 정치가 연결되지 않은 채 서로 별개의 영역으로 존재"(김석근, 2000, p. 63)했다. 그 결과 "학문이 특정의 계급과 고정적으로 이어지는 일이 없었다 … 따라서 … 유학은 지배계급의 지적 독점물이 되지 않았고, 중앙권력이 지적 세계를 독점하지도 못하였"(辻本雅史, 1998, p. 104)던 만큼, 지식인들 사이에서도 유학은 여러 지식체계 가운데 하나로 탐구될 뿐이었던 것이다.

18 김석근, 2000; 김태영, 2002; 이기동, 2003; 조경욱, 2000.

19 김석근, 2000, pp. 65–66.

에 걸쳐, 특히 조선의 건국 이후 500여 년 동안, 그리고 일본에서는 에도 막부의 성립 이후 400여 년 가까운 세월 동안 유학사상은 국가의 지배적인 이념체계로 군림해 왔다.[20] 그러나 이러한 사정은 아편전쟁 이후 서양 세력의 개방 압력과 침략 위협이 고조되면서 달라지기 시작했다. "서세동점의 여파로 19세기 후반기부터 20세기에 이르기까지 동아시아의 전통적 유교 국가들에서는 유교를 비판하는 현상이 현저"[21]하게 되었다. 동아시아 사회를 사상적으로 지배해 왔던 유학의 체계가 이 지역의 정체성(停滯性)과 낙후성의 주범으로 인식되었기 때문이다.

중국에서 유교배척운동은 "5·4운동"(1919년) 때에 절정에 이르렀는데, "이 시기 중국 지식인들의 당면 과제는 유교의 삼강오륜(三綱五倫)과 결별하고, 서구의 민주(民主)와 과학(科學)을 받아들이는 일이었다. 따라서 철저하게 자신의 전통을 비판하고 서구 문화를 수용하려는 '전반서화론'(全盤西化論)이 시대정신으로 부상하게 되었다."[22]

극단적 유학배척론인 이러한 "전반서화론"은 서구의 사상과 과학을 받아들여 낙후되고 침체된 중국의 병폐를 치유하자는 근대화운동으로 이어졌다. 그러나 외세에 의한 국권 침탈이라는 혼란의 와중에서 구국운동이 급선무로 등장하게 됨으로써 근대화운동은 뒤로 돌려질 수밖에 없었으며, 따라서 그 이념적 배경인 유학배척론이 힘을 받을 수 없

20 동아시아 사회에 아직도 유학의 전통이 강하며, 이러한 유학의 전통은 현재도 동아시아인의 삶과 행동양식에 크게 영향을 미치고 있다는 사실은 많은 서구의 학자들(Davis, 1987; Deuchler, 1992/2003; Hall & Ames, 1987; Robinson, 1991 등)도 인정하고 있는 사실이다.

21 이광세, 1998, p. 64; 동아시아 사회와 서구 사회에서 전개된 유학사상에 대한 비판론과 옹호론의 대립에 관해서는 선행저술(조긍호, 1998, pp. 30-43) 참조.

22 이승환, 1998a, p. 368.

었다. 이러한 맥락에서 등장한 것이 "중체서용론"(中體西用論) 같은 유학개신론이었다.

중국에서는 이미 1920년대 "과학과 현학 논쟁"[科玄論戰]을 통해 전통에 깊은 애정을 지닌 일군의 지식인들[玄學派]이 유학배척론[科學派]과 대립하는 과정에서 "현대신유학"의 장을 열어, 전통 문화의 회복과 근대화의 결합을 주장하였다. 이들의 주장은 "서양의 민주와 과학을 수용하면서, 동시에 유가 전통의 인문정신과 도덕의식을 계승"하려는 것이었다. 말하자면, 이들은 유가의 정신문화의 전통[中體] 위에 서구의 기술 문화[西用]를 수용하는, 양자의 절충적 결합을 통해 동양의 문화적 정체성(正體性)을 회복하고자 했다고 볼 수 있다.

이러한 현대신유가들의 활동에 힘입어 대만·홍콩·싱가포르 같은 중화계 사회에서 유학배척론[全般西化論·科學派]은 오래 전에 자취를 감추고, 유학은 새로이 "동·서 문화의 회통과 상호 보완처를 제창하여, 서방 문화의 장점과 유가 문화와의 새로운 만남"[23]의 장이 됨으로써, 중화 문화권의 지배적인 사상체계다운 위상을 되찾았다. 이러한 사정은 중국 대륙도 마찬가지이다. 공산화의 영향으로 1950~70년대에 정치에 종속되고 이데올로기에 예속된 중국 대륙의 유학 연구는, 1980년대에 현대신유학의 영향을 받아 사상해방 운동의 성격을 띠게 된 다음, 1990년대에 들어서 현대신유학을 적극 받아들임으로써 "대륙신유가"(大陸新儒家)가 출현하게 되었다.

이러한 대륙신유가들은 "유가사상은 동아시아 지역에서 현대화를

---

23 김성기, 2000, p. 34.

실현한 주요 사상 자원이며, 따라서 중국 현대화의 사상 기초와 '동력원'(動力源)이 될 수 있다고 주장하고, 또 유가 윤리도덕을 전면 긍정하여 '오늘에도 여전히 쓸모가 있다'고 진단함으로써, 유가 윤리를 기초로 하여 오늘날 중국의 도덕규범 체계를 중건해야 한다고 주장하기도 한다."[24] 이제 중국 대륙에서도 유학은 중국인들의 새로운 삶의 철학으로 자리 잡고 있는 것이다.

서구 문명의 동점 현상에 대응한 19세기 말 우리나라 유학자들의 다양한 반응도 중국과 비슷하였다. 그 가운데 초기에 힘을 얻은 것은 "위정척사론"(衛正斥邪論)이었는데, 이는 "정신적으로나 물질적으로 서구 문명 전체를 배격하고, 종래의 성리학적 문화를 옹호·유지"[25]하고자 하는 주장으로, 철저한 유학고수론이었다. 이러한 위정척사론자들은 구한말 항일 의병운동의 주축이 되고, 일제 강점기에도 항일 민족주의 운동과 관련을 맺음으로써, 어느 정도 민중적 지지를 확보하고 있었다.[26] 그러나 "나라가 일제에게 패망하자 그 책임이 조선 500년 동안 지배 이념이었던 유교에게 돌려졌다. 유교는 타도되어야 하며, 그 대안으로 서구의 과학 기술과 제도는 물론 종교와 가치관까지도 받아들여야 한다고 주장"[27]하는 철저한 유학배척론이 등장하게 되었다.

유학고수론인 위정척사론과 유학배척론인 문명개화론이 대립하고 있던 20세기 초엽의 한국에서도 중국과 유사하게 "정신적인 가치관에

---

24 김성기, 2000, p. 43.

25 윤사순, 1997, p. 483.

26 윤사순, 1997, pp. 482-487.

27 최영진, 2000, p. 31.

있어서는 전통적인 유학을 고수하면서도, 물질적인 과학 기술 부분에서는 개방적 태도를 취하는"[28] 이른바 "동도서기론"(東道西器論)이 제시되어 대세를 장악하였다. 이러한 동도·서기의 구상은 전통적인 성리학의 사상 체계를 견지함으로써 동양의 문화적 정체성은 유지하되, 서구의 기술 문명을 수용함으로써 "개화로 상징되는 근대적 '부국강병'의 추진력"[29]을 얻으려 했다는 점에서, 중국 현대신유가의 중체서용론과 같은 동·서의 절충적 통합론이었다.

이 시기 우리나라에서 전개된 동도서기론은 유교의 개신론이었다. 이러한 유학계 자체의 개신의 노력으로 우리나라에서는 유교적 사고 양식과 관습, 그리고 가치관이 강하게 남아 있다. 이는 1970~80년대의 급속한 경제 발전과 1990년대의 정치 발전을 통해 "경제 성장과 민주화라는 두 가지 프로젝트를 이루어 낸"[30] 배경이 되었거나, 또는 그 결과 생긴 자부심에 근원을 둔 "우리 것 찾기 운동"에 반영되어 있기도 하다. 어떤 연구자는 1996~2000년 사이의 기간 동안 국내 일간지에 게재된 유교 관련 기사를 분석한 결과, "유교가 결코 박물관의 박제품이 아니라, 우리 사회에 살아 있는 역동적 기제임을 확인할 수 있었다"[31]고 보고하고 있다.

서세동점 현상에 대한 근세 일본의 반응은 중국이나 한국과 사뭇 달랐다. 일본의 지도층은 철저한 서구 따라 배우기를 통한 근대화만이

28 윤사순, 1997, p. 487.

29 윤사순, 1997, p. 490.

30 최영진, 2000, p. 31.

31 최영진, 2000, p. 24.

일본의 살 길이라고 인식하였다. 그들은 "위로부터의 혁명인 '메이지유신'(明治維新, 1868년)에 의해 근대 민족국가로서의 면모를 확립했을 뿐만 아니라, 나아가 동아시아의 제국주의 국가로 성장하게 되었다. 외국의 압력을 받으면서 자본주의 발전과 근대화를 수행하기 위해 구 지배계급인 사무라이 계급의 계획과 지도하에 메이지유신이 이루어졌다."[32] 이러한 근대화운동의 배경이 되었던 것은, 일본 사회를 지배해 왔던 기존의 지식과 기술 및 가치관을 서구의 것으로 대체함으로써, 낙후된 아시아적 가치와 질서 체계에서 탈피하고 선진화된 서구를 따라 배우자는 "탈아입구론"(脫亞入歐論)이었는데, 이는 중국과 한국의 유학배척론과 같은 성격의 것이었다고 할 수 있다.

중국과 한국에서 근대화의 동력으로 작용한 동·서의 절충적 통합론은 지배계층이 아니라 유학자들을 비롯한 지식인들과 일반 민중 사이에서 태동되었으나, 일본 사회에서는 메이지 유신을 추진하던 지배세력들에게서 이러한 움직임이 나왔다는 사실에서 일본이 단기간에 근대화에 성공한 배경을 찾을 수 있다. 이 시기 일본의 지배세력들은 탈아입구론으로 무장하고 철저하게 서구를 따라 배움으로써, 사상적인 동요 없이 근대화를 추구할 수 있었던 것이다.

그러나 이 시기 일본 사회에서 유학의 가치가 완전히 무시되었던 것은 아니다. 서구의 과학 기술을 도입함으로써 근대화를 추진하던 메이지유신의 추진 세력들은 외형상으로 입헌군주제를 채택하고 근대적인 법치국가를 정치의 방침으로 결정하기는 하였지만, 이전의 막부체

32 김석근, 2000, p. 53.

제와는 다른 새로운 사회의 유지를 위해 군주와 인민, 그리고 인민들 사이의 관계를 규정하는 사회윤리 체계가 필요하다는 인식에 도달하게 되었던 것이다. 이 상황에서 그들이 주목했던 것이 에도 시대까지 일본 사회에서 선양되어 왔던 유교의 가치관이었다. "상·하 관계와 상호간의 관계를 유지하는 세속 윤리에 있어 가장 적합했던 것은 역시 유교였기 때문이다. … 다시 말해, 일본은 근대국가를 정비하고 이념적인 기초를 마련하는 과정에서, 특히 대내적인 인간관계 및 사회적 규범의 존재 양태를 규율하는 윤리를 전통적인 동양의 그것에서 찾았다. 그래서 충효와 같은 유교적인 윤리가 … 서양 학문과 근대화의 충격 속에서도 나름대로 그 모습을 유지"[33]할 수 있었던 것이다. 이렇게 메이지유신이라는 위로부터의 혁명을 통해 서구 문물에 힘입은 근대화와 유학을 비롯한 기존 가치체계에 따른 사회통합에 성공함으로써, 일본 사회에서 유교의 위상은 상대적으로 메이지 시대 이후 오히려 더 높아졌다고 볼 수 있다.

3) 현대 동아시아 사회에서 유학의 위상

이상에서 보아 왔듯이, 중국인·한국인·일본인 같은 동아시아인들에게 유학사상은 더 이상 과거의 체계가 아니라, 아직도 살아남아 있는 현실의 체계이고, 이것이 동아시아 사회에서 유학이 차지하는 현재적 위상이다. 한 사회의 전통은 그 사회에 살고 있는 사람들이 그것을 잘 이해하고 있던 그렇지 못하던 간에 살아있는 현실의 일부로서, 이러

---

33 김성기, 2000, pp. 53-54.

한 전통과의 교섭은 인간의 삶의 과정에서 피할 수 없는 운명과도 같은 것이라고 볼 수 있다. 한마디로, 전통 사상은 현대인의 삶과 행동 및 사유 속에 녹아들어서 현대인들이 그것을 인식하던 그렇지 못하던 간에 그들에게 영향을 미치고 있는 것이다. 이러한 전통 사상 가운데 "동아시아인의 생활과 의식구조의 뼈대"[34]를 이루어 온 것은 바로 유학사상이었다. 곧 "유학의 전통은 아직도 한국인은 물론이요, 동아시아인들 모두의 삶의 방식, 인생관과 가치관을 지배하고 있다 해도 과언이 아닌 것이다."[35]

뚜 웨이밍(Tu, Wei-Ming; 杜維明)은 현대 유교권 사람들의 의식구조 속에 공통적인 가치관과 행동 또는 사유방식으로 자리 잡은 유교 문화의 영향을 "마음의 유교적 습성들"(the Confucian habits of the heart)[36]이라 부르고 있다. 이러한 습성들 안에는 "학문의 본질적 가치에 대한 인정, 유기적 인간관계, 신용과 신의에 기반을 둔 공동체로서의 사회, 개인적 이익과 공동선의 조화, 책임과 함께 증가하는 도덕의식, 지도자들이 도덕적 행동의 실천을 통해 모범이 되어야 한다는 기대, 문화적 엘리트의 사회적 책임, 수재 교육 제도 등이 포함되어 있다."[37] 이러한 "마음의 유교적 습성들"의 한 축을 형성하는 근면·절약·성실·청렴 및 교육의 중요성을 강조하는 유교의 전통적 가치관은 현대 동아시아인의 삶의 과정에 지대한 영향을 미쳐, 이 지역 국가들의 성공적인 경제 발

---

34 이광세, 1998, p. 41.

35 길희성, 1998, p. 3.

36 Tu, Wei-Ming, 1996, p. 343.

37 이광세, 1998, p. 66.

전의 원동력이 되었던 것이다.[38]

이렇게 유교적 가치체계는 현대에도 동아시아 일반 민중의 생활에 광범위한 영향을 미치고 있으며, 따라서 유학사상은 동아시아인의 "문화 전통과 의식구조의 중추"[39]가 되어 있다. 이러한 사실과 관련하여, 현대 한국인의 종교 관련 신념과 행동을 심층적으로 분석한 어떤 연구[40]의 결과는 흥미 있는 시사점을 제시하고 있다. 이 연구에서 조사대상자 가운데 자신이 "유교인"이라고 대답한 사람은 0.5%에 지나지 않아, 자신을 "개신교인"이라고 답한 사람(26.25%), "천주교인"이라고 답한 사람(5.0%), "불교인"이라고 답한 사람(19.25%)과는 비교할 수 없을 만큼 적었다. 그러나 이들도 일반적 신념 내지 사상(효제충신·삼강오륜·인의예지·수신제가 같은 유교의 핵심 사상에 대한 확신), 일상생활의 기본 실천(조상의 제사, 부모에의 효도)과 일반적 관행(부계 가통, 동성동본 혼인 반대, 성묘와 시제, 3년상, 폐백, 어른 공경), 그리고 집단 행사에 참여하는 일(가족이나 문중 행사, 종친회나 족보 사업)에서는 일정한 정도 이상으로 유교적 신념을 지닐 뿐만 아니라, 유교적 행동과 태도 및 습관을 보이고 있는 것으로 조사되었다. 조사 결과 확인된 불교인의 100%, 개신교인의 76.6%, 천주교인의 90%, 무종교인(47. 25%)의 96.8% 등 전체 조사대상자 중 91.7%가 그 신념이나 행동·습관으로 보아 유교도라고 볼 수 있어서, "한국인의 절대 다수가 유교의 실천 성원"[41]이라는 것이다.

38 이광세, 1998, pp. 66-67; 이승환, 2000, pp. 198-199.

39 이광세, 1998, p. 63.

40 윤이흠·박무익·허남린, 1985.

41 윤이흠 외, 1985, p. 370.

이 조사에서 흥미로운 결과는 한국인은 외현적으로 밝히는 종교에 대한 자기 확인의 반응과는 상관없이, 실제로는 "유교적 가치관과 행습들이 다른 종교 신도들에게 대단히 강하게 침투해 들어가 있다는 사실이다."[42] 곧 한국 사회에서 "유교는 … 독립된 자기보존 조직(maintaining organization)으로서는 존재하지 않으면서도, 한국인의 심정적 확신과 내면적 가치관의 근거를 이루고 있음"이 확실하다. "한마디로, 한국인은 절대 다수가 유교라는 연성(軟性) 가치집단의 성원"이어서, "유교적 가치관은 현재 한국 사회의 정신적 가치관의 기초를 이루고 있음"[43]이 분명한 것이다.

유교가 경성(硬性) 종교 조직인 기독교와는 달리 일정한 교당이나 예배 의식 및 입교 조건이 없는 연성 가치집단이라는 점에서,[44] 한국인에게서 나타난 이러한 종교 행동의 경향은 중국이나 대만 및 일본 같은 동아시아 유교권 국가들에서도 마찬가지로 나타날 것이라 추측해 볼 수 있다. 오랫동안 이 사회를 지배해 왔던 유교적 삶의 방식은 동아시아인들의 생활에 광범위한 영향을 미쳐, 중국·한국·일본을 비롯한 동아시아인들의 공통적인 습성을 낳은 것이다. 동아시아인들의 일상생활에서 나타나는 신념·행동·습관의 근간에 이렇게 유학사상의 배경이 깔려 있다는 사실은 가치에 대한 문화비교연구의 결과에서도 드러난다.

본드(Michael Bond)를 중심으로 한 일군의 연구자들[45]은 22개국의

42 고병익, 1996, p. 294.

43 윤이흠 외, 1985, p. 358.

44 윤이흠 외, 1985, pp. 346-348.

45 Chinese Culture Connection, 1987.

대학생을 대상으로 중국인에게 기본적인 가치 문항 40개로 구성된 "중국적 가치 검사"(Chinese Value Survey)를 실시하였다. 그 결과 호프스테드(G. Hofstede)가 밝혀낸 네 차원 가운데 세 차원(권력거리·개인주의·남성성)과 함께[46] 국가 간 차이를 드러내는 또 다른 가치 차원이 나타났는데, 이는 인내심, 지위와 서열 존중, 절약, 검소, 염치, 체면 유지, 전통 존중, 인사치레와 은혜 갚기 같은 유교적 가치를 반영하는 차원이었다. 그들은 이를 "유교적 역동성"(Confucian dynamism)이라 명명하고, 호프스테드의 연구에서 밝혀진 가치 차원과 관련지어 여러 관계를 분석하고 있다.[47] 이 척도에서 강한 유교적 역동성의 가치를 보유하고 있는 나라들은 중국·홍콩·대만·일본·한국 같은 동아시아의 유교권 국가들이고, 미국·영국·캐나다 같은 서구의 국가들은 그 반대쪽의 가치를 지닌 것으로 밝혀지고 있다.[48] 이 연구에서도 "마음의 유교적 습성들"이 여전히 동아시아인의 행동과 사유의 근간을 이루고 있음이 드러나고 있는 것이다.

이러한 사실들을 함께 놓고 보면, 동아시아 사회에서 지배적인 집단주의 문화의 사상적 배경은 아직까지 동아시아인이 보유하고 있는 "마음의 유교적 습성들"에서 찾을 수 있다는 점이 확실해진다. "유교적 역동성"의 가치 차원에서 분명하게 드러나는 이러한 "마음의

46 Hofstede(1980)는 문화비교연구의 고전이 된 연구를 통해, 63개 문화권의 113,000명에 이르는 IBM 회사원들에게 "작업관련가치조사"(work-related value survey)를 실시하여, 문화차를 드러내는 4차원(권력거리·개인주의·남성성·불확실성 회피)을 검출해 내었다. Bond의 이 연구에서는 Hofstede의 "불확실성 회피" 차원은 검출되지 않고 있다.

47 예: Hofstede, 1991/2014; Hofstede & Bond, 1988.

48 Hofstede, 1991/2014, pp. 273-274, 표 7.1.

유교적 습성들"을 트리안디스(H. Triandis)는 "집단주의적인 습성 구조"(collectivistic structure of habits)[49]라 부르고 있는데, 이렇게 동아시아인이 드러내는 전형적인 신념·가치·태도·행동의 배후에는 아직도 이 사회에 살아 역동적으로 영향을 미치고 있는 유학사상이 놓여 있는 것이다.

2. 유학사상의 인간관

이상에서 살펴 본 바와 같이, 유학은 오랫동안 동아시아 사회의 역사를 지배해 왔을 뿐만 아니라, 현재에도 이 지역인들의 마음속에 살아남아 역동적으로 영향을 끼치고 있는 사상 체계이다. 이러한 유학사상은 동아시아 사회인의 삶의 양식과 사유방식에 지속적으로 영향을 미쳐, 이 지역에 집단주의 문화를 꽃피우게 한 원동력이 되었다.

이렇게 동아시아인의 삶의 기반이 되어온 유학사상은 인간 존재의 사회적 도덕적 특성[人性論]을 전제로 하여, 이러한 존재 특성을 지닌 인간이 지향해야 할 이상적 상태[君子論·聖人論]를 정립한 다음, 이러한 이상적 인간의 사회적인 삶의 모습[道德實踐論·禮論]과 이상적 인간의 상태에 도달하기 위해 개인적으로 노력해야 할 바[修養論]를 제시한 이론체계라고 정리할 수 있다. 유학사상의 구조를 이루는 이러한 네 체계로부터 유학사상에서 추구하는 기본적인 가치의 내용을 도출해 볼

49 Triandis, 1995, p. 67.

수 있다.[50]

이러한 유학사상에서 추구하고 있는 가치는 인간 존재의 "사회성"과 "도덕성" 그리고 "발전가능성"이라고 정리할 수 있다. 인성론 체계에서는 사회성과 도덕성의 가치가 강조되고 있으며, 군자론에서는 사회성과 도덕성에 더해서 가능성의 가치가 중요하게 대두되며, 도덕실천론에서는 사회성과 도덕성의 가치가 다시금 강조되고, 수양론에서는 가능성의 가치를 축으로 해서 도덕성과 사회성의 합일이 추구되고 있는 것이다. 이렇게 유학사상은 사회성·도덕성·가능성의 가치를 축으로 해서 인간 존재의 기본 특성을 파악하고, 또 이러한 세 가지 가치를 핵심으로 삼아 인간이 지향해야 할 삶의 양식을 제시하고 있는 철학체계인 것이다.

이러한 맥락에서 보면, 유학사상에서는 인간을 사회적 관계체(關係體), 덕성 주체, 및 무한한 가능체(可能體)로 파악한다고 생각할 수 있다. 말하자면, 인간은 개체로서 지닌 존재 가치를 뛰어넘어, 사회에 대한 책임을 스스로 짊어지고 실천해야 하는 존재[關係體]로서, 능동적·주체적인 도덕 인식과 실천[德性主體]을 통하여 존재 확대를 이루어 낼 수 있는 가능성[可能體]을 보유하고 있다는 것이다.

유학자들이 인간을 이러한 세 가지 관점에서 파악하고 있다는 사실은 유학의 창시자인 공자의 《논어(論語)》 첫 머리 〈학이편(學而篇)〉 1장에 제시되어 있는 삼호(三乎)에 관한 언급과, 공자에 이어 선진(先秦)

50 유학사상의 이 네 이론체계가 갖는 심리학적 함의에 대해서는 필자의 선행저술(조긍호, 1998, pp. 349-410; 1999a; 2007a, pp. 478-510; 2008; 2012, pp. 103-108, 119-140) 참조.

유학 체계를 완성한 맹자의 《맹자(孟子)》 〈진심상편(盡心上篇)〉 20장에 제시되어 있는 군자삼락(君子三樂)에 관한 논의에서 잘 드러난다.

> 배우고 그것을 항상 익히면, 또한 기쁘지 아니하겠는가? 벗이 먼 곳으로부터 찾아오면, 또한 즐겁지 아니하겠는가? 남이 알아주지 않는다고 하더라도 마음에 담아두지 않는다면, 또한 군자답지 아니하겠는가?[51]

> 군자에게는 세 가지 즐거움이 있는데, 천하에 왕 노릇 하는 일은 여기에 들지 못한다. 부모님이 함께 생존해 계시고, 형제들에게 아무런 탈이 없는 것, 이것이 첫 번째 즐거움이다. 위로 하늘에 부끄러움이 없고, 아래로 사람들에게 부끄러움이 없는 것, 이것이 두 번째 즐거움이다. 천하의 뛰어난 인재들을 얻어서 이들을 가르쳐 기르는 것, 이것이 세 번째 즐거움이다. 군자에게는 이러한 세 가지 즐거움이 있을 뿐, 천하에 왕 노릇 하는 일은 이러한 군자의 즐거움에 들지 못한다.[52]

여기서 공자의 1호[學而時習之 不亦說乎]와 맹자의 3락[得天下英才而教育之 三樂也]은 무한한 가능체(배움을 통해 군자와 성인까지도 될 수 있는 존재)인 인간 존재의 특성을, 2호[有朋自遠方來 不亦樂乎]와 1락[父母俱存

51 學而時習之 不亦說乎 有朋自遠方來 不亦樂乎 人不知而不慍 不亦君子乎 (《論語》, 學而 1): 이는 朱熹의 《論語集註》의 편차에 따른 《論語》 學而篇 1장을 가리킨다. 이하 《論語》의 인용은 이 예에 따른다.

52 君子有三樂 而王天下不與存焉 父母俱存 兄弟無故 一樂也 仰不愧於天 俯不怍於人 二樂也 得天下英才而教育之 三樂也 君子有三樂 而王天下不與存焉 (《孟子》, 盡心上 20): 이는 朱熹의 《孟子集註》의 편차에 따른 《孟子》 盡心上篇 20장을 가리킨다. 이하 《孟子》의 인용은 이 예에 따른다.

兄弟無故 一樂也]은 사회적 관계체(가족 및 다른 사람과 맺는 관계 속에서 다른 사람들과 함께 어울리면서 살아가야 하는 존재)인 인간 존재의 특성을, 그리고 3호[人不知而不慍 不亦君子乎]와 2락[仰不愧於天 俯不怍於人 二樂也]은 덕성 주체(자기가 도덕적 주체로서, 스스로에게서 모든 일의 원인을 찾고, 스스로 모든 책임을 져야 하는 존재)인 인간 존재의 특성을 드러내고 있는 것이다.[53]

1) 사회적 관계체

유학자들은 인간을 함께 살아가고 있는 다른 사람들과 맺는 관계 속의 존재로 규정하고, 이러한 관계가 사회를 구성하는 근본적인 기본 단위라고 인식한다. 곧 인간 존재의 생물적 특성이나 개체적 특성보다는, 사회적 특성을 중심으로 인간의 제반 문제를 바라보고자 하는 것이 유학사상의 가장 큰 특징이다.

이렇게 유학은 인간의 존재의의를 사람과 사람 사이의 관계라는 사회성에서 찾으려 하는 사상체계이다. 사람은 부모와 자식, 군주와 신하, 남편과 아내, 어른과 아이, 친구와 친구 사이의 관계 속에서 태어나서, 이러한 관계 속에서 살다가 관계 속에서 죽어가는 존재이므로, 이러한 관계를 떠나서는 인간의 존재의의를 찾을 수 없다고 보는 것이 유학사상이다. 이렇게 인간의 사회적 존재 특성을 내세워 인간을 "사회적

53 동아시아 유학사상의 인간관은 필자의 선행저술(조긍호, 2006, pp. 297-352; 2007a, pp. 98-134; 2008, pp. 43-75; 2012, pp. 119-136)의 내용을 재정리하여 구성하였는데, 필요한 경우에는 관련 부분을 그대로 따오기도 하였다.

관계체"로 파악하는 것이 유학자들의 인간 파악의 기본 관점이다. 말하자면, 인간이 본래부터 지닌 도덕적 바탕[仁義禮智]은 바로 이러한 인간 존재의 사회성에서 나온다는 관점이 유학사상의 핵심인 것이다.

《논어》에서 공자는 자기 사상의 핵심인 인(仁)을 "무릇 인이란 자기가 서고자 하면 남을 먼저 세워 주고, 자기가 이루고자 하면 남이 먼저 이루게 해주는 일"[54]이라거나, "자기가 바라지 않는 것을 남에게 베풀지 않는 일,"[55] 또는 "남을 사랑하는 일"[56]로서 "자기의 사적 감정과 사욕을 억제하고, 예(禮)의 규범체계로 돌아가는 것이 인을 행하는 일"[57]이라 제시하여, 타인에 대한 관심과 배려가 인의 핵심이라 보고 있다. 이러한 사실은 공자가 인간의 사회성을 인간 존재의 핵심으로 규정하고 있음을 드러내는 것이다.

맹자는 인의(仁義)는 다른 것이 아니라, 어버이를 친애하고[親親], 어른을 공경함[敬長]에서 비롯하는 것이라 하여, 도덕의 근거를 대인관계에서 찾고 있다.[58] 곧 맹자는 "인(仁)의 핵심은 어버이를 모시는 것이고, 의(義)의 핵심은 형을 따르는 것이며, 지(智)의 핵심은 이 두 가지를 깨달아 이를 버리지 않는 것이고, 예(禮)의 핵심은 이 두 가지를 조절하고 아름답게 꾸미는 것"[59]이라고 본다. 이렇게 맹자는 인간 행위의 당

54 夫仁者 己欲立而立人 己欲達而達人 (《論語》, 雍也 28)

55 仲弓問仁 子曰 … 己所不欲 勿施於人 (顔淵 2); 子貢問曰 有一言而可以終身行之者乎 子曰 其恕乎 己所不欲 勿施於人 (衛靈公 23)

56 樊遲問仁 子曰 愛人 (顔淵 22)

57 顔淵問仁 子曰 克己復禮爲仁 (顔淵 1)

58 親親 仁也 敬長 義也 無他 達之天下也 (《孟子》, 盡心上 15)

59 仁之實 事親是也 義之實 從兄是也 智之實 知斯二者弗去是也 禮之實 節文斯二者是也 (離婁上 27)

위적 규범인 인의예지(仁義禮智)의 핵심을 바로 친친(親親)과 경장(敬長)에서 구하고 있는 것이다.

이는 인간 존재의 기초를 부모-자식과 형-아우의 관계에서 구하고 있는 것이라 해석할 수 있다. 그리하여 여기에서 체득한 인의의 도를 백성을 친애하고, 사물을 아끼고 사랑하는[親親而仁民 仁民而愛物][60] 단계까지 확장하여 실천하기에 이르러야 한다는 것이 바로 맹자 사상의 핵심이다. 이를 맹자는 "도는 가까이에 있는데 이를 멀리에서 구하고, 할 일은 쉬운 데에 있는데 이를 어려운 데서 구하려 한다. 사람마다 자기 어버이를 친애하고 자기 어른을 공경한다면, 천하가 화평하게 될 것"[61]이라고 지적하였다. 이러한 점에서 맹자가 군자의 세 가지 즐거움 가운데 첫 번째를 "부모가 모두 생존해 계시고 형제들에게 아무 탈이 없는 것"[62]으로 잡고 있는 까닭을 이해할 수 있는데, 이는 바로 이러한 인의(仁義) 체득과 실천의 객관적 대상이 존재하고 있기 때문에 즐겁다는 의미라고 풀이할 수 있다.

---

60 君子之於物也 愛之而不仁 於民也 仁之而不親 親親而仁民 仁民而愛物 (盡心上 45)

61 道在爾而求諸遠 事在易而求諸難 人人親其親 長其長 而天下平 (離婁上 11)

62 盡心上 20: 여기서 맹자가 말하는 군자의 세 가지 즐거움이 모두 인간의 사회성을 강하게 함축하고 있다는 사실을 주목할 필요가 있다. 一樂은 인의 체득과 실천의 대상(부모와 형제)이 존재하고 있기 때문에 느끼는 즐거움이고, 二樂은 실제로 인의를 체득하여 일상생활의 대인관계에서 실천함으로써 느끼는 즐거움이며, 三樂은 다른 사람들에게 스스로가 체득한 인의의 도를 가르쳐 주는 즐거움이라고 해석할 수도 있다. 이렇게 보면, 맹자는 군자의 즐거움을 모두 사람들 사이의 관계에서 설정되는 것으로 보고 있으며, 사회 속에서 사회적 존재로서 성덕(成德)을 지향하는 데 즐거움의 근거가 있으므로, "천하를 지배하고 다스리는 것은 군자의 즐거움에 들지 못한다"(王天下不與存焉)는 당당함이 나오는 것이라 하겠다.

이러한 관점에서 보면, 맹자도 공자와 마찬가지로 인간의 존재의의를 사람과 사람 사이의 관계[人倫]에서 찾고 있음이 분명하다. 곧 부자·군신·부부·장유·붕우 사이의 관계에서 인간의 존재 특성이 부각되므로, 개별적인 존재에서는 인간 존재의 의미를 찾을 수 없다는 것이 맹자의 주장인 것이다. 부자·군신·부부·장유·붕우 사이의 관계에서 각각 친(親)·의(義)·별(別)·서(序)·신(信)이 있도록 하는 것이 바로 사람이 지켜야 할 다섯 가지 도리[五倫]인데, "사람이 편안히 살고 가르침이 없으면 새나 짐승과 같아질 수밖에 없으므로, 성인이 이를 걱정하여 이 다섯 가지 사람의 도리를 가르치게 하였다."[63]는 지적은 이러한 입장을 단적으로 드러내는 것이다. 이를 보면, 사람의 도리는 바로 사람들 사이의 관계에서 찾을 수 있고, 따라서 인간은 개별적인 존재로 태어나고 살아가는 것이 아니라, 이러한 관계 속에서 태어나고 살아가는 존재, 곧 사회적 관계체인 존재라는 것이 맹자의 인간 파악의 기본 관점이라 하겠다.

순자도 인간의 사회성을 강조하며, 따라서 사회관계가 인간의 존재 특성을 규정하는 것으로 파악하고 있다. 순자는 다른 생물체에 견주어 인간 존재는 생득적으로 허약하고 무력한 까닭에 단결이 필요하고,[64] 개인적인 능력과 기술의 한계로 말미암아 협동과 상부상조가 필

63 人之有道也 飽食暖衣 逸居而無教 則近於禽獸 聖人有憂之 使契爲司徒 教以人倫 父子有親 君臣有義 夫婦有別 長幼有序 朋友有信 (滕文公上 4)

64 力不若牛 走不若馬 而牛馬爲用 何也 曰 人能群 彼不能群也 人何以能群 曰 分 分何以能行 曰 以義 故義以分則和 和則一 一則多力 多力則彊 彊則勝物 (《荀子》, 王制 20-21): 이는 富山房本 漢文大系 卷十五《荀子集解》의 王制篇 pp. 20-21을 기리킨다. 이하《荀子》본문의 인용은 이 예에 따른다.

요하기[65] 때문에, 사람은 필연적으로 모여서 사회생활을 할 수밖에 없다[人生不能無群][66]고 본다. 이러한 점은 그의 명분사군(明分使群)의 예론(禮論)을 통해 쉽게 이해될 수 있다. 곧 사람은 군신·부자·형제·부부 같은 사회윤리 관계나 사·농·공·상 따위의 사회직분 관계 속의 존재로서, 이러한 관계 속에서 예에 따라 규정되는 각자의 역할[分]을 충실히 수행함으로써 사회생활[群]을 영위해야 하는 존재라는 것이다.[67] 이러한 관점은 인간을 상호 독립적이고 분리된 존재가 아니라, 사회관계에 따라 본질적으로 연관을 맺고 있는 상호의존적인 존재로 파악하는 시각을 잘 드러내는 것이다. 이러한 시각은 《순자(荀子)》의 〈왕제편(王制篇)〉에 나오는 다음의 지적에서 잘 드러난다.

> 군신·부자·형제·부부의 관계는 처음이자 마지막이고, 마지막이자 처음으로서, 천지와 더불어 이치를 같이 하고, 만세를 통하여 영구히 지속되는 것으로, 무릇 이를 일러 "위대한 근본"[大本]이라 한다.[68]

이는 군신·부자·형제·부부 같은 사회관계가 지니는 보편성을 지

65 故百技所成 所以養一人也 而能不能兼技 人不能兼官 離居不相待則窮 群而無分則爭 窮者患也 爭者禍也 救患除禍 則莫若明分使群矣 (富國 2-3)

66 故人生不能無群 群而無分則爭 爭則亂 亂則離 離則弱 弱則不能勝物 (王制 21); 人之生不能無群 群而無分則爭 爭則亂 亂則窮矣 故無分者人之大害也 有分者天下之本利也 (富國 6-7)

67 夫貴爲天子 富有天下 是人情之所同欲也 然則從人之欲 則勢不能容 物不能贍也 故先王案爲之 制禮義以分之 使有貴賤之等 長幼之差 知賢愚能不能之分 皆使人載其事 而各得其宜 然後慤祿多少厚薄之稱 是夫群居和一之道也 (榮辱 39-40): 王先謙(1891)의 《荀子集解》에서는 知賢愚에서 知는 智로 읽어야 하고, 賢은 원문에서 삭제되어야 하며, 慤祿은 穀祿이 되어야 한다고 본다.

68 君臣父子兄弟夫婦 始則終 終則始 與天地同理 與萬歲同久 夫是之謂大本 (王制 19-20)

적한 것으로서, 이러한 사람들 사이의 관계가 사회의 가장 궁극적인 단위임을 표현하는 것이라 볼 수 있다. 바로 이러한 사실에서도 인간을 사회적인 관계체로 보는 순자의 관점을 확인해 볼 수 있는 것이다.

이와 같이 사회적 관계체로서의 사람들이 사회관계 속에서 질서와 조화를 유지하여 관계적 존재로서의 존재의의를 달성하는 길은 각자에게 주어진 역할과 의무를 충실히 수행하는 일이다. 공자는 사회관계 속에서 각자에게 주어진 역할을 충실히 수행하는 것이 사회질서와 조화 유지의 핵심이라고 보고, 이를 정명론(正名論) 체계로 제시하고 있다. 그는 곧 "군주는 군주의 역할을 다하고, 신하는 신하의 역할을 다하며, 부모는 부모의 역할을 다하고, 자식은 자식의 역할을 다하는 것"[69]이 사회에 질서와 조화를 가져오는 정사(政事)의 근본이기 때문에, 자기에게 정사를 맡겨 준다면 반드시 이름을 바로 잡는 일[正名: 각자에게 주어진 역할을 충실히 수행하도록 하는 일]부터 하겠다[70]고 공자는 말하고 있는 것이다.

이렇게 유학의 창시자인 공자로부터 이미 인간을 기본적으로 타인에 대한 관심과 배려를 지닌 존재로 보기 시작했으며, 모든 사회행위의 원동력을 사회관계 속에 주어진 쌍무적인 역할에서 찾음으로써, 인간 존재의 사회성을 강조하고 있다. 바로 이렇게 인간을 사회적 관계체로서의 존재로 파악하는 것이 유학사상에서 인간을 파악하는 가장 기본적인 관점이다. 맹자와 순자도 이러한 공자의 정명론의 체계를 이어 받아, 각 관계 속에서 이루어지는 역할과 의무 수행이 각 관계의 질서를

69 齊景公問政於孔子 孔子對曰 君君 臣臣 父父 子子 (《論語》, 顔淵 11)

70 子路曰 衛君待子而爲政 子將奚先 子曰 必也正名乎 (子路 3)

유지하는 핵심 요건이라 보고 있다. 맹자는 이러한 견해를 "군주다운 군주가 되려면 군주의 역할과 도리를 다해야 하고, 신하다운 신하가 되려면 신하의 역할과 도리를 다해야 한다."[71]고 진술하고 있다. 순자는 이러한 견해를 좀 더 자세히 분석하여, 조화로운 사회관계를 이루기 위해서는 우선 사회관계에서 각자가 해야 할 역할과 의무를 명백히 하고[明分] 실생활에서 이를 실행해야 한다[守分]고 보고, 이를 명분사군론(明分使群論)[72] 또는 군거화일론(群居和一論)[73]으로 제시하고 있다.

이렇게 유학사상에서는 인간의 사회생활과 사회행위의 원동력을 사회관계 속의 역할과 의무에서 찾음으로써, 개체로서의 개인 존재를 "역할·의무·배려의 복합체"로 간주하는 입장이 대두된다. 그리하여 개인이 수행하는 대부분의 사회행위의 원동력을 이러한 관계 속에 내재하고 있거나 이러한 관계가 요구하고 있는 역할과 의무 및 타인에 대한 배려에서 찾으려 하게 되며, 사회행위의 목표를 다른 사람 및 내집단과 원만하고 평화로운 관계를 맺고 유지하는 것에 두게 된다. 그러므로 이와 같이 인간 존재의 사회성을 앞세우는 유학사상을 삶의 철학으로 받아들여 온 동아시아 사회인들은, 개체로서의 개인의 독립성과 자율성의 추구보다는, 사회관계에서의 "연계성"의 확립과 "조화성"의 추구를 강조하는 집단주의적인 행동 양식을 드러내게 되는 것이다.

71 欲爲君 盡君道 欲爲臣 盡臣道 (《孟子》, 離婁上 2)

72 《荀子》, 富國 2-3.

73 榮辱 39-40.

2) 덕성의 주체

유학자들은 사회적 관계체로서의 사람들에게 있어서 다른 동물이 갖지 못하는 중핵 특성은 사회생활에 필요한 기본 특성, 곧 도덕성(道德性)이라 본다. 이렇게 인간의 중핵 특성을 도덕성이라고 보는 관점은 인간의 존재의의를 사회성에서 찾으려는 유학사상에서 필연적으로 도출되는 것이다. 이러한 도덕성의 근원은 타인 및 그들과 함께 삶을 영위하는 터전인 사회에 대한 관심과 배려에 있다는 것이 유학자들의 생각이다. 그들은 이러한 덕의 바탕이 인간에게 본래부터 갖추어져 있다는 전제에 따라, 사람은 스스로가 도덕의 주체라는 사실을 깨달아 이를 능동적·주체적으로 삶의 장면에서 실천함으로써, 개인적이고 이기적인 욕구와 감정 같은 나머지 인성(人性) 요소들이 덕에 맞추어 통제되도록 하는 것이 바른 삶의 자세라는 주장을 편다. 이렇게 유학사상에서는 사회적 존재로서의 인간이 지향해야 할 바람직한 삶의 자세는 능동적·주체적인 도덕 인식과 실천이라고 보아, 인간을 "덕성의 주체"로 파악한다.

《논어》에서 공자는 "인(仁)의 실천은 오로지 자신에게 달린 일이지, 남에게 달린 것이 아니다"[74]라고 하여, 덕의 근거가 인간에게 본유적으로 갖추어져 있다는 관점을 드러내고 있다. 공자에 따르면 자기에게 모든 도덕성의 근거가 갖추어져 있다는 사실을 깨달은 사람이 군자(君子)로서, 이렇게 군자는 스스로가 덕성의 주체라는 사실을 확고히 인식하고 있기 때문에, "남에게 모든 책임을 돌리는 소인(小人)과는 달리, 모

74 爲仁由己 而由人乎哉 (《論語》, 顔淵 1)

든 일의 책임을 자기 자신에게서 찾으려 한다."[75]

이렇게 스스로가 덕성의 주체라는 자각을 도덕성의 바탕으로 강조하는 시각은 공자로부터 이어지는 유학사상의 전통이다. 공자는 "내가 인(仁)을 행하고자 하면, 곧바로 인이 이르게 된다"[76]고 보아, 도덕성이란 자기 몸에 그 근거가 갖추어져 있는 것이긴 하지만, 이를 자각하는 일이 무엇보다 중요함을 역설하고 있다. 그리하여 그는 인을 행하는 것은 자기에게 달려 있는 일이지, 남에게 달린 것이 아니므로,[77] "능히 가까이 자기 몸에서 취해서 남에게 비유할 수 있으면, 인을 행하는 방도라고 이를 만하다"[78]고 보고 있는 것이다. 이와 같이 공자는 덕성의 주체인 스스로에 대한 자각이 일상생활에서 도덕성을 실천하는 바탕임을 강조하고 있다.

이러한 인간의 도덕적인 능동성과 주체성의 근거를 맹자는 인의예지 같은 도덕의 뿌리가 인간에게 본래부터 내재하고 있다는 사실에서 구하고 있다. 여기서 한 걸음 더 나아가, 맹자는 인간이 본래 갖추고 있는 선단(善端)을 잃지 않고 그대로 간직[存心]하기 위해서는, 우선 스스로가 덕성의 주체라는 사실을 주체적으로 인식하여 이를 확충해야 한다고 보아, 다음과 같이 진술하고 있다.

> 사람은 누구나 남에게 차마 모질게 하지 못하는 마음을 가지고 있다. … 사람이 누구나 남에게 차마 모질게 하지 못하는 마음을 가지

75 君子求諸己 小人求諸人 (衛靈公 20)

76 仁遠乎哉 我欲仁 斯仁至矣 (述而 29)

77 顔淵 1.

78 夫仁者 己欲立而立人 己欲達而達人 能近取譬 可謂仁之方也已 (雍也 28)

> 고 있다는 사실은, 누구든지 어떤 어린아이가 우물에 빠지게 된 것을 문득 보았다면, 누구나 깜짝 놀라 불쌍하게 여기는 마음을 가지게 된다는 데서 드러난다. … 이로 보건대, 불쌍히 여기는 마음[惻隱之心]이 없으면 사람이 아니요, 자기의 옳지 않음을 부끄러워하고 남의 옳지 않음을 미워하는 마음[羞惡之心]이 없으면 사람이 아니요, 사양하는 마음[辭讓之心]이 없으면 사람이 아니요, 옳고 그름을 가리려는 마음[是非之心]이 없으면 사람이 아니다. 불쌍히 여기는 마음은 인의 시초[仁之端]요, 부끄러워하고 미워하는 마음은 의의 시초[義之端]요, 사양하는 마음은 예의 시초[禮之端]요, 옳고 그름을 가리려는 마음은 지의 시초[智之端]이다. 사람이 이 네 가지 시초[四端]를 갖추고 있다는 사실은 마치 사람에게 사지(四肢)가 갖추어져 있는 것과 마찬가지다. … 무릇 나에게 갖추어져 있는 네 가지 시초를 모두 넓혀서 채울 줄 알게 되면, 마치 불이 처음 타오르고 샘물이 처음 흘러내리듯 할 것이니, 진실로 이를 채울 수 있으면 사해(四海)를 보전하고도 남음이 있을 것이지만, 진실로 이를 채우지 못하면 부모를 섬기기에도 부족할 것이다.[79]

맹자는 이렇게 사람에게는 인의예지 같은 도덕의 근거가 되는 측은지심·수오지심·사양지심·시비지심의 사단(四端)이 갖추어져 있고, 그렇기 때문에 인간의 본성은 착하다고 본다. 이것이 이른바 성선설(性善說)의 요지인데, 이를 통해 맹자가 제시하려고 한 것은 인의예지의

---

79 人皆有不忍人之心 … 所以謂人皆有不忍人之心者 今人乍見孺子將入於井 皆有怵惕惻隱之心 … 由是觀之 無惻隱之心 非人也 無羞惡之心 非人也 無辭讓之心 非人也 無是非之心 非人也 惻隱之心 仁之端也 羞惡之心 義之端也 辭讓之心 禮之端也 是非之心 智之端也 人之有是四端也 猶其有四體也 … 凡有四端於我者 知皆擴而充之矣 若火之始然 泉之始達 苟能充之 足以保四海 苟不充之 不足以事父母(《孟子》, 公孫丑上 6)

바탕이 인간 본성 속에 주체적으로 내재되어 있는 자연적인 것이지, 외부에서 주어지는 인위적인 것은 아니라는 사실이다.[80] 이는 마치 사람이 팔·다리를 가지고 태어나는 것처럼 본래부터 갖추어져 있는 인간의 본성이라는 것이다.

맹자의 성선설에서도 도덕의 본유성보다 중요한 것은 이러한 사실의 주체적 자각이 더욱 강조되고 있다는 점이다. 맹자는 인의예지를 비롯한 모든 인간 행위의 근거를 주체적 인식에서 구하고 있고, 따라서 인간의 도덕적 능동성과 주체성을 강조했던 것이다. 이러한 사실은 인간이 본래 갖추고 태어난 선단을 잃지 않고 그대로 간직[存心]하려면 우선 주체적으로 도를 인식해야[明道] 하고, 이러한 도의 주체적 인식을 위해서는 "모든 일의 책임을 스스로에게 돌이켜 찾아야 한다[反求諸己]"[81]는 주장에서도 잘 드러나고 있다. "만물의 이치는 모두 나에게 구비되어 있으므로"[82] 내가 모든 일의 주체이고, 따라서 모든 일이 나에게서 비롯하는 것이다. 그리하여 덕성의 주체인 자기에게서 모든 책임과 근거를 찾아야 한다는 것이 바로 맹자의 인간 이해의 핵심이다.

순자도 덕성 주체인 인간의 능동적 자각을 강조하고 있는데, 이는 그의 독특한 인도론(人道論)을 통해 확인할 수 있다. 그는 "도(道)는 하늘의 도도 아니고, 땅의 도도 아니며, 사람이 행해야 할 바로서 군자가 따르는 것"[83]이라는 인도론의 근거에 따라, "군자는 자기에게 달려 있

---

80 仁義禮智 非由外鑠我也 我固有之也 弗思耳矣 (告子上 6)

81 愛人不親 反其仁 治人不治 反其智 禮人不答 反其敬 行有不得者 皆反求諸己 其身正而天下歸之 (離婁上 4)

82 萬物皆備於我矣 (盡心上 4)

83 道者非天之道 非地之道 人之所以道也 君子之所道也 (《荀子》, 儒效 9-10): 楊倞

는 일[在己者]을 삼가 행할 뿐, 하늘에 달린 일[在天者]을 사모하지 않으며 … 그렇기 때문에 날로 발전한다'[84]는 천인지분(天人之分)의 논리를 전개한다. 그에게 "자기에게 달린 일이란 마음과 뜻을 닦고, 덕행에 힘쓰며, 인식과 판단을 명확히 하고, 오늘날에 태어났지만 옛 사람의 도에 뜻을 두는 것,"[85] 곧 스스로가 도덕의 주체임을 자각하고, 이를 일상생활에서 실천하려 노력하는 일인 것이다. 이러한 생각은 인간을 외부 환경 조건의 영향을 받기만 하거나, 환경 조건에 따라 수동적으로 규정되기만 하는 존재가 아니라, 능동적으로 스스로를 규정하는 덕성의 주체로 파악하는 시각을 명백히 드러내는 것이다.

순자는 사단과 같은 본유적인 정감에서 도덕성의 근거를 찾는 맹자와는 달리, 사물과의 차이에서 인간만이 갖는 독특한 본유적인 특성을 도덕성이라고 보는 입장에서 도덕의 본유설을 주장하고 있다. 이러한 입장은 다음의 진술문에서 단적으로 드러나고 있다.

> 그러므로 사람이 사람된 까닭은 (동물과는 달리) 다만 두 다리로 서고, 몸에 털이 없다는 사실에서 연유하는 것은 아니다. 이는 사람이 변별함[辨]을 가지고 있다는 데에서 연유하는 것이다. 무릇 새나 짐승도 부모와 자식의 관계는 있지만 부모 자식 간의 친애함은 없고[父子之親], 암컷과 수컷은 있지만 남녀의 직분의 분별[男女之別]은 없다. 그러므로 (옳고 그름을 가려 도덕적으로 행동하는 것은 사람의 본성이므로) 사람의 도리에 옳고 그름을 가려 행동하지 않을 수

은 《荀子注》에서 人之所以道也를 人之所行之道也로 풀고 있으며, 王先謙도 《荀子集解》에서 人之所以道也의 道를 行의 誤字로 보고 있다.

84 故君子敬其在己者 而不慕其在天者 … 是以日進也 (天論 28-29)

85 若夫心意修 德行厚 知慮明 生於今而志乎古 則是其在我者也 (天論 28)

없는 것이다.[86]

> 물과 불은 기(氣)는 가지고 있으나 생명[生]은 없다. 초목은 생명은 있으나 지각[知]은 없다. 새와 짐승은 지각은 있으나 올바름[義]은 없다. 사람은 기도, 생명도, 지각도 가지고 있을 뿐만 아니라, 또한 올바름을 가지고 있다. 그러므로 천하에서 가장 귀한 존재가 되는 것이다.[87]

이러한 논의에서 보면, 사람은 우주 안에서 유일하게 변(辨)과 의(義) 같은 도덕성의 기초를 본유적으로 갖추고 있는 존재이다. 사람은 이러한 도덕성[辨과 義]을 통해 사람을 포함한 천지 만물과 직분을 나누어[分] 사회생활[群]을 할 수 있으며, 이것이 인간 존재의 특이성이다.

이와 같이 공자·맹자·순자 같은 유학의 선구자들은 모두 스스로가 덕성의 주체라는 사실에 대한 자각에서 모든 일이 자기결정적이라는 확고한 인식이 나오게 된다고 보아, 결과적으로 일상생활에서 모든 일의 책임을 스스로가 지려 하는 삶의 태도[反求諸己]를 갖는 일이 중요함을 강조한다. 유학사상에서는 이렇게 인간의 도덕적 주체성을 강조하므로, 개체로서의 개인을 이성이나 감성 또는 욕구의 주체로서보다는 덕성의 주체로 간주하게 된다. 결과적으로 이러한 유학사상을 기본 철학으로 삼고 살아 온 동아시아인들은 삶의 과정에서 적극적인 자기주장보다는 "자기억제"와 "자기은폐"를 강조하는 집단주의적인 삶의 태

86 故人之所以爲人者 非特以其二足而無毛也 以其有辨也 夫禽獸有父子 而無父子之親 有牝牡 而無男女之別 故人道莫不有辨 (非相 9-10)

87 水火有氣而無生 草木有生而無知 禽獸有知而無義 人有氣有生有知 亦且有義 故最爲天下貴也 (王制 20)

도를 발전시키게 되었다. 개인적인 욕구와 감정의 자유로운 표출은 사회와 그 기본단위인 내집단의 조화를 깨치게 되기 쉬우며, 이는 관계를 맺고 있는 타인에 대한 관심과 배려를 앞세우는 도덕 주체로서의 삶의 자세에도 어긋나게 되는 까닭이다.

3) 무한한 가능체

유학은 성덕(成德)을 지향하는 체계로서, 인간은 누구나 도덕적인 완성을 이루고, 이를 사회생활에 실천하는 군자나 성인이 될 수 있는 가소적(可塑的)인 존재라고 유학자들은 보고 있다. 유학사상은 인간이란 가르침[教]과 배움[學]을 통해 누구나 덕을 이룰 수 있는 가소적인 존재, 곧 "무한한 가능체"라고 파악하는 입장을 바탕으로 하여 성립한다. 성덕이란 다른 사람들과의 바람직한 관계를 통해 이루어지는 것이므로, 이렇게 덕을 이루어 군자와 성인의 경지에 이를 수 있는 무한한 가능체(可能體)로 인간 존재를 파악하는 인간관은 인간의 사회성과 도덕성을 중시하는 관점에서 연역되어 나오는 입장이다.

이러한 맥락에서 유학은 교육의 중요성을 인식하고, 이를 강조하는 입장을 편다. 이는 선진(先秦)유학 이래로 내려오는 유학의 전통이라고 볼 수 있다. 유학사상에서 이렇게 배움과 가르침을 중시한다는 것은, 유학자들이 인간을 안정적인 특성을 지닌 고정적인 실체로서가 아니라, 무한한 가소성을 지닌 가능체로서의 존재로 이해한다는 사실을 의미하는 것이다.

《논어》에서 공자는 스스로를 "배우기를 좋아하는 사람"[好學者][88] 및 "가르치기를 게을리 하지 않는 사람"[誨人不倦者][89]이라고 하여, 가르치고 배우는 일을 강조하였다. 배우고 가르치는 일, 그리고 배운 내용을 강구하고 실천함으로써 자기를 개선하는 일은 공자와 제자들이 자기를 성찰하는 핵심 내용이었던 것이다.[90]

공자는 스스로를 호학(好學)이라고 자평했지만, 제자 가운데는 안회(顔回)만이 "배우기를 좋아하는 사람"이라고 하면서, 호학의 조건으로 "같은 잘못을 두 번 저지르지 않는 일"[不貳過]을 들고 있다.[91] 그는 "잘못을 하고도 고치지 않는 것이 바로 잘못"[92]이라고 보고, "잘못이 있으면, 고치기를 꺼리지 말아야 한다."[93]고 강조한다. 이렇게 자기를 성찰하여 잘못을 고침으로써, 항상 자기개선을 이루려 노력하는 자세,[94] 이것이 《논어》에서 도출되는 대인평가 기준의 하나로, 이는 인간을 무한한 가능체로 인식하는 공자의 시각을 잘 드러내는 것이다.

이러한 공자의 입장은 맹자와 순자에게도 그대로 이어지고 있는데, 그 가운데 맹자의 관점은 자못 독특한 데가 있다. 맹자도 교육을 중

---

88 十室之邑 必有忠信如丘者焉 不如丘之好學也 (《論語》, 公冶長 27)

89 子曰 若聖與仁 則吾豈敢 抑爲之不厭 誨人不倦 則可謂云爾已矣 (述而 33)

90 默而識之 學而不厭 誨人不倦 何有於我哉 (述而 2); 子曰 德之不修 學之不講 聞義不能徙 不善不能改 是吾憂也 (述而 3); 曾子曰 吾日三省吾身 爲人謀而不忠乎 與朋友交而不信乎 傳不習乎 (學而 4)

91 哀公問 弟子孰爲好學 孔子對曰 有顔回者好學 不遷怒 不貳過 不幸短命死矣 今也則亡 未聞好學者也 (雍也 2)

92 過而不改 是謂過矣 (衛靈公 29)

93 過則勿憚改 (學而 8; 子罕 24)

94 見賢思齊焉 見不賢而內自省也 (里仁 17); 三人行 必有我師焉 擇其善者而從之 其不善者而改之 (述而 21); 內省不疚 夫何憂何懼 (顔淵 4)

시하여, “천하의 영재를 얻어서 이들을 교육하는 일은 군자의 세 가지 즐거움 가운데 하나로서, 천하를 지배하고 다스리는 일은 군자의 즐거움에 들지 못한다.”[95]라고 진술함으로써, 교육을 그 무엇보다 중요한 일로 내세우고 있다. 그는 한 걸음 더 나아가 교육을 선각자 또는 군자의 의무라고까지 격상시켜[96] “중정(中正)의 도를 얻은 사람은 그렇지 못한 사람을 교육하고, 재능 있는 사람은 재능 없는 사람을 교육해야 한다. … 만일 중정의 도를 얻은 사람이 그렇지 못한 사람을 버리고, 재능 있는 사람이 그렇지 못한 사람을 버려 교육하지 않는다면, 현명한 사람과 어리석은 사람의 차이는 거의 없을 것이다.”[97]라는 입장을 밝히고 있다. 공·맹의 이런 태도는 순자에게도 이어져, 《순자》 32편 가운데 제1편인 〈권학편(勸學篇)〉이 “배움이란 멈출 수 없는 것”[學不可以已]이란 말로 시작하고 있는 것이다.[98]

이러한 배움의 목표는 도덕의 근거가 자신 속에 본래부터 갖추어져 있다는 사실을 자각하고, 이를 실생활에서 실현함으로써 인간의 존재의의를 완성하는 일이다. 《논어》에서는 이를 “군자는 배움으로써 그

95 《孟子》, 盡心上 20: 오늘날 쓰이는 “敎育”이란 용어는 맹자가 이 장에서 제시한 君子三樂 중 세 번째 즐거움[得天下英才而敎育之 三樂也]을 기술하면서 처음 사용한 말이다.

96 天之生此民也 使先知覺後知 使先覺覺後覺也 予天民之先覺者也 予將以斯道覺斯民也 非予覺之而誰也 (萬章上 7): 萬章下篇 1장에서 伯夷·伊尹·柳下惠·孔子와 비교하여 聖人의 품격을 논하면서 伊尹을 기술하는 데에도 같은 말이 나오고 있어, 맹자가 교육의 책임을 얼마나 통감하고 있는지 알 수 있게 한다.

97 中也養不中 才也養不才 … 如中也棄不中 才也棄不才 則賢不肖之相去 其間不能以寸 (離婁下 7)

98 君子曰 學不可以已 靑取之於藍 而靑於藍 氷水爲之 而寒於水 … 君子博學 而日參省乎己 則智明而行無過矣 (《荀子》, 勸學 1-2)

도를 이룩한다."[99]고 표현하고 있으며, 맹자는 "배움의 도란 다른 것이 아니라, 그 놓쳐 버린 마음을 찾는 데 있을 뿐이다."[100]라고 하여, 도덕적 자각을 중요하게 여기고 있다. 맹자는 교육의 요체가 자신이 덕성의 주체라는 점에 대한 자각에 있다는 사실을 다음과 같이 강조하고 있다.

> 군자가 올바른 방법으로 깊이 탐구하여 나아가는 것은 스스로 깨달아 얻고자 하는 것이다. 스스로 깨달아 도를 얻으면 이에 처하는 것이 안정되고, 그렇게 되면 도를 활용하는 데 더욱 깊이가 있게 된다. 이렇게 도를 활용하는 데 깊이가 있게 되면, 자기의 좌우 가까이에서 항상 그 근원을 파악하게 된다. 그러므로 군자는 도를 깨달아 스스로 얻고자 하는 것이다.[101]

이 인용문에서 강조하듯이, 맹자는 스스로에게 본유적으로 갖추어져 있는 인의(仁義)의 도를 스스로 자각하여 체득하도록 하는 것이 교육의 기본적인 목표라고 보고 있다. 이렇게 인의를 자각하여 체득하게 되면 도에 처하는 것이 더욱 안정되고, 도를 활용하는 데 더욱 깊이가 있게 되며, 좌우 가까이에서 항상 도의 근원을 파악하는 사람, 곧 이상적 인간이 될 수 있다는 것이다.

순자는 배움의 목표가 이렇게 도의 자각을 통해 소인의 상태에서 이상적 인간의 상태로 변화하는 일에 있다는 사실을 직접 지적하여, "배움의 궁극적인 목표는 사(士)가 되는 데서 시작하여 성인(聖人)이 되

---

99 君子學以致其道 (《論語 》, 子張 7)

100 學問之道無他 求其放心而已矣 (《孟子》, 告子上 11)

101 君子深造之以道 欲其自得之也 自得之 則居之安 居之安 則資之深 資之深 則取之左右逢其原 故君子欲其自得之也 (離婁下 14)

는 데서 끝난다."[102]라거나 "배우는 사람은 본디 성인이 되기 위해 배우는 것"[103]이라고 진술하고 있다. 순자는 성인은 태어나면서부터 성인이 아니라, 사람이 할 일을 배우고 닦음으로써 보통 사람에서 변화하여 이르는 상태임을 강조한다.[104] 배움의 목표가 인간의 존재의의를 완성한 성인의 상태에 도달하는 일이고, 따라서 성인은 배움을 통해서 이루어진다는 이러한 관점은 유학자들에게 공통적인 것이다.

이러한 배움에 대한 예찬은 인간의 무한한 가소성에 대한 믿음에 근거를 두고 있다. 유학자들은 사람에게 본래부터 인식능력과 도덕적 행위능력이 갖추어져 있음을 전제하고 있다. 맹자는 "생각하지 않고도 알 수 있는 도덕적 인식능력"인 양지(良知)와 "배우지 않고도 행할 수 있는 도덕적 행위능력"인 양능(良能)의 본유설을 주장하고 있고,[105] 순자도 역시 도덕적 인식능력[知]과 도덕적 행위능력[能]의 본유설을 인정하고 있다.[106] 바로 이러한 도덕적 인식능력과 도덕적 행위능력을 통해 사람은 스스로가 도덕 주체라는 사실을 자각하여 배울 수 있고, 이러한 배움을 실생활에서 실행함으로써 성인의 상태로 변화될 수 있다는 것이 유학자들의 한결같은 주장이다.

102 學惡乎始 惡乎終 … 其義則始乎爲士 終乎爲聖人 (《荀子》, 勸學 12)

103 聖人者道之極也 故學者固學爲聖人也 (禮論 14)

104 涂之人百姓 積善而全盡 謂之聖人 彼求之而後得 爲之而後成 積之而後高 盡之而後聖 故聖人也者 人之所積也 (儒效 36); 今使塗之人伏術爲學 專心一志 思索孰察 加日縣久 積善而不息 則通於神明 參於天地矣 故聖人者 人之所積而致也 (性惡 14)

105 人之所不學而能者 其良能也 所不慮而知者 其良知也 (《孟子》, 盡心上 15)

106 所以知之在人者 謂之知 知有所合 謂之智 所以能之在人者 謂之能 能有所合 謂之能 (《荀子》, 正名 3)

이러한 인식능력과 행위능력의 본유성에 대한 입장은 바로 인간의 무한한 가소성에 대한 확신의 배경이 되어, 자기성찰과 자기개선을 통해 성인의 상태로 변모될 수 있는 근거를 이룬다. 곧 개체로서 개인은 불변적인 속성을 갖춘 고정적 실체가 아니라, 가르침과 배움, 그리고 자기성찰과 자기개선을 통하여 자기향상을 이룰 수 있는 "가변적이고 과정적인 존재"라고 유학자들은 인식하는 것이다. 이와 같이 개인은 가변적이고 과정적인 존재이지, 절대로 불변적이거나 고정적인 존재로 볼 수 없다고 보는 유학사상의 관점에서는, 자기가 가지고 있는 단점을 확인하고 수용하며, 배움을 통해 이를 개선함으로써 자기향상을 이룰 수 있다고 보아, 인간의 "가변성"과 "자기개선"을 강조한다. 따라서 유학사상의 영향을 강하게 받은 동아시아 사회인들은 상황에 따른 행위가변성을 중시하고, 자기의 단점을 수용하고 고침으로써 자기발전을 도모하려는 특징을 강하게 드러내는 것이다.

3. 유학심리학 체계의 지향점

동아시아인들이 보이는 집단주의적인 삶의 모습은 전통적으로 이 사회에서 인간과 세상사를 파악하는 배경으로 작용해온 유학사상의 인간관에서 직접 도출되는 것이다. 유학자들은 사회를 이루는 기본단위인 개인을 "사회적 관계체"라고 보아 개인이 하는 모든 사회행위의 원천을 관계 속의 역할이나 의무 같은 사회적 속성에서 찾으려 하므로, 인간의 존재의의를 타인 및 집단과의 연계적이고도 상호의존적인 존재로서의 "사회성"에서 구한다. 또한 그들은 인간은 하나의 동물체로서 이기적·쾌락적 욕구에 의해 지배되기는 하지만, "덕성의 주체"로서 자기의 이기적 욕구와 감정을 억제하고 다른 사람이나 집단을 개인보다 앞세우는 배려의 존재이어서, 이러한 "도덕성"이 인간과 여타 동물을 구분 짓는 인간의 중핵적 특성이라고 간주한다. 뿐만 아니라 유학자들은 인간은 가소적 존재로서 소인(小人)의 상태에서 군자로 발전할 수 있는 "가능체"이어서, 상황의 변이에 따라 무한히 변화할 수 있는 "과정적 존재"라고 상정한다.

이렇게 동아시아 사회에서는 사회적 관계체로 인간을 인식하므로 사람들 사이의 연계성과 상호의존성, 그리고 조화성의 추구를 강조하게 되고, 덕성의 주체로 인간을 파악하므로 도덕 주체인 스스로를 통제의 대상으로 보아 스스로에게서 모든 책임을 구하는 자기억제를 중시하게 되며, 사람을 무한한 가능체라고 생각하므로 자기향상을 위해 자기개선을 지향하는 태도를 간직하게 된다.

이와 같은 유학자들의 인간 파악의 기본 입장은 앞 장에서 살펴본 서구인들의 그것과 매우 다른 것이다. 유학자들은 서구인들이 개체성, 합리성, 그리고 실체성을 강조하여 인간을 이해하려는 관점과는 달리, 사회성, 도덕성, 그리고 가소성을 강조하여 인간을 이해하려 하는 것이다. 이러한 유학사상의 인간 파악의 기본 입장으로부터 전통적 심리학이 가지고 있는 문제점을 치유할 수 있는 방안을 도출해 볼 수 있을 것이다. 현대 서구심리학이 가지는 문제점들은 일정 부분 그들의 인간관으로부터 연유하는 것이기 때문이다.

우선 "사회적 관계체"로 인간을 파악하는 선진유학자들의 입장을 통해서는 서구심리학의 지나친 "개인중심주의"에 대한 반성과 치유책을, 인간을 "능동적인 덕성 주체"로 보는 입장을 통해서는 전통적 심리학의 "기계론적 환원론"으로부터 벗어날 수 있는 방책을, 그리고 "무한한 가능체"로서의 존재로 인간을 보는 입장을 통해서는 지나친 "과거 및 현상 중심주의"의 문제점을 고칠 수 있는 방안을 이끌어 낼 수 있을 것이다.[107]

1) 개체중심성의 탈피와 사회성의 지향

서구심리학은 인간의 사회적 존재로서의 특성을 도외시하고, 지나치게 추상화된 원자적(原子的) 존재로서의 개인을 대상으로 함으로써, 지나친 개인중심주의에 빠지고 말았다. 개인의 개체성을 인간의 존재의의의 출처로 보는 이러한 관점에서는 타인과 다른 개인의 독특성을 사실 이상으로 과장하여 인식함으로써, 성격과 지능 등 개인차의 분석에 몰두하는 경향을 낳았다. 뿐만 아니라, 전통적인 심리학에서 사용해 온 방법론들도 이러한 개인차에 근거한 변산의 개념을 주축으로 하는 것이었다.

그러나 개체성에서 인간의 존재의의를 찾는 서구의 관점만이 보편적으로 타당한 인간이해의 입장이라고 볼 수는 없다. 서구의 자유주의자들과는 달리, 유학자들은 인간 존재를 사회적 관계망(關係網) 속에서 파

107 서구 현대심리학의 문제점과 이에 대해 유학심리학이 제시하는 치유책에 관해서는 필자의 선행저술(조긍호, 2012, pp. 838-863)의 내용을 기초로 재정리하였는데, 필요한 경우에는 관련 내용을 그대로 따오기도 하였다.

악한다. 그들은 사회란 개인들로 구성되는 것이 아니라 다른 사람과 맺는 관계로 구성된다고 보아 인간을 관계 속의 존재로 규정함으로써, 개체성보다는 사회성을 주축으로 하여 인간을 이해한다. 유학자들에 따르면, 사람들 사이의 관계가 사회를 구성하는 기본단위로, 이는 어디에서나 그리고 언제나 통용되는 위대한 원칙이다. 인간은 이러한 관계를 떠나서는 존재할 수 없는 관계 속의 존재라고 유학자들은 보는 것이다.

그러므로 인간의 존재 특성과 의의는 부자·군신·장유·부부·붕우 같은 사회관계 속에서 찾아질 수밖에 없으며, 따라서 인간 행위 또는 인간 완성의 당위 규범인 인의(仁義)의 핵심은 바로 이러한 관계에서의 자연적인 조화와 질서의 추구에서 구할 수밖에 없다는 것이 유학사상의 기본 입장으로 부각된다. 이러한 관점을 맹자는 다음과 같이 표현하고 있다.

> 인간이 선천적으로 갖추고 있는 배우지 않고도 행할 수 있는 도덕적 행위능력을 "양능"(良能)이라 하고, 생각하지 않고도 알 수 있는 도덕적 인식능력을 "양지"(良知)라 한다. 인간에게 이 두 가지 능력이 선천적으로 갖추어져 있다는 사실은 누구나 어려서부터 자기 부모를 사랑할 줄 알고, 조금 자라서는 누구나 자기 형을 공경할 줄 안다는 사실에서 드러난다. 부모에게 친애하는 것[親親]이 바로 인(仁)이고, 어른을 공경하는 것[敬長]이 바로 의(義)이다. 인의란 다른 데 있는 것이 아니라, 바로 부모를 친애하고 어른을 공경하는 마음을 천하에 미루어 나가는 데에 있는 것이다.[108]

108 人之所不學而能者 其良能也 所不慮而知者 其良知也 孩提之童 無不知愛其親也 及其長也 無不知敬其兄也 親親 仁也 敬長 義也 無他 達之天下也 (《孟子》 盡心上 15)

이렇게 친친(親親)과 경장(敬長)이 인의의 핵심이라고 본 것은 부모-자식과 형-아우 등 가족관계에서의 자연스러운 조화와 질서에서 인의의 근거를 찾는 것이며, 인의의 궁극적 실현을 극기복례(克己復禮)[109]와 인민(仁民) 및 애물(愛物)에서 찾는 것[110]은 가족이라는 좁은 관계에서뿐만 아니라 모든 사회관계에서의 자연적인 조화와 질서의 추구를 인간 행위의 전범으로 보고 있는 것이다.

이와 같이 인간의 존재의의의 출처를 개체성이 아니라 사회성에서 찾으려는 유학사상의 관점에 서면, 개인의 독특성을 가능하면 억제하고, 함께 관계를 형성하는 사람들 사이의 유사성과 연계성을 강조하여 연구할 필요성이 도출된다. 그러므로 이러한 입장에 서면 심리학 연구의 초점이 개인차의 연구로부터 집단의 공통성이나 집단원들 사이의 유사성과 연계성의 연구로 옮겨져야 할 것이다. 물론 이는 심리학을 개인의 심리 내용과 행동의 연구라고 보는 서구심리학의 개념 규정 자체의 변화를 전제로 해야 하고, 그렇다면 그것이 심리학이냐 하는 비판을 받을 수도 있을 것이다. 그러나 인간의 심리 내용과 행동은 개인 사이의 차이에서 기인하는 측면도 있지만, 인간 모두 또는 한 집단원들의 공통성과 유사성에서 기인하는 측면도 있다는 사실은 무시할 수 없는 사실이 아닌가?[111] 또한 연구의 방법론도 개인차에 근거한 변산 분석보다는 공통성에 근거한 연역적 추론(?)의 방법 같은 새로운 방법론을 개

---

109 《論語》 顔淵 1.

110 《孟子》 盡心上 45.

111 이는 현재 획기적인 발전을 거듭하고 있는 진화심리학(Evolutionary Psychology)의 기반이 되어 있는 연구의 태도이다.

발할 필요가 있을 것이다.

이와 같이 인간 존재의 의의를 사회성에서 찾는 유학사상의 인간 파악의 관점을 받아들이면, 현대 서구심리학이 안고 있는 지나친 "개인 중심주의"의 문제점을 탈피하고 사회성을 지향함으로써, 사회과학으로서의 심리학의 본래의 면목을 회복하여 다른 사회과학과 어깨를 나란히 할 수 있을 것이다. 이러한 인간 존재의 사회성의 회복, 이것이 유학 심리학 체계가 추구해야 할 제일의 지향점이다.

2) 기계론적 환원론의 탈피와 도덕적 주체성의 지향

전통적인 서구심리학은 인간의 행동을 환경 자극이나 생물학적 욕구 체계로 환원하여 이해하려는 지나친 기계론적 환원론에 의해 주도되고 있다. 이러한 경향은 여타 동물과 다른 인간의 중핵 특성을 이성 주체로서의 합리성에서 찾으려는 자유주의 사상의 인간관에서 기인되는 것으로 볼 수 있다. 인간의 행동을 지배하는 보편적인 법칙을 인간과 대립하는 실체인 환경 세계와 인간 활동의 원천인 생물체적 특성에서 찾는 것이 가장 합리적인 연구의 태도를 낳는 것으로 받아들여졌기 때문이다.

이와는 대조적으로 유학자들은 인간과 동물의 차이를 인간만이 도덕성을 갖추고 있다는 사실에서 찾는다. 맹자는 인간은 인의예지의 근거가 되는 사단(四端)을 갖추고 있다는 점에서 다른 동물과 다르며, 순자는 변(辨)과 의(義) 같은 도덕성을 갖추고 있다는 점에서 동물과 다르다고 본다. 그들은 이러한 사실을 다음과 같이 직접 표현하고 있다.

곤경에 빠진 사람을 불쌍하게 여기는 마음[惻隱之心], 자기의 옳지 않음을 부끄러워하고 남의 옳지 않음을 미워하는 마음[羞惡之心], 남에게 사양하는 마음[辭讓之心], 옳고 그름을 가리려는 마음[是非之心]이 없으면 사람이 아니다. 불쌍히 여기는 마음은 인(仁)의 시초이고, 부끄러워하고 미워하는 마음은 의(義)의 시초이며, 사양하는 마음은 예(禮)의 시초이고, 옳고 그름을 가리려는 마음은 지(智)의 시초이다. 사람이 이 네 가지 도덕성의 시초[四端]를 갖추고 있다는 사실은 마치 사람에게 팔다리 등 몸이 갖추어져 있는 것과 마찬가지이다.[112]

사람이면 누구나 측은지심·수오지심·공경지심·시비지심을 갖추고 있다. 측은지심은 인이고, 수오지심은 의이며, 공경지심(이는 사양지심과 같은 것이다)은 예이고, 시비지심은 지이다. 인의예지의 도덕성은 외부로부터 사람에게 스며들어온 것이 아니고, 사람이 본디부터 갖추고 있는 것이다. 다만 이러한 사실을 깨닫지 못하고 있을 뿐이다.[113]

사람의 힘은 소를 따라가지 못하고, 빠르기는 말을 당하지 못한다. 그럼에도 불구하고 사람은 소와 말을 부려 이용한다. 그 까닭은 무엇인가? 이는 사람은 사회생활[群]을 할 수 있지만, 소나 말은 사회생활을 할 수 없기 때문이다. 그렇다면, 사람이 사회생활을 할 수

112 無惻隱之心 非人也 無羞惡之心 非人也 無辭讓之心 非人也 無是非之心 非人也 惻隱之心 仁之端也 羞惡之心 義之端也 辭讓之心 禮之端也 是非之心 智之端也 人之有是四端也 猶其有四體也 (《孟子》, 公孫丑上 6)

113 惻隱之心 人皆有之 羞惡之心 人皆有之 恭敬之心 人皆有之 是非之心 人皆有之 惻隱之心 仁也 羞惡之心 義也 恭敬之心 禮也 是非之心 智也 仁義禮智非由外鑠我也 我固有之也 弗思耳矣 (告子上 6)

있는 까닭은 무엇인가? 이는 직분을 나누어[分] 가졌기 때문이다. 그러면, 이렇게 직분을 나누어 가지는 것은 무엇을 통해서 이루어지는가? 이는 올바름[義]을 통해서이다. 그러므로 올바름을 통해 직분을 나누어 가지면 조화[和]가 이루어지고, 조화가 이루어지면 하나로 뭉치게 되며, 하나로 뭉치면 힘이 많아지고, 힘이 많아지면 강하게 되며, 강하게 되면 만물을 이긴다.[114]

위의 인용문들에서 보듯이, 유학자들은 인간이 조화로운 사회생활을 영위할 수 있게 되는 근거를 다른 동물과는 달리 도덕성을 본유하고 있다는 사실에서 찾고 있다. 바로 이렇게 인간은 도덕성을 본유하고 있기 때문에 우주 안에서 가장 특이한 존재가 되며, 따라서 도덕성은 다른 생물체와는 다른 인간의 가장 중핵적인 특성이라는 것이다.

유학자들은 이와 같이 여타 동물과 다른 인간의 배타적 특성을 도덕성에서 찾을 뿐만 아니라, 인간은 이렇게 스스로가 갖추고 있는 도덕성을 인식하여 실생활의 과정에서 실천할 수 있는 능력을 갖추고 있다고 본다. 곧 인간에게는 도덕적 인식능력[良知·知]과 도덕적 행위능력[良能·能]이 본유적으로 갖추어져 있다는 것이다.[115] 인간의 마음에 갖추어져 있는 인식능력과 행위능력은 이러한 도덕성을 인식하여 실천하려는 의지를 말하는 것으로, 이를 통해 덕성 주체로서의 자기인식을 확고히 함으로써 군자와 성인의 상태에 이르는 것이 모든 사람의 삶의 기본적인 동인(動因)이자 목적이라는 것이 유학자들의 공통적인 견해이다.

114 力不若牛 走不若馬 而牛馬爲用 何也 曰 人能群 彼不能群也 人何以能群 曰 分 分何以能行 曰 以義 故義以分則和 和則一 一則多力 多力則彊 彊則勝物 (《荀子》, 王制 20-21)

115 《孟子》, 盡心上 15; 《荀子》, 正名 3.

인간에게 갖추어져 있는 도덕적 인식능력과 도덕적 행위능력의 핵심적 기능은 바로 도덕적 주체성을 말하는 것이며, 이러한 도덕적 주체성을 통해 모든 것을 자기에게 돌이켜 구하는[反求諸己] 태도를 견지함으로써, 도덕적 주체 인식을 명확하게 할 수 있게 되는 것이다. 앞 장에서도 지적했듯이, 이러한 점에서 보면 인간과 다른 동물의 차이를 합리적 이성에서만 구하여 인간을 단지 환경 자극의 수용체로만 보거나, 생물적인 욕구 체계에 의해 지배되는 존재로만 봄으로써 기계론적 환원론에 의해 인간을 이해하려는 전통적인 서구심리학의 입장은 타당한 것이라고 보기 힘들다.

인간에게 갖추어져 있는 도덕성은 다른 사람에 대한 관심과 배려에서 드러난다. 공자는 자기 사상의 핵심인 인(仁)이 바로 "타인과 사회에 대한 관심과 배려"라고 보아, 도덕성의 근거를 사회적 존재 특성에서 구하고 있다. 그는 인이란 "자기가 하려 하지 않는 것을 남에게 베풀지 않는 일"[116]이라거나, "자기가 서고자 하면 남을 먼저 세워 주고, 자기가 이루고자 하면 남이 먼저 이루게 해주는 일,"[117] 또는 "남을 사랑하는 일,"[118] 그리하여 "어려운 일은 남보다 먼저 하지만, 그 대가는 남보다 나중에 받는 일"[119]이어서, "개인의 사욕을 이기고 예(禮)로 돌아가는 것이 인을 행하는 일"[120]이라 제시함으로써, 타인에 대한 관심과 배려가

116 仲弓問仁 … 己所不欲 勿施於人 (《論語》, 顔淵 2)

117 夫仁者 己欲立而立人 己欲達而達人 能近取譬 可謂仁之方也已 (雍也 28)

118 樊遲問仁 子曰 愛人 (顔淵 22)

119 樊遲 … 問仁 曰 仁者先難而後獲 可謂仁矣 (雍也 20)

120 顔淵問仁 子曰 克己復禮爲仁 一日克己復禮 天下歸仁焉 (顔淵 1)

인, 곧 도덕성의 중핵이라 보고 있는 것이다.

이렇게 도덕성의 핵심을 타인과 사회에 대한 관심과 배려에서 찾고, 이러한 사람들 사이의 연계성과 상호의존성을 사회행위의 근본적인 원동력이라고 보는 입장에 서면, 인간 행동의 근거를 환경 자극이나 생물적 욕구에 환원하여 이해하려는 기계적 환원론에서 탈피할 수 있을 뿐만 아니라, 결과적으로 인간 행동의 원인을 작용인(환경 자극)과 질료인(생물학적 욕구)에서만 찾으려는 좁은 관점에서도 탈피할 수 있을 것이다. 아리스토텔레스가 제시하는 목적인은 행위가 지향하는 미래의 목적에서 원인을 찾는 것이다. 타인에 대한 관심과 배려가 사회행위의 원동력이라고 보는 유학사상의 관점은 현재의 행동을 타인과 사회의 복지라는 미래 상태에 대한 관심에서 찾으려는 태도를 낳는다고 볼 수 있다. 이러한 태도는 아리스토텔레스가 말하는 목적인을 염두에 두고 인간 행동을 바라보는 입장을 반영하는 것이다.

이상에서 분명해진 바와 같이, 동아시아 집단주의 문화의 배경인 유학사상에서는 인간의 배타적인 중핵 특성을 도덕적 주체성에서 찾는다. 유학자들은 도덕성이란 다른 사람과 사회에 대한 관심과 배려의 체계라고 보고, 이러한 타인/집단에 대한 주체적인 관심과 배려가 인간 활동의 원동력이라고 여긴다. 이러한 도덕적 주체성을 심리학의 연구에 받아들이면 인간의 이성적 측면보다 도덕적 측면에 대한 연구가 심리학의 핵심 연구 영역으로 부각될 것이다. 이렇게 유학심리학의 체계는 도덕적 주체성을 지향하는 심리학이 됨으로써, 이를 통해 기계론적 환원론에 기울어져 인간을 환경과 욕구의 영향 하에 놓여 있는 피동적 존재로 이해하는 현대 서구심리학의 문제점을 치유하는 방안이 도출될 수 있을 것이다. 도덕적 주체성의 회복, 이것이 유학심리학 체계가 추구해야 할 또 하나의 지향점이다.

3) 결정론적 수동성의 탈피와 가변적 미래성의 지향

앞 장에서 보았듯이, 현대 서구심리학은 인간의 심리와 행동의 원인을 과거의 학습사나 과거의 발달사에서 찾으려는 강한 과거결정론의 경향을 띠거나, 아니면 현재의 현상적 인식에서 찾으려는 강한 현상결정론의 경향을 보이고 있다. 이는 인간을 고정되고 안정적인 내적 속성은 갖추고 있는 실체로 개념화하여 받아들이는 자유주의의 인간이해의 관점으로부터 직접 도출되는 경향이다. 행동의 동인으로서의 이러한 내적 속성은 개인에게 생물학적으로 갖추어져 있는 것이거나 아니면 과거에 경험을 통해 학습한 것이기 때문에, 개인의 현재의 행동은 대체로 과거 상태에서 원인을 찾을 수밖에 없다는 것이 서구심리학자들의 관점인 것이다.

그러나 인간을 고정적 실체로 개념화하는 자유주의자들과는 달리, 유학사상에서는 인간을 "무한한 가능체"로 파악한다. 사람은 누구나 요·순·우 같은 성인이 될 수 있는 가능성을 갖추고 있는 존재이다. 이러한 사실을 순자는 다음과 같이 직접 표현하고 있다.

> 무릇 우(禹) 임금 같은 성인이 우 임금이 될 수 있었던 까닭은 그가 인의(仁義) 같은 도덕성과 사회 규범 및 올바른 도덕 원칙을 일상생활에서 실천하여 행할 수 있었기 때문이다. 그러므로 도덕성과 사회 규범 및 올바른 행위 원칙에는 이를 인식하여 알 수 있고, 또 이

를 일상생활에서 실천해 낼 수 있는 이치가 갖추어져 있는 법이다. 길거리의 보통 사람들에게도 누구에게나 도덕성과 사회 규범 및 올바른 행위 원칙을 깨달아 알 수 있는 바의 바탕이 갖추어져 있을 뿐만 아니라, 이러한 도덕성과 사회 규범 및 올바른 행위 원칙을 일상생활에서 실천할 수 있는 바의 능력이 본디부터 갖추어져 있다. 그러므로 사람은 누구나 다 우 임금 같은 성인이 될 수 있는 가능성을 갖추고 있음이 분명한 것이다.[121]

이렇게 누구나 성인이 될 수 있는 가능성을 갖추고 있다는 점에서 본다면, 인간의 행동의 동인(動因)을 과거와 현재에서만 찾을 수는 없다고 볼 수 있다. 과거와 현재보다는 미래의 가능태(可能態)를 지향하는 데에서 인간의 독특한 특성을 찾으려고 하는 것이 유학자들의 기본 입장인 것이다. 이러한 관점을 직접적으로 밝히고 있는 사람은 순자이다. 그는 인간을 현실태(現實態, actuality)와 가능태(potentiality)의 이중적 존재로 인식한다.[122] 이러한 사실은 순자가 도덕 인식과 도덕 실천을 설명하면서, 각각 지(知)와 능(能) 한 글자를 가지고 가능태와 현실태의 두 가지로 개념화하고 있다는 사실에서 잘 드러난다.

알 수 있는 근거가 사람에게 갖추어져 있는데, 이를 일러 도덕적 인식능력[知]이라 한다. 이러한 인식능력이 외부 대상과 합치하여 얻어진 결과를 지식[知]이라 한다. 도덕을 실천할 수 있는 근거가 개

121 凡禹之所以爲禹者 以其爲仁義法正也 然則仁義法正 有可知可能之理 然而塗之人也 皆有可以知仁義法正之質 皆有可以能仁義法正之具 然則其可以爲禹明矣 (《荀子》, 性惡 13)

122 이에 대해서는 김승혜(1990, pp. 236-239)와 졸저(조긍호, 1998, pp. 228-230) 참조.

인에게 갖추어져 있는데, 이를 일러 도덕 실천능력[能]이라 한다. 이러한 도덕 능력이 외부 대상과 합치하여 실천한 결과를 도덕 실천[能]이라 한다.[123]

여기서 인식 근거[知]와 도덕 실천의 근거[能]는 인간에게 본유적인 가능태를 의미하고, 그 작용 결과인 지식[知]과 도덕 실천[能]은 현실태를 의미하는 것이다. 이렇게 순자는 지(知)와 능(能) 한 글자로 가능태와 현실태를 모두 지칭하고 있는데, "여기서 중요한 것은 순자가 가능태보다 현실태를 중시하여서, 가능태로서의 인간의 인식능력과 행위능력에 대해서는 직접적인 언급이 별로 없는 대신에, 사려와 선택을 통해 이루어지는 위(僞), 곧 인간의 도덕적 행위 및 인격 형성에는 지대한 관심을 표명했다는 것이다."[124] 즉, 인간은 가능태(현재의 상태)를 현실태(미래의 상태)로 만들어 가야 하는 존재라는 것이다.

물론 유학자들도 인간 생활에서 과거나 현재에 전적으로 의존되어 있는 측면이 없다고 보는 것은 아니다. 유학자들도 이기적·감각적 욕구의 충족은 현재의 자극 조건에 달려 있다고 본다.[125] 그러나 이러한 것은 동물적 생존과 관계가 있는 것으로 인간만의 독특한 특성은 아니다. 스스로가 갖추고 있는 선단(善端)을 주체적으로 자각하고, 이의 체득과 구현을 위한 능동적인 노력을 하는 데에 인간 존재의 특이성이 있

123 所以知之在人者 謂之知 知有所合 謂之智 所以能之在人者 謂之能 能有所合 謂之能 (正名 3): 《荀子集解》에서는 知有所合 謂之智의 智를 知의 誤字로 보고 있다.

124 김승혜, 1990, p. 237.

125 《論語》 述而 11; 顏淵 5; 《孟子》 告子上 15; 盡心下 24; 《荀子》 天論 24-25; 正名 8.

는 것이다. 맹자는 이러한 능동적 도덕 인식과 실천의 중요성에 대해 다음과 같이 거듭 강조하고 있다.

> 삶[生: 생존 욕구] 또한 내가 바라는 것이고, 의(義: 도덕적 지향성) 또한 내가 바라는 것이다. 그런데 이 두 가지를 함께 얻을 수 없다면, 삶(생존 욕구)을 버리고 의(도덕적 지향성)를 취해야 한다. 삶 또한 내가 바라는 것이지만, 삶보다 더 간절하게 바라는 것[義]이 있으므로, 구차하게 삶을 얻고자 하지 않는 것이다. … 만일 사람이 바라는 것 가운데 삶보다 더 큰 것이 없다면, 누구라도 무릇 삶을 보장해 줄 수 있는 일이라면, 무엇이라도 해보려 하지 않겠는가? … 이렇게 삶보다 더 간절하게 바라는 것이 있는데 … 오직 어진 사람[賢者]만이 이러한 마음을 갖는 것은 아니다. 사람은 누구나 다 이러한 마음을 가지고 있지만, 오직 어진 사람만이 이러한 마음을 잃지 않고 간직하는 것이다.[126]

> 무릇 자기 자신에게 사단이 갖추어져 있다는 사실을 깨달아 이를 넓혀서 채울 줄 알게 되면, 가히 불이 처음 타오르고 샘물이 처음 흘러나오는 것과 같을 것이니, 진실로 이를 채울 수 있으면 천하를 보전할 수도 있을 것이지만, 이를 채우지 못하면 부모를 섬기기에도 부족할 것이다.[127]

이와 같이 유학자들은 인간에게 있어서는 현재의 조건이나 현상적

126 生亦我所欲也 義亦我所欲也 二者不可得兼 舍生而取義者也 生亦我所欲 所欲有甚於生者 故不爲苟得也 … 如使人之所欲莫甚於生 則凡可以得生者 何不用也 … 是故所欲有甚於生者 … 非獨賢者有是心也 人皆有之 賢者能勿喪耳 (《孟子》, 告子上 10)

127 凡有四端於我者 知皆擴而充之矣 若火之始然 泉之始達 苟能充之 足以保四海 苟不充之 不足以事父母 (公孫丑上 6)

인 체험보다는 미래의 가능태를 인식하고, 이를 지향하는 것이 중요하다고 여긴다. 따라서 이러한 관점에서 보면, 인간 행동의 결정 요인을 과거의 경험 또는 생득 조건이나 현상적 인식에서만 구하는 것은 타당한 입장이 되지 못한다고 하겠다. 이러한 입장은 맹자의 다음과 같은 진술에서 잘 드러나고 있다.

> 그러므로 하늘이 요(堯)와 순(舜) 같은 사람에게 큰 임무를 내리고자 하면, 먼저 그들의 마음과 정신을 괴롭히고, 그들의 근골을 수고롭게 만들며, 몸을 굶주림에 시달리게 하고, 그들의 몸에 걸칠 옷도 없게 하며, 또 그들이 하는 일을 어긋나게 만든다. 이는 하늘이 그들에게 시련을 주어 마음을 분발시키고 인내성을 키워서, 그들이 전에는 하지 못하던 경지까지 할 수 있도록 능력을 증대시켜 주기 위해서인 것이다.[128]

이 구절에서 함축되고 있듯이, 현재의 자극 조건이 문제가 아니라 이를 통해 얻어지거나 달성될 수 있는 가능태를 인식하고, 이를 위해 주체적으로 노력하는 것이 올바른 삶의 태도라고 유학자들은 보고 있는 것이다.[129] 따라서 이러한 관점에서 보면, 인간 행동의 결정 요인을 과거나 현상적 인식에서만 구하는 것은 타당한 입장이 되지 못한다고 하겠다.

이상에서 보듯이, 유학사상에서는 인간을 무한한 가능성을 갖추고

128 故天之將降大任於是人也 必先苦其心志 勞其筋骨 餓其體膚 空乏其身 行拂亂其所爲 所以動心忍性 曾益其所不能(告子下 15)

129 공자도《論語》憲問篇 15장에서 "아끼고 사랑한다면 수고롭게 하지 않을 수 있겠느냐? 마음을 다하여 보살피고자 한다면 깨우쳐주지 않을 수 있겠느냐?"(子曰 愛之 能勿勞乎 忠焉 能勿誨乎)라고 하여, 같은 입장을 피력하고 있다.

있는 상황가변적인 과정 속의 존재로 본다. 유학자들에 의하면, 인간은 자기의 노력에 따라 스스로가 갖추고 있는 도덕성을 인식하고 이를 일상생활 속에서 실천함으로써 도덕적인 완성을 이룰 수 가능체로서의 존재이다. 그러므로 개인은 절대로 과거 상태에 의해서가 아니라 미래적인 완성가능성의 지배를 받는 존재이며, 인간의 행동은 대체로 이러한 미래의 가능성에 대한 기대에서 기인되는 것으로 이해할 수 있다는 것이 유학자들의 관점이다.

이러한 맥락에서 보면, 인간에 대한 "과거 및 현상 중심적 결정론"에 따른 이해의 문제점에서 벗어나는 길은 미래의 가능성을 연구 초점으로 삼는 유학사상의 관점을 심리학의 연구에서 받아들일 필요가 도출된다. 유학사상을 모체로 하여 구성될 유학심리학은 이렇게 강한 미래지향성을 특징으로 하는 체계가 될 것이다. 이러한 가변적 미래성에의 관심, 이것이 유학심리학 체계가 추구해야 할 또 다른 지향점이다.

3장
유학사상에서 도출되는
심리학의 체계

3장
유학사상에서 도출되는 심리학의 체계

이상에서 보았듯이, 현대심리학은 서구 사회에 개인주의 문화가 태동되는 계기가 된 자유주의 사상에서 인간을 파악하는 관점과 깊은 관련성을 맺고 발전해 왔다. 자유주의 사상가들은 인간을 독립적이고 평등한 자유의 주체라고 전제하므로, 사회란 이러한 개인들을 기본 단위로 하여 구성되는 집합체일 뿐이라고 인식한다. 그러므로 서구인들은 사회나 집단보다는 개체로서의 개인에게 초점을 맞추어 인간의 삶과 세상사를 받아들이게 되고, 따라서 그들이 전개하는 심리학은 인간의 사회성을 도외시하는 개체중심성을 띨 수밖에 없었다. 이에 반해 동아시아 사회를 오랫동안 지배해 왔던 유학사상에서는 인간을 사회적 관계체라고 파악하여 인간의 존재의의를 사회성에서 찾으려 한다. 유학자들은 사회란 사람들 사이의 관계를 기본단위로 하여 구성되는 통합적인 유기체라는 관점을 전개함으로써, 인간의 사회성을 개체성보다 앞세우는 태도를 견지한다. 이러한 배경에서 그들은 인간에 대한 이해는 이러한 관계적 특성의 이해를 통해 이루어져야 한다고 본다. 그러므로 현대 서구심리학이 빠져 있는 지나친 개체중심주의의 덫에서 벗어나기 위해서는 인간의 사회성을 강조하는 유학적 관점을 심리학의 연구 속에 끌어들여야 할 필요성이 있다.

자유주의 사상에서는 인간을 독립적이고 평등한 자유의 주체일 뿐만 아니라 이성의 주체이기도 하다고 파악하고, 이성을 통한 합리적 계산 능력이 인간과 동물 사이의 근본적인 차이를 만들어 낸다고 여긴다. 이러한 맥락에서 서구인들은 인간의 행동을 지배하는 합리적 법칙을 찾아내는 데 몰두하게 되고, 이것이 서구심리학의 특징을 형성하고 있다. 그들은 대체로 인간의 행동을 지배하는 합리적 법칙을 환경 자극이나 생물체적 욕구에 환원하여 이해하려는 강한 기계론적 환원론의 경향을 보인다. 이와는 대조적으로 유학사상에서는 인간을 덕성의 주체라고 파악하여, 인간과 동물의 차이를 도덕성의 본유 여부에서 찾으려 한다. 이러한 도덕성은 타인과 사회에 대한 주체적이고 자발적인 관심과 배려로 표출된다는 것이 유학자들의 관점이다. 이러한 맥락에서 보면 서구심리학의 기계론적 환원주의가 빠지고 있는 수동적 인간이해의 문제점에서 벗어나기 위해서는 도덕적 주체성을 강조하는 유학의 관점을 심리학의 연구 내용 속에 통합할 필요성이 도출된다.

또한 자유주의 사상에서는 인간을 제반 내적 속성을 완비하여 갖추고 있는 실체로 인식하여, 인간 행위의 안정성과 일관성을 중시한다. 이러한 입장을 이어받은 서구인들은 현재의 인간을 지배하는 법칙을 각자가 태어날 때부터 갖추고 있는 속성이나 과거의 경험을 통한 학습의 결과에서 찾으려는 경향이 강하며, 이러한 태도는 심리학의 연구를 지나치게 과거결정론에 경도되도록 하는 문제점을 낳고 있다. 이에 반해 유학사상에서는 인간을 처해 있는 상황이나 타인과 맺는 관계에 따라 달라지는 가변체로 인식하여, 인간 존재의 미래지향성을 강조한다. 그러므로 서구심리학이 지나친 과거결정론의 문제점에서 벗어나기 위해서는 인간의 미래지향성을 강조하는 유학사상의 관점을 그들의 이론체계 속에 도입하는 일이 요청된다.

이상에서 분명하여졌듯이, 현대 서구심리학이 안고 있는 개체중심주의, 기계적 환원론 및 과거결정론의 문제점에서 탈피하는 길은 인간의 사회적 존재 특성, 도덕적 주체성 및 미래지향성을 강조하는 유학적 인간 이해의 관점을 심리학의 연구 속에 받아들여야 할 것이다. 이렇게 유학사상의 인간 이해를 주축으로 하여 구축될 심리학은 사회성 지향의 심리학, 도덕적 주체성 지향의 심리학, 가변적 미래지향의 심리학이 됨으로써, 서구의 현대심리학과 보완적으로 통합될 필요가 있으며, 그렇게 되어야 글자 그대로 보편심리학의 꿈이 이루어질 수 있을 것이다. 이 시리즈는 이러한 보편심리학의 구축을 위한 전초 작업으로, 유학사상으로부터 현대 서구심리학과는 다른 유학심리학의 체계를 도출해 보기 위한 것이다.

동아시아인의 삶의 기반이 되어온 유학사상은 인간이 태어날 때부터 본유적으로 갖추고 있는 심적 특성에 관한 사색 체계인 인성론(人性論), 이러한 본성을 지닌 사람으로서 지향해야 할 가장 바람직한 이상적 상태에 관한 논리 체계인 군자론(君子論), 사회적 존재로서 이러한 이상적 인간이 걸어가야 할 삶의 양식에 관한 정리 체계인 도덕실천론

(道德實踐論), 그리고 개인적으로 이러한 이상적 상태를 이루기 위해 인간이 해야 할 일에 관한 방법론의 체계인 수양론(修養論)의 네 체계를 주축으로 하여 구성되고 있는 이론체계이다. 즉, 유학은 인간의 본유적 특성을 사회적 도덕적 특성[人性論]을 전제로 하여 정리하고, 이러한 존재 특성을 지닌 인간이 지향해야 할 이상적 상태[君子論]를 정립한 다음, 이러한 이상적 인간의 사회적인 삶의 모습[道德實踐論]과 이상적 인간의 상태에 도달하기 위해 개인적으로 노력해야 할 바[修養論]를 제시하고 있는 이론체계인 것이다. 이러한 네 이론체계로부터 유학사상의 심리학적 함의가 도출되며, 이를 통해 유학심리학의 체계를 구축할 수 있다.[1]

1. 인성론과 심리구성체론

서구의 현대심리학은 인간의 심성을 지·정·의 삼분체계로 파악하는 전통적인 서구 철학의 심리구성체론을 바탕으로 하여 성립하고 있다.[2] 곧 "서양에서는 플라톤에서부터 심성을 삼분하는 사상이 발달하여, 칸트(Kant)에 이르러 지·정·의를 삼분하는 이론이 철학의 형이상학에 우세"[3]하게 되었고, 이러한 전통에 따라 "지적 체험, 정적 체험, 의

1 이 장은 필자의 선행저술(조긍호, 2008)을 기초로 구성하였는데, 경우에 따라서는 이 저술의 해당 부분을 그대로 옮겨오기도 하였다.

2 Hilgard, 1980; Parkinson & Colman, 1995.

3 정양은, 1986, p. 11.

지적 체험을 각각 독립된 심적 단위로 구분하여'[4] 연구하는 심리학이 발달하였다.

현대심리학에서는 이들 심성의 세 요소를 각각 인지·정서·동기로 연구해 오고 있으며, 이 세 체계 사이의 관계를 이성중심주의(理性中心主義)의 관점에서 고찰하여,[5] 정서나 동기 체계는 부차적인 체계이거나 인지 체계에 힘입어 생겨나는 하위 체계라고 보는 입장[6]이 주조를 이루어왔다. 이러한 이성중심주의의 싹은 이미 플라톤에게서 발견할 수 있는 서구 철학의 전통이었으며,[7] 특히 현대 서구 사회를 형성하고 있는 개인주의의 사상적 배경인 자유주의와 계몽주의는 모두 이성중심주의를 개념적 뼈대로 하여 성립하고 있는 이념체계인 것이다.[8]

유학사상의 인성론에서 제시하고 있는 심리구성체론은 이와는 다르다. 공자를 비롯한 유학자들도 서구 철학자들과 마찬가지로 인간의 심성에 지·정·의의 요소가 갖추어져 있다고 본다. 그러나 유학자들은 이 밖에 도덕성의 바탕이 인간의 심성에 본래부터 갖추어져 있다고 보아, 덕·지·정·의라는 사분체계로 인간의 심성을 이해하려 한다. 이 점이 유학사상에서 도출되는 심리구성체론의 기본 특징이다.

유학사상에서는 인간의 심성을 구성하는 이 네 체계 가운데 덕의 요소가 중심으로서, 이에 의해 나머지 심성 요소들(지·정·의)이 제어되

4 정양은, 1970, p. 78.

5 정양은, 1970, 1976, 1986; Hilgard, 1980; Mandler, 2007.

6 예: Lazarus, 1982, 1984; Weiner, 1974.

7 Bordt, 1999/2003, pp. 109-110.

8 노명식, 1991, pp. 37-43; Russell, 1959/2003, pp. 312-321, 342-343.

고 통합될 것을 강조하는 덕성중심주의(德性中心主義)의 관점을 굳게 지니고 있다. 이는 유학이 성덕(成德)을 지향하는 사상 체계라는 사실에서 나오는 당연한 논리적인 귀결이다. 곧 유학사상에서는 인간이 가진 생물적 이기적 욕구와 감정 체계를 지양하고, 스스로가 도덕 주체임을 깨달아, 일상생활에서 도덕성을 실천하는 것이 인간 삶의 이상이라고 보고 있다.

1) 서구의 삼분체계론과 이성우월주의

인간의 정신세계를 몇 가지 기본적인 구성요소 또는 기능으로 구분하고, 각각의 본질적인 특성 및 작용과 그들 사이의 관계를 탐색하여 보려는 노력은 인간의 삶에 대한 철학적 탐구의 시초부터 있어 왔던 핵심적인 문제였다. 이러한 심리구성체론의 문제는 현대심리학의 이론적 바탕을 형성하고 있다. 심리학은 인간이 자기를 둘러싸고 있는 환경세계를 이해하고, 외부 환경세계에 의해 영향을 받으며, 또한 외부 환경세계에 작용을 끼쳐 가는 과정을 객관적으로 분석하고자 하는 학문체계이므로, 이러한 외계에 대한 인식 및 이에 대한 적응의 과정에는 필연적으로 인간이 갖추고 있는 심리적 능력 또는 요소를 기반으로 하지 않을 수 없기 때문이다.

서구에서는 고대 그리스 철학으로부터 인간의 심성을 지(이성)·정(감성)·의(욕구)의 세 체계로 삼분하는 사상이 발달하였으며, 이 중에서 인간의 가장 독특한 특징을 이루는 요소는 이성이라고 간주하는 전통이 면면히 이어져 왔다. 이러한 전통에 따라 현대심리학에서는 이들 심성의 세 요소를 각각 인지·정서·동기로 연구해 오고 있으며, 이 세 체계 사이의 관계를 이성중심주의의 관점에서 고찰하여, 정서나 동기 체계는 부차적인 체계이거나 인지 체계에 힘입어 생겨나는 하위 체계라고 보는 입장이 주조를 이루어 왔다.

(1) 서구의 삼분체계론

서구에서 인간 심성의 구성 요소를 지·정·의의 세 체계로 보는 관점의 서막을 연 사람은 고대 그리스의 철학자인 플라톤(Platon, B.C. 428~348)과 아리스토텔레스(Aristoteles, B.C. 384~322)였는데, 그들의 이론은 그 후 서구 철학사를 면면히 지배해 온 전통적인 관점이 되었다.[9] 플라톤은 영적 갈등 상황(예: 물을 마시고 싶지만, 마셔서는 안 되는 상황)으로부터 연역하여, 인간의 영혼이 욕망(epithumeticon)과 열정(thumicon)과 이성(logicon)의 상호배타적인 세 부분으로 구성된다고 보았다. 이러한 그의 영혼 삼체계설은 그의 국가 구성 원칙으로부터 도출된다. 그는 한 국가가 성립되기 위해서는 지혜의 담지자인 지배계층, 용기의 담지자인 호위계층, 절제의 담지자인 생산계층이 있어야 하듯이, 한 개인의 영혼에도 이 세 가지 덕의 근원인 이성·열정·욕망이 갖추어져 있어야

9 Russell(1959/2003, p. 84)은 "철학적 문제치고 이 두 철학자[플라톤과 아리스토텔레스]가 조금이나마 가치 있는 발언을 해놓지 않은 문제가 없는 까닭에, 오늘날 이 두 사람의 철학을 무시하고 아예 원점에서부터 독창적으로 시작하는 철학자가 있다면 그가 누구든 그의 노력이 완전히 헛수고에 그칠 수도 있는 위험을 감수하고 나서야 할 것"이라 공언하고 있다. 이런 관점에서 보면, 심리구성체의 문제에 대해서도 플라톤과 아리스토텔레스의 이론이 이후 전개되는 서구 철학사의 지주가 되고 있는 사실을 이해할 수 있다.

한다고 보았던 것이다.[10]

플라톤의 삼체계설은 아리스토텔레스에게 이어졌다. 아리스토텔레스는 플라톤과 달리 발생적 순서에 따라 영혼의 삼체계 사이에 위계를 부여하여, 식물은 영양혼(vegetative soul)만을 가지고, 인간을 제외한 동물은 이 이외에 감각혼(sensory soul)을 가지며, 인간은 이 두 가지 영혼에 더하여 이성혼(rational soul)을 가지고 있다는 이론을 제시하였다.[11] 여기서 영양혼·감각혼·이성혼은 대체로 플라톤의 욕망·열정·이성에 해당하는 것으로,[12] 이와 같이 아리스토텔레스는 플라톤의 영혼 삼체계설을 받아들이고 있는 것이다.

---

10 박전규, 1985, p. 44; Bordt, 1999/2003, pp. 107–111; Dickinson, 1967/1989, p. 148; Guthrie, 1960/2003, pp. 146–151; Höffe, 1994–1995/2001, Vol. 1, pp. 100–101; Ricken, 1988/2000, pp. 155–170.

11 Russell, 1959/2003, p. 140: Russell은 아리스토텔레스의 영혼의 분류를 식물이 갖고 있는 영양혼, 인간 이외의 동물이 갖고 있는 감각혼, 그리고 인간에게만 있는 이성혼으로 나누고 있지만, 아리스토텔레스는 《영혼에 관하여》(유원기 역주, 2001)에서 좀 더 포괄적으로 제시하고 있다: "어떤 생물들은 영혼의 능력들 모두를, 어떤 생물들은 몇 가지를, 그리고 일부의 생물들은 단지 하나만을 갖는다. 우리가 앞에서 언급한 능력들은 영양섭취능력·욕구능력·감각능력·장소운동능력·사고능력이다. 식물들은 단지 영양섭취능력만을 가지며, 다른 것들은 그것 이외에 감각능력도 갖는다. 그러나 만약 감각능력을 가지면, 욕구능력도 갖게 된다. 욕구는 갈망·욕망·희망이며, 모든 동물들은 최소한 한 가지 감각, 즉 접촉의 감각을 갖는다. 감각이 있는 곳엔 즐거움(쾌락)과 고통, 그리고 즐거운 대상과 고통스러운 대상이 있으며, 또한 그것들이 있는 곳엔 갈망도 있다. 왜냐하면 욕구는 즐거운 것에 대한 욕구이기 때문이다. … 어떤 동물들은 이것들 이외에 장소운동능력도 가지며, 인간 또는 인간과 유사하거나 더 우월한 다른 존재들은 추론적 사고능력과 지성도 갖는다"(《영혼에 관하여》, 2권 3장, 414a~414b: 유원기 역주, 2001, pp. 138–140에서 전재). 이 인용문에서 보듯이, 아리스토텔레스는 인간의 영혼을 크게 욕구·감성·이성으로 삼분하여 보는 플라톤의 입장을 받아들여 확대하는 이론을 제시하고 있는 것이다.

12 Wesley, 1972, p. 58.

이러한 고대 그리스 철학의 영혼 삼체계설은 아우구스티누스(St. Augustinus, 354~430)와 아퀴나스(St. Thomas Aquinas, 1225~1274) 같은 중세의 기독교 철학자들에게로 이어졌다. 이들은 각각 플라톤과 아리스토텔레스의 이론을 물려받았는데,[13] 다만 이성에 종교적이거나 초자연적인 속성을 첨가하여, 이성의 능력을 통해 유한한 존재인 인간이 불멸하는 전능자인 신의 존재를 인식하고 또 신의 속성에 대해 이해할 수 있다고 보았다는 점이 특이할 뿐이었다.[14]

중세로부터 벗어나 근대 사회로 진입하면서도 심성의 삼분체계론은 그대로 이어졌다. 서구 사회의 근대는 "개인화"의 물결이 휘몰아친 시대로 특징지을 수 있는데, 17~18세기의 자유주의 사상과 계몽주의운동에서 서구 개인주의가 사상적으로 만개하게 되었다. 이 시기에는 신(神)의 의지나 속성에 의해 인간의 삶과 사회행위를 이해하려는 중세의 이념이 퇴조하고, 개인의 속성에서 인간의 삶과 사회 형성 및 질서의 원동력을 찾으려는 관념이 등장하였다. 다양한 분야에서 이러한 운동이 벌어졌는데, 그 대표적인 사람들은 홉스(Thomas Hobbes, 1588~1679)와 로크(John Locke, 1632~1704) 및 루소(Jean-Jacques Rousseau, 1712~1778) 같은 사회계약론(社會契約論, social contract theory)의 주창자들이었다.

이들 사회계약론자들은 아무런 인위적인 강제력이 존재하기 이전의 자연상태(自然狀態)를 상정하고, 이러한 자연상태에서의 인간 곧 자연인(自然人)의 속성에서 사회 형성과 국가권력의 원천을 찾아보려는 사람들이었다. 그런데 이들도 자연인은 자기이익 추구의 욕구(홉스·로

---

13 Russell, 1959/2003, p. 186.

14 Wesley, 1972, pp. 58-59.

크·루소), 이익 추구의 성공과 실패에서 오는 감정(홉스·로크) 또는 자연 상태에의 열정과 타인에 대한 연민과 동정심 같은 감성(루소) 및 합리적 선택의 근거인 이성(홉스·로크·루소)을 인간의 본유적인 심성 요소라고 보고 있다. 이렇게 사회계약론자들도 고대나 중세의 철학자들과 마찬가지로 인간의 본유적인 특성을 욕구·감성·이성의 세 가지로 개념화하여 파악하고 있다.[15] 이러한 사실은 지·정·의 삼분체계로 인간의 심리구성체를 이해하려는 관점이 서구 사회에서 얼마나 견실하게 지속되고 있는지를 잘 드러내 준다.

근대에 들어서서 인간 심성의 삼분체계설이 본격적으로 전개된 것은 18세기 독일에서였다. 이 시기 독일에서는 인간 심성이 갖추고 있는 여러 가지 능력을 확인해 내려는 능력심리학(能力心理學, Faculty Psychology)이 태동되고 있었으며, 곧 스코틀랜드 학파(Scottish School)와 연계하여, 고대 그리스 시대 이래 이어져 온 인간의 심성이 갖춘 능력의 지·정·의 삼체계설을 주장하고 전파하는 온상의 역할을 하였다. 마침 18세기 유럽 대륙의 시대 조류는 계몽주의였는데, 계몽주의가 표방하는 개인과 그의 의식에 대한 관심, 개인의 심성이 갖추고 있는 능력들에 대한 무한한 신뢰라는 시대정신과 부합되면서, 능력심리학에서 주장하는 인간 능력의 삼분체계설은 인간 심성에 대한 타당한 이론으로서의 지위를 획득하게 되었다.[16]

독일 능력심리학의 문을 연 연구자들 중 대표적인 학자들은 멘

---

15 사회계약론자들이 주장한 자연인의 본성의 삼분체계론에 대해서는 필자의 선행 저술(조긍호, 2012, pp. 418-441; 조긍호·강정인, 2012, pp. 355-379) 참조.

16 Hilgard, 1980, pp. 107-111.

델스존(M. Mendelssohn, 1729~1789)과 테텐스(J. N. Tetens, 1736~1805) 같은 사람들인데, 이들은 경험론에 근거를 두고 인간 능력의 삼체계설을 제시하였다.[17] 이들은 자신들의 경험을 조심스럽게 내성(內省, introspection)을 통해 관찰함으로써, 마음의 삼분체계 능력설에 이르게 되었다. 곧 이들은 지·정·의 세 요소를 인간의 마음이 작용하는 세 차원의 능력이라 보고, 각각의 작용을 내성 방법에 의해 탐구하기 시작하였던 것이다. 그러니까 18세기 독일에서는 삼요소설이 삼능력설로 연구의 방향을 달리하였을 뿐, 인간의 심성에 대한 삼분체계설은 그대로 유지되고 있었다고 볼 수 있다.

능력심리학자들의 이러한 마음의 삼분체계 능력설은 칸트(Immanuel Kant, 1724~1804)에 의해 지지를 받으면서, "당시 가장 영향력 있는 철학자의 지원을 받게 되었다." 칸트의 삼 비판서(순수이성 비판, 실천이성 비판, 판단력 비판) 가운데 "순수이성은 지성 또는 인지에 해당되고, 실천이성은 의지, 행위 또는 의욕에 해당되며, 판단력은 쾌 또는 고통의 감정에 해당된다."[18] 칸트는 경험적 내성에 의해 삼체계 능력설을 주장한 경험주의자들과는 달리, 인간의 선험적 능력에 대한 조심스러운 반성적 사고를 통해 삼분체계 능력설에 도달하게 되었다. 이러한 사실은 칸트 자신의 다음과 같은 진술에서 잘 드러나고 있다.

> 절대적이고 더 이상 다른 것으로 환원할 수 없는 세 가지 능력, 곧 인식·감정·욕망의 능력이 인간의 마음에 갖추어져 있다. 자연 현상에

17 Brett, 1921, p. 328.

18 Hilgard, 1980, p. 109.

대한 이론적 인식을 지배하는 법칙은 순수한 선험적 개념 안에서 오성(悟性, understanding)에 의해 제공된다. 욕망이 따라야만 하는 법칙은 자유라는 개념 안에서 이성(reason)에 의해 선험적으로 규정된다. 인식과 욕망 사이에는 쾌 또는 고통의 감정이 존재하는데, 이는 판단력(judgment)이 오성과 이성 사이를 중재하는 것과 마찬가지이다. 그러므로 우리는 판단력이 그 자체 오성의 원리나 이성의 원리와는 별개의 선험적인 원리를 갖추고 있다는 사실을 인정해야만 한다.[19]

이 인용문에서 밝혀지고 있듯이, 칸트는 마음의 능력을 더 이상 다른 것으로 대체할 수 없는 세 가지, 곧 지·정·의로 개념화하여 받아들이고 있으며, 이러한 세 능력은 그 자체 선험적인 근거를 가지는 것이라고 주장하여, 마음의 삼체계설에 논리적인 확실성을 부여하고 있다.

독일을 중심으로 하여 발달한 이러한 능력심리학의 삼체계설은 스코틀랜드로 건너가면서 마음의 다양한 능력을 찾아내려는 경향을 띠면서 잠시 주춤하다가,[20] 19세기의 영국에서 연합주의(聯合主義, Associationism) 심리학이 대두되어 마음의 통합성을 강조하게 됨으로써 그 세력이 일정 부분 회복되었다. 브라운(T. Brown, 1779~1820)과 베인(A. Bain, 1818~1903) 같은 연합주의 심리학자들은 마음의 다양한 능력을 찾아 단순히 나열하려는 스코틀랜드 능력심리학의 교의를 비판하고, 마음의 통합적인 작용 또는 그 기능을 연합의 원리에 따라 정리

19 Kant, 1888, p. 311.

20 당시에 인간 능력의 다요인설(多要因說)을 주장한 대표적인 사람들은 T. Reid (1710–1796)와 D. Stuart(1775–1828) 및 F. J. Gall(1758–1828) 등을 들 수 있다. 이 중 Reid는 24개, Stuart는 37개의 능력 목록을 제시하고 있으며, Gall은 이들의 이론에 기초를 두고 골상학(骨相學, Phrenology)의 체계를 제시하기도 하였다 (Boring, 1950, pp. 51–58, 205–207; Hilgard, 1980, p. 110).

하려 하였다. 그들에 따르면 인식·감정·욕망은 서로 관련을 맺지 않는 별개의 체계가 아니라, 서로 연합되어 작용하면서 정신생활의 각 순간에 지배적으로 나타나는 기능이라고 보았다.[21] 그러므로 이들 연합심리학자들도 마음의 삼분체계설을 받아들이고 있었다고 볼 수 있다.

이러한 삼분체계설은 20세기에 발달한 실험심리학(實驗心理學, Experimental Psychology) 위주의 미국 심리학에서도 그대로 받아들여지고 있었다.[22] 그러나 1920년대 이후 행동주의(行動主義, Behaviorism)가 득세하면서 자극-반응의 좁은 틀로 인간의 행동을 이해하려는 견해가 미국 심리학을 지배하게 되면서, 마음의 삼분체계설은 현대심리학에서 설 자리를 잃게 되었다.[23] 하지만 삼분체계설이 다시 현대심리학에서 지배적인 인간 심성 이해의 틀로 받아들여지는 데에는 그리 오랜 시간이 걸리지 않았다. 1950년대를 거쳐 1960년대에 "인지 혁명"(認知革命, Cognitive Revolution)이 대두하면서 마음의 지적인 측면에 관한 관심이 되살아나고, 1980년대 인지적 판단에 대한 정서 반응의 우선성에 관한 논의가 불붙으면서[24] "정서 혁명"이 전개되어 정적 측면에 대한 관심이 회복되었다. 이어서 1990년대에는 인간 삶에서의 동기 과정의 중요성 및 문화에 따른 동기의 내용의 차이에 대한 연구들과 함께[25] "동기 혁

---

21 Hilgard, 1980, pp. 108-111.

22 Angell, 1907, p. 83; Hilgard, 1980, pp. 112-114; McDougall, 1923, p. 266; Warren, 1906, p. 220.

23 Allport, 1940.

24 예: Frijda, 1986, 1988; Lazarus, 1982, 1984; Tomkins, 1981; Zajonc, 1980, 1984.

25 예: D'Andrade, 1992; Munro, 1997; Pittman, 1998.

명"이 진행되어 욕구적 측면에의 관심이 새로워지면서, 전통적인 삼분체계설은 서구의 지배적인 심리구성체론으로서의 위상을 다시 되찾게 되었던 것이다.[26]

(2) 서구의 이성중심주의

서구에서 이성중심주의의 전통을 연 사람도 플라톤과 아리스토텔레스였다. 플라톤은 정의의 관념과 국가론에 입각해서 이성중심주의를 설파하고 있다. 그에 따르면, 영혼의 세 부분(이성·열정·욕망)이 서로 바른 관계를 유지하는 것이 바로 정의인데, 열정과 욕망은 이성의 지배 아래 있을 때 제대로 기능을 수행할 수 있다고 보아, 이성중심주의의 초석을 놓고 있다.[27] 이성은 국가 구성의 세 계층 중에서 지배계층의 덕인 지혜의 근거이고, 열정과 욕망은 각각 호위계층과 생산계층의 덕인 용기와 절제의 근거로서, 제대로 작용하는 정의로운 국가는 지배계층인 철인이 호위계층과 생산계층을 통어하여 각자의 역할을 제대로 수행하도록 감독해야 이루어질 수 있으므로, 열정과 욕망은 이성의 지배를 받을 수밖에 없다는 것이 플라톤의 관점이었다.[28] 이렇게 플라톤은 영혼

---

26 LeDoux(2002/2011)는 최근의 신경과학 분야의 연구를 종합하여, "오랜 역사를 거치면서 마음은 인지, 감정, 동기의 3대 요소가 섞여 있는 3부작으로 인식되어 왔다"(p. 293)면서, 각각에 작용하는 대뇌 신경기제의 확인을 통해 "그것은[마음은] 인지, 감정, 동기화 기능들에 전념하는 시냅스 네트워크를 포함하는 하나의 종합 시스템"(p. 427)이라고 주장하여, 서구의 삼분체계론이 현대심리학뿐만 아니라 신경과학 분야의 연구에도 지배적인 영향을 끼치고 있는 논리체계라는 사실을 지적하고 있다.

27 Bordt, 1999/2003, pp. 109–110.

28 Ricken, 1988/2000, p. 160.

의 위계구조설을 바탕으로 이성중심주의를 제창하고 있는 것이다.

아리스토텔레스도 영혼의 위계구조설을 펴고 있는데, 그는 이러한 위계의 근거를 각각의 발생 근거에서 찾는 관점을 제시하고 있다. 즉, 욕망의 원천인 영양혼은 식물적인 영혼일 뿐이고, 감정의 원천인 감각혼은 동물적인 영혼일 뿐이며, 지적 활동의 원천인 이성혼은 인간만이 갖추고 있는 영혼이기 때문에, 이성이 최상의 위계에 있는 영혼이라는 것이 아리스토텔레스의 이성중심주의의 요체였다.[29]

플라톤과 아리스토텔레스를 이어받은 중세 기독교 철학자들도 이성중심주의의 교의를 펴고 있다. 그들은 욕망과 열정은 인간을 악으로 빠뜨리게 하는 원천이고, 이성은 신의 존재에 대한 인식과 신성 체험의 원천이기 때문에, 이성으로 욕망과 열정을 통제해야 인간은 신의 의지에 부합하는 착한 삶을 영위할 수 있다고 보는 것이 아우구스티누스와 아퀴나스 같은 기독교 철학자들의 이성중심주의의 대의이다.[30]

르네상스와 기독교개혁 운동 이후 근대로 접어들면서도 이러한 이성중심주의의 전통은 그대로 이어졌다. 아니 오히려 과학혁명에 이어 자유주의가 대두되면서 이성중심주의의 경향은 더욱 강화되었다고 볼 수 있다. 자유주의 사상의 맥락에서 사회와 국가권력 형성의 원천을 자유로운 개인들 사이의 계약에서 찾으려는 사회계약론자들에게서 이러한 이성중심주의는 절정을 맞는다. 홉스와 로크 및 루소 같은 계약론자

29 Barnes, 1982/1989, pp. 122–127; Russell, 1959/2003, p. 140; Wesley, 1972, p. 58.

30 Höffe, 1994–1995/2001, Vol. 1, pp. 311–357, 401–442; Russell, 1959/2003, pp. 186, 197–200, 228–234; Wesley, 1972, pp. 58–59.

들은 욕구와 감정에 따라서만 삶을 영위하는 자연상태에서는 상호 간의 이익갈등으로 인해 혼란이 유발되어, 결과적으로 개인의 자유가 억압되고 개인의 삶이 피폐해질 수밖에 없는데, 이때 개인들이 이성에 의해 합리적인 계약을 체결함으로써 안전과 평화의 체제인 국가를 설립하게 된다고 주장한다. 이렇게 욕구와 감정은 혼란과 투쟁의 원천이지만 이성은 안전과 평화의 원천으로서, 인간의 삶은 이성의 지도 아래 이루어져야 한다는 것이 사회계약론자들의 이성중심주의의 논지인 것이다.[31]

18세기 계몽주의자들은 인간의 이성 능력에 따라 개인과 사회의 무지몽매함을 제거하고 진보를 도모할 수 있다고 주장하여 이성의 우월성을 강조하였다.[32] 칸트 같은 합리론자들도 인간의 지성의 능력에서 지·정·의 삼체계의 근거를 구하려는 이성중심주의의 입장에 서 있다.[33] 영국의 연합주의 심리학자들도, 특히 베인 같은 사람은 아리스토텔레스의 영혼의 발생위계설을 받아들여, 인지 기능이 인간의 의식을 구성하는 핵심적인 측면이라는 관점에서 이성중심주의의 관점을 견지하고 있다.[34]

이러한 이성중심주의의 경향은 20세기의 미국 심리학에도 그대로 유입되었다. 1920년대 행동주의의 득세에 따라 의식이나 마음 같은 개념들이 심리학에서 추방되면서 지성뿐만 아니라 감성과 욕구도 심리학

---

31 조긍호, 2012, pp. 418–441; 조긍호·강정인, 2012, pp. 358–379.

32 Russell, 1959/2003, pp. 338–342.

33 Hilgard, 1980, p. 109; Kant, 1888, p. 311

34 Hilgard, 1980, p. 111; Wesley, 1972, p. 59.

연구의 대상이 되지 못하고, 따라서 이러한 이성중심주의가 사라지는 듯 했으나, 1950~1960년대에 "인지 혁명"에 의해 되살아났다.[35] 1980년대 이후 "정서 혁명"과 "동기 혁명"이 진행되면서 감성과 욕구에 대한 관심도 부활하고 있으나, 아직 미국 심리학을 지배하고 있는 경향이 인지우월주의라는 사실은 부인하기 힘들다.[36] 인간 이해의 근거로서의 삼분체계설의 토대를 허물고자 했던 행동주의에 대한 반론이 정서 연구자나 동기 연구자에 의해서가 아니라 인지 연구자들에 의해 먼저 제기되었다는 사실은 서구 사회에서 이성중심주의의 전통이 얼마나 강고한지를 입증하는 사례라고 볼 수 있을 것이다.

2) 유학사상의 사분체계론과 덕성우월주의

유학의 체계는 우주 안에서 인간이 차지하는 독특한 위상을 인간이 갖추고 태어나는 본성에서 찾으려는 인성론(人性論)을 바탕으로 하여 성립하고 있다.[37] 유학의 인성론은 인간은 태어나면서부터 도덕성·지성·감정·욕구의 네 가지 본유적인 특성을 갖추고 있다는 사분체계론을 토대로 하고 있는데, 이는 지·정·의 삼분체계론을 기반으로 하고 있는 서구의 관점과 다르다. 따라서 서구의 현대심리학이 삼분체계론의 관점에서 인지·정서·동기의 문제를 주로 다루어 왔다면, 유학심리학의 체계에서는 이 이외에 도덕성의 문제가 가장 중요한 연구 문제

35 Mandler, 2007, p. 165.

36 정양은, 1995, 2003; Hilgard, 1980; Kunda, 1990; Mandler, 2007.

37 김충렬, 1982, pp. 180−182; 馮友蘭, 1948/1977, pp. 105−107; Needham, 1969/1986, Vol. Ⅱ, pp. 21−29.

로 부각된다.

유학의 인성론은 이 네 가지 본유적인 특성 중에서 인간을 다른 생물체와 구별 짓는 가장 핵심적인 특성은 도덕성으로서, 이에 의해 나머지 요소들이 제어되어야 한다는 덕성우월주의를 기본 요지로 삼는다. 이러한 맥락에서 보면, 인지·정서·동기와 같은 심적 과정의 탐구에서도 이들 심적 과정과 도덕성 사이의 관계의 문제를 중요하게 다루어야 할 것이며, 이러한 점이 유학심리학 체계의 핵심적인 특징으로 부각된다.

(1) 유학사상의 사분체계론

유학의 창시자인 공자는 분명한 인성론을 제시하고 있지는 않지만,[38] 그는 인간에게 태어날 때부터 욕구 체계, 감정 반응의 체계, 지적

38 인간의 본성을 지칭하는 용어인 성(性)이 《孟子》에서는 35회, 《荀子》에서는 92회나 쓰이고 있지만, 《論語》에서는 2회(陽貨 2; 公冶長 12)만 나오고 있다는 점에서 이러한 주장의 근거를 찾을 수 있다. 공자가 직접 성에 대해 말한 것은 "사람의 본성[性]은 서로 비슷하지만, 익히는 바[習]에 따라 서로 달라진다"(性相近也 習相遠也, 《論語》, 陽貨 2)는 것뿐이고, 제자들과 나눈 대화에서 공자는 이에 대해 거의 언급하지 않았다. 공자의 제자인 자공(子貢)은 "선생님의 빛나는 덕성에 대해서는 들을 수 있었지만, 선생님께서 성과 천도(天道)에 대해 말씀하시는 것은 들을 수 없었다"(子貢曰 夫子之文章 可得而聞也 夫子之言性與天道 不可得而聞也, 公冶長 12)고 하여, 공자가 인간의 본성에 대한 이론을 직접 제시하지는 않았음을 분명히 하고 있다. 그러나 "공자가 본 성(性)은 그 선·악이 전혀 인위적인 것"(김충렬, 1982, p. 173)이라는 의미에서 그가 성선이나 성악의 관점을 피력하지 않았을 뿐, 그에게서 사람의 본성에 관한 논의를 찾아볼 수 없는 것은 아니다. 오히려 그는 사람들은 서로 비슷한 본성을 갖추고 태어나지만, 그 익히는 바에 따라 서로 달라지게 된다는 사실을 분명히 밝혀, 후대에 전개되는 성선설과 성악설 등 모든 성론(性論)의 기초를 열었다(김충렬, 1982, pp. 170-175; 馮友蘭, 1948/1977, pp. 105-107). 또한 사분체계의 유학적 심리구성체론과 이 네 요소 중 덕성이 가장 중핵이라는 덕성중심주의의 기치는 공자에게서부터 이

인식 능력의 체계, 그리고 도덕적 지향성의 체계 같은 네 가지 요소가 본유적으로 갖추어져 있다고 보고 있다.[39] 공자는 이 네 요소 중 도덕적 지향성의 체계를 가장 중시하였다. 누구나 자신에게 갖추어져 있는 도덕성을 스스로 다할 뿐만 아니라[忠], 이를 다른 사람에게까지 미루어 가는 일[恕]이 바로 공자의 사상 전체를 꿰뚫는 핵심[40]이라는 지적은 이러한 사실을 단적으로 드러내 준다.

맹자는 유학사에서 처음으로 분명한 인성론인 성선설(性善說)을 제시하고 있는데, 그도 또한 공자와 마찬가지로 욕구 체계, 감정 반응의 체계, 지적 인식 능력의 체계, 그리고 도덕성의 체계가 인간에게 본유적으로 갖추어져 있다고 본다.[41] 그의 성선설의 핵심은 이러한 인간 본성의 네 요소 가운데 도덕성의 요소를 중심으로 하여 인간의 특성을 이해하려 한다는 점이다. 곧 인성을 구성하는 다른 요소들, 특히 욕구와 감정 반응의 체계는 인간과 동물이 공유하는 것이므로, 이를 인간을 규정하는 본성으로 볼 수는 없다는 것이 맹자의 생각이다. 그 대신 그는 인간만이 독특하게 갖추고 있는 특성, 곧 도덕성에서 인간의 본성을 찾아야 한다는 입장인 것이다. 그에 따르면, 이러한 도덕성이 인간에게

미 발견되는 유학의 가장 핵심적인 논지이다. 그러므로 비록 명시적으로 선·악의 관점에서 인성론을 전개하지는 않았으나, 이후의 유학자들이 제시하는 모든 인성론의 배경에는 공자의 인간론이 자리 잡고 있다고 볼 수 있는 것이다(이강수, 1982, p. 200).

39 공자의 사분체계론에 대해서는 선행저술(조긍호, 2008, pp. 108–118) 참조.

40 子曰 參乎 吾道一以貫之 曾子曰 唯 子出 門人問曰 何謂也 曾子曰 夫子之道 忠恕而已矣 (《論語》, 里仁 15); 子貢問曰 有一言而可以終身行之者乎 子曰 其恕乎 己所不欲 勿施於人 (衛靈公 23)

41 맹자의 사분체계론에 대해서는 선행저술(조긍호, 2008, pp. 122–134) 참조.

본디부터 갖추어져 있다는 사실은 사단(四端)의 존재,[42] 인의예지(仁義禮智) 같은 도덕성의 본유성,[43] 그리고 이러한 본유적인 도덕성을 인식하고 일상생활에서 실천할 수 있는 능력인 양지(良知)와 양능(良能)의 구비성[44]에서 찾아볼 수 있다.

이러한 심리구성체 가운데 맹자가 가장 중시한 것은 도덕적 인식 능력과 도덕적 행위 능력이다. 맹자에게 양지와 양능은 "아주 어린아이라도 태어나면서부터 누구나 자기 어버이를 친애할 줄 알고, 자라나서는 누구나 자기 형을 공경할 줄 아는 것"이다.[45] 어버이를 친애하는[親親] 인(仁)의 시초와 어른을 공경하는[敬長] 의(義)의 시초를 깨달아 알고, 이를 실천할 수 있는 능력이 양지와 양능, 곧 도덕적 인식 능력과 도덕적 행위 능력인 것이다. 이렇게 맹자가 말하는 도덕적 인식 능력과 도덕적 행위 능력은 스스로가 도덕 주체임을 인식할 수 있는 능력[良知]과 이를 일상생활에서 실천할 수 있는 행위 능력[良能]을 가리키는 것이다. 말하자면, 맹자에게 양지와 양능은 도덕성이라는 하나의 체계를 구성하는 동전의 앞면과 뒷면 같아서, 떼어내고자 해도 떼어낼 수 없는 능력들인 것이다. 여기에 인간 본성의 중핵을 도덕성에서 찾는 맹

42 無惻隱之心 非人也 無羞惡之心 非人也 無辭讓之心 非人也 無是非之心 非人也 惻隱之心 仁之端也 羞惡之心 義之端也 辭讓之心 禮之端也 是非之心 智之端也 人之有是四端也 猶其有四體也 (《孟子》, 公孫丑上 6)

43 惻隱之心 人皆有之 羞惡之心 人皆有之 恭敬之心 人皆有之 是非之心 人皆有之 惻隱之心 仁也 羞惡之心 義也 恭敬之心 禮也 是非之心 智也 仁義禮智非由外鑠我也 我固有之也 弗思耳矣 (告子上 6); 君子所性 仁義禮智根於心 其生色也睟然見於面 盎於背 施於四體 四體不言而喻 (盡心上 21)

44 人之所不學而能者 其良能也 所不慮而知者 其良知也 孩提之童 無不知愛其親也 及其長也 無不知敬其兄也 親親 仁也 敬長 義也 無他 達之天下也 (盡心上 15)

45 盡心上 15.

자 인성론의 관건이 놓여 있다.

순자도 공자 및 맹자와 마찬가지로 사람에게는 태어날 때부터 욕구 체계, 감정 반응 체계, 지적 인식 능력의 체계, 그리고 도덕적 행위 능력의 체계가 갖추어져 있다고 본다.[46] 그런데 순자에게서 특이한 점은 그가 지적 능력의 체계를 그 어느 선진유학자보다도 강조하여, 인간을 지성주체로도 보고 있다는 사실이다.[47] 그러나 그에게서도 이러한 지적 능력을 통해 사람이 인식해야 할 가장 중요한 것은 "다른 동물과

---

46 순자의 사분체계론에 대해서는 선행저술(조긍호, 2008, pp. 140-155) 참조; 보통 순자의 인성론은 성악설(性惡說)로 알려져 있다. 이는《荀子》32편 가운데 제23편인 성악편(性惡篇)에 근거하는 것이다. 그러나 최근에는 순자의 인성론을 성악설로 단정짓는 것은 순자의 전체 이론체계를 잘못 이해하게 만들 소지가 많다는 주장이 설득력을 얻어가고 있다. 이렇게 성악설을 순자의 핵심 이론체계로 보는 것이 옳지 않다는 주장은 대체로 세 가지 방향에서 제기되고 있다. 이들은 문헌학적인 비판, 성악설 자체가 갖는 논리적 모순성에 대한 비판 및 이와 밀접한 관련이 있기는 하지만 성악설과 순자의 다른 이론체계와의 모순성에 대한 비판 등이다(郭沫若, 1945/1991, pp. 256-265; 김승혜, 1990, pp. 220-221, 244-245; 조긍호, 1995, pp. 4-6; 1998, pp. 215-219). 이러한 비판들에 근거하여 곽말약(郭沫若, 1945/1991)은 "성악설은 순자가 맹자에게 지기 싫어서 억지로 주장한 것에 불과하며, 그의 심리설이나 교육설과도 일정한 유기적 관련이 없는 것"(p. 265)이라 주장하고 있으며, 많은 학자들이 순자의 성악설은 예(禮)·사(師)·법(法)·군주(君主)의 정치를 중시하려는 전국 말기의 시대적 요구를 반영한 것일 뿐, 엄밀한 논증이 부족한 이론이라 폄하하고 있다(예: 徐復觀, 1969; 陳大齊, 1954). 이들은 순자도 성(性)은 본래 악을 지향하는 것이라고 했지 선한 쪽으로 방향을 바꿀 가능성까지 부인하는 것은 아니며, 따라서 이는 인성향악설(人性向惡說)이라고 보는 것이 타당하다는 주장을 펴고 있다. 곧 맹자의 성선설과 순자의 성악설은 사람의 어느 측면을 중심으로 고찰했느냐의 차이에 불과하므로, 맹자의 이론은 심(心)의 자각 작용을 중시한 심선설(心善說), 순자의 이론은 정(情)의 자연스러운 충동을 중시한 정악설(情惡說)이라고 보는 것이 타당하다는 것이다(김충렬, 1982, p. 175).

47 김승혜, 1990, pp. 233-242; 牟宗三, 1979, pp. 224-225; 정인재, 1981; 蔡錦昌, 1989, pp. 55-94; 蔡仁厚, 1984, pp. 405-428; 黃公偉, 1974, pp. 454-458.

는 달리 인간만이 본유하고 있는 도덕성"[48]이다. 이러한 도덕성의 인식은 상황에 맞는 도덕적 행위의 선택과 이를 기초로 한 도덕성의 일상적 실천의 근거로서 중요하다는 것이 순자의 기본 입장인 것이다.[49]

이러한 순자의 관점은 지(知)와 능(能)에 관한 그의 견해를 통해 이해할 수 있다. 여기서 지는 외부의 사물을 받아들여서 종합하고, 분별하고, 판단하는 지성적인 인식 능력이다. "무릇 알 수 있는 것은 사람의 본성이고, 이를 통해 알게 되는 것은 사물의 이치이다"[50]라는 순자 자신의 진술에서도 분명히 드러나듯이, "인식할 수 있는 근거가 사람에게 갖추어져 있는 것"이 바로 지인 것이다.[51] 이어서 능은 옳은 것으로 판단된 도리를 행하고 지킴으로써 도덕성의 실천에 이를 수 있는 도덕적 행위 능력이다. 곧 "도를 알기만 하는 것은 이를 행하는 것만 못하다. 배움이란 배운 것을 실제로 행하는 데서 끝나는 것이다"[52]라는 진술에서 순자가 말하는 바의, 알게 된 도를 실제로 "행할 수 있는 근거가 사람에게 갖추어져 있는 것"이 바로 능인 것이다.[53]

이렇게 《순자》에서 지와 능은 도덕적 인식과 도덕적 행위의 근거가

---

48 水火有氣而無生 草木有生而無知 禽獸有知而無義 人有氣有生有知 亦且有義 故最爲天下貴也 (《荀子》, 王制 20); 人之所以爲人者 非特以其二足而無毛也 以其有辨也 夫禽獸有父子 而無父子之親 有牝牡 而無男女之別 故人道莫不有辨 (非相 9-10)

49 然而塗之人也 皆有可以知仁義法正之質 皆有可以能仁義法正之具 然則其可以爲禹明矣 … 今塗之人者 皆內可以知父子之義 外可以知君臣之正 然則其可以知之質可以能之具 其在塗之人明矣 (性惡 13-14)

50 凡以知 人之性也 可以知 物之理也 以可以知人之性 求可以知物之理 (解蔽 25)

51 所以知之在人者 謂之知 知有所合 謂之知 (正名 3)

52 知之不若行之 學至於行之而止矣 (儒效 33)

53 所以能之在人者 謂之能 能有所合 謂之能 (正名 3)

되는 심리구성체이다. 맹자와 마찬가지로 순자에게도 도덕적 인식과 도덕적 실천은 서로 떼어서 생각할 수 없는 도덕성 자체의 부분들이다. 곧 순자에게 지적 능력을 통한 도덕성의 인식은 이의 실행을 위한 전제이며, 도덕성을 인식하는 목표는 바로 도덕적 행위 능력을 통한 도덕성의 실천인 것이다.[54]

이와 같이 유학자들은 생물체적이고 이기적이며 사회적인 욕구 체계[欲], 외부 사물이나 자기 자신 또는 타인을 지향 대상으로 하여 유발되는 감정 반응의 체계[情], 외부 환경 세계와 자기 자신 및 타인, 그리고 스스로가 갖추고 있는 도덕성을 인식할 수 있는 지적 능력의 체계[知], 그리고 도덕적 지향성과 도덕 의지 및 도덕적 행위 능력으로 드러나는 도덕성의 체계[德]의 네 가지로 인간의 심리구성체를 파악하고 있다고 볼 수 있다. 곧 선진유학에서는 심리구성체가 도덕성·지성·욕구 및 정서의 체계로 이루어져 있다고 보는 셈이다. 이러한 관점에서는 도덕성이 종래의 심리학에서 추구했던 인지·동기·정서와 별도로 연구되어야 할 필연성이 도출되며, 여기에 바로 서구심리학과 다른 유학심리학이 성립될 수 있는 밑바탕이 놓여 있다고 볼 수 있을 것이다.

(2) 유학사상의 덕성중심주의

유학의 심리구성체론에서 특별히 주의해서 생각해 보아야 할 것은, 이 체계에서 지적 인식 능력과 도덕적 행위 능력을 별개의 심리구

54 心不可以不知道 心不知道 則不可道 而可非道 … 心知道然後可道 可道然後能守道 以禁非道 … 人何以知道 曰 心 … 知道察 知道行 體道者也 (解蔽 10-13)

성체로 상정하기는 하지만, 이 양자의 기능은 유학의 근본 목적인 성덕(成德)이라는 한 가지 목표로 통합되는 것이어서, 따로 떼어 고찰할 수가 없다는 사실이다. 스스로에게 갖추어져 있는 도덕성과 스스로가 도덕 주체라는 사실에 대한 인식은 일상생활에서 도덕을 실천할 것을 목표로 하는 것이고, 또 후자(도덕 실천)는 전자(도덕 인식)를 근거로 하기 때문이다.

이렇게 도덕적 인식과 이의 일상적 구현은 도덕 주체로서 인간이 이루어야 하는, 서로 분리할 수 없는 양 측면이라는 것이 유학사상의 특징이다. 유학자들은 인식 없는 실행이나 실행을 전제로 하지 않는 인식은 모두 공허한 것으로 보고 배격하는 입장을 취하며, 도덕 주체인 인간에게서 이 두 측면(인식과 실행)이 통합되는 것이 바로 덕을 이루어 군자가 되는 길이라고 보는 것이다.[55]

도덕적 인식과 그 실행이 통합되어야 한다는 것은 공자로부터 이어지는 유학의 전통이다. 유학의 가장 핵심 경전인 《논어》는 공자의 "배우고(지적 능력에 의한 인식) 그것을 때에 맞추어 익히면(도덕적 행위 능력을 통한 실행) 또한 기쁘지 아니 하겠는가?"[56]라는 말씀에서 시작하여, 도덕적 인식과 그 실행의 통합을 강조하는 유학의 전통을 열고 있다. 이러한 입장을 공자는 "도(道)를 깨달아 알기만 하는 사람은 그것을 실천해 보아서 좋아하는 사람만 못하고, 그것을 좋아하기만 하는 사람은

---

55 김승혜, 1990; 勞思光, 1967/1986; 蔡仁厚, 1984; Nisbett, 2003; Tu, Wei-Ming, 1985.

56 學而時習之 不亦說乎 (《論語》, 學而 1)

그것을 체현하여 즐기는 사람만 못하다."[57]고 표현하기도 하여, 도덕성의 인식과 실행이 통합되어야 함을 역설하고 있는 것이다.

맹자도 공자의 입장을 이어받아, 도덕적 인식과 실행의 통합이 중요함을 다음과 같이 진술하고 있다.

> 군자가 올바른 방법으로 깊이 탐구하여 나아가는 것은 스스로 깨달아 얻고자 하는 것이다(도덕 인식). 스스로 깨달아 도를 얻으면 이에 처하는 것이 안정되고, 그렇게 되면 도를 활용하는 데 더욱 깊이가 있게 된다(도덕 실천). 이렇게 도를 활용하는 데 깊이가 있게 되면, 자기의 좌우 가까이에서 항상 그 근원을 파악하게 된다. 그러므로 군자는 스스로 도를 깨달아 얻고자 하는 것이다.[58]

맹자는 이렇게 도를 깨달아 인식하는 일[明道]과 이를 일상생활에서 실행하는 일[集義]의 조화[配義與道], 곧 도덕 인식과 실행의 통합을 군자가 되는 핵심이라고 본다. 이는 그가 유명한 호연지기(浩然之氣)에 관한 논의에서 밝히고 있는 입장이다.[59]

도덕적 인식과 실천의 통합에 대해서 공자와 맹자보다 더 집중적으로 논의하고 있는 사람은 순자이다. 순자에게 도는 곧 인도(人道)이고,[60] 이는 곧 예의(禮義)이다.[61] 예의는 일상생활, 사적 감정, 자연 질서,

---

57 知之者不如好之者 好之者不如樂之者 (雍也 18)

58 君子深造之以道 欲其自得之也 自得之 則居之安 居之安 則資之深 資之深 則取之左右逢其原 故君子欲其自得之也 (《孟子》, 離婁下 14)

59 敢問浩然之氣 曰 難言也 … 其爲氣也 配義與道 無是 餒也 (公孫丑上 2)

60 道者非天之道 非地之道 人之所以道也 君子之所道也 (《荀子》, 儒效 9-10)

61 禮者人道之極也 (禮論 13)

사회 질서 같은 인간 생활 전반의 규범이므로,[62] 이는 실생활의 실천을 전제로 하는 것이다.[63] 그렇다면, 이러한 예의에 대한 인식은 이의 실천과 불가분의 관계에 있을 수밖에 없다. 양자 사이의 관계에 대한 순자의 입장은 다음 진술문에 잘 드러나 있다.

> 마음이 도를 인식한[知道] 다음에야 도를 옳은 것으로 받아들이게 되고[可道], 도를 옳은 것으로 받아들인 다음에야 비로소 도를 지키고[守道], 그럼으로써 도가 아닌 것을 금할 수[禁非道] 있게 된다. … 도를 인식하여 밝게 깨닫고[知道察], 인식한 도를 실행하면[知道行], 도와 일체를 이룬 사람[體道者]이 되는 것이다.[64]

이 인용문에서 "도를 인식하고, 옳은 것으로 받아들이는 일"[知道·可道]은 "도를 인식하여 밝게 깨달은 상태"[知道察]에 해당하고, "도를 지키고, 도 아닌 것을 금하는 일"[守道·禁非道]은 "인식한 도를 실행하는 상태"[知道行]에 해당하는 것이다. 그러니까 도의 인식[察道]은 도를 인식하여 옳은 것으로 받아들이는 일을 말하고, 도의 실행[行道]은 도를 지키고 도 아닌 것을 금하는 일을 말하는 셈이다. 이렇게 "지도찰

62 宜於時通 利以處窮 禮信是也 凡用血氣志意知慮 由禮則治通 不由禮則勃亂提優 食飲衣服 居處動靜 由禮則和節 不由禮則觸陷生疾 容貌態度 進退趨行 由禮則雅 不由禮則夷固辟違 庸衆而野 故人無禮則不生 事無禮則不成 國家無禮則不寧 (修身 24-26); 天地以合 日月以明 四時以序 星辰以行 江河以流 萬物以昌 好惡以節 喜怒以當 以爲下則順 以爲上則明 萬物變而不亂 貳之則喪也 禮豈不至矣哉 立隆以爲極 而天下莫之能損益也 (禮論 11-12); 使本末終始 莫不順比 足以爲萬世則 是禮也 (禮論 24)

63 唐君毅, 1986; 牟宗三, 1979; 柳熙星, 1993; 張其昀, 1984; 蔡錦昌, 1989; 蔡仁厚, 1984; 馮友蘭, 1948/1977; 黃公偉, 1974; Cua, 1985; Dubs, 1927.

64 心知道然後可道 可道然後能守道 以禁非道 … 知道察 知道行 體道者也 (解蔽 11-13)

(知道察)·지도행(知道行)의 구절에 근거하여 마음이 능히 지도(知道)·가도(可道)·수도(守道)·금비도(禁非道)할 수 있다는 말을 살펴보면, 순자가 주장하는 인지심(認知心)은 실제로 지(知)·행(行)의 두 방면을 아울러 포괄하는 것으로, 다만 인지의(認知義)뿐만 아니라, 실천의(實踐義)도 포함하는 것임을 알 수 있다."[65]

이상의 논의들에서 분명히 드러나듯이, 유학사상에서는 도덕적 인식과 실행은 서로 분리하여 생각할 수 없으며, 양자의 통합이 이상적 인간이 되는 지름길이라고 본다. 따라서 유학사상에서 보는 도덕성의 문제를 고찰하기 위해서는 도덕적 인식만이 아니라, 그 실천의 문제를 함께 고려할 필요가 있다. 이렇게 도덕적 인식과 이의 실천의 통합을 이룬 사람들이 바로 군자(君子)나 성인(聖人)인 것이다.

이에 비해, 이기적·생물체적 욕구와 감정 반응이 삶의 중심이 되고 있는 사람이 소인(小人)이다. 도덕성을 밝게 인식하여 이를 일상생활에서 실천하는 군자[66]는 이러한 욕구와 감정을 잘 통제하여, 이들이 항상 도덕성의 지도 아래 있도록 한다.[67] 이렇게 도덕성이 심성의 중핵적 요소가 되어야 한다는 것이 공자로부터 이어지는 유학의 전통이다.

이와 같이 도덕성의 인식과 실천이 인간 심성의 중핵적 요소이어서, 생물체적·이기적 욕구와 감정 반응의 체계가 도덕성의 체계에 의

65 蔡仁厚, 1984, p. 416.

66 子曰 君子喩於義 小人喩於利 (《論語》, 里仁 16)

67 子曰 富與貴是人之所欲也 不以其道得之 不處也 … 君子去仁 惡乎成名 君子無終食之間違仁 造次必於是 顚沛必於是 (里仁 5); 顔淵問仁 子曰 克己復禮爲仁 … 顔淵曰 請問其目 子曰 非禮勿視 非禮勿聽 非禮勿言 非禮勿動 (顔淵 1); 君子不憂不懼 (顔淵 4); 君子謀道 不謀食 … 君子憂道 不憂貧 (衛靈公 31)

해 통제받아야 하는 까닭을 유학자들은 두 가지 근거에서 찾고 있다. 그 하나는 도덕성의 인식과 실천은 본인이 하기에 달려 있는 것, 곧 스스로 통제할 수 있는 것[在我者, 在己者]이지만, 생물체적 욕구의 충족과 감정 반응의 유발 조건은 외부 상황의 요인에 달려 있는 것, 곧 본인이 스스로 통제할 수 없는 것[在外者, 在天者]이기 때문이다.[68] 또 하나는 생물체적·이기적 욕구와 감정 반응의 관장 기관은 눈·코·입·귀·피부 같은 감각기관[五官]이지만, 도덕성의 관장 기관은 마음[心]으로서,[69] 마음은 사람의 한가운데 자리 잡고 있어서 감각기관을 다스리는 군주가 되기 때문이다.[70]

이러한 이론적 배경을 바탕으로 하여 선진유학자들은 강한 덕성중심주의의 견해를 굳게 간직하고 있으며, 이러한 태도는 이후 전개된 모든 유학사상의 전통이 되어 왔다. 이와 같이 인간 심성을 구성하는 구성체들 가운데 도덕성이 핵심이라는 덕성우월론의 관점에 서게 되면,

68 求則得之 舍則失之 是求有益於得也 求在我者也 求之有道 得之有命 是求無益於得也 求在外者也 (《孟子》, 盡心上 30); 若夫心意修 德行厚 知慮明 生於今而志乎古 則是在我者也 故君子敬其在己者 而不慕其在天者 小人錯其在己者 而慕其在天者 君子敬其在己者 而不慕其在天者 是以日進也 小人錯其在己者 而慕其在天者 是以日退也 (《荀子》, 天論 28-29)

69 耳目之官不思而蔽於物 物交物則引之而已矣 心之官則思 思則得之 不思則不得也 此天之所與我者 (《孟子》, 告子上 15); 心不可以不知道 心不知道 則不可道 而可非道 … 心知道然後可道 可道然後能守道 以禁非道 … 故治之要在於知道 人何以知道 曰 心 (《荀子》, 解蔽 10-11); 何緣而以同異 曰 緣天官 凡同類同情者 其天官之意物也同 … 形體色理 以目異 聲音淸濁 … 奇聲 以耳異 甘苦鹹淡 … 奇味 以口異 香臭芬鬱 … 奇臭 以鼻異 疾養 … 輕重 以形體異 (正名 6-8); 若夫目好色 耳好聲 口好味 心好利 骨體膚理好愉佚 是皆生於人之情性者也 (性惡 6)

70 耳目鼻口形能 各有接而不相能也 夫是之謂天官 心居中虛 以治五官 夫是之謂天君 (《荀子》, 天論 24-25); 心者形之君也 而神明之主也 出令而無所受令 (解蔽 14)

심성을 구성하는 요소들 사이의 관계도 도덕성의 요소를 중핵으로 하고, 나머지 요소들, 특히 욕구와 감정의 체계는 도덕성에 지배되는 부차 체계라고 볼 수밖에 없을 것이다. 여기에서 바로 이성중심주의의 맥락 아래 인지우월론의 관점에서 전개되어 온 현대 서구심리학과는 다른 양상을 띠는 덕성중심주의의 유학심리학이 성립할 수 있는 근거를 찾아볼 수 있을 것이다.

3) 동 · 서 심리구성체론과 심리학의 문제

이상에서 보았듯이, 전통적으로 서구인들은 인간 심성을 이루는 구성 요소를 인지·정서·동기의 세 체계로 이해하여 왔으며, 이 삼자 사이의 관계도 인지적인 요소를 중핵으로 하여 파악하는 관점을 강하게 유지하여 왔다. 그러므로 서구 현대심리학에서는 이 세 요소 각각을 독립적으로 탐구하는 전통 위에서 정서와 동기를 어느 정도 인지의 부속체계로서 다루려는 입장이 주를 이루어 왔다고 볼 수 있다. 또한 서구인들은 도덕성이란 독립적인 심리구성체가 아니라는 관점에서, 이를 인지(피아제나 콜버그 같은 인지발달론자)나 정서(프로이트 같은 정신분석학자)의 부속체계이거나 또는 학습된 행동규칙의 하위체계(스키너 같은 행동주의심리학자)라는 관점에서 도덕심리학의 문제에 접근하여 왔다.

그러나 유학의 인성론은 인간에게 본유적으로 갖추어져 있는 심성의 구성 요소를 인지·정서·동기의 세 요소에서만 찾지 않고, 도덕적 지향성의 체계도 인간이 본유적으로 갖추고 있다는 사분체계론을 제시하며, 이들 사이의 관계도 도덕성을 중핵으로 하여 파악한다. 이러한 덕성중심주의의 관점에 서면, 인간에게 본유적으로 갖추어져 있는 욕구나 감정 및 지적 인식의 체계들은 각각 독립적인 심리구성체이기는 하지만, 이들은 도덕적 지향성의 체계에 의해 통제되고 제어되어야 하며, 이것이 삶의 과정에서 추구해야 할 바른 삶의 자세가 된다.

이러한 맥락에서 보면, 유학심리학의 체계에서는 욕구심리학, 정서심리학, 인지심리학 이외에 도덕심리학도 타 분야의 부속 또는 하위체계로서가 아니라, 그 자체 독립적인 심리구성체로 탐구해야 할 중핵적인 연구 분야로 부각된다. 뿐만 아니라, 일상생활의 장면에서 도덕성은 동기, 정서, 인지들을 통어해야 한다는 것이 유학자들의 덕성중심주의의 관점이므로, 동기·정서·인지 등 각 분야의 연구에서 도덕성에 의한 통제의 가능성과 그 결과의 문제가 중요한 연구의 주제로 부각될 것이다.

인성론에서 도출될 이러한 유학심리학의 심리구성체론은 이 시리즈 전체의 서론에 해당되는 제1부(서론: 유학사상과 현대심리학의 접목)에 이어, 이 시리즈의 제1권(유학심리학의 체계 I: 유학사상과 인간 심리의 기본 구성체)의 뒷 부분에 제시될 제2부(인성론과 심리구성체론: 인간의 본성과 심리학의 기본 연구문제)에서 다루어질 것이다.

2. 군자론과 이상적 인간형론

플라톤으로부터 면면히 이어져 온 서구의 이성중심주의적 전통과 17세기 이후 서구인의 삶의 기본 양식이 되고 있는 개인주의 문화의 특징을 결부시켜 보면, 서구 사회에서 그리는 이상적 인간의 특징이 드러난다. 서구 사회에서 그리는 이상적 인간은 상호 독립적이고 평등한 개체로서 존재하는 이성 주체인 개인이 갖추고 있는 이성의 능력을 최대로 발휘하여 삶의 과정에서 자기를 실현하는 사람이다. 곧 이성 주체로서의 자기실현이 서구 사회에서 그리는 이상적 인간의 전형적인 모습인 것이다. 이러한 사실은 현대 서구심리학의 이상적 인간형론인 성숙인격론(成熟人格論)에 잘 드러나 있다.[71]

이와는 대조적으로, 유학사상에서는 공자로부터 인간의 심성이 덕·지·정·의 사분체계로 구성되는 것으로 보고, 이 네 요소 사이의 관계에서도 도덕적 지향성의 요소가 중심이 되어야 한다는 덕성중심주의의 입장이 지배하여 왔다. 유학자들은 덕을 타인과 공동체에 대한 관심과 배려를 축으로 삼아 이해하려 하는데, 이러한 덕의 원형이 인간의 본성 속에 태어날 때부터 갖추어져 있다고 보는 것이 유학사상의 기본 특징이다.

유학자들이 이렇게 덕의 본유설을 주장하게 되는 배경에는 그들이 인간을 사회적 존재로 개념화하여 본다는 사실이 놓여 있다. 유학자들은 인간이 인간된 근거를 인간 존재의 사회성에서 찾는다. 인간은 부모와 자식, 군주와 신하, 남편과 아내, 형과 아우, 그리고 벗과 벗 사이의 관계 속에서 태어나서 이러한 관계 속에서 살다가, 이러한 관계 속에서 죽어가는 존재라고 유학자들은 이해한다. 그들에 따르면, 이러한 관계가 인간 삶의 원초적 기반이자 굴레이어서, 이러한 관계를 떠나서는 인

71 김성태, 1976; 조긍호, 2006.

간의 삶을 이해할 수 없다. 따라서 이러한 유학사상의 지배를 받아 온 동아시아 사회에는 오래 전부터 사회를 이루는 기본단위는 바로 이러한 사람들 사이의 관계라는 집단주의 문화가 형성되었던 것이다.

개체적 존재로서의 개인보다 사람들 사이의 관계를 중시하는 이러한 집단주의적 삶의 양식을 지니고 살아 온 동아시아인들이 그려온 이상적 인간은 유학사상에서 제시하는 군자(君子)와 성인(聖人)이었다. 이러한 군자와 성인은 스스로가 도덕 주체임을 인식하고 일상생활에서 유학적 덕성을 체현함으로써 스스로가 성덕(成德)할 뿐만 아니라, 함께 살아가고 있는 다른 사람들도 덕을 이루도록 도와주는 삶의 태도를 지니며 살아가고 있는 사람이다. 곧 타인과 공동체에 대한 관심과 배려가 이들 유학적 이상적 인간인 군자와 성인들의 기본 특징인 것이다.

1) 현대 서구심리학의 성숙인격론

현대심리학에서 외부 세계에 대한 한 개인의 고유한 적응과 삶의 양식에 관한 연구는 주로 성격심리학 분야에서 다루어져 왔다. 성격(性格, personality)이란 보통 "내적 속성으로서, 통합성·고유성·일관성·역동성을 지닌 존재"[72] 곧 한 개인의 전반적이고도 고유한 사람됨을 말하는 것이라고 볼 수 있다. 현대심리학에서 이러한 성격을 연구하는 목적 중 한 가지는 "사람들로 하여금 더 원만하고 만족스러운 삶을 영위할 수 있도록 도와주는 것"[73]인데, 이러한 원만하고 만족스러운 삶의 모습

72 민경환, 2002, p. 4.

73 Hjelle & Ziegler, 1981/1983, p. 13.

은 이상적인 인간상의 모습으로 구체화된다고 볼 수 있다. 그러므로 성격에 관한 연구들을 잘 살펴보면, 각 이론가들이 제시하는 이상적 인간형의 모습을 추출해 볼 수 있을 것이다.

현대 서구의 성격심리학에서는 이상적 인간의 상태를 자기실현(self-actualization),[74] 생산성(productivity),[75] 적응성(adaptability),[76] 통일성(integrity),[77] 성숙성(maturity),[78] 자율성(autonomy)[79] 등 다양한 관점에서 개념화하고 있다. 현대 서구심리학에서 제시되어 온 이러한 다양한 이상적 인간상을 김성태[80]는 "성숙인격"(成熟人格)으로 개념화하여 통합하고 있는데, 이렇게 성숙인격을 갖춘 사람은 한마디로 자기실현인(自己實現人)을 의미하는 것이라고 생각할 수 있다. 이러한 연구들은 이상적 인간상의 여러 특징들을 나열하여 제시한 연구들과 이러한 이상적 인간에 도달하는 단계를 논의한 연구들로 나누어 볼 수 있다.

(1) 성숙인격자들의 특징

김성태는 서구의 성격심리학자들이 그리고 있는 이상적 인간상의 특징들이 모두 52가지로 정리되는데, 이들을 군집분석(群集分析)을 통

74 Adler, 1929; Jung, 1963; Maslow, 1954/1970, 1962/1968, 1971.

75 Fromm, 1941, 1947, 1955; Rogers, 1951, 1959, 1961.

76 Erikson, 1959, 1963/1988, 1964; Lawton, 1946.

77 Cattell, 1965; Elkin, 1965; Seeman, 1959.

78 Allport, 1937, 1961.

79 Riesman, Glazer, & Denney, 1950.

80 김성태, 1976, 1984, 1989.

해 유사한 것끼리 묶어 주체성·자기수용·자기통일·문제중심성·따뜻한 대인관계의 다섯 가지 특징으로 종합하여 제시하고 있다.[81] 여기서 주체성은 "자기가 타고난 가능성을 실현하고 주체감을 가지며, 자신의 책임과 역할 성취를 충분히 완수"하는 특징을 말한다. 자기수용은 "자기의 현실을 효율적으로 인지하고, 현실 속에서의 자기를 객관화시키며, 현실과 자기 자신을 있는 그대로 받아들이는" 특징을 의미한다. 자기통일은 "확고하고도 타당한 인생 목표를 지니고 살며, 통일된 세계관을 세우고, 이에 맞추어 자주적으로 행동"하는 특징이다. 문제중심성은 "문제를 직접 현실 속에서 해결하는 데 만족을 느끼며, 자기중심적이 아니고 문제중심적으로 일에 열중"하는 특징을 지칭한다. 그리고 따뜻한 대인관계는 "사랑, 이해와 수용적 태도로 타인과의 따뜻한 관계를 유지"[82]하는 특징을 가리킨다.

이러한 다섯 가지 특징은 "따뜻한 대인관계"를 제외하고는 모두 개체로서의 개인에 대한 관심에서 도출되는 것이라 볼 수 있다. 곧 자기 자신의 능력과 잠재력에 대한 인식(주체성), 자기를 둘러싸고 있는 현실에 대한 인식과 이의 수용(자기수용), 자기의 진로와 인생 목표의 객관적 정립(자기통일), 일상생활에서 자기의 가능성을 실현하려는 문제중심적인 일 처리와 성취 지향(문제중심성) 등 개체로서 존재하는 개인의 정체성 확립 및 성취와 관련이 깊은 특징들인 것이다.

정체감이란 자신의 능력과 가능성에 대한 객관적이고도 정확한 이해와 수용, 자기의 현실에 대한 객관적이고도 정확한 이해, 그리고 이

81 김성태, 1976, pp. 1–27; 1984, pp. 203–214; 1989, pp. 280–288.

82 김성태, 1976, pp. 26–27.

두 가지를 토대로 한 자기의 목표와 진로에 대한 객관적이고도 명확한 설정 등으로 구성되는 자기동일성과 지속성에 대한 인식이고,[83] 이를 추구하여 현실 속에서 자기의 모든 잠재적 가능성을 성취하는 것이 곧 자기실현이다.[84] 이렇게 서구 개인주의사회에서는 자기정체성을 확립하고 이를 추구하는 자기실현을 핵심으로 하고, 여기에 대인관계의 원만함을 덧붙여 이상적 인간상을 개념화하고 있는 것으로 볼 수 있다. 즉, "자기정체성을 확립하고, 일상생활 속에서 자기의 가능성을 실현하기 위해 노력하며, 다른 사람과 따뜻한 관계를 맺으면서 살아가고 있는 사람"을 자기를 실현한 사람(Jung, Maslow), 창조적인 사람(Adler), 생산적인 사람(Fromm), 건전한 사람(Erikson), 성숙된 사람(Allport), 통일된 사람(Cattel, Elkin, Seeman), 완전히 기능하는 사람(Rogers), 잘 적응된 사람(Lawton), 자주적인 사람(Riesman et al.)이라 보아, 이상적 인간상으로 설정하고 있는 것이라 요약할 수 있을 것이다.

(2) 이상적 인간의 상태에 도달하는 과정

이상적 인간상의 특징론과 함께 이상적 인간형론을 이루는 또 하나의 갈래는 어떠한 과정을 거쳐 이러한 이상적 인간상에 도달하게 되는지 하는 과정론이다. 이러한 과정론은 이상적 인간이 가지는 여러 가지 특성들이 점성적 원칙에 의해 연령 단계에 따라 개인에게 갖추어지는 것으로 보는 에릭슨의 점성설(漸成說, epigenetic theory)적 견해와 개

83 Erikson, 1959.

84 이부영, 2002, pp. 90-93.

인의 행동을 지배하는 욕구의 위계를 설정하고, 그 최상의 욕구 위계에 도달한 사람을 최종적인 이상적 상태를 이룬 사람으로 간주하는 마슬로우의 욕구위계설적 견해로 나누어 볼 수 있다.

에릭슨은 사람의 성격은 태어나면서부터 늙어 죽을 때까지 지속적으로 발달한다고 보았다.[85] 그는 인생을 여덟 단계(영아기–유아기–놀이 아동기–학령기–청년기–성인 초기–성인기–노년기)로 나누고, 각 단계마다 나타나는 고유한 심리·사회적 위기(psycho–social crisis)를 제시하고 있는데, 각 단계에서 이를 잘 극복하면 여덟 가지의 바람직한 성격 특성이 갖추어진다고 보았다. 이렇게 해서 갖추어지는 성격 특성은 차례대로 "신뢰감–자율성–주도성–근면성–정체성–친밀감–생산성–자기통정"이다. 그러니까 각 단계마다 겪게 되는 심리·사회적 위기를 극복하고, 이러한 여덟 가지의 바람직한 성격 특성을 갖추어가는 과정이 바로 이상적 인간형에 도달하는 길이라는 것이 에릭슨의 입장인 것이다.

여기서 이러한 여덟 가지 특성 중 영아기와 성인 초기의 위기 극복의 결과 갖추어지는 "신뢰감"과 "친밀감"은 "따뜻한 대인관계"를 유도하는 특성들이고, 나머지는 모두 "개체로서의 정체성의 확립 및 자기 가능성의 성취"와 관련되는 특성들이라고 볼 수 있을 것이다. 이렇게 보면, 에릭슨의 이론은 앞에서 고찰한 서구심리학의 이상적 인간상의 특징론과 똑같은 논리 구조를 가지고 있는 것으로 볼 수 있다. 즉, 에릭슨도 독립적인 개체로서의 개인의 독특성의 실현과 원만한 대인관계에 초점을 맞추어, 각각에 필요한 특성들의 연령 단계별 발달 과정을 제시

85 Erikson, 1963/1988.

하고 있는 것이다.

이에 비해 마슬로우는 인간의 욕구가 위계적으로 출현한다는 이론을 제시하고 있다.[86] 그에 따르면, 인간의 욕구는 "생리적 욕구–안전 욕구–소속과 사랑의 욕구–자존감의 욕구–자기실현 욕구"의 순서로 출현하는데, 하위 단계의 욕구가 충족되어야 그 다음 단계의 욕구가 나타난다고 한다. 곧 생리적 욕구가 충족되어야 안전을 도모하게 되고, 안전의 욕구가 충족되어야 사회 집단에 소속되어 다른 사람과 애정을 주고 받으려는 욕구가 나타나게 되며, 이것이 충족되어야 자존감을 높이려는 욕구가 나타나고, 자존감이 높아진 후에라야 비로소 자기실현의 욕구가 나타나게 된다는 것이다. "마슬로우는 자기실현 욕구가 개인의 핵심적 동기로 작용되고 있는 경우를 성숙된 성격으로 보았는데, 이러한 고차적인 동기는 보다 저급한 여러 수준의 동기들이 모두 충족됨으로써 발전될 수 있다고 보았다."[87] 곧 마슬로우는 자기실현을 지향하는 생활의 동기를 "성장욕구"(groth need)라고 보고, 이보다 아래에 있는 여러 동기들을 "결핍욕구"(deficit need)라고 보면서, 개인의 생활이 "성장욕구"와 그에 따른 "존재가치"(B–values)에 의해 주도되는 상태가 바로 이상적 인간이라고 보는 것이다. 이는 그의 욕구위계설에 따른 당연한 논리적 귀결이다.

마슬로우는 하위 단계의 동기인 결핍 욕구에 의해 주도되는 사람과 상위 단계의 동기인 성장 욕구에 의해 주도되는 사람의 지각과 사고 양상의 차이에서 이러한 단계론의 근거를 찾고 있다. 그에 따르면,

86 Maslow, 1954/1970, 1962/1968, 1967, 1971.

87 김성태, 1989, p. 19.

결핍 욕구에 의해 삶이 주도되고 있는 사람은 자기집착성·자기중심성·자기의식성이 강하고, 성장 욕구에 의해 주도되는 사람은 자기초월성·문제중심성·자기망각성이 강한 편이라고 한다. 김성태는 이를 요약하여, 이 두 동기 사이에는 "특히 자기중심성 대 자기초월성의 차이가 중요한 것"[88]이라고 보고 있다. 곧 결핍 욕구에 의해 주도되고 있는 사람의 지각이나 사고는 자기중심적인 데 반해, 성장 욕구에 의해 주도되는 사람의 지각이나 사고는 자기초월적이라는 것이다. 이를 바꾸어 말하면, 이상적 인간형에 도달하는 과정은 자기중심적인 지각 및 사고가 지배하는 결핍욕구의 단계에서 자기초월적 지각 및 사고가 지배하는 성장욕구 단계로의 이행 과정으로 볼 수 있다는 것이다. 그러나 마슬로우가 얘기하는 자기초월성이란 기본적으로 독립된 개체로서의 자기실현을 지향하는 것일 뿐이다.

2) 유학사상의 군자론·성인론

유학은 성덕(成德)을 지향하고 있는 이론체계이다. 유학자들은 인성론을 통해 우주 안에서 인간만이 갖추고 있는 인간의 고유한 본성을 정위한 다음, 이를 바탕으로 인간이 이룰 수 있는 가장 바람직한 인간상을 인간 삶의 목표로 설정하여 그려내고 있다. 이러한 이상적 인간은 일상생활에서 덕을 이룬 성덕자(成德者)이다.

유학의 경전들에서 성덕자의 모범으로 제시되는 사람들은 요(堯)·순(舜)·우(禹)·탕(湯)·문(文)·무(武)·주공(周公)·공자(孔子) 같은 사

88 김성태, 1989, p. 20.

람들이다. 유학은 이들을 성덕자로 설정해 놓고, 이러한 상태에 도달하는 일을 삶의 목표로 삼는 사상체계인 것이다. 유학자들의 저술에서 덕을 이룬 이러한 이상적 인간은 대인(大人)·대장부(大丈夫)·대유(大儒)·현인(賢人)·현자(賢者)·지인(至人)·성인(成人)·군자(君子)·성인(聖人)과 같은 다양한 용어로 표현되는데, 이 중 가장 일반적인 것은 군자와 성인이다.

(1) 군자·성인의 특징

군자와 성인의 특징을 세 가지로 정리하여 제시하는 것이 유학사상의 전통이다. 이러한 사실은《논어》,《맹자》,《대학》에 잘 드러나 있다.

> 자로(子路)가 군자에 대해 묻자, 공자는 "군자는 자기를 닦음으로써 삼가는 사람이다"[修己以敬]라고 대답하셨다. 자로가 "그것뿐입니까?" 하고 묻자, 공자는 "군자는 자기를 닦음으로써 사람들을 편안하게 해 주는 사람이다"[修己以安人]라고 대답하셨다. 자로가 거듭 "그것뿐입니까?"하고 묻자, 공자는 "군자는 자기를 닦음으로써 온 백성들을 편안하게 해 주는 사람이다[修己以安百姓]. 자기를 닦음으로써 온 백성들을 편안하게 해 주는 일은 요·순도 이를 오히려 어렵게 여겼다"고 대답하셨다.[89]

이 인용문에서 공자는 군자의 특징을 "자기를 닦음으로써 삼가는 일"[修己以敬], "자기를 닦음으로써 주위의 사람들을 편안하게 해주는

89 子路問君子 子曰 修己以敬 曰 如斯而已乎 曰 修己以安人 曰 如斯而已乎 曰 修己以安百姓 修己以安百姓 堯舜其猶病諸 (《論語》, 憲問 45)

일"[修己以安人], 그리고 "자기를 닦음으로써 온 천하 사람들을 편안하게 해주는 일"[修己以安百姓]의 세 가지로 보고 있다. 여기서 수기이경(修己以敬)은 도덕적 수양과 인격 함양[자기완성], 수기이안인(修己以安人)은 대인관계에서의 조화의 달성[관계완성], 그리고 수기이안백성(修己以安百姓)은 사회적 책무의 자임(自任)과 달성[사회완성]을 의미하는 것이다. 그러므로 공자는 개인적 인격의 수양과 완성뿐만 아니라, 타인에 대한 관심과 배려 및 사회에 대한 책임감을 이상적 인간의 기본적인 특징으로 보고 있는 것이다. 곧 인간은 스스로가 타고난 도덕적 인격을 완성해야 할 뿐만 아니라, 기본적으로 이를 타인과 사회에 대한 배려와 책임감으로 승화시켜야 하는 존재라고 공자는 보고 있는 것이다.

이상적 인간의 특징을 수기·안인·안백성의 세 가지로 보는 공자의 입장은 맹자에게 그대로 이어지고 있다. 맹자는 백이(伯夷)·이윤(伊尹)·유하혜(柳下惠)·공자를 비교하면서, 성인의 유형을 다음과 같이 정리하고 있다.

> 백이는 성인 중에서 가장 순수하고 깨끗한 분이고[聖之淸者], 이윤은 성인 중에서 가장 사회적인 책임을 다한 분이고[聖之任者], 유하혜는 성인 중에서 가장 융화를 도모한 분이며[聖之和者], 공자는 성인 중에서 가장 시중(時中)을 취하신 분이다[聖之時者]. 이 중에서 공자는 이들을 모두 모아서 크게 이루신 분이다.[90]

이 인용문에서 공자는 앞에 언급된 백이·이윤·유하혜의 청(淸)·임

90 伯夷聖之淸者也 伊尹聖之任者也 柳下惠聖之和者也 孔子聖之時者也 孔子之謂集大成 (《孟子》, 萬章下 1)

(任)·화(和)를 모두 모아서 크게 이루신 분이라고 표현되고 있다. 이는 백이·이윤·유하혜가 어느 한쪽으로 편벽된 성인의 한 측면만을 이룬 것이라면, 공자는 이들을 모두 모아서 크게 이루어[集大成], 시의에 맞게 중용(中庸)을 취한 성인의 전형이라는 의미이다. 이러한 점에서 보면, 맹자가 이상적 인간의 특징으로 보고 있는 것은 바로 백이의 청(淸)·유하혜의 화(和)·이윤의 임(任)이라고 생각할 수 있다. 여기서 성지청(聖之淸)은 수기이경(修己以敬), 성지화(聖之和)는 수기이안인(修己以安人), 성지임(聖之任)은 수기이안백성(修己以安百姓)과 대응되는 것이라 볼 수 있다. 그러므로 맹자도 공자와 마찬가지로 성인의 특징을 자기 인격의 수양, 대인관계의 조화 추구, 그리고 사회적 책무의 자임과 완수의 세 가지로 보고 있는 것이다.

이렇게 이상적 인간의 특징을 세 가지로 입론하는 유학자들의 관점은 군자가 되는 길을 정리하여 제시하고 있는 《대학》에 잘 드러나고 있다. 《대학》 첫머리의 삼강령(三綱領)에는 "큰 배움"[大學]의 도를 다음과 같이 세 가지로 제시함으로써, 이상적 인간이 지향해야 할 바를 세 가지로 정리하고 있다.

> 대학의 도는 자기가 갖추고 태어난 본래의 착한 덕을 온 천하에 드러내어 밝히는 데[明明德] 있고, 사람들을 친애하는 데[親民] 있으며, 지극한 선에 머무르는 데[止於至善] 있다.[91]

91 大學之道 在明明德 在親民 在止於至善 (《大學》, 經): 여기서 둘째 구절을 親民이라 읽은 것은 古註와 《大學》 古本 및 王陽明의 독법(小島毅, 2004, pp. 124-137)을 따른 것이다. 朱熹의 新註에서는 程子의 전통을 따라 이를 新民이라 읽어, "백성들을 새롭게 한다"라고 풀이하고 있다. 그러나 王陽明의 주장에 따라 親民이 옳다고 하는 측에서는 ⅰ) 원본에 따라 親民으로 읽어도 文義에 어긋남이 없

이렇게 《대학》에서는 대학의 도를 깨우쳐서 실천하는 이상적 인간의 특징을 지어지선(止於至善)·친민(親民)·명명덕(明明德)의 세 가지로 들고 있다. 여기서 "지어지선"은 도덕적 인격적 수양을 이룬 상태를 말하는 것으로, 이상적 인간의 여러 특징의 기초가 되는 것이다. 이는 공자가 말하는 수기이경(修己以敬)의 상태에 해당되는 것이라 볼 수 있다. 이어서 "친민"은 일상생활에서 지선(至善)에 머물러 도덕적 인격적 완성을 이룬 다음, 이를 주변 사람들에게 확대하고 베풂으로써, 그들과의 사이에 친애함과 조화를 이룬 상태를 말하는 것이라 해석할 수 있다. 이렇게 본다면, 이는 공자가 말하는 수기이안인(修己以安人)의 상태를 의미하는 것이라 생각할 수 있을 것이다. 다음으로 "명명덕"은 자기의 착한 본심을 미루어 밝게 드러냄으로써, 온 천하의 사람들로 하여금 도덕 및 모든 일의 기초가 스스로에게 내재되어 있음을 깨달아 알도록 하는 상태를 말하는 것이라 해석할 수 있다.[92] 따라서 이는 공자의 수기이

다, ii) 이것은 《大學》 三綱領의 첫 머리에 나오는 중요한 부분인데, 첫머리부터 틀린 글자를 쓸 리가 없다 등의 전거를 대고 있다(권덕주, 1998, p. 16). 필자는 이러한 논리 이외에 이를 이상적 인간의 특징을 진술한 문장으로 볼 경우, 이는 공자의 修己以安人에 해당하는 것으로 보는 것이 타당하다는 입장에서, 이를 親民으로 읽고자 한다. 또한 여기서의 民을 新註에서는 "백성"의 뜻으로 풀고 있으나, 필자는 《詩經》 〈大雅 生民篇〉의 厥初生民 時維姜嫄의 예를 따라 보통의 여러 "사람"을 가리키는 뜻으로 풀어, 修己以安人의 人과 같은 뜻으로 보고자 한다.

92 新註에서는 明明德을 스스로의 至德을 닦아 일신을 수양하는 일, 즉 공자의 修己以敬을 가리키는 것으로 해석하고 있다. 그러나 여기서는 이를 온 천하의 사람들로 하여금 스스로의 至德을 밝게 깨달아 알도록 인도하는 修己以安百姓의 상태를 가리키는 것으로 보고자 한다. 이는 이 구절에 이어 八條目을 제시하는 구절이 "古之欲明明德於天下者 先治其國 欲治其國者 先齊其家 … "로 시작되어, 明明德이 治國보다 넓은 平天下를 대신하는 말로 쓰이고 있다는 점에서 그 근거를 찾을 수 있다. 이 구절에 이어서 八條目을 제시한 구절은 " … 家齊而后國治 國治而后天下平"으로 끝나고 있는데, 이는 앞의 古之欲明明德於天下者가 곧 古

안백성(修己以安百姓)에 해당되는 특징이라 볼 수 있을 것이다.

이상적 인간상을 세 가지 특징의 점진적 확대의 과정[수기 → 안인 → 안백성]으로 보고 있는 것은 《순자》에서도 마찬가지이다.[93] 이와 같이 군자와 성인의 특징을 자기완성, 관계완성, 그리고 사회완성의 세 가지로 잡고 있는 것은 모든 유학자들의 공통된 의견이다.[94]

이상에서 본 바와 같이, 유학적 이상적 인간상의 제일의 특징은 자기수련을 통한 자기완성[修己以敬·聖之淸·止於至善]이다. 군자와 성인은 끊임없는 자기수련을 통해 스스로가 도덕 주체라는 사실을 확고히 자각함으로써,[95] 자기가 바라야 할 것[所欲]과 바라서는 안 되는 것[所不欲], 해야 할 일[所爲]과 해서는 안 되는 일[所不爲]을 잘 분별하여, 소불욕(所不欲)은 억제하고 소욕(所欲)은 잘 간직하여 키워 나가며, 소불위(所不爲)는 행하지 않고 소위(所爲)는 적극적으로 추구하는 도덕적 자기완성을 이룬 사람들이다.[96] 그렇기 때문에 이들은 모든 일의 책임을 도

之欲平天下者의 뜻임을 알 수 있게 하는 증거가 되는 것이다.

93 故君子之於禮 敬而安之 其於事也 徑而不失 其於人也 寡怨寬裕而無阿 其爲身也 謹修飭而不危 其應變故也 齊給便捷而不惑 其於天地萬物也 不務說其所以然 而致善用其材 其於百官之事 技藝之人也 不與之爭能 而致善用其功 其待上也 忠順而不懈 其使下也 均徧而不偏 其交遊也 緣義而有類 其居鄕里也 容而不亂 (《荀子》, 君道 6-7): 王先謙(1891)의 《荀子集解》에서는 其爲身也 謹修飭而不危의 危를 詭로 보아 違의 뜻으로 풀고 있다.

94 군자와 성인의 세 가지 특징에 대해서는 선행저술(조긍호, 2006, pp. 381-411; 2008, pp. 208-256) 참조.

95 君子喩於義 小人喩於利 (《論語》, 里仁 16); 君子深造之以道 欲其自得之也 自得之 則居之安 居之安 則資之深 資之深 則取之左右逢其原 故君子欲其自得之也 (《孟子》, 離婁下 14)

96 無爲其所不爲 無欲其所不欲 如此而已矣 (《孟子》, 盡心上 17); 人有不爲也 而後可以有爲 (離婁下 8)

덕 주체로서의 자기에게서 구하며[反求諸己],[97] 정서적으로 안정되어 있을 뿐만 아니라,[98] 자기의 잘못을 고쳐 자기개선을 함으로써 자기향상을 이룰 수 있다.[99]

군자와 성인은 이렇게 도덕적 자기완성을 이루는 데에만 머물지 않고, 이를 다른 사람에게 널리 펼침으로써 대인관계에서 인화(人和)를 이루고 있다. 그들은 자기 가족에 대한 도덕적 의무와 역할 수행을 통해 가족관계에서 조화를 이룬 다음에,[100] 이를 다른 사람들과의 관계에서 요구되는 의무와 역할 수행으로 확대해 가고, 타인들에 대한 관심과 배려에서 남들을 포용함으로써 널리 사람들을 사랑하고, 그들과 조화

97 君子求諸己 小人求諸人 (《論語》, 衛靈公 20); 君子病無能焉 不病人之不己知也 (衛靈公 18); 不患人之不己知 患不知人也 (學而 16); 不患無位 患所以立 不患莫己知 求爲可知也 (里仁 14); 不患人之不己知 患其不能也 (憲問 32); 愛人不親 反其仁 治人不治 反其智 禮人不答 反其敬 行有不得者 皆反求諸己 其身正 而天下歸之 (《孟子》, 離婁上 4); 同遊而不見愛者 吾必不仁也 交而不見敬者 吾必不長也 … 失之己 而反諸人 豈不亦迂哉 (《荀子》, 法行 21-22)

98 君子不憂不懼 … 內省不疚 夫何憂何懼 (《論語》, 顔淵 4); 故君子之…於人也 寡怨寬裕而無阿 (《荀子》, 君道 6)

99 過則勿憚改 (《論語》, 學而 8); 見賢思齊焉 見不賢而內自省也 (里仁 17); 君子以仁存心 以禮存心 … 有人於此 其待我以橫逆 則君子必自反也 我必不仁也 必無禮也…我必不忠 (《孟子》, 離婁下 28); 君子博學 而日參省乎己 則智明而行無過矣 (《荀子》, 勸學 2); 見善 修然必以自存也 見不善 愀然必以自省也 (修身 22)

100 君子務本 本立而道生 孝弟也者 其爲仁之本與 (《論語》, 學而 2); 君子篤於親 … 故舊不遺 (泰伯 2); 人之所不學而能者 其良能也 所不慮而知者 其良知也 孩提之童 無不知愛其親也 及其長也 無不知敬其兄也 親親 仁也 敬長 義也 無他 達之天下也 (《孟子》, 盡心上 15); 仁之實 事親是也 義之實 從兄是也 智之實 知斯二者弗去是也 禮之實 節文斯二者是也 (離婁上 27); 君子之於物也 愛之而不仁 於民也仁之而不親 親親而仁民 仁民而愛物 (盡心上 45); 老吾老 以及人之老 幼吾幼 以及人之幼 天下可運於掌 … 故推恩 足以保四海 不推恩 無以保妻子 古之人 所以大過人者無他焉 善推其所爲而已矣 (梁惠王上 7)

로운 대인관계를 이루어 나간다.[101]

자기수련을 통해 도덕적 자기완성을 이룬 군자와 성인은 이렇게 다른 사람들을 널리 포용하여 조화로운 관계를 이룬 다음에, 온 천하의 사람들을 편안하게 이끌어 주는 일을 자기에게 부여된 사명으로 알고, 이러한 사회적 중책을 자임하고, 이를 일상생활에서 완수하려 한다. 그들은 현실 정치에 참여하여 인정(仁政)을 펼침으로써,[102] 백성들이 인의의 은택을 입어 편안하게 살 수 있도록 하는 일을 자기의 책임으로 여긴다.[103] 그러나 현실 정치에 참여하는 기회는 천명(天命)에 속하는 일이어서 원한다고 해서 얻어지는 것이 아니다. 그러므로 그들이 정치 참여보다 더욱 중시하는 것은 교육이다.[104] 그들은 온 천하의 사람들에게 누구나가 도덕성을 본유적으로 갖추고 있는 도덕 주체라는 사실을 직접 가르치거나, 실생활에서의 행동 모범을 통해 깨우쳐 줌으로써, 스스로가 도덕적 완성을 이루어 평화로운 사회생활을 할 수 있도록 이끌어 주는 일을 자기들에게 부여된 사회적 책무라고 받아들여, 이를 완수하기

---

101 君子和而不同 小人同而不和 (《論語》, 子路 23); 君子周而不比 小人比而不周 (爲政 14); 君子尊賢而容衆 嘉善而矜不能 (子張 3); 故君子度己以繩 接人則用抴 度己以繩 故足以爲天下法則矣 接人用抴 故能寬容 因求以成天下之大事矣 故君子賢而能容罷 知而能容愚 博而能容淺 粹而能容雜 夫是之謂兼術 (《荀子》, 非相 17)

102 聖人 … 旣竭心思焉 繼之以不忍人之政 而仁覆天下矣 (《孟子》, 離婁上 1)

103 齊景公問政於孔子 孔子對日 君君 臣臣 父父 子子 (《論語》, 顔淵 11); 子路日 衛君待子而爲政 子將奚先 子日 必也正名乎 (子路 3); 欲爲君 盡君道 欲爲臣 盡臣道 (《孟子》, 離婁上 2); 遇君則修臣下之義 遇鄕則修長幼之義 遇長則修子弟之義 遇友則修禮節辭讓之義 遇賤而少者 則修告導寬容之義 無不愛也 無不敬也 無與人爭也 恢然如天地之苞萬物 如是則賢者貴之 不肖者親之 (《荀子》, 非十二子 33)

104 善政不如善敎之得民也 善政民畏之 善敎民愛之 善政得民財 善敎得民心 (《孟子》, 盡心上 14)

위해 평생을 노력하는 것이다.[105] 이렇게 이들은 "인(仁)을 이루는 일을 자기의 책임으로 받아들임으로써, 임무는 무겁고, 죽어서라야 그 책임에서 벗어나게 되는"[106] 삶을 살아가는 사람들인 것이다.

(2) 군자·성인이 되는 과정

이상적 인간형에 도달하는 과정에 관한 유학자들의 이론도 에릭슨과 마찬가지의 점성설적 관점과 마슬로우와 같은 욕구위계설적 관점으로 나누어 볼 수 있다. 전자의 대표적인 것으로는 공자의 연령 단계에 따른 점진적 확대론을 들 수 있고, 후자의 대표적인 것으로는 《대학》에서 제시되고 있는 8단계 욕구위계설을 들 수 있다.

《논어》에서 공자는 자기의 경험에 빗대어, 이상적 인간이 되어가는 단계를 다음과 같이 연령의 함수로 제시하고 있다.

> 나는 열다섯에 배움에 뜻을 두었고[志于學], 서른에 도에 굳건히 설 수 있게 되었으며[而立], 마흔에는 외부 사물에 의해 미혹되지 않게 되었고[不惑], 쉰에는 천명을 알게 되었으며[知天命], 예순에는 어떤 것을 들어도 저절로 깨닫게 되었고[耳順], 일흔에는 무엇이나 마음에 하고자 하는 바를 좇아도 도리에 어긋나지 않게 되었다[從心

---

105 子曰 若聖與仁 則吾豈敢 抑爲之不厭 誨人不倦 則可謂云爾已矣 (《論語》, 述而 33); 天之生此民也 使先知覺後知 使先覺覺後覺也 予天民之先覺者也 予將以斯道覺斯民也 非予覺之而誰也 (《孟子》, 萬章上 7); 中也養不中 才也養不才 … 如中也棄不中 才也棄不才 則賢不肖之相去 其間不能以寸 (離婁下 7)

106 士不可以不弘毅 任重而道遠 仁以爲己任 不亦重乎 死而後已 不亦遠乎 (《論語》, 泰伯 7)

所欲 不踰矩].[107]

이러한 연령 단계 중 "지학(志學)"으로부터 "이립(而立)"을 거쳐 "불혹(不惑)"까지는 자기수양과 밀접한 관계가 있는 특징들을 나타낸다. 이에 비해 "지명(知命)"은 자기만이 해야 할 역할의 인식과 관련이 있다. 이는 자기 인생의 존재의의가 현실 정치에 참여하는 데 있는지, 아니면 교육을 통한 유학적 도(道)의 전수에 있는지를 확실하게 이해하는 것을 의미한다. "이순(耳順)"은 대체로 어떤 것을 들어도 저절로 깨우치게 되는 특징, 곧 지식의 확충으로 풀이하고 있으나, 이는 자기객관화를 통한 편안하고 조화로운 상태를 이루는 단계로 볼 수도 있다. 지천명을 통해 확인한 자기의 고유 역할을 실제 사회생활을 통해 펼치고, 그 결과 타인들과 조화로운 관계를 유지하는 자기객관화를 귀가 순조로워지는 이순의 핵심이라 볼 수 있을 것이다. 그리고 "종심(從心)"의 상태는 이제 인간적으로 완성되어 항상 어떤 일을 하든지 사람의 도리에 맞는 삶의 경지에 도달한 상태, 곧 자기수양과 대인관계의 조화뿐만이 아니라, 사회적 책임도 다함으로써 이루어진 완성된 삶의 상태를 지칭하는 것이라 생각할 수 있다. 이와 같이 "지명"으로부터 "이순"을 거쳐 "종심"까지는 수기의 결과를 안인과 안백성의 경지로 확대한 상태를 의미하는 것이라 볼 수 있다. 이렇게 보면, 공자의 연령 단계론은 "수기 → 안인 → 안백성"의 단계론으로 정리할 수 있을 것이다.

공자의 과정론을 이와 같이 "수기 → 안인 → 안백성"의 점진적 확

---

107 吾十有五而志于學 三十而立 四十而不惑 五十而知天命 六十而耳順 七十而從心所欲 不踰矩 (爲政 4)

대론으로 볼 수 있다는 사실은 수기·안인·안백성의 군자론에서부터 드러나고 있다.[108] 공자는 제자인 자로(子路)의 군자에 대한 거듭되는 물음에 수기 → 안인 → 안백성의 순서로 대답한 다음, 맨 마지막에 "수기이안백성은 성인인 요·순(堯舜)도 오히려 어렵게 여긴 경지"[109]라고 말하여, 이러한 확대론을 직접 피력하고 있는 것이다.

《논어》의 또 다른 곳에서 공자는 "백성들에게 널리 베풀고 뭇사람들을 구제하는 안백성의 상태는 요·순도 오히려 어렵게 여긴 경지"라고 하여, 똑같은 확대론을 제시하고 있다. 또한 이 장에서는 제자인 자공(子貢)과의 이러한 문답 직후에 "무릇 인(仁)이란 자기가 서고자 하는 곳에 남을 먼저 세워 주고, 자기가 이루고자 하는 일을 남이 먼저 이루도록 해 주는 것이다. 능히 자기 몸 가까이에서 취하여 이를 미루어갈 수 있으면, 인을 행하는 방도라고 이를 만하다"[110]고 하여, 안인과 수기는 안백성의 전(前) 단계임을 분명히 하고 있다. 이렇게 수기를 거쳐 안인의 상태에 이르고, 안인을 거쳐 안백성의 상태에 이르는 점진적 확대

---

108 공자의 군자론을 '수기 → 안인 → 안백성'의 점진적 확대론으로 보는 것은《論語》에 대한 주석자들의 일치하는 견해이다. 예를 들면, 古注 가운데 가장 널리 인용되는 삼국시대 魏나라 何晏(193~249)의《論語集解》에서는 安人의 人을 人謂朋友九族也라고 하여 친구와 친척 같은 주위 사람을 가리키는 것으로 보아, 安百姓의 百姓과 구별하고 있다. 新注의 전통을 연 朱熹도《論語集註》에서 人者對己以言 百姓則盡乎人矣라 하여 같은 견해를 밝히고 있으며, 淸대의 劉寶楠은《論語正義》라는 24권짜리 방대한 주석서에서 安人을 齊家로, 安百姓을 治國·平天下로 보아 점진적 확대론의 논지를 펴고 있다. 김승혜(1990, pp. 104-124)도 같은 관점의 논리를 전개하여, 점진적 확대론이 공자 군자론의 기본 논리임을 지적하고 있다.

109 修己以安百姓 堯舜其猶病諸 (憲問 45)

110 子貢曰 如有博施於民而能濟衆 何如 可謂仁乎 子曰 何事於仁 必也聖乎 堯舜其猶病諸 夫仁者 己欲立而立人 己欲達而達人 能近取譬 可謂仁之方也已 (雍也 28)

과정이 이상적 인간상에 도달하는 단계라고 보는 것이 공자의 단계론의 기본 입장인 것이다. 공자의 이러한 점진적 확대론은 맹자와 순자도 이어받고 있는 선진(先秦)유학의 공통적인 관점이다.

이에 비해 《대학》의 경(經)에는 앞에 논의된 삼강령 이외의 팔조목(八條目)을 통해, 점성설적 견해와는 다른 욕구위계설적 점진적 확대론이 제시되고 있다. 《대학》에서는 사물의 이치를 궁구[格物]한 다음에라야 지식의 확충[致知]이 이루어지고, 지식의 확충이 이루어진 다음에라야 뜻이 참되어지며[誠意], 뜻이 참되어진 다음에라야 마음이 바르게 되고[正心], 마음이 발라진 다음에라야 몸이 닦여지며[修身], 몸이 닦인 다음에라야 집안이 가지런해지고[齊家], 집안이 가지런해진 다음에라야 나라가 잘 다스려지며[治國] 나라가 잘 다스려진 다음에라야 천하가 화평하게 된다[平天下]고 본다.[111]

이것이 《대학》에 나오는 유명한 "격물(格物) → 치지(致知) → 성의(誠意) → 정심(正心) → 수신(修身) → 제가(齊家) → 치국(治國) → 평천하(平天下)"의 수양의 팔조목이다. 이는 마슬로우의 욕구위계설과 같은 논리적 구조를 가지고 있는 이론 체계이다. 곧 하위 단계의 욕구가 충족되어져야 그 다음 단계의 욕구가 출현한다는 것이다. 《대학》에서는 "격물"이 가장 하위의 욕구이고, "평천하"가 최상위의 욕구라고 보는 셈이다.

여기서 "격물 → 치지 → 성의 → 정심 → 수신"까지는 "수기이경"

---

111 古之欲明明德於天下者 先治其國 欲治其國者 先齊其家 欲齊其家者 先修其身 欲修其身者 先正其心 欲正其心者 先誠其意 欲誠其意者 先致其知 致知在格物 物格而后知至 知至而后意誠 意誠而后心正 心正而后身修 身修而后家齊 家齊而后國治 國治而后天下平 (《大學》, 經)

의 단계, "제가"는 "수기이안인"의 단계, 그리고 "치국 → 평천하"는 "수기이안백성"의 단계를 가리키는 것이라 볼 수 있다. 이렇게 보면, 《대학》에서도 《논어》에서와 마찬가지로 자기수양[修己]으로부터 비롯하여, 대인관계에서의 조화의 달성[安人]을 거쳐, 사회적인 책무의 자임과 완수[安百姓]의 경지에 이르는 점진적 확대 과정으로 이상적 인간상의 발달 단계를 그리고 있다 하겠다.

이상에서 보듯이, 유학자들이 제시하는 이상적 인간형론은 모두 "자기수양 → 대인관계의 조화 추구 → 사회적 책무의 자임과 완수"의 삼단계 점진적 확대론으로 이상적 인간에 도달하는 단계를 정립하는 특징을 갖추고 있는 것이다.

3) 동·서 이상적 인간형론과 심리학의 문제

이상에서 보면, 서구심리학에서 제시되고 있는 이상적 인간상과 동아시아 유학사상에서 제시되고 있는 이상적 인간상의 유사점과 차이점이 분명히 드러난다. 서구에서 제시되고 있는 자기정체성의 확립 및 자기실현(주체성·자기수용·자기통일·문제중심성)과 따뜻한 대인관계의 특징은 동아시아에서 제시되고 있는 자기수련을 통한 도덕적 자기완성(수기이경·성지청·지어지선)과 대인관계의 인화 도모(수기이안인·성지화·친민)의 특징과 유사하다고 볼 수 있다. 물론 이 경우에도 전자는 독특하고 독립적인 개체로서의 자기 개성의 실현이 핵심 목표로 전제되고 있지만, 후자는 사회적 관계체로서의 개인의 타인에 대한 관심과 배려 및 책임의 달성이 그 핵심 목표로 전제되어 있다는 차이가 있다. 그러나 이러한 차이보다 더욱 근본적인 것은 유학 사상에서 제시하는 사회적 책무의 자임과 완수(수기이안백성·성지임·명명덕)라는 특징은 서구의 이상적 인간상에서는 찾을 수 없다는 사실이다. 이는 서구에서는 전적으로 독립적인 개체로서의 개인의 특성에 초점을 맞추어 이상적 인간상을 제시하고 있음에 반해, 동아시아 유학 사상에서는 인간의 사회적 존재 특성을 강조하는 관점에서 이상적 인간상을 개념화하고 있기 때문에 나오는 차이라 볼 수 있다.

여기서 한 가지 고찰해 보아야 할 것은 양의 동·서를 불문하고 그들이 제시하고 있는 이상적 인간상은 그야말로 바람직한 목표 상태로서의 인간의 특징을 제시하고 있는 것이지, 현실의 삶 속에서 누구나 그러한 이상적인 상태를 이룰 수 있다는 것은 아니라는 사실이다. 마슬로우에 따르면, 자기실현을 이루어 이상적 인간형의 상태에 도달한 사람은 극소수이어서, 인구의 1% 이하만이 이러한 상태에 도달할 뿐이다.[112] 나머지 대부분은 무엇인가의 결핍에 매달려, 자기중심적이고 자기집착적인 삶을 살고 있을 뿐인 것이다. 공자도 "자기를 닦음으로써 온 천하의 사람들을 편안하게 해주는 '수기이인백성'(修己以人百姓)은 요(堯)나 순(舜)같은 성인도 오히려 어렵게 여긴 경지"[113]라거나, "널리 사람들에게 은혜를 베풀고 뭇 사람들을 구제하는 일[博施濟衆]은 … 요와 순 같은 성인도 오히려 어렵게 여긴 경지"[114]라고 진술하여, 사회적인 책무의 자임과 달성이 매우 어려운 일임을 지적하고 있다. 이렇게 이상적

112 Maslow, 1971.

113 《論語》, 憲問 45.

114 雍也 28.

인간형에 도달하는 것은 매우 어려운 일이고, 따라서 이는 인간의 삶이 지향해야 할 고귀한 목표 상태로서의 의미를 갖는 것이다. 이 책의 맥락에서 중요한 것은 현실적인 삶의 과정이나 거기서 드러나는 심성적 행동적 특징에서뿐만이 아니라, 그러한 목표 상태의 설정에서조차도 동·서 문화권의 차이가 극명하게 드러나고 있다는 사실이다.

이상에서 고찰해 본 바와 같은 이상적 인간상에 관한 서구인과 동아시아인의 관점의 차이로부터 직접적으로 도출되는 심리학적 연구 문제는 성격심리학과 정신건강심리학의 문제이다. 성격심리학에서는 이상적(理想的) 인간상의 발달의 문제를 다룰 것이고, 정신건강심리학에서는 바람직한 이상적(理想的) 인간상의 반대쪽에 있는 부적응적인 이상적(異常的) 인간상의 모습을 다룰 것이다. 정신건강심리학의 문제를 성격심리학의 문제와 함께 다루어야 하는 까닭은 누구나가 추구하는 바람직한 인간상에 대한 입장의 차이는 어떠한 사람이 부적응적인 상태에 있는 사람인지에 대한 관점의 차이를 낳을 뿐만 아니라, 그 원인이 무엇인지에 대한 견해의 차이와 더불어, 어떠한 치료적 개입에 의해 부적응 상태에서 벗어나 바람직한 인간상에 근접하게 만들 수 있을 것인지에 대한 접근 양식의 차이를 유발하게 될 것이기 때문이다.

현대 서구심리학에서는 "심리학의 중요한 목표 중 하나는 심리학의 연구를 통해 얻어진 지식을 활용하여, 심리적 부적응으로 인해 고통을 겪고 있는 사람들이 그러한 증상에서 벗어나도록 도와줌으로써, 더욱 효과적이고 생산적이며 행복한 삶을 영위하도록 이끌어 주는 것"[115]

115 Matsumoto, 2000, p. 251.

이라는 전제에서 연구를 진행해 왔다. 즉, 현대 서구심리학에서 가장 많이 연구되며, 또 가장 많은 학자들이 관심을 가지고 있는 문제는 바로 이러한 정신건강심리학의 문제인 것이다.[116]

정신건강과 심리치료에 관한 현대 서구심리학의 연구에서는 이상 행동(異常 行動, abnormal behavior)의 원인과 증상, 그리고 그 종류 및 이의 진단에는 보편적인 기준이 적용될 수 있을 것이라고 보는 입장이 주류를 이루어 왔다. 곧 제반 이상 행동은 문화권의 차이에 상관없이 동일한 원인에 의해 나타나고, 보편적인 증상을 보이며, 그 종류도 문화권에 따라 똑같을 뿐만 아니라, 이의 확인과 측정 기법도 문화에 따라 달라지지 않는다는 것이다. 그러나 정신분열증·우울증·신체화증상·약물중독 같은 가장 일반적인 이상 행동에서조차 문화 유형에 따라 그 개념 규정이나 원인 및 증상이 달라질 수 있다는 사실이 최근의 연구들을 통해 밝혀지고 있다.[117] 문화 유형별로 권장되는 정서의 종류가 달라지고 또한 그 표출규칙(display rule)이 달라짐에 따라,[118] 그리고 자기를 파악하는 입장이 달라짐에 따라[119] 정상과 이상의 개념 규정이 달라지고, 주로 나타나는 이상의 증상이 달라질 뿐만 아니라, 이에 대한 처치 또는 사회적 개입의 양상이 달라지는 것이다.[120]

116 현대심리학의 메카인 미국의 경우뿐만 아니라, 그 영향을 고스란히 받고 있는 우리나라에서도 가장 많은 심리학자들이 활동하고 있는 분야가 임상심리학과 상담심리학이라는 사실은 이러한 경향을 잘 드러내 준다.

117 Draguns, 1997; Jenkins, 1994; Marsella, 1979, 1985; Matsumoto, 2000.

118 Jenkins, 1994.

119 Marsella, 1985.

120 Lefley, 1994.

이렇게 이상 행동의 개념 규정과 이에 대한 치료적 개입이 문화 유형에 따라 달라진다면, 지금까지 논의하여 왔듯이 인간을 파악하는 입장과 바람직한 상태로 설정하고 추구하는 이상적(理想的) 인간상이 매우 다른 서구 개인주의사회와 동아시아 집단주의사회에서 보는 정신건강과 그 치료에 대한 입장이 서로 달라질 것이라는 사실을 쉽게 추론해 볼 수 있을 것이다.

이상적(理想的) 인간형론의 동·서 차이로부터 도출되는 이러한 성격심리학과 정신건강심리학의 제반 차이의 문제는 이 시리즈의 제2권(유학심리학의 체계 Ⅱ: 사회적 존재로서의 인간의 삶)에서 제시될 제3부(군자론과 이상적 인간형론: 인간 삶의 목표와 심리학의 문제)의 주제로서 다루어질 것이다.

3. 도덕실천론과 사회관계론

앞에서 보았듯이, 서구 사회에서 그리고 있는 이상적 인간상은 "자기실현인"이다. 이들은 개체로서 지닌 모든 능력과 잠재가능성을 삶의 과정에서 최대로 발휘하여 높은 성취를 이룬 사람으로 그려지고 있다. 이는 개체성·이성·실체성을 바탕으로 하여 인간 존재를 파악하는 자유주의의 인간관으로부터 도출되는 당연한 논리적인 귀결이다. 개인존재를 이렇게 모든 행위의 원천을 내적으로 완비하고 있는 평등하고 상호 독립적인 이성의 주체라고 파악하게 되면, 삶의 목표를 개체로서의 자기실현에서 찾게 될 수밖에 없을 것이기 때문이다.

이렇게 개체적 존재로서 개인의 이성을 중시하는 관점에 서면, 사람과 사람 사이에 맺는 관계에서 추구하는 목표는 각자가 이러한 관계에서 얻을 수 있는 이익의 최대화에서 찾게 된다. 자유주의자들에게 있어 "이성은 본질적으로 자기이익을 가장 효과적으로 추구할 수 있는 계산 능력"[121]을 본질로 하는 것이기 때문이다. 이러한 맥락에서 현대 서구 개인주의사회에서 사회관계를 인식하는 기본틀은 모든 대인관계를 교환의 관점에서 보는 "합리적 계산자 모형"(計算者 模型)이라는 점이 쉽게 이해될 수 있다. 이러한 사실은 현대 서구 사회과학에서 "사회관계에 대한 가장 영향력 있는 관점은 다양한 사회교환이론들(social exchange theories)에 의해 제공되고 있다"[122]는 점에서 잘 드러나고 있다.

이에 견주어, 유학사상에서는 이상적 인간의 상태에 도달한 군자와 성인을 자기 스스로의 수양과 완성에만 머무르고 이에 만족하는 사람이 아니라, 더불어 함께 살아가고 있는 다른 사람들에게 관심을 가지고, 그들도 도덕적 자기수양을 통해 자기완성에 이르도록 하려는 책임감을 느끼고, 이러한 책임을 실생활에서 실천하고자 노력하는 사람으로 그려지고 있다. 이는 사회성과 도덕성, 그리고 가소성을 바탕으로 하여 인간을 파악하는 유학자들의 입장에서 나오는 당연한 논리적인 귀결이다. 개인 존재를 사회관계에 내포되어 있는 의무·역할의 복합체라고 보아, 타인과 사회에 대한 관심과 배려, 곧 덕성의 주체라고 파악하게 되면, 삶의 목표를 더불어 함께 살아가고 있는 다른 사람들과 맺는 사회관계의 조화와 질서의 추구에서 찾게 될 것이기 때문이다.

---

121 노명식, 1991, p. 41.

122 Taylor, Peplau, & Sears, 2003, p. 263.

이렇게 사람들 사이의 관계에서 요구되는 질서와 조화의 추구가 사회관계의 목표라는 전제에서 출발하는 것이 유학사상에서 도출되는 사회관계론의 특징이다. 이는 사회 구성의 궁극적 단위를 서로 독립적인 개인이 아니라, 사람들 사이의 관계에서 찾는 견해로부터 나오는 자연스러운 관점이다. 이러한 관점에서는 독립적인 개인끼리 공정한 교환을 거쳐 각자의 이익을 추구하는 것이 사회관계의 목표가 아니라, 특정 관계 당사자들(부모-자식, 군주-신하, 남편-아내, 형-아우, 친구-친구) 사이에서 추구하고 달성해야 할 기본적인 조화[親·義·別·序·信]의 추구가 사회관계의 목표로 부각될 수밖에 없다. 이러한 맥락에서 보면, 유학적 사회관계론의 핵심은 사회관계에서 요구되는 조화의 추구와 덕의 실천에 관한 이론, 곧 도덕실천론이 될 수밖에 없는 것이다.

1) 서구의 사회교환이론

현대 서구 개인주의사회의 대표적 사회관계론인 사회교환이론[123]은

---

123 사회교환이론의 관점은 한 개인의 사회행동을 분석하는 거대 이론인 "학습이론(學習理論)과 의사결정이론(意思決定理論)의 두 가지를 토대로 구축"(Taylor et al., 2003, p. 10)되어, 둘 이상의 사람 사이의 관계를 분석하는 데 사용되어 온, 현대 사회심리학의 가장 기본적인 이론체계 중의 하나이다(Brehm, 1992, p. 157; Emerson, 1992, pp. 30-31; Shaw & Constanzo, 1982/1985, p. 90). 학습이론에 토대를 두고 있으므로 교환이론에서는 상호작용에서 얻게 되는 보상과 이익 같은 "강화"(强化, reinforcement)를 중시하고, 의사결정이론에 토대를 두고 있으므로 교환이론가들은 행동 선택과정에서의 "합리성"(合理性, rationality)을 중시한다. 이러한 교환의 관점은 심리학뿐만 아니라 사회과학 전체에 걸쳐 광범위하게 연구자들의 관심을 사로잡아 온 이론틀이다. 이러한 교환이론들 중 대표적인 것은 사회학자인 호만스(Homans, 1961, 1974.) 그리고 심리학자인 티보와 켈리(Thibaut & Kelley, 1959; Kelley, 1979; Kelley & Thibaut, 1978) 및 월스터, 버샤

홉스·로크·루소 같은 17~18세기 자유주의자들의 사회계약설[124]에서 이론적 근거를 찾을 수 있다. 이들 자유주의자들의 사회계약설이 현대 사회교환이론의 이론적 모태로 작용하였다는 사실은 사회교환이론의 기본틀을 이루는 사회 구성의 기본단위에 대한 인식, 인간 존재의 기본 특성에 대한 인식, 사회관계의 목표에 대한 인식, 그리고 사회관계 유지의 규범에 대한 인식의 측면에서 양자 사이에 논리적 정합성이 있기 때문이다.

(1) 사회 구성의 기본단위: 독립적이고 평등한 자유의 주체로서의 개인

홉스와 로크 및 루소 같은 사회계약론자들은 사회가 형성되기 이전의 자연상태에서 사람들은 모두 평등하고 독립적인 자유를 가지고 있는 존재들이라고 개념화한다. 그들은 독립적이고 평등한 자유의 주체로서의 개인들이 자발적으로 합의하여 사회계약을 맺음으로써 사회가 형성된다고 주장한다.[125]

홉스는 본래 평등하게 태어난 인간은 누구나 자기에게 이익이 되

이드와 월스터(Walster, Berscheid, & Walster, 1976; Walster, Walster, & Berscheid, 1978)의 이론들을 들 수 있다.

124 사회계약설의 주요 내용에 대해서는 선행저술(조긍호, 2012, pp. 291-441; 조긍호·강정인, 2012, pp. 39-379) 참조.

125 사회계약론자들이 사회구성의 기본단위를 독립적이고 평등한 개인으로 보고 있다는 사실은 그들의 "자연인의 본성"과 "자연상태"에 대한 관점에서 직접적으로 도출된다. 이에 대해서는 선행저술(조긍호, 2012, pp. 421-428; 조긍호·강정인, 2012, pp. 358-366) 참조.

는 욕구 대상을 추구하고 자기가 혐오하는 대상을 회피하는 자발성을 갖추고 있는 자유의 주체라고 본다. 그는 자연상태에서는 누구나 평등하게 자기의 이익을 자유롭게 마음대로 추구할 수 있는 권리인 자연권(自然權)을 보유하고 있는데, 이 상태에서 자기이익을 무제한으로 추구하다 보면 필연적으로 이익 갈등이 빚어지게 되므로 자연상태는 필연적으로 만인의 만인에 대한 전쟁상태가 될 수밖에 없다고 본다. 이러한 전쟁상태에서는 자기보전이 어렵게 되므로 개인들은 서로 합의하여 평화를 도모하기로 계약을 맺게 되고, 그 결과 사회가 형성된다는 것이다. 그러므로 홉스는 사회 구성의 기본단위는 독립적이고 평등한 자유의 주체로서의 개인들이라고 주장한다.

로크도 인간은 본래 평등하게 태어난 자유의 주체라고 본다. 개인은 자신의 인신(人身)과 소유물을 아무의 간섭도 받지 않고 자유롭게 처분할 수 있는 자연권을 보유하고 있을 뿐만 아니라, 타인이 자기의 재산을 침해할 경우 이를 처벌하고 손해를 배상받을 수 있는 권리까지 갖추고 있다는 것이다. 그러나 자연상태에서는 개인들이 동의하여 제정한 공통의 법률과 재판관이 없을 뿐만 아니라, 이러한 재판 결과를 집행할 수 있는 공통의 권력도 없으므로, 결과적으로 매우 위험하고 취약한 상태로 변질될 수밖에 없다는 것이 로크의 생각이다. 그리하여 개인들은 자기 인신과 자산 및 자유의 보호를 위해 자발적으로 계약을 맺음으로써 사회를 형성하게 된다는 것이다. 그러므로 로크에게 있어서도 사회 구성의 기본단위는 자유의 주체로서의 개인들이다.

루소도 인간은 본래 평등하게 태어나며, 자기의 사적인 이익을 자유롭게 추구하는 권리를 갖추고 있는 존재라고 본다. 사적 이익을 추구하는 자유를 그는 특수의지(particular will)라고 하는데, 이러한 사적 이익을 무제한으로 추구하게 되면 결국 부자와 빈자 간의 불평등이 심화되어 무질서한 상태로 전락하게 된다는 것이 루소의 생각이다. 이러한 혼란상태에서는 자기의 사적 이익과 자유 및 평등의 확보가 어렵게 되므로, 타인에 대한 동정심에서 기원하는 공동 이익을 추구하는 자유, 곧 일반의지(general will)에 따르기로 합의하는 계약을 자발적으로 맺게 되고, 그리하여 결국 사회를 형성하게 된다는 것이다. 이렇게 루소도 사회 구성의 기본단위는 자유의 주체로서의 평등한 개인들이다.

자유의 주체로서의 독립적이고 평등한 개인들이 사회 구성의 기본단위라는 17~18세기 사회계약론자들의 주장은 20세기 중·후반 호만스, 티보와 켈리, 월스터 등 같은 서구 사회과학자들의 사회교환이론에 그대로 반영되고 있다.[126] 그들은 인간의 사회행동은 모두 개인이 과거 경험을 통해 습득한 학습의 원리, 곧 자기에게 보상과 이익을 가져오는 행동 또는 그런 선택지는 선택하여 계속 수행하고, 개인에게 부담과 손해를 안겨 주는 행동 또는 그런 선택지는 회피하게 된다는 효과의 법칙에 따라 이루어지는 것이라고 본다. 즉 모든 사회행위는 개인의 학습된 행동으로 환원하여 이해할 수 있다는 것이다.[127]

교환이론가들은 사회장면에서 개인 사이의 상호작용은 서로가 서

126 사회교환이론가들의 제반 이론적 관점에 대해서는 선행저술(조긍호, 2008, pp. 354–389; 2012, pp. 442–513) 참조.

127 Homans(1974, pp. 2–6)는 개인의 모든 행동이 효과의 법칙에 따라 학습된 것으로 보고, 이러한 개인 행동이 모든 인간 행동의 기본이라 여겨, 이를 "기본적 형태"(elementary forms)의 행동이라 보고 있으며, 이러한 관점은 사회교환이론가들에게 공통되는 입장이다. 이러한 사실은 사회교환이론에서도 사회 구성의 기본단위를 독립적이고 평등한 개인으로 잡고 있음을 드러내주고 있다.

로에게 보상과 부담을 주고받는 교환의 과정으로 분석할 수 있다고 본다. 이렇게 상호작용을 교환의 과정으로 개념화하는 배경에는 교환당사자인 개인들이 서로 평등하고 자발적인 행위와 선택의 주체라는 관념이 놓여 있다. 곧 독립적이고 평등한 자유의 주체로서의 개인들의 자발적인 교환행동이 모든 사회행동의 근원이라는 것이다.

이렇게 보면 호만스, 티보와 켈리, 월스터 등 같은 사회교환론자들도 홉스, 로크와 루소 같은 사회계약론자들과 마찬가지로 사회는 독립적이고 평등한 자유의 주체로서의 개인들을 기본단위로 하여 형성되는 집합체라고 인식하고 있는 것이다. 여기에서 현대 교환이론이 근대의 사회계약론에 토대를 두고 있다는 추론이 타당성을 갖는 제1의 근거를 찾아볼 수 있다.

(2) 인간존재의 기본특성: 이성을 갖춘 합리적 계산자

자유의 주체라는 사실 이외에 사회계약론자들이 인간의 기본적인 특성이라고 개념화하는 또 한 가지는 인간을 이성의 주체라고 개념화한다는 사실이다. 그들은 혼란한 자연상태에서 평화로운 사회상태로 이행하는 계약을 맺게 되는 근거는 인간이 이성을 갖춘 합리적 계산자이기 때문이라는 사실에서 도출된다고 본다.[128]

128 사회계약론자들은 혼란한 또는 취약한 자연상태로부터 개인의 자기이익을 보전하기 위한 장치가 바로 사회계약인데, 이는 이성에 따른 합리적 선택의 결과라고 본다. 곧 인간이 갖추고 있는 이성적 능력이 곧 사회와 국가 형성의 바탕이 되며, 이성의 합리적 계산을 통한 자기이익 추구가 인간의 사회행동의 근본적인 원동력이라는 것이다. 이에 대해서도 선행저술(조긍호, 2012, pp. 421-428; 조긍호·강정인, 2012, pp. 358-365) 참조.

홉스는 만인의 만인에 대한 전쟁이 빚어지는 혼란한 자연상태에서는 자기보전과 자기이익의 추구가 불가능하게 되므로 이러한 혼란으로부터 벗어나 평화를 추구하는 계약을 맺게 되는데, 이는 인간이 본유적으로 갖추고 있는 이성으로부터 유도되는 평화 추구의 자연법(自然法)을 따르는 일로 집약된다고 본다. 즉 자연상태의 혼란으로부터 벗어나 평화상태로 이행하는 유일하고도 가장 합리적인 선택이 바로 이성의 계율인 자연법을 따르는 일이라는 것이다. 홉스가 제시하는 이러한 자연법은 모두 19개의 계율로 이루어져 있는데, 그중 제2자연법이 곧 사회계약에 관한 것이다. 이렇게 홉스는 혼란한 자연상태로부터 자기 생명과 이익을 보전할 수 있는 유일한 길은 이성에 따른 합리적 계산을 통해 자연상태의 무제한적인 자연권을 포기하고, 이를 새로 형성되는 사회에 양도하는 계약을 맺는 길밖에 없다고 주장한다. 곧 홉스에게 있어 사회계약은 이성을 통한 합리적 계산의 산물인 것이다.

로크도 인간을 이성의 주체로 보는 것은 홉스와 마찬가지이다. 로크도 자연상태가 갖는 취약성으로 인해 개인의 재산권, 곧 인신과 자산의 자유로운 처분권을 지킬 수 있는 유일하고도 합리적인 방법은 자연상태에서 가지는 자연법의 집행권(자기 권리를 침해하는 사람에 대한 처벌권과 손해배상권)을 포기하고 이를 사회의 수중에 양도하는 계약을 서로 간에 맺을 수밖에 없다고 본다. 즉 로크도 이러한 사회계약은 인간이 본유적으로 갖추고 있는 이성의 능력에 따른 합리적인 계산의 결과라고 주장하는 것이다.

루소도 인간은 자유의 주체일 뿐만 아니라 이성의 주체이기도 하다고 보는 점은 홉스나 로크와 마찬가지인데, 그는 이러한 이성이 인간의 완성가능성의 근거로 작용하여 인간 진화의 근원이 된다고 주장한다. 루소는 사적인 이익을 추구하는 특수의지에 따르기만 하면 결과적으로 혼란이 유발되어 자유와 평등을 상실하게 되므로, 공동의 이익을 추구하는 일반의지에 따르기로 하는 계약을 맺게 되는데, 이는 전적으로 인간의 이성 능력을 통한 합리적인 계산의 결과라고 주장한다. 즉 사회계약이 자연상태 말기의 혼란으로부터 스스로의 자유와 상실해버린 평등을 회복할 수 있는 유일한 합리적인 선택으로 등장하고, 이는 이성 능력의 발현 결과라는 것이다.

인간을 이렇게 이성 능력을 갖춘 합리적 계산자라고 보는 사회계약론자들의 관점은 사회교환이론가들에 의해 그대로 답습되고 있다. 호만스는 보상과 부담을 주고받는 교환의 과정에서 개인은 다양한 선택지 중 자기에게 가장 커다란 이익을 가져다 주거나 최소의 부담을 안겨 줄 수 있는 선택지를 합리적으로 선택하여 행동하게 될 것이라고 본다. 이것이 그의 합리성명제이다.[129]

티보와 켈리도 개인은 서로 의존하고 있는 선택행동의 장면에서 교환행동을 통해 얻을 수 있는 각자의 성과에 대한 기대치인 성과행렬(outcome matrix)을 면밀히 검토하여, 자기에게 가장 커다란 이익을 가져다 줄 수 있는 선택지를 합리적인 계산을 통하여 선택하게 된다고 본다. 그들은 특히 친교관계의 유지와 붕괴는 현재 개인이 해당 관계에서 얻는 성과와 개인이 비교대상으로 삼는 사람들이 동종의 관계에서 얻을 것이라고 생각하는 비교수준(comparison level), 그리고 다른 대안적

129 Homans, 1974, pp. 43–45.

선택지를 선택했을 때 얻을 것이라고 기대하는 성과의 기대치인 대안적 비교수준(alternative comparison level) 사이의 상호 비교에 따른 합리적인 계산의 결과 달라질 것이라고 주장하여, 합리적 계산이 사람들 사이의 상호작용 행동의 제1 요인임을 강조하고 있다.[130]

월스터 등은 한정된 자원 또는 공동작업으로 인해 얻은 성과를 분배하는 장면에서 사람들은 공정한 분배를 가장 바람직한 것으로 인식하는데, 이는 각자가 기여한 정도와 분배받는 성과의 비율을 모든 사람에게 동등하게 하는 형평분배(equity distribution)를 통해 이루어진다고 주장한다. 이러한 형평분배는 각자의 투입과 성과 사이의 비율에 대한 합리적인 계산을 통해 이루어진다는 것이 그들의 이론이다. 즉 합리적 계산을 통한 형평관계의 추구가 교환행동의 요체라는 것이 형평이론의 주장인 것이다.[131]

이렇게 호만스, 티보와 켈리, 월스터 등 교환이론가들도 홉스, 로크, 루소 같은 사회계약론자들과 마찬가지로 인간을 이성 능력을 갖춘 합리적 계산자로 보고 있다는 공통점을 갖는다. 이것이 바로 현대 사회과학자들의 교환이론이 17~18세기에 제시된 사회계약설을 모태로 하여 성립되고 있다는 추론이 타당성을 갖고 있다는 제2의 근거가 된다.

(3) 사회관계의 목표: 자기이익의 최대화

전술한 바대로 사회계약론자들은 모두 인간은 태어나면서부터 자

130 Thibaut & Kelley, 1959, pp. 10, 13–30.

131 Walster et al., 1976, pp. 9–24; 1978, pp. 21–83.

기의 보전과 자기이익의 확보에 관심을 가지고 있는 자기이익 추구자라고 보고 있다.[132] 홉스는 인간 행동의 제1동인을 정념(passion)에서 찾고 있는데, 그 가장 핵심적인 내용은 자기이익의 추구와 최대화이다. 로크는 개인 행동의 기본 동인은 각자가 가지고 있는 인신과 자산과 자유를 아무의 간섭도 받지 않고 마음대로 처분할 수 있는 재산권에서 찾는다. 이러한 재산권은 곧 자기의 노동을 통하여 얻은 자산을 자유의지에 따라 최대화하는 일로 집약된다. 곧 자기이익의 최대화가 인간의 최대 관심사라는 것이 로크의 관점이다. 루소도 개인의 사적인 이익을 추구하는 특수의지는 공동의 이익을 추구하는 일반의지보다 항상 강하다고 보아, 자기이익의 추구와 최대화가 인간 행동의 제1동인임을 인정하고 있다.

사회계약론자들은 자연상태에서 사람들이 사회계약을 맺어 사회를 형성하기로 하는 근본적인 동인은 그렇게 하는 것이 자기이익을 평화롭고 안전하게 확보할 수 있는 최선의 합리적인 선택이기 때문이다. 즉 사회계약은 자기이익의 추구와 확보의 안전성을 담보하기 위한 장치로서의 의미를 갖는다는 것이 홉스·로크·루소 같은 사회계약론자들의 공통된 주장이다. 이렇게 사회계약론자들은 사회를 구성하는 모든 성원들이 추구하는 자기이익의 확보와 최대화를 사회형성, 곧 사회관계의 목표라고 보고 있는 것이다.

사회관계의 목표를 자기이익의 최대화로 잡고 있는 것은 현대 교

132 사회계약론자들이 보는 "자연인의 본성"의 핵심은 인간은 기본적으로 "자기이익 추구자"라는 사실에 있으며, 사회계약의 근거인 이성의 기본적인 기능도 자기이익의 확보에 있다. 선행저술(조긍호, 2012, pp. 421-433; 조긍호·강정인, 2012, pp. 362-371) 참조.

환론자들도 마찬가지이다. 호만스가 제시하는 사회교환 과정의 모든 명제의 내용을 한마디로 요약하면, 개인은 교환의 과정에서 자기이익을 최대화하기 위해 노력하며, 따라서 이것이 모든 사회관계의 목표로 부각된다는 점이 될 것이다.[133] 티보와 켈리의 상호의존성이론도 상호작용을 하고 있는 서로 의존하고 있는 개인들은 상호작용을 통해 각자가 자기이익의 최대화를 도모한다는 한마디로 요약될 수 있다.[134] 월스터 등의 형평이론에서는 제1명제를 "사람들은 사회관계에서 자기이익을 최대화하기 위해 노력할 것"[135]이라고 제시함으로써 이러한 논점을 직접적으로 표현하고 있다.

자기이익의 최대화를 이렇게 사회관계의 목표로 부각시키는 입장은 전술한 바대로 인간을 평등하고 독립적인 자유의 주체이면서 동시에 이성을 통한 합리적 계산자로 개념화하는 관점으로부터 직접 도출되는 것이다. 자유의 주체로서 인간은 보상과 부담을 주고받는 교환의 과정에서 자발적이고도 능동적으로 자기의 이익에 대한 관심을 증폭시키게 될 것이고, 합리적인 이성의 주체로서 인간은 여러 선택지 가운데서 자기에게 최대로 유리한 선택지를 선택하여 행동하게 될 것이므로, 결과적으로 자기이익의 최대화가 사회관계에서 추구되는 목표로 부각될 수밖에 없는 것이다. 이러한 점에서 사회계약론과 교환이론의 접합점을 찾을 수 있고, 여기에서 17~18세기의 사회계약설이 현대 교환이론의 이론적 모태로 작용하고 있다는 추론의 타당성을 지지하는 제3의

133 Homans, 1974, pp. 16−45.

134 Thibaut & Kelley, 1959, pp. 10, 13−30.

135 Walster et al., 1976, p. 2; 1978, p. 6.

근거를 찾을 수 있을 것이다.

(4) 사회관계 유지의 규범: 공정한 교환

사회계약론들에서는 사회계약이란 계약의 당사자들이 자연상태에서 가지고 있던 무제한적인 권리를 사회에 양도하는 대신 사회로부터 안전과 평화를 보장받는 교환이 이루어지는 협정이라고 개념화한다. 이러한 사회계약은 계약자와 사회 사이의 공정교환(fair exchange)을 전제로 하고 있을 뿐만 아니라, 계약의 당사자들도 동등한 만큼씩 자기들의 권리를 내놓기로 계약하는 것이므로 사회구성원 사이에서도 공정한 교환이 전제되고 있는 것이라고 볼 수 있다.[136]

홉스는 사회계약은 사회를 형성하기로 합의하는 성원들 사이에서 이루어지는 것인데, 그 내용은 자연상태에서 가지는 자연권을 상호 동등하게 양도하기로 하는 것을 내용으로 한다고 본다. 그러므로 계약의 당사자들 사이에서는 공정한 교환이 이루어지는 셈이다. 그에 따르면 이러한 개인들의 권리는 총합해서 새로 형성되는 국가, 곧 리바이어던에게 양도된다. 그 대신 국가라는 인위적 인격은 사회 성원들에게 안전하고 평화롭게 자기보전과 자기이익을 추구하도록 보장해야 한다. 그러므로 국가라는 사회와 그 구성원들 사이에서도 공정한 교환이 이루

---

136 혼란한 자연상태로부터 개인들이 자기이익을 보호하기 위해 서로 간에 동등한 만큼씩 자기의 자연권과 자연법 집행권 등을 양도하기로 계약하는 사회계약은 기본적으로 자기이익 추구를 위한 "공정성의 협약'을 전제로 하는 것이다. 이에 대해서는 선행저술(조긍호, 2012, pp. 428-441; 조긍호·강정인, 2012, pp. 366-379) 참조.

어지는 셈이다. 이러한 공정한 교환이 실현되지 않으면, 곧 국가가 성원들의 안전과 평화를 보장해 주지 못하면, 사회는 혼란에 빠지고 국가권력은 그 존재 자체가 위태롭게 될 수 있다. 이렇게 보면, 홉스는 성원들 사이에서나 국가와 집합체로서의 성원들 사이에 공정한 교환의 원칙이 지켜질 때 사회는 평화롭게 유지된다고 주장하고 있는 것이다.

로크도 사회계약의 당사자들인 성원들은 자기들의 자연법 집행권을 똑같이 새로 형성되는 사회 공동체의 수중에 양도하기로 합의한다고 본다. 즉 그에게 있어서도 계약 당사자들 사이에서는 공정한 교환의 원칙이 지켜지고 있는 것이다. 또한 로크는 이러한 권력의 수탁자(입법의 기능을 담당하는 입법부와 입법부에 의해 선정되어 법의 집행권을 위임받은 행정부)는 성원들이 모아서 양도한 권리를 맡는 대신 그들에게 안전과 평화를 보장해 주어야 하는 책임을 진다. 그러므로 집합체로서의 사회성원들과 이들의 권리를 모아 가진 권력의 수탁자 사이에서도 공정한 교환이 이루어지고 있는 셈이다. 이러한 공정교환의 원칙이 지켜지지 않을 때, 특히 행정부가 이러한 공정교환의 원칙을 무너뜨리고 국민들의 안전과 평화를 보장해주지 못할 때, 국민들은 사회계약 자체를 무효화하고 자기들의 관계를 원상회복시킬 권리(저항권)를 갖는다. 로크는 이러한 인민저항권의 논리를 통해서 공정한 교환의 원칙의 준수가 사회관계 유지의 관건임을 천명하고 있는 것이다.

루소도 홉스 및 로크와 대동소이한 이론을 제시한다. 그도 사회계약의 당사자들은 일반의지에 복종하기로 하는 계약을 통해 자기들 자신과 소유물을 똑같은 만큼씩 새로 형성되는 공적 인격인 사회공동체의 수중에 양도하므로, 성원 사이에서는 평등하고도 공정한 교환이 이루어진다고 본다. 또한 성원들의 권리와 소유물을 모두 모아 양도받는 사회공동체는 이러한 권리들을 양도받는 대가로 그들의 자유와 안전을 평화롭게 보장해 주어야 하는 책임을 진다. 그러므로 사회공동체와 성원집단 사이에도 공정한 교환이 이루어지고 있다. 사회가 평화롭게 유지되기 위해서는 이러한 공정한 교환의 원칙이 지켜져, 사회가 형성된 근본적인 목적(공공선의 실현과 평등성의 보장)이 제대로 실현되어야 한다. 즉 루소도 인민들과 국가권력 사이의 공정교환의 원칙이 깨어지면, 사회 자체의 존립 근거가 상실된다고 주장함으로써, 사회관계 유지의 규범을 공정한 교환에서 찾고 있는 것이다.

교환이론들에서도 사회관계 유지의 규범을 공정한 교환에서 찾는다. 호만스는 자기의 기본적 사회행동이론을 분배정의의 문제에 적용하면서, "분배정의가 실현되지 않아서 어떤 사람이 불리함을 받게 될수록 분노를 느끼고 이에 따른 정서적 행위를 하게 될 것"[137]이라고 예측하고 있는데, 이는 공정한 교환이 관계 유지의 핵심 규범임을 드러내고 있는 것이다. 이러한 공정교환의 규범은 그의 제3(가치명제), 제5(공격-인정명제), 및 제6명제(합리성명제)로부터 직접 도출되는 것이다.[138] 성과, 비교수준, 대안적 비교수준, 및 성과행렬 등의 개념을 통해 상호작용의 만족도와 지속의 여부를 분석하는 티보와 켈리의 이론은 결국 대인관계의 만족 여부를 공정한 교환에서 찾고자 하는 이론이라 요약할 수 있다.[139] 교환이론들 가운데 공정한 교환을 사회관계 유지의 기초

137 Homans, 1961, p. 75.

138 Homans, 1974, pp. 25, 37−39, 43−45.

139 Thibaut & Kelley, 1959, pp. 10, 13−30.

로 제시하는 대표적인 이론은 월스터 등의 형평이론이다. 그들은 명제 3(불형평에 대한 심리적 반응)과 명제 4(형평 회복을 위한 노력)에서 이러한 논리를 직접적으로 내세우고 있다.[140]

이와 같이 사회계약설이나 사회교환이론 모두 공정한 교환을 강조하고 있으며, 이를 사회관계가 유지되느냐 아니면 깨어지고 마느냐를 가름하는 핵심 규범으로 내세우고 있다. 이러한 사실은 사회계약설이 후대의 사회교환이론의 기반으로 작용하고 있다는 추론의 타당성을 제공하는 제4의 근거라고 볼 수 있음을 명확하게 드러내 주고 있는 것이다.

2) 유학사상의 도덕실천론

위에서 살펴보았듯이, 유학자들은 수기를 통해 체득한 도덕성을 일상생활에서 실천하는 일이 군자와 성인이 사회적인 삶을 영위하는 기본적인 모습이라고 보며, 따라서 도덕실천론이 곧 그들의 사회관계론이 된다. 이러한 선진유학자들의 도덕실천론은 사회관계의 융합과 조화를 이루는 일을 사회생활의 목표라고 보는 공통성을 띠고 있다. 유학자들은 이러한 사회관계의 조화 추구라는 도덕 실천의 목표는 각 관계에 내재해 있는 역할의 충실한 수행을 통하여 이루어진다고 주장한다.

이러한 선진유학자들의 사회관계론은 사회성을 강조하여 인간 존재를 파악하는 그들의 인간관을 그대로 반영하고 있다. 곧 인간은 개체적 특성만으로 살아가는 존재가 아니라, 태어날 때부터 다른 사람들과 맺는 관계 속에서 살아가는 존재라는 관점, 곧 인간 존재의 사회성에서

140 Walster et al., 1976, p. 6; 1978, pp. 17-18.

도덕 실천의 근거를 찾는 것이 선진유학자들의 견해인 것이다.

(1) 사회 구성의 기본단위: 상황 속의 관계

사회란 상호 평등한 자유와 권리의 주체들로 구성되는 집합체이므로, 사회의 이해를 위해서는 그 구성인자로서의 개인들의 속성의 이해가 우선되어야 한다는 것이 사회계약론자들로부터 이어지는 개인주의 사회의 기본 신념이다. 사회계약론자들은 자연상태에서의 인간은 누구나 평등한 자유의 주체로서, 모든 사람이 자기의 생명과 재산에 대한 평등한 권리를 가지고 있다고 전제한다. 그들은 독립적이고 평등한 자유의 주체로서의 개인들이 자발적으로 합의하여 사회계약을 맺음으로써 사회가 형성된다고 주장한다. 즉 사회의 기본적인 구성 단위는 평등한 개인들이라는 것이다. 이러한 입장은 현대 서구 개인주의사회의 교환이론가들이 그대로 이어받고 있다. 교환이론가들은 모든 사회적 상호작용은 평등한 개인들 사이의 교환의 과정으로 분석할 수 있다고 전제한다. 이렇게 사회적 상호작용을 교환의 관점으로 이해하는 배경에는 교환당사자인 개인들이 서로 평등하고 자발적인 선택의 주체라는 관념이 놓여 있다. 즉 교환이론가들도 평등한 자유의 주체로서의 개인들의 자발적인 교환행동이 모든 사회행위의 근원으로서, 사회는 바로 이러한 평등한 개인들을 기본 단위로 하여 구성된다고 보는 것이다.

이에 비해 유학사상에서는 그 창시자인 공자로부터 인간은 다른 사람들과 맺는 사회관계 속의 존재로서, 사회관계를 떠나서는 그 존재의의 자체가 상실된다고 본다. 개인이 이렇게 관계를 형성하고 있는 가장 기본적인 사람들이 부모·형제·부부 같은 가족들이다. 이 이외에 붕우와 군신 같은 관계는 이러한 가족관계의 연장선상에서 이해할 수 있다. 그러므로 유학자들은 개인을 그 속에 포함하고 있는 이러한 관계들, 그중에서도 특히 모든 사회관계의 원형인 가족관계가 사회를 이루는 기본단위라고 본다.

인간의 존재의의를 사회적 관계체로서의 존재 특성에서 찾아, 사회구성의 기본요소를 사회적 관계라고 보는 이러한 관점은 유학의 창시자인 공자로부터 이어지는 전통이다. 맹자는 인의예지(仁義禮智) 등 도덕의 핵심을 부모–자식과 형–아우의 가족관계에서 구하여, 인간의 존재의의를 사람 사이의 관계[人倫]에서 찾는 입장을 분명히 하고 있다.

> 인(仁)의 핵심은 어버이를 모시는 것이고, 의(義)의 핵심은 형을 따르는 것이며, 지(智)의 핵심은 이 두 가지를 깨달아 버리지 않는 것이고, 예(禮)의 핵심은 이 두 가지를 조절하고 아름답게 꾸미는 것이다.[141]

> 사람이 편안히 살고 가르침이 없으면 새나 짐승과 같아질 수밖에 없으므로, 성인이 이를 걱정하여 다섯 가지 사람의 도리를 가르치게 하였다: 이는 "부모와 자식 사이에는 친애함[親]이 있어야 하고, 군주와 신하 사이에는 의로움[義]이 있어야 하며, 부부 사이에는 역할의 나뉨[別]이 있어야 하고, 어른과 아이 사이에는 차례[序]가 있어야 하며, 친구 사이에는 신의[信]가 있어야 한다"는 것이다.[142]

---

141 仁之實 事親是也 義之實 從兄是也 智之實 知斯二者弗去是也 禮之實 節文斯二者是也 (《孟子》, 離婁上 27)

142 人之有道也 飽食暖衣 逸居而無教 則近於禽獸 聖人有憂之 使契爲司徒 教以人倫

이렇게 부자·군신·부부·장유·붕우 사이의 관계에서 각각 친(親)·의(義)·별(別)·서(序)·신(信)이 있도록 하는 것이 바로 사람이 지켜야 할 다섯 가지 도리[五倫]라는 지적은, 사람의 도리는 사람들 사이의 관계에서 찾을 수밖에 없고, 따라서 인간은 개별적인 존재로 태어나고 살아가는 것이 아니라, 이러한 관계 속에서 태어나고 살아가는 존재, 곧 사회적 관계체인 존재라는 맹자의 인간 파악의 기본 관점을 단적으로 드러내고 있는 것이다.

순자도 인간의 사회성을 강조하며, 따라서 사회관계가 인간의 존재 특성을 규정하는 것으로 파악하고 있다. 순자의 이러한 시각은 군신·부자·형제·부부 같은 사회관계가 지니는 보편성을 지적하여, 이러한 사람들 사이의 관계가 사회의 가장 궁극적인 단위임을 표현하고 있는 다음 인용문에 잘 드러나고 있다.

> 군신·부자·형제·부부의 관계는 처음이자 마지막이고, 마지막이자 처음으로서, 천지와 더불어 이치를 같이 하고, 만세를 통하여 영구히 지속되는 것으로, 무릇 이를 일러 "위대한 근본"[大本]이라 한다.[143]

이러한 입장은 공자·맹자·순자 같은 선진유학자들만의 생각은 아니다. 12세기의 주희와 16세기의 퇴계와 율곡 같은 성리학자들도 사람을 대인관계 속의 존재로 개념화하여 인식함으로써, 사회란 오륜과 같은 관계를 주축으로 하여 구성되고 있음을 강조하고 있다. 그들은 아

父子有親 君臣有義 夫婦有別 長幼有序 朋友有信 (滕文公上 4)

143 君臣父子兄弟夫婦 始則終 終則始 與天地同理 與萬歲同久 夫是之謂大本 (《荀子》, 王制 19-20)

동기로부터 교육의 핵심을 이러한 인간관계를 조화롭게 유지하기 위해 각자가 해야 할 일을 충실히 수행하는 일에서 구하고 있는데, 이러한 사실은 그들이 선진유학자들을 이어받아 사회구성의 기본단위를 사람들 사이의 관계에서 찾고 있다는 사실을 여실히 보여 주는 것이다.[144]

사회를 이루는 기본단위를 이렇게 상호 독립적이고 평등한 개인이 아니라 개인들로 이루어진 집합적 관계들이라고 보게 되면, 사회의 이해를 위해서는 그 구성 단위인 관계의 속성을 이해하는 일로부터 비롯해야 한다는 관점이 나온다. 유학의 이론체계가 개인적 속성의 분석에 초점을 맞추지 않고, 오륜과 같은 관계적 속성에 치중하고 있는 것은 바로 이러한 배경에 연원이 있는 것이다.

이렇게 사회구성의 기본단위를 평등하고 독립적인 개인이라고 보느냐(서구 개인주의) 아니면 다른 사람과 맺는 관계라고 보느냐(동아시아 집단주의) 하는 차이는 두 문화권에서 제시되는 사회관계론에 차이를 가져오는 요인으로 작용한다. 사회 구성의 기본단위에 대한 인식의 차이로부터 사회관계론에서 다루어야 할 내용의 차이들이 도출될 것이기 때문이다.

(2) 인간 존재의 기본특성: 타인/집단에의 배려자

사회 구성의 기본단위에 대한 인식의 차이와 더불어 문화권에 따른 사회관계론의 차이를 가져오는 또 다른 요인은 인간의 기본특성에

---

144 인간의 사회성과 사회 구성의 기본단위로서의 대인관계를 중시하는 성리학자들의 관점에 대해서는 선행저술(조긍호, 2012, pp. 634-754) 참조.

대한 견해의 차이이다. 사회계약론자들은 혼란한 자연상태에서 평화로운 사회상태로 이행하기 위한 사회계약을 자발적으로 체결하게 되는 근거는 자유의 주체로서의 인간이 이성을 갖춘 합리적 계산자라는 사실에서 도출된다고 간주한다. 이렇게 이성을 통한 합리적 계산을 사회행위의 근거로 보는 관점은 현대 교환이론가들에게 그대로 이어지고 있다. 교환이론가들은 보상과 부담을 주고받는 교환의 과정에서 개인들은 자기에게 가장 유리한 행동을 계산하고 사회교환의 장면에서 이를 추구하게 된다고 가정한다. 즉 사회적 교환의 과정이란 각자가 자기에게 가장 유리한 결과가 이루어지도록 하는 합리적 계산의 과정으로 개념화할 수 있다는 것이 교환이론가들의 주장인 것이다.

이와는 대조적으로 공자·맹자 및 순자와 같은 유학의 창시자들은 인간을 인간답게 만드는 속성은 다른 동물들과는 달리 인간이 본유적으로 갖추고 있는 도덕성에서 찾을 수 있다고 본다. 덕성의 주체로서 인간은 본유적으로 다른 사람과 소속집단원에 대한 관심을 가지고 그들을 자기 자신과 마찬가지로 배려하고자 하는 존재라는 것이 유학자들의 관점이다.

공자는 자기 사상의 핵심인 인(仁)을 관계를 맺고 있는 타인에 대한 관심과 배려라고 보아, 인간을 타인과 집단에의 배려자로 규정하고 있다.

> 무릇 인(仁)이란 자기가 서고자 하면 남을 먼저 세워 주고, 자기가 이루고자 하면 남이 먼저 이루게 해주는 일이다.[145]

---

145 夫仁者 己欲立而立人 己欲達而達人 (《論語》, 雍也 28)

> 자공(子貢)이 "한마디 말로써 평생 동안 행해야 할 만한 것이 있습니까?"라고 여쭈었다. 이에 대해 공자께서는 "그것은 '자기를 미루어 남에게까지 미쳐가는 일'[恕]일 것이다. 자기가 바라지 않는 일을 남에게 베풀지 말아야 한다"라고 대답하셨다.[146]

맹자와 순자도 타인에게 관심을 갖고 배려하는 덕의 기초가 인간에게 본유적으로 갖추어져 있다고 보아, 인간을 타인과 집단에의 배려자로 개념화하고 있다.

> 남의 불행에 대해 측은하게 느끼는 마음[惻隱之心]을 사람이라면 누구나 다 갖추고 있고, 남을 배려하지 못하는 것을 부끄러워하는 마음[羞惡之心]을 누구나 다 갖추고 있으며, 어른과 타인을 공경하려는 마음[恭敬之心]을 누구나 다 갖추고 있고, 옳고 그름을 가리려는 마음[是非之心]을 누구나 다 갖추고 있다. 측은지심은 인(仁)이고, 수오지심은 의(義)이며, 공경지심은 예(禮)이고, 시비지심은 지(智)이다. 인의예지의 도덕성은 밖으로부터 사람에게 스며들어온 것이 아니라, 사람에게 본래부터 갖추어져 있는 것이다.[147]

> 사람이 사람된 까닭은 단지 사람들이 다른 동물들과는 달리 두 발로 직립하여 서고, 또 몸에 털이 없기 때문만은 아니다. 이는 사람이 옳고 그름을 가려[辨] 도덕적으로 행동할 수 있기 때문이다. 무

---

146 子貢問曰 有一言而可以終身行之者乎 子曰 其恕乎 己所不欲 勿施於人 (衛靈公 23): 인(仁)의 핵심을 "타인에 대한 관심과 배려"에서 구하는 이러한 공자의 입장은 이 이외에도 顔淵 1(顔淵問仁 子曰 克己復禮爲仁), 顔淵 2(仲弓問仁 子曰 … 己所不欲 勿施於人), 顔淵 22(樊遲問仁 子曰 愛人) 등에서 거듭 제시되고 있다.

147 惻隱之心 人皆有之 羞惡之心 人皆有之 恭敬之心 人皆有之 是非之心 人皆有之 惻隱之心 仁也 羞惡之心 義也 恭敬之心 禮也 是非之心 智也 仁義禮智非由外鑠我也 我固有之也 弗思耳矣 (《孟子》, 告子上 6)

룻 새나 짐승들에게도 부모와 자식의 관계는 있지만 부모와 자식 사이의 친애함은 없으며, 수컷과 암컷은 있지만 남녀 사이의 분별함은 없다. 그러므로 (옳고 그름을 가려 도덕적으로 행동하는 것은 본디부터 갖추어져 있는 사람의 본성이므로) 사람의 도리에 옳고 그름을 가려 도덕적으로 행동하지 않을 수가 없는 것이다.[148]

유학자들은 인간은 이렇게 타인에 대해 관심을 가지고 그들을 자신처럼 배려하고자 하는 존재로서, 이러한 타인에의 관심과 배려가 사회행위의 기반으로 작용한다고 본다. 선진유학자들의 이러한 입장은 성리학자들에게 그대로 이어지고 있다. 그들은 아동기부터 교육을 통하여 부모·형제·친구 같은 사람들에 대한 관심과 배려를 어떻게 행동으로 옮겨 드러낼 것인가를 함양해야 한다고 본다. 이와 같이 유학자들은 인간이 본유적으로 갖추고 있는 타인에 대한 관심과 배려를 사회관계가 형성되는 기초라고 간주하는 것이다.[149]

이렇게 사회행위의 근거를 이성에 기초한 합리적 계산에서 찾느냐(서구 개인주의) 아니면 덕성에 기초한 타인에 대한 관심과 배려에서 찾느냐(동아시아 집단주의) 하는 차이도 두 문화권에서 제시되는 사회관계론에 차이를 가져오는 요인으로 작용한다. 인간의 기본특성에 대한 인식의 차이로부터 사회관계에서 추구해야 할 목표와 사회관계 유지의 규범에 대한 인식이 달라지기 때문이다.

---

148 人之所以爲人者 非特以其二足而無毛也 以其有辨也 夫禽獸有父子 而無父子之親 有牝牡 而無男女之別 故人道莫不有辨 (《荀子》, 非相 9-10)

149 타인과 집단에의 배려자로 인간을 이해하는 성리학자들의 관점에 대해서는 선행 저술(조긍호, 2012, pp. 634-754) 참조.

(3) 사회관계의 목표: 사회관계의 조화 추구

이상에서 대비해 본 사회 구성의 기본단위와 인간의 기본특성에 대한 서구와 동아시아 사회의 지배적인 관점의 차이는 두 문화권에서 특유의 사회관계론이 제시되는 배경으로 작용한다. 서구의 사회계약론자들과 사회교환이론가들은 사회 구성의 기본단위는 자유의 주체로서의 평등한 개인이라고 본다. 그리고 자유의 주체로서의 개인은 이성 능력을 가진 합리적 계산자이기도 하다는 것이 그들의 관점이다. 자유의 주체로서 개인들은 보상과 부담을 주고받는 교환을 주조로 하는 삶의 과정에서 자기이익을 최대화하려는 이기적 관심을 가지고 있으며, 합리적 계산을 통해 다양한 선택지 가운데에서 자기이익을 최대로 보장해줄 수 있는 방안에 따라 행동하게 된다고 가정하는 것이 서구인들의 관점이다.

이와는 대조적으로 유학자들은 사회적 관계체로서의 사람들이 다른 사람과 맺는 관계가 사회 구성의 기본단위가 된다고 본다. 또한 덕성의 주체로서 인간은 이러한 관계를 통해 하나의 단위로 묶여진 다른 사람에 대한 관심을 가지고 그들을 우선적으로 배려하려는 존재이기도 하다는 것이 그들의 관점이다. 이렇게 관계 상대방에 대한 관심과 배려를 통해 일상생활에서 도덕성을 실천하는 것이 사회관계의 핵심이라는 도덕실천론이 유학자들이 제시하는 사회관계론이다. 공자의 복례론(復禮論), 맹자의 여인위선론(與人爲善論) 및 순자의 군거화일론(群居和一論)은 바로 일상적 도덕실천을 사회관계의 핵심이라고 보는 유학사상의 사회관계론인 것이다.

도덕적 관심에 따라 선화(善化) 가능성이 큰 존재인 사람들 사이의 관계를 사회 구성의 궁극적인 단위라고 인식하는 유학사상에서는 사회관계의 목표를 이기적인 자기이익의 추구에서 찾지 않고, 조화로운 사회관계의 형성에 두는 사회관계론이 도출된다. 유학사상에서 도덕적 지향성은 다른 사람에 대한 관심과 그들에 대한 우선적 배려를 핵심으로 하는 것이다. 그러므로 유학사상에서는 자기보다는 관계를 맺고 있는 타인이 관심의 초점으로 부각되며, 그와 조화로운 관계를 맺는 것이 사회생활에서 추구하는 중심적인 일이 될 수밖에 없다.

공자는 개체가 지닌 이기적 욕구와 감정을 억제하는 극기(克己)가 이루어진 다음에, 일상적 도덕의 체계인 예로 돌아가는 복례(復禮)를 통해 사회관계의 조화를 도모하는 일이 도덕 실천의 목표라고 보는 복례론을 제시하여, 유학적 사회관계론의 초석을 놓고 있다. 공자는 인을 행하는 세목을 묻는 안연(顔淵)에게 예를 통한 일상생활의 통제를 주장함으로써, 이러한 관점을 드러내 보이고 있다.

> 안연이 인(仁)에 대해 여쭙자, 공자께서 "자기를 극복하고[克己], 예(禮)로 돌아가는 것[復禮]이 인을 이루는 일이다. 하루라도 자기를 극복하고 예로 돌아간다면, 천하가 인을 따르게 될 것이다. 인을 이루는 일은 자기에게 달려 있는 일이지, 남에게 달려 있는 일이겠느냐?"라고 대답하셨다. 안연이 그 세목을 청하자, 공자께서는 "예가 아니거든 보지도 말고, 예가 아니거든 듣지도 말며, 예가 아니거든 말하지도 말고, 예가 아니거든 움직이지도 말아라"라고 대답하셨다.[150]

150 顔淵問仁 子曰 克己復禮爲仁 一日克己復禮 天下歸仁焉 爲仁由己 而由人乎哉 顔淵曰 請問其目 子曰 非禮勿視 非禮勿聽 非禮勿言 非禮勿動 (《論語》, 顔淵 1)

공자는 예가 없으면 사람의 자격을 갖추어 설 수가 없다고 보아,[151] 항상 예로써 자기 몸을 단속할 것을 강조하였다.[152] 그리하여 그는 예를 배우는 일을 배움의 가장 중요한 내용으로 중시하였던 것이다.[153] 공자가 이렇게 복례(復禮)를 강조하는 까닭은 예를 통해 사회관계의 질서와 조화를 이룰 수 있기 때문이다.[154] 이와 같이 예의 근본으로 돌아가 일상생활에서 이를 실천함으로써 사회관계의 질서와 조화를 이루는 일, 이것이 도덕 실천의 근본 목표라고 보는 것이 공자의 복례론의 핵심이다.

맹자는 일상적 도덕 실천, 곧 집의(集義)를 통해 다른 사람들과 함께 선을 이룸으로써 사회관계의 융합을 이루는 일이 도덕 실천의 목표라는 여인위선론을 제시하고 있다. 인의(仁義)의 일상적 실천을 통해 다른 사람들과 더불어 사회관계에서 선을 이루는 일, 곧 여인위선(與人爲善)이라는 목표를 달성할 수 있게 된다는 것이 맹자의 도덕실천론의 요체이다. 다른 사람들과 함께 선을 이루는 여인위선이 일상적 도덕 실천의 요체라는 사실은 고대의 성왕(聖王)인 순(舜)을 예로 하여 제시되고 있다.

---

151 子曰 … 不知禮 無以立也 (堯曰 3); 子曰 … 立於禮 (泰伯 8); 不學禮 無以立 (季氏 13)

152 子曰 君子博學於文 約之以禮 亦可以不畔矣夫 (雍也 25; 顏淵 15); 顏淵喟然歎曰 … 夫子循循然善誘人 博我以文 約我以禮 (子罕 10)

153 子所雅言 詩書執禮 皆雅言也 (述而 17); 他日又獨立 鯉趨而過庭 曰 學禮乎 對曰 未也 不學禮 無以立 鯉退而學禮 (季氏 13)

154 仲弓問仁 子曰 出門如見大賓 使民如承大祭 己所不欲 勿施於人 在邦無怨 在家無怨 (顏淵 2); 有子曰 禮之用 和爲貴 先王之道 斯爲美 小大由之 有所不行 知和而和 不以禮節之 亦不可行也 (學而 12); 恭近於禮 遠恥辱也 (學而 13)

순임금은 역시 큰 덕을 지녔다. 그는 착한 일을 다른 사람들과 함께 하였으며, 다른 사람이 옳을 때는 언제나 자기를 버리고 다른 사람을 따랐고, 또 자진해서 다른 사람의 장점을 취해 착한 일하기를 즐겁게 여겼다. 그는 일찍이 미천하여 농사짓고, 질그릇 굽고, 물고기를 잡아 생활을 꾸려나갔을 때부터 후에 임금 자리에 올랐을 때까지, 언제나 다른 사람의 착한 점을 취하지 않은 일이 없었던 것이다. 다른 사람의 착한 점을 취하여 선을 행한다는 것은 "다른 사람들과 더불어 선을 이루는 일"[與人爲善]이다. 그러므로 군자에게 다른 사람들과 더불어 선을 이루는 일보다 더 큰 일은 없는 것이다.[155]

이러한 도덕 실천은 일상생활에서 차근차근 의를 모두어서[集義] 생겨나는 것이지, 하루 아침에 갑자기 의식적으로 노력한다고 해서 얻어지는 것은 아니다.[156] 이렇게 집의를 통해 여인위선을 이루게 되면 사회관계에 질서와 조화가 이루어져 사회관계의 융합이 도모된다는 것이 맹자의 생각이다. 맹자는 오륜설(五倫說)을 통해 인간이 집의를 통해 이루어야 할 사회관계의 융합은 부자·군신·부부·장유·붕우 사이에 친·의·별·서·신[親義別序信]이 확립됨으로써 달성된다고 보고 있다.[157] 곧 일상적 도덕 실천을 통해 부모와 자식 사이의 친애함, 군주와 신하 사이의 올바름, 남편과 아내 사이의 직분의 나뉨, 어른과 아이 사이의 순서, 벗과 벗 사이의 신뢰 같은 오륜이 갖추어지게 되면, 사회를 구성

155 大舜有大焉 善與人同 舍己從人 樂取於人以爲善 自耕稼陶漁 以至爲帝 無非取於人者 取諸人以爲善 是與人爲善者也 故君子莫大乎與人爲善 (《孟子》, 公孫丑上 8)

156 敢問 何謂浩然之氣 曰 難言也 其爲氣也 至大至剛 以直養而無害 則塞於天地之間 其爲氣也 配義與道 無是餒也 是集義所生者 非義襲而取之也 (公孫丑上 2)

157 滕文公上 4.

하는 근본적인 단위인 사회관계가 융합됨으로써 사회에 질서와 조화가 이루어지게 된다는 것이다.

순자는 도(道)는 하늘의 도나 땅의 도가 아니라 사람이 행해야 하는 일에서 찾아야 한다는 인도론(人道論)[158]의 바탕 위에서, 이러한 인도의 표준인 예의 체계[159]를 일상적으로 실천함으로써 사회생활의 조화와 통일을 이루는 것[群居和一]이 도덕 실천의 목표라는 군거화일론을 제시하고 있다.

> 무릇 천자만큼 귀하게 되고 천하를 차지할 만큼 부자가 되는 것, 이것은 사람의 성정으로 똑같이 바라는 것이다. 따라서 사람의 욕구에만 따르면, 그 세(勢)는 용납할 수가 없고, 자원은 넉넉할 수가 없다. 그러므로 선왕이 그것을 위해 감안해서 예의를 제정하여, 각자의 몫과 할 일[分]을 나누었다. 그리하여 귀천의 등급, 장유의 차이, 지혜로운 사람과 어리석은 사람[智·愚], 유능한 사람과 무능한 사람[能·不能]의 구분[分]이 있도록 하여, 사람들로 하여금 모두 자기의 일을 하도록 맡기고, 각각 그 합당함[宜]을 얻도록 하였다. 그런 뒤에 보수[穀祿]를 많거나 적게 하고, 후하거나 박하게 하는 알맞음[稱]이 있도록 하였다. 이것이 대체로 "더불어 모여 살면서 조화롭게 통일을 이루는 길"[群居和一之道]이다.[160]

순자는 사람들이 모여서 사회생활을 하게 되면, 사람의 욕구는 많

158 道者非天之道 非地之道 人之所以道也 君子之所道也 (《荀子》, 儒效 9-10)

159 禮者人道之極也 (禮論 13)

160 夫貴爲天子 富有天下 是人情之所同欲也 然則從人之欲 則勢不能容 物不能贍也 故先王案爲之制禮義以分之 使有貴賤之等 長幼之差 知賢愚能不能之分 皆使人載其事 而各得其宜 然後慤祿多少厚薄之稱 是夫群居和一之道也 (榮辱 39-40)

고, 자원은 부족하기 때문에 필연적으로 다툼이 빚어질 수밖에 없다고 본다.[161] 그렇다고 해서 서로 떨어져 살게 되면, 다른 동물과의 생존경쟁에서 살아남기 힘들 뿐만 아니라 상부상조를 하지도 못하니, 필연적으로 궁핍해질 수밖에 없다. 여기에서 사회관계에서 각자가 해야 할 역할과 각자의 합당한 몫을 나누는 체계인 예가 필요해지는 근거를 찾을 수 있으며, 결국 사람들은 이러한 나눔의 체계인 예를 통해 사회생활을 할 수 있게 된다[明分使群]는 것이다.[162] 이렇게 예를 통해 사회생활을 하게 되면[163] 더불어 모여 살면서 조화롭게 통일을 이룰 수 있게 되며[群居和一], 이러한 군거화일이 바로 도덕 실천, 곧 일상적 예의 실행의 근본적인 목표라는 것이 순자의 사회관계론의 요점인 것이다.

12~16세기의 성리학자들은 이러한 선진유학자들의 도덕실천론을 그대로 물려받고 있다. 그들은 일상생활에서 인심(人心)을 억제하고 도심(道心)을 간직하는 자기억제를 사회관계의 조화를 이룰 수 있는 기초과정이라고 보아, 사회관계의 조화를 강조한다. 또한 그들은 거경(居敬)을 도덕실천을 위한 삶의 자세로 강조하여, 항상 경 상태에 머물러 자기 자신을 성찰함으로써 다른 사람에 대한 관심과 배려를 강화하고 관계의 조화를 꾀할 수 있다고 보는 것이다. 즉 성리학자들도 조화로

161 埶位齊而欲惡同 物不能澹 則必爭 爭則亂 亂則窮矣 先王惡其亂也 故制禮義以分之 使有貧富貴賤之等 足以相兼臨者 是養天下之本也 (王制 6); 欲惡同物 欲多而物寡 寡則必爭矣 (富國 2)

162 故百技所成 所以養一人也 而能不能兼技 人不能兼官 離居不相待則窮 群而無分則爭 窮者患也 爭者禍也 救患除禍 則莫若明分使群矣 (富國 2-3)

163 力不若牛 走不若馬 而牛馬爲用 何也 曰人能群 彼不能群也 人何以能群 曰分 分何以能行 曰以義 故義以分則和 和則一 一則多力 多力則彊 彊則勝物 … 故人生不能無群 群而無分則爭 爭則亂 亂則弱 弱則不能勝物 (王制 20-21)

운 사회관계의 형성을 인간의 도덕 실천의 목표로 설정하고 있는 것이다.[164]

이렇게 서구와 동아시아 사회에서 제시되고 있는 사회관계론에서는 각각 자기이익의 최대화와 사회관계의 조화를 사회관계의 목표로 설정하는 차이를 보이고 있다. 이러한 사회관계의 목표는 두 종류의 사회관계론의 제1명제라고 볼 수 있다.

(4) 사회관계 유지의 규범: 역할의 쌍무적 수행

이러한 사회관계 형성의 목표에 관한 명제에 이어, 모든 사회관계론의 이론적 초점은 이러한 사회관계의 목표를 달성하기 위하여 현재의 사회관계를 지속하고 유지할 필요가 생기는데, 이렇게 사회관계를 유지하고 지속하는 데 필요한 규범은 어떠한 것인가에 관한 것이다. 이러한 사회관계 유지의 규범이 사회관계론들의 두 번째 핵심 명제를 형성한다.

사회계약론자들은 자연상태의 혼란함이나 취약성으로부터 벗어나 사회를 형성하기로 하는 사회계약을 체결할 때, 계약의 당사자들은 자기들이 자연상태에서 가지고 있던 무제한적인 권리를 동등한 만큼씩 새로 구성되는 사회에 양도한다는 점에서 공정성을 전제로 하고 있을 뿐만 아니라, 계약자인 개인들과 계약의 결과 생성되는 사회 사이에도 권리와 안전 및 보호를 맞바꾸는 교환이 이루어지고 있다는 점에

164 성리학자들의 인심도심설(人心道心說)에 대해서는 선행저술(조긍호, 2007a, pp. 404-418; 2012, pp. 718-737) 참조.

서 공정한 교환을 전제로 하고 있다고 본다. 이처럼 사회계약론자들은 사회의 형성과 유지의 근거를 공정한 교환에서 찾고 있다. 사회계약설의 현대판 전개인 사회교환이론의 관점에서도 이기적인 존재인 개인들은 모두 자신의 이익을 최대화하려 하므로, 이들이 모이게 되면 필연적으로 이들 사이에 갈등이 야기된다고 본다. 따라서 이 이론의 관점에서는 이러한 갈등의 회피를 위한 규정을 상정할 필요가 생기는데, 여기서는 이를 교호성(交互性) 규범(reciprocity norm) 또는 공정성(公正性) 규범(fairness norm)으로 제시하고 있다. 즉, 교환이론에서는 상호간의 공정한 교환을 통해 성원들 사이에 야기될 수 있는 갈등을 해소함으로써, 사회관계의 유지가 가능하게 된다고 간주하고, 결과적으로 사회에서는 이러한 규범을 발전시켜서 사회화 과정을 통해 성원들에게 강요하게 된다고 보는 것이다.

이와는 대조적으로 도덕적 관심에 따라 선화(善化) 가능성이 큰 존재인 사람들 사이의 관계를 사회 구성의 궁극적인 단위라고 인식하는 유학사상에서는 사회관계의 목표를 조화로운 사회관계의 형성에 두고, 이러한 사회관계의 유지 규범을 사람들 사이의 관계에 내포되어 있는 각자의 역할(役割)을 충실히 수행하는 것에서 찾으려 한다. 유학사상에서 도덕적 지향성은 다른 사람에 대한 관심과 그들에 대한 우선적 배려를 핵심으로 한다. 그러므로 유학사상에서는 자기보다는 관계를 맺고 있는 타인이 관심의 초점으로 부각되며, 그와 조화로운 관계를 맺는 것이 사회생활에서 추구하는 중심적인 일이 될 수밖에 없는 것이다. 이렇게 다른 사람과 조화로운 관계를 형성하고 유지하기 위해서는 각자가 자기에게 부여된 역할을 충실히 수행하는 일이 핵심적으로 중요해진다.

공자는 "수기"와 "안인·안백성"이 이루어지는 영역인 가족생활과 사회생활에서 각자가 자기에게 부여되어 있는 역할을 정확하게 인식하여 이를 충실히 수행하는 일을 "이름을 바로잡는 일", 곧 정명(正名)이라 하여, 사회관계 유지의 핵심으로 잡고 있다.

> 제(齊) 나라 경공(景公)이 공자께 정사(政事)에 대해 물었다. 이에 대해 공자께서는 "군주는 군주의 역할을 다하고, 신하는 신하의 역할을 다하며, 부모는 부모의 역할을 다하고, 자식은 자식의 역할을 다하는 것입니다"라고 대답하였다. 이 말을 듣고 경공은 "좋습니다. 진실로 군주가 군주의 역할을 다하지 못하고, 신하가 신하의 역할을 다하지 못하며, 부모가 부모의 역할을 다하지 못하고, 자식이 자식의 역할을 다하지 못한다면, 비록 곡식이 있은들 내가 그것을 먹을 수 있겠습니까?"라고 말하였다.[165]

그는 이렇게 각자가 할 일을 분명히 하는 정명은 정사의 근본이므로, 자기에게 정사를 맡겨 준다면 각자의 할 일을 분명하게 하는 일부터 하겠다고 말하고 있다. 이러한 정명을 통해 정령이 순조롭게 시행되고, 사람들이 교화되며, 사법제도가 제대로 시행되는 것과 같이 모든 일이 제대로 이루어지게 되어, 사회생활에 조화가 이루어지게 되기 때문이라는 것[166]이 공자가 정명론에서 주장하고자 하는 요점이다. 이렇

165 齊景公問政於孔子 孔子對曰 君君 臣臣 父父 子子 公曰 善哉 信如君不君 臣不臣 父不父 子不子 雖有粟 吾得而食諸 (《論語》, 顔淵 11)

166 子路曰 衛君待子而爲政 子將奚先 子曰 必也正名乎 … 名不正 則言不順 言不順 則事不成 事不成 則禮樂不興 禮樂不興 則刑罰不中 刑罰不中 則民無所措手足 故 君子名之必可言也 言之必可行也 君子於其言 無所苟而已矣 (子路 3)

게 공자는 사회관계를 유지하는 핵심 규범을 각 관계에 내재되어 있는 역할의 충실한 수행에서 찾고 있는 것이다. 이러한 정명론(正名論)은 이후 모든 유학자들이 받아들이는 유학사상의 기초가 되어 있다.

맹자도 공자의 정명론을 이어받아, 사회관계에 내재되어 있는 역할을 충실하게 수행하는 일을 사회관계를 유지함으로써 다른 사람들과 더불어 선을 이룰 수 있는 방법으로 중시하고 있다. 그는 사회관계에서 각자의 역할을 충실히 수행하는 일은 인(仁)을 지키는 일이 된다고 보아, 이를 "할 일을 다하는 길", 곧 진도(盡道)라 표현하고 있다.

> 군주다운 군주가 되려면 군주가 해야 할 일을 다해야 하고[盡君道], 신하다운 신하가 되려면 신하가 해야 할 일을 다해야 한다[盡臣道]. 이 두 가지는 모두 요순(堯舜)을 본받아야 한다. 신하인 순(舜)이 군주인 요(堯)를 섬겼듯이 자기 군주를 섬기지 않으면 이는 자기 군주를 공경하지 않는 것이고, 요임금이 자기 백성들을 다스렸듯이 자기 백성을 다스리지 않으면 이는 자기 백성을 해치는 것이다. 공자께서도 이미 "도는 인(仁)을 지키느냐 아니면 인을 지키지 못 하느냐의 두 가지가 있을 뿐이다"라고 말씀하신 바 있다.[167]

이 인용문에서 보듯이, 사회관계에서 각자에게 부여된 역할을 충실히 수행하는 것이 바로 인을 실행하는 길이며, 따라서 이를 통해 사회관계가 유지되는 것이라는 주장이 바로 맹자의 기본 입장이다. 맹자는 이 진술문에서 공자의 말씀을 인용하여, 각자의 역할을 다하는 것이

167 欲爲君 盡君道 欲爲臣 盡臣道 二者皆法堯舜而已矣 不以舜之所以事堯事君 不敬其君者也 不以堯之所以治民治民 賊其民者也 孔子曰 道二 仁與不仁而已矣 (《孟子》, 離婁上 2)

바로 인을 지키는 길이라고 함으로써, 사회관계에 내포되어 있는 역할을 충실히 수행하는 일은 인을 지키는 일, 곧 여인위선을 통해 사회관계의 질서와 조화를 도모하는 일의 핵심임을 천명하고 있다. 이렇게 맹자는 사회관계 유지의 규범을 각 관계에 내재한 역할의 인식과 수행에서 찾고 있는 것이다.

순자는 인도의 표준인 예(禮)에 따라 각자가 마땅히 해야 할 일과 그에 따른 합당한 몫을 나누어야 하며[明分], 이렇게 구분된 역할을 일상생활에서 충실하게 수행하는 일[守分]이 사회생활을 하면서 조화롭게 통일을 이루는 방법이라는 수분론(守分論)을 제시한다. 순자에 따르면, 모든 사회의식과 사회제도 및 사회등급, 사회윤리, 사회직분 같은 모든 사회관계를 하나로 통일하는 원리는 바로 예이다. 바로 이렇게 예에 의해 일체의 관계를 조율하여 군거화일할 수 있는 것은, 바로 예가 사회관계에서 각자가 해야 할 역할과 그 합당한 몫을 나누는 분(分)의 체계이기 때문인 것이다. 이러한 역할 수행은 사회에 평화를 가져와, 사회생활의 목표를 달성하는 길이라는 것이 순자의 생각이다.

> 그러므로 상례와 제례[喪祭], 조정의 의식[朝聘], 군대의 의례[師旅]가 결국 하나로 통일된다. 사회적 신분[貴賤], 사법 제도의 적용[殺生], 정치 권한의 실천[與奪]도 하나로 통일된다. 군주가 군주의 역할을 다하고[君君] 신하가 신하의 역할을 다하는 것[臣臣], 부모가 부모의 역할을 다하고[父父] 자식이 자식의 역할을 다하는 것[子子], 형이 형의 역할을 다하고[兄兄] 아우가 아우의 역할을 다하는 것[弟弟]도 모두 하나로 통일된다. 그리고 농부가 농부의 역할을 다하고[農農], 선비가 선비의 역할을 다하며[士士], 공인이 공인의 역

> 할을 다하고[工工], 상인이 상인의 역할을 다하는 것[商商]도 모두 하나로 통일되는 것이다.[168]

> 농민은 힘으로써 농사일에 최선을 다하고, 상인은 시장 동향을 잘 살핌으로써 재물을 늘이는 일에 최선을 다하며, 여러 기술자들은 도구와 그릇을 만드는 일에 최선을 다하고, 사대부 이상 공후(公侯)에 이르기까지는 누구나 어짊과 후덕함 및 지혜와 능력으로써 관직을 충실히 수행하는 데 최선을 다한다. 무릇 이러한 것을 일러 "지극한 평화"[至平]이라 한다.[169]

순자는 사회관계에서의 역할은 쌍무적인 것이므로, 각자가 자기에게 주어진 역할을 동시에 함께 수행해야 양자 사이에 질서가 이루어져 관계의 유지가 가능하다고 본다. 즉 사람들 사이의 관계는 엄격한 상하관계가 아니라 쌍무적이고 상호의존적인 관계이므로, 이러한 역할 수행의 쌍무성(상호의존성)이 바로 사회관계에서 각자가 자기의 역할을 수행하는 수분(守分)의 핵심이라는 것이다.

> 남의 부모[人父] 노릇하는 방법은 자식들에게 너그럽게 베풀되 예를 지키는 것이고, 남의 자식[人子] 노릇하는 방법은 부모를 경애하면서 그들에게 지극히 공손한 것이다. 남의 형[人兄] 노릇하는 방법은 아우에게 자애로우며 우애를 보여 주는 것이고, 남의 아우[人弟] 노릇하는 방법은 형을 공경하여 굽히고 어긋나지 않는 것이다. …

168 故喪祭朝聘師旅一也 貴賤殺生與奪一也 君君臣臣父父子子兄兄弟弟一也 農農士士工工商商一也 (《荀子》, 王制 20)

169 農以力盡田 賈以察盡財 百工以巧盡械器 士大夫以上至於公侯 莫不以仁厚知能盡官職 夫是之謂至平 (榮辱 40)

> 이러한 역할 수행의 도를 한 쪽만 지키면 둘 사이의 관계가 혼란스럽게 되지만[偏立而亂], 양 쪽이 다 지키면 두 사람 사이의 관계에 조화와 질서가 이루어지게 될 것이니[俱立而治], 잘 상고해 보아야 할 것이다.[170]

이렇게 하나의 단위로 결합한 관계(예: 부모–자식, 군주–신하, 남편–아내, 형–아우, 친구–친구) 속에서 각자에게 부여된 역할을 충실히 수행하는 것이 조화로운 관계를 이루는 일이 될 뿐만 아니라 일단 이루어진 조화로운 관계를 유지하는 관건이기도 하다는 것이 공자로부터 이어지는 유학사상의 핵심적인 주장이다. 이러한 공자의 정명론은 맹자의 진도론(盡道論)과 순자의 수분론(守分論)의 바탕이 되고 있으며, 성리학자들에게도 그대로 이어지고 있다. 성리학자들은 아동기의 교육의 핵심은 조화로운 관계의 형성과 유지를 위해 각 관계에서 요구되는 역할을 삶의 과정에서 수행하는 데에 있다고 강조함으로써, 공자로부터 이어지는 정명론의 체계를 답습하고 있는 것이다.[171]

이상에서 보듯이 서구와 동아시아 사회에서 제시되고 있는 사회관계론에서는 각각 공정한 교환과 사회관계 속에 내포되고 있는 역할의 인식과 수행을 사회관계 유지의 규범으로 설정하는 차이를 보이고 있다. 이러한 사회관계 유지의 규범 체계는 두 종류의 사회관계론을 구성하는 제2명제이다.

---

170 請問爲人父 日寬惠而有禮 請問爲人子 日敬愛而致恭 請問爲人兄 日慈愛而見友 請問爲人弟 日敬詘而不悖 … 此道也 偏立而亂 俱立而治 其足以稽矣 (君道 5)

171 역할 수행을 도덕실천의 방법론으로 간주하는 성리학자들의 관점에 대해서는 선행저술(조긍호, 2012, pp. 634–754) 참조.

3) 동·서 사회관계론과 심리학의 문제

지금까지 보아온 바대로, 사회계약설에 바탕을 두고 있는 서구의 교환이론은 두 가지의 기본 명제를 축으로 하여 구성되고 있다. 즉, 이기적인 존재인 독립체로서의 개인이 사회관계를 통해 자기의 이익을 최대화하려 한다는 사회관계의 목표를 규정한 명제와 공정한 교환을 통해 상호 간의 이익 갈등을 해소하려 한다는 사회관계의 유지 규범에 관한 명제이다. 인간의 사회관계를 이해하는 이러한 조망에서는 이기적 본성을 가지고 있는 상호 평등하고 독립된 개인이 자기의 이익 극대화를 위해 어떤 행동을 선택하고 결정하는지 하는 문제와, 서로 간의 이익 갈등을 필연적으로 내포하는 사회관계가 어떻게 형성되고 유지되는지 하는 문제에 관심을 기울이게 된다. 교환이론의 관점에서는 전자의 문제는 합리성을 기초로, 후자의 문제는 공정성을 기초로 하여 접근하려 한다고 생각할 수 있으며, 전자는 합리적 의사 결정에 관한 연구를, 후자는 분배정의 및 친교관계 형성과 유지에 관한 연구를 이끌게 되었다고 볼 수 있을 것이다.

이에 비해 유학사상에서는 사람과 사람 사이의 관계를 사회 구성의 기본단위로 인식하여, 이러한 관계의 융합이나 조화롭게 통일된 관계를 형성하는 것을 사회관계의 목표로 본다. 그리고 이러한 관계의 융합이나 조화로운 관계는 모두 사회관계 속에 내포된 역할의 분명한 인식과 충실한 수행을 통해 이루어지는 것으로 본다. 이러한 관계중심적인 관점에서는 복례(공자), 여인위선(맹자) 및 군거화일(순자)의 방안으로서 사회관계에 내포되어 있는 역할의 정확한 인식과 이의 충실한 수행의 문제가 연구주제로 떠오르게 되는 것이다.

이렇게 유학사상의 도덕실천론에서 도출되는 제1의 연구 주제는 사회관계 유지의 규범인 역할의 인식 및 수행과 관련된 역할심리학(役割心理學)의 문제이다. 이러한 역할의 문제는 지금까지 사회학자들의 관심사였지 심리학자들의 관심 대상은 아니었다.[172] 지금까지 심리학자들이 역할의 문제를 도외시해 왔던 것은 "사회적 역할"이란 것이 개인의 심리적인 내용 속에 있는 것이 아니라 객관적인 현실로서 제반 사회의 규정(social prescriptions) 속에 존재하는 것, 곧 개인 속에 내재하는 것이 아니라 개인 밖에 외재하는 것이라는 생각이 배경에 깔려 있었다고 추론할 수 있다.

그러나 역할의 문제를 유학사상에서처럼 개인 존재에 내포되어 있는 존재의 근거 자체라고 봄으로써, 이를 개인의 심리 내용 속의 본유적인 개념으로 인식하게 되면, 이는 중요한 심리학적인 연구 대상으로 떠오르게 될 것이다. 이러한 사실은 성역할의 문제도 제도적으로 엄격하게 구분되어 상호 불가침의 관계였던 남성의 일과 여성의 일이 사회로 진출하는 여성의 수가 급증함으로 인해 그 경계가 모호해졌고, 그 결과 성역할을 생물학적 성(sex)에 의해서가 아니라 사회문화적으로 형성(gender)되거나 각자가 받아들인 심리 내용 속의 개념으로 인식하기 시작한 이후에 본격적으로 심리학적 조명을 받기 시작한 것으로 볼 수 있다는 시사에서[173] 그 개연성의 일단을 찾아볼 수 있을 것이다.

---

172 역할의 문제를 보는 사회학과 심리학의 차이에 관해서는 선행저술(조긍호, 2008, pp. 399-402; 2012, pp. 866-886) 참조.

173 Taylor et al., 2003, pp. 335-369.

역할심리학의 문제 이외에 유학사상의 도덕실천론에서 도출되는 다른 연구 주제로는 분배정의(分配正義)의 문제를 들 수 있다. 분배정의란 한 사회가 보유하고 있는 유한한 자원이나 공동작업의 성과를 성원들에게 어떻게 분배하는 것이 정의로운가 하는 문제이다. 서구에서 통용되어 온 정의의 기준은 공정성이다. 즉 사회 성원들이나 공동작업자들에게 사회자원이나 공동작업의 성과를 공정하게 분배해 주는 것이 바로 정의의 핵심이라는 것이다. 그렇다면 어떻게 분배하는 것이 공정한 분배인가? 그리고 정의로운 분배 원칙의 선호는 문화에 따라 달라지는가? 그리고 유학자들은 분배정의에 관해 어떠한 입장을 가지고 있었는가? 앞에서 보았듯이, 사회관계를 서구와는 다른 관점에서 조망하는 유학심리학의 체계에서는 이러한 분배정의 문제에 대해 서구심리학과는 다른 이론체계가 도출될 것이다.

역할심리학 및 분배정의의 문제 이외에도, 사회관계론을 보는 동·서의 입장의 차이로부터 작업동기(work motive)와 보상체계를 인식하는 관점의 차이가 도출될 가능성이 있다. 사회관계의 목표와 관계유지의 규범에 대한 인식이 달라짐에 따라 일을 하는 동기도 달라지고, 또 봉급을 책정하고 지급하는 방식에도 차이가 유발될 것이기 때문이다.

사회관계론의 동·서 차이로부터 도출되는 이러한 사회 및 조직심리학의 문제에 대한 관점 차이의 문제는 이 시리즈의 제2권(유학심리학의 체계 Ⅱ: 사회적 존재로서의 인간의 삶)에서 제시될 제4부(도덕실천론과 사회관계론: 사회적 삶의 양상과 심리학의 문제)의 주제로서 다루어질 것이다.

4. 수양론과 자기발전론

전통적으로 서구심리학에서는 인간과 환경을 대립항으로 놓고, 환경의 자극에서 오는 영향력을 제어하는 것이 통제의 핵심이라 여겨왔으며, 이러한 환경에 대한 통제력이 자기효능감을 구성하는 중추라고 인식해 왔다. 이는 인간과 자연, 이성과 감성, 개인과 집단, 신과 악마, 선과 악 같은 이분법으로 세상사를 개념화하는, 고대 그리스 시대부터 이어져 온 서구식 사상체계가 빚어내는 필연적인 결과였다.[174]

서구인이 가지고 있는 통제에 대한 이러한 관념은 서구에서 전개된 자기통제에 관한 연구들로 이어지고 있다. 곧 자기통제란 미래에 설정한 목표의 획득으로 얻게 될 더 큰 욕구의 충족이나 쾌락을 위해, 즉각적인 쾌락을 추구하려는 욕구나 즉각적인 고통을 회피하려는 욕구를 제어하는 것이라는 관점이 서구심리학에서 전개된 자기조절이론들의 배경이었다. 그 결과 "자기통제에 관한 기존 연구들에서는 자기통제를 증진시키는 원천으로서 행위자 자신에게 돌아가는 보상(물질적 보상 또는 사회적 보상)을 이용하는 패러다임만을 사용하였다."[175] 말하자면, 외적 보상의 크기의 함수로서 표적행동의 유인력이 커지고 동시에 방해요인의 제어력이 줄어들 것이라는 전제에 따라, 미래에 주어질 보상의 크기를 크게 함으로써 표적행동의 유인력을 높이거나 즉각적인 쾌락이나 고통의 방해력을 줄이는 것과 같이, 외적 조건의 조작을 토대로 주

174 White, 1993, p. 31.

175 정영숙, 1994, p. 2.

로 연구해 왔던 것이다. 외적 조건을 자기에게 맞추어 변화시키는 것을 통제라고 보는 서구인의 관점에 비추어 볼 때, 이는 자연스러운 귀결이었다.

이렇게 외부 환경의 통제를 강조하는 서구 사회와는 대조적으로, 유학사상에서는 인간과 자연, 개인과 사회를 서로 대립하는 실체로 보지 않고, 서로가 서로를 내포하고 있어서 넓고 크게 서로 끌어안아 조화를 이루고 있는 광대화해(廣大和諧)의 존재들로 받아들였다. 인간은 모든 도덕성의 원천을 본유적으로 갖추고 있는 능동적 주체라고 유학자들은 인식한다. 따라서 모든 일의 원인은 스스로에게 갖추어져 있으므로, 통제해야 할 대상은 외부의 환경 세계가 아니라 모든 삶의 주체인 자기 자신이며, 결과적으로 자기의 이기적인 욕구와 사적인 감정을 다스리는 것이 수양의 핵심이라 여겨 왔던 것이다.

이러한 유학사상의 수양론은 기본적으로 자기 자신이 모든 덕성의 주체라는 명확한 인식을 근거로 하여, 스스로를 억제하고 통제함으로써 실생활에서 도덕을 실천하는 일을 근간으로 하고 있다. 곧 유학자들은 능동적 주체적으로 모든 책임을 스스로에게서 구함으로써, 자기의 이기적이고 사적인 욕구와 감정을 억제하고 절제하는 삶의 자세를 견지하는 일이 수양의 핵심이라고 여기는 것이다. 이렇게 유학사상을 배경으로 하고 있는 동아시아 사회인들에게 통제란 곧 자기억제와 자기절제를 의미하는 것이다. 그 결과 이들이 파악하는 자기의 문제는 서구인들의 그것과는 달라진다. 이러한 맥락에서 유학의 수양론에 근거하여 유학심리학에서 탐구될 자기통제론의 연구의 내용은 서구심리학의 그것과는 다른 내용이 될 수밖에 없는 것이다.

1) 서구의 자기통제론

인간을 이해하는 관점의 동·서 차이는 필연적으로 통제의 의미에 대한 두 문화권의 차이를 유발한다. 서구 자유주의 사상에서는 인간을 개체성·합리성·실체성을 중심으로 하여 이해함으로써, "통제에 대한 서구인들의 관념은 일차적으로 자기 내적 속성의 적극적인 주장과 결과적으로 사회 상황 같은 외부 환경적 측면을 변화시키려는 시도를 의미하는 것이다."[176] 곧 서구인들에게 통제는 외부 환경 조건을 자기에게 맞추어 변화시키는 것을 의미하는 것이다. 이러한 통제에 대한 개념은 그들의 자기통제에 관한 이론에 그대로 나타나고 있다. 서구의 자기조절론들에서는 대체로 외부 환경이 갖는 유인가(incentive)를 조절함으로써 개인의 목표성취력을 높이려는 전략을 취한다. 곧 외부 환경 조건을 조작하여 그 방해력을 줄이는 것을 환경통제의 핵심이라 보고 있는 것이다.[177]

(1) 통제에 대한 서구인의 관념

서구 개인주의의 배경인 자유주의의 체계에서는 인간의 사회적 특성보다는 개인으로서 지닌 개체성을 통해 인간 이해의 문제에 접근하여, 독립된 개체로서 지닌 자유와 권리를 존중한다. 서구인들은 개인을 "자유의 보유자"로 인식하는 것이다. 그러므로 그들은 사회행위의 목

176 Markus & Kitayama, 1991a, p. 228.

177 서구의 자기조절론에 대해서는 선행저술(조긍호, 2008, pp. 457–484) 참조.

표를 개체로서 지닌 독특성의 확대와 자율성의 신장에서 찾는다.

개인 존재를 덕성 주체로 이해하는 유학자들과는 달리, 자유주의자들은 인간의 합리성을 중시하는 관점에서 이러한 합리성의 원천인 이성을 존중하는 입장을 보인다. 곧 그들은 개인을 “이성 주체”로 인식하는 것이다. 개인은 이러한 이성의 합리적인 계산 능력을 통해, 자기의 욕구를 적극적으로 추구함으로써 개인적 이익을 최대화하려 노력하며, 자기의 사적 감정도 적극적으로 표출하려 한다. 자유주의자들은 이러한 자기이익의 추구와 적극적인 자기주장을 자유의 보유자인 이성 주체의 당연한 권리라고 여겨 강조하는 것이다.

또한 자유주의자들은 인간이란 본래부터 완성적 실체로 태어난다고 여긴다. 인간은 태어날 때부터 고정되고 안정된 능력과 여러 특성들을 갖추고 있으며, 이러한 능력과 제반 특성들은 성장하면서 거의 변화되지 않고 일관적으로 유지된다는 것이다. 이렇게 “안정적 실체”로 개인을 이해하므로, 자유주의자들은 안정성과 일관성을 강조하는 경향을 띠며, 개인이 보유하고 있는 내적 속성들은 일관되는 안정성을 가지는 것으로 받아들인다.

이렇게 자유주의 사상에서는 개체성·합리성·실체성을 기반으로 하여 인간을 이해함으로써, 개체로서 지닌 자율성과 독특성, 자기이익 추구와 적극적인 자기주장, 그리고 사회행위와 그 원천이 되는 제반 능력의 일관성과 안정성을 강조하는 개인주의적인 삶의 태도를 중시한다. 이러한 자유주의자들의 관점으로부터 서구심리학에서 전개된 자기통제론의 특징들이 자연스럽게 도출된다.

현대 서구심리학에서 전개된 자기통제론은 다양하지만, 환경 세계를 개인의 욕구에 합치되도록 변화시키는 것을 통제의 본질이라고 본다는 점에서는 견해가 일치하고 있다. 곧 "서구인들이 가지고 있는 통제의 개념은 기본적으로 자기의 내적 속성의 주장과 이를 위해 결과적으로 사회적 상황 같은 외적 측면을 자기에게 맞게 변화시키려는 시도라는 의미를 내포"[178]하는 것이다. 이렇게 서구인들은 자기와 환경 세계 중에서 변화시키고 통제해야 할 것은 자신이 아니라 환경 세계라고 본다. "자유의 보유자"로서 개인은 자율적인 합리적 선택 능력을 갖는 존재이고, 따라서 모든 통제력의 원천이 자유의 보유자이면서 "이성의 주체"인 개인에게 있다고 간주하는 입장에서 보면, 이렇게 통제력의 원천을 자기에게서, 그리고 통제의 대상을 외부 환경 세계에서 찾는 것은 당연한 논리적인 귀결인 것이다.

이와 같이 통제를 개별성과 자율성을 성취하기 위하여 사회 상황이나 외적 제약을 변화시키는 것을 의미하는 것으로 받아들이는 서구 개인주의사회에서는, 자기의 내적 욕구·권리 및 능력의 표출과 사회적 압력에 대한 저항의 노력을 통해 개인적 역량이 체험될 수밖에 없다. 따라서 이 사회에서는 자기표현의 유능성 및 외적 제약으로부터의 자유로움이 자존심(self-esteem)과 자기효능감(self-efficacy)의 근거가 된다. 이들에게 효능감이란 "개인이 주어진 목표 획득에 필요한 행위를 조직하고 수행할 수 있는 가능성에 대한 신념"[179]이다. 곧 개인이 갖추고 있는 환경 통제력에 대한 신념, 곧 스스로가 통제력의 원천이며, 이를 통해 통제해야 할 대상은 외부 환경이라는 신념이 바로 자기효능감

178 Markus & Kitayama, 1991a, p. 228.

179 Bandura, 1997, p. 3.

인 것이다.

이러한 특징은 서구에서 전개된 자기조절에 관한 연구들[180]에 그대로 반영되고 있다. 이러한 이론들에서는 "개인의 욕구에 부합되도록 외부 세계를 변화시키기 위한 노력"[181]을 강조하는 입장에서, 능동성·도전 및 저항과 극복 등 외부지향적 행동(outward behaviors)을 중시하고, 수동성·후퇴 및 순종 등 내부지향적 행동(inward behaviors)을 통제 불능의 상태에서 나오는 병리적 현상이라 간주해 왔던 것이다.[182]

이러한 맥락에서, 현대 서구 자기통제론들에서는 통제력의 근거를 개인의 자기효능감 신념 같은 개인이 갖추고 있는 통제 관련 능력에서 찾는다. 여기서 통제 관련 신념들은 개인의 목표추구를 방해하는 외적 요인의 영향력을 제어함으로써 목표를 지속적으로 추구하는 개인의 능력에 대한 신념을 말한다. 서구인들에게 이러한 통제 관련 신념은 성격이나 지능 같은 개인의 내적 속성의 하나로서, 개인의 "자기개념"과 함께 발달하는 것이다. 곧 "신생아는 '자기'에 관한 인식이 없이 태어나지만, 환경과의 상호작용을 통해 '자기'에 대한 인식이 사회적으로 구성되어진다. 따라서 개인적 주도성(환경통제력)에 대한 인식도 주변에서 벌어지는 사건들 사이의 인과관계의 지각과 자기 행위를 통한 인과 연쇄의 이해를 통해 자기 스스로가 원인행위자(causal agent)라는 사실을 인식하는 데까지 점진적으로 발달해 간다."[183]

---

180 예: Bandura, 1977, 1997; Seligman, 1975 등.

181 Rothbaum, Weisz, & Snyder, 1982, p. 8.

182 Rothbaum et al., 1982; Weisz, Rothbaum, & Blackburn, 1984.

183 Bandura, 1997, p. 164: 자기효능감의 발달에 관해서는 Bandura(1997, pp. 162–211) 참조.

이와 같이 서구인들이 볼 때 통제 능력은 자기 행동을 통해 외부 사물에 작용을 가함으로써 외부 환경의 변화를 유발할 수 있다는 신념을 근거로 하여 발달하는 것이다. 그러므로 이들에게 있어서 통제란 외부 대상에 대한 제어를 의미하는 것이다. 곧 외부 환경 세계를 변화시켜 자기의 의도에 맞게 변화시키는 것이 통제이다. 이렇게 서구인들은 통제의 대상을 환경 세계라고 보며, 따라서 자기효능감은 환경통제력을 의미하는 것이다. 즉, 환경의 영향을 제어하여 개인이 목표한 표적 행동의 실행을 지속하는 것이 통제의 내용이자 자기효능감의 바탕이 되는 것이다.

(2) 서구 현대심리학의 자기조절론

이상에서 보았듯이, 서구의 현대심리학에서는 "자기통제란 개인에게도 유익하고 사회적으로도 바람직한 결과를 가져오는 어떤 행동(표적행동)과 그 행동의 실행을 방해하는 요인이 있을 때, 방해요인의 영향을 제어하고 표적행동을 실행하도록 자신을 규제하는 것"[184]이라 보고 연구를 진행해 왔다. 이러한 자기통제 또는 자기조절(self-regulation)에 관한 심리학적 연구들에서는 개인이 설정한 목표 추구 활동의 과정에서 이를 방해하는 혐오사건이나 방해요인의 영향을 제어함으로써 자기효능감을 유지하는 일이 자기통제 또는 자기조절의 핵심이라고 보아왔다. 즉, 자기통제란 미래에 설정된 목표의 획득으로부터 오는 더 큰 욕구의 충족이나 쾌(快)를 위해 즉각적인 쾌를 추구하려는 욕구나 즉각

184 정영숙, 1995, p. 86.

적인 고통을 회피하려는 욕구를 제어하는 것이라는 입장이 이러한 연구들의 배경이었다. 그 결과 "자기통제에 관한 기존 연구들에서는 자기통제를 증진시키는 원천으로서 행위자 자신에게 돌아가는 보상(물질적 보상 또는 사회적 보상)을 이용하는 패러다임만을 사용하였다."[185] 말하자면, 외적 보상의 크기의 함수로서 표적행동의 유인력이 커지고, 동시에 방해요인의 제어력이 줄어들 것이라는 전제에서, 미래에 설정된 보상의 크기를 크게 함으로써, 표적행동의 유인력을 높이거나 즉각적인 쾌나 고통의 방해력을 줄이는 등 외적 조건의 조작을 통해 주로 연구해 왔던 것이다.

이렇게 서구 사회에서는 통제란 "기본적으로 개인의 내적 속성을 적극적으로 주장함으로써, 결과적으로 공적인 행동과 사회 상황 같은 외적 측면을 변화시키려는 시도"[186]를 의미하는 것이라는 관점에서, 외부 환경을 개인에게 맞추어 변화시킴으로써 개인의 목표를 성취할 수 있는 자기효능감을 높이거나 유지하는 데에 연구의 초점을 두어 왔다고 볼 수 있다. 이들에게 효능감이란 "개인이 주어진 목표 획득에 필요한 행위를 조직하고 수행할 수 있는 가능성에 대한 신념"[187]이다. 곧 개인이 갖추고 있는 환경 통제력에 대한 신념, 곧 스스로가 통제력의 원천이며, 이를 통해 통제해야 할 대상은 외부 환경이라는 신념이 바로 자기효능감인 것이다. 이러한 자기효능감의 바탕 위에서 스스로가 성취해 낼 수 있는 목표를 설정하고, 이를 이루어 내기 위해 필요한 인지

185 정영숙, 1994, p. 2.

186 Markus & Kitayama, 1991a, p. 228.

187 Bandura, 1997, p. 3.

적인 준비(계획·연습·책략 선택 등)를 갖추며, 설정한 목표를 이루기 위해 필요한 내용과 현실 사이의 관계를 검토하여 행위나 목표를 수정하거나 지속하는 자기점검과 평가가 상시적으로 이루어지는 과정이 곧 자기통제 또는 자기조절의 과정[188]이라는 것이 서구에서 전개된 자기조절론의 핵심이다.

이러한 자기조절에 관한 현대 서구의 연구들에서는 환경과 개인을 서로 대립하는 실체로 개념화하고, 개인이 환경 세계를 자기의 욕구에 합치하도록 변화시킬 수 있는 능력을 통제력의 원천이라 보는 전제를 배경에 깔고 있다. 서구인들은 변화시켜야 할 대상은 외부 환경 세계이며, 개인은 이러한 환경 통제를 통해 자기 발전을 이룰 수 있다고 보아 왔다. 곧 서구인들은 개인의 내적 속성의 주장을 강조하고, 환경 세계를 변화시켜 내적 속성의 증진을 꾀하려는 노력을 강조하는 입장에서 자기통제의 문제에 접근해 왔던 것이다.

서구 사회에서 이렇게 외부 환경을 변화시켜 개인에게 맞추는 것을 통제라고 보는 관점을 지니게 된 데에는 그들의 기독교적 전통에 기인하는 바가 크다. 기독교는 신과 개인 사이의 계약을 신앙의 근거로 삼는다. 특히 기독교개혁 이후에는 이러한 종교적 개인주의가 개신교 신앙의 근거가 되고 있다. 기독교에서는 환경을 이용하여 인간의 복지에 활용하는 것을 신의 소명으로 받아들인다. 그러므로 "기독교도들은 세계를 변화시키려는 열망을 지니고 있는 것으로 알려져 있다. 이러한 열망이 굶주린 사람들에게 먹을 것을 제공하고, 쉴 곳 없는 사람들에게

---

188 Fiske & Taylor, 1991, pp. 195–211; Markus & Wurf, 1987, pp. 307–314.

쉼터를 제공하거나, 정의를 증진시키는 형태를 띤다면, 아무도 이에 대해 반대하지 않을 것이다. 그러나 역사적으로 이러한 열정이 종종 광신의 형태를 띠어, 세계를 물리적 군사적인 방법으로 변화시키려 해 왔다는 데 문제의 심각성이 있다."[189]

이러한 맥락에서 서구에서 이루어진 자기조절에 관한 연구들이 주로 외적 자극의 유인가의 조작을 통해 자기통제 과정에 관한 연구를 수행해 왔던 배경을 찾아볼 수 있다. 이들은 "자기통제란 개인에게도 유익하고 사회적으로도 바람직한 결과를 가져오는 어떤 행동(표적행동)과 그 행동의 실행을 방해하는 요인이 있을 때, 방해요인의 영향을 제어하고 표적행동을 하도록 자신을 규제하는 것"[190]이라는 관점에서, 표적행동의 유인가를 높임으로써 방해요인의 제어력을 감소시키려는 전략을 통해 자기통제의 문제에 접근해 왔던 것이다.

이렇게 표적행동의 유인가를 높이려는 전략이 곧 서구 자기조절론의 핵심인 "목표설정이론"에서 주장하는 목표 설정의 방안이다. 곧 달성해야 할 목표를 외부에 높고 구체적으로 설정함으로써 자기통제의 동기를 높이려 하는 것이다. "목표설정이론"에서는 설정되는 목표가 구체적일수록, 그리고 그 유인가가 클수록 방해요인을 제어하려는 동기 수준이 강해져서, 결과적으로 표적행동의 수행 수준이 높아지게 된다고 가정하고 있다. 이러한 연구들에서는 "표적행동의 실행을 이끄는 유인물로서 행위자에게 주어지는 물질적 보상이나 사회적 보상만을 사

189 Weisz et al., 1984, p. 966.

190 정영숙, 1995, p. 86.

용하였다."[191] 즉, 환경 세계에서 주어지는 물질적 사회적 보상의 획득이 개인이 자기를 통제하고 표적행동을 실행하는 목적이라는 것이 이러한 연구들의 기본 가정이었던 것이다.

서구의 자기조절에 관한 연구들이 모두 이렇게 외적 유인가의 설정에만 초점을 맞추었던 것은 아니다. 그들은 달성해야 할 목표를 "가능한 자기"나 "이상적 자기" 또는 "당위적 자기" 같이 자기의 미래상으로 설정하고 연구를 진행하기도 하였다. 그러나 이러한 자기의 미래상도 외적으로 설정된 높은 유인가를 갖는 목표와 마찬가지로 "실제적 자기"의 제어를 위한 동기적 기능을 갖는다는 것이 이들의 공통적인 관점이다. 이러한 미래적 자기상의 핵심적 속성은 외부 환경 세계에 대한 개인의 통제력에 대한 신념, 곧 자기효능감 신념의 증진이다.

이러한 자기효능감이 중요한 이유는 이를 근거로 해서 외부 환경 세계를 개인의 목표에 합치하도록 변화시킬 수 있기 때문이다. 외적으로 설정된 목표는 자기효능감에 기초한 자기 선택적 성취를 근거로 해서 달성될 수 있다. 그러므로 바람직한 자기의 미래상에 도달하려는 근본적인 목적은 외부 환경에 대한 통제력을 높임으로써, 외적으로 설정된 목표의 달성으로 얻게 될 물질적 사회적 보상을 획득하기 쉽게 하려는 데 있다고도 추론해 볼 수 있다. 이러한 추론에 기대어 보면, 자기의 속성과 관련된 자기조절 연구도 외적 목표 설정 방안의 연구와 같은 논리적 근거를 갖고 있는 것으로 생각해 볼 수 있을 것이다. 이렇게 현대 서구심리학에서 전개된 자기조절 연구들에서는, 미래에 설정된 목표

---

191 정영숙, 1994, p. 9.

를 추구하는 과정에서 방해요인을 제어하고 자기를 통제하는 근본적인 목적을 이러한 과정을 통해 얻게 될 물질적 사회적 보상의 획득에 두고 있는 것이다.

2) 유학사상의 자기통제론

유학사상에서는 인간을 사회성·도덕성·가소성을 중심으로 하여 이해함으로써, "동아시아인들에게 통제란 자기 자신을 다양한 대인적 상황에 맞추어 조정하는 것을 의미한다. 따라서 통제력의 주도적 행사는 일차적으로 자기의 내부로 지향하여, 사회관계의 조화로운 평형 상태를 해칠 가능성이 있는 개인적 원망(願望)과 목표 및 사적 감정 같은 내적 속성을 억제하는 데로 집중된다."[192] 곧 동아시아인들에게 통제는 자기 자신을 환경 조건에 맞추어 변화시키는 것을 의미하는 것이다. 이러한 통제에 대한 개념 규정의 차이는 그들의 자기통제론에 그대로 나타나고 있다. 유학의 수양론에서는 자기의 욕구와 사적 감정을 제어하여, 덕성 주체로서 갖추고 있는 도덕성을 일상생활에서 실천하는 것이 군자가 되는 일의 핵심이라고 보는 것이다.

(1) 통제에 대한 동아시아인의 관념

인간을 개체적 존재라기보다는 사회적 존재라고 규정하는 것이 유학사상의 특징이다. 인간은 부자·군신·부부·형제·붕우 사이의 관계

---

192 Markus & Kitayama, 1991a, p. 228.

속에서 태어나서, 이러한 관계 속에서 살다가 관계 속에서 죽어가는 존재로서, 이러한 관계를 떠나서는 인간의 존재의의를 찾을 수 없다는 것이 유학자들의 관점이다. 이와 같이 인간을 사회관계 속에서 바라보므로 개인을 이러한 관계 속에 내재한 "의무·역할·배려의 복합체"로 인식하고, 사람들 사이의 연계성과 조화성의 추구를 강조한다.

이렇게 인간 존재를 "사회적 관계체"로 인식하는 관점으로부터 도덕성을 근간으로 인간을 파악하려는 입장이 나오게 된다. 도덕성이란 기본적으로 다른 사람에 대한 관심과 배려를 근간으로 하는 심성의 체계이기 때문이다. 그리하여 유학자들은 개인을 "덕성 주체"로 인식하고, 다른 사람에 대한 관심과 배려를 스스로에 대한 관심과 배려보다 앞세우는 일을 중시한다. 이러한 배경에서 유학자들은 자기의 사적인 욕구나 감정의 표출과 추구는 사회관계의 조화를 해치기 쉽다고 보아, 이를 억제하고 조절하는 삶의 태도를 강조한다.

사회성과 도덕성을 근간으로 하여 인간을 파악하는 유학자들의 관점은 곧바로 인간의 가소성을 중시하는 입장으로 이어진다. 인간은 관계를 맺고 있는 다른 사람들에 대한 관심과 배려의 체계인 도덕성의 기초(인의예지)를 본유적으로 갖추고 있는 존재로서, 스스로에게 갖추어져 있는 도덕성의 기초를 주체적으로 자각하여 이상적 인간의 상태(군자·성인)에 이를 수 있는 "무한한 가능체"라는 것이 유학자들의 관점이다. 이러한 맥락에서 유학자들은 개인을 "가변적·과정적 존재"로 인식하여, 삶의 과정에서 가변성과 자기개선을 강조하게 되는 것이다.

이렇게 유학사상은 사회성·도덕성·가소성을 기반으로 하여 인간을 이해함으로써, 사회적 관계체로서 지닌 연계성과 유사성, 조화성의 추구와 자기억제, 그리고 변화하는 환경세계에 대한 유연한 적응성을 강조하는 집단주의적인 삶의 태도를 중시한다. 이러한 유학자들의 관점으로부터 유학사상에서 전개된 자기통제론, 곧 수양론의 특징들이 자연스럽게 도출된다.

이러한 맥락에서 보면, 동아시아인들에게 "통제란 고도의 자기통제와 다양한 대인관계 상황에서 자신을 효율적으로 변화시키는 효능성의 형태를 띤다. 이들에게 통제력의 주도적 행사는 기본적으로 대인관계의 조화로운 평형 상태를 해칠 가능성이 있는 개인적이고 사적인 욕구·목표·정서 같은 내적 속성으로 지향하는 내부 지향적인 것이 된다."[193] 유학사상을 배경으로 하고 있는 동아시아 사회인들에게 통제란 곧 자기억제와 자기절제를 의미하는 것이다.

이와 같이 통제를 타인과의 연계성과 관계의 조화를 성취하기 위하여 자기의 욕구나 사적 감정을 변화시키는 것을 의미하는 것으로 받아들이는 동아시아 집단주의사회에서는, 타인에의 민감성·상황의 필요와 요구에의 적응 및 자기억제와 조절의 노력을 통해 개인적 역량이 체험될 수밖에 없다. 따라서 이 사회에서는 이러한 자기억제와 상황적 응성 및 대인관계에서의 조화의 유지가 자존심과 효능감의 근거가 된다. 유학사상의 수양론에서는 동아시아 사회의 이러한 특징이 잘 반영되어 있다. 곧 유학자들에게 있어서 자기통제란 사적 욕구와 감정의 조절과 억제를 의미하는 것이었다.

이와 같이 유학의 수양론에서는 모두 통제력의 근거를 도덕적 주

193 Markus & Kitayama, 1991a, p. 228.

체로서 개인이 갖추고 있는 도덕적 자각에서 찾아, 자기 자신의 욕구나 감정을 억제하는 것을 통제의 핵심이라고 보고 있다. 즉, 환경 세계를 나에게 맞추어 변화시키는 대신, 자기 자신을 다른 사람이나 상황에 맞추어 변화시키는 것을 통제라고 보는 것이 유학자들의 기본 관점인 것이다. 그들은 이러한 자기통제의 목적은 자기의 사적 욕구와 감정의 절제를 통한 자기개선에 있다고 본다.

이러한 맥락에서 보면, 통제 과정에서 능동성·도전 및 저항과 극복 같은 "외부지향적 행동"(outward behaviors)을 중시하는 서구인들과는 달리, 동아시아인들은 수동성·후퇴 및 순종 같은 "내부지향적 행동"(inward behaviors)을 중시할 것이라 추론할 수 있다. 서구인들은 이러한 내부지향적인 통제 행동을 병리적 현상으로 간주하지만, 동아시아인의 관점에 서면 이는 병리적 현상이 아니라, 자기의 제한된 능력과 운 같은 외적 제약의 작용 가능성을 인정하고, 동료나 집단에 대한 의존과 연합을 형성함으로써, 무모한 개인적인 도전으로부터 오는 실패와 그로 인한 실망감과 무기력으로부터 개인을 보호하고, 심리적 안정을 얻게 하는 긍정적 기능을 갖는 적응 유형의 하나라고 볼 수 있다.

이러한 내부지향적 행동들은 "자기를 외부 세계에 합치되도록 만들고, '현실과 타협'하려는 노력"[194]에서 나오는 것이어서 전자의 "일차통제"(primary control)와 대비하여 "이차통제"(secondary control)"라 부를 수 있다. 곧 일차통제는 타인·대상 및 환경 조건 같은 외부의 현실을 자기에게 합치하도록 영향을 끼침으로써 보상을 얻으려 하는 서구

194 Rothbaum et al., 1982, p. 8.

적인 통제행동이지만, 이차통제는 자기의 기대·목표·원망(願望) 같은 자기 내부의 속성을 외부 현실에 맞게 변화시킴으로써 보상을 얻으려 하는 동아시아적인 통제행동인 것이다.[195]

(2) 유학사상의 수양론

이상에서 보듯이, 유학의 수양론은 사회성·도덕성·가소성을 기반으로 하여 인간을 파악하는 유학사상의 기본 입장으로부터 직접적으로 도출되는 것이다. 인간은 사회관계 속의 존재로서 다른 사람들과 조화로운 관계를 유지해야 하고(사회성), 그러기 위해서는 조화를 해칠 가능성이 큰 자기의 욕구와 감정을 억제하고 조절할 필요가 있으며(도덕성), 이를 통해 자기의 단점을 찾아 고치는 자기개선을 이루어 수양의 목표를 달성할 수 있다(가소성)는 것이 유학자들의 자기통제론, 곧 수양론의 요지이다. 이렇게 인간 존재의 사회성을 중시하는 유학자들의 입장은 자기통제의 논리적 배경(사회관계의 조화 유지)을 형성하고, 도덕성을 중시하는 관점은 자기통제의 대상(자기의 사적인 욕구와 감정)을 제시하며, 가소성을 중시하는 견해는 자기통제를 거쳐 이루려는 목표(자기개선)를 규정하고 있는 것이다.

이러한 유학자들의 수양론은 모두 인간의 향악성(向惡性)을 억제 또는 제거하고 도덕성의 근거를 보존하는 데에 초점을 두고 있다. 공자·맹자·순자 같은 선진유학자들은 인간의 향악성이 생물체적·이기적 욕구와 사적 감정에서 나온다는 점에 생각이 일치하고 있다. 그러므

195 Weisz et al., 1984, p. 956, 표 1 참조.

로 이들의 수양론은 모두 사적 욕구와 감정을 통제하는 일을 근간으로 하고 있으며, 이러한 맥락에서 유학자들의 수양론은 곧 자기통제론으로 연결되는 것이다.

인성론의 사분체계론에서 보았듯이, 유학자들은 인간이 도덕적 지향성도 갖추고 있지만, 생물체로서의 생존욕구와 이기적 욕구 및 사적인 감정의 체계도 갖추고 태어난다고 본다. 이러한 사적 욕구와 감정은 인간으로서 없을 수 없는 것이지만, 이것이 지나치게 되면 여러 가지 폐단을 일으키게 된다는 데서 문제가 생긴다. 더욱이 이러한 생물체적·이기적 욕구의 충족 여부는 외적 조건에 의지하고 있다는 데서 문제는 더욱 심각해진다. 사적 감정도 외적 조건에 의해 유발되는 것으로, 다양한 폐단을 불러일으키는 원천이 되기도 한다. 이러한 욕구와 사적 감정에 휘둘리게 되면, 마음의 올바름을 얻지 못함으로써, 도덕적 지향성을 잃게 되기 쉽다. 그러므로 수양의 핵심은 이러한 욕구와 감정을 통제하는 데로 모아질 수밖에 없다는 것이 선진유학자들의 견해이다.

이렇게만 보면, 선진유학자들의 수양론이 인간의 억제와 통제에만 초점을 맞추고 있는 것으로 보이기 쉽다. 그러나 선진유학자들의 수양론을 논의할 때는 필히 이들이 인간의 도덕적 지향성과 도덕적 자각을 강조하고 있다는 사실을 염두에 두어야 한다. 인간은 스스로에게 갖추어져 있는 도덕적 지향성을 인식하고, 이를 일상생활에서 키워냄으로써 자기개선을 이루어, 이상적 인격(군자와 성인)의 상태에 도달할 수 있는 존재라는 것이 이들의 기본 관점인 것이다.

이러한 유학자들의 입장은 그들의 수양론에 잘 반영되어 있다. 공자의 수양론은 자기의 사적인 욕구와 감정을 극복하고 예(禮), 곧 도덕성의 체계로 돌아가는 일이 수양의 핵심이라는 수기론(修己論)이다. 맹자의 수양론은 마음의 생각하는 기능을 다하여 스스로에게 갖추어져 있는 도덕성의 근거를 명확히 깨달음으로써, 도덕주체로서의 인식을 명확히 하는 존심론(存心論)이 핵심이다. 순자의 수양론은 인도의 표준인 예를 인식한 다음, 이에 자세히 통달하여 예의 체계를 체득하는 체도론(體道論)이 중심이다.[196]

공자는 욕구와 감정을 통제하는 일을 자기를 극복하는 일[克己]이라 하여, 이에 적극적인 가치를 부여하고 있다.[197] 그에 따르면 극기는 예의 체계로 돌아가는 일[復禮]의 전제로서, 생물체적 존재인 인간이 사회적 존재로 승화하는 근거가 되는 것이다.[198] 곧 공자에게 자기수양은 생물체적 개체적 존재로 머물기 쉬운 인간이 사회적 존재 특성을 실현할 수 있는 전제 조건인 셈이다.

공자는 예에 의해 자기 몸을 단속함으로써 자기의 행위가 도덕성의 체계에 비추어 어긋나지 않았는지 살펴보는 자기성찰을 수양의 가장 중요한 방법으로 제시하였다. 그는 이러한 자기성찰은 사람으로서

---

196 공·맹·순의 수양론에 대해서는 선행저술(조긍호, 2008, pp. 407-457) 참조.

197 공자는 생물체적 욕구와 이기적 욕구는 그 충족 여부가 외적 조건에 달려 있어서 스스로 통제할 수 없으며, 사적 감정도 외적 조건에 의해 촉발되기 때문에 스스로 통제하기 힘들다고 본다. 이렇게 생물체적 욕구와 이기적 욕구 및 사적 감정은 내재적인 통제가 힘들어서, 이를 그대로 방치하거나 추구할 경우 여러 가지 폐단에 빠지게 되기 때문에(《論語》, 里仁 5, 12; 公冶長 10; 述而 11; 顔淵 5, 10; 子路 17; 陽貨 15; 微子 7), 이들을 절제하고 제어할 필요가 있다는 것이 공자의 생각이다.

198 顔淵 1.

지향해야 할 바를 익히는 배움을 전제로 하여 이루어지는 것이라고 보아, 배움을 매우 중시하였다. 배운 바를 매일 익히고 이에 비추어 자기를 돌아보면, 자기의 잘못이 드러나게 된다는 논리였던 것이다. 그리하여 자기의 잘못을 고쳐 나감으로써, 같은 잘못을 두 번 다시 범하지 않게 되는 자기개선을 이루는 일이 공자가 제시하는 수양의 방법이었다.[199]

맹자도 생물체적·감각적·이기적 욕구의 절제를 수양의 핵심으로 강조하고 있다. 그는 이러한 욕구, 특히 생물체적 욕구와 감각적 욕구는 생존에 필요한 것이어서 모두 없앨 수는 없으므로, 이러한 욕구의 과도한 추구를 줄이는 과욕(寡欲)을 중시한다. 즉, 생존을 위해 무욕(無欲)할 수는 없으므로, 다욕(多欲)을 절제하는 일이 중요하다는 것이다. 다욕은 본심을 잃게 만드는 요체이기 때문이다.

> 마음을 기르는 데에는 욕심을 줄이는 것[寡欲]보다 더 좋은 일은 없다. 그 사람됨이 욕심이 적으면, 본래의 착한 마음을 간직하지 못하는 바가 있다고 하더라도 그런 경우가 드물게 마련이고, 반대로 그 사람됨이 욕심이 많으면, 어쩌다가 본래의 착한 마음을 간직하는 수가 있다고 하더라도 그런 경우 또한 드물게 마련이다.[200]

맹자는 욕구의 절제에서 한걸음 더 나아가, 도덕적 지향성에 의해

199 공자가 자기성찰과 자기개선을 수양의 방법으로 중시하였다는 사실은《論語》에서 이 문제가 "배움"[學]과 함께 가장 자주 언급되는 주제(學而 4, 8; 里仁 7, 17; 公冶長 26; 雍也 2; 述而 2, 3, 21, 30, 33; 子罕 24; 顔淵 4; 衛靈公 29; 子張 21 등)라는 사실에서 잘 드러나고 있다.

200 養心莫善於寡欲 其爲人也寡欲 雖有不存焉者寡矣 其爲人也多欲 雖有存焉者寡矣(《孟子》, 盡心下 35)

나머지 욕구들을 제어함으로써 도덕적 지향성이 욕구 추구를 지도하는 욕구의 승화가 이루어져야 한다고 본다. 이렇게 욕구의 승화가 이루어지면, 소욕(所欲)과 소불욕(所不欲), 소위(所爲)와 소불위(所不爲)를 잘 구분하여 사람의 도리를 밝게 인식하는 명도(明道)가 이루어진다는 것이다.[201] 생물체적·이기적 욕구의 절제와 욕구 승화를 통해 도덕적 지향성이 인간 본성 속에 갖추어져 있음을 깨달아, 바랄 것만 바라고 해야 할 일만 행하게 되는 일이 곧 수양의 핵심이라는 것이 맹자의 수양론의 대지인데, 맹자도 공자와 마찬가지로 자기성찰과 자기개선을 수양의 핵심 방안으로 강조하고 있다.[202]

순자는 욕구의 추구를 절제하는 절욕(節欲)과 욕구가 올바른 방향을 잡도록 인도하는 도욕(道欲)을 수양의 핵심으로 제시하고 있다. 그는 인간이 생물체적·이기적 욕구를 가지고 있다[有欲]거나 이러한 욕구가 많다[多欲]는 사실은 하등 문제될 것이 없다고 본다. 그러므로 그는 욕구를 모두 없애는 거욕(去欲)이나 욕구를 줄이는 과욕(寡欲)을 수양의 방법으로 제시하지 않는다. 순자는 욕구의 추구가 예의 체계를 벗어나서 절도를 잃는 것이 문제라고 여긴다. 따라서 욕구의 추구를 절제하고, 욕구의 추구가 올바른 방향을 잡도록 인도해 주는 일이 수양의 핵심이라는 것이다.[203]

---

201 人有不爲也 而後可以有爲 (離婁下 8); 無爲其所不爲 無欲其所不欲 如此而已矣 (盡心上 17)

202 公孫丑上 2; 公孫丑下 9; 滕文公下 8; 離婁上 4; 離婁下 28; 告子下 15; 盡心上 4 등.

203 凡語治而待去欲者 無以道欲 而困於有欲者也 凡語治而待寡欲者 無以節欲 而困於多欲者也 … 欲不待可得 而求者從所可 欲不待可得 所受乎天也 求者從所可 所受乎心也 … 心之所可中理 則欲雖多 奚傷於治 … 心之所可失理 則欲雖寡 奚止於亂

순자가 수양의 방법으로 제시하는 것은 마음을 기르는 양심(養心)과 혈기와 행동 양식을 다스리는 치기(治氣)이다. 그는 감각기관 같은 육체의 주인은 마음이므로, 이를 잘 길러 혈기를 예의 체계에 맞도록 다스리는 일이 욕구 추구를 절제하고, 욕구가 예에 맞추어 방향을 잡도록 인도함으로써 자기개선을 이루는 첩경이라고 보았다.[204]

이상과 같이, 유학자들의 수양론은 모두 자기통제를 그 핵심으로 하고 있다. 공자·맹자·순자는 모두 자기의 사적 욕구와 감정을 절제하고 통제함으로써, 도덕적 지향성을 굳건하게 견지하는 일이 바로 수양의 요체라고 보고 있는 것이다. 이렇게 이들은 통제의 대상은 바로 자기 자신이지 외부 대상이 아니라고 여긴다.

이러한 자기통제를 통해 스스로가 갖추고 있는 도덕적 지향성을 올바로 인식하게 되고, 이에 비추어 자기를 성찰하여 봄으로써 자기의 잘못을 고쳐 나갈 수 있게 된다는 것이 유학자들의 공통적인 주장이다. 이렇게 자기통제의 효과는 곧 자기개선을 이루는 일로 모아진다고 할 수 있다. 자기의 욕구와 감정을 통제함으로써 자기개선을 이루어 도덕적으로 바람직한 사람이 되는 것, 이것이 선진유학자들이 수양론의 체계를 통해 주장하려는 기본 논지인 것이다.

故治亂在於心之所可 亡於情之所欲 … 欲雖不可盡 可以近盡也 欲雖不可去 求可節也 (《荀子》, 正名 19−22)

204 治氣養心之術 血氣剛彊 則柔之以調和 知慮漸深 則一之以易良 勇膽猛淚 則輔之以道順 齊給便利 則節之以動止 狹隘褊小 則廓之以廣大 卑濕重遲貧利 則抗之以高志 庸衆駑散 則刦之以師友 怠慢僄弃 則炤之以禍災 愚款端愨 則合之以禮樂 通之以思索 凡治氣養心之術 莫徑由禮 莫要得師 莫神一好 (修身 27−29); 君子養心莫善於誠 致誠則無它事矣 唯仁之爲守 唯義之爲行 誠心守仁則形 形則神 神則能化矣 誠心行義則理 理則明 明則能變矣 變化代興 謂之天德 (不苟 11);

3) 동·서 자기통제론과 심리학의 문제

이상에서 보았듯이, 동·서양에서의 인간 일반 및 자기에 대한 관점의 차이로부터 필연적으로 통제의 의미와 자존감의 근거에 대한 문화 간 차이가 빚어지게 된다.[205] 서구의 개인주의사회에서는 사회의 궁극적인 구성 단위를 개체로서의 개인이라고 보므로, 개체중심적인 인간관을 가지게 되어 독립성과 자율성을 신장시킬 수 있는 자기주장을 적극 권장한다. 따라서 개인주의사회에서는 개인 내적 속성의 주장과 성취를 강조하므로, 통제란 결과적으로 사회 상황이나 외적 제약을 변화시키는 "일차 통제"를 의미하게 되고,[206] 따라서 독특성과 수월성이 자존감의 근거가 된다.

이에 비해, 유학사상의 전통이 강한 동아시아 집단주의사회에서는 사회의 궁극적인 단위를 사람들 사이의 관계라고 보므로, 사회화 과정에서 충동의 억제와 집단지향적인 성취를 강조하게 된다. 그러므로 집단주의사회에서는 자기억제와 대인 상황에 맞게 자기를 효율적으로 조정하는 것을 주도성(agency)의 표현으로 받아들인다. 그 결과, 내적 욕구나 개인적 목표 또는 사적 감정 등의 내적 특성을 억제하거나 조정하는 "이차 통제"를 중시하게 되고,[207] 이러한 이차적 통제와 상황 적응성 및 대인관계에서의 조화의 유지가 자존감의 근거가 되는 것이다.

---

205 Kitayama, Markus, Matsumoto, & Norasakkunkit, 1997; Markus & Kitayama, 1991a, b.

206 Rothbaum et al., 1982; Weisz et al., 1984.

207 김수인, 1996; 조긍호, 2003a, b; 최상진, 1995; Rothbaum et al., 1982; Weisz et al., 1984.

바로 이러한 차이들 때문에 서구의 심리학에서는 지금까지 환경 조건과 외적 보상의 조작을 통해 인간의 행위를 통제하려는 연구들이 주류를 이루어 왔다고 볼 수 있다. 이러한 배경에는 바로 서구 사회를 지배해 왔던 초월적 준거처의 지향과 획일적 이성에 의한 세계 개혁 내지 정복이라는 계몽주의 사상에 따른 근대화의 이념[208]이 깔려 있었던 것이라고 생각할 수 있다.

이에 비해, 선진유학자들은 모든 일의 원천은 자기 자신이라는 인문주의(人文主義)의 입장에서 항상 모든 책임을 스스로에게서 찾고, 따라서 스스로를 통제함으로써 환경 세계와 조화를 이루며 사는 일을 지향해 왔다고 볼 수 있다. 드 배리(de Bary)가 유학 사상을 "도덕적·문화적 개인주의"[209]라 부르는 것은 바로 이러한 점을 지적하여 말하는 것이다. 이러한 공자 및 맹자와 순자의 입장에서 생각해 보면, 앞으로 자기통제에 관한 심리학적 연구에서는 자기반성의 문제와 욕구의 조절을 유도하는 내적 요인의 문제들에 좀 더 주의를 기울여야 할 것이라 사료된다.

그뿐만 아니라 새로운 심리학에서는 무엇을 자기발전의 목표라고 보아야 할 것인지 하는 문제에 대해서도 고려해 볼 필요가 있을 것이다. 서구심리학에서는 자기의 환경통제 능력을 신장함으로써 개체로서의 자기실현을 도모하는 것이 자기발전의 최종 목표라고 보는 관점이 주류를 이루어 왔다고 볼 수 있다. 그러나 유학사상에서는 다른 사

---

208 이에 대해서는 노명식, 1991, pp.153-169; 주명철, 1994; Gray(1995/2007, pp.44-58) 및 선행저술(조긍호, 2006, pp.173-178) 참조.

209 de Bary, 1983/1998, p.130.

람이나 사회적 책임까지도 끌어안음으로써 사회적 존재 특성을 실현하는 일, 곧 자기확대를 인간 삶의 최종 목표라고 간주한다. 그렇다면, 이렇게 자기확대를 이룰 수 있는 방안은 어떠한 것인가 하는 문제도 자기 관련 심리학에서 주목해야 할 중요한 연구 문제가 되어야 할 것이다.

자기통제론의 동·서 차이로부터 도출되는 이러한 자기심리학의 문제에 대한 차이의 문제는 이 시리즈의 제3권(유학심리학의 체계 Ⅲ: 인간 삶의 목표 추구와 보편심리학의 꿈)에서 제시될 제5부(수양론과 자기통제론: 삶의 목표 추구와 심리학의 문제)의 주제로서 다루어질 것이다.

5. 이 시리즈의 구성

심리학은 인간이 삶의 과정에서 경험하는 심리 내용과 그 과정 및 이의 행동적 표출에 대해 객관적으로 탐구하여 그 법칙성을 찾아내려는 학문이다. 그러므로 심리학은 연구되고 있는 사회의 인간을 대상으로 할 수밖에 없으며, 따라서 해당 사회에서 인간을 파악하는 관점에 따라 탐구하는 내용이 달라질 수밖에 없다. 서구에서 발달한 현대심리학은 서구인이 가지고 있는 인간관을 그대로 반영하고 있는 것이다. 이러한 맥락에서 보면, 인간을 파악하는 관점이 서구와 다른 동아시아에서는 심리학의 체계를 달리 구성할 수밖에 없을 것이라는 사실이 자명하게 드러난다.

오랜 세월에 걸쳐 동아시아 집단주의의 사상적 배경이 되었던 것은 유학의 체계였다. 이러한 유학사상은 현재에도 동아시아인들의 삶의 과정에서 지배적인 영향력을 행사하고 있다. 이러한 배경에서 동아시아인들은 세상사와 인간을 파악하는 인지 양식이 서구인들과 다를 뿐만 아니라, 정서·동기 같은 심리 내용과 그에 따른 행동도 매우 달라진다. 그러므로 동아시아인들의 삶에 토대를 둔 심리학의 내용은 서구인들의 삶에 근거한 현대 서구심리학의 그것과는 다른 모습을 갖출 수밖에 없다. 동아시아인들의 삶의 배경을 이루고 있는 것이 유학사상이므로, 동아시아인들의 삶에 토대를 둔 심리학은 유학적 심리학이 되지 않을 수 없는 것이다.

지금까지 보았듯이, 유학사상은 우주 안에서 인간이 지닌 독특한 위치와 특성에 관한 사색[人性論], 이러한 독특함을 지닌 사람으로서 지향해야 할 이상적인 상태에 관한 사색[君子論·聖人論], 사회적 존재로서 이러한 인간이 지녀야 할 삶의 양태에 관한 사색[道德實踐論], 그리고 이러한 이상적 상태를 이루기 위해 인간이 해야 할 일에 관한 사색[修養論]의 네 체계로 정리될 수 있다. 그러므로 유학사상에 바탕을 두고 전개될 유학심리학은 이 네 체계를 근거로 하는 것일 수밖에 없다. 이들은 각각 심리구성체론, 이상적 인간형론, 사회관계론, 그리고 자기통제론과 관계된 내용이 될 것이다.

이 시리즈 《유학심리학의 체계》는 오랫동안 동아시아인들의 삶의 이념적 기초가 되어온 유학사상에서 도출되는 심리학의 체계를 시안적으로 모색해 보고자 하는 것이다. 이 시리즈는 모두 세 권의 책으로 이루어질 텐데, 각 권은 두 개씩의 부로 나누어 기술될 것이다.

지금까지 진술해 온 제1권(《유학심리학의 체계 I: 유학사상과 인간 심리의 기본구성체》)의 제1부(서론: 유학사상과 현대심리학의 접목)는 이 시리즈 전체의 서론에 해당한다. 여기에서는 3개의 장을 통해 유학심리학 체계를 구축해야 할 필요성과 근거 및 그 구체적인 내용의 대체를 살펴봄으로써, 앞으로의 논의를 위한 토대로 삼으려 하였다.

제1권의 제2부(인성론과 심리구성체론: 인간의 본성과 심리학의 기본 연구문제)에서는 유학의 인성론에서 도출되는 심리학의 문제를 다루고자 하였다. 유학은 덕·지·정·의의 네 요소로 인간의 심성이 구성된다는 사분체계론과 이 네 요소 가운데 인간의 존재의의를 드러내는 중핵적인 특성은 도덕성의 체계라는 덕성우월주의를 주축으로 하는 인성론을 제시한다. 여기에서는 이러한 사분체계론에 따라 유학의 욕구심리학, 정서심리학, 인지심리학, 도덕심리학을 각각 한 장씩으로 하여, 인성론에서 도출되는 심리학의 연구주제들을 탐색해 볼 것이다. 물론 덕성우월주의의 관점에 따라 각 장에서는 해당 심리구성체와 도덕성과의 관련성 및 도덕성에 의한 해당 심리구성체의 통제의 문제도 다루어질 것이다.

제2권(유학심리학의 체계 Ⅱ: 사회적 존재로서의 인간의 삶)에서는 유학사상의 군자론과 도덕실천론에서 도출되는 심리학적 함의를 다룰 것이다. 유학사상에서 제시하는 이상적 인간인 군자는 사회적 존재로 그려지고 있다. 곧 군자는 자기의 도덕적 인격 수양에만 머무르지 않고, 타인을 우선적으로 배려하여 그들과 조화로운 관계를 맺으려 하고, 더 나아가 사회적인 책무를 스스로 지고[自任] 이를 일상생활에서 실천하려 노력하는 존재이다. 이러한 사회적 존재로서의 군자의 실제적인 삶의 모습을 그려내고 있는 것이 유학의 도덕실천론이다. 제2권에서는 이러한 사회적 존재로서의 인간의 삶의 과정에서 비롯되는 심리학의 문제를 다루어 보려 한다.

제2권의 제3부(군자론과 이상적 인간형론: 인간 삶의 목표와 심리학의 문제)에서는 유학적 이상적 인간형론에서 도출되는 정신건강심리학 및 성격심리학의 문제를 다루게 될 것이고, 제4부(도덕실천론과 사회관계론: 사회적 삶의 양상과 심리학의 문제)에서는 군자의 사회적 삶의 양식에서 도출되는 사회 및 조직심리학의 문제를 다루게 될 것이다.

이어서 제3권(유학심리학의 체계 Ⅲ: 인간 삶의 목표 추구와 보편심리학의 꿈)도 두 부로 구성될 텐데, 제5부(수양론과 자기발전론: 삶의 목표 추구와 심리학의 문제)에서는 소인(小人)의 상태로 태어나는 인간이 이상적 인간인 군자가 되어 가는 과정에서 해야 할 일에 관한 논의, 곧 수양론에서 도출되는 자기심리학의 문제를 다룰 것이다.

마지막으로 제3권의 제6부(결론: 보편심리학의 구성을 위한 동·서 심리학의 통합)는 이 시리즈 전체의 결론에 해당되는데, 여기에서는 제2부로부터 제5부까지 논의된 유학심리학의 체계와 서구 현대심리학의 해당 분야의 연구를 통합하는 방안을 모색해 봄으로써, 글자 그대로의 보편심리학을 구축할 수 있는 가능성을 그려볼 것인데, 이는 오래 기다려온 심리학의 꿈과 미래를 앞당기는 작업으로서의 의미를 가지게 될 것이다.

2부
인성론과 심리구성체론:
인간의 본성과 심리학의 기본 연구문제

2부
인성론과 심리구성체론: 인간의 본성과 심리학의 기본 연구문제

유학의 체계는 우주 안에서 인간이 차지하는 독특한 위상을 인간이 갖추고 태어나는 본성에서 찾으려는 인성론(人性論)을 바탕으로 하여 성립하고 있다. 전통적으로 유학의 인성론은 동물과 다른 인간의 본성이 착한지 아니면 악한지 하는 문제에 따라 고찰되어 왔다. 이러한 배경에서 유학사상사에서 인성론의 비조를 맹자의 성선설(性善說)로 삼기 일쑤인 까닭을 찾아볼 수 있다. 그러나 필자는 그러한 선악의 관점을 떠나, 유학사상에서 인간의 심성에 본유한 것으로 여기는 특성은 그것이 동물적인 근거를 가지는 것이든 아니면 인간에게만 고유한 것이든 상관없이 모두 인간의 본성이라 보는 관점에서 인성론을 고찰하고자 한다. 말하자면, 이 책에서 인성론은 안간의 심성 체계를 구성하는 심리구성체론(心理構成體論)과 같은 의미를 내포하는 개념으로 사용되고 있다고 볼 수 있다.

여기에서 유학의 인성론을 심리구성체의 관점에서 살펴보려는 까닭은, 유학의 인성론이 가지는 심리학적 함의는 인성의 선·악 여부의 확인을 통해 찾아질 수 있는 것이라기보다는, 인간에게 본유적으로 갖추어져 있는, 그리하여 인간 심성을 구성하는 원초적인 요소로서 심리학적 연구의 대상이 되어야 할 내용들을 확인하는 작업을 통해 찾아질 수 있을 것이기 때문이기도 하다. 또한 비록 유학사상사에서 인성론의 주춧돌을 놓고 완성한 유학자가 맹자와 그에 이은 순자라고 할 수 있을지라도, 이들의 인성론의 근저에 공자의 인간론이 놓여 있다는 사실을 부인하기 어려울 것이기 때문이다. 곧 유학의 인성론은 공자에게서 출발되는 유학사상의 기반인 것이다.

유학의 인성론은 사분체계론과 덕성우월주의의 두 축을 기조로 하고 있다. 사분체계론은 인간의 심성에는 태어나면서부터 욕구, 감정, 지적 능력, 도덕성의 네 가지 요소들이 본유적으로 갖추어져 있다는 이론이다. 이러한 관점에서 보면, 이 네 가지가 인간 심리를 구성하는 기본 구성요소이며, 따라서 유학심리학에서는 이 네 가지 본유적인 요소를 필연적으로 다루지 않을 수 없다. 덕성우월주의는 이 네 가지 요소 중에서 다른 동물과는 달리 인간만이 가지고 있는 요소, 그리하여 인간을 진실로 인간답게 만드는 요소는 도덕성으로서, 이에 의해 나머지 심성 요소들이 통제되도록 하는 것이 바람직한 삶의 자세라는 관점이다. 그러므로 유학심리학에서는 도덕성과 나머지 심성 요소들 사이의 관련성과 전자에 의한 후자들의 제어의 문제를 다루지 않을 수 없다.

여기에서는 네 개의 장을 통해 사분체계론에서 제시하는 심성의 구성요소 각각에 대해 다루어 볼 것이다. 제4장에서 유학의 욕구심리학, 제5장에서 유학의 정서심리학, 제6장에서 유학의 인지심리학, 그리고 제7장에서 유학의 도덕심리학에 대해 살펴볼 것이다. 각 장에서는 덕성우월주의의 관점에서 도출되는 문제, 곧 도덕성과 나머지 심성 요소들 사이의 관계의 문제에 대해서도 천착해 볼 것이다. 끝으로 제7장의 말미에는 제1권의 결론을 겸해 도덕성에 관한 서구의 최신 연구 경향을 살펴봄으로써, 같은 문제를 보는 동·서 관점의 회통(會通)의 문제에 대해 고려해 볼 것이다.

4장
유학의 욕구심리학

4장

유학의 욕구심리학

동기 또는 욕구는 어떤 목표를 향한 특정한 방향으로 행동을 활성화하고 지속하게 하는 힘이다.[1] 곧 동기 또는 욕구 행동의 가장 큰 특징은 목표지향성과 선택성이다. 이러한 동기 행동의 과정에는 목표의 가용성 평가, 이에 도달할 수 있는 전략의 고안과 선택 및 진전 정도의 평가와 같은 인지 과정과, 목표 달성 여부에 따른 쾌·불쾌 같은 정서 과정이 필연적으로 개재한다. 곧 이 세 과정(목표 설정, 전략 선택 및 성과 평가)은 분리할 수 없이 상호 연관된 체계인 것이다.[2]

인간이 갖추고 있는 다양한 욕구들은 생물체적 존재로서 갖추고 있는 생리적인 욕구들(배고픔·목마름·성욕 등), 인간 본성을 이루고 건전한 발달을 추구하는 과정에 개재하는 심리적인 욕구들(자율성·역능·관

1 Petri, 1996, pp. 5-7; Reeve, 2005, pp. 6-7.

2 Geen, 1995, pp. 2-6.

계성 추구 욕구 등) 및 사회적 존재로서 사회생활 과정에서 습득하는 사회적 욕구들(성취·친화·권력 추구 욕구 등)로 나누어 고찰하는 것이 서구 현대심리학의 일반적인 경향이다.[3]

유학자들도 인간의 욕구가 다양함을 전제한다. 이 중에는 생물체로서의 존재 특성에서 연유하는 것도 있고, 심리적인 근거 또는 사회적인 근거에서 연유하는 것도 있으며, 도덕적 지향성에서 발생하는 욕구도 있다. 이러한 사실은 공자·맹자·순자 같은 선진(先秦)시대 유학자들로부터 비롯되는 유학사상의 전통이다. 유학자들은 이러한 욕구의 다양한 유형에 관한 파악에 기초하여, 유학사상 특유의 욕구이론을 제시하고 있다.

이러한 유학의 욕구이론이 가장 집약적으로 드러나고 있는 것은 성리학자(性理學者)들의 인심도심설(人心道心說)에 관한 논의이다.[4] 여기서 인심(人心)은 생물학적 기원을 갖는 이기적 동기체계를, 도심(道心)

3 Reeve, 2005, p. 103, Figure 5.1; 이 세 가지 동기 중 생리적 욕구와 심리적 욕구는 인간 본성 속에 내재한 것으로서 누구에게나 공통적이지만, 사회적 욕구는 성장 과정에서 학습된 것으로 그 내용이나 강도에 문화 간 및 개인 간에 차이가 있을 수 있다는 것이 동기이론가들의 공통된 의견이다(Reeve, 2005, pp. 103, 71-288).

4 성리학(性理學)은 남송(南宋) 시대 정호(程顥)와 정이(程頤) 등에 의해 기초가 닦인 다음 주희(朱熹, 1130~1200)에 의해 완성된 신유학(新儒學)의 주요 갈래이다. 신유학은 이기론(理氣論)을 통해 유학에 형이상학(形而上學)의 정초를 놓은 사상체계로서, 중국사상의 핵심임은 말할 것도 없고, 우리나라에도 고려 중엽 이후 도입된 후 조선조(朝鮮朝)에서는 관학으로 선양되어 배타적으로 우리나라의 정신사를 지배해 왔다. 그러므로 성리학은 한국인, 나아가서는 동아시아인을 심리학적으로 연구하는 데 있어 필수적인 이론이다. 특히 조선조 성리학자들은 16세기 초부터 18세기 말까지 거의 300여 년에 걸쳐 진행된 인심도심논변(人心道心論辨), 사단칠정논변(四端七情論辨), 인물성동이논변(人物性同異論辨)을 통해 특유의 심성론(心性論)을 전개하였다(윤사순, 1994, pp. 21-22; 1997, pp. 313-314). 이 중 인심도심설은 성리학의 욕구이론으로, 유학의 욕구심리학을 정리하는 데 필수적으로 고려해야 할 이론체계이다.

은 사회적 기원을 갖는 도덕적 동기체계를 가리킨다. 유학의 체계에서는 초기부터 전자를 억제하고, 후자를 권장하는 자세를 굳게 지키고 있다.

이 장에서는 동아시아 집단주의사회인들이 보이는 욕구 행동의 특징들이 유학사상에서 도출되는 욕구에 관한 이론체계와 맥을 같이 하고 있다는 사실을 확인해 보기 위하여, 공·맹·순 등 선진 시대 유학자들의 저술을 기초로 하여 욕구의 다양한 유형에 관한 관점을 우선 살펴보고, 이어서 이들 선진유학자들이 다양한 욕구들의 발생 근거와 충족 양상의 차이에 바탕을 두고 제시한 논의들을 통해 그들의 욕구이론을 도출해 본 다음, 16~18세기 조선조 성리학자들이 제기한 욕구이론인 인심도심설을 통해 유학적 욕구이론의 심리학적 함의를 종합적으로 정리해 보기로 하겠다.[5]

1. 욕구의 유형과 그 충족 조건

유학자들이 열거하는 욕구의 유형들을 확인하기 위하여 우선 선진 시대 유학의 경전들[6]에서 욕(欲)이란 글자가 어떤 내포를 가지고 어떻

5 이 장은 선행저술(조긍호, 2003a, pp. 263-303, 423-471; 2007a, pp. 364-418; 2007b; 2012, pp. 718-737)의 내용을 기초로 재정리하였으며, 필요한 경우에는 해당 부분을 그대로 따오기도 하였다.

6 선진유학의 경전은 《논어(論語)》·《맹자(孟子)》·《순자(荀子)》가 핵심인데, 여기에서는 시대적으로는 약간 뒤지지만(漢代 초기, B.C. 1세기경) 《예기(禮記)》도 넣어 분석하였다. 여기에서 진(秦) 통일(B.C. 221) 이후의 저술임이 분명한 《禮記》를 포함시키는 것은, 첫째 《禮記》가 이미 기원전 1세기 중엽 대성(戴聖)에 의해

게 사용되고 있는지를 살펴보았다. 이어서 욕구란 어떤 방향성을 가지고 특정 대상을 지향하는 것이라는 관점에서, 식(食)·색(色)·생(生)·부(富)·귀(貴)·이(利) 등 그 추구 대상이 분명히 욕구 또는 동기적인 함축을 가지고 있는 내용을 찾아 정리하였다. 또한 유학자들이 인성에 본유한 것으로 보는 특성들 가운데 예를 들면 도덕적 지향성 같이 욕구 또는 동기적인 특징이 강한 내용도 분석에 포함시켰다.

욕(欲)이란 글자는 《논어》 전체에서 45회 출현하는데,[7] 이 중 13회는 어떤 동작이나 상태에 대한 바램을 일반적으로 서술하는 것일 뿐 특정 대상에 대한 추구를 나타내는 것이 아니어서,[8] 욕구나 동기 상태를

완성된 것으로, 여기에는 공자·맹자·순자, 특히 순자의 영향이 짙게 나타났을 뿐만 아니라, 공·맹·순의 사상이 종합적으로 전개된 몇 안 되는 초기 저작이라는 점과, 둘째 주희가 제시한 유학의 사서(四書)에 포함되는 《중용(中庸)》과 《대학(大學)》은 각각 예기의 제31편과 제42편에 해당하는 것으로, 초기 유학의 사상을 살피는 데 필수적으로 중요한 저술이라는 점, 그리고 셋째 《禮記》 속에 욕(欲)을 포괄하는 칠정(七情)이 처음으로 언급되어, 이후 유학적 욕구이론과 정서이론의 기초가 되고 있다는 점들에 그 까닭이 있다.

《禮記》는 "중국 전통 사회의 제도적 틀을 규정하고 그 이념을 풀이한 저술"이다. "출생할 때부터 사망할 때까지의 한 인간의 삶은 물론, 사회와 국가의 모든 행동 규범과 의미를 제시하고자 한 《禮記》는 고대 중국의 예법 전체를 공·맹·순의 사상에 입각하여 새롭게 해석하고 정착"(김승혜, 1990, p. 308)시키려 한 시도로서, 모두 49편으로 이루어져 있는 방대한 저술이다. 이 49편은 상례(喪禮) 제례(祭禮)와 같이 각 의례의 구체적인 예법과 제도를 논한 편들과 구체적 의례들이 지니고 있는 원리를 제시한 통론(通論) 부분으로 나누어지는데, 여기서는 통론 부분을 중심으로 《禮記》의 욕구론을 고찰하도록 하겠다. 《禮記》 안에서 통론 부분을 규정하는 설은 일정하지 않지만, 대체로 《禮記》 전체의 약 3분의 1 정도 된다. 여기에서는 김승혜(1990, p. 321)를 따라 曲禮上·曲禮下·月令·禮運·禮器·學記·中庸·經解·大學의 9편을 通論으로 보고, 이를 분석 대상으로 삼았다.

7 《論語引得》 (Harvard-Yenching Institute, 1940) 참조.

8 欲이 이렇게 쓰인 예는 君子欲觀之矣(《論語》, 八佾 10)와 같은 용례에서 볼 수 있는데, 이 밖에도 八佾 17; 雍也 4; 子罕 10, 13; 先進 10; 陽貨 1, 5, 7, 20; 微子 5; 子張 24 등에서 이러한 용법으로 欲이 쓰이고 있다.

함축하는 것이라고 볼 수 없다. 따라서 여기에서는 그 추구 대상이 비교적 분명하게 기술되어 있는 32회의 용례만을 분석에 사용했다. 이 이외에 추구 대상이 분명히 명시되어 있어, 욕구 또는 동기에 관한 명백한 진술이라고 볼 수 있는 부(富)·귀(貴)·생(生)·이(利)·색(色)·식(食) 들에 관한 각각 8, 4, 4, 6, 4, 5회의 용례를 분석에 포함시켰다.[9]

《맹자》 전체에서 욕(欲)이란 단어는 93회 나오는데,[10] 이 가운데 50회 정도가 명시적으로나 암묵적으로 추구 대상이 제시되어 있어, 이를 분석 대상으로 삼았다. 또한 38회 출현되는 이(利)에 대한 언급 중 19회 및 기타 부(富)·귀(貴)·식(食)·색(色) 들에 관해 논급한 내용 가운데서도 욕구 또는 동기에 관한 진술임이 분명한 것은 분석 대상에 포함시켰다.

《순자》 전체에서 욕(欲)은 242회 출현하는데,[11] 이 중 171회 정도가 명시적으로나 암묵적으로 추구 대상이 분명히 제시되어, 확실하게 욕구나 동기에 관한 진술로 볼 수 있으므로, 이를 분석 대상으로 삼았다. 이 밖에 이(利)·작(爵)·부(富)·귀(貴)·식(食)·색(色) 들에 관해 언급한 내용 가운데서도 욕구나 동기에 관한 진술임이 분명한 것은 분석 대상에

9 《論語》에 富·貴·生·利·色·食은 각각 17, 8, 18, 10, 26, 42회 출현하나, 이 중 추구 대상으로서의 욕구 또는 동기적 함축이 강한 용법으로 쓰이는 곳은 각각 8, 4, 4, 6 ,4, 5회이다(《論語引得》 참조). 《論語》에서 욕구에 대한 진술은, "부와 귀는 사람이 바라는 것이다"(富與貴 是人之所欲也, 里仁 5)와 같이 직접적으로 욕구의 내용을 제시하고 있는 형태와 "어렸을 때에는 혈기가 아직 안정되지 않았으므로, 여색을 경계해야 한다"(少之時 血氣未定 戒之在色, 季氏 7)와 같이 욕구의 내용을 직접 제시하고 있지는 않으나, 문맥으로 보아 욕구의 내용(이 경우는 色欲 또는 性欲)을 추론할 수 있는 형태의 두 가지로 이루어지고 있다. 이는 《孟子》와 《荀子》에서도 마찬가지이다.

10 《孟子引得》 (Harvard-Yenching Institute, 1940) 참조.

11 《荀子引得》 (Harvard-Yenching Institute, 1950) 참조.

포함시켰다.

《예기(禮記)》 통론(通論) 부분에 욕(欲)이란 글자는 모두 16회 나오는데, 이 중에서 욕구 또는 동기에 대한 진술임이 분명한 것은 12회 정도이다. 이 밖에 재(財)·식(食)·색(色)과 같이 욕구에 대한 표현임이 분명한 것을 분석 대상에 포함시켰다.

이러한 분석에서 분명해진 점은 맹자와 순자 및·《예기》의 기자(記者)도 공자의 욕구이론을 거의 그대로 이어받고 있다는 사실이다. 맹자는 제자인 공손추(公孫丑)가 옛 성인인 백이(伯夷)와 이윤(伊尹)은 어떤 사람이냐고 묻자, 이들과 공자를 대비해 논하면서, "이들은 모두 옛날의 성인들로서, 나는 아직 그분들처럼 할 수가 없다. 나의 소망은 오직 공자를 배우는 것이다"[12]라는 말을 하고 있다. 이 말에서 드러나듯이, 맹자는 당시에 학문적으로 경쟁관계에 있었던 양주(楊朱)의 위아설(爲我說)이나 묵적(墨翟)의 겸애설(兼愛說) 같은 그릇된 학설을 반박하여 물리침으로써 공자가 제시한 유학을 수호하고 전파하는 일을 자기의 임무로 삼고 있었으므로,[13] 《맹자》에서 제시되는 욕구론이 《논어》의 욕구론을 그대로 이어받고 있다는 사실은 어찌 보면 당연한 논리적 귀결인 것이다. 순자도 맹자와 마찬가지로 "오늘날 성왕이 사라지고 천하가 혼란하여, 간사한 말들이 성행하나, 군자가 세력을 얻어 이에 임하

12 皆古聖人也 吾未能有行焉 乃所願 則學孔子也 (《孟子》, 公孫丑上 2)

13 公都子曰 外人皆稱夫子好辯 敢問何也 孟子曰 予豈好辯哉 予不得已也 … 聖王不作 諸侯放恣 處士橫議 楊朱墨翟之言盈天下 天下之言 不歸楊則歸墨 楊氏爲我 是無君也 墨氏兼愛 是無父也 無父無君 是禽獸也 … 吾爲此懼 閑先聖之道 距楊墨放淫辭 邪說者不得作 … 孔子成春秋而亂臣賊子懼 我亦欲正人心 息邪說 距詖行放淫辭 以承三聖者 豈好辯哉 予不得已也 (滕文公下 9)

지 못하고, 또 형벌로써 이들을 금하지 못하니, 내가 변설을 하는 것이다"[14]라고 하여, 유학을 통해 제자백가를 비판하는 자신의 입장을 드러내고 있다. 그는 선왕의 가르침을 온전히 확립한 공자[15]의 적통은 바로 자신에게 있음을 과시하고 있다.[16] 이러한 점에서 순자가 공자의 입장을 그대로 이어받고 있다는 사실을 이해할 수 있는데, 결국 공·맹·순 삼자의 욕구이론은 같은 내용을 공유하게 된 것이다.

1) 욕구의 유형

이상의 분석을 근거로 삼으면, 공자·맹자·순자 등 선진 시대 유학자들이 직접적으로 제시하고 있거나 암묵적으로 인정하고 있는 인간의 욕구 또는 동기의 종류는 상당히 다양한데, 다음 네 가지 유형의 욕구가 인간에게 모두 갖추어져 있다는 사실에 대해서는 이들 유학자들의 생각이 일치하고 있다.

첫째는 생물체로서의 생존욕구이다. 여기에는 배고픔[食][17], 목마름

---

14 今聖王沒 天下亂 姦言起 君子無勢以臨之 無刑而禁之 故辯說也 (《荀子》, 正名 14)

15 孔子仁知且不蔽 故學亂術 足以爲先王者也 (解蔽 9)

16 今夫仁人也 將何務哉 上則法舜禹之制 下則法仲尼子弓之義 以務息十二子之說 如是則天下之害除 仁人之事畢 聖王之跡著矣 (非十二子 30)

17 《論語》, 學而 14; 鄕黨 8; 衛靈公 31, 37; 堯日 1; 《孟子》, 梁惠王上 7; 告子上 7, 10; 告子下 1; 盡心下 24; 《荀子》, 修身 25; 榮辱 23, 31, 36; 非相 8; 王霸 19; 性惡 4, 15; 《禮記》, 禮運 301[이는 王夢鷗 註譯(1969) 《禮記今註今譯》 (臺北: 臺灣商務印書館)의 p. 301을 가리킨다. 앞으로 《禮記》의 인용은 이 예에 따른다.] 등.

[飮][18], 성욕[色][19], 편안하게 거처함[居][20], 생명유지[生·壽][21], 감각적 쾌락[22] 및 편안함의 추구[安佚][23] 같은 욕구들이 포함된다. 이들은 모두 생물체로서의 생존과 관련되는 욕구들이거나, 이목구비(耳目口鼻)나 사지(四肢) 같은 감각기관들의 쾌락을 추구하려는 욕구들이다. 이러한 생존욕구의 본유성에 대한 유학자들의 생각은 다음의 인용문에 잘 드러나 있다.

> 무릇 사람에게는 한 가지로 똑같은 바가 있다. 굶주리면 배불리 먹기를 바라고, 추우면 따뜻해지기를 바라며, 피로하면 휴식을 취하기를 바란다. 또한 이익을 좋아하고, 손해를 싫어한다. 이것은 사람이 태어나면서부터 갖추고 있는 바로서, 그렇게 되기를 기다려서 그러한 것이 아니다. 이는 성인인 우(禹)나 악인인 걸(桀)이나 똑같다.[24]

18 《論語》, 述而 15; 《孟子》, 公孫丑上 1; 告子上 5, 14; 盡心上 27; 《荀子》, 修身 25; 榮辱 23; 《禮記》, 禮運 301 등.

19 《論語》, 學而 7; 子罕 17; 衛靈公 12; 季氏 7; 《孟子》, 梁惠王上 7; 梁惠王下 5; 萬章上 1; 告子下 1; 《荀子》, 富國 3; 性惡 15; 《禮記》, 禮運 301; 經解 648 등.

20 《論語》, 學而 14; 子路 8; 《孟子》, 滕文公上 4; 盡心上 33; 《荀子》, 修身 25; 榮辱 31; 非相 9; 性惡 4 등.

21 《論語》, 顔淵 5, 10; 衛靈公 8; 《孟子》, 告子上 10; 《荀子》, 彊國 2, 12; 天論 34; 禮論 4 등.

22 《孟子》, 梁惠王上 7; 離婁下 30; 告子上 7, 15; 盡心下 24; 《荀子》, 勸學 21; 榮辱 31; 王覇 13, 19; 正論 31; 禮論 5; 解蔽 20; 性惡 1, 6 등.

23 《荀子》, 修身 29; 榮辱 36; 非相 9; 王制 7; 王覇 13; 君道 16; 彊國 12; 正論 31; 禮論 4; 性惡 4, 6 등.

24 凡人有所一同 飢而欲食 寒而欲煖 勞而欲息 好利而惡害 是人之所生而有也 是無待而然者也 是禹桀之所同也(《荀子》, 榮辱 31; 非相 8-9에도 凡人有所一同을 제외한 똑같은 귀절이 나온다.)

> 무릇 같은 종(種) 끼리는 모두 서로 비슷한 법이다. 어찌 다만 사람에게서만 그렇지 않다고 의심할 수 있겠는가? … 입으로 즐기는 맛에는 똑같이 좋아하는 맛이 있고, 귀로 즐기는 소리에도 똑같이 좋아하는 소리가 있으며, 눈으로 즐기는 아름다움에도 똑같이 좋아하는 아름다움이 있는 법이다.[25]

둘째는 자기의 이익을 추구하고자 하는 이기적 욕구이다. 여기에는 부자가 되는 것[富][26], 귀하게 되는 것[貴][27], 이익을 보는 것[利][28], 빈천(貧賤) 회피[29] 및 탐욕[慾·得][30] 같은 욕구들이 포함된다. 이들은 모두 개체로서의 자기의 이익을 다른 사람의 이익보다 앞세우고 먼저 추구하고자 하는 욕구들이다. 이러한 이기적 욕구가 인간에게 갖추어져 있다는 사실을 유학자들은 다음과 같이 진술하고 있다.

> 무릇 귀(貴)하기로는 천자(天子)가 되고 싶고, 부(富)하기로는 천하를 소유하고 싶은 것, 이는 사람의 본성으로 모두 똑같이 바라

25 凡同類者 擧相似也 何獨至於人而疑之 … 口之於味也 有同耆焉 耳之於聲也 有同聽焉 目之於色也 有同美焉 (《孟子》, 告子上 7)

26 《論語》, 學而 15; 里仁 5; 述而 11, 15; 泰伯 13; 顔淵 5; 季氏 7; 《孟子》, 梁惠王下 5; 公孫丑下 10; 離婁下 33; 萬章上 1, 3; 《荀子》, 修身 29; 榮辱 23, 36, 39; 王霸 19; 正論 29; 《禮記》, 曲禮上 2, 6 등.

27 《論語》, 里仁 5; 術而 15; 泰伯 13; 顔淵 5; 《孟子》, 公孫丑下 10; 離婁下 33; 萬章上 1, 3; 告子上 17; 《荀子》, 修身 29; 榮辱 39; 王霸 19; 《禮記》, 曲禮上 6 등.

28 《論語》, 里仁 12, 16; 子罕 1; 子路 17; 憲問 13; 《孟子》, 梁惠王上 1; 離婁下 33; 告子下 4; 《荀子》, 修身 29, 38; 不苟 4, 17; 榮辱 23, 28, 31; 非相 9; 非十二子 35; 儒效 36; 王制 7; 富國 23; 王霸 5, 11, 18, 19, 33; 君道 16; 禮論 4; 性惡 1, 6; 大略 20 등.

29 《論語》, 里仁 5; 泰伯 13 등.

30 《論語》, 公冶長 10; 憲問 2; 季氏 7; 陽貨 15 등.

는 것이다.[31]

> 부(富)와 귀(貴)는 사람들이 누구나 바라는 바이다. 그러나 올바른 도(道)로써 얻은 것이 아니면, 이에 머무르지 말아야 한다.[32]

셋째는 사회적 존재로서 다른 사람과의 관계에서 비롯되는 사회적 욕구이다. 여기에는 자기표현과 자랑[言·辭·伐][33], 투쟁[勝人·很·鬪爭][34], 지배[王·制人][35], 지위 추구[爵][36], 명예 추구[功名][37], 친애와 모임[群][38] 및 타인의 인정 추구[39] 같은 욕구들이 포함된다. 이들은 사회관계에서 자기를 표현하고 제시함으로써 타인으로부터의 수용을 추구하거나, 사회적 자원에 대해 타인과 직접 경쟁하고 있는 장면에서 작용하는 욕구들이다. 이러한 사회적 욕구의 본유성에 대해서는 다음 인용문에 잘 드러나 있다.

> 맹자는 "땅을 넓히고 백성의 수를 불리는 일은 군자가 바라는 바이

---

31 夫貴爲天子 富有天下 是人情之所同欲也 (《荀子》, 榮辱 39)

32 富與貴 是人之所欲也 不以其道得之 不處也 (《論語》, 里仁 5)

33 《論語》, 學而 14; 里仁 24; 顔淵 3; 憲問 2; 陽貨 19;《荀子》, 勸學 21; 非相 15, 18; 非十二子 30; 正名 14;《禮記》, 曲禮上 3 등.

34 《論語》, 憲問 2; 季氏 7;《荀子》, 儒效 28; 王制 6, 9, 21; 富國 3; 彊國 7; 性惡 18;《禮記》, 曲禮上 2; 禮運 301 등.

35 《孟子》, 梁惠王上 7; 梁惠王下 15; 盡心上 21;《荀子》, 王制 13; 王覇 19; 君道 16, 19 등.

36 《孟子》, 滕文公下 3; 告子上 16;《荀子》, 正論 29; 性惡 15 등.

37 《孟子》, 離婁下 33; 萬章上 1;《荀子》, 王制 7; 富國 3; 王覇 19 등.

38 《荀子》, 榮辱 28; 王制 21; 富國 6; 君道 8 등.

39 《論語》, 學而 1, 16; 里仁 14; 憲問 32; 衛靈公 18;《荀子》, 修身 23; 榮辱 23, 29; 儒效 37 등.

나, 즐거워함은 여기에 있지 않다"고 말하였다.[40]

뜻이 굽고 사사로우면서도 남들이 자기를 공평하다고 인정해 주기를 바라고, 행실이 더럽고 방탕하면서도 남들이 자기를 도덕적인 수양이 이루어졌다고 인정해 주기를 바라며, 어리석고 비루하면서도 남들이 자기를 지혜롭다고 인정해 주기를 바라는 것, 이것이 바로 보통 사람들이다.[41]

넷째는 동물과는 달리 인간을 진실로 인간답게 하는 근거로서의 도덕적 지향성의 욕구이다. 여기에는 선(善)의 지향[欲仁·欲義·欲禮·欲善][42], 도덕체득 및 실천[43], 역할 수행[44], 인정(仁政)을 펼침[45] 같은 욕구들이 포함된다. 이들은 동물들과는 달리 인간만이 본유적으로 갖추고 있는 도덕성을 체득하고, 이를 실생활 장면에서 실천하려는 의지를 낳는 욕구들이다. 이러한 도덕적 지향성 욕구의 본유성에 관한 공·맹·순의 주장은 다음 인용문들에 잘 드러나고 있다.

인(仁)이 멀리 있는가? (그렇지 않다.) 내가 인을 행하고자 하면, 곧

---

40 孟子曰 廣土衆民 君子欲之 所樂不存焉 (《孟子》, 盡心上 21)

41 志不免於曲私 而冀人之以己爲公也 行不免於汙漫 而冀人之以己爲脩也 其愚陋溝瞀 而冀人之以己爲知也 是衆人也 (《荀子》, 儒效 37)

42 《論語》, 述而 29; 顔淵 19; 堯曰 2; 《孟子》, 梁惠王上 1; 離婁下 27; 告子上 7, 8, 10, 16; 告子下 1, 4; 盡心上 21; 盡心下 24; 《荀子》, 修身 40; 榮辱 25; 王霸 11; 君道 4; 彊國 8, 20; 禮論 5; 性惡 7-8; 大略 20 등.

43 《論語》, 公冶長 9; 雍也 28; 子罕 17; 顔淵 2; 衛靈公 12, 23, 31; 《孟子》, 梁惠王下 9; 離婁下 19; 《荀子》, 修身 33 등.

44 《論語》, 衛靈公 9, 37; 《孟子》, 滕文公下 9; 離婁上 2; 告子下 4 등.

45 《孟子》, 梁惠王下 5, 12; 離婁上 9; 《荀子》, 君道 9, 21; 性惡 18; 《禮記》, 禮運 301; 學記 477 등.

바로 인이 이르는 것이다.[46]

군자가 인간의 성품이라고 여기는 것은 인간의 마음속에 뿌리박고 있는 도덕적 지향성[仁義禮智]이다.[47]

의[義: 도덕적 욕구]와 이[利: 이기적 욕구]는 사람이 함께 가지고 있는 것이다. 비록 요(堯)·순(舜) 같은 성인도 사람들의 이익 추구 욕구를 다 없앨 수는 없지만, 이익 추구 욕구가 의를 좋아하는 마음[도덕적 욕구]을 이기지 못하게 할 수는 있다.[48]

2) 각 욕구의 충족 조건: 재외자(在外者)와 재기자(在己者)

이상에서 보듯이, 유학자들은 인간에게는 누구에게나 생물학적 생존 욕구, 이기적 욕구, 사회적 욕구 및 도덕적 지향성 욕구의 네 가지가 본유적으로 갖추어져 있다는 사실에 대해 견해가 일치하고 있다. 그런데 이 네 가지 욕구들은 그 충족 조건에서 차이가 있다는 것이 유학자들의 생각이다. 곧 이러한 욕구들은 욕구 당사자 외부의 환경 조건이나 상황 또는 타인에 의해 그 충족 여부가 결정되는 것들[在外者·在天者·在人者]과 욕구 당사자 스스로가 하기에 따라 그 충족 여부가 결정되는 것[在己者·在我者]의 두 종류로 나뉜다는 것이다. 유학자들의 욕구이론은 이러한 욕구 충족 조건의 차이에 관한 기본 전제에서 출발한다.

46 子曰 仁遠乎哉 我欲仁 斯仁至矣 (《論語》, 述而 29)

47 君子所性 仁義禮智根於心 (《孟子》, 盡心上 21)

48 義與利者 人之所兩有也 雖堯舜 不能去民之欲利 然而能使其欲利不克其好義也 (《荀子》, 大略 20)

위의 네 가지 욕구들 가운데 생물학적인 생존 욕구, 이기적인 자기 이익 추구 욕구, 그리고 사회적인 경쟁 욕구의 세 가지는 모두 외적인 조건에 의해 그 충족 여부가 결정되는 재외자(在外者)들이라는 것이 유학자들의 생각이다. 다음 인용문들은 그들의 이런 관점을 잘 드러내주고 있다.

> 생명 유지의 문제[死·生]는 외적 조건[命]에 달려 있고, 부(富)와 귀(貴)도 외적 조건[天]에 달려 있다.[49]

> 입의 맛에 관한 것, 눈의 색깔에 관한 것, 귀의 소리에 관한 것, 코의 냄새에 관한 것, 사지의 안일에 관한 것, 이들은 누구에게나 갖추어져 있는 타고난 본성[性]이기는 하다. 그러나 이들은 외적 조건[命]에 의해 충족 여부가 결정되는 것이니, 군자는 이를 인간에게만 고유한 본성이라 일컫지 않는다.[50]

> 높은 지위에 올라 공물(貢物)과 봉록(俸祿)을 많이 받고, 위세(威勢)가 당당하며, 위로는 천자(天子)나 제후(諸侯)가 되고, 아래로는 재상의 지위에 오르는 것, 이것은 자기의 외부로부터 오는 영예(榮譽)로, 이를 "조건적 영예"[勢榮]라고 한다[51]

이에 비해 도덕적 지향성 욕구는 개인 스스로의 수양 정도에 따라 그 충족 여부가 결정되는 재기자(在己者)이다. 이러한 사실은 다음 인용

---

49 死生有命 富貴在天 (《論語》, 顔淵 5)

50 口之於味也 目之於色也 耳之於聲也 鼻之於臭也 四肢之於安佚也 性也 有命焉 君子不謂性也 (《孟子》, 盡心下 24)

51 爵列尊 貢祿厚 形勢勝 上爲天子諸侯 下爲卿相士大夫 是榮之從外至者也 夫是之謂勢榮 (《荀子》, 正論 29)

문들에 잘 드러나 있다.

> 인(仁)을 행하는 것은 자기에게 달려 있는 일이지, 어찌 남에게 달려 있는 일이겠는가?[52]

> 인(仁)의 부자(父子)에 관한 것, 의(義)의 군신(君臣)에 관한 것, 예(禮)의 손님과 주인에 관한 것, 지(智)의 현명한 사람에 관한 것, 성인(聖人)의 천도(天道)에 관한 것, 이들은 하늘이 부여해 준 본유적인 것[命]이다. 거기에는 사람이 고유하게 할 일[性]이 있으므로, 군자는 이를 외적인 근거를 갖는 일이라 일컫지 않는다.[53]

> 하고자 하는 바[志意]가 훌륭하게 닦여지고, 덕의 행실[德行]이 두터워지며, 지혜와 사려[知慮]가 명석해지는 것, 이것은 모두 자기 자신의 내부로부터 우러나온 영예(榮譽)로, 이를 "도덕적 영예"[義榮]라고 한다.[54]

이렇게 사람의 욕구에는 그 충족 여부가 외부 상황이나 환경 또는 다른 사람 같은 외적 조건에 달려 있는 재외자와 그 충족 여부가 스스로가 하기에 달려 있는 재기자의 두 가지가 있는데, 전자는 아무리 열심히 추구하더라도 충족하지 못하는 경우가 다반사이지만, 후자는 열심히 추구하기만 하면 항상 충족할 수 있다는 것이 유학자들의 의견이다.

> 충족 여부가 스스로에게 달려 있는 것[在我者]은 구하면 얻어지고,

52 爲仁由己 而由人乎哉 (《論語》, 顔淵 1)

53 仁之於父子也 義之於君臣也 禮之於賓主也 智之於賢者也 聖人之於天道也 命也 有性焉 君子不謂命也 (《孟子》, 盡心下 24)

54 志意修 德行厚 知慮明 是榮之由中出者也 夫是之謂義榮 (《荀子》, 正論 28-29)

> 내버려 두면 없어지는 것이어서, 애써 노력하면 반드시 얻어지게 마련이지만, 충족 여부가 외적 조건에 달려 있는 것[在外者]은 구하는 데 방법이 따로 있고, 또 얻어지느냐의 여부는 외적 조건[命]에 달려 있으므로, 애써서 구하려 해도 별로 잘 얻어지지 않는다.[55]

그러나 재외자 대신 재기자를 추구하는 것은 사람에게 있어 그리 쉬운 일이 아니다. 이는 도덕적 수양을 이룬 군자에게서나 가능한 일이다. 이러한 사실은 다음과 같은 지적에서 잘 드러나고 있는데, 바로 이 점이 후속되는 유학적 욕구이론의 토대가 되는 논점이다.

> 비루한 사람들은 이기적 욕구가 충족하지 못하면 어떻게 하면 이를 충족할 수 있을까 걱정하고, 이미 충족하고 나면 혹시 이를 잃어버리지 않을까 걱정한다. 그들은 이렇게 한번 얻은 것을 잃어버리지 않을까 걱정하게 되면, 아무 짓이나 마구 하게 된다.[56]

> 군자(君子)는 그 충족 여부가 자기에게 달려 있는 것[在己者]을 삼가 행하고, 외적 조건에 달려 있는 것[在天者]에 연연해하지 않는다. 그렇기 때문에 군자는 날로 발전한다. 이에 비해 소인(小人)은 그 충족 여부가 자기가 하기에 달려 있는 것은 버려두고, 외적 조건에 달려 있는 것에 연연해한다. 그렇기 때문에 소인은 날로 퇴보하는 것이다. 그러므로 군자가 날로 발전하고 소인이 날로 퇴보하는 이치는 한 가지로서, 군자와 소인의 차이가 큰 것은 바로 여기에 그

55 求則得之 舍則失之 是求有益於得也 求在我者也 求之有道 得之有命 是求無益於得也 求在外者也 (《孟子》, 盡心上 3)

56 其未得之也 患得之 旣得之也 患失之 苟患失之 無所不至矣 (《論語》, 陽貨 15)

까닭이 있는 것이다.[57]

2. 선진유학의 욕구이론

이상에서 보았듯이, 《논어》·《맹자》·《순자》 같은 선진유학의 경전들과 《예기》에서는 현대심리학에서 다루는 거의 모든 욕구들이 언급되고 있다. 이러한 동기들에는 식·색·감각적 쾌락추구와 같은 생존 욕구, 부·귀·이익 추구 및 자기 제시 같은 이기적 욕구, 지배·지위·명예 추구와 같은 사회적 욕구, 그리고 선의 추구·도덕 체득과 실천 및 역할 수행과 같은 도덕적 지향성의 욕구들이 포괄된다.

이러한 욕구들 가운데 유학자들이 가장 중요하게 여겨 권장하는 것은 도덕적 동기이다. 이는 성덕(性德)을 지향하는 유학의 체계에서 당연한 논리적인 귀결이다. 유학자들은 이러한 도덕적 지향성의 욕구는 재기자(在己者)에 속하는 것이어서, 그 충족 여부가 개인의 수양 수준에 달려 있다고 본다. 곧 도덕적 지향 욕구는 그 충족 조건이 개인의 노력에 달려 있으므로, 실생활에서 사람이 스스로 통제할 수 있기 때문에, 유학자들이 중시하고 권장하는 것이다. 유학자들에 따르면, 도덕적 지향 욕구 이외의 다른 욕구들은 모두 그 충족 여부가 외적 환경 조건

57 故君子敬其在己者 而不慕其在天者 小人錯其在己者 而慕其在天者 君子敬其在己者 而不慕其在天者 是以日進也 小人錯其在己者 而慕其在天者 是以日退也 故君子之所以日進 與小人之所以日退 一也 君子小人之所以相縣者在此耳 (《荀子》, 天論 28-29)

에 달려 있는 재외자(在外者)이다. 그러므로 이는 사람이 노력한다고 해서 충족되는 것이 아닐 뿐만 아니라, 이러한 외적 욕구는 인간이 올바른 길에서 벗어나 악으로 향하게 만들 가능성이 있기 때문에, 억제하고 조절해야 할 필요가 있다고 유학자들은 본다.

유학의 욕구이론은 이렇게 재기자인 도덕적 지향 욕구를 적극 권장하고, 재외자인 그 밖의 욕구를 억제해야 한다는 주장을 중심으로 성립되고 있다. 이러한 동기의 통제와 조절은 자기수양의 요체로서, 자기개선과 자기향상을 이루어 군자가 되는 길에서 중핵적인 과제가 된다는 것이 유학의 경전들에서 도출되는 욕구이론의 핵심 내용인 것이다.

1) 도덕적 지향 욕구의 권장

《논어》·《맹자》·《순자》·《예기》에서는 모두 도덕적 지향성의 욕구가 인간에게 본래부터 갖추어져 있는 본유적인 욕구로 제시되고 있다. 이러한 도덕적 지향 욕구는 자기수양에만 머무르지 않고, 함께 살아가고 있는 다른 사람에 대해 관심을 가지고 그들을 배려하며, 마침내 그들과 함께 선(善)을 이루는 일의 근거가 되는 동인(動因)이기 때문에, 유학자들이 중시하고 권장한다. 유학적 수양의 핵심은 도덕적 지향 욕구를 실생활에서 실천하는 데 있는 것이다.

《논어》 공자는 현대심리학이 제시하는 욕구 가운데 대부분의 욕구를 사람이 갖추고 있는 것으로 보고 있다. 그런데 여기에서 주목할 것은 《논어》에서는 사람에게 갖추어져 있는 욕구 가운데 도덕적 지향 욕구를 가장 핵심적인 것으로 보고, 이를 특히 강조하고 있다는 점이다. 공자는 이러한 도덕적 욕구에 의해 나머지 욕구들이 제어될 수 있다고 보며, 또 그러한 상태를 이상적인 인간의 상태로 제시함으로써, 이를 인간의 중핵적인 욕구로 보고 있다. 이 점이 《논어》에서 제시되는 욕구이론의 가장 중요한 특징이다.

이렇게 도덕적 지향의 욕구가 중핵적인 욕구가 되어야 하는 까닭은, 다른 욕구들의 충족 여부는 외적 조건에 달려 있어서 스스로 통제할 수 있는 범위를 벗어나지만, 도덕적 지향 욕구는 스스로가 통제할 수 있기 때문이다. 이러한 사실은 다음과 같은 진술들 속에 잘 드러나 있다.

> 인(仁)이 멀리 있는가? (그렇지 않다.) 내가 인을 행하고자 하면, 곧 바로 (내 안에 갖추어져 있던) 인이 나오게 되는 것이다.[58]

> 능히 가까이 자기 몸에서 취해 남에게 비유할 수 있으면, 인(仁)을 행하는 방도라고 이를 만하다.[59]

이 인용문들은 모두 도덕적 지향 욕구가 내재적으로 통제 가능한 동기임을 강조하고 있다. 곧 도덕적 욕구를 추구하는 것[爲仁]은 스스로에게 달려 있는 일이지, 다른 사람에게 달려 있는 일이 아닌 것이다.[60] 이렇게 도덕적 욕구는 내재적으로 통제 가능하므로, 이를 행하는

---

58 子曰 仁遠乎哉 我欲仁 斯仁至矣 (《論語》, 述而 29)

59 能近取譬 可謂仁之方也已 (雍也 28)

60 爲仁由己 而由人乎哉 (顔淵 1)

데 힘이 미치지 못하는 사람은 없다.[61] 따라서 이를 추구하면, 어디에서나 원망을 받지 않고,[62] 또한 스스로뿐만 아니라 다른 사람들도 선으로 이끌기 때문에,[63] 이는 사람이 일생 동안 견지하고 추구해야 할 가장 핵심적인 동기[64]가 되는 것이다. 이렇게 도덕적 욕구를 인간의 가장 중핵적인 욕구로 보고, 실생활에서 이를 적극 함양하고 실천하도록 권장하는 것이 《논어》에서 도출되는 욕구이론의 가장 큰 특징이다.

《맹자》 맹자도 모든 욕구가 사람에게 본유적으로 갖추어져 있는 것으로 보기는 하지만, 그렇다고 해서 그가 모든 욕구를 똑같이 중요하게 보는 것은 아니다. 이러한 태도는 다음과 같은 진술에서 잘 드러난다.

> 예[禮: 도덕적 지향 욕구]와 식[食: 생존 욕구] 중에서 어느 것이 더 중요한가? 예[도덕적 욕구]가 더 중요하다. 색[色: 생존 욕구]과 예[도덕적 욕구] 중에서 어느 것이 더 중요한가? 예[도덕적 욕구]가 더 중요하다.[65]

이 인용문에서 보듯이, 모든 욕구의 본유성을 인정하더라도, 그 중에서 도덕적 지향성의 욕구가 중핵이 되어야 한다는 것이 《논어》와 마찬가지로 《맹자》의 욕구이론의 가장 큰 특징이다.

---

61 有能一日用力於仁矣乎 我未見力不足者 (里仁 6)

62 己所不欲 勿施於人 在邦無怨 在家無怨 (顏淵 2)

63 子欲善而民善矣 (顏淵 19)

64 子貢問曰 有一言而可以終身行之者乎 子曰 其恕乎 己所不欲 勿施於人 (衛靈公 23)

65 禮與食孰重 曰 禮重 色與禮孰重 曰 禮重 (《孟子》, 告子下 1)

도덕적 욕구가 중핵적인 인간의 욕구가 되어야 하는 까닭은, 다른 욕구들의 충족 여부는 외적 환경 조건에 달려 있어서 이를 인간의 본성이라 할 수 없지만, 도덕적 동기의 충족 여부는 스스로의 노력에 달려 있으므로, 이는 동물과는 다른 인간의 독특한 본성이 되기 때문이다. 이러한 사실은 다음 진술문에 잘 드러나 있다.

> 입의 맛에 관한 것, 눈의 색깔에 관한 것, 귀의 소리에 관한 것, 코의 냄새에 관한 것, 사지의 안일에 관한 것은 타고난 본성[性]이기는 하지만, 외적 조건[命]에 따라 충족 여부가 결정되기 때문에, 군자는 이를 인간의 고유한 본성이라 일컫지 않는다. 인(仁)의 부자(父子)에 관한 것, 의(義)의 군신(君臣)에 관한 것, 예(禮)의 손님과 주인에 관한 것, 지(智)의 현명한 사람에 관한 것, 성인(聖人)의 천도(天道)에 관한 것은 하늘이 부여한 것[命]이기는 하지만, 거기에는 사람이 고유하게 할 일[性]이 갖추어져 있으므로, 군자는 이를 외적 조건에 달린 일이라 일컫지 않는다.[66]

이를 "군자가 사람의 본성[性]으로 삼는 것은 인의예지(仁義禮智)로서, 이는 마음에 뿌리를 두고 있는 것"[67]이라는 진술과 결부시켜 보면, 맹자가 주장하려는 논지가 분명하게 드러난다. 말하자면, 인간의 본성은 외적 조건에 따라 그 충족 여부가 결정되는 욕구, 곧 내재적으로 통제 불가능한 욕구들(생존 욕구, 이기적 욕구, 사회적 욕구)에서 찾을 수 없

---

66 口之於味也 目之於色也 耳之於聲也 鼻之於臭也 四肢之於安佚也 性也 有命焉 君子不謂性也 仁之於父子也 義之於君臣也 禮之於賓主也 智之於賢者也 聖人之於天道也 命也 有性焉 君子不謂命也 (盡心下 24)

67 君子所性 仁義禮智根於心 (盡心上 21)

고, 스스로의 자발적인 노력에 의해 충족되는 욕구, 곧 내재적으로 통제 가능한 욕구(도덕적 지향 욕구)에서 찾아야 한다는 것이다. 이렇게 "충족 여부가 스스로에게 달려 있는 것[在我者]은 구하면 얻어지고 내버려두면 없어지는 것이어서, 애써 노력하면 반드시 얻어지게 마련이지만, 충족 여부가 외적 조건에 달려 있는 것[在外者]은 구하는 데 방법이 따로 있고, 또 얻어지느냐의 여부는 외적 조건[命]에 달려 있으므로, 애써서 구하려 해도 별로 잘 얻어지지 않기"[68] 때문에, 재외자(在外者)인 여타 욕구들이 아니라 재아자(在我者)인 도덕적 욕구가 인간의 중핵적 욕구가 되어야 한다는 것이 맹자의 성선설의 논지인 것이다.

《순자》 순자도 이러한 욕구들이 모두 본유적으로 사람에게 갖추어져 있음을 인정한다.[69] 이러한 사실은 다음과 같은 진술들에서 잘 드러난다.

---

68 求則得之 舍則失之 是求有益於得也 求在我者也 求之有道 得之有命 是求無益於得也 求在外者也 (盡心上 3)

69 보통 순자는 性惡說의 주창자로서, 그는 사람에게 생물적 동기와 이기적 동기가 본유적으로 갖추어져 있고, 도덕적 동기는 후천적인 교육을 통해 습득되어야 한다는 이론을 편 것으로 알려져 있다. 그러나 이는 현재 전하는 《荀子》 중 제23편인 〈性惡篇〉 때문에 생긴 오해로서, 순자의 이론은 性惡說이 아니라 情惡說로 보아야 한다(郭沫若, 1945/1991; 김승혜, 1990; 김충렬, 1982; 徐復觀, 1969; 陳大齊, 1954 등)는 주장이 《荀子》에 관한 연구자들 사이에 설득력을 얻어가고 있다. 이들의 주장에 따르면, 순자가 인간에게 본유한 性으로 보고 있는 것은 이러한 생물적·이기적 욕구만이 아니라 인지적 능력(知)과 도덕적 행위능력(能)도 포함된다. 이렇게 보면, 전술한 모든 동기들을 사람이 본유적으로 갖추고 있는 것으로 순자가 파악하고 있다는 논리가 성립하는 것이다. 순자의 이론을 性惡說로 단정해서는 안 된다는 주장에 대해서는 김승혜(1990, pp. 220-221, 244-245)와 선행저술(조긍호, 1995, pp. 2-6; 1998, pp. 210-219) 및 이 책 제3장의 주46 참조.

무릇 눈이 아름다운 색깔을 좋아하고, 귀가 좋은 소리를 좋아하며, 입이 좋은 맛을 좋아하고, 마음이 이익을 좋아하며, 몸과 피부가 편안함을 좋아하는 것은 모두 사람의 본성에서 나온 것으로, 느껴서 스스로 그러한 것이지, 그렇게 되기를 기다려서 그러한 것은 아니다.[70]

무릇 귀(貴)하기로는 천자(天子)가 되고 싶고, 부(富)하기로는 천하를 소유하고 싶은 것, 이는 사람의 본성으로 모두 똑같이 바라는 것이다.[71]

의[義: 도덕적 지향 욕구]와 이[利: 이기적 욕구]는 사람이 함께 가지고 있는 것이다. 비록 요(堯)·순(舜) 같은 성인도 사람들의 이익 추구 욕구를 다 없앨 수는 없지만, 이익 추구 욕구가 의를 좋아하는 마음[도덕적 지향 욕구]을 이기지 못하게 할 수는 있다.[72]

길거리의 사람들도 모두 인의법정(仁義法正)을 알 수 있는 자질을 갖추고 있고, 또한 모두 인의법정을 행할 수 있는 바탕[도덕적 지향 욕구]을 갖추고 있다. 그러므로 누구나 다 틀림없이 우(禹)와 같은 성인이 될 수 있는 가능성이 있는 것이다.[73]

위의 첫 인용문에서는 생존 욕구와 이기적 욕구, 두 번째 인용문에서는 이기적 욕구, 세 번째와 네 번째 인용문에서는 도덕적 지향 욕구

70 若夫目好色 耳好聲 口好味 心好利 骨體膚理好愉佚 是皆生於人之情性者也 感而自然 不待事而後生之者也 (《荀子》, 性惡 6)

71 夫貴爲天子 富有天下 是人情之所同欲也 (榮辱 39)

72 義與利者 人之所兩有也 雖堯舜 不能去民之欲利 然而能使其欲利不克其好義也 (大略 20)

73 然而塗之人也 皆有可以知仁義法正之質 皆有可以能仁義法正之具 然則其可以爲禹明矣 (性惡 13)

의 본유성에 대해 언급하고 있다.

이러한 다양한 욕구들 가운데 도덕적 지향 욕구의 충족 여부는 사람이 하기에 달려 있어서 자발적인 통제가 가능하지만, 나머지 욕구들의 충족 여부는 외적 조건에 달려 있어서 자발적인 통제가 불가능하다는 점에 대해서도 순자의 생각과 공자·맹자의 생각은 같다. 순자는 도덕적 욕구의 충족으로 인한 즐거움은 사람의 내부에서 나오는 것이기 때문에, 이를 "도덕적 영예"[義榮]라 부르고, 이기적 욕구와 사회적 욕구의 충족으로 인한 즐거움은 밖에서 오는 것이기 때문에, 이를 "조건적 영예"[勢榮]라 부르고 있다.[74] 그는 전자는 "나에게 달린 것"[在我者·在己者], 후자는 "외적 조건에 달린 것"[在天者·在外者]이기 때문에, 사람은 외적 조건에 달린 것에 연연하지 말고, 자기에게 달린 것에 삼가 힘씀으로써, 날로 발전이 있도록 해야 한다[75]고 주장한다. 이렇게 순자의 욕구이론에서도 공자·맹자의 욕구이론과 마찬가지로 도덕적 지향 욕구를 사람의 가장 중핵적인 욕구로 파악하는 특징을 보이고 있는 것이다.

《예기》 《예기》에서 제시되고 있는 생존 욕구, 이기적 욕구, 사회적 욕구, 그리고 도덕적 지향의 욕구 가운데 사람의 중핵적 욕구가 되어야 하는 것으로 《예기》의 기자가 강조하는 것도 역시 도덕적 욕구

---

74 志意修 德行厚 知慮明 是榮之由中出者也 夫是之謂義榮 爵列尊 貢祿厚 形勢勝 上爲天子諸侯 下爲卿相士大夫 是榮之從外至者也 夫是之謂勢榮 (正論 28-29)

75 若夫心意修 德行厚 知慮明 生於今而志乎古 則是在我者也 故君子敬其在己者 而不慕其在天者 小人錯其在己者 而慕其在天者 君子敬其在己者 而不慕其在天者 是以日進也 小人錯其在己者 而慕其在天者 是以日退也 故君子之所以日進 與小人之所以日退 一也 君子小人之所以相縣者在此耳 (天論 28-29)

이다. 이는 다음과 같은 진술에 잘 드러나 있다.

> 하고 싶어 하는 욕구와 하기 싫어하는 욕구는 사람 마음의 두 가지 강렬한 지향성이다. 그러나 사람이 이러한 욕구들을 마음속에 숨기고 있으면, 이를 알아내기 어려운 경우가 많다. 사람 행위의 선과 악은 모두 그 마음에서 일어나는 것이지만, 즉시 외부로 나타나지 않는 경우가 많은 것이다. 이때 한 가지로써 이 둘을 아우르려 한다면, 예(禮: 도덕적 지향성)를 제쳐 놓고 또 무엇이 있겠는가?[76]

이 인용문에서도 제시되고 있듯이, 도덕적 욕구[禮]는 나머지 욕구들을 제어하고 통제하는 유일한 도구가 되는 것이므로, 실생활에서 적극 함양하고 실천하도록 권장되어야 한다는 것이《예기》에서 도출되는 욕구이론의 기본 관점이다.

2) 생존 욕구, 이기적 욕구 및 사회적 욕구의 억제

선진유학의 경전들에서는 앞에서 살펴본 바와 같은 도덕적 지향의 욕구를 제외한 나머지 욕구들은 적극적으로 억제할 것을 강조한다. 이러한 욕구들은 그 충족 여부가 전적으로 외적 조건에 달려 있으므로, 이러한 욕구의 무절제한 추구는 사람을 악으로 이끄는 원천이 된다고 보기 때문이다.

《논어》 공자는 생존 욕구[死·生]와 이기적 욕구[富·貴]의 충족

---

76 故欲惡者 心之大端也 人藏其心 不可測度也 美惡皆在其心 不見其色也 欲一而窮之 舍禮何以哉 (《禮記》, 禮運 301)

여부는 외적 조건에 달려 있어서 스스로 통제할 수 없는 것임을 분명히 하여,[77] 도덕적 욕구 이외의 나머지 욕구들이 스스로의 통제 범위를 벗어나는 욕구라는 사실을 밝히고 있다. 이러한 재외자에 속하는 욕구들은 사람이 그 충족의 여부를 스스로 통제할 수 없기 때문에, 이러한 욕구에 가리워지면 강직하지 못하게 되거나,[78] 사물의 이치에 어두워 의혹에 사로잡히게 되거나,[79] 무엇이든지 하지 않는 일이 없이 마구 덤비게 되거나,[80] 다른 사람의 원망을 많이 받게 되거나,[81] 일이 제대로 이루어지지 않거나,[82] 인륜을 크게 어지럽히는[83] 폐단에 빠지게 된다.

이렇게 도덕적 지향의 욕구 이외의 욕구들은 내재적인 통제 가능성이 없어서, 이를 그대로 방치하거나 추구할 경우 여러 가지 폐단에 빠지게 되기 때문에, 이들을 절제하고 제어할 필요가 있다는 것이 공자의 생각이다. 이러한 외적 조건의 통제를 받는 욕구의 절제와 제어에 관한 공자의 논지는 다음과 같은 진술들 속에서 엿볼 수 있다.

> 부(富)가 구해서 얻어질 수 있는 것이라면, 비록 마부 같은 천한 일이라도 마다 않고 하겠지만, 구해서 얻어질 수 있는 것이 아니라면, 나는 내가 좋아하는 일[도덕적 지향 욕구의 추구]을 따르겠다.[84]

---

77 死生有命 富貴在天 (《論語》, 顔淵 5)

78 子曰 棖也慾 焉得剛 (公冶長 10)

79 愛之欲其生 惡之欲其死 旣欲其生 又欲其死 是惑也 (顔淵 10)

80 其未得之也 患得之 旣得之也 患失之 苟患失之 無所不至矣 (陽貨 15)

81 子曰 放於利而行 多怨 (里仁 12)

82 無見小利 … 見小利 則大事不成 (子路 17)

83 欲潔其身而亂大倫 (微子 7)

84 子曰 富而可求也 雖執鞭之士 吾亦爲之 如不可求 從吾所好 (述而 11)

군자는 먹는 데서 배부르기를 구해서는 안 되고, 거처하는 데서 편안하기를 구해서는 안 된다.[85]

뜻있는 선비와 어진 사람은 살기를 도모하다가 인(仁)을 해치는 일은 없지만, 자기 몸을 버려서 인(仁)을 이루는 일은 있다.[86] 부(富)와 귀(貴)는 사람들이 바라는 바이다. 그러나 그 도(道)로써 얻은 것이 아니면, 이에 머무르지 말아야 한다.[87]

어진 사람은 그 말을 참고 조심한다.[88]

군자에게는 경계해야 할 일이 세 가지가 있다. 젊었을 때에는 혈기가 안정되어 있지 않으므로 여색[色]을 경계해야 하고, 장년기에 이르러서는 혈기가 바야흐로 강하므로 싸움[鬪: 남을 이기려는 욕구]을 경계해야 하며, 노년기에 이르러서는 혈기가 이미 쇠잔했으므로 탐욕[得]을 경계해야 한다.[89]

위의 첫 번째부터 세 번째 인용문까지는 생존 욕구의 절제를 강조하고 있고,[90] 네 번째와 다섯 번째 인용문에서는 이기적 욕구와 자기 제시 욕구의 제어를 논술하고 있으며,[91] 그리고 마지막 인용문에서는 생

85 子曰 君子食無求飽 居無求安 (學而 14)

86 子曰 志士仁人 無求生以害仁 有殺身以成仁 (衛靈公 8)

87 富與貴 是人之所欲也 不以其道得之 不處也 (里仁 5)

88 子曰 仁者其言也訒 (顔淵 3)

89 孔子曰 君子有三戒 少之時 血氣未定 戒之在色 及其壯也 血氣方剛 戒之在鬪 及其老也 血氣旣衰 戒之在得 (季氏 7)

90 《論語》에서 생존 욕구의 절제에 대해서는 이 밖에도 子路 8; 憲問 11; 衛靈公 8, 31, 37; 季氏 7 등에서 언급되고 있다.

91 이기적 욕구의 제어에 대해서는 이 밖에도 學而 15; 述而 15; 泰伯 13; 子路 17;

존 욕구[色], 사회적 욕구[鬪] 및 이기적 욕구[得]의 세 가지는 인생의 청년기, 장년기 및 노년기에 특히 삼가고 제어해야 한다고 보는 흥미 있는 견해를 밝히고 있다. 각 시기의 신체적인 에너지[血氣]의 성쇠에 따라 제어 또는 절제해야 할 욕구가 달라진다는 것이다.

이와 같이 생물적, 이기적 및 사회적 욕구는 그 충족 여부가 외적 조건에 달려 있어서 스스로가 통제할 수 있는 욕구가 아닐 뿐만 아니라, 이러한 욕구를 무분별하게 추구하다 보면 도덕적 수양,[92] 대인관계,[93] 외계 인식[94] 및 일 처리[95] 같은 삶의 전체 과정에서 많은 문제를 일으키는 폐단에 빠지게 된다. 그러므로 이러한 욕구들은 될 수 있는 대로 제어하고 통제하는 것이 바른 삶의 자세라는 주장이 《논어》에서 도출되는 욕구이론의 또 한 가지 특징이다.

憲問 13; 季氏 7 등에서 언급되고 있다; 자기 제시 욕구의 제어는 이 밖에도 學而 14; 里仁 24; 憲問 2; 陽貨 19와 같이 여러 곳에서 강조되고 있다. 《論語》에서는 특히 자기 제시 욕구의 제어를 강조하고 있는데, 《論語》에 출현하는 124회의 言 중에서 자기 제시 욕구의 제어와 관련된 표현이 대략 1/3 정도(40여 회)에 이른다는 사실이 이를 입증한다(《論語引得》 참조). 이러한 표현에는 앞에서 제시한 "말을 참고 조심하는 것" 말고도 "말에는 믿음이 있도록 해야 한다"(言而有信, 學而 7; 言必信, 子路 20), "일에는 민첩하고, 말은 신중히 해야 한다"(敏於事而愼於言, 學而 14; 君子欲訥於言 而敏於行, 里仁 24), "말보다 행동이 앞서야 한다"[先行 其言而後從之, 爲政 13; 古者 言之不出 恥躬之不逮也, 里仁 22]거나 "禮가 아니면 말하지 말라"(非禮勿言, 顔淵 1)는 것이 있다. 이렇게 자기 제시 욕구의 제어를 강조하는 것은 "말을 잘 꾸미고 얼굴 빛을 곱게 하는 사람은 仁이 부족"(巧言令色 鮮矣仁, 學而 3; 陽貨 17)하게 마련이어서, "말을 삼가는 것[訥]은 仁에 가까워지는 한 가지 조건"(剛毅木訥 近仁, 子路 27)이 된다고 보았기 때문이다.

92 公冶長 10.

93 里仁 5; 微子 7.

94 顔淵 10.

95 子路 17.

《맹자》 맹자도 도덕적 욕구를 제외한 나머지 욕구들은 사람이 스스로 통제할 수 없기 때문에,[96] 이러한 욕구에 가리워지면 욕구의 바름[正]을 잃게 된다고 본다. 그리하여 이러한 생물적·이기적 욕구에 가려지게 되면, 아무것이나 마구 먹고 마시거나,[97] 방탕·편벽·사악·사치한 일을 마구 저지르게 되고,[98] 또한 남의 것을 빼앗지 않으면 만족하지 못한다.[99] 이렇게 도덕적 욕구를 미루어 두고 이기적·생물적 욕구만을 추구하다 보면, 마음의 걱정거리를 풀어버리지 못하여,[100] 인생과 국가를 망치기도 한다.[101] 이와 같이 이기적·생물적 욕구만을 추구하는 것은 사물에 가려서 이에 이끌림으로써,[102] 자기의 도덕적 수양에 방해가 될 뿐만 아니라, 삶의 전체 과정을 그르치는 폐단에 빠지게 되는 것이다.

이러한 폐단에서 벗어나는 길은 생물적, 이기적 및 사회적 욕구를 절제하는 수밖에 없다. 이러한 사실을 맹자는 다음과 같이 진술하고 있다.

> 마음을 기르는 데는 욕심을 줄이는 것[寡欲]보다 더 좋은 방법이 없

96 求則得之 舍則失之 是求有益於得也 求在我者也 求之有道 得之有命 是求無益於得也 求在外者也 (《孟子》, 盡心上 3)

97 飢者易爲食 渴者易爲飮 (公孫丑上 1); 飢者甘食 渴者甘飮 是未得飮食之正也 飢渴害之 (盡心上 27)

98 苟無恒心 放僻邪侈 無不爲已 (梁惠王上 7; 滕文公上 3)

99 苟爲後義而先利 不奪不饜也 (梁惠王上 1)

100 人悅之 好色 富貴 無足以解憂者 惟順於父母 可以解憂 (萬章上 1)

101 是君臣父子兄第 終去仁義 懷利而相接 然而不亡者 未之有也 (告子下 4)

102 耳目之官 不思而蔽於物 物交物 則引之而已矣 (告子上 15)

> 다. 그 사람됨이 욕심이 적으면, 본래 착한 마음을 간직하지 못하는 바가 있다고 하더라도 그런 경우는 드물게 마련이고, 반대로 그 사람됨이 욕심이 많으면, 어쩌다가 본래의 착한 마음을 간직하는 수가 있다고 하더라도 그런 경우 또한 드물게 마련이다.[103]

이 인용문에서 보듯이, 맹자는 외적 조건에 의해 그 충족 여부가 결정되는 욕구들을 줄이는 과욕(寡欲)이, 이들이 가져오는 여러 가지 폐해에서 벗어나 사람이 타고난 본래의 선성(善性)을 유지하고 기르는 가장 확실한 방법이라고 주장한다. 곧 공자와 마찬가지로 맹자도 이기적, 생물적 및 사회적 욕구를 절제하는 일을 수양의 전제 조건으로 설정하고 있다. 이렇게 재외자 욕구들을 억제함으로써 마음의 선함을 유지하는 것, 이것이 성덕(成德)에 이르는 바른 삶의 자세라는 주장이 《맹자》에서 도출되는 욕구이론의 두 번째 특징인 것이다.

《순자》 앞에서 보았듯이 생존 욕구, 이기적 욕구 및 사회적 욕구들은 도덕적 욕구와는 달리 스스로 통제할 수 없는 욕구들이기 때문에, 이러한 욕구들을 제한 없이 추구하면, 천하의 온갖 폐해가 이로부터 일어나게 된다[104]고 순자는 본다. 이기적 욕구를 앞세우고 도덕적 욕구를 뒤로 돌리는 것은 치욕을 불러오는 일이며,[105] 이렇게 되면 욕구에 가리워 큰 이치에 어둡게 됨으로써,[106] 의혹에 빠진 채 무슨 일을 해도

103 養心莫善於寡欲 其爲人也寡欲 雖有不存焉者寡矣 其爲人也多欲 雖有存焉者寡矣 (盡心下 35)

104 天下害生縱欲 (《荀子》, 富國 2)

105 先利而後義者辱 (榮辱 25)

106 蔽於一曲 闇於大理 (解蔽 1)

즐겁지 않고,[107] 무엇이 화(禍)인지 복(福)인지도 모르게 된다.[108] 또한 사물의 노예가 되어[以己爲物役][109] 날로 퇴보하게 됨으로써,[110] 인륜도 저버리고,[111] 아무 일이나 마구 하는 소인[112]이 되고 마는 것이다. 그리하여 만일 군주가 이렇게 이기적 욕구만을 추구하면 난세가 되고,[113] 나라를 상하게 하여,[114] 결국에는 망하게 된다[115]고 순자는 보고 있다.

이러한 폐단에서 벗어나는 길은 생물적, 이기적 및 사회적 욕구의 추구를 절제하는 수밖에 없다고 보는 점에서도 순자는 공·맹과 같은 입장이다. 이러한 입장은 다음과 같은 진술에 잘 드러나 있다.

> 무릇 수양[治]에 대해 말하면서 사람들의 욕구가 모두 없어지기를 기다리는 것은 욕구를 지도해 줌[道欲]이 없이 욕구가 있다는 사실에 곤란해 하는 것이다. 무릇 수양에 대해 말하면서 사람들의 욕구가 적어지기를 기다리는 것은 욕구를 절제하는 법[節欲]을 가르쳐 줌이 없이 욕구가 많다는 사실에 곤란해 하는 것이다. … 욕구는 충족되든 충족되지 못하든 간에 일어나게 마련이지만, 사람이 구하는 것은 가능한 바를 좇는다. 충족되지 못할지라도 욕구가 일어나

107 以欲忘道 則惑而不樂 (樂論 7)

108 離道而內自擇 則不知禍福之所託 (正名 25)

109 故欲養其欲 而縱其情 … 夫是之謂以己爲物役 (正名 26-27)

110 小人錯其在己者 而慕其在天者 是以日退也 (天論 29)

111 人情何如 … 妻子具 而孝衰於親 嗜欲得 而信衰於友 爵祿盈 而忠衰於君 人之情乎 人之情乎甚不美 又何問焉 (性惡 15)

112 唯利所在 無所不傾 如是則可謂小人矣 (不苟 17)

113 故義勝利者爲治世 利勝義者爲亂也 (大略 20)

114 大國之主也 而好見小利 是傷國 (王霸 33)

115 挈國以呼功利 不務張其義 齊其信 唯利之求 … 如是則 … 國不免危削 綦之以亡 (王霸 5-6)

> 는 것은 하늘[天]로부터 자연적으로 받은 바이기 때문이고, 가능한 바를 좇는 것은 마음[心]으로부터 나온 것이기 때문이다. … 마음이 가능하다고 여기는 것이 이치에 맞으면, 비록 욕구가 많다고 해도 수양이 잘 이루어지는데 무슨 해가 되겠는가? … 마음이 가능하다고 여기는 것이 이치에 맞지 않으면, 비록 욕구가 적다고 해도 어찌 혼란스러움[亂]에만 그칠 것인가? 그러므로 수양이 잘 이루어지느냐 아니면 그렇지 못하냐 하는 것[治亂]은 마음이 가능하다고 여기는 것이 무엇이냐에 달려 있는 것이지, 사람이 본성적으로 바라는 바가 얼마나 많으냐에 달려 있는 것이 아니다. … 욕구란 비록 다 채우지는 못할지라도 이에 가까이 갈 수는 있고, 다 없애지는 못할지라도 구하는 바를 절제할 수는 있는 것이다.[116]

이 인용문에서는 생물적, 이기적 및 사회적 욕구의 절제[節欲]와 도덕적 욕구에 의한 이러한 욕구의 제어[道欲]를 욕구 추구의 폐단에서 벗어나는 방법으로 제시하고 있다.[117] 이렇게 욕구를 줄이는 절욕(節欲)과 욕구를 올바르게 인도하는 도욕(道欲)을 통해 욕구의 바름을 얻고, 그럼으로써 혼란에서 벗어나 바른 몸가짐의 상태로 나아가는 것, 이것이 군자가 되는 지름길이라는 것이 《순자》에서 도출되는 욕구이론의 두 번째 특징인 것이다.

《예기》 《예기》에서도 생존 욕구와 이기적 및 사회적 욕구는 실

116 凡語治而待去欲者 無以道欲 而困於有欲者也 凡語治而待寡欲者 無以節欲 而困於多欲者也 … 欲不待可得 而求者從所可 欲不待可得 所受乎天也 求者從所可 所受乎心也 … 心之所可中理 則欲雖多 奚傷於治 … 心之所可失理 則欲雖寡 奚止於亂 故治亂在於心之所可 亡於情之所欲 … 欲雖不可盡 可以近盡也 欲雖不可去 求可節也 (正名 19−22)

117 이 밖에도 修身 29, 40; 不苟 4; 榮辱 37, 39; 儒效 19; 王制 7; 彊國 7; 正論 32 등에서 절욕(節欲)과 도욕(道欲)에 대해 논술하고 있다.

생활에서 제어되어야 한다는 입장이 제시되고 있다. 즉 싸움에서 꼭 이기려 들지도 말고,[118] 재물을 보고 이를 구차스럽게 얻으려 하거나, 이를 나눌 때 많이 가지려 해서는 안 되며,[119] 또한 이를 꼭 자기가 간직하려고도 하지 말아야[120] 한다는 것이다.

3) 생물적·이기적 욕구의 조절과 통제를 통한 욕구의 승화

지금까지 보았듯이, 유학사상에서는 재기자·재아자에 속하는 도덕적 욕구는 적극 권장하는 대신, 재천자·재외자에 속하는 생존 욕구와 이기적 및 사회적 욕구는 적극 억제해야 한다는 자세를 굳게 지니고 있다. 이렇게 욕구를 통제하고 조절함으로써, 욕구의 폐해에서 벗어나 마음의 평온과 선함을 유지하는 일은 도덕적 수양과 자기개선을 이루는 전제 조건이다. 따라서 통제와 조절을 통해 항상 도덕적 욕구가 생물적, 이기적 및 사회적 욕구에 대해 통제력을 갖도록 하는 욕구의 승화를 이루는 일이, 바로 군자의 경지에 이를 수 있는 핵심이라고 유학자들은 보는 것이다.

《논어》 공자는 도덕적 욕구 이외의 나머지 욕구들은 내재적인 통제 가능성이 없기 때문에, 이를 그대로 내버려둘 경우 여러 가지 폐단에 빠지므로, 이를 적극적으로 억제하고 조절할 필요가 있다고 본다. 그런데 이러한 욕구들은 최종적으로 도덕적 지향성의 욕구에 따라 제

118 很無求勝 (《禮記》, 曲禮上 2)

119 臨財毋苟得 … 分毋求多 (曲禮上 2)

120 貨惡其棄於地也 不必藏於己 (禮運 290)

어되어야 한다는 것이 《논어》에서 제시되고 있는 입장이다. 다음 진술문은 이러한 관점을 잘 피력하고 있다.

> 자공(子貢)이 정사(政事)에 대해 여쭙자, 공자께서 "경제적인 풍요를 이루어 생존 및 이기적 욕구를 충족시키고[足食], 국가 안보를 튼튼히 하며[足兵], 도덕적 수양이 이루어져 백성들 사이에 믿음이 있도록 해야 한다[民信之]"라고 대답하셨다. 자공이 "만일 부득이 이 셋 중에서 하나를 버려야 한다면, 무엇을 먼저 버려야 합니까?"라고 여쭙자, 공자께서는 "국가 안보를 버려야 한다"라고 대답하셨다. 자공이 다시 "만일 부득이 나머지 둘 중에 하나를 버려야 한다면, 무엇을 먼저 버려야 합니까?"라고 여쭙자, 공자께서는 "경제적인 풍요[생존 및 이기적 욕구의 충족]를 버려야 한다. 옛날부터 사람은 누구나 다 죽었으나, 백성들 사이에 신의가 없으면(도덕적 지향 욕구가 충족되지 않으면) 사람으로서 스스로 존립할 수가 없는 것이다"라고 대답하셨다.[121]

공자는 이러한 입장을 "군주를 섬길 때에는 자기 직무를 성실히 하고(도덕적 욕구가 기본적이고), 식(食)은 뒤로 미루어야 한다(생존 욕구와 이기적 욕구는 부차적이다)"[122]라거나 "군자는 도덕적 욕구[道]를 추구하지, 생존 욕구[食]를 추구하지 않는다. … 군자는 도덕적 욕구를 충족할 것을 걱정하지, 이기적 욕구를 충족하지 못할까봐 걱정하지 않는다"[123]라는 진술에서 거듭 표현하고 있다.

---

121 子貢問政 子曰 足食 足兵 民信之矣 子貢曰 必不得已而去 於斯三者何先 曰 去兵 子貢曰 必不得已而去 於斯二者何先 曰 去食 自古皆有死 民無信不立 (《論語》, 顔淵 7)

122 子曰 事君 敬其事而後其食 (衛靈公 37)

123 子曰 君子謀道 不謀食 … 君子憂道 不憂貧 (衛靈公 31)

그러나 "생존 욕구[食]의 충족은 도덕적 욕구[喪祭]의 충족과 마찬가지로, 사람들의 삶에서 소중한 것"[124]이고, 어떤 면에서 생존 욕구는 도덕적 욕구보다 더 강한 것[125]이기 때문에, 도덕적 욕구에 의한 나머지 욕구의 제어는 상당히 어려워진다. 더욱이 이러한 도덕적 욕구는 그 자체로 실현하기 어렵다는 사실이 욕구 제어의 문제를 더욱 복잡하게 만드는 요인이 된다. 도덕적 욕구를 만족시키는 일이 아주 어렵다는 사실은 다음과 같은 진술에서 잘 드러난다.

> 자공이 "저는 다른 사람이 저에게 해주지 않았으면 하는 일을 저도 역시 다른 사람에게 해주지 않으려 합니다"라고 하자, 공자께서 "사(賜: 자공의 이름임)야! 이것은 아직 네가 미칠 바가 아니다"라고 말씀하셨다.[126]

도덕적 욕구의 충족이 어렵다는 사실은 이 밖에도 인(仁)의 실현 또는 성인이 되는 일의 어려움을 논술한 여러 곳[127]에서 제시되고 있다. 그러나 이러한 도덕적 동기는 내재적으로 통제 가능한 동기이기 때문에, 스스로의 노력에 따라 충족되는 것이다.[128] 따라서 공자는 사람들이 끊임없는 노력을 통해 도덕적 동기를 실현해야 한다고 본다.[129] 이러한 주장은 다음과 같은 진술에서 잘 드러나고 있다.

---

124 所重民食喪祭 (《論語》, 堯曰 1)

125 吾未見好德如好色者也 (子罕 17; 衛靈公 12)

126 子貢曰 我不欲人之加諸我也 吾亦欲無加諸人 子曰 賜也 非爾所及也 (公冶長 11)

127 雍也 28; 子罕 10; 憲問 2, 13, 26.

128 雍也 28; 顔淵 1.

129 君子去仁 惡乎成名 君子無終食之間違仁 造次必於是 顚沛必於是 (里仁 5)

> 자공이 "한마디 말로써 평생토록 행해야 할 만한 것이 있습니까?" 라고 여쭈었다. 이에 대해 공자께서는 "그것은 '자기를 미루어 남에게까지 미쳐가는 일'[恕]일 것이다. 곧 자기가 바라지 않는 일을 남에게 베풀지 말아야 하는 것이다"라고 말씀하셨다.[130]

평생토록 힘써야 할 이러한 도덕적 욕구의 핵심은 "자기의 사욕을 극복하여 예(禮)로 돌아감으로써[克己復禮] 인(仁)을 이루는 일이다. 이렇게 하루라도 사욕을 이겨 예로 돌아가면, 천하가 모두 인으로 돌아오게 되는 것이다."[131] 이렇게 하여 인을 체현하는 것이 바로 이상적인 인간이다. 공자는 스스로의 경험에 비추어, 이렇게 되면 바라는 것이 모두 사람의 도리에 맞는 것뿐이어서, "언제나 마음이 바라는 바대로 행하여도 도리에 어긋나지 않는"[132] 궁극적인 이상적 인간의 경지에 이를 수 있다고 본다. 곧 이러한 이상적 인간의 상태는, 모든 욕구가 도덕적 지향성에 따라 제어되어 도덕적 욕구의 상태로 승화된 경지라고 볼 수 있다는 것이 바로 《논어》의 욕구이론에서 제시되고 있는 또 다른 특징인 것이다.

《맹자》 맹자는 생존 욕구와 이기적 및 사회적 욕구의 폐단에서 벗어나는 일은 욕구를 줄이는 일[寡欲][133]에만 그쳐서는 안 되고, 한 걸음 더 나아가 도덕적 욕구에 의해 다른 욕구들을 제어해야 한다고 본

130 子貢問曰 有一言而可以終身行之者乎 子曰 其恕乎 己所不欲 勿施於人 (衛靈公 23)

131 克己復禮爲仁 一日克己復禮 天下歸仁焉 (顔淵 1)

132 七十而從心所欲 不踰矩 (爲政 4)

133 《孟子》, 盡心下 35.

다. 다음 진술문은 이러한 관점을 잘 드러내고 있다.

> 삶[生: 생존 욕구] 또한 내가 바라는 것이고, 의[義: 도덕적 욕구] 또한 내가 바라는 것이다. 그런데 이 두 가지를 함께 얻을 수 없다면, 삶[생존 욕구]을 버리고 의[도덕적 욕구]를 취해야 한다. 삶[生] 또한 내가 바라는 것이지만, 삶보다 더 간절하게 바라는 것[義]이 있으므로, 구차하게 삶을 얻고자 하지 않는 것이다. … 이렇게 삶보다 더 간절하게 바라는 것이 있는데 … 오직 어진 사람만이 이러한 마음을 갖는 것은 아니다. 사람은 누구나 다 이러한 마음을 가지고 있지만, 오직 어진 사람만이 이런 마음을 잃지 않고 간직하는 것이다.[134]

이 인용문에서는 도덕적 욕구에 의한 생존 욕구의 제어에 대해 논술하고 있다. 그런데 이렇게 욕구를 절제하거나, 제어할 수 있는 것은 마음이라는 기관이 가지고 있는 생각하는 기능 때문이라고 맹자는 본다. 곧 "눈과 귀 같은 감각기관은 생각하지 못하고 외부의 사물에 가리운다. 감각기관이 외부의 사물과 만나면 거기에 이끌려버릴 뿐이지만, 마음의 기관은 생각을 한다. 이렇게 생각을 하면 욕구의 바름을 얻고, 생각하지 못하면 얻지 못하는데, 이것은 하늘이 사람에게 부여해 준 능력으로, 먼저 그 큰 것(도덕적 동기의 주관자인 마음)을 바로 세우면, 그 작은 것(생물적·이기적 욕구의 주관자인 감각기관)이 큰 것의 자리를 빼앗을 수 없는 것이다."[135]

---

134 生亦我所欲也 義亦我所欲也 二者不可得兼 舍生而取義者也 … 是故所欲有甚於生者 … 非獨賢者有是心也 人皆有之 賢者能勿喪耳 (《孟子》, 告子上 10)

135 耳目之官 不思而蔽於物 物交物 則引之而已矣 心之官則思 思則得之 不思則不得也 此天之所與我者 先立乎其大者 則其小者不能奪也 (告子上 15)

그러나 욕구의 절제나 도덕적 욕구에 의한 나머지 욕구의 제어가 그렇게 쉬운 일은 아니다. 생존 욕구나 이기적 및 사회적 욕구가 충족되지 않은 채로 도덕적 욕구를 추구하는 바른 마음을 가진다는 것은 아주 어려운 일로, 보통 사람들은 생존 욕구나 이기적 및 사회적 욕구가 충족되지 않으면 도덕적 욕구를 추구하지 못하는 것이다.[136] 그렇지만 도덕적 욕구는 자발적인 통제가 가능한 것[在我者]이므로, "마음과 뜻을 한결같이 하지 못하면 깨달아 알지 못하지만,"[137] "그 마음을 다하면 (스스로에게 갖추어져 있는 도덕적 동기의) 본성[性]을 깨달아 알게 되는 것"[138]이다.

이러한 상태는 바로 욕구의 승화가 이루어진 상태라고 할 수 있는데, 그렇게 되면 "해야 할 일"[所爲]과 "해서는 안 될 일"[所不爲] 및 "바라야 할 것"[所欲]과 "바라서는 안 될 것"[所不欲]을 잘 구별하게 된다. 곧 "사람은 하지 않는 일이 있게 된 후에야 해야 할 일을 이룰 수 있게 되므로,"[139] 소위(所爲)와 소불위(所不爲), 소욕(所欲)과 소불욕(所不欲)[도덕적 욕구와 그 밖의 욕구들]을 잘 구별하여야, "할 일만을 행하고 해서는 안 될 일은 하지 않으며, 바랄 것만을 바라고 바라서는 안 될 것은 바라지 않는 경지"[140]에 이르게 된다. 이것이 바로 욕구의 승화가 이루어진 상태이다. 이렇게 되면 "인의[仁義: 도덕적 동기]에 배가 불러서 맛있

---

136 無恒産 而有恒心者 惟士爲能 若民則無恒産 因無恒心 (梁惠王上 7); 民之爲道也 有恒産者 有恒心 無恒産者 無恒心 (滕文公上 3)

137 不專心致志 則不得也 (告子上 9)

138 盡其心者 知其性也 (盡心上 1)

139 人有不爲也 而後可以有爲 (離婁下 8)

140 無爲其所不爲 無欲其所不欲 如此而已矣 (盡心上 17)

는 음식(생물적·이기적 욕구)을 더 이상 바라지 않게"[141] 되는 바, 이러한 욕구의 승화에 관해서도 맹자는 공자와 같은 입장을 전개하고 있는 것이다.

《순자》 앞에서 보았듯이, 순자는 생물적·이기적 욕구의 폐해에서 벗어나는 방안으로 욕구를 줄이고 절제하는 일[節欲]뿐만 아니라, 이러한 욕구를 올바른 방향으로 인도하는 일[道欲]을 들고 있다.[142] 그렇다면, 이러한 절욕(節欲)과 도욕(道欲)의 기준은 무엇인가? 순자는 "무릇 사람이 어떤 것을 취할 때에 항상 순수하게 좋아하는 것만 들어오는 것은 아니며, 어떤 것을 버릴 때에 순수하게 싫어하는 것만 나가는 것은 아니므로, 사람은 언제나 (바로 재어볼 수 있는) 저울을 갖추어야[權具] 한다"[143]고 보고 있다. 그리하여 이 저울에 욕구의 실상을 잘 달아보는 것이 욕구 통제의 방법이라는 것이 바로 순자의 생각이다. 이러한 생각은 다음 진술문에 잘 드러나 있다.

> 좋아서 가지고 싶은 것[欲]을 보면 반드시 앞뒤로 싫어할 만한 점[惡]이 없는지 생각해 보고, 이로울 만한 것[利]을 보면 반드시 앞뒤로 해로움을 끼칠 만한 점[害]이 없는지를 생각해 보아야 한다. 이렇게 양쪽을 모두 달아보고[兼權] 자세히 재어본[熟計] 다음에, 좋아하고 싫어하며 취하고 버릴 것을 결정해야 한다. 이렇게 하면, 항상 욕구의 폐단에 빠지지 않을 것이다.[144]

---

141 飽乎仁義也 所以不願人之膏梁之味也 (告子上 17)

142 《荀子》, 正名 19-22.

143 凡人之取也 所欲未嘗粹而來也 其去也 所惡未嘗粹而往也 故人無動而不與權具 (《荀子》, 正名 24)

144 見其可欲也 則必前後慮其可惡也者 見其可利也 則必前後慮其可害也者 而兼權之

여기서 저울이란 바로 도(道)로서, 따라서 절욕(節欲)과 도욕(道欲)을 위해서는 그 기준이 되는 도를 먼저 인식하지 않을 수 없게 된다.[145] 그런데 사람에게 이 도는 곧 예(禮)이므로,[146] 예에 따른 욕구의 조절이 곧 절욕과 도욕이라고 보아, 순자는 다음과 같이 말했다.

> 눈으로 하여금 예(禮)가 아니면 보려 하지 않게 하고, 귀로 하여금 예가 아니면 들으려 하지 않게 하며, 입으로 하여금 예가 아니면 말하려 하지 않게 하고, 마음으로 하여금 예가 아니면 생각하지 않게 해야 한다.[147]

이렇게 되면, 예를 무엇보다도 좋아하게 된다[148]고 순자는 보고 있는데, 이것이 바로 욕구의 승화가 이루어진 상태라고 볼 수 있을 것이다. 순자는 이렇게 예를 무엇보다 좋아하도록 욕구의 승화가 이루어지면, 덕을 지키는 굳은 의지[德操]가 갖추어져서,[149] 소위와 소불위, 소욕과 소불욕을 잘 분별하게 되며,[150] 항상 즐겁고 혼란하지 않을 뿐만 아

熟計之 然後定其欲惡取舍 如是則常不失陷矣 (不苟 17)

145 何謂衡 曰 道 故心不可以不知道 (解蔽 10)

146 禮者人道之極也 (禮論 13)

147 使目非是無欲見也 使耳非是無欲聞也 使口非是無欲言也 使心非是無欲慮也 (勸學 21: 여기서의 是는 사람의 正道, 곧 禮를 말하는 것인데, 이는 《論語》, 顔淵 1장의 非禮勿視 非禮勿聽 非禮勿言 非禮勿動과 같은 입장이다.)

148 及至其致好之也 目好之五色 耳好之五聲 口好之五味 心利之有天下 (勸學 21)

149 是故權利不能傾也 群衆不能移也 天下不能蕩也 生乎由是 死乎由是 夫是之謂德操 (勸學 21)

150 聖人淸其天君 正其天官 … 養其天情 以全其天功 如是則知其所爲 知其所不爲矣 (天論 25)

니라[151] 날로 발전하게 되어,[152] 자기를 소중히 여겨 사물을 부리는 상태[重己役物]가 이루어진다[153]고 본다. 본시 예란 욕구를 기르려는 것이지 없애고자 하는 것은 아니어서,[154] 이렇게 도덕적 욕구[禮]에 따른 여타 욕구의 제어가 곧 욕구의 승화가 된다는 것이 바로 순자의 예론(禮論)에 전개된 욕구이론의 핵심인 것이다.

《예기》 앞서 인용한 〈예운편(禮運篇)〉에서 제시되고 있듯이, 도덕적 욕구의 대상인 예는 사람의 욕구를 전체적으로 아울러 궁구할 수 있도록 하기 때문에, 예에 따라서 이기적 욕구와 사회적 욕구를 제어함으로써, 욕구를 방종하게 따르는 폐해[155]에서 벗어나야 한다는 것이 《예기》의 정신이다. 그렇게 함으로써, 싸움에서 꼭 이기려 들지도 말고,[156] 재물을 보고 이를 구차스럽게 얻으려 하거나, 이를 나눌 때 많이 가지려 해서는 안 되며,[157] 또한 이를 꼭 자기가 간직하려고도 하지 말아야[158] 한다는 것이다.

---

151 以道制欲 則樂而不亂 (樂論 7)

152 君子敬其在已者 而不慕其在天者 是以日進也 (天論 29)

153 心平愉 則色不及備 而可以養目 聲不及備 而可以養耳 … 故無萬物之美 而可以養樂 無勢列之位 而可以養名 如是而加天下焉 其爲天下多 其私樂少矣 夫是之謂重己役物 (正名 27-28)

154 禮起於何也 曰 人生而有欲 欲而不得 則不能無求 求而無度量分界 則不能不爭 爭則亂 亂則窮 先王惡其亂也 故制禮義以分之 以養人之欲 給人之求 使欲必不窮乎物 物必不屈於欲 兩者相持而長 是禮之所起也 故禮者養也 (禮論 1)

155 欲不可從 (《禮記》, 曲禮上 1); 昏姻之禮 所以明男女之別也 … 故昏姻之禮廢 則夫婦之道苦 而淫辟之罪多矣 (經解 648)

156 很無求勝 (曲禮上 2)

157 臨財毋苟得 … 分毋求多 (曲禮上 2)

158 貨惡其棄於地也 不必藏於己 (禮運 290)

이렇게 예(도덕적 동기)에 의해 이기적, 사회적 동기가 제어되면, 사람들이 자기가 바라는 것을 구하지 않아도 저절로 얻어지며,[159] 부귀해져도 교만하거나 방탕하지 않고, 빈천해도 두려워서 기가 죽지 않게 된다.[160] 이것이 바로 동기의 승화가 이루어진 상태인 것이다. 이렇게 보면, 《예기》에서 제시되는 동기론은 공·맹·순의 동기론을 그대로 이어받고 있다고 할 수 있을 것이다.

3. 조선조 성리학의 욕구이론: 인심도심설

지금까지 보아왔듯이, 선진유학자들의 욕구이론은 공통적으로 다음과 같은 세 가지 특징을 갖는 것으로 요약할 수 있다. 첫째, 사람은 생물체적 생존 욕구, 자기이익 추구의 이기적 욕구, 사회적 경쟁 과정에서 나오는 사회적 욕구, 그리고 도덕적 지향성의 욕구와 같은 다양한 욕구들을 지니고 있는데, 이 가운데 도덕적 욕구만이 사람이 스스로 통제할 수 있는 욕구이기 때문에, 인간의 가장 중핵적인 욕구는 도덕적 욕구이다. 둘째, 도덕적 욕구 이외의 나머지 욕구들의 충족 여부는 외적 조건에 의존되는 것일 뿐만 아니라, 이러한 욕구의 충족으로 말미암는 쾌락은 사람으로 하여금 욕구의 바름을 잃게 하고 불선(不善)으로 이끄는 폐단이 있기 때문에, 이는 절제되거나 제어될 필요가 있다. 셋째, 도덕적 욕구는 사람이 스스로 통제할 수 있는 가장 중핵적인 동기일 뿐

159 民不求其所欲而得之 (經解 646)

160 富貴而知好禮 則不驕不淫 貧賤而知好禮 則志不懾 (曲禮上 6)

만 아니라, 우주 삼라만상의 위계에서 가장 상위에 있는 인간의 고유한 특성이기 때문에,[161] 나머지 욕구들이 이에 따라 제어됨으로써, 하위 욕구들의 폐단에서 벗어나 욕구의 승화가 이루어지는 것이 바람직하며, 이것이 바로 이상적 인간이 되는 길이다.

이러한 선진유학자들의 욕구이론은 성리학자(性理學者)들이 그대로 이어받고 있다. 그러나 성리학자들은 선진유학자들보다 생물적, 이기적 및 사회적 욕구들의 향악성(向惡性)을 더욱 강조함으로써, 도덕적 욕구에 의한 이의 철저한 통제를 중시하는 엄격한 자세[162]를 굳게 지

161 水火有氣而無生 草木有生而無知 禽獸有知而無義 人有氣有生有知 亦且有義 故最爲天下貴也 (《荀子》, 王制 20)

162 선진유학자들이 생물적, 이기적 및 사회적 욕구의 向惡性을 전제하고, 이러한 바탕 위에서 도덕적 욕구에 의한 제어를 주장한다는 점은 지금까지 보아온 바와 같다. 그러나 그들은 생물적 욕구나 이기적 및 사회적 욕구가 생물적 존재인 인간에게 어쩔 수 없는 필요악이어서, 이를 철저히 배격해야 한다는 입장을 취하지는 않는다. 그들은 "생존 욕구의 충족은 도덕적 욕구의 충족과 마찬가지로 사람의 삶에서 소중한 것"(《論語》, 堯曰 1)이라고 보아, 多欲을 경계하여 寡欲(《孟子》, 盡心下 35)과 節欲·道欲(《荀子》, 正名 19-22)을 주장했지, 無欲과 去欲을 주장하지는 않았던 것이다. 곧 생물적·감각적 욕구나 자기이익을 보전하려는 욕구, 그리과 타인과의 경쟁 관계에서 빚어지는 사회적 욕구들은 생존을 위해 필요한 것이므로, 이런 욕구를 가지고 있다는 사실 자체가 아니라 이런 욕구가 많아서[多欲] 이에 이끌림으로써(《孟子》, 告子上 15), 이의 노예가 되는 것[以己爲物役](《荀子》, 正名 26-27)이 위험한 일이라는 것이다.
그러므로 욕구 추구에서 오는 이해득실을 잘 숙고해서(《荀子》, 不苟 17; 正名 24) 所欲과 所不欲, 所爲와 所不爲를 분별함으로써(《荀子》, 天論 25), 항상 바랄 일만을 바라고 할 일만을 행하는 것(《論語》, 爲政 4; 《孟子》, 離婁下 8; 盡心上 17)이 바로 寡欲·節欲·道欲의 요체라고 선진유학자들은 보고 있는 것이다. 인간의 욕구에 대해 가지는 선진유학자들의 이러한 유연함은 뒤에서 보듯이 욕구의 완전한 배격[遏人欲]을 주장하는 성리학의 엄격한 경직성과는 다소 거리가 있는 것으로 보인다.
그러나 이러한 거리가 양자의 이론 사이의 근본적인 차이를 가져오는 것은 아니고, 다만 정도의 차이만이 있을 뿐이다. 인간 욕구의 철저한 부정을 강조하는 도교·불교와 경합하면서 儒學的 形而上學 체계의 정립에 몰두했던 性理學者들이

니고 있었던 것으로 보인다. 성리학자들, 그 가운데서도 특히 조선조의 성리학자들이 제시하는 욕구이론의 핵심은 두 가지인데, 그 하나는 권장하거나 억제해야 할 동기의 내용에 관한 인심도심설(人心道心說)이고, 또 하나는 욕구와 정서 통제의 방법론인 거경(居敬) 사상이라고 볼 수 있다.

성리학의 인심도심설은, 순(舜)이 우(禹)에게 선위하면서 해주었다는 "인심은 오직 위태롭고 도심은 오직 은미하니, 오로지 정밀하고 전일하여, 진실로 그 중도를 잡으라[人心惟危 道心惟微 惟精惟一 允執厥中]"는 《서경(書經)》 〈대우모편(大禹謨篇)〉의 말을 주희가 《중용장구(中庸章句)》의 〈서(序)〉에서 인용하고, 이에 다음과 같은 해설을 붙이면서 비롯되었다.

> 인심은 오직 위태롭고 도심은 오직 은미하니, 오로지 정밀하고 전일하여, 진실로 그 중도[中]를 잡으라. … 이를 논해 보면, 마음이 허령(虛靈)함과 지각(知覺)함은 하나일 뿐이지만, 인심과 도심이 다름이 있음은, 인심은 부여받은 신체적 조건[形氣]의 사사로움에서 나오고, 도심은 천명에 따른 본성[性命]의 바른 데서 비롯되어, 지각되는 바가 같지 않기 때문이다. 그러므로 인심은 위태롭고 편안하지 않으며, 도심은 미묘하여 보기 어렵다. 그러나 몸[形]을 갖지 않은 사람이 없으므로, 비록 성인과 같은 상지(上智)라 하더라도 인심이 없을 수 없으며, 또한 본성[性]을 가지고 있지 않은 사람이 없으므로, 비록 아주 어리석은 하우(下愚)라 하더라도 도심이 없을 수

이러한 엄격성을 지향했던 것은 시대적 요청에 부응했던, 어찌 보면 당연한 논리적 귀결이라 볼 수 있을 것이다.

> 없는 것이다. 그리하여 이 두 가지가 가슴속에 섞여 있는데도 이를 다스릴 방도를 알지 못하면, 위태로운 인심은 더욱 위태롭게 되고 은미한 도심은 더욱 은미하게 되어, 천리(天理)의 공변됨이 끝내 사람 욕구[人欲]의 사사로움을 이기지 못하게 될 것이다. 여기서 정밀함[精]은 두 가지를 살펴서 섞이지 않게 하는 것이고, 전일함[一]은 본심의 바름을 지켜 떠나지 않게 하는 것이다. 그러니 이를 일삼아 좇아서 잠시라도 그침이 없게 함으로써, 반드시 도심으로 하여금 항상 몸의 주인이 되게 하고, 인심은 매번 도심의 명령을 듣게 하면, 위태로운 인심은 안정되고, 은미한 도심은 밝게 드러나서, 움직이고 고요히 머무르고 말하고 행동하는 것이 모두 넘치거나 모자라는 착오가 없게 될 것이다.[163]

이 해설에 대해 율곡(栗谷 李珥, 1536~1584)은 "이 말은 요·순·우가 서로 전해준 '마음을 다잡는 법'[心法]으로, 만세의 '성인이 되는 학문'[聖學]의 연원이어서, 지금까지 유학자들의 주석이 많았지만, 그 가운데에서 주희의 설이 가장 정밀하고 확실하다"[164]라고 하여, 《중용장구》의 〈서〉에 붙인 주희의 해설을 인심도심설을 세우는 바탕으로 삼고 있

---

163 人心惟危 道心惟微 惟精惟一 允執厥中 … 蓋嘗論之 心之虛靈知覺 一而已矣 而以爲有人心道心之異者 則以或生於形氣之私 或原於性命之正 而所以爲知覺者不同 是以或危殆而不安 或微妙而難見耳 然人莫不有是形 故雖上智不能無人心 亦莫不有是性 故雖下愚不能無道心 二者雜於方寸之間 而不知所以治之 則危者愈危 微者愈微 而天理之公 卒無以勝夫人欲之私矣 精則察夫二者之間而不雜也 一則守其本心之正而不離也 從事於斯 無少間斷 必使道心常爲一身之主 而人心每聽命焉 則危者安 微者著 而動靜云爲 自無過不及之差矣 (《中庸章句》, 序)

164 人心惟危 以下十六字 乃堯舜禹傳授之心法 萬世聖學之淵源 先儒訓釋雖衆 獨朱子之說最爲精確 (《栗谷全書 一》, 聖學輯要 修己上 窮理章 453): 이는 成均館大學校 大東文化研究院 刊(1971) 栗谷全書 제1권의 聖學輯要 중 修己上 窮理章의 p. 453을 가리킨다. 앞으로 栗谷의 인용은 이 예에 따른다.

다. 퇴계(退溪 李滉, 1501~1570)도 "인심은 곧 욕구에 눈을 뜬 것이고 … 도심은 곧 의리(義理)에 눈을 뜬 것이다. … 실로 형기(形氣)에서 나오게 되면 모두 인심이 아닐 수 없고, 성명(性命)에 근원을 두게 되면 곧 도심이 되는 것이다"[165]라고 하여, 주희의 해설을 받아들이고 있다.

앞의 인용문에서 주희가 주장하는 요점은 도심의 권장과 함양, 인심의 억제와 통제, 그리고 정일(精一)함을 통한 욕구 승화의 세 가지이다. 이러한 세 가지 요점은 성리학의 욕구이론인 인심도심설로 그대로 이어지고 있는 것이다.

1) 존천리(存天理): 도심(道心)의 권장

인심도심설이 기대고 있는 첫 번째 논거는 인심은 사람의 생물적 특성에서 나오는 이기적 욕구[形氣之私]의 근거이고, 도심은 사람의 본성에 뿌리를 두고 있는 바른 도덕적 욕구[性命之正]의 근거로서, 이 두 가지는 성인과 어리석은 사람을 가릴 것 없이 사람이면 누구나 다 가지고 있다는 주장이다. 이러한 사실을 퇴계는 "인심은 욕구에 눈을 뜬 것이고, 도심은 의(義)와 리(理)에 눈을 뜬 것"[166]이라고 하여, 인심은 생물적 욕구와 이기적 욕구의 근원이고, 도심은 도덕적 욕구의 근원임을 주장하고 있다. 이러한 사실을 율곡은 다음과 같이 더욱 분명하게 제시하

165 人心卽覺於欲者 … 道心卽覺於義理者 … 實以生於形氣 則皆不能無人心 原於性命 則所以爲道心 (《退溪全書 一》, 聖學十圖 心學圖說 208): 이는 成均館大學敎 大東文化研究院 刊(1997) 退溪全書 제1권의 聖學十圖 중 心學圖說의 p. 208을 가리킨다. 앞으로 退溪의 인용은 이 예에 따른다.

166 《退溪全書 一》, 聖學十圖 心學圖說 208.

고 있다.

> 사람의 정(情)이 발동할 때에는, 도의(道義)를 위해서 발동하는 경우가 있다. 예를 들면, 어버이에게 효도를 하려 하거나, 군주에게 충성하려 하거나, 어린아이가 우물에 빠지려는 것을 보고 측은해 하거나, 옳지 않은 일을 보고 부끄러워 싫어하거나, 종묘를 지날 때에 공손하고 삼가는 것 등이 이런 종류로서, 이를 도심이라 한다. 이에 비해, 몸의 쾌락을 위해서 발동하는 경우가 있다. 예를 들면, 배고프면 먹을 것을 바라고, 힘들면 쉬기를 바라고, 정기가 성하면 여자를 생각하는 것 등이 이런 종류로서, 이를 인심이라 한다.[167]

이 밖에도 율곡은 "무릇 좋은 소리·색깔·냄새·맛에 대한 욕구를 인심이라 하고, 인의예지(仁義禮智)에 대한 지향을 도심이라 한다"[168]거나 "군주에게 충성하고 어버이에게 효도하는 것 같은 종류는 도심이고, 배고프면 먹기를 바라고 추우면 옷 입기를 바라는 것 같은 종류는 인심이다"[169] 라는 등으로 똑같은 생각을 여러 곳에서 표현하고 있다.

이 가운데에서 "도심은 순전히 천리(天理)일 뿐이어서, 이에는 선(善)만 있고 악(惡)은 없지만, 인심에는 천리도 있고 인욕(人欲)도 있어

167 情之發也 有爲道義而發者 如欲孝其親 欲忠其君 見孺子入井而惻隱 見非義而羞惡 過宗廟而恭敬之類 是也 此則謂之道心 有爲口體而發者 如飢欲食 寒欲衣 勞欲休 精盛思室之類 是也 此則謂之人心 (《栗谷全書 一》, 說 人心道心圖說 282)

168 夫聲色臭味之類 所謂人心也 仁義禮智之類 所謂道心也 (《栗谷全書 一》, 聖學輯要 修己上 窮理章 453)

169 忠於君 孝於親之類 道心也 飢欲食 寒欲衣之類 人心也 (《栗谷全書 二》, 語錄上 231)

서, 이에는 선도 있고 악도 있다"[170]는 것이 이들의 생각이다. 이렇게 도심이 순수한 선[純善]인 까닭은 도심이 곧 인성(人性)의 중핵인 사단(四端)이기 때문이다.[171] 따라서 선악 혼재 상태인 인심(생물적·이기적 욕구)보다 순선 상태인 도심(도덕적 욕구)이 중핵적인 인간의 욕구 상태가 되어야 한다는 것이 조선조 성리학자들의 관점이었는데, 이 점은 선진유학자들의 견해와 동일한 것이다.

이렇게 성리학자들의 관점에서 도심은 곧 순선(純善)인 사단과 같은 것이다. 퇴계는 "도심은 마음의 본체를 가지고 말하여, 시종(始終)과 유무(有無)를 관통하는 것이고, 사단은 마음의 단서를 가지고 말하여, 마음이 발현되는 데에 나아가 그 단서를 가지고 말한 것이다"[172]라고 하여, 사회적 대상인 다른 사람을 대상으로 도심이 발하여 나타난 정(情)이 곧 사단임을 지적하고 있다. 사단은 대인관계에서 다른 사람을 지향

170 道心純是天理 故有善而無惡 人心也 有天理也 有人欲 故有善有惡 (《栗谷全書 一》, 說 人心道心圖說 282)

171 退溪와 栗谷은 道心이 곧 純善인 四端이라고 본다는 점에서는 생각이 같다. 그러나 양자의 人心과 七情의 관계에 대한 생각은 다르다. 즉, 退溪는 人心은 곧 七情이라고 보는 데 반해(人心七情是也 道心四端是也, 《退溪全書 二》, 書 答李宏仲問目 226; 人心爲七情 道心爲四端 … 二者之爲七情四端固無不可, 《退溪全書 二》, 書 答李平叔 259), 栗谷은 七情에는 본래 四端이 포함되므로, 따라서 이에는 人心과 道心이 섞여 있다고 본다(四端不能兼七情 而七情則兼四端, 《栗谷全書 一》, 書 答成浩原 192; 若七情則已包四端在其中 不可謂四端非七情 七情非四端也 … 七情之外 更無四端矣 然則 四端專言道心 七情合人心道心而言之也, 《栗谷全書 一》 書 答成浩原 199; 七情則人心道心善惡之摠名也 … 四端卽道心及人心之善者也 … 論者或以四端爲道心 七情爲人心 四端固可謂之道心矣 七情豈可只謂之人心乎 七情之外無他情 若偏指人心 則是擧其半 而遺其半矣, 《栗谷全書 一》, 說 人心道心圖說 283). 이러한 양자의 차이에 대해서는 한덕웅(1994, pp. 123-127; 1999, pp. 197-204, 218-222) 참조.

172 道心以心言 貫始終而通有無 四端以端言 就發見而指端緖 (《退溪全書 二》, 書 答李平叔 259)

대상으로 하여 나타나는 사회적 정서이다.[173] 그러므로 도심은 사회관계에서 다른 사람을 목표 대상으로 하여 나타나는 욕구와 정서의 본체가 되는 마음 상태라고 볼 수 있다. 율곡은 "도심은 군주에게 충성하고, 어버이에게 효도하려는 종류의 마음"[174]이라고 하여, 이러한 사실을 직접 표현하고 있다.

이상에서 보듯이, 도덕적 욕구가 인간의 가장 중핵적인 욕구이고, 그 근원인 도심이 실생활에서 함양되고 권장되어야 할 마음의 본체라는 인심도심설의 제1의 주장[存天理: 도심의 권장]은 선진유학자들이 내세우는 "도덕적 지향 욕구의 권장"이라는 욕구이론의 제1교의와 맥을 같이 하는 것이다.

2) 알인욕(遏人欲): 인심(人心)의 억제

인심도심설에 따르면, 인심이란 사람의 생물적 특징[形氣]에서 나오는 이기적[私]인 욕구의 근원이다. 이를 퇴계는 "인심은 욕구에 눈을 뜬 것"[175]이라거나, "인심이란 사람 욕구[人欲]의 근본이고, 인욕(人欲)이란 인심이 흘러내린 것"[176] 또는 "인심이란 말은 이미 도심과 상대해서 성립되는 것으로, 자기 몸의 이기적 측면에 속하는 것"[177]이라고 하여,

173 정양은, 1970, pp. 86-90.

174 《栗谷全書 二》, 語錄 231.

175 《退溪全書 一》, 聖學十圖 心學圖說 208.

176 人心者 人欲之本 人欲者 人心之流 (《退溪全書 二》, 書 答僑姪問目 307)

177 人心之名 已與道心相對而立 乃屬自家體段上私有底 (《退溪全書 二》, 書 答李平叔 259)

인심이 생물적 욕구와 이기적 욕구의 근원임을 확실히 하고 있다.

이렇게 인심은 생물적·이기적 욕구의 근원으로서, 이를 추구하면 여러 가지 폐단에 빠지게 되므로, 이를 억제하고 도덕적 욕구의 근원인 도심을 보존하도록 해야 한다는 것이 인심도심설의 주장이다. "사람이 착하지 못하게 되는 것은 욕구의 꾀임을 받게 되기 때문인데, 욕구의 꾀임에 빠졌음에도 이를 알지 못하면, 천리(天理: 도덕적 욕구·도덕성의 근거)가 모두 없어져도 돌아올 줄 모르거나"[178] 그 본심을 잃어서 뜻을 빼앗기는 지경[179]에 빠지고 마는 것이다. 이런 까닭에 인심을 억제하고 도심을 보존해야 하는데, 퇴계는 이를 다음과 같이 간결하게 표현하고 있다.

> 대체로 마음을 다잡는 공부[心學]의 방법은 비록 많지만, 그 요점을 종합해서 말하면, 사람의 욕구를 억제하고[遏人欲] 천리를 보존하는[存天理] 두 가지에 불과하다. 여기서 욕구를 억제하는 일은 인심의 측면에 속하는 것이고, 천리를 보존하는 일은 도심에 속하는 것이라 할 수 있다.[180]

이것이 퇴계의 유명한 알인욕(遏人欲)·존천리(存天理)의 입장인데, 이는 본래 성학십도(聖學十圖)의 심학도설(心學圖說)에서 제시된 것이

---

178 甚哉 慾之害人也 人之爲不善 欲誘之也 誘之而弗知 則至於滅天理而不反 (《栗谷全書 一》, 聖學輯要 修己中 矯氣質章 467)

179 欲如口鼻耳目四肢之欲 雖人之所不能無 然多而不節 未有不失其本心者 … 凡百玩好皆奪志 (《栗谷全書 一》, 聖學輯要 修己中 養氣章 469)

180 大抵心學雖多端 總要而言之 不過遏人欲存天理兩事而已 … 凡遏人欲事當屬人心一邊 存天理事當屬道心一邊 可也 (《退溪全書 二》, 書 答李平叔 259)

다.[181] 율곡도 "평상시에 엄숙하고 삼가함으로 자신을 지켜서, 생각이 떠오를 때마다 그것이 어디에서 연유하고 있는지를 잘 살펴야 한다. 그래서 만일 그것이 생물적·이기적 욕구[人心]에서 발동되었음을 알게 되면, 힘을 다하여 이를 이기고 다스려서, 이것이 자라나지 않도록 해야 한다. 그런데 만일 그것이 인의예지[道心]에서 발동되었음을 알게 되면, 한결같이 이를 간직하고 지켜서, 변하거나 옮겨가지 않도록 해야 한다"[182]라고 말하여, 똑같은 견해를 밝히고 있다. 이러한 관점을 그는 "대체로 인심은 마구 자라나도록 해서는 안 되며, 이를 절제하고 단속하는 일을 중히 여겨야 하고, 도심은 마땅히 간직하고 길러내야 하며, 이를 미루어 나가고 넓히는 일을 아름답게 여겨야 한다"[183]라고 표현하고 있기도 하다.

이렇게 인심이란 인간의 생물적 존재 특성에 바탕을 둔 이기적 욕구의 근원이어서, 이러한 욕구의 꾀임을 받게 되면, 도심[天理]이 모두 없어져도 돌아올 줄 모르고 불선을 저지르게 되거나,[184] 뜻을 빼앗기게 되는[185] 폐단에 빠진다고 성리학자들은 본다. 그런 까닭에 생물적·이기적 욕구의 근원인 이러한 인심은 철저히 억제해야 한다[遏人欲]는 것이 성리학자들

181 自精一擇執以下 無非所以遏人欲而存天理之工夫也 愼獨以下 是遏人欲處工夫 戒懼以下 是存天理處工夫 (《退溪全書 一》, 聖學十圖 心學圖說 208)

182 惟平居 莊敬自持 察一念之所從起 知其爲聲色臭味而發 則用力克治 不使之滋長 知其爲仁義禮智而發 則一意持守 不使之變遷 (《栗谷全書 一》, 聖學輯要 修己上 窮理章 453)

183 大抵人心不可滋長 而節約爲貴 道心宜保養 而推廣爲美也 (《栗谷全書 二》, 語錄上 232)

184 《栗谷全書 一》, 聖學輯要 修己中 矯氣質章 467.

185 《栗谷全書 一》, 聖學輯要 修己中 養氣章 469.

의 주장인데, 이 점도 선진유학자들의 관점과 동일한 것이다.

이상과 같이, 생물적·이기적 욕구가 인간을 불선(不善)으로 이끄는 원천이고, 따라서 불선의 근원인 인심은 실생활에서 억제되어야 이상적 인간상에 도달할 수 있다는 인심도심설의 제2의 주장[遏人欲: 인심의 억제]은 선진유학자들이 내세우는 "생물적·이기적 욕구의 억제"라는 욕구이론의 제2교의와 맥을 같이 하는 것이다.

3) 거경(居敬): 욕구의 승화

성리학자들은 생물적·이기적 욕구의 근원인 인심의 폐단에서 벗어나는 일은 단순히 이를 억제하거나[186] 절제하는 일[187]에만 머물러서는 안 되고, 도심으로 이를 제어함으로써 도심의 주재가 이루어지도록 해야 한다고 주장한다. 퇴계는 "인심이란 도심과 상대해서 성립하는 것으로, 사람 몸의 이기적 측면에 속한 것이어서, 이렇게 인심은 이미 이기적인 한 방향에 떨어져 있는 것이기 때문에, 다만 도심의 명령을 들어서, 도심과 하나가 되도록 해야 한다"[188]라는 말로 이러한 논점을 전개하고 있다. 율곡은 이러한 주장을 다음과 같이 좀 더 적극적으로 표현하고 있다.

마음을 다스리는 사람은, 어떤 생각이 발동할 때 이것이 도심임을

186 《退溪全書 一》, 聖學十圖 心學圖說 208; 《退溪全書 二》, 書 答李平叔 259.

187 《栗谷全書 一》, 聖學輯要 修己上 窮理章 453; 《栗谷全書 二》, 語錄上 232.

188 人心之名 已與道心相對而立 乃屬自家體段上私有底 蓋旣曰私有 則已落在一邊了 但可聽命於道心而爲一 (《退溪全書 二》, 書 答李平叔 259)

알게 되면, 이를 넓혀서 채워야 한다. 그러나 이것이 인심임을 알게 되면, 정밀하게 잘 살펴서 반드시 도심을 가지고 이를 제어함으로써, 인심이 항상 도심의 명령을 따르도록 해야 한다. 이렇게 되면, 인심도 또한 도심이 될 것이다.[189]

율곡은 이렇게 인심이 도심에 의해 제어되어 도심과 하나가 되면, "이와 의(理義: 도덕적 욕구)가 항상 보존되고, 물욕(物欲: 생물적·이기적 욕구)이 뒤로 물러날 것이니, 이로써 만사를 응대하면, 중도[中]에 맞지 않는 일이 없게 될 것"[190]이라고 주장하고 있다.

이렇게 도심에 따른 인심의 제어가 이루어져서 인심 또한 도심이 될 수 있는 것은 인심과 도심이 서로 다른 두 마음이 아니기 때문이다. 퇴계는 이를 "인심은 욕구에 눈을 뜬 것이고 … 도심은 의리(義理)에 눈을 뜬 것이지만, 이는 두 가지 종류의 마음이 있다는 말은 아니다"[191]라고 표현하고 있다. 이렇게 인심과 도심은 선악 혼재이냐 아니면 순선(純善)이냐 하는 정도의 차이를 나타낼 뿐이어서,[192] 순선인 도심 상태로 승화되는 일이 가능한 것이다. 이러한 사실을 율곡은 다음과 같이 진술하고 있다.

---

189 治心者 於一念之發 知其爲道心 則擴而充之 知其爲人心 則精而察之 必以道心節制 而人心常聽命於道心 則人心亦爲道心矣 (《栗谷全書 一》, 說 人心道心圖說 282-283)

190 夫如是則理義常存 而物欲退聽 以之酬酌萬變 無往而非中矣 (《栗谷全書 一》, 聖學輯要 修己上 窮理章 453)

191 人心卽覺於欲者 … 道心卽覺於義理者 此非有兩樣心 (《退溪全書 一》, 聖學十圖 心學圖說 208)

192 《栗谷全書 一》, 說 人心道心圖說 282.

이러므로 인심과 도심은 서로를 겸할 수 없고[不能相兼], 서로 처음과 끝이 되는 것이다[相爲終始]. … 직접 성명(性命)의 바름에서 나온 도심일지라도, 이것을 따라 선(善)으로 완성시키지 못하고 여기에 이기적인 욕구[私意]가 개재되면, 처음에는 도심이었다 하더라도 끝내는 인심이 되고 말 것이다. 이에 비해, 신체적 조건[形氣]에서 나온 인심이라 하더라도, 바른 이치[正理]를 거스르지 않으면, 도심과 어그러지지 않을 것이다. 이때 혹시 바른 이치를 거스르는 일이 있다고 하더라도, 잘못을 알아서 제압함으로써 그 욕구를 따르지 않게 되면, 처음에는 인심이었다 하더라도 끝내는 도심이 되는 것이다.[193]

여기서 인심과 도심이 "서로 처음과 끝이 된다"는 것은 이 둘 사이의 위계구조를 말한 것이다. 따라서 도심에 따라 인심을 제어하게 되면, "자아중심적·개체지향적인 인심"이 "상호의존적·대인관계지향적인 도심"[194]으로 통합되는 욕구의 승화가 이루어진다는 것이 퇴계와 율곡의 주장인 것이다.

성리학자들이 이렇게 사람의 욕심을 버리고[遏人欲] 천리를 보존함으로써[存天理] 욕구의 승화를 이루는 방법으로 제시하는 것이 경 상태에 머무르는 거경(居敬)이다. 《중용장구》 〈서〉에 붙인 《서경》 〈대우모편〉의 해설에서 주희는 이를 "정밀하게 살피고, 마음을 한결같이 하는 일[精一]"에서 찾고 있는데, 이러한 정일(精一)이 곧 거경의 상태에 해당

193 是故人心道心不能相兼 而相爲終始焉 … 今人之心 直出於性命之正 而或不能順而遂之 間之以私意 則是始以道心 而終以人心也 或出於形氣 而不咈乎正理 則固不違於道心矣 或咈乎正理 而知非制伏 不從其欲 則是始以人心 而終以道心也 (《栗谷全書 一》, 書 答成浩原 192)

194 한덕웅, 1994, p. 37.

된다.[195] 말하자면, 거경은 인심을 제어하고[遏人欲] 도심을 보존하는[存天理] 구체적인 방법인 것이다.

이러한 "경(敬)은 마음의 주재로서, 온갖 일의 근본이 되는 것"[196]이어서, "경은 성인이 되고자 하는 학문[聖學: 유학 전체를 가리킴]의 처음이자 마지막이 되는 요체"[197]라는 데 퇴계와 율곡의 생각이 일치하고 있다. 이러한 거경은 성학(聖學)의 또 하나의 방법으로서 사물의 이치를 깊이 탐구하는 궁리(窮理)의 근본이 되기 때문에[198] 성학의 처음이자 마지막이 된다는 것이다.[199]

그렇다면, 어떻게 해야 경 상태에 머무를 수 있게 되는가? "유학에

---

195 윤사순, 1997, pp. 267-271.

196 敬者一心之主宰 而萬事之本根也(《退溪全書 一》, 聖學十圖 大學經 203); 蓋心者一身之主宰 而敬又一心之主宰也 (《退溪全書 一》, 聖學十圖 心學圖說 208); 爲學莫如先立其主宰 曰 何如可以能立其主宰乎 曰 敬可以立主宰 (《退溪全書 四》, 言行錄一 論持敬 175)

197 敬爲聖學之始終 豈不信哉 (《退溪全書 一》, 聖學十圖 敬齋箴 210); 敬之一字 豈非聖學始終之要也哉 (《退溪全書 一》, 聖學十圖 大學經 203); 敬者聖學之始終也 (《栗谷全書》 一, 聖學輯要 修己上 收斂章 431)

198 敬以爲主 而事事物物 莫不窮其所當然與其所以然之故 … 至如敬以爲本 而窮理以致知 反躬以踐實 此乃妙心法 而傳道學之要 (《退溪全書 一》, 疏戊辰六條疏 185-186); 持敬是窮理之本 (《栗谷全書 一》, 聖學輯要 修己上 收斂章 431); 大抵敬字徹上徹下 格物致知 乃其間節次進步處 又曰 今人皆不肯於根本上理會 如敬字只是將來說 更不做將去 根本不立 故其他零碎工夫無湊泊處 (《栗谷全書 一》, 聖學輯要 修己上 收斂章 433-434)

199 敬者聖學之始終也 故朱子曰 持敬是窮理之本 未知者非敬無以知 程子曰 入道莫如敬 未有能致知而不在敬者 此言敬爲學之始也 朱子曰 已知者非敬無以守 程子曰 敬義立而德不孤 至于聖人 亦止如是 此言敬爲學之終也 (《栗谷全書 一》, 聖學輯要 修己上 收斂章 431); 蓋此心旣立 由是格物致知 以盡事物之理 則所謂尊德性而道問學 由是誠意正心 以修其身 則所謂先立其大者而小者不能奪 由是齊家治國 以及乎天下 則所謂修己以安百姓 篤恭而天下平 是皆未始一日而離乎敬也 然則敬之一字 豈非聖學始終之要也哉 (《退溪全書 一》, 聖學十圖 大學經 203)

서 경이라는 개념이 본격적으로 내세워져 문제시된 것은 송대의 정이(程頤, 호 伊川, 1033~1107)부터'[200]인데, 그와 그의 제자들은 거경의 구체적인 방법을 다음과 같이 네 가지로 제시했다.

> 어떤 사람이 "경 상태를 이루려면 어떻게 힘을 써야 합니까?"라고 물었다. 이에 대해 주희는 "정자(程子)는 일찍이 '마음을 하나에 집중시켜서 다른 곳으로 흩어지지 않도록 해야 한다'[主一無適]고 하였고, 또한 '몸가짐을 정돈하여 가지런히 하고, 마음을 엄숙하게 지녀야 한다'[整齊嚴肅]고도 하였다. 그리고 그 문하생인 사씨(謝氏)는 '항상 똑똑하게 각성 상태에 머무르는 일'[常惺惺法]이라 말하였고, 또한 윤씨(尹氏)는 '마음을 거두어들여 다른 생각이 그 속에 들어오지 못하게 하는 일'[其心收斂 不容一物]이 그 요체라고 말하였다"라고 대답했다. 요컨대, 경(敬)이란 한 마음의 주재자요, 만사의 근본인 것이다.[201]

이 인용문에서는 주일무적(主一無適)·정제엄숙(整齊嚴肅)·상성성법(常惺惺法)·불용일물(不容一物)의 네 가지가 대표적인 경 공부의 방법으로 제시되고 있다. 퇴계는 이 밖에도 여러 곳에서[202] 이 네 가지 경 공부의 방법에 대해 언급하고 있으며, 율곡도 이 네 가지 경 공부의 방법을

---

200 김성태, 1989, p. 5.

201 或曰 敬若何以用力耶 朱子曰 程子嘗以主一無適言之 嘗以整齊嚴肅言之 門人謝氏之說 則有所謂常惺惺法者焉 尹氏之說 則有其心收斂 不容一物者焉云云 敬者一心之主宰 而萬事之本根也 (《退溪全書 一》, 聖學十圖 大學經 203)

202 蓋心者一身之主宰 而敬又一心之主宰也 學者熟究於主一無適之說 整齊嚴肅之說與夫其心收斂 常惺惺之說 其工夫也盡而優 入於聖域而不難矣 (《退溪全書 一》, 聖學十圖 心學圖說 208); 敬之爲說者多端 何如不陷於忘助之病乎 曰 其爲說雖多 而莫切於程謝尹朱之說矣 (《退溪全書 四》, 言行錄一 論持敬 175)

받아들이고 있다.[203]

이러한 거경의 상태는 앞에서 보았듯이, 궁리의 근본이어서 사물의 이치를 올바로 이해하게 하는 기능과 함께 이렇게 깨달은 도를 일상생활에서 실천하여 도덕적 완성을 이루게 하는 등 다양한 기능을 갖는다. 이에 대해 퇴계와 율곡은 각각 다음과 같이 언급하고 있다.

> 경을 간직하는 것[持敬]은 생각과 배움을 함께 달성하고[兼思學], 움직이거나 정지해 있는 기거동작이 일관되며[貫動靜], 마음과 행동이 합일되고[合內外], 드러난 것과 숨어 있는 것이 일치하게[一顯微] 만드는 도이다.[204]

> 대개 도(道)의 묘한 것은 헤아릴 수가 없고 정해진 바가 없으나, 오직 경(敬)하면 능히 엉겨 모여서 이 이치가 항상 있게 된다. 마음을 경하게 하면 능히 엉겨 모여서 덕이 마음에 있게 되고, 용모를 경하게 가지면 능히 엉겨 모여서 덕이 용모에 있게 되며, 귀·눈·코·입에 이르기까지 모두 그렇지 않은 것이 없다. 그러나 경하지 않으면 마음이 방일하여 온 몸이 해이하게 이지러져서, 비록 사람의 형체를 갖추고 있다 해도 실제로는 혈기를 가진 살덩어리일 뿐으로, 사물과 전혀 다를 바가 없게 된다. 이렇게 경이란 덕을 모으는 근본이고, 인간의 본성을 완성하고 실천하는[踐形盡性] 요체인 것이다.[205]

---

203 又曰 主一之謂敬 無適之謂一 … 程子曰 整齊嚴肅則心自一 一則無非僻之干矣 嚴威儼恪 非敬之道 但敬須從此入 上蔡謝氏曰 敬是常惺惺法 和靖尹氏曰 敬者 其心收斂 不容一物之謂 或問 三先生言敬之異 朱子曰 譬如此室 四方皆入得 若從一方入至此 則三方入處皆在其中矣 (《栗谷全書 一》, 聖學輯要 修己中 正心章 476)

204 持敬者 又所以兼思學 貫動靜 合內外 一顯微之道也 (《退溪全書 一》, 進聖學十圖箚 197)

205 蓋道妙莫測 靡有攸定 惟敬則能凝聚得此理常在 如心敬則能凝聚得德在心上 貌敬

이렇게 퇴계와 율곡은 거경의 기능을 유학적 수양론의 핵심 위치에 올려 놓고 있다. 한마디로 경 상태는 주의 분산 없는 주의 집중의 인지적 기능[主一無適·不容一物][206]과 함께 실생활에서 도에 합치하는 목표를 선택하고 이에 적합한 행동을 활성화하는 동기적 기능[整齊嚴肅·常惺惺法][207]도 지니는, 심적 자기조절의 전체 과정에 해당한다고 볼 수 있다. 거경(居敬)의 기능을 이렇게 심적 자기조절이라고 보면, 경이 생물적·이기적 욕구[人心]를 제어하고 도덕적 욕구[道心]를 발양시키는 기능을 한다는 사실은 쉽게 이해된다. 이를 율곡은 다음과 같이 진술하고 있다.

> 경 상태에서는 안으로 욕구가 싹트지 않고, 밖으로 사물의 유혹이 들어오지 못한다. … 경은 사람의 욕구[人欲]를 대적하는 방도로서, 사람이 항상 경 상태에 있게 되면, 천리가 스스로 밝아지고, 사람의 욕구는 위로 떠오르지 못하게 되는 것이다.[208]

이렇게 경(敬)에 힘입어 생물적·이기적 욕구[人欲]를 제어할 수 있기 때문에 "악을 버리고 선을 따르는 일은 역시 경을 위주로 하는 일[主敬]과 도에 대한 올바른 이해[明理]에 달려 있을 수밖에 없는 것이다."[209]

則能凝聚得德在貌上 以至耳目口鼻之類 無不皆然 或有不敬 則心君放逸 而百體解弛 雖曰有人之形 而其實塊然血氣之軀 與物無以異矣 此敬之一字 乃聚德之本 而爲踐形盡性之要也 (《栗谷全書 一》, 聖學輯要 修己中 正心章 477)

206 김성태, 1989, pp. 160−181.

207 한덕웅, 1994, pp. 91−96.

208 敬則內欲不萌 外誘不入 … 敬所以抵敵人欲 人常敬則天理自明 人欲上來不得 (《栗谷全書 一》, 聖學 輯要 修己中 正心章 476)

209 其欲去惡而從善 亦在主敬與明理而已 (《退溪全書 二》, 書 答金而精 94)

이렇게 욕구 통제의 기능을 통해 "경은 온갖 사악함을 다 이기게 되므로,"[210] 거경(居敬)은 곧 욕구 승화의 직접적인 방도가 된다는 것이 바로 조선조 성리학자들의 입장이었던 것이다.[211]

이상과 같이, 인간을 불선으로 이끄는 원천인 인심을 거경의 과정을 통해 철저히 억제하여 인심이 도심으로 변모되도록 노력함으로써, 도심이 개인의 삶 전체를 지배하도록 해야 한다는 인심도심설의 제3의 주장[居敬: 욕구의 승화]은 선진유학자들이 내세우는 "조절과 통제를 통한 욕구의 승화"라는 욕구이론의 제3교의와 맥을 같이 하는 것이다.

4. 유학의 욕구이론과 현대 동아시아인의 동기 행동

지금까지 《논어》·《맹자》·《순자》·《예기》 같은 선진유학의 경전들과 조선조 성리학자들의 인심도심설을 통해 유학사상에서 제시되고 있는 욕구에 관한 논의들을 살펴보았다. 이상에서 보았듯이, 유학자들은 사람은 다양한 욕구들을 본유적으로 갖추고 있다고 본다. 이러한 욕구들은 인간의 생물체적 특성과 사회적 특성 및 도덕적 특성에서 나오는 것들이다. 인간의 생물체적 존재 특성에서는 생존 및 감각 추구 욕구가 나온다. 인간의 사회적 존재 특성에서는 이기적 및 자기 제시 욕구, 그

210 敬勝百邪 (《栗谷全書 一》, 聖學輯要 修己中 正心章 476)

211 이러한 점에서 居敬은 도덕적 개념이다. 그러나 居敬은 또한 窮理의 근본이 된다는 점에서 도덕적 개념일 뿐만 아니라 인지적인 개념이기도 하다.

리고 지위·권력·명예 같은 사회적 대상을 추구하는 사회적 욕구가 나온다. 그리고 인간의 도덕적 특성에서 도덕적 지향성의 욕구가 나온다.

유학자들에 따르면, 이러한 다양한 욕구들은 개인의 노력에 따라 충족 여부가 달라지는 것과 그 충족 여부가 전적으로 외적 조건에 달려 있는 것들로 나뉜다. 그들은 전자를 재기자(在己者)·재아자(在我者)라 하고, 후자를 재외자(在外者)·재천자(在天者)라 부른다. 재기자의 대표적인 것이 도덕적 욕구이고, 재외자의 대표적인 것이 생물적 생존 욕구, 이기적 욕구, 그리고 사회적 욕구라는 것이 유학자들의 관점이다. 이러한 구분으로부터 성덕(成德)을 지향하는 체계인 유학의 욕구이론이 도출된다.

1) 도덕적 욕구와 그 근거로서의 도심의 권장: 연계성 · 조화성의 강조

선진유학자들에 따르면, 성덕을 지향하는 과정에서 가장 중요한 욕구는 인의예지 같은 덕성을 주체적으로 자각하고, 이를 일상생활에서 실천하려는 도덕적 지향성의 욕구이다. 성리학자들은 이러한 도덕적 지향성의 욕구를 도심이라 하여, 이를 간직하고 확충하는 존천리를 군자가 되는 일의 핵심으로 강조한다. 이러한 도덕적 욕구의 충족 여부는 전적으로 개인적 수양의 정도에 달려 있기 때문에, 이는 재기자의 가장 대표적인 것으로, 이런 점에서 자율적 욕구라 부를 수 있다. 그러므로 이러한 도덕적 지향의 욕구는 언제나 권장되고 강조된다. 이와 같이 도덕적 욕구는 자기수양을 통한 성덕을 이루는 길에서 핵심적인 욕구 상태라는 것이 유학사상에서 도출되는 욕구이론의 첫 번째 요지이다.

이렇게 보면, 도덕적 욕구가 인간의 가장 중핵적인 욕구이고, 그 근원인 도심이 실생활에서 함양되고 권장되어야 할 마음의 본체라는 인심도심설의 주장은 인간을 "사회적 관계체"로 파악하는 유학자들의 견해에서 직접 도출되는 것이라 할 수 있다. 곧 "도덕적 욕구를 중시하고 권장하는 태도"는 인간을 개체적 존재로서가 아니라 "사회적 관계체"로 파악하는 관점으로부터 직접 도출된다. 도덕적 욕구는 타인을 지향 대상으로 삼는 것일 뿐만 아니라, 타인에 대한 관심과 배려를 주축으로 하는 욕구이기 때문이다.

이렇게 유학자들이 권장하는 도덕적 욕구는 타인에 대한 관심과 배려를 가지고 그들의 안녕에 이바지하려는 행동의 근거가 되는 타인지향의 욕구이다. 따라서 이러한 욕구 상태를 간직하게 되면, 일상생활에서 언제나 타인과 연계되어 있는 자신을 인식하고, 그들과 조화로운 관계를 유지하려는 태도로 살아가게 될 것이다. 이러한 맥락에서 보면, "도덕적 욕구와 그 근거인 도심의 권장"이라는 유학적 욕구이론의 첫 번째 특징은, 동아시아 집단주의사회인이 일상생활에서 타인과 맺는 "연계성"의 인식과 "조화성"의 유지를 위해 힘을 쏟도록 유도하게 될 것이 분명하며, 여기에서 동아시아 집단주의의 배경에 유학의 체계가 놓여 있다는 논거를 확인할 수 있다.

이러한 맥락에서 동아시아 집단주의사회에서 "개인을 타인과 밀접하게 이끌고, 개인과 사회 환경 사이의 공동체감을 촉진시키는 행동을 산출"[212]하는 일체성(communion)의 욕구가 개인의 독립성과 자율성을 추구하는 욕구들보다 중시되는 근거가 나온다. 동아시아인들에게 지배적인 이러한 일체성의 욕구에는 소속·존경·모방·친밀·사회적 용인 추구의 욕구들 같이 집단에 소속되고 집단원들과 조화로운 관계를 유지하려는 욕구들이 포함되는데,[213] 이들은 모두 개인보다 타인이나 집단에의 관심을 우선시키며 집단에의 소속을 희구하는 강한 "관계지향의 욕구"인 것이다.

이러한 맥락에서 무엇인가 보람 있는 일을 이루어 내려는 성취의 목표가 동아시아 사회인들과 서구인들에게서 차이가 나는 근거를 짐작할 수 있다.[214] 집단주의사회에서는 성취동기가 "사회지향 성취동기"(socially oriented achievement motive)의 형태를 띠어, 중요한 타인(특히 가족)의 기대에 부응하려는 노력의 배경이 되지만, 개인주의사회에서는 "개인지향 성취동기"(individually oriented achievement motive)의 형태를 띠어, 성취 그 자체를 위한 노력의 배경이 되는 것이다. 말하자면, 집단주의사회에서 성취의 목적은 "집단"에 집중되지만, 개인주의사회에서 성취의 목적은 "나"에 집중되는 것이다.[215]

문화 유형에 따른 이러한 성취 목표의 차이는 두 문화권에서 전형적인 사회화 과정과 자존감의 근거가 다른 데서 연유하는 것이라 볼 수

---

212 Geen, 1995, p. 249.

213 Baumeister & Leary, 1995; Geen, 1995; Markus & Kitayama, 1991a; Wiggins, 1992.

214 한규석, 2002; Markus & Kitayama, 1991a, b; Yang, 1982, 1986.

215 Maehr, 1974; Maehr & Nicholls, 1980.

있다.[216] 집단주의사회에서는 사회화 과정에서 상호의존성과 연계성을 강조하게 되고, 관계를 바탕으로 정체성이 규정될 뿐만 아니라, 타인의 기대에 부응하여 인정을 받는 데서 느끼는 좋은 감정인 "사회적 존중감"(social esteem)이 자부심의 근원이 된다.[217] 따라서 이 문화권에서는 성취 관련 행동, 탁월성의 표준 및 성과의 평가가 가족, 집단 또는 사회 전체와 같은 중요한 타인에 의해 규정되므로, 성취의 목표가 이들에게서 주어진다. 이와는 대조적으로, 개인주의사회에서는 사회화 과정에서 독립성을 강조하게 되고, 개인의 성취(소유물·경험·업적·능력 들)에 의해 정체성이 규정될 뿐만 아니라,[218] 스스로가 이상적 수준에 근접한 성취를 해서 느끼는 좋은 감정인 "자기존중감"(self-esteem)이 자부심의 근원이 된다.[219] 따라서 이 문화권에서는 성취 관련 행동, 탁월성의 표준 및 성과의 평가가 행위자 자신에 의해 규정되므로, 성취의 목표가 스스로에게서 나오게 되는 것이다.

동아시아 집단주의사회인들에게서 실제로 나타나는 이러한 동기 행동들은 모두 전통적으로 동아시아인들이 인간을 "사회적 관계체"로 파악하는 관점에서 "도덕적 지향 욕구" 곧 "도심"을 인간이 추구해야 할 가장 중핵적인 욕구로서 권장해 온 배경에서 나오게 된 것이라 추론

---

216 Yang, 1982, 1986; Yang & Liang, 1973.

217 Fiske et al., 1998, p. 923; Geen, 1995, pp. 104–105; Heine & Lehman, 1995; Kitayama, Markus, & Kurokawa, 1994; Kitayama, Markus, & Lieberman, 1995; Kitayama et al., 1997.

218 Triandis, 1988, 1989.

219 Fiske et al., 1998, p. 923; Geen, 1995, pp. 104–105; Heine & Lehman, 1995; Kitayama et al., 1994, 1995, 1997.

할 수 있다. 즉 유학적 욕구이론의 제1교의인 "도덕적 욕구와 그 근거로서의 도심의 권장"은 동아시아인들의 삶의 양식으로 그대로 표출되고 있는 것이다.

2) 생물적·이기적 욕구와 그 근거로서의 인심의 억제: 자기억제의 강조

선진유학자들은 생존 욕구와 이기적인 자기이익 추구 욕구 및 사회적 경쟁 장면에서 나오는 욕구들은 그 충족 여부가 외부 대상이나 상황 또는 환경 조건에 따라 달라진다고 본다. 이러한 재외자·재천자는 그 충족을 위해 사람의 자율적인 노력이 개재할 여지가 거의 없다는 점에서 타율적 욕구라 부를 수 있다. 이러한 타율적 욕구는 외적 근원을 갖는 욕구이기 때문에, 이를 과도하게 좇게 되면 다양한 폐해가 나오게 된다. 그러므로 자기수양을 통해 이러한 욕구를 절제하고 억제할 필요가 생긴다. 성리학자들도 이러한 욕구들을 인심 또는 인욕(人欲)이라 하여, 이는 사람을 불선(不善)으로 이끄는 원천이므로 삶의 과정에서 적극적으로 억제해야 한다고 보았다. 유학자들이 주장하는 자기수양이란 생물적이고 이기적인 욕구의 지배에서 벗어나는 일이라고 볼 수도 있다. 이와 같이 타율적 근원을 갖는 생존 욕구와 이기적 및 사회적 욕구를 절제하고 억제하는 것이 올바른 삶의 자세라는 주장이 유학사상에서 제시하는 동기이론의 두 번째 요지이다.

이렇게 생물적·이기적 욕구를 통제하고 조절할 수 있는 것은, 사람은 성덕을 지향하는 삶의 과정에서 모든 도덕성의 원천이 스스로에게 갖추어져 있다는 사실을 인식하여, 스스로에게서 모든 일의 책임을 찾는 능동적 주체성을 지닌 "덕성 주체"이기 때문에 가능한 것이다. 생물적 욕구와 이기적 욕구는 타율적인 근원을 가지는 것으로, 도덕 주체인 자기 자신에 대한 능동적 자각에 의해 그 통제 가능성이 열릴 수 있을 것이기 때문이다.

말하자면, 도덕적 완성을 통해 지극한 선의 상태에 도달하는 것이 덕성 주체인 스스로의 책임이듯이, 생물적·이기적 욕구에 휘둘려 불선해지는 것도 역시 개인의 책임이므로, 능동적이고도 주체적으로 이러한 욕구를 억제하고 통제할 수 있게 된다는 것이 유학자들의 관점인 것이다. 이렇게 보면, 인간을 "능동적 도덕 주체"로 파악하는 유학사상의 관점에서 "이기적 욕구와 생물적 욕구의 억제"를 통한 성덕의 지향이라는 동아시아 집단주의의 특징이 직접 도출되고 있는 것이다.

이러한 맥락에서 지속적으로 유학의 영향을 받아온 동아시아 집단주의사회에서 통제란 결국 상호의존성과 연계성을 실현하기 위하여 개인적 욕구와 목표 및 사적 감정 등 내적 속성을 억제하는 것을 의미하게 된다는 사실을 이해할 수 있다. 동아시아 사회에서는 타인에의 민감성, 상황의 필요와 요구에의 적응 및 자기억제와 조절의 노력을 통해 개인적 역량이 체험되기 때문이다. 따라서 이 사회에서는 이러한 자기억제와 상황 적응성 및 대인관계에서의 조화의 유지가 자존심의 근거가 되므로, 결과적으로 내적 욕구 통제의 동기가 강하게 된다. 이에 비해, 개인주의사회에서는 자기의 내적 욕구·감정 및 능력의 표출과 사회적 압력에 대한 저항의 노력을 통해 개인적 역량이 체험되므로, 통제란 결국 개별성과 자율성을 성취하기 위하여 사회 상황이나 외적 제약을 변화시키는 것을 의미하게 된다. 따라서 이 사회에서는 독특성·수월성·자기표현의 유능성 및 외적 제약으로부터의 자유로움이 자존심의 근거가 되므로, 결과적으로 외적 환경 통제의 동기가 강하게 되는 것이다.[220]

동아시아 사회인들이 이렇게 자기억제를 강조하는 경향은 그들로 하여금 환경 조건과 외부 대상을 통제의 대상으로 하여 이를 통제하려는 일차통제의 경향보다 자기 자신을 통제의 대상으로 보아 스스로의 욕구와 감정을 억제하는 이차통제의 경향이 높게 나타나는 경향을 유발한다.[221] 이러한 높은 자기억제의 경향은 동아시아인들에게 자기 자신의 의견을 고집하기보다는 집단 규범에 동조(同調, conformity)하는 경향을 크게 하는 요인으로 작용하기도 한다.[222] "집단주의자들은 사회압력에 저항해서 자신의 지각·태도·신념 등을 유지하는 능력이 없는 것이 아니라, 이들에게 상호의존적인 타인에 대한 동조는 고도로 높이 평가되는 목표 상태로서, 이는 중요한 관계를 유지하기 위해 자기의 욕구와 원망을 조절하고 타인에게 화답하려는 용의성의 표현"[223]이기 때문이다.

동아시아 집단주의사회인들에게서 실제로 나타나는 이러한 동기 행동들은 모두 전통적으로 동아시아인들이 인간을 "덕성 주체"로 파악

220 Markus & Kitayama, 1991a; Rothbaum et al., 1982; Weisz et al., 1984.

221 조긍호, 2003b; 최상진, 1995; Chang, Chua, & Toh, 1997; Morling, 1997; Morling, Kitayama, & Miyamoto, 2002; Sastry & Ross, 1998; Weisz et al., 1984.

222 조긍호·김은진, 2001; Bond, 1988; Bond & Smith, 1996; Mann, 1988; Triandis, Bontempo, Villareal, Asai, & Luca, 1988.

223 Markus & Kitayama, 1991a, p. 247.

하는 관점에서 "생물적·이기적 욕구" 곧 "인심"을 삶의 과정에서 억제해야 할 욕구로서 강조해 온 배경에서 나오게 된 것이라 추론할 수 있다. 즉 유학적 욕구이론의 제2교의인 "생물적·이기적 욕구와 그 근거로서의 인심의 억제"는 동아시아인들의 삶의 과정에서 그들의 지배적인 동기 행동의 양식으로 그대로 드러나고 있다. 동아시아인들은 유학사상의 논지에 따라 개인의 사적 욕구와 감정을 억제하는 것을 수양의 바탕으로 중시해 왔던 것이다.

3) 욕구의 승화와 거경: 도덕적 수양과 자기개선의 강조

이렇게 도덕적 욕구의 권장과 생물적·이기적·사회적 욕구의 억제는 유학적 수양의 핵심 과정이다. 이러한 욕구의 통제와 조절을 통해, 도덕적 욕구가 모든 욕구의 유발과 그 충족의 중심이 되는 욕구의 승화와 자기개선을 이룰 수 있고, 따라서 이러한 욕구의 승화를 통해 도덕적 완성의 경지[成德]에 도달할 수 있다는 것이 유학적 수양론의 기본 관점이라 볼 수 있다. 성리학자들은 한 걸음 더 나아가 이러한 욕구 승화의 방법론으로서 거경을 제시하고 있다. 곧 사람은 거경을 통해 생물적·이기적 욕구의 근원인 인심을 제어하고, 도덕적 욕구의 근원인 도심을 확충함으로써, 인심이 도심의 명령을 따라 도심의 상태로 변모되는 욕구의 승화를 이룰 수 있는 존재이며, 이러한 욕구의 승화가 곧 자기수양과 자기개선의 바탕이라는 것이 성리학자들의 핵심 주장인 것이다. 이러한 자기수양을 통한 욕구의 승화에 대한 강조가 유학사상에서 도출되는 욕구이론의 세 번째 요지이다.

이렇게 거경을 통해 인심이 도심으로 변화됨으로써 욕구의 승화가 이루어질 수 있다는 유학자들의 생각은, 인간을 항상 자기개선을 지향하는 과정 속의 존재, 곧 "무한한 가능체"로 파악하는 관점에서 직접 도출된다. 욕구의 승화와 이를 통한 자기개선의 모색은 미래를 향해 무한히 열려 있는 과정적 존재로 인간을 파악할 때에만 가능한 태도이기 때문이다. 이와 같이 "욕구의 승화와 이를 통한 자기개선을 중시하는 태도"는 상황에 따른 인간의 "가변성"과 "자기개선"을 강조하는 동아시아 집단주의의 배경에 욕구의 승화를 통한 자기개선을 중시하는 유학사상이 자리 잡고 있다는 사실을 확인해 주는 논거가 된다.

이러한 배경에서 동아시아 집단주의사회인들에게서 자기의 단점을 찾아 이를 고치려는 자기개선의 동기가 자기의 장점을 찾아 이를 확충하려는 자기고양의 동기보다 강하게 나타나는 경향이 도출되는 것으로 볼 수 있다. 집단주의사회에서는 사람이 다양한 상황과 관계에 의해 규정된다고 보며, 이러한 상황과 관계에 따른 역할·지위 및 책임이 사회 행위의 원동력이라고 여긴다. 따라서 이러한 다양한 상황과 관계에 맞추어 스스로의 행위를 적합하게 조정할 것이 요구되므로, 상황과 관계에 따른 행위의 가변성을 인정하고 강조하게 된다. 결국 사람들 사이의 연계성의 확립이 문화적 명제로 부각되는 집단주의사회에서는 타인에 대한 배려와 조화의 유지를 강조하게 되고, 결과적으로 정적인 자기상이나 자기에 대한 정적인 감정보다는 자기의 부적인 측면과 부적 감정에 더 민감하고, 또 이러한 경험을 더 쉽게 수용할 가능성이 높다.[224]

---

224 조긍호, 1999b, 2000; Diener & Diener 1995; Diener & Larsen, 1993; Fiske et al., 1998; Heine & Lehman, 1995; Kitayama & Markus, 1994, 1995; Kitayama et al.,

이와 같이 집단주의사회에서는 자기비판과 이를 통한 자기개선의 방향으로 문화적 압력이 존재하게 되어, 자기의 부적 측면에 주의를 기울이고 이를 정교화하게 된다. 그 결과, 집단주의사회에서 자기화(self-making)는 집단의 기대에 비추어 보아 자기에게 결여된 것이 무엇인가를 찾아내어, 이를 수정하는 자기개선이 주축이 되며, 이러한 자기개선이 자존심의 근거가 된다.[225] 그리하여 집단주의사회에서는 집단 내의 조화와 사회관계 속에서 자기가 차지하는 적합한 위치에 주의를 기울이게 되어, 조화를 해치거나 남에게 피해를 줄지도 모르는 부적 측면의 확인과 개선에 힘쓰게 되므로, 이러한 노력이 곧 행복감의 바탕이 된다.[226]

이상에서 보듯이, 집단주의사회에서는 자기를 계속 상황에 조화롭게 적응시켜 개선할 수 있는 과정(process)으로서의 존재로 보는 반면, 개인주의사회에서는 자기를 안정적이고 고정된 실체(entity)로 파악한다.[227] 그리하여 집단주의사회에서는 자기의 부적 측면이나 부적 정서

1997; Markus & Kitayama, 1994a, b.

225 Fiske et al., 1998; Kitayama et al., 1997.

226 Diener & Diener, 1995; Heine & Lehman, 1995; Kwan, Bond, & Singelis, 1997.

227 Fiske et al., 1998; Kitayama et al., 1997; 최인철(Choi, 2002; Choi & Choi, 2002)은 이러한 문제와 관련하여, 집단주의 문화권에 살고 있는 동아시아인들은 개인주의 문화권에 살고 있는 미국인들보다 자기개념 명확도(self-concept clarity)는 낮게, 자기개념 유연성(self-concept flexibility)은 높게 지각함을 발견했다. 그에 따르면, 한국 대학생들은 미국 대학생보다 자기개념 명확도(SCC)는 매우 낮고(Choi, 2002), 자기개념 유연성(SCF)은 매우 높다(Choi & Choi, 2002). 따라서 한국 대학생들은 상황에 따라 자기 성격이나 동료 집단에서의 상대적 위치 또는 삶의 가치에 대한 평가가 매우 달라질 뿐만 아니라(Choi & Choi, 2002), 서로 일치하지 않는 자기 평가를 옳은 것으로 믿는 경향(Barnum effect)도 더 강한 것(Choi, 2002)으로 나타나고 있다.

는 자기개선의 과정에서 필연적으로 요구되는 것으로 보아 무난히 수용하며, 삶의 과정에서 겪는 실패는 더 많은 노력이 필요하다는 징표로 받아들인다.[228]

이와 같이 동아시아 집단주의사회에서는 상황에 따른 심성 및 행위의 가변성을 인정하고 강조하기 때문에, 개인의 내적 특성과 행위의 불일치 또는 사회 행위의 상황간 불일치는 문제로 부각되지 않고, 따라서 이 사회에서는 일관성 추구의 동기가 별로 작용하지 않게 된다.[229] 집단주의사회에서는 관계의 조화에 가치를 두므로, 개인의 내적 속성이 원만한 사회적 평형의 유지와 갈등할 때 이를 따르는 것은 이기적이고, 미성숙하며, 불성실한 징표로 받아들여지기 때문이다.[230]

동아시아 집단주의사회인들에게서 실제로 나타나는 이러한 동기 행동들은 모두 전통적으로 동아시아인들이 인간을 "무한한 가능체"로 파악하는 관점에서 "생물적·이기적 욕구를 도덕적 욕구로 승화시키는 일"을 군자가 되는 과정에서 강조해 온 배경에서 나오게 된 것이라 추론할 수 있다. 즉 유학적 욕구이론의 제3교의인 "생물적·이기적 욕구의 도덕적 욕구로의 승화"는 동아시아인들의 삶의 과정에서 그들의 지배적인 동기 행동의 양식(자기개선 욕구의 강조)으로 그대로 드러나고 있는 것이다.

---

228 Morris & Peng, 1994; Pittman, 1998.

229 Fiske et al., 1998; Heine & Lehman, 1997; Markus & Kitayama, 1991a; Nisbett et al., 2001.

230 Fiske et al., 1998, p. 938.

5. 유학의 욕구위계설

《대학》의 〈경(經)〉에는 "팔조목"(八條目)을 통해, 매우 독특한 욕구위계설이 제시되고 있다. 현대 서구의 대표적인 성격이론가인 마슬로우는 인간의 욕구가 위계적으로 출현한다는 이론을 제시하고 있는데,[231] 《대학》의 욕구위계설은 마슬로우의 욕구위계설과 논리적 구조가 동일하다. 마슬로우에 따르면, 인간의 욕구는 "생리적 욕구 → 안전 욕구 → 소속과 사랑의 욕구 → 자존감의 욕구 → 자기실현 욕구"의 순서로 출현하는데, 하위 단계의 욕구가 충족되어야 그 다음 단계의 욕구가 나타난다고 한다. 곧 생리적 욕구가 충족되어야 안전을 도모하게 되고, 안전의 욕구가 충족되어야 사회 집단에 소속되어 다른 사람과 애정을 주고받으려는 욕구가 나타나게 되며, 이것이 충족되어야 자존감을 높이려는 욕구가 나타나고, 자존감이 높아진 후에라야 비로소 자기실현의 욕구가 나타나게 된다는 것이다. 《대학》의 8단계 욕구위계설도 이와 논리적으로 동일하다. 곧 하위 단계의 욕구가 충족되어야 그 다음 단계의 욕구가 출현한다는 것이다. 이러한 팔조목 욕구위계설은 《대학》의 〈경(經)〉에 다음과 같이 제시되고 있다.

> 옛날에 자기가 가진 밝은 덕을 온 천하에 밝게 드러내고자 하는 사람은 먼저 자신의 나라를 다스렸고, 자기의 나라를 다스리고자 하는 사람은 먼저 자신의 집을 가지런히 하였으며, 자기의 집을 가지런히 하고자 하는 사람은 먼저 자신의 덕을 닦았다. 자기의 덕을 닦

231 Maslow, 1954/1970, 1962/1968, 1967, 1971.

고자 하는 사람은 먼저 자신의 마음을 바로 잡았고, 자기의 마음을 바로 잡고자 하는 사람은 먼저 자신의 뜻을 참되게 하였으며, 자기의 뜻을 참되게 하고자 하는 사람은 먼저 자신의 지식을 넓혔다. 이렇게 지식을 넓히는 것은 사물의 이치를 궁구하는 데 달렸다. 그러므로 사물의 이치를 구명한[格物] 후에야 지식이 극진하게 되고, 지식이 극진하게 된[致知] 후에야 뜻이 참되어지고, 뜻이 참되어진[誠意] 후에야 마음이 바로잡히고, 마음이 바로잡힌[正心] 후에야 덕이 닦여지고, 덕이 닦여진[修身] 후에야 집이 가지런해지고, 집이 가지런해진[齊家] 후에야 나라가 다스려지고, 나라가 다스려진[治國] 후에야 천하가 화평하여지는[平天下] 것이다.[232]

이것이 《대학》에 나오는 유명한 "격물(格物) → 치지(致知) → 성의(誠意) → 정심(正心) → 수신(修身) → 제가(齊家) → 치국(治國) → 평천하(平天下)"의 수양의 팔조목이다. 이는 하위 단계의 욕구가 충족되어야 그 다음 단계의 욕구가 출현한다는 점에서, 마슬로우의 욕구위계설과 같은 논리적 구조를 가지고 있는 이론 체계이다. 곧 《대학》에서는 "격물"이 가장 하위의 욕구이고, "평천하"가 최상위의 욕구라고 보는 셈이다. 이러한 팔조목의 욕구위계설에서는 천하를 화평하게 하는 "평천하"를 가장 상위의 목표로 설정함으로써, 무엇보다 인간존재의 사회성을 강조하고 있다.

본래 《대학》은 《예기》의 제42편으로 들어 있던 것인데, 주희(朱熹)

---

232 古之欲明明德於天下者 先治其國 欲治其國者 先齊其家 欲齊其家者 先修其身 欲修其身者 先正其心 欲正其心者 先誠其意 欲誠其意者 先致其知 致知在格物 物格而后知至 知至而后意誠 意誠而后心正 心正而后身修 身修而后家齊 家齊而后國治 國治而后天下平 (《大學》, 經)

가 《대학장구(大學章句)》를 짓고 《논어》·《맹자》·《중용(中庸)》과 함께 "사서"(四書)로 합편하여 높인 이래, 유학의 기본 경전으로서 성리학자들이 군자, 곧 이상적 인간이 되는 학문의 기본 교재로서 중시한 책이다.[233] 이 책에는 군자의 세 가지 책무[止於至善·親民·明明德]와 이를 이루는 차례와 방법이 "팔조목"으로 제시되고 있어, 도덕 인식과 실천이 유학적 삶의 핵심 목표라는 사실을 분명히 드러내고 있다.

"삼강령"(三綱領)으로 제시되고 있는 군자의 세 가지 책무 중 "지어지선"(止於至善)은 자기 인격의 수양을 가리키고, "친민"(親民)은 대인관계의 조화 달성을 가리키며, "명명덕"(明明德)은 사회적 책무의 자임과 수행을 가리키는 것이다. 앞의 팔조목 중 "격물 → 치지 → 성의 → 정심 → 수신"까지는 "지어지선"의 단계, "제가"는 "친민"의 단계, 그리고 "치국 → 평천하"는 "명명덕"의 단계를 가리키는 것이라 볼 수 있다.

여기서 자기 인격의 수양인 "지어지선"에 이르는 단계는 인지적 확충인 "격물"과 "치지"를 바탕으로 하여, "성의"와 "정심"의 경(敬) 상태에 머무르는 거경(居敬)을 거쳐 최종적으로 "수신"에 이르는 것으로 그려지고 있다는 사실에 주의를 기울여 보아야 한다. 이는 "격물"과 "치지"를 통한 도덕 인식의 단계로부터 "성의·정심·수신"을 통한 도덕 체득의 단계로 이행하는 것이 인격 수양의 절차임을 드러내는 것이다. 곧 도덕 인식이 도덕 체득의 전제라는 것으로, 이 논의를 통해 《대학》의 기자는 자기가 도덕 주체라는 사실에 대한 인식이 이루어지지 않고는

233 유학사상의 체계에서 《대학》의 위상과 그 의미에 대해서는 선행저술(조긍호, 2012, pp. 708-718) 참조.

누구나 도덕 체득을 할 수 없다는 사실을 분명히 하고 있다.

그 다음의 "제가"와 "치국" 및 "평천하"는 "격물"로부터 "수신"까지를 통해 수양된 인격을 갖춘 군자의 사회적 책무를 현실적으로 전개하는 과정이다. 이렇게 보면, 《대학》에서는 자기수양으로부터 비롯하여, 대인관계에서의 조화의 달성을 거쳐, 사회적인 책무의 자임과 완수의 경지에 이르는 점진적 확대 과정으로 이상적 인간상의 발달 단계를 그리고 있다고 추론해 볼 수 있다. 점진적 확대 과정을 통한 이상적 인간상의 추구, 이것이 바로 팔조목을 통해 제시하고 있는 유학적 욕구위계설이 가지는 심리학적인 의미인 것이다.

5장
유학의 정서심리학

5장

유학의 정서심리학

기능적으로 정서는 인간의 건강과 생존에 중요한 역할을 한다. 정서 상태에 있을 때 사람을 포함한 모든 살아 있는 유기체는 그 유발 상황이나 자극에 대한 대처와 준비를 하게 되므로, 정서는 궁극적으로 유기체를 보호하는 역할을 한다.[1] "희망·기쁨·열정·환희 등의 정적 정서는 우리의 삶에 활력을 불어넣고, 우리를 유지시키고 회복시켜 준다. 공포·분노·혐오 등의 부적 정서는 우리를 환경의 위험으로부터 보호해주기 때문에 더욱 중요하다."[2]

인간의 삶의 과정에서 정서가 가지는 이러한 적응적 가치를 염두에 두고 보면, 정서 경험은 인간의 삶의 장(場)인 환경 세계와 밀접하게 연결될 수밖에 없을 것이다. 문화는 인간이 삶을 영위하는 장인 환경 세계와 그 속에서 일어나는 여러 가지 사건들을 이해하고 조직화하

1 Lazarus, 1991; Lazarus & Lazarus, 1994; Oatley, Keltner, & Jenkins, 2006.

2 조은경, 1995, pp. 25-26.

는 의미체계이다.[3] 이렇게 보면, 인간의 정서 경험은 필연적으로 문화와 관계를 맺지 않을 수 없으며, 문화유형에 따라 권장하거나 강조하는 정서의 내용이 달라질 것이라는 사실은 명약관화한 일이다.

그럼에도 불구하고, 인간 심성의 기본 요소로서의 정서를 대하는 동·서의 관점이 유사한 것은 상당히 역설적이다. 서구 사회에서는 정서를 원시적이고 파괴적이며 의지적 통제가 되지 않는 유아적인 것으로 보고, 이를 이성의 적으로서 경시하거나 불신하는 전통이 있었다. 이러한 태도는 정서란 인간 심성의 하위 체계로부터 발생하여 이성을 오도하는 것이기 때문에 믿을 수 없다고 본 플라톤에게서 그 연원을 찾을 수 있는 것으로, 합리적 과학적 우주관 및 세련된 이성을 이상화하여 받아들인 18세기 초의 계몽주의시대에 이르러 그 절정에 달하였다.[4] 또한 다윈(Charles Darwin)은 정서란 절대로 자발적 통제가 되지 않는 생리적이고 신체적인 반응의 일부로서, 인간 종(種)의 진화의 잔재이며, 따라서 동물적이고 유아적인 기원을 가지고 있다고 보았다. 그리하여 그는 동물과의 연속선 상에서 인간 종의 진화 과정을 드러내는 한 증거로서 정서를 연구함으로써,[5] 정서를 불신하는 전통적인 태도를 더욱 강화하게 되었다.[6]

---

3 Berry, Poortings, Segall, & Dasen, 1992, p. 1; Fiske et al., 1998, pp. 916–919; Miller, 1984, p. 973; Rohner, 1984, p. 119; Segall et al., 1999, p. 23.

4 Harré, 1986; Lazarus & Lazarus, 1994; Levy, 1990; Oatley, 1993; Oatley et al., 2006 등.

5 Darwin, 1872/1999.

6 물론 서구에서 정서를 긍정적으로 보는 견해가 전혀 없었던 것은 아니다. 18세기 말엽에 대두된 낭만주의 사조는 정서를 개인의 진실한 내면의 발현으로 보고, 이를 개인의 자유의 관념과 결합시켜, 자유로운 정서의 표출을 강조하는 관

이렇게 정서를 불신하는 태도는 유학의 전통이 강한 동아시아 문화권에서도 공통적이다. 선진유학뿐만 아니라 성리학에서도 타인지향의 선한 정서인 사단(四端)의 정서는 보존하고 키워야 하지만, 자기중심적인 것으로 불선의 근원인 칠정(七情)을 비롯한 대부분의 정서는 기본적으로 고요한 마음을 흩뜨려놓는 작용을 하는 원천이므로, 철저히 통제되고 예(禮)에 맞게 조절되어야 한다고 본다. 특히 성리학자들이 주장하는 수양의 핵심 방법인 거경(居敬)은 대체로 칠정과 같은 외부 사물에 따라 유발되는 정서를 억제하고, 마음을 고요하게 하여 도(道)의 인식이라는 한 가지에 집중하는 일[主一無適]을 말하는 것이다.[7]

이렇게 서구나 동아시아에서 모두 정서를 부정적이거나 부차적인 관점에서 이해하는 전통이 강했다. 서구에서 이러한 태도는 데카르트(René Descartes) 이후 마음–몸, 인지–정서, 사고–감정, 이성–감성, 합리성–비합리성, 의식–무의식, 수의–불수의, 통제가능성–통제불능성의 이분법으로 인간을 이해하는 양식과 맞물리면서 더욱 강화되었다고 볼 수 있다.[8] 동아시아에서는 주희(朱熹) 이래 사단과 칠정의 정서가 각

점을 낳았다. 이러한 시각은 오늘날까지도 남아서, 정서에 대한 불신과 함께 서구인들의 정서에 대한 태도의 한 축을 형성하고 있는 것으로 보인다(Lazarus & Lazarus, 1994; Oatley et al., 2006). 그러나 이러한 두 가지 태도 가운데 정서에 대한 서구인들의 전통적인 믿음의 핵심을 이룬 것은 역시 부정적인 태도였다. 이러한 사실은 물론 예외가 있기는 하였지만(예: Zajonc, 1980, 1984, 1998), 정서에 대한 인지의 우위설이 이 분야 연구의 주류를 차지하고 있었다는 점에서 잘 드러난다(조은경, 1994, 1995; Harré, 1986; Lazarus, 1991; Levy, 1984, 1990; White, 1993, 1994 등).

7 김성태, 1989; 이수원, 1984; 정양은, 1970; 조긍호, 1997, 1998, 1999b, 2003a, 2006, 2007a, b, 2008, 2012; 한덕웅, 1994, 1999, 2000, 2003.

8 White, 1993, p. 31.

각 이(理) 및 기(氣)와 연결되는 것으로 개념화되면서, 기에 따라 주도되는 칠정을 억제해야 한다는 이론으로 발전했다.[9] 이러한 이분법적 대비에서는 전통적으로 합리적 인지(서구) 또는 도덕적 선(동아시아)에 우선권을 두었으며, 이렇게 합리적 인지와 도덕적 선을 중시하는 태도는 정서의 연구에도 그대로 이어졌다. 특히 1960년대의 인지혁명 이후 이러한 경향은 더욱 심해져서, 결국 정서에 대한 연구는 부차적인 영역으로 밀려나게 되었던 것이다.

그러나 심리학계 자체 안에서 이러한 경향에 반발하여 정서의 우선성을 내세우는 주장들이 제기되고,[10] 또한 비서구 사회인의 정서 체험에 대한 인류학자들의 참여관찰의 결과들이 제시되어[11] 심리학자들의 관심을 끌기 시작하면서, 정서에 대한 연구는 인지의 굴레에서 벗어나 다시 고유의 영역으로 떠오르게 되었다.[12] 비서구 사회인이 체험하는 정서의 내용과 그 표출 양식이 서구인의 그것과는 다르다는 인류학자들의 관찰 결과들은 심리학계 안에서도 큰 반향을 불러일으켜, 마침 연구의 열풍이 한창 조성되던 문화심리학 연구의 장과 맥이 닿았다. 그리하여 "문화와 정서의 관계"라는 현대 정서 연구의 핵심적인 흐름을 형성하게 되었던 것이다.[13] 이는 "사회성의 회복 운동"[14]이라는 현대 사

9 윤사순, 1992, pp. 7-8; 1997, pp. 192-202.

10 Frijda, 1986, 1988; Tomkins, 1981; Zajonc, 1980, 1984 등.

11 예: Briggs, 1970; Chagnon, 1968; Eible-Eibesfeldt, 1979; Heelas, 1986; Howell, 1981; Levy, 1973, 1984; Lutz, 1982, 1988 등.

12 Reeve, 1992, p. 23; Tomkins, 1981, p. 306.

13 Frijda & Mesquita, 1994; Kitayama & Markus, 1994; Markus & Kitayama, 1994b.

14 Burr, 2002, pp. 133-151: 현대 사회심리학에서 전개되고 있는 이러한 흐름에 대해서는 선행저술(조긍호, 1998, pp. 50-54) 참조.

회심리학의 핵심 화두에 비추어 볼 때 당연한 논리적 귀결이었다고 생각할 수 있다.

이 장에서는 동아시아 집단주의사회인들이 보이는 정서 체험과 표출 양상의 특징들이 유학사상에서 도출되는 정서에 관한 이론체계와 맥을 같이 하고 있다는 사실을 확인해 보기 위하여, 공·맹·순 등 선진시대 유학자들의 저술을 기초로 하여 정서의 다양한 유형에 관한 관점을 우선 살펴보고, 이어서 이들 선진유학자들이 다양한 정서들의 발생 근거의 차이에 바탕을 두고 제시한 논의들을 통해 그들의 정서이론을 도출해 본 다음, 16~18세기 조선조 성리학자들이 제기한 정서이론인 사단칠정설(四端七情說)을 통해 유학적 정서이론의 심리학적 함의를 종합적으로 정리해 보기로 하겠다.[15]

1. 정서의 유형과 그 발생 조건

유학자들이 열거하는 정서의 유형들을 확인하기 위하여 우선 《논어》·《맹자》·《순자》·《예기》 같은 초기 유학의 경전들에서 정(情)이란 글자가 어떤 내포를 가지고 어떻게 사용되고 있는지를 살펴보았다. 이 이외에 이들 경전에서 정서의 문제가 어떻게 다루어지고 있는지를 파악하기 위해서는 호(好)·오(惡)·원(怨)·외(畏)·치(恥) 같이 구체적으로 정

15 이 장은 선행저술(조긍호, 2003a, pp. 225-261, 393-422; 2007a, pp. 247-320; 2007b)의 내용을 기초로 재정리하였으며, 필요한 경우에는 해당 부분을 그대로 따오기도 하였다.

서 상태를 가리키는 용어들이 어떻게 쓰이고 있는지를 고찰하였다.

《논어》에서 정(情)이란 글자는 단 두 번 나오는데,[16] 모두 진심이나 진실의 뜻을 쓰일 뿐,[17] 오늘날과 같은 정서 또는 감정의 의미는 없다. 그렇다고 해서, 《논어》에 정서에 관한 논의가 없는 것은 아니다. 《논어》는 배우고 익히는 기쁨[說]과 친구가 찾아오는 즐거움[樂] 및 남이 나를 알아주지 않아도 성내지 않음[慍] 같은 정서에 관한 논의에서 시작하고 있는 것이다.[18]

정(情)이란 글자는 《맹자》에 네 번 나오는데[19] 여기서도 본질·실정·본성의 뜻으로 쓰일 뿐,[20] 정서나 감정의 뜻은 없다. 그러나 《맹자》에는 모든 유학자들, 특히 성리학자들이 권장하는 가장 중요한 정서인 사단(四端)의 정서가 처음 언급되고 있을 정도로, 맹자는 정서에 대해 관심이 깊은 학자이다. 그러므로 《논어》와 《맹자》에 제시되고 있는 정서의 유형과 정서이론을 고찰하기 위해서는 《논어》와 《맹자》에서 구체적인 정서 상태를 지칭하는 용어들을 찾아 정리해야 한다.

선진유학의 경전들 가운데 정(情)이 유개념(類概念)으로서의 정서의 의미로 쓰이는 것은 《순자》에서가 처음이다. 정(情)이란 글자는 《순

16 《論語引得》 참조.

17 上好信 則莫敢不用情 (《論語》, 子路 4); 曾子曰 上失其道 民散久矣 如得其情 則哀矜而勿喜 (子張 19)

18 子曰 學而時習之 不亦說乎 有朋自遠方來 不亦樂乎 人不知而不慍 不亦君子乎 (學而 1)

19 《孟子引得》 참조.

20 夫物之不齊 物之情也 (《孟子》, 滕文公上 4); 聲聞過情 君子恥之 (離婁下 18); 乃若其情則可以爲善矣 乃所謂善也 (告子上 6); 是豈人之情也哉 (告子上 8)

자》에 모두 118회나 나오고 있는데, 이 가운데 대부분(91회)은 정(情) 한 글자만으로 의미를 가지는 것이고, 성정(性情, 2회)·정성(情性, 18회)·정욕(情欲, 4회)·천정(天情, 3회)과 같이 두 글자가 연합해서 쓰임으로써 의미를 갖게 되는 경우가 27회나 된다.[21] 《순자》에서 쓰이는 정(情)도 대부분은 《논어》나 《맹자》에서와 마찬가지로 진실·진정·진실된 마음 등의 뜻을 가진다. 그러나 《순자》에서 정은 인간이 태어나면서부터 갖추고 있는 생물적 욕구와 정서적인 측면을 포괄하는 용어로 쓰이는 경우가 많다는 점이 특이한 사실이다. 대체로 성정·정성·정욕이라고 연용되어 쓰일 때는 생물적 욕구 체계를 가리키는 의미를 갖지만, 천정(天情)으로 연용 되어 쓰일 때[22]와 정(情) 한 글자로만 쓰이는 몇몇의 경우[23]에는 개별적인 감정 반응을 포괄하는 유개념으로서 정서를 가리키는 의미로 사용되고 있다. 다음은 《순자》에서 정이 정서라는 유개념의 의미로 쓰이고 있는 예들이다.

> 사람의 육체가 갖추어지고 정신이 생겨나면, 여기에는 좋아함[好]·미워함[惡]·기쁨[喜]·성냄[怒]·슬픔[哀]·즐거움[樂]이 갖추어져 있는데, 이를 "자연적 정서"[天情]라고 한다.[24]

> 사람의 본성에 갖추어져 있는 좋아함[好]·미워함[惡]·기쁨[喜]·성

---

21 《荀子引得》 참조.

22 《荀子》, 天論, 24, 25.

23 正名, 2, 22.

24 形具而神生 好惡喜怒哀樂臧焉 夫是之謂天情 (天論 24)

> 냄[怒]·슬픔[哀]·즐거움[樂]을 일러 "정"(情)이라 한다.[25]

이러한 예들에서 보면, 순자는 정(情)에 정서의 의미를 부여하고 있으며, 따라서 선진유학자들 가운데 정을 정서의 유개념으로 사용하는 것은 순자가 효시를 이룬다.

《예기》에서는 유학자들이 억제해야 할 정서로 개념화하는 대표적인 정서인 칠정(七情)이 처음으로 언급되어, 정이 유개념으로서의 정서 또는 감정의 의미로 쓰이고 있다.

> 무엇을 사람의 감정[人情]이라고 부르는가? 이는 기쁨[喜]·성냄[怒]·슬픔[哀]·두려움[懼]·아끼고 사랑함[愛]·미워함[惡] 및 가지고 싶어함[欲]이다. 이 일곱 가지는 배우지 않고도 능한 것이다. … 그리하여 성인은 사람의 "칠정"(七情)을 다스리려, 열 가지 올바른 길을 열어 주고, 신뢰와 친목을 닦으며, 사랑과 예양을 숭상하고, 투쟁과 약탈을 종식시키나니, 예(禮)가 아니고서는 어떻게 그렇게 할 수 있겠는가?[26]

그러므로 《순자》와 《예기》에서는 유개념으로서의 정의 의미와 함께, 각 구체적인 정서 용어를 분석해 보아야 유학의 정서이론에 접근할 수 있다.

---

25 性之好惡喜怒哀樂 謂之情 (正名 2)

26 何謂人情 喜怒哀懼愛惡欲 七者弗學而能 … 故聖人之所以治人七情 脩十義 講信脩睦 尚辭讓 去爭奪 舍禮何以治之 (《禮記》, 禮運 301)

1) 정서의 유형

이러한 분석을 근거로 삼으면, 공자·맹자·순자 등 선진 시대 유학자들이 직접적으로 제시하고 있거나 암묵적으로 인정하고 있는 인간의 정서의 종류는 상당히 다양한데, 이들은 자기를 1차적인 참조 대상으로 하는 것과 타인을 1차적인 참조 대상으로 하는 것의 두 가지 유형의 정서로 나눌 수 있다. 이러한 사실에 대해서는 이들 유학자들의 생각이 일치하고 있다.

(1) 자기중심적 정서

유학자들이 제시하는 정서 가운데 자기를 1차적인 참조 대상으로 하는 정서가 "자기중심적 정서"이다. 이는 외부 대상이나 조건이 개인의 감정적 흥분을 촉발하여 경험되는 것으로서, 개인 자신에 대한 지향성이 큰 정서이다. 애(哀)와 애(愛)를 제외한 대부분의 칠정(七情)으로 대표되는 것이 자기중심적 정서이다.

이들 자기중심적 정서에는 칠정 중 "기쁨"[喜],[27] "성냄"[怒],[28] "두려

27 《論語》, 里仁 21; 公冶長 6, 18; 季氏 13; 子張 19;《孟子》, 梁惠王下 1, 9; 公孫丑上 8; 公孫丑下 10; 萬章上 2; 告子下 5, 13;《荀子》, 修身 39, 40; 不苟 7, 8; 臣道 9; 議兵 16, 19, 20; 天論 24; 禮論 11, 38; 樂論 3, 5; 正名 2, 8; 賦 26, 33; 堯問 35.

28 《論語》, 雍也 2;《孟子》, 梁惠王下 3, 9; 公孫丑下 12, 滕文公下 2; 離婁上 18; 萬章上 3;《荀子》, 修身 39, 40; 不苟 12; 榮辱 20, 21; 仲尼 41; 儒效 16; 臣道 9, 10, 12; 議兵 16; 天論 24; 禮論 11; 樂論 3, 5; 正名 2, 8; 成相 4; 大略 12; 哀公 33.

움"[懼],[29] "미워함"[惡][30]의 정서와 그밖에 "성내고 원망함"[慍],[31] "걱정하고 근심함"[患],[32] "근심하고 괴로워함"[憂],[33] "원망함"[怨],[34] "두려워함"[畏],[35] "겁내고 무서워함"[恐],[36] "싫어함"[疾],[37] "분하게 여겨 화냄"[忿],[38] "슬프게 여기고 걱정함"[戚],[39] "자기를 내세우고 자랑

29 《論語》, 里仁 21; 述而 10; 子罕 28; 顏淵 4; 憲問 30;《孟子》, 公孫丑上 2; 滕文公下 2, 9;《荀子》, 修身 33, 39; 不苟 4; 仲尼 45; 儒效 25; 富國 3; 王霸 10; 君道 5; 臣道 4, 8; 禮論 19; 宥坐 7; 哀公 29, 31.

30 《論語》, 里仁 3, 5, 6; 先進 24; 顏淵 10; 子路 24; 衛靈公 27; 陽貨 24, 26; 子張 20;《孟子》, 梁惠王上 4; 公孫丑上 4, 6, 9; 滕文公下 3, 5, 7; 離婁下 20, 26; 萬章上 1; 萬章下 2,; 告子上 6, 8, 10, 12; 告子下 6, 11; 盡心上 26; 盡心下 37;《荀子》, 修身 23, 40; 不苟 17; 榮辱 21, 27, 28, 29, 31; 非相 9; 仲尼 41; 儒效 1, 3, 13, 29, 36; 王制 6, 9, 32; 富國 2, 3, 27; 王霸 32; 君道 16; 議兵 6, 16, 19; 彊國 10; 天論 24, 27, 37; 正論 3, 10, 26, 27, 31; 禮論 1, 11, 38; 樂論 1, 5, 7; 解蔽 3, 10, 21; 正名 2, 8, 19, 21, 23, 24; 性惡 1; 君子 23; 成相 5, 11, 12, 13; 賦 26; 大略 36, 38; 宥坐 2; 子道 13; 哀公 29.

31 《論語》, 學而 1; 公冶長 18; 衛靈公 1.

32 《論語》, 學而 16; 八佾 24; 里仁 14; 顏淵 5, 18; 憲問 32; 季氏 1; 陽貨 15;《孟子》, 梁惠王下 15; 公孫丑下 9; 離婁上 23; 離婁下 9, 28; 告子上 10; 告子下 2, 15; 盡心上 18;《荀子》, 不苟 4 등 38회.

33 《論語》, 爲政 2; 雍也 9; 述而 3, 18; 子罕 28; 顏淵 4, 5; 憲問 30; 衛靈公 11, 31; 季氏 1;《孟子》, 梁惠王下 4; 公孫丑下 2; 滕文公上 4; 離婁上 9; 離婁下 28, 29; 萬章上 1, 2; 告子下 15; 盡心上 27; 盡心下 19;《荀子》, 不苟 7 등 51회.

34 《論語》, 里仁 12, 18; 公冶長 22, 24; 述而 14; 顏淵 2; 憲問 2, 10, 11, 36, 37; 衛靈公 14; 陽貨 9, 25; 微子 10; 堯曰 2;《孟子》, 梁惠王上 7; 梁惠王下 5, 11; 公孫丑上 7, 9; 公孫丑下 13; 滕文公下 5; 萬章上 1, 3, 6; 萬章下 1; 告子下 3; 盡心上 12, 13; 盡心下 4;《荀子》, 勸學 7 등 32회.

35 《論語》, 子罕 5, 22; 先進 22; 季氏 8; 堯曰 2;《孟子》, 梁惠王上 6; 梁惠王下 3, 11; 公孫丑上 1, 2, 4; 滕文公上 1; 滕文公下 5; 萬章下 4; 盡心上 14; 盡心下 4, 34.

36 《論語》, 公冶長 13; 泰伯 17; 季氏 1; 子張 4;《孟子》, 梁惠王上 7; 梁惠王下 3, 14; 公孫丑上 7; 滕文公上 2; 離婁上 16; 盡心下 1, 27;《荀子》, 榮辱 37 등 26회.

37 《論語》, 泰伯 10; 憲問 34; 衛靈公 19; 季氏 1.

38 《論語》, 顏淵 21; 季氏 10; 陽貨 16.

39 《論語》, 八佾 4; 述而 36.

함"[伐][40] 등이 포함된다. 유학자들에게 이들은 부정적으로 평가되어, 대체로 내적으로 통제하고 조절해야 할 정서로 제시되고 있다.

(2) 타인·규범 중심적 정서

유학자들이 제시하는 정서 가운데 자기 이외의 타인과 도덕규범을 일차적인 참조 대상으로 하는 정서가 "타인·규범 중심적 정서"이다. 이는 도덕적 지향성 또는 인의를 체득한 군자의 마음속으로부터 우러나오는 것이라는 점에서 "규범중심적 정서"이면서, 타인 및 사회에 대한 관심과 배려를 바탕으로 하는 것이라는 점에서 "타인지향적 정서"이기도 하다. 이는 측은·수오·사양·시비의 사단(四端)으로 대표된다.

이들 타인·규범 중심적 정서에는 칠정 중 "슬퍼함"[哀],[41] "아끼고 사랑함"[愛][42]과 그밖에 "마음속으로부터 우러나오는 기쁨"[悅·說],[43]

40 《論語》, 公冶長 25; 雍也 13; 憲問 2.

41 《論語》, 八佾 20, 26; 泰伯 4; 子張 1, 14, 19, 25;《孟子》, 梁惠王下 5; 滕文公上 2; 離婁上 10; 告子上 11, 盡心下 33;《荀子》, 修身 23; 王覇 12, 14, 22, 23; 天論 24; 禮論 20, 21, 28, 30, 31, 38, 39; 樂論 8; 解蔽 2, 24; 正名 2, 8; 君子 25; 大略 7, 31; 宥坐 6; 哀公 29, 30.

42 《論語》, 學而 5, 6; 顔淵 10, 22; 憲問 8; 陽貨 4, 21;《孟子》, 梁惠王下 5; 滕文公上 5; 滕文公下 9 ; 離婁上 4; 離婁下 28; 萬章上 1, 2, 3; 告子上 4, 13, 14; 盡心上 14, 15, 26, 37, 45, 46; 盡心下 1;《荀子》, 修身 30; 不苟 15; 非相 7; 非十二子 33; 仲尼 45, 49; 儒效 8; 王制 7, 33, 34; 富國 13, 20, 22, 23, 25, 30; 王覇 25, 31; 君道 5, 8, 10, 21, 22, 25; 臣道 2; 議兵 8, 19, 25, 27; 彊國 2, 4, 12; 天論 34; 禮論 20, 32, 37; 正名 8, 12; 成相 4, 9; 賦 29; 大略 1, 7, 16, 39; 子道 13, 17, 18; 法行 21.

43 《論語》, 學而 1; 公冶長 5; 雍也 10, 26; 子罕 23; 先進 3; 子路 16, 25; 陽貨 5; 堯曰 1;《孟子》, 梁惠王下 10, 11; 公孫丑上 1, 3, 5; 公孫丑下 7, 8, 11, 12; 滕文公上 2, 4; 滕文公下 5, 9; 離婁上 12, 28; 離婁下 2, 27; 萬章上 1, 8; 萬章下 6,

"마음속으로부터 좋아함"[好],[44] "마음속으로부터 즐거워함"[樂],[45] "부끄러워함"[恥·羞惡],[46] "불쌍히 여김"[矜·惻隱],[47] "좋아함"[樂·喜好][48] 등이 포함된다. 유학자들에게 이들은 긍정적으로 평가되어, 대체로 수양의 과정에서 권장되는 정서들이다.

2) 각 정서의 발생 조건: 재외자(在外者)와 재기자(在己者)

이상에서 보듯이, 유학자들은 인간에게 자기를 참조 대상으로 하는 자기중심적 정서와 타인 및 규범을 참조 대상으로 하는 타인·규범중심적 정서가 갖추어져 있다는 사실에 대해 견해가 일치하고 있다. 그런데 이 두 가지 정서들은 그 발생 조건에서 차이가 있다는 것이 유학

7; 告子上 4, 7; 告子下 4, 5, 8; 盡心上 19, 31; 盡心下 23, 37.

44 《論語》, 學而 2, 14, 15; 里仁 3, 6; 公冶長 6, 14, 27; 雍也 2, 18; 述而 1, 10, 11, 19; 泰伯 10, 13; 子罕 17; 先進 6; 顔淵 20; 子路 4, 24; 憲問 44; 衛靈公 12, 16, 27; 陽貨 1, 8; 子張 5;《孟子》, 梁惠王上 3; 梁惠王下 1, 3 4, 5; 公孫丑上 2; 公孫丑下 2; 滕文公上 2; 滕文公下 9; 離婁上 7, 9, 22; 離婁下 20, 30; 萬章上 1, 8, 9; 告子上 6, 8; 告子下 13; 盡心上 8, 9; 盡心下 4, 11;《荀子》, 勸學 4 등 165회.

45 《論語》, 學而 1, 15; 八佾 20; 里仁 2; 雍也 9, 18, 21; 述而 15, 18; 先進 12; 子路 15; 憲問 14; 季氏 5; 陽貨 21;《孟子》, 梁惠王上 2,; 梁惠王下 1, 3, 4; 公孫丑上 4, 8; 公孫丑下 2; 離婁上 3, 8, 27; 離婁下 7, 29; 萬章上 7; 告子上 16; 告子下 4, 15; 盡心上 4, 8, 9, 20, 21, 35; 盡心下 34;《荀子》, 修身 30 등 93회.

46 《論語》, 學而 13; 爲政 3; 里仁 9, 22; 公冶長 14, 24; 泰伯 13; 子罕 26; 子路 20; 憲問 1, 29;《孟子》, 梁惠王上 5; 梁惠王下 3; 公孫丑上 6, 7; 離婁上 7; 離婁下 18; 萬章下 5; 告子上 6; 告子下 14; 盡心上 6, 7;《荀子》, 非十二子 36, 38, 39; 儒效 11; 彊國 6; 禮論 20; 大略 21, 22; 宥坐 8; 法行 20.

47 《論語》, 衛靈公 21; 陽貨 16; 子張 3, 19;《孟子》, 公孫丑上 6; 告子上 6.

48 《論語》, 雍也 21; 季氏 5.

자들의 생각이다. 곧 이러한 정서들은 감정을 느끼는 당사자 외부의 환경 조건이나 상황 또는 타인에 의해 발생되는 정서[在外者]와 감정을 느끼는 당사자의 도덕적 지향성에 근거를 두고 있어서 타인에 대한 관심과 배려 또는 감정 당사자의 도덕적 수양 수준에 따라 발생되는 정서[在己者]의 두 종류로 나뉜다는 것이다. 유학자들의 정서이론은 그들의 욕구이론과 마찬가지로 이러한 정서 발생 조건의 차이에 관한 기본 전제에서 출발한다.

칠정 중 희(喜)·노(怒)·구(懼)·오(惡)와 그밖에 온(慍)·환(患)·우(憂)·원(怨)·외(畏)·공(恐)·질(疾)·분(忿)·척(戚)·벌(伐) 같은 자기중심적 정서들은 "타인이나 외적 조건에 의해 유발되는 감정"[예: 喜·懼·怨·怒·惡·疾·畏·恐 등]이거나 "자기의 욕구나 기대 및 포부의 충족이나 봉쇄로 말미암아 유발되는 감정"[예: 慍·患·憂·伐 등]들이다. 곧 이는 외적인 조건에 따라 개인이 느끼는 긍정적 또는 부정적인 감정, 곧 재외자(在外者)로서의 정서들이다. 다음과 같은 구절들에서 이러한 예들을 볼 수 있다.

> 남이 나를 알아주지 않는다고 해서 성내고 원망하지[慍] 않는다면, 또한 군자다운 일이 아니겠는가?[49]

> 공손한 사람은 남을 업신여기지 않고, 검소한 사람은 남의 것을 빼앗지 않는다. 남을 업신여기고, 남의 것을 빼앗는 군주는 오로지 남들이 자기에게 순종하지 않을까 염려하고 두려워한다[恐].[50]

---

49 人不知而不慍 不亦君子乎 (《論語》, 學而 1)

50 恭者不侮人 儉者不奪人 侮奪人之君 惟恐不順焉 (《孟子》, 離婁上 16)

> 소인은 유능하면, 거만하고 잘난 체하며 편벽되고 사특한 일을 하여 교만하게 남을 업신여기지만, 유능하지 못하면, 시기하고 미워하며 원망하고 헐뜯어서 남을 거꾸러뜨린다.[51]

위의 첫 인용문에서는 "성내고 원망하는 감정"[慍]이 남이 나를 알아주지 않는 일, 곧 외적인 조건에 의해 유발됨을 지적하고 있다. 두 번째 인용문에서는 "두려운 감정"[恐]의 유발 조건이 남의 불순종이라는 외적 상황에 있음을 드러내고 있다. 그리고 세 번째 인용문에서는 시기·미움·원망·헐뜯음[妬嫉怨誹]이 모두 남을 전복시키려는 목적, 곧 외적인 목표에서 유발됨을 말하고 있다. 이와 같이 자기중심적 정서는 모두 외적 조건에 의해 유발되는 재외자라는 것이 유학자들의 관점이다.

이에 비해, 칠정 중 애(哀)와 애(愛) 및 사단의 정서 그리고 열(悅·說)·호(好)·락(樂)·치(恥)·긍(矜)·요(樂·喜好) 같은 타인·규범 중심적 정서들은 "마음속으로부터 우러나오는 감정"[예: 說·好·樂·恥·羞惡 등]이거나 "타인에 대한 관심과 배려에서 우러나오는 감정"[예; 矜·哀·愛·惻隱 등]들이다. 곧 이는 개인의 내적인 수양 정도와 도덕적인 지향성에 따라 개인이 느끼는 긍정적 또는 부정적인 감정, 곧 재기자(在己者)로서의 정서들이다. 다음과 같은 구절들에서 이러한 예들을 볼 수 있다.

> 자공(子貢)이 "가난하면서도 아첨하지 않고, 부유하면서도 교만하지 않으면, 어떻습니까?"라고 여쭙자, 공자께서는 "괜찮다. 그러나 가난하면서도 즐거워하고[樂] 부유하면서도 예(禮)를 좋아하는 것

51 小人能則倨傲僻違 以驕溢人 不能則妬嫉怨誹 以傾覆人 (《荀子》, 不苟 4)

[好]만 못하다"라고 대답하셨다.[52]

이제 어떤 어린 아이가 막 우물에 빠지려는 것을 어떤 사람이 보았다면, 누구나 놀라고 불쌍히 여기는 마음[惻隱之心]을 가질 것이다. 이런 감정이 생겨나는 까닭은 그 어린 아이의 부모와 교제를 트려 해서도 아니고, 같은 마을에 사는 친구들에게서 칭찬을 받으려 해서도 아니며, 도와주지 않았을 때 듣게 될 비난을 두려워해서도 아니다. 이는 사람이라면 누구에게나 자연스러운 일인 것이다.[53]

군자는 스스로 귀하게 될 수는 있어도, 남이 반드시 자기를 귀하게 여기도록 만들 수는 없으며, 스스로 유용한 사람이 될 수는 있어도 남이 반드시 자기를 기용하도록 만들 수는 없다. 그러므로 군자는 자기수양이 이루어지지 않은 것을 부끄러워하지 남에게서 치욕을 받는 것을 부끄러워하지 않는다. 스스로가 신뢰롭지 못한 것을 부끄러워하지, 남에게서 신뢰받지 못하는 것을 부끄러워하지 않는다. 또 스스로 능력이 없는 것을 부끄러워하지, 남에게 쓰임 받지 못하는 것을 부끄러워하지 않는다. 이렇기 때문에 군자는 명예의 꾀임을 받지 않고, 남의 헐뜯음을 두려워하지 않으며, 도를 따라 행하여 단정하게 자기를 바르게 함으로써, 외부 사물이나 타인에 의해 넘어지거나 비뚤어지지 않는다. 무릇 이러한 사람을 일러 "참된 군자"[誠君子]라고 부른다.[54]

---

52 子貢曰 貧而無諂 富而無驕 何如 子曰 可也 未若貧而樂 富而好禮者也 (《論語》, 學而 15)

53 今人乍見孺子將入於井 皆有怵惕惻隱之心 非所以內交於孺子之父母也 非所以要譽於鄕黨朋友也 非惡其聲而然也 (《孟子》, 公孫丑上 6)

54 君子能爲可貴 不能使人必貴己 能爲可信 不能使人必信己 能爲可用 不能使人必用己 故君子恥不脩 不恥見汙 恥不信 不恥不見信 恥不能 不恥不見用 是以不誘於譽

위의 첫 인용문에서는 즐거움[樂]과 좋아함[好]이 외적 조건과는 상관없이 도덕적 수양에서 유발됨을 지적하고 있다. 두 번째 인용문에서는 곤경에 빠진 사람을 불쌍하게 여기는 마음[惻隱之心]이 외적 요인에 의해서가 아니라 도덕적 지향성에서 나오는 것임을 분명히 하고 있다. 그리고 세 번째 인용문에서는 부끄러움[恥]이 다른 사람의 평가 같은 외적 요인에 의해 유발되는 것이 아니라 자기의 도덕적 수양의 정도에 따라 유발되는 것이라는 사실을 언급하고 있다. 이와 같이 타인·규범 중심적 정서는 자기의 수양 정도나 도덕적 지향성에 따라 유발되는 재기자라는 것이 유학자들의 관점이다.

2. 선진유학의 정서이론

이상에서 보았듯이, 《논어》·《맹자》·《순자》 같은 선진유학의 경전들과 《예기》에서는 현대심리학에서 다루는 거의 모든 정서들이 언급되고 있다. 이러한 다양한 정서들은 크게 타인 및 규범을 1차적인 참조 대상으로 하는 "타인·규범 중심적 정서"와 자기를 1차적인 참조 대상으로 하는 "자기중심적 정서"로 나눌 수 있다. 전자의 대표적인 것은 "사단"이고, 후자의 대표적인 것은 "칠정"이다.

유학의 경전에서는, 이러한 다양한 정서들 가운데는 개인의 도덕적 완성과 사회의 통합에 순기능으로 작용하는 정서도 있고, 반대로 개

不恐於誹 率道而行 端然正己 不爲物傾側 夫是之謂誠君子 (《荀子》, 非十二子 36)

인의 도덕적 수련에 방해가 되는 정서도 있다고 본다. 타인·규범 중심적 정서는 대체로 도덕적 지향성, 곧 타인에 대한 관심과 배려 및 도덕적 수양의 수준에 따라 마음속에서 나오는 "재기자"이어서, 인격 수양에 순기능을 가져오는 정서이다. 이에 비해 자기중심적 정서는 대체로 외적 조건에 의해 유발되거나 자기이익의 충족이나 봉쇄의 결과 유발되는 "재외자"이어서, 자기발전에 역기능을 초래하는 정서이다.

현대심리학에서 정서에 관한 연구들은 핵심적인 세 가지 주제들에 대한 관심으로 이어져왔다. 이는 개별 정서의 유발 조건의 문제, 다양한 감정들 가운데 더 기본적이고 기초적인 정서가 있는지의 문제, 그리고 정서가 인간 삶의 과정에서 수행하는 기능과 역할의 문제들이다.[55] 이러한 맥락에서 보면, 선진유학의 경전들에서 도출되는 정서에 관한 이론체계에는 오늘날 심리학자들이 관심을 가지는 핵심 주제들이 모두 포괄되어 있다고 볼 수 있다.

유학은 현실적인 인간 삶의 양식과 관련된 문제를 다루는 사상체계이다. 유학의 배경을 가지고 있는 동아시아인들은 "과학적 이론화나 탐구에 대한 열정보다는 일상생활의 실용성이라는 측면에서 매우 큰 천재성을 발휘하였다."[56] 그들에게는 실생활의 삶에 도움이 되지 않는 것은 탐구할 가치가 없었다. 결국 "유학의 체계에서는 구체적인 행위에 대해 아무런 지침도 되지 않는 지식은 그 자체 지식으로 성립할 수 없었던 것이다."[57]

---

55 Reeve, 2005, pp. 292–321.

56 Nisbett, 2003, p. 8.

57 Munro, 1969, p. 55.

이러한 배경에서 보면, 선진유학의 경전에서 도출되는 정서이론이 현대심리학에서 핵심적으로 탐구하는 세 주제를 모두 다루고 있기는 하지만, 그 가운데서도 삶의 과정에서 작용하는 정서의 기능의 문제에 중점을 두고 있다는 사실은 우연이 아니라고 할 수 있다. 곧 인간의 도덕적 완성에 도움이 되므로 권장해야 할 정서는 어떤 것들인지, 이에 방해를 미치므로 억제해야 할 정서는 어떤 것들인지, 그리고 이러한 정서의 조절과 통제를 위해서는 어떻게 해야 하고, 또 그것이 인간 삶에 미치는 영향은 어떠한 것인지 하는 문제들이 유학적 정서이론의 핵심 주제들인 것이다.

1) 타인·규범 중심적 정서의 권장

공자·맹자·순자는 모두 칠정 가운데 애(哀)·애(愛)를 포함하여, 측은·수오·사양·시비의 사단과 열(說)·호(好)·낙(樂)·치(恥)·긍(矜)·요(樂) 같이 일상생활에서 다른 사람 및 도덕규범을 지향 대상으로 하여 유발되는 정서, 곧 타인·규범 중심적 정서를 도덕적인 정서라고 보아 권장하고 있다.

《논어》 공자는 칠정 가운데 "상(喪)을 당해 슬퍼함"[哀]과 "사람을 아끼고 사랑함"[愛], 그 밖에 "다른 사람을 불쌍히 여김"[矜]과 "자기의 잘못에 대해 부끄러워함"[恥], 그리고 "마음속으로부터 우러나오는 기쁨"[說], "마음속으로부터 즐거워함"[樂], "마음속으로부터 좋아함"[好]과 같이, 타인에 대한 관심과 배려에서 나오는 정서[哀·愛·矜], 도덕적 관심에서 나오는 정서[恥] 및 인의를 체득한 군자의 마음속으로부터 우러나오는 정서[說·樂·好]를 타인을 일차적인 참조 대상으로 삼는 "타인·규범 중심적 정서"로 보아 권장하고 있다. 이러한 맥락에서 《논어》가 이러한 타인·규범 중심적 정서에 대한 언급으로부터 시작하고 있다는 사실은 의미심장한 일이라 하겠다.

> 배우고 이를 항상 익히면, 또한 기쁘지[說] 아니한가? 벗이 먼 곳으로부터 찾아오니, 또한 즐겁지[樂] 아니한가? 남이 알아주지 않아도 성내고 걱정하지 않는다면, 또한 군자답지 아니 하겠는가?[58]

이 가운데 애(哀)는 상(喪)을 당해 죽은 사람을 위해 슬퍼하거나,[59] 죽음 그 자체를 아쉬워하거나,[60] 곤경에 빠진 사람을 불쌍히 여기는 것[61]과 같이 다른 사람을 지향 대상으로 하여 유발되는 정서로 그려지고 있다. 그러나 이렇게 타인을 대상으로 하는 선한 정서일지라도 "그 슬픔은 조화를 해칠 정도여서는 안 된다"[62]고 공자는 생각하고 있다. 애(愛)는 다른 사람을 아끼고 사랑하는 감정[愛人·愛衆][63]으로 그려지고 있어, 다른 사람을 지향 대상으로 하는 전형적인 정서로 표현되고 있다. 다음으로 긍(矜)은 대체로 능력이 모자라거나 곤경에 빠진 사

58 學而時習之 不亦說乎 有朋自遠方來 不亦樂乎 人不知而不慍 不亦君子乎 (《論語》, 學而 1)

59 八佾 26; 子張 1, 14.

60 泰伯 4; 子張 25.

61 子張 19.

62 哀而不傷 (八佾 20)

63 學而 5, 6; 顔淵 10, 22; 憲問 8; 陽貨 4, 21.

람을 불쌍히 여기는 감정으로 그려지고 있다.[64] 이러한 세 가지 정서[哀·愛·矜]는 모두 "타인에 대한 관심과 배려에서 나오는 정서"라는 공통점을 가지고 있다.

낙(樂)은 대체로 인의를 체득한 군자의 마음속에서 우러나오는 즐거움을 가리키는 정서이다.[65] 이러한 즐거움 가운데는 특히 가난하고 어려운 처지에서도 인의의 도를 지키는 데서 나오는 것이 가장 크다고 보아, 공자는 이를 자주 강조하고 있다.[66] 그러나 그 즐거움도 정도를 지나쳐서는 안 된다.[67] 열(說)은 대체로 도를 배워 깨우치는 데에서 오는 기쁨[68] 또는 다른 사람이 도를 이룬 것을 보거나 도가 실행되고 있는 것을 보고 느끼는 기쁨[69]과 같이 도의 인식과 실천 때문에 마음속에서 우러나오는 기쁨을 가리키는 정서이다. 이어서 호(好)는 도 그 자체를 대상으로 하여 이를 진정으로 좋아하는 감정을 가리킨다. 이렇게 마

---

64 《論語》에서 矜은 3개 편에서 나오고 있는데, 子張篇(君子尊賢而容衆 嘉善而矜不能, 3장; 上失其道 民散久矣 如得其情 則哀矜而勿喜, 19장)에서는 이렇게 "불쌍히 여김"의 뜻으로 쓰이지만, 衛靈公篇(君子矜而不爭, 21장)과 陽貨篇(古之矜也廉 今之矜也忿戾, 16장)에서는 "자부심 또는 자존심이 강함"의 뜻으로 쓰이고 있다. 이 두 가지 쓰임새 가운데 공자가 권장하는 정서의 의미로 쓰이는 것은 전자의 경우이다.

65 學而 1, 15; 雍也 9, 18, 21; 述而 15, 18; 憲問 14.

66 子貢曰 貧而無諂 富而無驕 何如 子曰 未若貧而樂 富而好禮者也 (學而 15); 子曰 賢哉回也 一簞食 一瓢飮 在陋巷 人不堪其憂 回也 不改其樂 賢哉回也 (雍也 9); 子曰 飯疏食飮水 曲肱而枕之 樂亦在其中矣 不義而富且貴 於我如浮雲 (述而 15)

67 樂而不淫 (八佾 20)

68 學而 1; 雍也 10; 先進 3.

69 公冶長 5; 子罕 23; 子路 16, 25; 堯曰 1.

음속으로부터 좋아하는 대상에는 "배움"[好學],[70] "예"[好禮],[71] "인"[好仁],[72] "덕"[好德],[73] "용기"[好勇],[74] "의로움"[好義],[75] "믿음직함"[好信],[76] "옛사람의 도"[好古] 또는 "도 그 자체"[好之·所好],[77] "일"[好謀·好從事][78] 및 "지식"[好知],[79] "정직함"[好直],[80] "강직함"[好剛][81]과 같이 "인의를 체득한 군자의 마음속에서 우러나오는 정서"라는 공통점을 가지고 있다.

공자가 권장하는 또 다른 정서는 치(恥)이다. 부끄러움은 도의 체득과 관련된 상황[82] 및 도의 일상적 실천과 관련된 상황[83]에서 느껴지는 감정이다. 특히 공자는 행동이 말을 따르지 못할 때, 곧 언행일치가 이루어지지 않을 때 부끄러워해야 한다는 점을 강조하여, 도의 체득과 실천을 강조하고 있다.[84] 이렇게 부끄러워함은 "도덕적 관심에서 나오는

---

70 學而 2; 公冶長 14, 27; 雍也 2; 泰伯 13; 先進 6; 陽貨 8; 子張 5.

71 學而 15; 子路 4; 憲問 44.

72 里仁 6; 陽貨 8.

73 子罕 17; 衛靈公 12.

74 公冶長 6; 泰伯 10; 陽貨 8.

75 顔淵 20; 子路 4.

76 子路 4; 陽貨 8.

77 雍也 18; 述而 1, 11, 19.

78 述而 10; 陽貨 1.

79 陽貨 8.

80 陽貨 8.

81 陽貨 8.

82 里仁 9; 公冶長 14; 子罕 26; 子路 20.

83 學而 13; 爲政 3; 公冶長 24; 泰伯 13; 憲問 1.

84 子曰 古者言之不出 恥躬之不逮也 (里仁 22); 子曰 君子恥其言之過其行也 (憲問 29)

정서"이다.

이상에서 보듯이, 공자는 타인에 대한 관심과 배려에서 나오는 "슬퍼하고 아쉬워함", "사랑하고 아낌", "불쌍히 여김", 인의를 체득한 군자의 마음속에서 우러나오는 "즐거움", "기쁨", "좋아함", 그리고 도의 체득과 실천 과정에서 느끼는 "부끄러워함"과 같이 다른 사람과 도를 그 일차적인 참조 대상으로 하는 "타인지향적 정서" 또는 "규범지향적 정서"를 일상적 삶의 과정에서 중시하고 권장하는 것이다. 이러한 정서들은 모두 그 유발 조건이 자기의 수양 여부에 달려 있다는 공통점을 갖고 있다.

《맹자》 "곤경에 빠진 사람을 불쌍히 여김"[惻隱], "자기의 옳지 않음을 부끄러워하고, 남의 옳지 않음을 미워함"[羞惡], "어른에게 사양하고 공경함"[辭讓], "옳고 그름을 가리려 함"[是非]의 사단[85]은 맹자 정서이론의 핵심으로서, 유학에서 극히 중요하게 권장되고 있는 정서이다. "사단 가운데 측은·수오는 정서로 분류하는 데 쉽게 동의를 얻을 수" 있지만, "사양은 주관적 느낌을 나타내는 감정이라기보다, 어른에 대한 공경이나 양보에서 보는 바와 같이 행동적 측면이 강하며" 또한 "시비는 진위를 가리려는 마음과 시비하는 정서를 모두 나타내는 의미의 개념이어서, 어떤 조건에서 주관적 느낌을 나타낼 수 있는 정서로서의 자격이 획득될 수 있는지 의문을 제기할 수 있다."[86] 그러나 주희는 이미 "인의예지는 마음속에 갖추어져 있는 원리인 성(性)이고, 측은·수

85 《孟子》, 公孫丑上 6; 告子上 6.

86 한덕웅, 1994, pp. 226-227.

오·사양·시비는 그러한 마음의 원리가 작용하여 발동된 정(情)"[87]이라고 보아, 사단을 정서로 해석할 수 있는 계기를 제공했다. 또한 조선조의 율곡은 사단은 칠정에 포함되지만, 그중 착한 정서만을 따로 떼어 말하는 것이라고 보아,[88] 사단이 칠정과 마찬가지로 정서라는 점을 분명히 하고 있다. 심리학자인 정양은도 "사단은 인간관계에서 일어나는 정"[89]이라고 하여, 사단이 정서의 체계에 속하는 심성의 내용임을 논의하고 있다.

이렇게 사단이 모두 정서의 내용을 가리키는 것이라면, 이는 타인을 일차적인 참조 대상으로 하거나[측은·사양] 도덕적 표준을 참조 대상으로 하는[수오·시비] 정서, 곧 "타인지향적 정서" 또는 "규범지향적 정서"이다. 맹자는 이러한 정서에서 도덕성의 바탕을 찾고 있다. 곧 그는 도덕의 근거가, 인간에게 본유적으로 내재해 있는 타인에 대한 관심과 배려라는 자연스러운 정감(情感)에 있다고 보는 것이다.[90]

맹자는 도덕성의 근거가 되는 사단의 정서를 적극적으로 권장하여, 이를 일상생활에서 잘 길러야 한다는 관점을 제시하고 있다. 사단 이외에 그가 또 중시하여 권장하는 정서는 "부끄러워함[恥]"이다. 이러

87 惻隱羞惡辭讓是非 情也 仁義禮智 性也 … 因其情之發 而本然之性可得而見 (《孟子集註》, 公孫丑上 6): 물론 여기서 朱熹가 말하는 情은 "性이 발동된 이후의 상태"를 가리키는 것으로, 딱히 "감정"을 지칭하는 것이라고는 볼 수 없다. 그러나 四端의 경우, 이를 性이 발동되어 느껴지는 감정의 상태를 지칭하는 것으로 보아도 별 무리는 없을 것이다.

88 情有喜怒哀懼愛惡欲七者而已 七者之外無他情 四端只是善情之別名言 七情則四端在其中矣 … 七情之外更無四端矣 然則四端專言道心 七情合人心道心而言之也 (《栗谷全書一》, 書 答成浩原 199)

89 정양은, 1970, p. 88.

90 蒙培元, 1990/1995, p. 67.

한 사실은 맹자 자신의 다음과 같은 진술에 드러나 있다.

> 사람은 부끄러움을 느끼지 않을 수 없다. 스스로 부끄러워하지 않음을 부끄러워하게 되면, 부끄러운 일이 없어질 것이다.[91]

> 부끄러워하는 것은 사람에게 매우 큰 일이다. 임기응변의 공교로운 짓을 하는 사람은 부끄러워할 줄 모른다. 자기가 남보다 못하다는 사실을 부끄러워하지 않는다면, 남보다 나은 일이 무엇이 있겠는가?[92]

이렇게 자기가 남보다 못하다거나 자기의 행위가 도덕 원칙에 어긋남을 부끄러워하는 일을 강조하고 권장함으로써, 맹자는 도덕적 수양의 근거를 인간의 자연스러운 타인지향적 정서에서 찾는 관점을 드러내고 있는 것이다.

이러한 사단과 부끄러워함 말고도, 맹자는 공자와 마찬가지로, "상을 당해 슬퍼함"[哀]과 "사람을 아끼고 사랑함"[愛]과 같이 다른 사람을 지향 대상으로 하는 "타인지향적 정서"와 "마음속으로부터 즐거워함"[樂], "마음속으로부터 좋아함"[好], "마음속으로부터 우러나오는 기쁨"[說]과 같이 인의를 지향 대상으로 하는 "규범지향적 정서"를 권장하고 있다. 이는 이들 정서가 인의예지 같은 도덕성에 그 근거를 두고 있어서,[93] 마음속

---

91 孟子曰 人不可以無恥 無恥之恥 無恥矣 (《孟子》, 盡心上 6)

92 孟子曰 恥之於人大矣 爲機變之巧者 無所用恥焉 不恥不若人 何若人有 (盡心上 7)

93 故理義之說我心 猶芻豢之悅我口 (告子上 7); 仁 人心也 義 人路也 舍其路而不由 放其心而不知求 哀哉 (告子上 10); 先生以仁義說秦楚之王 秦楚之王悅於仁義 而罷三軍之師 是三軍之師樂罷而悅於仁義也 (告子下 4) 등.

깊은 곳에서 우러나오는 자연스러운 것이기[94] 때문이다.

맹자는 이렇게 도덕성의 근거가 인간에게 본래부터 갖추어져 있는 자연스러운 심리적 정감에 있다고 보고, 이를 함양하여 기름으로써 도덕적 자각을 이루고, 이를 일상생활에서 실천하는 것이 바른 삶의 태도라고 보고 있다. 곧 다른 사람에 대한 관심과 배려에 근거를 두고 있는 "타인지향적 정서"와 바른 삶을 지향하는 "규범지향적 정서"는 모든 도덕성의 연원으로서, 적극 보호하고 권장되어야 한다는 관점이 맹자가 제시하는 정서이론의 핵심인 것이다.

《순자》 공자나 맹자와 같이, 순자도 애(哀)·애(愛)·호(好)·낙(樂)·치(恥) 같은 도덕적 수양에 긍정적인 영향을 미치는 정서는 적극적으로 권장하고 있다. 이러한 대표적인 정서가 "부끄러워함"[恥]이다. 순자는 부끄러워하는 일이 도덕적 수양의 원동력이 될 수 있음을 "군자는 자기 덕이 닦이지 않은 것을 부끄러워하지 남에게 오욕을 받는 것을 부끄러워하지 않으며, 스스로 신임이 부족한 것을 부끄러워하지 남이 자기를 믿어 주지 않는 것을 부끄러워하지 않으며, 스스로가 능력이 부족함을 부끄러워하지 남에게 기용되지 못하는 것을 부끄러워하지 않는다"[95]라는 한마디로 지적하고 있다. 곧 순자는 "부끄러워함"은 스스로의 도덕 수양이 이루어지지 않은 데서 유발되는 감정이라고 보고 있는 것이다. 이러한 점을 그는 또한 "어려서 열심히 공부하지 않아서,

---

94 以德服人者 中心悅而誠服也 (公孫丑上 3); 孩提之童無不知愛其親 (盡心上 15); 仁者無不愛也 急親賢之爲務 … 堯舜之仁 不偏愛人 急親賢也 (盡心上 46) 등.

95 故君子恥不脩 不恥見汙 恥不信 不恥不見信 恥不能 不恥不見用 (《荀子》, 非十二子 36)

늙어서도 아무런 가르칠 것이 없는 것, 이것이 바로 부끄러움"[96]이라고 표현하고 있다. 이렇게 순자는 부끄러워한다는 감정은 스스로가 열심히 노력하지 않거나 도덕적 수련을 게을리함으로써, 인간적 수양을 이루지 못한 데서 유발된다는 사실을 분명히 하고 있다. 곧 호(好)·낙(樂)·치(恥) 같은 마음속에서 우러나오는 감정들은 스스로의 수양 수준에 따라 유발되는 정서[在己者]이기 때문에, 인격 수양의 바탕으로 작용하여 자기개선을 이루는 근거가 되고, 따라서 적극 권장해야 한다고 순자는 주장하는 것이다.

순자는 자기 자신이 하기에 달린 도덕적 수양에서 오는 즐거움을 "마음속으로부터 나오는 도의적 즐거움"[義榮], 이기적이고 사적인 욕구의 충족에서 오는 즐거움을 "밖으로부터 주어지는 조건적 즐거움"[勢榮], 도덕적 수양이 미흡하여 사람의 도리를 못하기 때문에 받게 되는 치욕스러움을 "마음속으로부터 나오는 도의적 치욕"[義辱], 다른 사람의 근거 없는 모욕이나 업신여김 때문에 받게 되는 치욕스러움을 "밖으로부터 주어지는 조건적 치욕"[勢辱]이라 부르고, 이들 사이의 관계를 다음과 같이 진술하고 있다.

> 그러므로 군자는 조건적 치욕을 받을 수는 있어도 도의적 치욕은 받지 않는다. 소인은 조건적 즐거움은 누릴 수 있어도 도의적 즐거움은 누리지 못한다. 조건적 치욕을 받는다고 해도 요(堯)임금 같은 성인이 될 수 있고, 조건적 즐거움을 아무리 많이 누린다고 해도 걸(桀) 같은 폭군이 될 수 있는 것이다.[97]

---

96 幼不能彊學 老無以敎之 吾恥之 (宥坐 8)

97 是榮之由中出者也 夫是之謂義榮 … 是榮之從外至者也 夫是之謂勢榮 … 是辱之

애(哀)·애(愛)·호(好)·낙(樂)·치(恥) 같은 정서는 도의적 즐거움인 의영(義榮)이나 도의적 치욕인 의욕(義辱)을 가져오는 정서들이다. 여기서 도의적 즐거움과 도의적 치욕은 개인의 도덕적 수양에 달린 재기자(在己者)이고, 조건적 즐거움과 조건적 치욕은 외적 조건에 따라 유발 여부가 결정되는 재외자(在外者)이다. 따라서 인간은 의영과 의욕을 가져오는 자기수양에 힘써야 하고, 결국 이러한 의영과 의욕에 따라 유발되는 "타인지향적 정서" 또는 "규범지향적 정서"를 권장하는 것이 순자의 정서이론의 요체인 것이다.

2) 자기중심적 정서의 억제

유학자들은 인의 체득 및 실천과 관련된 사단과 같은 타인·규범 중심적 정서는 적극 권장하는 대신, 외적 조건이나 상황에 따라 유발되는 칠정과 같은 자기중심적 정서는 적극 억제해야 한다는 태도를 보이고 있다. 곧 전자는 모두 개인의 도덕적 수양에 근거를 둔 재기자에 속하는 정서들이어서, 스스로 하는 노력에 따라 함양·계발되므로 권장해야 마땅하지만, 후자는 외적 조건과 자신의 현 상태가 일치 또는 불일치하는 데서 유발되는 재외자에 속하는 정서들이어서, 스스로가 어찌할 수 있는 것이 아니므로 내적으로 통제하고 조절해야 마땅하다는 것이다.

《논어》 공자는 칠정 가운데 외적 조건에 따라 유발되는 성격이

由中出者也 夫是之謂義辱 … 是辱之由外至者也 夫是之謂勢辱 … 故君子可以有勢辱 而不可以有義辱 小人可以有勢榮 而不可以有義榮 有勢辱無害爲堯 有勢榮無害爲桀 (正論 29-30)

강한 "기쁨"[喜]·"성냄"[怒]·"두려움"[懼]·"미워함"[惡] 같은 정서와 그 밖에 이들과 유사한 "성내고 원망함"[慍], "걱정하고 근심함"[患], "근심하고 괴로워함"[憂], "원망함"[怨], "두려워함"[畏], "겁내고 무서워함"[恐], "싫어함"[疾], "분하게 여겨 화냄"[忿], "슬프게 여기고 걱정함"[戚], "자기를 내세우고 자랑함"[伐] 같은 정서를 억제하고 배척한다.

공자는 앞에서 제시된 타인·규범 중심적 정서는 군자가 느끼는 것이고, 자기중심적 정서는 소인이 느끼는 것이라고 표현하여, 이러한 관점을 밝히고 있다. 이를 그는 "군자는 마음이 넓고 편안하되, 소인은 항상 걱정이 많다"[98]거나 "군자는 태연하되 교만하지 않지만, 소인은 교만하고 태연하지 못하다"[99]라고 표현하고 있다.

공자는 이러한 자기중심적 정서는 외적 조건에 따라, 또는 외적 조건이 자신의 포부나 바람 및 욕구와 일치하거나[喜·欲·伐] 불일치하기[怒·懼·惡·慍·患·憂·怨·畏·恐·疾·忿·戚] 때문에 나타나는 것이라 보고 있다. 이러한 사실은 다음 진술에서 잘 드러나고 있다.

> 군자는 도(道)를 도모하지 먹을 것을 도모하지 않는다. … 군자는 도를 걱정하지 가난함을 걱정하지 않는다.[100]

> 사람들이 나를 알아주지 않더라도 성내고 원망하지 않는다면, 또한 군자답지 아니하겠는가?[101]

---

98 君子坦蕩蕩 小人長戚戚 (《論語》, 述而 36)

99 君子泰而不驕 小人驕而不泰 (子路 26); 君子 … 泰而不驕 (堯曰 2)

100 子曰 君子謀道 不謀食 … 君子憂道 不憂貧 (衛靈公 31)

101 人不知而不慍 不亦君子乎 (學而 1)

첫 번째 인용문은 군자의 걱정거리는 도를 이루는 일이지 외적 조건인 가난이나 호구지책에 있지 않음을 말하여, 도덕적 수양을 이루지 못한 사람들의 특징인 자기중심적 정서가 외적 조건에 의해 유발됨을 말하고 있다. 또한 두 번째 인용문에서는 외적 조건과 자신의 포부가 일치하지 않는 것(사람들이 나의 가치를 제대로 인정해 주지 않는 것)이 자기중심적 정서의 유발 조건이 될 수 있음을 말하고 있다.

이렇게 "자기중심적 정서"들은 외적 조건 그 자체나 외적 조건과 자신의 현 상태(포부·욕구·원망)의 일치 여부에 따라 유발되는 재외자에 속하는 정서들이어서, 스스로의 노력에 따라 유발될 수 없을 뿐만이 아니라, 도덕적 수양에 방해가 되거나 집단의 조화를 해칠 수 있기 때문에,[102] 통제하고 억제해야 한다고 공자는 보고 있는 것이다.

《맹자》 맹자에게서도 칠정 가운데 희(喜)·노(怒)·구(懼)·오(惡)를 비롯하여, "걱정하고 근심함"[患], "근심하고 괴로워함"[憂], "원망함"[怨], "두려워함"[畏], "겁내고 무서워함"[恐]과 같이 자기 자신을 참조 대상으로 하는 자기중심적 정서들은 대체로 부정적으로 평가되어, 통제되고 억제되어야 할 정서로 인식되고 있다. 이러한 자기중심적 정서들이 억제되고 통제되어야 하는 까닭은 이들이 외부 대상이나 조건에 의해 유발되는 재외자[103]에 속하는 정서들이기 때문이다. 이들이 재외자에 속하는 정서들이라는 사실은 다음과 같은 진술들에서 드러난다.

---

102 子曰 放於利而行 多怨 (里仁 12); 顔淵曰 願無伐善 無施勞 (公冶長 25)

103 孟子曰 求則得之 舍則失之 是求有益於得也 求在我者也 求之有道 得之有命 是求無益於得也 求在外者也 (《孟子》, 盡心上 3)

> 손가락이 남보다 못하면 이를 싫어할[惡] 줄 알지만, 마음이 남보다 못하면 이는 싫어할 줄 모른다.[104]

> 공손연(公孫衍)과 장의(張儀)가 어찌 진정한 대장부가 아니겠습니까? 그들이 한번 노하니까, 제후들이 두려워하였습니다[懼].[105]

> 가르치는 사람은 반드시 올바른 길로써 하는데, 올바른 길로써 가르치는데도 행해지지 않으면, 이어서 성을 내게[怒] 된다.[106]

여기서 첫 번째 인용문에서는 남보다 못한 손가락이라는 외부 대상에 의해 싫어하는 감정[惡]이 유발되고 있다. 두 번째 인용문에서는 제후들이 느끼는 두려운 감정[懼]이 공손연과 장의가 노했다는 외적 조건에 의해 유발되고 있다. 그리고 세 번째 인용문에서는 자기가 올바른 길로 가르치는데도 상대방이 이를 받아들이지 않으므로, 외적 조건과 자기의 기대가 일치하지 않기 때문에 성을 내는 감정[怒]이 유발되고 있다. 이와 같이 "자기중심적 정서"들은 외부 대상이나 조건 자체 또는 외부 대상에 대해 개인이 가지고 있는 기대가 일치하느냐의 여부에 따라 유발되는 정서들이다. 따라서 이러한 정서의 유발에는 도덕 주체로서 개인의 능동성이나 주도성이 전혀 개입되지 못하여, 도덕적 수양에 도움이 되지 않으므로, 통제되거나 억제되어야 한다고 맹자는 주장하는 것이다.

《순자》 공자·맹자와 마찬가지로, 순자도 대부분의 칠정과 원

104 指不若人 則知惡之 心不若人 則不知惡 (告子上 12)

105 公孫衍張儀 豈不誠大丈夫哉 一怒而諸侯懼 (滕文公下 2)

106 教者必以正 以正不行 繼之以怒 (離婁上 18)

(怨)·공(恐)·환(患)·우(憂) 같은 외적 조건에 의해 유발되는 자기중심적 정서의 억제를 강조한다. 그는 유발 조건이 외적 대상이나 상황에 달려 있는 이런 재외자(在外者)인 정서는 조건적 즐거움[勢榮]이나 조건적 치욕[勢辱][107]을 가져오게 된다고 본다. 따라서 그 유발 조건이 밖에서 주어지는 이러한 자기중심적 정서들은 대체로 사람의 마음을 가려 도를 올바로 인식하지 못하게 하고, 결과적으로 사람을 악으로 인도하는 원천이 된다는 것이 순자의 생각이다.

> 무엇이 사람의 마음을 가려지게 만드는가? 좋아서 하고 싶은 것[欲]이 가려지게 만들고, 싫어하는 것[惡]이 가려지게 만든다. … 무릇 모든 사물을 변별하게 되면, 서로 가려지지 않는 것은 아무것도 없다. 이것이 "마음 씀의 공통적인 걱정거리"[心術之公患]인 것이다.[108]

여기서 "욕오(欲惡)는 말하자면 호오(好惡)와 같은 것으로,"[109] 이에 가려진다는 것은 좋아서 하고자 하는 것과 싫어서 피하고자 하는 것, 곧 욕구와 감정 때문에 바른 것을 보지 못하는 폐단을 말한다. 이렇게 정서와 욕구는 인식능력[知]과 도덕적 행위능력[能]이 제대로 기능을 발휘하지 못하도록 가리는 역할을 한다고 순자는 파악하고 있는 것이다.

그렇기 때문에, 순자는 대부분의 정서는 통제되고 조절되어야 한다고 본다. 이러한 사실을 《순자》에서는 《서경(書經)》을 인용하여, 다음

---

107 《荀子》, 正論 29-30.

108 胡爲蔽 欲爲蔽 惡爲蔽 … 凡萬物異 則莫不相爲蔽 此心術之公患也 (解蔽 3)

109 蔡仁厚, 1984, p. 420.

과 같이 제시하고 있다.

> 《서경》에 이르기를 "자기대로의 좋아하는 감정을 억누르고, 오직 옛 성왕이 정하신 법을 따르며, 또 자기대로의 싫어하는 감정을 나타내지 말고, 반드시 옛 성왕의 법을 따르라"고 하였으니, 이것은 군자가 공의(公義)로써 사욕(私欲)을 이겨야 함을 말한 것이다.[110]

이렇게 좋아함과 싫어함 같은 대부분의 개인적인 감정은 철저히 통제되고 억제되어야 한다는 것이 바로 순자의 생각이다. 이와 같이 순자도 공자나 맹자와 마찬가지로 "자기중심적 정서"의 폐단을 밝혀서 정서의 통제와 억제의 근거를 분명히 제시하고 있는데, 이는 그의 정서 이론의 근간을 이루는 논리체계가 되고 있다.

3) 정서의 조절과 통제: 도덕적 수양과 자기개선

지금까지 보았듯이, 유학사상에서는 사단과 같이 재기자에 속하는 타인과 규범 중심의 정서는 적극 권장하는 대신, 칠정과 같은 재외자에 속하는 자기중심적 정서는 적극 억제해야 한다는 태도를 굳게 지니고 있다. 이렇게 정서를 통제하고 조절함으로써 평온한 마음 상태를 간직하는 일은 도덕적 수양과 자기개선을 이루는 전제 조건이다. 따라서 정서의 통제와 조절은 군자의 경지에 나아갈 수 있는 지름길이라고 유학자들은 보는 것이다.

110 書曰 無有作好 遵王之道 無有作惡 遵王之路 此言君子之能以公義勝私欲也 (修身 40; 天論 37)

《논어》 공자는 외적 조건이나 상황에 의해 유발되는 자기중심적 정서는 적극 억제해야 하지만, 인의의 체득 및 실천과 관련된 타인·규범 중심적 정서는 적극 권장해야 한다는 견해를 가지고 있다. 곧 전자는 모두 재외자에 속하는 정서들이어서 개인 스스로가 관장할 수 있는 것이 아니므로 내적으로 통제하고 조절해야 하지만, 후자는 개인의 도덕적 수양 여부에 따라 유발되는 정서, 곧 재기자들이어서 개인의 노력 여하에 따라서 달라지게 마련이므로 이를 일상생활에서 잘 지키고 키워 나가도록 권장해야 한다는 것이다.

군자는 이러한 정서의 조절과 통제를 이룬 사람이기 때문에 "걱정하지도 않고, 두려워하지도 않으며,"[111] "항상 착한 사람을 기리고, 능력이 없는 사람을 불쌍히 여기며,"[112] "남과 경쟁하지 않고,"[113] "도를 걱정할 뿐, 부귀나 빈천에 대해 걱정하지 않는다."[114] 그렇기 때문에 "군자는 태연하되 교만하지 않지만, 소인은 교만하고 태연하지 못하며,"[115] "군자는 마음이 넓고 편안하되, 소인은 항상 걱정이 많은 것이다."[116] 이렇게 자기의 감정을 조절하여 평온한 마음을 가져야 군자의 경지에 나아갈 수 있다고 공자는 보고 있는 것이다.

이러한 감정의 통제와 조절은 군자가 언행을 일치시키거나,[117] 자기

---

111 《論語》, 顏淵 4.

112 子張 3.

113 君子矜而不爭 (衛靈公 21)

114 衛靈公 31.

115 子路 26; 堯曰 2.

116 述而 36.

117 爲政 13; 里仁 22; 憲問 29.

잘못을 고쳐,[118] 자기개선을 이루는 근본이 된다.[119] 이는 공자의 다음과 같은 진술에서 잘 드러난다.

> 사마우(司馬牛)가 군자에 대해 여쭙자, 공자께서 "군자는 걱정하거나 두려워하지 않는다"고 대답하셨다. 사마우가 다시 "걱정하지도 않고 두려워하지도 않으면, 그런 사람을 군자라 부를 수 있단 말씀입니까?"라고 여쭙자, 공자께서는 "안으로 살펴보아 잘못이 없는데, 무엇을 걱정하며 또 무엇을 두려워하겠느냐?"라고 대답하셨다.[120]

이렇게 자기 잘못을 고쳐 자기개선을 이루면, 마음이 평온해져서 정서적 안정이 이루어지므로, 걱정할 것도 없고 두려워할 것도 없게 된다고 공자는 보고 있는 것이다.

이상에서 보듯이, 그 유발의 조건이 자기의 수양에 달려 있는 타인·규범 중심적 정서를 권장하고, 유발 조건이 상황이나 타인에게 달려 있는 자기중심적 정서의 억제를 강조하며, 이러한 정서의 조절과 통제를 통해 자기개선을 이루고, 결과적으로 정서적 안정을 취하는 일이 군자가 되는 지름길이라고 보는 것이 바로 공자가 제시하는 정서이론의 핵심인 것이다.

《맹자》 유학자들 중에서 처음으로 사단설을 제시한 맹자는 자기가 남보다 못함을 부끄러워하는 일을 강조하고 권장함으로써,[121] 도

---

118 述而 3.

119 里仁 14; 憲問 32; 衛靈公 18.

120 司馬牛問君子 子曰 君子不憂不懼 曰 不憂不懼 斯謂之君子矣乎 子曰 內省不疚 夫何憂何懼 (顔淵 4)

121 孟子曰 恥之於人大矣 爲機變之巧者 無所用恥焉 不恥不若人 何若人有 (《孟子》,

덕적 수양의 근거를 인간의 자연스러운 정서에서 찾는 관점을 택하고 있다. 이는 그의 사단설 말미에 제시되고 있는 다음의 진술에서 잘 드러나고 있다.

> 무릇 나에게 갖추어져 있는 사단을 모두 넓혀서 채울 줄 알면 마치 불이 처음 타오르고 샘물이 처음 넘쳐흐르듯 할 것이니, 진실로 이를 채울 수 있으면 온 천하를 보전하고도 남음이 있을 것이지만, 진실로 이를 채우지 못하면 부모를 섬기기에도 부족할 것이다.[122]

이렇게 인·의·예·지라는 덕성의 근거인 측은·수오·사양·시비의 네 가지 시초가 사람에게 갖추어져 있고, 그렇기 때문에 인간의 본성은 착하다는 것이 맹자의 성선설이다. 이러한 사단은 기본적으로 대인관계에서 타인을 지향 대상으로 하는 사회적 정서라고 볼 수 있는데,[123] 사람은 자기에게 본래부터 갖추어져 있는 이러한 선의 기초를 확충하도록 노력해야 한다는 것이 바로 맹자의 생각이다. 곧 그는 이러한 사단을 비롯한 타인·규범 중심의 정서를 함양할 것을 적극적으로 권장하는 입장을 취하는 것이다.

맹자가 사단과 같은 타인·규범 중심적 정서가 아닌 자기중심적 정서를 통제해야 한다고 보는 까닭은, 이들이 모두 감각기관[耳目之官]의 욕구에 이끌려 발생하는 외적 근원[124]에서 온다고 보기 때문이다.

盡心上 7)

122 凡有四端於我者 知皆擴而充之矣 若火之始然 泉之始達 苟能充之 足以保四海 苟不充之 不足以事父母 (公孫丑上 6)

123 정양은, 1970, pp. 86-90; 한덕웅, 1994, pp. 108-134, 221-222.

124 《孟子》, 盡心上 3.

눈과 귀 같은 감각기관은 생각하지 못하고, 외부 사물에 가려진다. 감각기관이 외부의 사물과 교접하면, 거기에 이끌릴 뿐이다.[125]

그러므로 사람은 본성에 내재한 사단은 잘 확충하여 기르고, 이렇게 외적 근원을 갖는 자기중심적 욕구와 이로부터 발생하는 감정은 조절하고 통제하도록 노력해야 한다고 맹자는 보고 있다. 곧 "사람에게는 귀한 부분도 있고 천한 부분도 있으며, 작은 것도 있고 큰 것도 있는데 [여기서 귀하고 큰 것은 생각의 기관인 심(心), 천하고 작은 것은 감각적 욕구와 자기중심적 정서의 기관인 이목지관(耳目之官)을 가리킴], 작은 것으로 큰 것에 해를 끼쳐서는 안 되며, 천한 것으로 귀한 것에 해를 끼쳐서도 안 된다. 그 작은 것을 기르는 사람은 소인(小人)이고, 그 큰 것을 기르는 사람은 대인(大人)"[126]이라는 것이다.

여기서 맹자가 말하는 정서의 통제가 무엇을 의미하는가를 생각해 볼 필요가 있다. 일상생활에서 정서의 통제는 대체로 인간관계 안에서의 통제를 의미하는 것이다. 그러므로 정서의 통제는 말하자면, 인간관계에서 칠정과 같은 자기중심적 정서의 작용을 억제하라는 뜻이라고 추론해 볼 수 있다. 그러나 칠정은 외부 사물에 감촉되자마자 발동되는 것이므로,[127] "자극에 따라 통제할 사이도 없이 발로된다. 아무리 억제하더라도 그것은 육체의 자극에 대한 반응이므로 제지할 도리가 없다.

125 耳目之官 不思而蔽於物 物交物 則引之而已矣 (告子上 15)

126 體有貴賤 有小大 無以小害大 無以賤害貴 養其小者爲小人 養其大者爲大人 (告子上 14)

127 喜怒哀懼愛惡欲 何從而發乎 外物觸其形而動於中 緣境而出焉爾 (《退溪全書 一》, 書 答奇明彦 406)

때로는 억제가 생명의 위협을 초래한다. 캐논(Cannon)이 정서는 위급 반응(emergency reaction)이라고 한 것은 이런 의미로 해석된다."[128]

이렇게 칠정과 자기중심적 정서들이 의식적으로 억제할 사이도 없이 나타나는 성질의 것이라면, 어떻게 이를 통제해야 할 것인가? 사회적 정인 사단이 중요한 역할을 하는 것은 이 지점에서라고 유학자들은 본다. 곧 인간관계에서 물리적 자극인 타인의 신체에 대한 반응으로 칠정[129]이 나타나더라도, 사단의 발로가 강하게 되면 칠정이 자연히 약화된다는 것이다. 말하자면, 타인의 물리적 존재에 반응(칠정)하지 말고, 심리적 속성에 반응(사단)함으로써, 자연스럽게 사단만 남고 칠정은 사라지도록 하자는 것이다. 후대의 유학, 특히 성리학에서는 이렇게 칠정보다 사단이 언제나 인간관계에서 주도적인 정서가 되도록 하는 방법을 중요하게 여긴다. 유학자들이 존양(存養)과 성찰(省察)을 통하여 부단히 연마하는 수양의 중핵은 바로 이것이라고 볼 수 있다.[130]

이렇게 마음에 내재한 사단은 잘 기르고 보존해야 하지만, 외적 근원을 갖는 자기중심적 욕구와 감정은 조절하고 통제함으로써, 도덕적 수양을 쌓아 자기개선을 이루고, 결과적으로 정서적 안정을 도모하도록 해야 한다는 것이 《맹자》에서 도출되는 정서이론의 핵심 내용인 것이다.

128 정양은, 1970, p. 89.

129 정양은(1970, pp. 88-89)은 사단은 인간관계에서 사회적 자극인 타인의 심적 속성에 의해 유발되는 사회적 정서이지만, 칠정은 물리적 환경 세계 속의 물리적 자극에 의해 유발되는 비사회적 정서라고 보았다. 그는 인간관계에서도 칠정이 유발될 수 있지만, 이는 물리적 자극인 타인의 신체에 대한 반응일 뿐이지, 사회적 자극인 타인의 심적 속성에 대한 반응은 아니라고 주장한다.

130 정양은, 1970, p. 90.

《순자》 순자도 또한 정서, 특히 인간을 악으로 향하게 할 가능성이 있는 자기중심적 정서[131]의 통제와 억제를 주장한다. 그러나 이러한 정서는 사람이 선천적으로 갖추고 있는 자연스러운 것[天情][132]으로서, 이를 모두 멸식시킬 수는 없는 일이다. 그렇다면, 어떻게 해야 하는가? 이러한 문제에 대해 순자는 다음과 같은 의견을 제시하고 있다.

> 성인은 "마음 씀의 걱정거리"[心術之患]와 그 "가려지고 막히는 폐해"[蔽塞之禍]를 알고 계셨다. 그리하여 좋아서 하고 싶어 하는 감정도 없고, 싫어서 피하고자 하는 감정도 없이 … 모든 사물을 함께 벌여 놓고, 그 가운데에 기준을 드리움으로써, 모든 변별적 감정이 서로 가려 올바른 마음의 도리를 어지럽히지 못하도록 하셨다.[133]

> 좋아서 하고 싶을 만한 것을 보거든 반드시 앞뒤로 그 싫어할 만한 점이 없는지 생각해 보고, 이로울 만한 것을 보거든 반드시 앞뒤로 그 해로울 만한 점이 없는지 생각해 보아서, 양자를 함께 달아 보고[兼權], 잘 살펴본 다음에, 접근할 것인지 아니면 피할 것인지를 정해야 한다.[134]

이 인용문에서 보듯이, 바람직하지 못한 정서의 폐해에서 벗어나는 일은 호·오(好·惡), 희·노(喜·怒) 같은 서로 반대되는 감정을 촉발

131 《荀子》, 解蔽 3.

132 天論 24.

133 聖人知心術之患 見蔽塞之禍 故無欲無惡 … 兼陳萬物 而中縣衡焉 是故衆異不得相蔽以亂其倫也 (解蔽 10)

134 見其可欲也 則必前後慮其可惡也者 見其可利也 則必前後慮其可害也者 而兼權之 熟計之 然後定其欲惡取舍 (不苟 17)

하는 조건들을 함께 고려하여[兼權], 어느 한 쪽으로 치우치지 않고 중용을 취하는 일이다. 이렇게 중용을 취하는 일은 도덕적 인식과 행위의 담당 기관, 곧 심(心)이 있기 때문에 가능한 일이다.[135] 이 심(心)이 선천적인 주재자[天君]로서, 정(情)·욕(欲)의 담당 기관인 감각기관[天官]을 주도적으로 지배해야 겸권(兼權)이 가능하다는 것이다. 이러한 점을 순자는 다음과 같이 표현하고 있다.

> 귀·눈·코·입·몸(피부)은 각각 특유하게 외부 사물에 접하여 이를 받아들일 뿐, 서로의 기능을 바꾸어 할 수는 없는데, 이를 일러 천관(天官)이라 한다. 심(心)은 사람의 한가운데에 자리 잡고 오관(五官)을 다스리는 것으로, 이를 일러 천군(天君)이라 한다.[136]

정서 통제의 문제와 관련하여 한 가지 지적해야 할 것은, 순자도 공자나 맹자와 마찬가지로, 모든 정서의 통제를 주장하는 것이 아니라, 도덕적 수양에 긍정적인 영향을 미치는 정서는 적극적으로 권장하고 있다는 사실이다. 이러한 대표적인 정서가 "부끄러워함"[恥]이다. 순자는 치(恥)가 도덕적 수양의 원동력이 될 수 있음을 지적하고 있다.

순자에 따르면, "부끄러워해야 할 것은 아직 자기 덕이 닦이지 않았거나, 스스로 아직 신임과 능력이 부족한 사람으로 남아 있는 것이지, 남에게 오욕을 받거나, 남이 믿어주지 않거나, 남에게 기용되지 않

---

135 心者形之君也 而神明之主也 出令而無所受令 自禁也 自使也 自奪也 自取也 自行也 自止也 故口可劫而使墨云 形可劫而使屈申 心不可劫而使易意 是之則受 非之則辭 (解蔽 14–15)

136 耳目鼻口形能 各有接而不相能也 夫是之謂天官 心居中虛 以治五官 夫是之謂天君 (天論 24–25)

은 것이 아니다. 그러므로 군자는 스스로 도에 따라 실천하고, 단정하게 자기수양을 함으로써, 외부 사물에 마음이 흔들리지 않도록 해야 한다."[137] 이와 같이 순자는 "부끄러워함"이라는 정서는 자기수양의 계기를 제공해 주는 정서이므로, 이를 통해 자기 덕을 닦음으로써, 신임이 두텁고 능력이 뛰어난 사람이 되도록 노력해야 한다고 보았다. 곧 부끄러움 같은 타인·규범 지향의 정서는 자기수양과 자기개선의 밑바탕이 되는 심적 경험이라는 것이다.

이렇게 순자도 도덕 수양에 도움이 되는 부끄러움 같은 정서는 적극 권장해야 하지만, 그 밖에 대부분의 정서들은 올바른 도의 인식과 실행을 방해하는 원천 가운데 하나여서, 적극적인 수양을 통해 조절하고 통제해야 한다고 보고 있다. 그렇게 함으로써만 도덕적 인식과 실천의 담당 기관인 심(心)이 제대로 기능을 발휘하게 되어, 자기개선을 이룰 수 있게 된다는 것이다. 순자도 이렇게 정서 통제를 통한 자기개선이 군자가 닦아야 할 수양의 핵심이라고 파악하고 있으며, 이는 유학자들의 공통적인 견해인 것이다.

《예기》 《예기》의 〈예운편〉에는 유학의 문헌 가운데 최초로 희(喜)·노(怒)·애(哀)·구(懼)·애(愛)·오(惡)·욕(欲)의 칠정이 언급되고 있다.

> 무엇을 사람의 감정[人情]이라고 부르는가? 이는 기쁨[喜]·성냄[怒]·슬픔[哀]·두려움[懼]·사랑함[愛]·미워함(惡) 및 가지고 싶어 함[欲]이다. 이 일곱 가지는 배우지 않고도 능한 것이다. … 그리하여 성인은 사람의 칠정(七情)을 다스리려, 열 가지 올바른 길을 열

137 非十二子 36.

어 주고, 신뢰와 친목을 닦으며, 사랑과 예양을 숭상하고, 투쟁과 약탈을 종식시키나니, 예(禮)가 아니고서는 어떻게 그렇게 할 수 있겠는가? 마시고 먹는 것과 남녀의 관계는 사람이 크게 하고 싶어 하는 것이고, 죽어 없어지고 가난하고 고통 받는 것은 사람이 크게 싫어하는 것이다. 그러므로 하고 싶어 하는 것[欲]과 싫어하는 것[惡]은 사람 마음의 근본적인 실마리[心之大端]가 되는 것이지만, 사람이 그 마음을 숨기고 있으면 알아낼 도리가 없다. 이렇게 사람의 행위의 선악은 모두 그 마음에서 일어나는 것이지만, 이는 즉시 외부로 나타나지는 않는다. 따라서 무언가 한 가지 방법으로 이를 알아내려 한다면, 예를 버리고 또 무슨 방법이 있을 수 있겠는가?[138]

이 인용문에서 《예기》의 기자는, 이러한 칠정은 인간의 마음에 뿌리박힌 두 가지 근본적인 실마리[心之大端], 곧 삶을 원하고 죽음을 싫어하는 상반되는 자기 보존 욕망에 근거를 둔 본유적인 것이라 보고 있다.[139] 칠정의 정서는 이렇게 자기 보존 욕망에 근거하고 있으므로, 그대로 내버려 두면 인간 상호간에 투쟁을 유발함으로써 사회생활의 조화를 해치게 된다.[140] 그러므로 이를 억제하고 통제하여 다스릴 필요가 생기게 되는데, 이러한 욕구와 정서는 예(禮)를 통해서 통제할 수밖에 없다는 것이 《예기》의 기자의 주장이다. 이렇게 정서 통제의 기준과 내용 및 그 방법을 예에서 구하려 한 점이 《예기》에서 도출되는 정서이론

138 何謂人情 喜怒哀懼愛惡欲 七者弗學而能 … 故聖人之所以治人七情 脩十義 講信脩睦 尙辭讓 去爭奪 舍禮何以治之 飮食男女 人之大欲存焉 死亡貧苦 人之大惡存焉 故欲惡者 心之大端也 人藏其心 不可測度也 美惡皆在其心 不見其色也 欲一以窮之 舍禮何以哉 (《禮記》, 禮運 301)

139 김승혜, 1990, p. 326.

140 王夢鷗, 1969, pp. 301-302.

의 특이점이다. 이러한 사실은 《예기》의 기자가 공자를 이어서, 맹자보다는 순자에 더 가까운 견해를 가지고 있음을 드러내는 것이다.[141]

3. 조선조 성리학의 정서이론: 사단칠정설(四端七情說)

선진유학에서는 사단과 같이 사회 상황에서 유발되는 타인 또는 규범 중심적인 정서는 적극적으로 추구하고 확충해야 하지만, 칠정과 같이 외부 사물과 맺는 관계에서 유발되어 개인의 이기적인 욕구를 부추기는 정서는 적극적으로 조절하고 통제해야 한다고 보는 이중 기준으로 정서 문제에 접근해 왔다. 이렇게 사단을 확충하고 칠정을 조절하는 것이 바로 선진유학에서 제시하는 수양의 핵심이었다.

이러한 선진유학의 관점은 유학사상의 핵심으로 후대까지 면면히 지속되어 왔다. 이는 불교 및 도교와 갖는 이론적 경합 속에서 사변적·형이상학적 철학체계로 확립된 송대 이후의 신유학(新儒學)에서도 그대로 이어져 왔으며, 이러한 신유학의 한 갈래인 주희(朱熹) 계통의 성리학(性理學)을 받아들인 조선조의 성리학 체계에서는 더욱 교조적으로 이러한 이중 기준에 따른 정서 이해에 집착했다고 볼 수 있다.

조선조 성리학의 가장 큰 특징 가운데 하나는 사단과 칠정 사이의 관계에 관한 사칠논변(四七論辨)이다. 이는 "16세기 중엽부터 논변의

141 김승혜, 1990, pp. 320-328.

형식으로 연구되기 시작하여 조선조 말(한말)까지 계속된 탐구 성과"[142] 이다. 이는 탐구 기간의 장구함(약 300여 년)에서뿐만 아니라, 당시 유학자의 거의 모두가 이 논변에 참여했다는 점에서, 조선조의 성리학을 대표하는 문제였다고 볼 수 있다.

한국의 온 성리학계가 16세기 중엽부터 거의 3세기 동안 열정적으로 논구의 대상으로 삼은 사단칠정론은, 퇴계와 고봉(高峯 奇大升, 1527~1572) 사이에 8년여의 왕복 서신으로 전개된 논변에서 비롯되었다. 이 논변은 사단과 칠정의 의미와 그 유래라는 두 가지 문제를 중심으로 치열하게 전개되었다. "사단과 칠정에 대한 당시 성리학자들의 해석은 그 의미·의도[所指]와 더불어 발동·발출의 유래[所從來]에 따라 해석하는 것인데, 이 두 가지 해석의 관점은 성격이 서로 판이한 것이다. 의미·의도로 하는 해석은 어디까지나 사단·칠정을 추상적·보편적인 차원에서 다분히 가치론(價值論)의 성격으로 이해하는 것이며, 유래로 내리는 해석은 구체적인 현상의 차원에서 사실론(事實論)의 성격으로 이해하는 것이다. 그러므로 판이한 두 성격의 해석을 하나로 합쳐서 내리려는 데 이 문제가 깨끗이 풀리지 않는 원인이 있다. 그 많은 학자들이 그렇게 오랫동안 머리를 짜냈는데도 문제 해결의 끝장을 보지 못한 원인이 바로 여기에 있다."[143] 이렇게 결론이 내려지지 않는 논변이었지만, "그와 같은 논구로 해서 마침내 사단칠정론 중심의 한국 성리학의 심성론은 세계적인 수준으로 향상되었으며, 이 문제에 기초한 학

142 윤사순, 1997, p. 6.

143 윤사순, 1992, pp. 7-8.

파[主理派와 主氣派]의 성립까지 보게 되었던 것이다."[144]

1) 사단의 권장

조선조의 성리학자들이 그토록 집요하게 사단 칠정을 해석하려 했던 의도는 "특히 사단이 선한 정인 점으로 짐작할 수 있듯이, 인간의 '착한 마음씨'[善性]를 믿는 데 있다. 이성에 해당하는 착한 본성이 우리에게 있음은 물론, 그것을 개발하여 실현하게 하려는 데 해석의 일차적인 목적이 있는 것이다. … 착한 본성의 내재를 믿으면서, 그러한 본성에 의해 이상 정치나 인륜을 실현할 수 있다는 사고는 또한 유학 전래의 인존(人尊)과 인본(人本) 의식을 낳은 것이기도 하다. 그런 점에서 인존·인본 정신을 뒷받침하는 보다 근본적인 인간학에 속하는 것이 바로 사단 칠정 해석론이라고 해도 과언이 아닐 것이다."[145]

사칠논변에서 중요한 논점 가운데 하나가 사단과 칠정이 어디에서 발동하는가[所從來]의 문제이다. 이 문제에 대해 퇴계는 사단은 이(理)에 의해 발동되고, 칠정은 기(氣)에 의해 발동된다는 이원론을 제시하고 있다.

> 사단은 이(理)가 발하여 기(氣)가 따르는 것[理發而氣隨之]이어서, 스스로 온전한 선[純善]이고 악함이 없다. … 칠정은 기(氣)가 발하여 이(理)가 이에 얹히는 것[氣發而理乘之]으로서, 본래는 착하지 않음이 없다. 그러나 기(氣)의 발동이 중도에 맞지 않아서 이(理)를

144 윤사순, 1997, p. 192.

145 윤사순, 1992, p. 8.

> 멸식시키면, 선함이 내쫓겨나서 결국 악하게 된다.[146]

퇴계의 이러한 입장은 사단과 칠정을 엄격히 구분하는 이원론에서 나오는 당연한 논리적 귀결이다.

> 실제로 사단은 이(理)에서 발하고, 칠정은 기(氣)에서 발한다는 차이가 있기 때문에, 사단과 칠정이라는 서로 다른 이름을 붙이게 된 것이다. 만약 처음부터 아무런 차이가 없다면, 어찌 서로 다른 이름을 붙였겠는가? … 사단의 발동이 이(理)에서 비롯되는 것이라면, 칠정의 발동이 기(氣)에서 비롯되지 않는다면 어디에서 나오겠는가?[147]

이기호발설(理氣互發說)을 주장하는 이러한 이원론적인 주리파(主理派)에 대해, 율곡같은 주기파(主氣派)는 기일원론(氣一元論)의 입장을 편다.

> 퇴계 선생께서는 이기호발설에 입각하여 "사단은 이가 발하여 기가 따르는 것이고, 칠정은 기가 발하여 이가 얹히는 것"이라는 이론을 제시하셨다. 여기서 이른바 "기가 발하여 이가 얹힌다"는 것은 옳다. 그러나 이는 칠정만이 그러한 것은 아니고, 사단 또한 "기가 발하여 이가 얹히는 것"이다.[148]

---

146 四端之情 理發而氣隨之 自純善無惡 … 七情之情 氣發而理乘之 亦無有不善 若氣發不中而滅其理 則放而爲惡也 (《退溪全書 一》, 聖學十圖 心統性情圖說 205)

147 實有理發氣發之分 是以異名之耳 若本無所異 則安有異名乎 … 四之所從來 旣是理 七之所從來 非氣而何 (《退溪全書 一》, 書 答奇明彦 418–419)

148 退溪因此而立論 曰 四端理發而氣隨之 七情氣發而理乘之 所謂氣發而理乘之者可也 非特七情爲然 四端亦是氣發而理乘之也 (《栗谷全書 一》, 書 答成浩原 198)

이러한 일원론적인 관점은 율곡으로 하여금 다양한 정서 가운데서 칠정이 더 포괄적인 것으로서, 사단은 이에 포함된다는 견해[七包四]를 표명하도록 하였다. 그는 사단이 칠정 각각에 상호 연관되어 있는 정도가 다르다는 견해를 다음과 같이 제시했다.

> 무릇 사람의 정서에는 기쁜 일을 당하면 기뻐지고, 상(喪)을 당해서는 슬퍼지며, 친애하는 사람을 만나면 자애로워지고, 이치를 보면 궁구해 보고자 하며, 어진 사람을 만나면 똑같이 되고자 하는데(이상 기쁨·슬픔·사랑함·하고자 함[喜·哀·愛·欲]의 4가지 정서), 이들은 인(仁)의 단서이다. 노할 일을 당하면 성내게 되고, 싫어할 일을 만나면 싫어하게 되는데(성냄·싫어함[怒·惡]의 정서), 이는 의(義)의 단서이며, 존귀한 사람을 보면 두려워하게 되는데(두려움[懼]의 정서), 이는 예(禮)의 단서이다. 기쁘고, 성나고, 슬프고, 두려운 일을 당했을 때 마땅히 기뻐하고, 성내고, 슬퍼하고, 두려워할 경우를 아는 것(이는 옳음[是]에 속한다)과 또한 마땅히 기뻐해서는 안 되고, 성내서는 안 되고, 슬퍼해서는 안 되고, 두려워해서는 안 될 경우를 아는 것(이는 그름[非]에 속한다. 이는 모든 칠정의 경우에 그 옳고 그른 경우를 아는 것이다)은 지(智)의 단서이다. 착한 감정이 발동하는 것을 이루 다 열거할 수는 없지만, 대개 이와 같다. 만약 사단을 칠정에 비추어 말한다면, 측은은 애(哀)에 속하고, 수오는 오(惡)에 속하고, 공경(사양)은 구(懼)에 속하고, 시비는 마땅히 기뻐하고 슬퍼해야 하는지의 여부에 속한다. 이와 같이 칠정 이외에 다시 사단이 있는 것은 아니다.[149]

149 夫人之情 當喜而喜 臨喪而哀 見所親而慈愛 見理而欲窮之 見賢而欲齊之者 (已上喜哀愛欲 四情) 仁之端也 當怒而怒 當惡而惡者 (怒惡 二情) 義之端也 見尊貴而畏懼者 (懼情) 禮之端也 當喜怒哀懼之際 知其所當喜 所當怒 所當哀 所當懼 (此

이렇게 퇴계와 율곡을 비롯한 조선 중기의 유학자들은 사단과 칠정의 유래와 양자 사이의 관계에 대해 서로 다른 의견을 내세워 격렬히 논쟁하였지만, 양자 모두 사단은 착하기만 한 정서, 곧 순선자(純善者)라고 본다는 점에서는 일치하고 있다. 퇴계는 "사단은 마음속에 간직하고 있는 인의예지의 성에서 나오지만, 칠정은 바깥 사물이 감각기관을 자극하여 나오는 것, 곧 외부 사물에 의해 유발되는 것"[150]이기 때문에, "사단은 모두 선하기만 한 것"[151]이라 보고 있다. 또한 앞의 인용문에서 보았듯이, 율곡은 측은은 희·애(哀)·애(愛)·욕의 순선자, 수오는 노·오의 순선자, 사양은 구의 순선자, 그리고 시비는 이러한 칠정의 소당(所當)과 소부당(所不當)을 아는 순선자라고 보아,[152] 같은 견해를 드러내고 있다.

이렇게 사단은 타인을 대상으로 하거나(측은·사양) 또는 도덕적 규범과 원칙에 비추어서(수오·시비) 유발되는 정서로서, 사람이 본래부터 갖추고 있는 본성에서 나오는 순수하고 착하기만 한 것이기 때문에 적극 권장해야 한다는 주장이 성리학자들의 공통된 관점이다. 이상에서 보듯이, 순선(純善)인 사단과 같이 도덕적 지향성에서 유발되는 정서가 인간이 추구해야 할 가장 중핵적인 정서라는 사단칠정설의 관점은 선

屬是) 又知其所不當喜 所不當怒 所不當哀 所不當懼者 (此屬非 此合七情 而知其是非之情也) 智之端也 善情之發 不可枚擧 大槪如此 若以四端準于七情 惻隱屬哀 羞惡屬惡 恭敬屬懼 是非屬于其當喜怒與否之情也 七情之外更無四端矣 (《栗谷全書 一》, 書 答成浩原, 199)

150 惻隱羞惡辭讓是非 何從而發乎 發於仁義禮智之性焉爾 喜怒哀懼愛惡欲 何從而發乎 外物觸其形而動於中 緣境而出焉爾 (《退溪全書 一》, 書 答奇明彦 406)

151 四端皆善也 (《退溪全書 一》, 書 答奇明彦 406, 412)

152 《栗谷全書 一》, 書 答成浩原, 199.

진유학자들이 내세우는 "타인·규범 중심적 정서의 권장"이라는 정서이론의 주장과 맥을 같이 하는 것이다.

2) 칠정의 억제

칠정의 유래에 대해서는 주리파나 주기파 모두 "기가 발하여 이가 얹히는 것[氣發而理乘之]"이라는 퇴계의 견해에 동의하고 있다. 다만 퇴계 계열의 이원론자들은 칠정이 사단과 별개의 정서라고 보고 있지만, 율곡 계열의 일원론자들은 인간의 정서란 칠정이 전부이고, 사단은 이에 포괄되는 선한 정서만을 가리킬 뿐이라고 본다는 점에서 차이가 있다.

그러나 이들 모두가 칠정은 선악이 혼재해 있는 정서로서, 악으로 흐르기 쉬운 것이라고 본다는 점에서는 일치된 견해를 보이고 있다. 퇴계는 "칠정은 외부 사물의 자극에 따라 발동"[153]되는 정서로서, "선악이 정해지지 않은 것"[154]이거나 "본래는 선하지만 악으로 흐르기 쉬운 것"[155]이라 보고 있다. 칠정의 발동이 중도에 맞지 않아 그 이(理)를 잃게 되면, 악하게 된다는 것이다. 곧 인간이 악하게 되는 원천 가운데 하나가 칠정이 그 이치를 잃는 것에 있다고 퇴계는 본다.

율곡도 사단은 순선이지만, 칠정에는 선·악이 혼재해 있다고 본다. 그는 "사단은 오로지 착한 마음[道心]만을 가리켜 말하지만, 칠정은

153 《退溪全書 一》, 書 答奇明彦 406.

154 七情善惡未定也 (《退溪全書 一》, 書 答奇明彦 406)

155 七情本善而易流於惡 (《退溪全書上 一》, 書 答奇明彦 412)

이기적인 마음[人心]과 착한 마음을 합하여 말하는 것이다"[156]라고 하여, 이러한 견해를 표명하고 있다. 이렇게 선·악이 혼재해 있는 칠정이 악으로 흐르게 되는 것은, 희·노·애(哀)·구·애(愛)·오·욕을 마땅히 느껴야 할 때[所當]와 느끼지 말아야 할 때[所不當]를 분명히 구분하지 못하고, 혼동하기 때문이다.[157]

이렇게 성리학자들은 칠정이 사람을 악으로 흐르게 할 수 있는 가능성이 있기 때문에, 이는 될 수 있는 대로 억제되어야 한다고 본다. 이러한 칠정이 악으로 흐를 가능성이 높아지는 것은, 이것이 외부 대상에 의해 유발되는 타율적인 정서라는 점, 그리고 포부·기대·욕구 같은 자기의 현재 상태를 기준으로 하여 유발되는 자기중심적 정서인 만큼 이기적 욕구와 결합될 가능성이 높아진다는 점 때문이다. 그러므로 이러한 자기중심적인 타율적 정서는 성덕을 지향하는 과정에서 방해가 되거나 부정적인 영향을 미치므로, 철저히 통제하고 조절해야 한다는 것이 성리학자들의 공통된 견해인 것이다.

이상에서 보듯이, 선악 미정인 칠정은 인간을 불선으로 이끄는 원천이고, 따라서 불선의 근원인 칠정은 실생활에서 억제되어야 이상적 인간상에 도달할 수 있다는 인심도심설의 입론은 선진유학자들이 내세우는 "자기중심적 정서의 억제"라는 정서이론의 주장과 맥을 같이 하는 것이다.

---

156 四端專言道心 七情合人心道心而言之也 (《栗谷全書 一》, 書 答成浩原 199)

157 《栗谷全書 一》, 書 答成浩原 199.

3) 정서의 승화와 수양

칠정을 비롯한 여러 자기중심적 정서를 억제하고, 사단을 비롯한 타인·규범 지향의 정서를 권장하는 것이 유학적 정서이론의 핵심이다. 이러한 정서의 통제와 조절을 통해 자기수양을 하고, 그럼으로써 자기개선을 이룰 수 있게 된다. 성리학, 나아가서 유학의 근본 목적은 사람의 욕심을 버리고, 천리를 보존함으로써[遏人欲 存天理] 성인의 길을 배우는 데[聖學] 있다.[158] 곧 이기적인 욕구에 물든 마음[人心]을 버리고 천리를 간직한 마음[道心]을 지향해 나아가는 것이 사람의 도리라고 보는 이론체계가 바로 성리학인 것이다. 여기서 사람의 욕심을 버리고 천리를 보존하는 방법으로 제시되는 것이 바로 경 상태에 머무르는 거경(居敬)이다. 이는 "경(敬) 상태를 이루는 심적 조절 방법"[159]인데, 이러한 "경은 성학(聖學)의 처음이자 마지막이 되는 요체"[160]라고 퇴계와 율곡은 보고 있다. "경은 마음의 주재로서, 온갖 일의 근본이 되는 것"[161]이기 때문이다.

김성태는 여러 학자들의 거경(居敬)에 관한 논의를 종합하여, "경 공부(敬 工夫)로 얻어지는 상태 또는 경 공부라는 것은 마음의 안정성, 집중성 및 객관적 태도를 주된 요인으로 지니고 있는 주의 과정에 가까

---

158 안병주, 1987.

159 한덕웅, 1994, p. 76.

160 敬爲聖學之始終 豈不信哉 (《退溪全書 一》, 聖學十圖 敬齋箴 210); 敬者 聖學之始終也 (《栗谷全書 一》, 聖學輯要 修己上 收斂章 431)

161 敬者 一心之主宰 而萬物之根本也 (《退溪全書 一》, 聖學十圖 大學經 203)

운 것이 아닌가 생각할 수 있다"[162]고 보고 있다. 이에 견주어, 한덕웅은 거경을 주의 집중과만 관련짓는 것은 이를 너무 좁게 개념화하는 것이라 보고, 이를 심적 자기조절의 전 과정과 연관시키고 있다. 그에 의하면, "경 상태는 주의 분산 없는 주의 집중의 기능과 관련해서 사물 지각이나 판단에서의 주관적 오류를 극복토록 하는 인지적 기능도 지니지만, 인간의 목표 추구 활동을 활성화하고, 행동적 표출을 자신의 판단에 일치시키도록 방향 지워 주는 동기적 기능도 지닌다. 그리고 행동 결과를 목표 설정에서 마련된 기준과 비교함으로써 환류하는 기능도 지닌다. 따라서 경은 심적 자기조절이 이루어지는 전 과정에서 영향을 미친다."[163]

이렇게 거경을 심적 자기조절이 이루어지는 전 과정이라고 보면, 인간에게 정서의 조절과 통제는 거경을 통해 이루어진다고 볼 수 있을 것이다. 유학의 기본 논지에 따르면, 거경 상태에서 이루어지는 이러한 정서의 조절과 통제는, "선악 미정"[164]이거나 "본래는 선하지만 악으로 흐를 가능성이 있는"[165] 칠정(七情)에 대한 조절과 통제가 된다. 곧 이는 인간의 삶에서 칠정의 작용을 억제하여 선한 방향으로 이끌어 감으로써, 정서를 승화시키는 것을 의미한다. 정양은은 이때 사회적 정인 사단(四端)의 역할이 중요하다고 보고 있다. 곧 인간관계에서 칠정이 생겨나더라도, 사단의 작용이 강하게 되면, 칠정이 자연히 약화될 것이라

162 김성태, 1989, p. 163.

163 한덕웅, 1994, p. 93.

164 《退溪全書 一》, 書 答奇明彦 406.

165 《退溪全書 一》, 書 答奇明彦 412.

는 주장이다. 다시 말하면, 타인의 물리적인 존재에 반응[七情]하지 말고, 사회적 자극인 심적 속성에 반응[四端]하도록 하는 것이다.[166] 이렇게 유학에서는 인간관계에서 언제나 칠정보다는 사단이 작용함으로써 정서의 승화가 이루어지는 것을 중요시 하는데, 그 방법이 바로 거경인 것이다.

이상과 같이, 인간을 불선으로 이끄는 원천인 칠정을 거경의 과정을 통해 철저히 억제하여 사단이 지배적인 정서가 되도록 노력함으로써, 사단의 선한 정서가 개인의 삶 전체를 지배하도록 해야 한다는 사단칠정설의 입장은 선진유학자들이 내세우는 "조절과 통제를 통한 정서의 승화"라는 정서이론의 주장과 맥을 같이 하는 것이다.

4. 유학의 정서이론과 현대 동아시아인의 정서 행동

지금까지 《논어》·《맹자》·《순자》·《예기》 같은 선진유학의 경전들과 조선조 성리학자들의 사단칠정 논변을 통해 유학사상에서 제시되고 있는 정서에 관한 논의들을 찾아보았다. 이상에서 보았듯이, 유학자들은 대체로 인간의 정서는 바람직한 적응을 해치는 부정적인 영향을 끼치므로, 적극적인 수양을 통해 조절하고 통제해야 할 대상이라고 보고 있다. 공자·맹자·순자, 그리고 《예기》의 기자는 대체로 이러한 측면에

166 정양은, 1970, pp. 86-90.

서 정서의 문제를 고찰하고 있다. 그러나 이는 칠정으로 대표되는 외부 사물에 의해 유발되는 자기중심적 정서의 경우이다. 이들도 타인 및 규범을 참조 대상으로 하거나 도덕적 수양에 도움이 되는 정서는 억제되기보다는 권장되어야 한다고 본다.

유학자들에 따르면, 이러한 두 가지 유형의 정서들은 그 유발 조건에서 차이가 있다. 대부분의 칠정을 비롯한 자기중심적 정서들은 외적 조건이나 상황에 의해 유발되거나 개인의 기대·포부·원망(願望)의 충족 여부에 따라 유발되는 재외자(在外者)들이다. 이에 비해 사단을 비롯한 타인 및 규범 중심적 정서들은 개인의 수양 정도에 따라 유발되거나 타인 및 규범에 대한 관심과 배려 때문에 유발되는 재기자(在己者)들이다.

그러므로 후자는 모두 개인의 도덕적 수양과 지향성에 근거를 두고 유발 여부가 결정되는 정서들이어서, 스스로 하는 노력에 따라 함양·계발되므로 권장해야 마땅하지만, 전자는 외적 조건과 자신의 현 상태가 일치 또는 불일치하는 데서 유발되는 정서들이어서, 스스로가 어찌할 수 있는 것이 아니므로 내적으로 통제하고 조절해야 마땅하다는 것이 유학적 정서이론의 대지이다.

1) 타인·규범 중심적 정서와 사단의 권장: 연계성·조화성의 강조

맹자는 외부 사물에 의해 유발되는 정서 이외에 인간에게 본유적으로 내재한 착한 정서인 사단의 존재를 인정하고, 이의 적극적인 확충을 주장함으로써, 유학의 정서 이해에서 특이한 위치를 차지하고 있다.

이러한 사단은 곤경에 빠진 사람을 불쌍히 여기는 측은, 자기와 남의 옳지 않음을 부끄러워하는 수오, 남에게 양보하고 공경하는 사양 및 옳고 그름을 가리려는 시비와 같이, 타인 또는 삶의 원칙(규범)과 맺는 관계를 조건으로 하는 사회적인 정서라고 볼 수 있다.

유학자들의 이론체계에 따르면, 측은·수오·사양·시비의 사단은 순선(純善)일 뿐으로, 타인 및 규범 중심적인 여러 정서 가운데 가장 대표적인 정서이다. 이에는 사단 말고도 "마음속으로부터 우러나오는 기쁨"[說·悅], "마음속으로부터 우러나오는 좋아함"[好], "마음속으로부터 즐거워함"[樂], "부끄러워함"[恥] 같은 정서가 포함된다. 이들은 그 유발 조건이 모두 자기 내적인 도덕 수양 또는 타인의 복지나 규범의 존중에 대한 관심과 배려에 달려 있는 자율적인 정서들이다. 따라서 이들은 각자가 하기에 따라 그 유발 또는 충족의 여부가 달라지는 정서[在己者]들이므로, 언제나 권장되고 강조된다. 곧 도덕적 수양은 이러한 사단 정서의 확충으로 이해될 수 있다는 것이 유학사상에서 도출되는 정서이론의 한 가지 특징인 것이다. 이러한 사단을 비롯한 타인 및 규범 중심의 정서들은 타인에 대한 지향성을 축으로 하고 있다는 점에서 인간을 "사회적 관계체"로 인식하는 관점에서 직접 도출되는 정서들이라고 볼 수 있다.

사회적 관계체로 인간을 보는 관점은 사회행위의 원동력을 사회관계 속의 역할 및 의무로 보고, 모든 사회행위의 목표를 사회관계의 질서와 조화의 추구에서 찾는 것으로, 사회행위의 원동력과 목표 차원에서 연계성과 조화성을 강조하는 집단주의 문화의 관점과 일맥상통하는 것이다. 유학의 체계에서 이상적 인간으로 설정하고 있는 군자나 성인은 자기를 닦는 수기와 함께 타인과 사회에 대한 관심을 가지고, 이를 우선적으로 배려하는 특징을 가진 사람들이다. 따라서 이들의 주의(注意)는 자기 자신보다는 관계를 맺고 있는 타인이나 사회에 쏠려 있으며, 결과적으로 대인평가의 기준을 타인과 사회에 대한 관심과 배려에서 찾게 된다. 이러한 경향은 곧바로 "사단"과 "부끄러워함" 같은 타인과 규범을 참조 대상으로 하는 타인·규범 중심적 정서를 중시하고 권장하는 태도를 낳게 된다.

이와 같이 사회적 관계체로 인간을 파악하는 유학의 체계에서 도출되는 정서이론은, 타인·규범 중심의 정서의 함양을 극히 강조하고 있으며, 이러한 논리체계를 일상적 삶과 사상적 배경으로 삼아 온 동아시아 사회에 집단주의 문화가 형성되는 기반이 되어 왔던 것이다.

이러한 사실은 현대 사회심리학의 문화비교연구들에서 동아시아 집단주의사회에서는 타인에 대한 배려와 관계의 조화 달성에 도움이 되는 정서가 사회적으로 높은 평가를 받고, 결과적으로 동아시아인들은 이러한 정서에 민감하다는 결과들을 통해 잘 드러나고 있다. 따라서 동아시아 집단주의사회에서는 사람들 사이의 관계를 이어주는 동정·공감·수치심 등 타인을 일차적인 참조 대상으로 하는 통합적 정서(integrating emotion)가 권장되고, 또 많이 경험된다. 이에 비해 서구 개인주의사회에서는 개인의 자율성과 독특성의 추구에 도움이 되는 정서가 높은 평가를 받고, 결과적으로 개인주의자들은 이러한 정서에 민감하게 되므로, 개인주의사회에서는 개인 간의 분화와 독립을 촉진하는 자부심·행복감·분노 등 개인의 내적 속성을 일차적인 참조 대상으로 하는 분화적 정서(differentiating emotion)가 권장되고 또 많이 경험되는

것이다.[167]

문화유형에 따른 정서 행동의 이러한 차이는 정서사회화(emotion socialization)의 내용이 문화유형에 따라 달라지기 때문에 나타나는 것이다. 동아시아 집단주의사회에서는 타인에 대한 배려와 관계의 조화 달성에 도움이 되는 정서가 사회적으로 높은 평가를 받고, 결과적으로 이 사회의 성원들은 이러한 연계성·조화성을 촉진하는 정서에 민감하고, 또 이를 많이 경험하게 될 것이다. 이와는 대조적으로, 서구 개인주의사회에서는 자기 개인의 자율성과 독특성의 추구에 도움이 되는 정서가 사회적으로 높은 평가를 받고, 결과적으로 이 사회의 성원들은 이러한 정서에 민감하게 될 것이다.[168]

동아시아 집단주의사회인들에게서 실제로 나타나는 이러한 정서 행동들은 모두 전통적으로 동아시아인들이 인간을 "사회적 관계체"로 파악하는 관점에서 "사단"을 비롯한 "타인·규범 중심적 정서"를 인간이 추구해야 할 가장 중핵적인 정서로서 권장해 온 배경에서 나오게 된 것이라 추론할 수 있다. 즉 유학적 정서이론의 제1교의인 "타인 및 규범 중심적 정서의 권장"은 동아시아인들의 삶의 양식으로 그대로 표출되고 있는 것이다.

167 Kemper, 1984; Kitayama & Markus, 1990; Markus & Kitayama, 1991a, 1994b; Matsumoto, 1989; Matsumoto, Kudoh, Scherer, & Wallbott, 1988.

168 Frijda & Mesquita, 1994; Triandis, 1994.

2) 자기중심적 정서와 칠정의 억제: 자기억제의 강조

사단의 정서와는 대조적으로, 칠정의 정서는 외적 조건에 의해 유발되는 타율적인 정서이다. 이들은 외적 조건과 자기 자신의 상태를 비추어 봄으로써 유발되는 자기중심적 정서들이다. 예를 들면, 외적 조건이 자기의 개인적 욕구나 기존 상태의 충족에 긍정적일 경우에는 "기쁨"[喜]의 정서가 유발되지만, 외적 조건이 자기의 개인적 욕구나 기존 상태의 충족에 부정적일 경우에는 "성냄"[怒]의 정서가 유발되는 것이다. 따라서 이들은 외적 조건에 의해 그 유발 또는 충족의 여부가 달려 있는 정서[在外者]들로서, 적극적으로 억제되고 조절되어야 한다는 점이 강조된다. 이러한 정서의 자유로운 표출은 대인관계와 사회의 조화를 해치게 되며, 또한 올바른 마음의 평정 상태를 해칠 가능성이 크기 때문이다. 이러한 정서들에는 칠정 말고도 "걱정하고 근심함"[患], "두려워함"[畏], "겁내고 무서워함"[恐], "자기를 내세우고 자랑함"[伐] 같은 것들이 포함된다. 이러한 자기중심적 정서의 억제와 조절을 강조하는 것이 유학사상에서 도출되는 정서이론의 또 다른 특징이다.

이렇게 타율적이고 자기중심적인 칠정을 통제하고 조절할 수 있는 것은, 개인이 덕성 주체로서 갖추고 있는 인간의 존재의의를 충분히 자각하여, 일상생활에서 도덕 실천을 이룰 수 있는 능동적 주체성을 갖추고 있기 때문이다. 말하자면, "능동적 덕성 주체"로서 인간은 스스로를 통제하고 억제할 수 있다는 점에서, 칠정과 같은 자기중심적 정서를 통제하고 조절할 수 있는 가능성이 나오는 것이다.

능동적 덕성 주체로 인간을 보는 관점은, 도덕적 기초가 본유적으로 사람 속에 갖추어져 있는 만큼, 모든 사회행위의 원인을 자기 내부로 귀환하여 자기 속에 침잠할 것을 강조하는 것으로, 자기표현 양식의 차원에서 자기억제를 강조하는 집단주의 문화의 관점과 통한다. 이러한 관점에서 따르면, 모든 것이 도덕 주체인 자기 자신에게 달려 있다고 봄으로써, 항상 모든 일의 책임과 원인을 스스로에게 돌려서 찾게 된다. 그리고 사회와 대인관계에서 질서와 조화를 유지하는 것(모든 사회행위의 목표)도 그 책임이 자기 자신에게 달려 있으므로, 통제해야 할 대상을 외부 환경 조건이 아니라 자기 자신에게서 찾게 되고, 결과적으로 항상 자기를 억제할 것을 강조한다. 이러한 자기억제와 자기통제를 중시하는 경향은 특히 정서의 측면에서 두드러진다. 곧 그 유발 조건이나 충족 조건이 외부 상황에 달려 있어서, 스스로의 도덕적 수양에 방해가 되는 칠정과 같은 자기중심적 정서는 적극적으로 억제하고 조절해야 한다고 유학사상에서는 보는 것이다.

이렇게 능동적 덕성 주체로 인간을 파악하는 유학의 체계에서도 동아시아 사회에 집단주의 문화가 형성된 배경의 일단을 찾아볼 수 있는 것이다. 동아시아 집단주의사회인들이 자기의 사적인 욕구나 사적인 감정, 특히 자부심이나 분노와 같이 자기를 드러내는 정서의 표현을 억제하는 경향이 강하다는 연구 결과들은 동아시아인들이 자기억제의 경향이 강함을 사실적으로 밝혀 주고 있다.[169]

이러한 현상은 정서 상태를 드러내는 표출규칙(display rule)의 차이 때문에 나타나는 것이다. 정서의 표출규칙은 사회적 맥락 내에서 정서

169 조은경, 1995, pp. 35-36; Markus & Kitayama, 1991a, p. 236; Matsumoto & Ekman, 1989, p. 155; Miyake, Campos, Kagan, & Bradshaw, 1986.

의 표현을 조절하고 규제하기 위한 것이다.[170] 동아시아 집단주의사회에서는 동정이나 공감 같은 타인중심적 정서의 표현은 권장하지만, 자부심이나 분노와 같은 자아중심적 정서의 표현은 적극적으로 억제한다. 이에 비해, 개인주의사회에서는 정서 표현은 솔직성과 진실성의 반영이라고 보아, 분노나 자부심 등도 거리낌 없이 표현할 것을 권장한다. 더구나 이 사회에서는 정서 표현의 억제는 심리적 부적응을 유발하게 된다고 보고, 분노 같은 부정적 정서도 대인간 조정에 유익한 결과를 가져온다고 인식하여, 적극적으로 표출한다.[171]

동아시아 집단주의사회인들에게서 실제로 나타나는 이러한 정서 행동들은 모두 전통적으로 동아시아인들이 인간을 "덕성 주체"로 파악하는 관점에서 대부분의 "칠정"을 비롯한 "자기중심적 정서"들을 삶의 과정에서 억제해야 할 정서로서 강조해 온 배경에서 나오게 된 것이라 추론할 수 있다. 즉 유학적 정서이론의 제2교의인 "자기중심적 정서의 억제"는 동아시아인들의 삶의 과정에서 그들의 지배적인 정서 행동의 양식으로 그대로 드러나고 있다. 동아시아인들은 유학사상의 논지에 따라 개인의 이기적 욕구와 자기중심적 감정을 억제하는 것을 수양의 바탕으로 중시해 왔던 것이다.

3) 정서의 승화와 거경: 도덕적 수양과 자기개선의 강조

사단을 중심으로 하는 타인 및 규범 중심적 정서의 권장과 칠정을

---

170 Ekman, 1982.

171 Markus & Kitayama, 1991a, 1994b; Matsumoto, 1989, 2000.

중심으로 하는 자기중심적 정서의 억제는 유학적 수신의 핵심 과정 가운데 하나이다. 이러한 정서의 조절을 통해 개인적 욕구나 자기 집착으로부터 벗어나서, 사단이 정서 체험의 중심이 되는 정서의 승화와 자기개선을 이룰 수 있고, 따라서 도덕적 완성의 경지[成德]에까지 나아갈 수 있다는 것이 유학적 수양론의 대지라고 볼 수 있다. 이러한 자기수양을 통한 정서의 조절과 승화의 강조가 유학사상에서 도출되는 정서이론의 또 한 가지 특징인 것이다.

이렇게 거경을 통해서 칠정을 억제하고, 사단의 작용을 강화함으로써 정서의 승화를 이루는 것은 자기수양과 자기개선의 핵심이라는 것이 유학, 특히 성리학자들의 주장이다. 이러한 관점은 사칠논변을 벌였던 모든 성리학자들의 공통된 견해이다. 성리학자들이 거경을 통한 정서의 승화가 가능하다고 생각하는 것은 인간을 "무한한 가능체"로 파악하는 유학자들의 인간관에서 직접 도출되는 것이다.

인간 존재를 무한한 가능체로 보는 관점은 관계에 따른 역할의 연쇄망 속에서 변화하는 역할을 충실히 수행할 수 있는 인간의 가소성을 강조하는 것으로, 행위의 변이가능성 차원에서 상황에 따른 가변성을 강조하는 집단주의 문화의 입장과 맥을 같이 하는 것이다. 이러한 관점에서 보면, 인간은 항상 자기를 돌아봄으로써 자기의 단점과 잘못을 찾아, 이를 고쳐 나가려는 자기개선의 노력을 부단히 해야 하는 존재이다. 따라서 자기성찰과 자기개선이 대인평가의 중요한 기준으로 대두된다. 또한 사람은 끊임없는 자기개선의 과정에서 칠정과 같은 자기중심적 정서를 억제하고 통제하여, 사단과 같은 타인·규범 중심적 정서가 지배적인 정서가 되도록 노력함으로써, 자기개선을 통한 자기향상이 이루어지도록 해야 한다고 유학사상에서는 본다.

이상과 같이 무한한 가능체로 인간을 파악하는 유학의 체계도 동아시아 사회에 집단주의 문화가 형성되도록 한 사상적 배경으로 작용했던 것이다. 집단주의사회에서는 연계성의 확립이 문화적 명제로서 타인에 대한 배려와 조화의 유지를 강조하게 되고, 결과적으로 자기억제와 자기의 부적 측면의 발견 및 이의 개선을 위해 노력하게 된다. 그 결과, 긍정적인 자기상이나 긍정적인 감정보다는 자기의 부적 특성이나 부적 감정에 더 민감하고, 또 이의 경험에 대해 더 수용적이다. 즉, 집단주의자들은 수치·슬픔·애처로움·안타까움 같은 부적 감정의 경험 빈도가 상대적으로 높고, 이를 바람직한 일로 받아들이는 경향이 강하다. 이에 비해, 개인주의사회에서는 독립성과 독특성의 확립이 문화적 명제이기 때문에, 적극적인 자기주장과 자기현시를 정당한 것으로 받아들인다. 그 결과, 긍정적인 자기상과 긍정적 감정의 추구를 지향하게 된다. 곧 개인주의자들은 자부심·행복감·기쁨·유쾌함 같은 긍정적 정서에 민감하고, 이의 경험 빈도도 높으며, 이러한 긍정적 정서는 바람직하게 받아들이나, 부정적 정서에 대한 수용도는 아주 낮은 편이다.[172]

이와 같이 동아시아 집단주의사회에서는 자기비판과 이를 통한 자기개선의 방향으로 문화적 압력이 존재하게 되므로, 자기의 부적 특성과 감정에 주의를 기울이고 이를 정교화하게 되고, 따라서 자기개선을

172 조긍호, 1997; 차경호, 1995; Bagozzi, Wong, & Yi, 1999; Diener, Suh, Smith, & Shao, 1995; Heelas, 1986; Levy, 1984; Li, Wang, & Fisher, 2004; Markus & Kitayama, 1991a, 1994b; Suh & Diener, 1995.

자기발전의 가장 중요한 통로로 받아들이게 된다. 이에 견주어, 서구 개인주의사회에서는 자기고양의 방향으로 문화적 압력이 존재하게 되어, 자기의 부적 특성과 감정은 회피하거나 축소하는 대신, 자기의 정적 특성과 감정에 주의를 기울이고 이를 정교화하게 된다. 결과적으로 개인주의사회에서 자기발전은 자기 속에 갖추어져 있는 안정적이고 일관적인 정적 특성(성격과 능력의 장점)을 확인하고 고양시키는 일이 주축이 되며, 이러한 자기고양이 자존심의 근거가 된다.[173]

그리하여 개인주의사회에서는 부적 특성보다는 정적 특성을 더욱 규범적이고 정상적인 것으로 받아들여, 이러한 정적 특성의 보유에 따른 자기만족도가 곧 행복감을 유발하는 근거가 된다. 그러나 집단주의사회에서는 집단 내의 조화와 사회관계 속에서 자기가 차지하는 적합한 위치에 주의를 기울이게 되어, 조화를 해치거나 남에게 피해를 줄지도 모르는 부적 측면의 확인과 개선에 힘쓰게 되므로, 이러한 노력이 곧 행복감의 바탕이 된다. 이러한 사실은 개인주의사회에서는 자기의 정적 측면의 확인에 근거한 자기만족도가 삶의 만족도와 행복감의 직접적인 지표가 되지만, 집단주의사회에서는 자기만족도와 행복감은 아무런 상관이 없고, 타인에게 받아들여지는 수용감이나 대인관계에서 이루어지는 조화감이 행복감의 직접적인 지표가 된다는 연구들[174]에서 확인되고 있다.

동아시아 집단주의사회인들에게서 실제로 나타나는 이러한 정서 행동들은 모두 전통적으로 동아시아인들이 인간을 "무한한 가능체"로

173 Fiske et al., 1998; Kitayama et al., 1994, 1995, 1997.

174 Diener & Diener, 1995; Heine & Lehman, 1995; Kwan et al., 1997.

파악하는 관점에서 “자기중심적 정서를 타인·규범 지향적 정서로 승화시키는 일”을 군자가 되는 과정에서 강조해 온 배경으로부터 나오게 된 것이라 추론할 수 있다. 즉 유학적 정서이론의 제3교의인 “자기중심적 정서의 도덕적 지향 정서로의 승화”는 동아시아인들의 삶의 과정에서 그들의 지배적인 정서 행동의 양식(부적 정서의 수용과 자기개선 노력의 강조)으로 그대로 드러나고 있는 것이다.

6장
유학의 인지심리학

6장

유학의 인지심리학

인간의 심리구성체를 지·정·의의 삼분체계로 보는 것은 현대심리학이 받아들인 서양 철학의 전통이었다.[1] 이 가운데 정(情)은 현대심리학에서 정서(情緖)로, 의(意)는 동기(動機)로 탐구되어, 인간 행동의 열소적(熱素的) 압력체계 또는 행동 동원체계에 대한 연구의 맥을 구성하였다.[2] 이와는 달리, 지(知)는 감각·지각·학습·문제해결·기억 같은 넓은 의미의 인지(認知)의 차원에서 탐구되었다.[3] 이는 인간이 자신과 타인 및 외부 대상 세계를 인식하고, 그 결과로서 지식을 획득하고 축적하여 활용하는 인간 행동의 냉소적(冷素的) 측면에 대한 연구의 맥을 이루었다. 전통적으로 현대심리학은, 특히 1960년대 후반의 인지혁명

1 Geen, 1995, p. 17; Hilgard, 1980.

2 Parkinson & Colman, 1995, p. xi.

3 Hilgard, 1980, p. 107.

(Cognitive Revolution)[4] 이후에는 인지우월주의에 지배되어, 열소적 요인인 정서와 동기는 인간 행동을 설명하는 데 단지 부차적인 가치를 지닌 체계라고 보아, 인지의 부속체계로 간주하는 관점이 주류를 이루었다.[5]

서구에서 인간 심성의 구성요소를 이렇게 지·정·의 삼 요소로 보는 관점의 서막을 연 사람은 플라톤이었는데, 그는 인간의 영혼은 이성·감정·욕구로 구성되어 있다고 주장하였다.[6] 그는 이러한 영혼의 세 요소 가운데 이성이 핵심이어서, "정서와 충동은 이성의 다스림을 통해서만 전체로서의 영혼이 일종의 내적 조화를 달성"[7]할 수 있다고 보았다. 1960년대 이후의 현대심리학의 핵심 조류인 인지우월주의(認知優越主義)의 싹은 이미 플라톤이 뿌려 놓고 있었던 것이다. 이러한 점에서 서구인들이 인간을 이성의 주체로 부각시켜 이해해 온 까닭을 이해할 수 있다.

이러한 배경에서 보면, 현대심리학에서 탐구되는 다양한 연구 분야 가운데 가장 많은 주목을 받아온 분야가 인지심리학임은 자명한 사실이다. 인지심리학은 외부 자극의 탐색과 수용, 이를 통한 지식의 획득과 축적, 그리고 이러한 지식을 새로운 문제 사태에 적용하는 일련의 과정을 다루는 영역이다. 이 중에서 사회인지(social cognition)는 사

4 1960년대 중반에 실험심리학계에 "인지혁명"의 바람이 몰아친 배경, 과정 및 그 결과에 대해서는 Mandler(2007) 참조.

5 Markus & Zajonc, 1985, pp. 139−141, 213−214.

6 박전규, 1985, p. 44; Bordt, 1999/2003, p. 108; Dickinson, 1967/1989, p. 148; Guthrie, 1960/2003, pp. 148−150.

7 Bordt, 1999/2003, pp. 109−110.

회적 자극인 자신과 타인 및 사회적 사건에 대한 인식과 판단 및 평가 과정을 다루는, 사회심리학의 가장 핵심적인 문제 영역이다. 곧 자기와 타인, 그리고 이들과 관련된 사회적 사건을 어떻게 인식하고 판단하고 평가하는지, 자신과 타인의 행동 또는 사회적 사건을 보고 그 원인을 어디에서 찾으려고 하는지, 그리고 이러한 과정에서 어떠한 요인들이 어떻게 영향을 미치는지 하는 과정을 탐구하는 분야가 사회인지 영역인 것이다.

인간의 심성을 지·정·의 삼분체계로 인식하는 서구의 철학사상과는 달리, 유학의 인성론에서는 덕·지·정·의 사분체계로 인간의 심성을 이해한다. 곧 유학사상에서는 도덕성과 도덕 의지(도덕적 행위능력), 인식능력, 정서, 그리고 욕구 체계의 사분체계로 인간의 심리구성체를 파악하고 있는 것이다. 유학사상은 이 네 체계 가운데 덕에 의해 나머지 체계들이 통합될 것을 강조하는 덕성우월론(德性優越論)의 관점을 굳게 지니고 있다. 이는 유학의 체계가 성덕(成德)을 지향하는 체계라는 점에서 당연한 논리적인 귀결이다. 곧 유학사상에서는 인간이 지니고 있는 생물적·이기적 욕구와 감정체계를 지양하고, 스스로가 도덕 주체임을 깨달아, 이것을 일상생활에서 실천하는 것을 인간 삶의 이상이라고 본다. 이렇게 스스로에게 갖추어져 있는 도덕성에 대한 인식과 이의 실천이 유학적 삶의 모습이고, 이러한 삶의 이상적 표본이 바로 군자(君子) 또는 성인(聖人)인 것이다.

이렇게 보면, 유학사상에서 도덕성의 인식과 실천은 결국 하나로 통합되는 것이다. 따라서 도덕적 인식 능력[良知·知]과 도덕적 행위 능력[良能·能]은 통합적으로 고찰해야지,[8] 따로 떼어놓고 살펴볼 수 없는 심리구성체임이 분명하다. 유학에서 지행합일(知行合一)을 그토록 강조하는 것은 바로 이러한 점에 그 근거가 있다. 이러한 맥락에서 보면, 유학자들이 제시하는 인지이론의 핵심적인 모습은 도덕성의 인식과 실천의 통합을 이룬 사람, 곧 군자와 성인의 대인평가와 귀인의 양상에서 찾아볼 수 있을 것이다. 그들의 삶이 곧 지행합일을 이룬 경지로, 도덕적 인식과 그 실천이 통합을 이룬 전형이기 때문이다.

이러한 맥락에서 유학의 인지심리학에서는 서구의 전통적인 인지심리학에서 다루어온 연구 문제보다는 사회심리학에서 다루어온 사회인지의 문제가 핵심적인 중요성을 갖는 문제 영역으로 대두되어야 하는 까닭을 찾아볼 수 있다. 서구의 인지심리학은 그들의 인지우월론의 관점에서 인지 능력과 그 작용 자체에 관심이 집중되어 왔지만, 유학사상은 덕성우월론을 제기하고 있으므로 욕구나 정서의 문제를 다룰 때와 마찬가지로 인지의 문제를 다룰 때에도 다른 사람에 대한 관심과 배려의 체계인 도덕성과의 관계를 축으로 하지 않을 수 없을 것이기 때문이다.

이 장에서는 우선 유학의 경전들에 제시되고 있는 지(知)라는 용어의 분석을 통해 인식 능력의 본유성과 인식 작용 및 그 결과에 대한 유학자들의 관점을 살펴보고, 이어서 군자의 대인평가(對人評價)와 귀인(歸因)의 양상을 통해 유학의 사회인지이론을 도출해 본 다음, 성리학

8 孟子曰 人之所不學而能者 其良能也 所不慮而知者 其良知也 孩提之童 無不知愛其親也 及其長也 無不知敬其兄也 親親 仁也 敬長 義也 無他 達之天下也 (《孟子》, 盡心上 15); 所以知之在人者 謂之知 知有所合 謂之知 所以能之在人者 謂之能 能有所合 謂之能 (《荀子》, 正名 3)

자들의 거경(居敬)에 관한 입론을 중심으로 하여 도덕 인식[窮理]과 실천[力行] 사이의 관계에 관한 유학자들의 이론적 관점을 정리해 보기로 하겠다.[9]

1. 인식 능력의 본유성

《논어》·《맹자》·《순자》 같은 초기 유학의 경전들에서 지(知)라는 용어는 "지혜"[智] 그 자체 또는 "지혜로운 사람"을 가리키기도 하고, "지적 능력의 본유성", "인식 작용 일반", "지식 내용" 또는 "지식 대상"을 가리키는 등 지적 능력 체계와 관련된 용법으로 사용되고 있다. 이 중에서 후자의 의미로 사용되는 경우를 분석하면, 유학자들의 지적 능력 체계에 대한 대체적인 이론을 확인해 볼 수 있다.

《논어》에는 지(知)가 118회 나오는데,[10] 이 가운데 지혜 또는 지혜로운 사람의 뜻으로 쓰인 경우는 23회이고,[11] 나머지 95회의 용례가 지적 능력 체계와 관련된 것들이다. 《맹자》에는 지(知)가 114회 나오는데,[12] 이 중 지혜나 지혜로운 사람의 뜻으로 사용되는 8회[13]를 제외한 96회

---

9 이 장은 선행저술(조긍호, 2003a, pp. 317-391; 2007a, pp. 144-245; 2008, pp. 105-168; 2012, pp. 718-737)의 내용을 보완하고 재정리하여 구성하였으며, 필요한 경우에는 해당 부분을 그대로 따오기도 하였다.

10 《論語引得》 참조.

11 《論語》, 里仁 1, 2; 公冶長 17, 20; 雍也 21; 子罕 28; 顔淵 22; 憲問 13, 30; 衛靈公 7, 32; 陽貨 1, 3, 8, 24; 子張 25.

12 《孟子引得》 참조.

13 《孟子》, 萬章上 2; 萬章下 1; 盡心上 18, 46; 盡心下 10.

정도가 지적 능력 체계와 관련된 용례들이다. 《순자》에는 지(知)가 무려 482회나 출현하여,[14] 순자가 인간의 지적 능력의 체계를 얼마나 중시했는지 알 수 있게 한다. 이러한 사실은 순자가 인간 존재를 "덕성 주체"일 뿐만 아니라, "지성 주체"(知性 主體)로도 파악하고 있음을 드러내 주는 것이다.[15] 이 가운데 "지혜"나 "지혜로운 사람" 또는 "깨달은 사람"을 가리키는 경우가 97회[16]이고, 나머지 385회가 지적 능력 체계를 지칭하는 용어로 사용되고 있다.

유학자들은 이러한 논의를 통해 인간에게 지적 능력이 본유적으로 갖추어져 있다고 여긴다. 이러한 사실을 그들은 직접 표현하고 있기도 하고, "인식 작용 일반"을 가리켜 말하거나 구체적인 대상에 대한 인식을 말하여 넌지시 표현하기도 한다.

《논어》 《논어》에서 지적 능력 체계와 관련하여 쓰이는 지(知) 가운데 "인식 작용 일반"을 가리키는 경우가 14회,[17] 인식 결과인 "지식 내용"을 가리키는 경우가 17회,[18] 그리고 인식의 대상을 특별히 명시함

---

14 《荀子引得》 참조.

15 牟宗三, 1979, pp. 224-225; 蔡錦昌, 1989, pp. 82-86; 蔡仁厚, 1984, pp. 405-409; 黃公偉, 1974, pp. 454-458: 이에 대해서는 선행저술(조긍호, 1995, pp. 2-18; 1998, pp. 210-245) 참조.

16 《荀子》, 不苟 7, 8, 13; 榮辱 40; 非相 7, 17; 非十二子 33; 仲尼 41, 47, 48, 49; 儒效 12, 17, 37; 王制 32; 富國 1, 2, 3, 9; 王覇 28, 32; 君道 7, 16, 17, 23, 24; 臣道 4; 議兵 15; 天論 28; 正論 6, 14, 25, 27, 28; 解蔽 7, 8, 9, 16, 27; 正名 6, 19, 22, 24; 性惡 16, 17, 18, 20; 成相 12; 賦 22, 27, 30; 大略 4, 18, 35, 36, 39; 宥坐 1, 9; 子道 17, 18; 法行 20; 哀公 26, 27, 32; 堯問 37, 41, 42, 43.

17 《論語》, 爲政 17; 公冶長 8; 雍也 20; 述而 19, 30; 泰伯 9; 季氏 9; 子張 5.

18 爲政 17; 八佾 11; 里仁 14; 公冶長 7, 18; 述而 27; 泰伯 16; 子罕 7; 子路 2, 3; 憲問 18; 微子 7.

으로써 "인식 능력"을 지칭하는 경우가 64회이었다. 인식 능력의 본유성을 드러내기 위하여 구체적으로 들고 있는 인식 대상들에는 자기[己]와 타인[人] 등 사람이 17회,[19] 인(仁)·예(禮)·덕(德) 같은 도덕성과 그 내용이 22회,[20] 천명(天命)·생사(生死)·시간·세월 같은 자연 현상 또는 그 이치에 관한 것이 12회,[21] 그리고 기타 여러 가지 구체적인 사실에 관한 것이 13회[22] 포함되어 있다.

이와 같이 《논어》에서 지(知)는 지혜나 지혜로운 사람, 지적 능력, 지적 작용 및 지적 활동의 결과 획득되는 지식 내용을 두루 가리키는 용어로 사용되고 있다. 이러한 사실은 공자가 지적 능력 체계를 인간에게 태어날 때부터 갖추어져 있는 본성의 하나로 여기고 있음을 드러내 주는 것이다. 다음 진술문들은 이러한 추론의 타당성을 잘 알려 주는 예들이다.

> 공자께서 "태어나면서부터 아는 것이 으뜸이고, 배움을 통해 아는 것이 그 다음이며, 곤란을 겪은 다음에 배워서 아는 것은 또 그 다음이다. 곤란을 겪고 나서도 배우지 않는 것을 사람들은 가장 아랫 등급으로 여긴다"라고 말씀하셨다.[23]

---

19 學而 1, 16; 里仁 14; 子罕 6; 先進 25; 顔淵 22; 子路 2; 憲問 32, 37, 42; 衛靈公 13, 18; 堯曰 3.

20 學而 12; 八佾 11, 15, 22; 里仁 7; 公冶長 4, 7, 21 ; 雍也 18; 述而 30; 先進 25; 憲問 2; 衛靈公 3; 堯曰 3.

21 學而 15; 爲政 4, 11, 23; 里仁 21; 述而 18; 子罕 22; 先進 11; 季氏 9; 堯曰 3.

22 爲政 22, 23; 八佾 23; 述而 13; 泰伯 3; 子罕 27; 子路 15; 憲問 41; 衛靈公 33; 微子 6; 子張 24.

23 孔子曰 生而知之者 上也 學而知之 次也 困而學之 又其次也 困而不學 民斯爲下矣(季氏 9)

유(由: 제자인 자로의 이름임)야! 안다는 것이 무엇인지 가르쳐 주랴? 아는 것을 안다고 하고, 모르는 것을 모른다고 하는 것, 이것이 바로 앎의 본질이란다.[24]

내가 아는 것(지식)이 많은가? 나는 아는 것이 없노라.[25]

남이 나를 알아주지 않음을 걱정하지 말고, 오로지 내가 남을 알지 못함을 걱정해야 한다.[26]

천명을 알지 못하면 군자가 될 수 없고, 예를 알지 못하면 홀로 설 수 없으며, 상대방의 말을 알지 못하면 그 사람을 알 수 없다.[27]

여기서 첫 번째 인용문은 인식 능력의 본유성에 대해 직접 밝히고 있다. 곧 인식 능력은 본유적으로 갖추어져 있어, 배우지 않고도 알거나 배워서 알 수 있는 근거가 된다는 것이다. 두 번째 인용문은 인식 작용 일반에 관해 진술하고 있고, 세 번째 인용문은 인식 결과인 지식의 많고 적음에 대해 언급하고 있으며, 네 번째와 다섯 번째 인용문은 구체적인 인식 대상을 명시함으로써 인식 능력의 본유성을 암묵적으로 제시하고 있다.

이렇게 공자가 지적 능력 체계를 인간이 본디부터 갖추고 있는 본성으로 보고 있다는 사실은 《논어》에서 학(學)과 교(敎)라는 글자가 64

24 由 誨女知之乎 知之爲知之 不知爲不知 是知也 (爲政 17)

25 吾有知乎哉 無知也 (子罕 7)

26 不患人之不己知 患不知人也 (學而 16)

27 不知命 無以爲君子也 不知禮 無以立也 不知言 無以知人也 (堯曰 3)

회와 7회[28]나 나오고 있다는 사실에서도 잘 드러난다. 배우는 활동과 가르치는 활동의 근저에는 인간이 지적 능력을 갖추고 있다는 전제가 깔려 있다고 볼 수 있기 때문이다. 유학사상에서 인간의 가소성을 바탕으로 하여 "무한한 가능성"을 갖추고 있는 존재로 인간을 파악하는 배경에는 사람들이 본래부터 지적 능력을 갖추고 있다는 사실이 전제되어 있는 것이며, 이러한 인간 파악의 관점은 공자로부터 비롯된 유학사상의 기본적인 견해인 것이다.

《맹자》 《맹자》에서 지적 능력 체계와 관련하여 쓰이는 지(知) 106회의 사용 예들도 《논어》의 경우와 마찬가지로, 크게 "인식 작용 일반", "지식 내용" 그리고 "인식 능력"의 세 부류에 대한 진술로 나누어 볼 수 있다. 이 가운데 보편적인 "인식 작용"에 대한 진술이 26회,[29] 이러한 인식 작용의 결과인 "지식 내용"을 가리키는 진술이 17회[30] 정도이고, 나머지 63회는 인식의 대상을 특별히 명시함으로써 인간이 갖추고 있는 "인식 능력"을 지칭하는 진술이었다. 이렇게 인식 능력의 본유성을 드러내기 위하여 구체적으로 들고 있는 인식 대상들에는 자기와 타인 등 사람이 11회,[31] 인·의·도·덕 같은 도덕성과 그 내용이 15회,[32] 천명·생사·장래의 예측 같은 시간 및 자연 현상과 그 이치에 관한

28 《論語引得》 참조.

29 《孟子》, 梁惠王上 3; 公孫丑上 2, 6; 公孫丑下 5; 滕文公下 10; 萬章上 1; 告子上 8, 11, 12, 14; 告子下 2, 13; 盡心上 15, 25, 30; 盡心下 38.

30 梁惠王上 3, 5, 7; 公孫丑上 1; 公孫丑下 9; 滕文公上 2; 滕文公下 7; 離婁下 31, 33; 萬章上 9; 告子上 7; 告子下 6, 13; 盡心上 46; 盡心下 25.

31 梁惠王上 7; 梁惠王下 7; 公孫丑上 2; 公孫丑下 4, 7, 12; 滕文公下 9; 萬章下 8; 盡心上 9, 13.

32 公孫丑上 2, 4; 滕文公下 8; 離婁上 27; 離婁下 1; 告子上 6; 盡心上 1, 5, 15.

것이 9회,[33] 기타 여러 가지 구체적 사실에 관한 것이 28회[34] 포함되어 있다.

이상에서 보듯이, 《맹자》에서 "지"(知)라는 용어는 《논어》에서와 마찬가지로 지혜나 지혜로운 사람, 지적 능력, 지적 작용, 그리고 그러한 지적 활동의 결과 획득되는 지식 내용을 두루 가리키는 말로 사용되고 있다. 이러한 사실은 맹자가 지적 능력 체계를 인간이 태어날 때부터 갖추고 있는 본성의 하나로 받아들이고 있음을 드러내 주는 것이다. 맹자는 이러한 지적 능력을 통해 인간의 본성을 이해하게 되어, 스스로가 도덕 주체라는 사실에 대한 인식에 도달할 수 있다고 보고 있다. 곧 맹자는 인간이 지적 능력을 통해 인식해야 할 가장 중요한 것은 바로 스스로에게 갖추어져 있는 도덕성의 기초라고 보는 것이다. 이러한 사실은 다음과 같은 진술들에 잘 드러나 있다.

> 맹자께서 "사람이 태어나 배우지 않고도 행할 수 있는 능력을 '본유적인 행위 능력'[良能]이라 하고, 본래부터 생각하지 않고도 알 수 있는 능력을 '본유적인 인식 능력'[良知]이라 한다. 그러므로 갓난 어린 아이라고 할지라도 누구나 다 자기 부모를 아끼고 사랑할 줄 알고, 커서는 그 형과 어른을 공경할 줄 안다"라고 말씀하셨다.[35]

---

33 公孫丑下 9; 萬章上 2, 9; 告子下 15; 盡心上 1, 2; 盡心下 29.

34 梁惠王上 6, 7; 梁惠王下 7, 16; 公孫丑上 2; 公孫丑下 4, 10; 滕文公下 7; 離婁上 27; 萬章上 1, 2, 9; 萬章下 6; 告子上 7, 12, 13; 盡心上 46; 盡心下 7.

35 孟子曰 人之所不學而能者 其良能也 所不慮而知者 其良知也 孩提之童無不知愛其親也 無不知敬其兄也 (盡心上 15)

> 그 마음을 다하는 사람은 스스로에게 갖추어져 있는 본성을 깨달아 알게 된다. 자기의 본성을 깨달아 알게 되면, 곧 천명을 알게 된다.[36]

> 무릇 자기 자신에게 사단이 갖추어져 있다는 사실을 깨달아 이를 넓혀서 채울 줄 알게 되면, 가히 불이 처음 타오르고 샘물이 처음 흘러나오는 것과 같을 것이니, 진실로 이를 채울 수 있으면 천하를 보전할 수도 있을 것이지만, 이를 채우지 못하면 부모를 섬기기에도 부족할 것이다.[37]

> 사람들은 닭이나 개를 잃고 나서는 이를 찾을 줄 알되, 자기 마음을 잃고서는 찾을 줄 알지 못한다. 학문의 도란 다른 것이 아니라, 그 잃어버린 마음을 찾는 것일 뿐이다.[38]

이 첫 번째 인용문에서 맹자는 생각하지 않고도 알 수 있는 본유적인 인식 능력인 "양지"(良知)에 대해 진술하여, 지적 능력의 본유성을 직접 언급하고 있다. 이러한 지적 능력을 발휘하여 깨달아야 할 것은 스스로가 갖추고 있는 인간의 본성이며, 이는 생각하는 지적 능력을 부여해 준 하늘의 명령이라고 두 번째 인용문에서 맹자는 주장하고 있다. 세 번째 인용문에서 보면, 이렇게 깨달아 알아야 할 인간의 본성 가운데 가장 핵심적인 것은 스스로에게 갖추어져 있는 사단과 같은 도덕성이다.

---

36 盡其心者 知其性也 知其性 則知天矣 (盡心上 1)

37 凡有四端於我者 知皆擴而充之矣 若火之始然 泉之始達 苟能充之 足以保四海 苟不充之 不足以事父母 (公孫丑上 6)

38 人有鷄犬放 則知求之 有放心而不知求 學問之道無他 求其放心而已矣 (告子上 11)

《맹자》 전체에서 학(學)과 교(敎)라는 글자가 32회와 35회[39]나 나올 정도로 맹자가 배움과 교육을 강조하는 배경에는 이렇게 인간이 지적 능력을 본유하고 있다는 사실이 깔려 있다. 위의 네 번째 인용문에서 천하에 왕 노릇 하는 것보다 더 즐거운 일이라고 여길 정도로 중시하는 교육[40]의 목표를, 바로 이러한 본유적인 마음의 생각하는 작용을 잘 간직하여 스스로가 갖추고 있는 도덕성을 인식하는 일에서 찾고 있다는 사실은, 맹자가 지적 능력 체계의 본유성을 얼마나 강조하고 있는지 알 수 있게 하는 것이다.

《순자》 《순자》에서 특이한 점은 "지적 능력의 본유성"을 지(知)라는 용어로 표현하는 경우가 25회[41]나 되고 있다는 사실이다. 이는 순자가 인간을 지성 주체로도 인식하고 있음을 잘 드러내주는 사실이라 볼 수 있다. 이 밖에 "인식 작용 일반"을 나타내는 경우가 158회,[42] 인식 활동의 결과 갖추어지는 "지식 내용"을 가리키는 경우가 46회,[43] 그

---

39 《孟子引得》 참조.

40 君子有三樂 而王天下不與存焉 父母俱存 兄弟無故 一樂也 仰不愧於天 俯不怍於人 二樂也 得天下英才而敎育之 三樂也 君子有三樂 而王天下不與存焉 (盡心上 20)

41 《荀子》, 修身 24; 榮辱 28, 29, 30, 40; 王制 20; 王覇 19; 禮論 32; 解蔽 12, 25; 正名 3, 8; 性惡 13, 14.

42 修身 27, 37; 不苟 10; 榮辱 29, 30, 35, 36, 37, 38; 非相 12, 14; 非十二子 30, 31; 儒效 10, 31, 33; 王覇 4, 10, 13, 28; 君道 10, 15, 22, 25, 26; 臣道 13; 議兵 2; 彊國 12; 天論 26, 35, 36; 正論 2, 10, 23, 26, 27, 31; 禮論 4, 15, 18, 24, 37,; 樂論 11; 解蔽 6, 8, 11, 12, 13, 14, 16, 17, 18, 25, 26; 正名 3, 8, 9, 19, 23; 性惡 3, 8, 13, 21; 君子 22, 23; 賦 20, 23, 32; 大略 8, 10, 23; 宥坐 10; 子道 16, 17; 法行 18; 哀公 29, 31, 33, 34.

43 勸學 2; 修身 26, 37; 非相 7; 非十二子 23, 32, 33, 35; 儒效 13, 14, 21, 30, 31, 33, 34, 37, 38; 議兵 19, 21; 正論 7; 解蔽 9; 正名 3; 大略 28, 37; 子道 16, 17; 哀公 26, 32; 堯問 39.

리고 구체적인 인식 대상을 명시함으로써 "인식 능력"을 지칭하는 경우가 156회나 된다. 이렇게 인간이 갖추고 있는 인식 능력의 본유성을 드러내기 위하여 구체적으로 들고 있는 인식 대상들로는 자기와 타인 같은 사람이 26회,[44] 인·의·예·지·도·덕 같은 도덕성과 그 내용이 50회,[45] 천명·생사·시간 같은 자연 현상과 그 이치에 관한 것이 8회,[46] 그리고 기타 여러 가지 구체적인 사실에 관한 언급이 72회[47] 사용되고 있다.

이상에서 보듯이, 《순자》에서도 "지"(知)는 《논어》나 《맹자》에서와 마찬가지로 지혜나 지혜로운 사람, 지적 능력, 지적 작용 및 지적 활동의 결과 획득되는 지식 내용을 두루 가리키는 용어로 사용되고 있다. 그런데 다른 경전들과는 달리, 《순자》에서 "지"는 지적 능력의 본유성을 지칭하는 용어로 사용되는 경우가 25회나 되고 있다는 점이 흥미를 끈다. 이러한 사실은 순자가 인간의 본성을 다른 무엇보다 지적 능력의 체계를 중심으로 파악하고 있다는 점[以智識心][48]을 직접 드러내주고 있다. 《순자》에서 강조되고 있는 지적 능력의 본유성에 대한 주장은 다음

---

44 不苟 3, 16; 榮辱 21, 25; 富國 16; 議兵 19; 解蔽 3, 4, 7, 10; 性惡 18, 21; 成相 9; 大略 23, 25; 子道 17, 18; 哀公 24; 堯問 42, 43.

45 修身 37; 不苟 6; 榮辱 23, 27, 33; 非相 12; 非十二子 26, 30; 儒效 12, 13, 29, 36; 王制 10, 11, 12, 13, 15; 富國 27; 君道 2, 13, 14; 議兵 28; 天論 25, 36; 正論 23; 解蔽 10, 11; 性惡 8, 13, 14; 成相 10, 16.

46 榮辱 25; 非相 12; 非十二子 35; 天論 24, 26; 解蔽 4.

47 勸學 2, 3, 20; 榮辱 36; 非相 1, 12; 非十二子 24, 27; 儒效 25; 王制 23, 24, 27, 33; 富國 11, 16, 27; 王覇 17; 臣道 11; 致士 21; 彊國 19; 正論 11, 21; 禮論 28; 樂論 9, 10, 11; 解蔽 10, 14; 正名 13, 15, 25, 26; 君子 25; 成相 4, 12, 13; 賦 31; 大略 17, 19, 23, 25, 30; 宥坐 5, 10; 哀公 25, 29; 堯問 39.

48 蔡仁厚, 1984, pp. 405-409.

과 같은 진술문들에 그대로 드러나고 있다.

> 알 수 있는 근거[所以知]가 사람에게 갖추어져 있는 것을 "지적 능력"[知]이라 하고, 이러한 지적 능력의 결과 받아들인 내용이 외부 사물과 합치되는 것을 "지식 내용"[知]이라 한다.[49]

> 사람은 태어나면서부터 지적 능력을 갖추고 있는데, 이러한 지적 능력을 발휘하여 사물을 기억할 수 있다. … 또한 사람의 마음에는 태어나면서부터 지적 능력이 갖추어져 있는데, 이러한 지적 능력을 발휘하여 사물들을 변별할 수 있다.[50]

> 무릇 알 수 있는 지적 능력은 사람의 본성에 본디 갖추어져 있는 것이고, 이를 통해 알 수 있는 것은 사물의 이치이다. 사람의 본성에 갖추어져 있는 바의 지적 능력을 가지고, 이를 통해 인식할 수 있는 바의 사물의 이치를 구해 알아야 한다.[51]

> 이렇게 길거리의 보통 사람들도 누구나 다 인의(仁義) 같은 도덕성과 사회 규범 및 정의 원칙을 깨달아 알 수 있는 바의 바탕을 갖추고 있다. … 오늘날에는 길거리의 보통 사람들도 누구나 다 안으로 부모와 자식 사이의 의로운 도덕 원칙을 깨달아 알 수 있고, 밖으로 군주와 신하 사이의 올바른 행위 원칙을 깨달아 알 수 있는 것이다. 그러므로 도덕성과 사회 규범을 깨달아 알 수 있는 바의 바탕이 … 길거리의 보통 사람 누구에게나 다 갖추어져 있다는 사실은 너무나

---

49 所以知之在人者 謂之知 知有所合 謂之知 (正名 3)

50 人生而有知 知而有志 … 心生而有知 知而有異 (解蔽 12)

51 凡以知人之性也 可以知物之理也 以可以知人之性 求可以知物之理 (解蔽 25)

자명한 일인 것이다.[52]

위의 네 인용문들에서는 모두 사람에게 지적 능력의 체계가 갖추어져 있으며, 이는 인간의 본성이라 진술함으로써 이의 본유성에 대해 강조하고 있다. 이러한 지적 능력을 통하여 사람들은 외부 사물들을 구별하여 인식하고, 이들 사이의 차이를 기억함으로써(두 번째 인용문), 외부 사물들에 대한 합당한 지식 내용을 얻게 된다(첫 번째 인용문). 사람들은 이러한 본유적인 지적 능력에 힘입어 외부 사물들에 대한 구체적인 지식 내용뿐만 아니라, 사물들의 이치도 또한 깨달아 알 수 있게 되며(세 번째 인용문), 더 나아가 도덕성과 올바른 행위 원칙에 대해서도 인식할 수 있는 것이다(네 번째 인용문).

이와 같이 순자도 공자나 맹자와 마찬가지로 지적 능력의 체계를 인간이 본디부터 갖추고 있는 본유적인 본성의 한 요소로 인정하고 있다. 특히 순자는 지적 능력의 인간 본유성과 그 다양한 기능에 대해 공자나 맹자보다도 더욱 강조함으로써, 선진유학자들 가운데 누구보다도 지적 능력 체계의 중요성을 강조해서 인간을 이해하려는 관점을 강하게 보여 주고 있는 것이다.[53]

52 然而塗之人也 皆有可以知仁義法正之質 … 今塗之人者 皆內可以知父子之義 外可以知君臣之正 然則其可以知之質 … 其在塗之人明矣 (性惡 13-14)

53 김승혜, 1990, pp. 233-242; 牟宗三, 1979, pp. 224-225; 정인재, 1981; 蔡錦昌, 1989, pp. 55-94; 蔡仁厚, 1984, pp. 405-428; 黃公偉, 1974, pp. 454-458. 이에 대해서는 선행저술(조긍호, 1995, pp. 2-8; 1998, pp. 210-245) 참조.

2. 인식 기관과 그 작용

인식 능력의 담당 기관에 대하여 공자는 아무런 논의를 하고 있지 않으나,[54] 맹자와 순자는 인식 능력의 담당 기관을 감각기관[耳目之官·天官]과 마음[心·天君]의 이중구조로 파악하고, 각각의 기능을 다르게 설정하고 있다. 즉 감각과 변별같이 외부 사물과 직접 접촉해서 최초로 얻게 되는 인식 내용은 전자의 기능인 데 반해, 그 후에 이루어지는 개념화를 포함한 종합적 이해, 판단 및 기억은 후자의 기능이라는 것이다.

1) 감각기관[耳目之官]: 감각과 변별[異]

맹자와 순자는 감각기관이 외부 사물의 존재 여부를 인식[感覺]하고, 그들 사이의 차이를 변별[異]하는 작용을 한다고 본다.

54 《論語》에는 각 감각기관의 기능에 관한 논의는 거의 찾아볼 수 없다. 이(耳)가 《論語》에는 4회 나오는데, 그중 두 번(女得人焉耳乎, 雍也 12; 前言戱之耳, 陽貨 4)은 말의 어세를 돕는 어조사로 쓰이고 있고, 나머지 두 번도 귀 자체를 지칭할 뿐이거나(關雎之亂 洋洋乎盈耳哉, 泰伯 15) 아니면 인식 능력의 작용과는 관련이 없는 용법(六十而耳順, 爲政 4)으로 쓰이고 있다. 목(目)은 2회 나올 뿐인데, 한 번(巧笑倩兮 美目盼兮, 八佾 8)은 눈 자체를 가리킬 뿐이고, 나머지 한 번(請問其目, 顔淵 1)은 "조목" 또는 "세목"이라는 다른 뜻으로 쓰이고 있다. 《論語》에 심(心)은 모두 6회 나오는데, 이 중 4회(有心哉 擊磬乎, 憲問 42; 飽食終日 無所用心 難矣哉, 陽貨22; 簡在帝心 … 天下之民歸心焉, 堯曰 1)는 특정한 사람의 마음이라는 뜻으로 쓰일 뿐이고, 나머지 두 번(七十而從心所欲不踰矩, 爲政 4; 回也其心三月不違仁, 雍也 5)도 각각 공자와 안회의 마음을 가리키나, 이 경우에는 그래도 "도덕적 지향성"이라는 뜻으로 해석할 소지가 있는 용법으로 쓰이고 있다. 이렇게 《論語》에는 인식 능력의 담당기관에 대한 논의는 전무한 실정이다.

입은 맛을 받아들여 똑같은 것에 대해서는 누구나 같은 맛을 느끼고, 귀는 소리를 받아들여 똑같은 것에 대해서는 누구나 같은 소리를 들으며, 눈은 색채를 받아들여 똑같은 것에 대해서는 누구나 같은 아름다움을 느낀다.[55]

입으로 맛을 느끼고, 눈으로 색을 보고, 귀로 소리를 듣고, 코로 냄새를 맡고, 사지로 편안함을 추구하는 것은 타고난 본성[性]이다. 그러나 이는 외적 조건[命]에 따를 뿐이니, 군자는 이를 인간에게만 고유한 본성[性]이라 일컫지 않는다.[56]

귀·눈·코·입·몸은 각각 특유하게 외부 사물에 접하여 이를 받아들일 뿐, 서로의 기능을 바꾸어 할 수는 없는데, 이를 일러 "자연적인 기관"[天官]이라 한다.[57]

무엇을 통해서 같은 것과 다른 것을 구별하는가? 자연적인 감각기관[天官]을 통해서이다. … 형체와 색깔과 무늬는 눈으로 구별한다. 소리의 청탁, 조화 및 각종의 많은 소리들은 귀로 구별한다. 달고 쓰고 짜고 싱겁고 신 각종의 맛은 입으로 구별한다. 각종 향내와 썩고 비리고 쉬고 누린 각종의 냄새는 코로 구별한다. 아프고 가렵고 차고 열나고 매끄럽고 껄끄럽고 가볍고 무거운 차이는 피부로 구별한다.[58]

---

55 口之於味也 有同耆焉 耳之於聲也 有同聽焉 目之於色也 有同美焉 (《孟子》, 告子上 7)

56 口之於味也 目之於色也 耳之於聲也 鼻之於臭也 四肢之於安佚也 性也 有命焉 君子不謂性也 (盡心下 24)

57 耳目鼻口形能 各有接而不相能也 夫是之謂天官 (《荀子》, 天論 24-25)

58 何緣而以同異 曰 緣天官 … 形體色理 以目異 聲音淸濁調竽奇聲 以耳異 甘苦鹹淡辛酸奇味 以口異 香臭芬鬱腥臊洒酸奇臭 以鼻異 疾養滄熱滑鈹輕重 以形體異 (正名 6-8)

앞의 두 인용문은 《맹자》에 나오는 구절이고, 뒤의 두 인용문은 《순자》에 나오는 구절인데, 그 의미는 부절을 맞춘 것 같이 똑같다. 맹자는 감각기관을 이목지관(耳目之官)이라 부르고, 이는 외부 사물에 이끌려 그것을 받아들일 뿐이라 보고 있는데,[59] 이러한 관점이 앞의 두 인용문에 잘 드러나 있다. 순자는 감각기관을 "자연적인 기관" 곧 천관(天官)이라 부르면서(세 번째 인용문), 그 기능은 외부 사물에 대한 감각과 변별[異]임을 분명히 하고 있다(네 번째 인용문). 이와 같이 외부 대상 세계를 인식하는 최초의 작용, 곧 사물의 존재 여부[感覺]와 그 차이[辨別]에 대한 인식은 감각기관의 작용이라는 것이 유학자들의 생각이다.

2) 마음[心]: 이해[徵知]·개념 형성[名]·판단[辨] 및 기억[識·志]

맹자와 순자는 외부 사물에 대한 감각과 변별이 이루어진 다음의 모든 인지 작용은 마음[心][60]의 기능이라는 사실을 분명히 하고 있다.

59 耳目之官 不思而蔽於物 物交物 則引之而已矣 (《孟子》, 告子上 15)

60 현대 서구심리학에서는 여기서 말하는 인지 작용은 대뇌의 신피질(新皮質, neocortex)에서 이루어지는 것으로 파악하고 있다. 이러한 관점에서 보면, 유학자들이 말하는 인식 작용의 담당 기관으로서의 心은 대뇌의 한 부분(neocortex)을 가리키는 것으로 볼 수 있다. 그러나 心 또는 마음은 그렇게 좁은 의미만을 가지는 것은 아니었다. "인간을 이해하려는 노력의 출발에서부터 체험 사실들을 총괄하는 개념을 상정했고, 그것을 동양에서는 심(心)이라 표현했으며, 서양에서는 Mind 또는 Seele라 칭하였다. 그러므로 심(心)은 지적 체험이나 정적 체험이나 의지적인 체험 전체를 포괄하는 개념이다. 그러므로 심리학의 근본 연구대상은 이 심(心)을 밝히는 데 있었다고 볼 수 있다"(정양은, 1970, p. 71). 그러나 동서의 心 또는 Mind에 대한 이해는 매우 달랐다. "서양에서 Mind는 체험적 사실들과 동일한 것으로 간주하는 입장이어서, 이 체험적 사실들을 경험하여 Mind를 이해하려 하였다. 그리하여 Mind의 실체(實體)란 다름이 아닌 체험적 사실들의 실체이다. 이런 입장은 당연히 Mind의 실체에 대한 반성적 사고를 가능하게 하

이러한 주장은 특히 순자에게서 두드러지는데, 이는 그가 인간을 지성주체(知性主體)로서의 존재로 이해하는 경향이 강하다는 점에서 쉽게 이해할 수 있는 사실이다. 곧 "순자가 말하는 바의 심(心)은 맹자의 그것과는 다른데, 맹자가 말하는 바의 인의(仁義)의 심은 도덕적인 것으로서, 이는 도덕주체(道德主體)이지만, 순자가 말하는 바의 지려(知慮)와 사변(思辨)의 심은 인지적인 것으로서, 이는 인지주체(認知主體)인 것이다."[61]

> 마음이라는 기관[心之官]은 생각[思]을 한다. 마음으로 생각을 하면, 모든 외계 대상에 대한 인식을 할 수 있고, 생각하지 않으면 그렇지 못하다.[62]

> 감각기관을 통해 외부 사물을 실제대로 받아들인 다음에 마음이 그 가운데서 선택 작용을 하는 것, 이를 일러 사려[慮]라 한다.[63]

위의 첫 인용문에서 보듯이 맹자는 마음의 작용을 사(思)라고 표현

고, 따라서 과학적인 심리학을 발전시킬 수 있었다. 그러나 동양사상에서는 불교사상에서나 유교에서나 다 같이 심(心)은 체험적 사실과는 다른 것으로 가정한다. 체험적 사실은 질료(質料)를 형성하는데, 심(心)이 체험적 사실과 다른 개념이라면 거기에는 질료가 있을 수가 없다. 따라서 심(心)의 실체라는 개념은 동양사상에서는 제기되지 못할 이론적 당연성이 있다. 그리하여 심(心)을 실체로서 파악하지 않고, 다만 그 작용으로서만 이해하려는 것이 서양사상과 다르다. 환언하면, 서양에서는 체험적 자료가 곧 Mind임에 반하여, 동양에서는 그 자료 자체보다 그 자료를 가능하게 하고 또 그 자료에 따른 동정유행(動靜流行)의 법칙성을 내포하고 있는 것이 심(心)이다"(정양은, 1970, p. 73). 이러한 맥락에서 心을 인식 작용의 기관이라고 보는 유학자들의 입론을 이해할 수 있는 것이다.

61 蔡仁厚, 1984, p. 405.

62 心之官則思 思則得之 不思則不得也 (《孟子》, 告子上 15)

63 情然而心爲之擇 謂之慮 (《荀子》, 正名 8)

하여, 마음을 감각과 변별을 제외한 전체 인식 작용의 담당기관이라 지적하고 있다. 순자는 이에서 더 나아가 마음을 통한 인식 작용[慮]은 감각기관으로 외부 사물을 변별하여 받아들인 다음에, 인식자의 주체적인 선택 작용에 의해 작동되는 것이라 보고 있다.

이러한 인식 작용은 전반적인 이해, 개념 형성, 판단, 기억 등으로 나눌 수 있다는 것이 인간을 덕성주체일 뿐만 아니라 지성주체로도 파악하는 순자의 관점이다.

> 마음은 외부 대상에 대해 전반적인 이해[徵知]를 할 수 있다. … 이러한 징지(徵知)는 반드시 각 감각기관이 각각 받아들인(감각하고 변별한) 내용을 마음에 등록하고 살펴본 다음에라야 이루어진다.[64]

> 무릇 같은 종류끼리는 같은 감각기관으로 같은 것을 느끼는 법이다. 그러므로 감각기관으로 받아들인 것들 중 비슷해 보이는 것을 비교하여 서로 통하면, 하나의 개념[名]으로 묶어서 서로 기약할 수 있게 하는 것이다.[65]

> 사람이 사람 된 까닭은 다만 그가 두 다리로 서고, 몸에 털이 없기 때문만은 아니다. 이는 그가 옳고 그름을 가려 판단[辨]을 하기 때문이다. 무릇 새나 짐승에게도 부모와 자식의 관계는 있지만 부모-자식 사이의 친애함은 없고, 암컷과 수컷은 있지만 남녀의 분별은 없다. 그러므로 사람의 삶에 옳고 그름을 가리는 판단[辨]이 없을

64 心有徵知 … 然而徵知必將待天官之當簿其類 然後可也 (正名 8)

65 凡同類同情者 其天官之意物也同 故比方之疑似而通 是所以共其約名 以相期也 (正名 6)

수는 없는 것이다.[66]

> 사람에게는 태어나면서부터 인식 능력이 갖추어져 있는데, 인식을 하면 이를 기억[志]하게 된다. 기억이란 인식한 내용을 마음속에 간직[臧]하는 것이다.[67]

위의 인용문들에서 순자는 감각과 변별 다음에 마음이 하는 인식 작용을 전반적인 이해[徵知: 첫 번째 인용문], 개념 형성[名: 두 번째 인용문], 판단[辨: 세 번째 인용문], 그리고 기억[志: 네 번째 인용문] 등 전체 인식 작용으로 세분하여 진술하고 있다. 마음의 작용은 모두 사람이 해야 할 일에 대한 인식[68]이라는 순자의 관점에 서서 보면, 이러한 마음의 인식 작용은 마음을 수양하는 일을 다잡는 인도(人道)의 요체가 되는 것이다.

전반적 이해: 징지(徵知) 여기서 첫 번째 인용문에서 제시한 징지(徵知)의 의미에 대해 자세히 살펴볼 필요가 있다. 이 징지(徵知)에 대해 양량(楊倞)은 《순자주(荀子注)》에서 "징(徵)은 부른다·모은다[召]는 말로써, 징지란 심(心)이 만물을 불러 모아서 이를 인식하게 됨을 말한다"[69]고 해석하고 있다. 그 이후 이에 대한 해석은 "증명(證

---

66 故人之所以爲人者 非特以其二足而無毛也 以其有辨也 夫禽獸有父子 而無父子之親 有牝牡 而無男女之別 故人道莫不有辨 (非相 9-10)

67 人何以知道 曰 心 … 人生而有知 知而有志 志也者臧也 (解蔽 12)

68 故治之要 在於知道 人何以知道 曰 心 (解蔽 11)

69 徵召也 言心能召萬物而知之 (《荀子注》)

明)",[70] "지용(智用), 즉 지성(知性)",[71] "이해(理解)",[72] "전반적 오성(overall understanding)",[73] "감각적 인상에 대한 의미 부여(gives meaning to impression)"[74] 등 매우 다양하게 제시되어 왔다. 이들을 종합해 보면, 징지란 "지식으로 하여금 근거 있게 하는 것으로서, 잡다하게 받아들인 감각 또는 인상을 수집하여, 조리 있게 정리하고 해석하며 종합하여 주는 작용이다."[75] 곧 "오관(五官)을 통해 감각으로 경험한 잡다한 사실들을 해석하고 정리하여 통일된 인식에 도달"하게 하는 것으로서, "개별적으로 경험된 것들의 전체적 의미를 분명히 해 줌으로써 오관의 작용을 완성시키는 것"[76]이 바로 심의 징지인 것이다. 이렇게 보면, 이는 현대심리학에서의 전반적인 인지 능력 및 작용과 같은 것이라 볼 수 있는데, 순자는 이렇게 판단과 기억을 포함한 모든 지적 인식 능력의 기능을 심(心)에 부여하고 있는 것이다.

개념 형성: 명(名) 순자는 개념 형성의 필요성, 개념 형성의 근거, 그리고 그 방법들에 대해 자세히 밝히고 있다.[77]

> 사물마다 형상이 다 다른데 사람마다 별도의 개념으로 설명을 하다 보면, 서로 다른 사물의 개념과 실제가 서로 혼란될 수밖에 없다.

---

70 胡適, 1961, p. 51.

71 牟宗三, 1979, p. 262.

72 蔡仁厚, 1984, p. 438.

73 Watson, 1963, p. 142.

74 Dubs, 1966, p. 285.

75 정인재, 1981, p. 334.

76 김승혜, 1990, p. 241.

77 然則所爲有名 與所緣以同異 與制名之樞要 不可不察也 (正名 5)

그리하여 귀천이 밝혀지지 않고, 같은 것과 다른 것이 구별되지 않아, 말하고자 하는 뜻이 전해지지 않고, 일이 제대로 이루어지지 않는 환난이 초래된다. 그러므로 지혜로운 사람이 서로 다른 사물을 분별하여, 각각을 지칭하는 개념을 만들어 실체를 드러냄으로써[制名以指實], 위로는 귀천을 밝히고, 아래로는 같은 것과 다른 것을 분별하였다. 그리하여 뜻이 전해지지 않거나 일이 제대로 이루어지지 않는 환난이 없도록 하였다. 이것이 바로 개념 형성이 필요한 까닭인 것이다.[78]

이 인용문에서 분명히 밝히고 있듯이, 서로 다른 사물에 서로 다른 이름을 붙임으로써 사물의 실상을 제대로 드러내는 것이 개념 형성의 필요이자 이유라는 것이 순자의 생각이다. 그러면, 이러한 개념 형성의 근거는 무엇인가? 이에 대해 순자는 감각기관으로 서로 다른 사물을 변별하여 받아들이고, 이를 기초로 삼아 같은 것에 대해서는 같은 이름을 붙이는 것이라고 본다. 곧 "감각기관으로 받아들인 것들 중 비슷해 보이는 것을 비교하여 서로 통하면, 하나의 개념[名]으로 묶어서 서로 기약할 수 있게 한다"[79]는 것이다.

이렇게 서로 다른 사물의 변별이 서로 다른 개념 형성의 근거가 된다는 것이 순자의 논지이다. 그런데 순자에 따르면, 이렇게 사물에 각각의 이름을 붙이는 데[制名]에는 몇 가지 원칙이 있다.

감각기관으로 받아들여 같은 것과 다른 것을 변별한 다음에, 그 결

78 異形離心交喩 異物名實玄紐 貴賤不明 同異不別 如是則志必有不喩之患 事必有困廢之禍 故知者爲之分別 制名以指實 上以明貴賤 下以辨同異 貴賤明 同異別 如是則志無不喩之患 事無困廢之禍 此所爲有名也 (正名 5-6)

79 故比方之疑似而通 是所以共其約名 以相期也 (正名 6)

> 과에 따라 이름을 붙인다. 같은 것에는 같은 이름을 붙이고, 다른 사물에는 다른 이름을 붙인다. "단명"(單名: 단일명사)으로 충분하면 단명을 붙이고, 단명으로 충분치 못하면 "겸명"(兼名: 복합명사)을 붙인다. 단명과 겸명이 서로 어그러지지 않으면, 이 둘을 함께 써도 분별하는 데 문제가 생기지 않는다. 이렇게 실정이 서로 다른 것에 대해서 서로 다른 이름을 붙인다는 사실을 깨달아, 서로 분별되는 사물에 대해서는 반드시 서로 다른 이름을 붙이는 것, 이것은 절대로 어길 수 없는 법칙이다. 이는 마치 실상이 같은 것에 대해서는 같은 이름을 붙이는 것과 마찬가지이다. 비록 만물이 서로 다르다고 하더라도 때에 따라서는 모두를 한꺼번에 들어서 사물[物]이라고 일컫고 싶을 때가 있는데, 이를 "대공명"(大共名)이라 한다. 말하자면 공명을 미루어서 또 공(共)이 되고, 또 공이 되어 더 이상 공이 없는 데 이르러 그치는데, 이것이 곧 대공명이다. 또 때로는 구체적인 어떤 새나 짐승[鳥獸]과 같이 어느 한 종류만을 가리켜 일컫고 싶을 때도 있는데, 이를 "대별명"(大別名)이라고 한다. 말하자면 별명을 미루어서 또 별(別)이 되고, 또 별이 되어 더 이상 별이 없는 데 이르러 그치는데, 이것이 곧 대별명이다.[80]

이 인용문에서 보듯이, 실상이 같은 것들에 대해서는 같은 이름을 부여하고, 실상이 다른 것들에 대해서는 다른 이름을 부여하는 것이 제명(制名)의 대원칙이다. 이 대원칙에 덧붙여 한 가지 사실에 의해서만 이름을 붙이거나(單名; 예: 말) 두 가지 차원을 겸해서 이름을 붙이거나

80 此所緣而以同異也 然後隨而命之 同則同之 異則異之 單足以喩則單 單不足以喩則兼 單與兼無所相避則共 雖共不爲害矣 知異實者之異名也 故使異實者莫不異名也 不可亂也 猶使同實者莫不同名也 故萬物雖衆 有時而欲徧擧之 故謂之物 物也者大共名也 推而共之 共則有共 至於無共 然後止 有時而欲偏擧之 故謂之鳥獸 鳥獸也者大別名也 推而別之 別則有別 至於無別 然後止 (正名 9-10)

(兼名; 예: 백마, 황마) 할 수도 있다. 그리고 모든 것을 다 묶어서 말하는 대공명(예: 사물)과 각 사물을 모두 구별하여 그 가운데 어느 하나만을 들어 말하는 대별명(예: 참새)도 있다. 이 외에 순자는 형상은 같은데 그 있는 장소가 다른 이실(二實; 예: 목초지에 있는 말과 우리에 있는 말)과 형상은 다른데 같은 장소에 있는 한 사물(一實; 예: 20년 전에는 어린이였다가 20년 후에 어른이 된 한 사람)을 구별하여 개념화하기도 한다.[81]

판단: 변(辨) 유학자들이 공통적으로 마음의 기능으로서 중시하는 것이 도덕적 판단의 작용이다. 이는 덕성 주체로서의 인간이 덕을 지향하는 과정에서 인식의 내용을 도덕성에 맞추어 조율하거나 통제하는 작용이다. 공자는 "덕을 높이는 일"[崇德]은 곧 "의혹에 휘둘리지 않고 이를 도덕적으로 판단하는 일"[辨惑]과 연결되는 과정임을 거듭 지적하고 있다.

> 자장(子張)이 "덕을 높이는 일"[崇德]과 "의혹을 판단하는 일"[辨惑]에 대해 여쭙자, 공자께서는 "성실함과 신실함을 위주로 삼고, 의로 옮겨가는 것이 덕을 높이는 일[崇德]이다. 사랑하는 대상은 오래 살기를 바라고, 미워하는 대상은 죽기를 바라는 바, 어떤 대상이 살기를 바라면서도 또한 동시에 죽기도 바라는 것, 이것이 바로 마음의 미혹이니라"라고 대답하셨다.[82]

---

81 物有同狀而異所者 有異狀而同所者 可別也 狀同而爲異所者 雖可合 謂之二實 狀變而實無別 而爲異者 謂之化 有化而無別 謂之一實 此事之所以稽實定數也 (正名 11)

82 子張問崇德辨惑 子曰 主忠信 徙義 崇德也 愛之 欲其生 惡之 欲其死 旣欲其生 又欲其死 是惑也 (《論語》, 顔淵 10)

> 번지(樊遲)가 공자를 따라 기우제를 지내는 무우(舞雩)의 제단 아래에서 노닐면서 "감히 덕을 높이며[崇德], 간특함을 닦고[修慝], 의혹을 판단하는 일[辨惑]에 대해 여쭙겠습니다"고 여쭙자, 공자께서 "좋은 질문이다. 자기가 할 일을 먼저 하고 그 소득은 뒤로 미루는 일[先事後得]이 숭덕(崇德)이 아니며, 자기의 악함을 다스리고 남의 악함을 질책하지 않음이 수특(修慝)이 아니며, 하루아침의 분함으로 인해 자신을 잊어서 부모에게까지 화가 미치게 하는 것이 미혹됨[惑]이 아니겠느냐?"라고 말씀하셨다.[83]

이 두 인용문에서 공자는 미혹됨을 판단하는 일[辨惑]을 모두 덕을 존숭하는 일[崇德]과 결부하여 설명하고 있다. 즉 공자에게 있어 미혹됨을 판단하는 것은 도덕적인 기준에 따라 마음의 의혹을 판단하는 것으로, 성덕을 이루는 일, 곧 숭덕의 한 방편인 것이다.

맹자도 공자와 마찬가지로 마음의 미혹을 판단하는 기준은 개인의 본성에 갖추어져 있는 도덕성의 인식에서 나오는 것이라 보고 있다.

> 맹자께서 "그 마음을 다하는 사람은 자기의 본성을 깨달아 스스로가 도덕 주체라는 사실을 분명히 알게 되는 바, 이렇게 자기의 본성을 깨달아 알게 되면 도덕성의 기준인 하늘을 알게 된다. 그 마음을 보존하여 자기의 본성을 기름은 도덕의 기준인 하늘을 섬기는 것이요, 생명의 길고 짧음에 의혹되지 않고 몸을 닦아 천명을 기다리는 것은 하늘이 부여해 준 삶의 기준을 확고하게 세우는 일이다"라고 말씀하셨다.[84]

83 樊遲從遊於舞雩之下 曰 敢問崇德修慝辨惑 子曰 善哉問 先事後得 非崇德與 攻其惡 無攻人之惡 非修慝與 一朝之忿 忘其身 以及其親 非惑與 (顔淵 21)

84 孟子曰 盡其心者 知其性也 知其性 則知天矣 存其心 養其性 所以事天也 殀壽不

이 인용문에서 드러나듯이 맹자는 의혹을 판단하는 기준을 도덕성의 연유 근거인 하늘에서 구하고 있어서, 그에게 있어서도 인식의 판단 작용은 도덕성에 의해 마음의 미혹됨과 흔들림을 제거하는 첩경임을 알 수 있다.

순자도 공자나 맹자와 마찬가지로 도덕적 기준에 의한 판단을 외부 상황과 대상을 인식하는 기능의 한 가지로 보고 있다. 그는 사람이 사람 된 까닭은 두 다리로 걷거나 몸에 털이 없는 것 같은 동물과의 외적인 차이에 그 근거가 있는 것이 아니라, 도덕적인 기준에 따라 옳고 그른 일을 판단하여 성덕을 지향하는 데에 있다는 점을 분명히 지적하고 있다.[85] 그는 이러한 사실을 다음과 같이 진술하고 있다.

> 하늘은 온갖 사물을 만들어 내기는 하지만, 사물들을 변별하여 각자가 할 일을 판단하지는 못한다. 땅은 사람들을 실어 그 위에서 살게 하기는 하지만, 사람을 다스리지는 못한다. 우주 가운데 살고 있는 모든 생물과 사람들은 예의 제정자인 성인을 기다려서라야 할 일을 받을 수 있다.[86]

이 인용문을 "도(道)는 하늘의 도도 아니고, 땅의 도도 아니며, 사람이 행해야 할 바로서, 군자가 따르는 것"[87]이라는 순자의 인도론(人道

貳 修身以俟之 所以立命也 (《孟子》, 盡心上 1)

85 故人之所以爲人者 非特以其二足而無毛也 以其有辨也 夫禽獸有父子 而無父子之親 有牝牡 而無男女之別 故人道莫不有辨 辨莫大於分 分莫大於禮 禮莫大於聖王 (《荀子》, 非相 9-10)

86 天能生物 不能辨物也 地能載人 不能治人也 宇中萬物生人之屬 待聖人然後分也 (禮論 24-25)

87 道者非天之道 非地之道 人之所以道也 君子之所道也 (儒效 9-10)

論)과 결부해서 보면, 판단은 도덕 기준에 따라 사람이 해야 할 일을 확고하게 깨닫는 인식 작용이라는 사실이 분명하다고 추론할 수 있을 것이다.

기억: 지(識·志) 공자는 대상에 대한 기억이라는 인식 작용으로 인하여, 외부 대상이나 자기 자신에 대한 지식이 축적되는 것이라고 보아, 기억[識][88]을 인식 기능의 하나로 잡고 있다.

> 공자께서 "묵묵히 기억하고[默而識之], 배우기를 싫어하지 않으며, 남을 가르치기를 게을리 하지 않는 것, 이 중에 어느 것이 나에게 있는가?"라고 말씀하셨다.[89]

> 공자께서 "대개 알지도 못하면서 창작한 것이 있는가? 나에게는 이런 일이 없다. 많이 듣고서 그중에서 좋은 것을 가려 따르며, 많이 보고서 기억해 두는 것, 이것이 앎의 버금가는 일이니라"라고 말씀하셨다.[90]

> 공자께서 자공에게 "사(賜: 자공의 이름임)야! 너는 내가 많이 배우고 그것을 기억하는 사람이라고 여기느냐?"라고 말씀하셨다. 이에 대해 자공이 "그렇습니다. 그렇지 않단 말씀입니까?"라고 여쭙자, 공

88 여기서 識는 "지"로 읽고, "기억하다"의 뜻으로 푼다. 《論語》에는 이 글자[識]가 모두 6회 나오는데(《論語引得》 참조), 그중 한 곳(多識於鳥獸草木之名, 陽貨 9)에서만 "알 식"으로 쓰이고, 나머지 5회(默而識之, 述而 2; 多見而識之, 述而 27; 女以予爲多學而識之者與, 衛靈公 2; 賢者識其大者 不賢者識其小者, 子張 22)에서는 "기억할 지"로 쓰이고 있다.

89 子曰 默而識之 學而不厭 誨人不倦 何有於我哉 (《論語》, 述而 2)

90 子曰 蓋有不知而作之者 我無是也 多聞 擇其善者而從之 多見而識之 知之次也 (述而 27)

자께서 "아니다. 나는 하나의 이치로써 모든 일을 꿰뚫고 있을 뿐이다"라고 대답하셨다.[91]

이 인용문들에서 보듯이, 공자는 배운 내용을 축적하여 기억하는 일을 중요한 인식 작용으로 보고 있다. 이러한 사실은 순자에게서도 마찬가지이다. 그는 기억을 지(志)라는 글자로 표현하고 있는데, 그는 이렇게 마음속에 간직하고 있는 기억은 인지적 편향을 일으키는 원천으로 작용하기도 한다고 보고 있다.

> 사람의 마음은 일찍이 차 있지 않은 적이 없지만, 그러면서도 이른바 마음을 비게 할 수도 있다. … 사람에게는 태어나면서부터 인식 능력이 갖추어져 있는데, 인식을 하면 이를 기억[志]하게 된다. 기억이란 인식한 내용을 마음속에 간직[臧]하는 것이다. 그러면서도 이른바 비울 수 있는데, 이미 간직하고 있는 지식으로 앞으로 받아들일 내용에 방해가 되지 않게 하는 것, 이것을 마음을 비운다고 하는 것이다.[92]

이 인용문에서 보듯이, 순자는 기억하고 있는 과거의 지식이 앞으로 인식하여 받아들일 내용을 왜곡하여 인지적 편향을 일으킬 수도 있으므로, 마음을 비워 이러한 인지적 편향에서 벗어날 수 있도록 해야 한다고 주장한다.

---

91 子曰 賜也 女以予爲多學而識之者與 對曰 然 非與 曰 非也 予一以貫之 (衛靈公 2)

92 心未嘗不臧也 然而有所謂虛 … 人生而有知 知而有志 志也者臧也 然而有所謂虛 不以所已臧害所將受 謂之虛 (《荀子》, 解蔽 12)

3) 감각기관과 마음의 관계: 덕성우월주의의 논거

감각과 변별의 담당기관인 감각기관과 여타 인식 작용의 기관인 마음[心] 사이에는 어떠한 관계가 있는가? 물론 유학자들도 이 둘의 작용에 선후(先後)의 관계가 있음은 인정하고 있다. 앞에서 보았듯이, 순자는 마음을 통한 외부 대상에 대한 전반적인 이해는 각각의 감각기관이 받아들인 감각의 내용을 등록한 후에 이루어지는 것이라 보고 있다.[93] 감각기관과 마음의 관계는 이렇게 다만 선후의 관계로만 환원되는 것인가? 그렇지 않다는 것이 유학자들의 기본 관점이다. 곧 양자는 주종(主從)의 관계에 있다는 것이다.

> 공도자(公都子)가 "누구나 다 똑같은 사람인데, 어떤 사람은 대인(大人)이 되고 또 어떤 사람은 소인(小人)이 되는 까닭은 무엇입니까?"라고 여쭙자, 맹자께서 "사람 몸에 있는 큰 것[心]을 따르면 대인이 되고, 작은 것[耳目之官]을 따르면 소인이 된다"라고 대답하셨다. 공도자가 다시 "똑같은 사람인데, 누구는 큰 것을 따르고, 또 누구는 작은 것을 따르는 까닭은 무엇입니까?"라고 여쭙자, 맹자께서 "눈과 귀 같은 감각기관은 생각하지 못하고 (외부의) 사물에 가려진다. 감각기관이 외부 사물과 교접하면, 거기에 이끌려 버릴 뿐이다. 그러나 마음의 기관은 생각을 한다. 마음으로 생각을 하면, 모든 외계 대상에 대한 인식을 할 수 있고, 생각하지 않으면 그렇지 못하다. 이 두 가지 기관은 하늘이 나에게 부여해 준 것이니, 우선 그 큰 것을 확고하게 세우면 그 작은 것이 이 자리를 빼앗을 수 없어서,

93 然而徵知必將待天官之當簿其類 然後可也 (正名 8)

이런 사람만이 대인이 될 뿐인 것이다"라고 대답하셨다.[94]

귀·눈·코·입·몸의 오관(五官)은 각각 특유하게 외부 사물에 접하여 이를 받아들일 뿐, 서로의 기능을 바꾸어 할 수는 없는데, 이를 일러 "자연적인 기관"[天官]이라 한다. 마음[心]은 사람의 한가운데에 자리 잡고 있어서 오관을 다스리는 것으로, 이를 일러 "자연적인 군주"[天君]라고 한다.[95]

마음[心]은 몸[五官]의 군주이고, 정신활동의 주인이다. 마음은 명령을 내리기는 하지만 명령을 받지는 않으며, 스스로 금하고 스스로 시키며, 스스로 빼앗고 스스로 취하며, 스스로 행하고 스스로 그친다. 그러므로 입으로 하여금 겁을 주어서 침묵하거나 말을 하도록 만들 수도 있고, 몸으로 하여금 겁을 주어서 굽히거나 펴도록 할 수도 있다. 그러나 마음은 겁을 준다고 해서 그 뜻을 바꾸지는 않는다. 마음은 옳다고 여기면 이를 받아들이고, 그르다고 여기면 이를 내칠 뿐이다.[96]

마음[心]이 시키지 않으면, 희고 검은 것처럼 분명한 것이 앞에 있어도 눈은 이를 보지 못하며, 옆에서 천둥이 치고 북이 크게 울려도

94 公都子問曰 鈞是人也 或爲大人 或爲小人 何也 孟子曰 從其大體爲大人 從其小體爲小人 曰 鈞是人也 或從其大體 或從其小體 何也 曰 耳目之官不思而蔽於物 物交物 則引之而已矣 心之官則思 思則得之 不思則不得也 此天之所與我者 先立乎其大者 則其小者不能奪也 此爲大人而已矣 (《孟子》, 告子上 15)

95 耳目鼻口形能 各有接而不相能也 夫是之謂天官 心居中虛 以治五官 夫是之謂天君 (《荀子》, 天論 24-25)

96 心者形之君也 而神明之主也 出令而無所受令 自禁也 自使也 自奪也 自取也 自行也 自止也 故口可劫而使墨云 形可劫而使詘申 心不可劫而使易意 是之則受 非之則辭 (解蔽 14-15)

귀는 이를 듣지 못한다.[97]

위의 첫 인용문에서 맹자는 몸의 감각기관을 따르면 소인이 되고 마음의 인식기관을 따르면 대인이 되므로, 일상생활에서 항상 마음을 따르고 몸을 따르지 않아야 군자가 될 수 있음을 말하여, 마음과 몸이 주종(主從)의 관계임을 밝히고 있다. 두 번째 인용문에서 순자는 감각기관이나 인식기관은 모두 본유적으로 갖추어져 있는 자연적인 것이긴 하지만, 후자[心]는 전자[五官]의 군주라고 표현함으로써 양자가 주종(主從)의 관계임을 분명히 하고 있다. 세 번째 인용문에서는 몸[五官]의 주인인 마음[心]은 절대적인 자율성과 능동성을 가지고 있는 주체이고, 감각기관은 이의 지배를 받는 종속체임을 밝히고 있다. 이러한 까닭에 네 번째 인용문에서 지적하고 있듯이 주체인 마음이 종속체인 감각기관의 기능 수행에 절대적인 통제력을 행사할 수 있는 것이다.

여기서 감각기관인 몸은 인식의 초기 단계[감각과 변별]의 기능을 담당하기도 하지만, 생물적 및 이기적 욕구나 자기중심적 정서의 근원이기도 하며,[98] 마음은 인식기관이기도 하지만 도덕적 지향의 욕구와 타인 및 규범 지향적 정서 곧 도덕적 정서의 근원이기도 하다[99]는 사실을 상기해 볼 필요가 있다. 이러한 관점에서 보면, 몸은 생물적 및 이기적 측면의 욕구와 감정 같이 악으로 흐를 가능성이 높은 심리구성체의

97 心不使焉 則白黑在前 而目不見 雷鼓在側 而耳不聞 (解蔽 2)

98 《論語》, 里仁 5; 述而 36; 顔淵 5; 子路 26; 《孟子》, 告子上 7, 15; 盡心下 24; 《荀子》, 榮辱 31, 39; 非相 8–9; 正論 29–30; 性惡 6 등.

99 《論語》, 學而 1; 雍也 28; 述而 15, 29; 顔淵 1, 4; 《孟子》, 公孫丑上 6; 盡心上 21; 盡心下 24; 《荀子》, 正論 28–29; 大略 20 등.

원천이고, 마음은 도덕적 지향의 욕구와 정서 같은 덕의 근원이 되는 심리구성체의 원천인 것이다.

유학은 일상생활에서 스스로가 도덕 주체라는 사실에 대한 인식[도덕 인식]과 이의 일상적 실천[도덕 실천]을 도모함으로써 성덕(成德)을 지향하는 이론체계이다. 그런데 유학자들은 도덕 인식과 실천의 기관이 바로 마음[心]이고, 성덕의 과정에서 불리한 요인으로 작용하는 원천이 오관(五官)으로 대표되는 몸이라는 점에 의견이 일치하고 있다. 이렇게 도덕성의 인식과 실천의 기관인 마음이 욕구와 감정의 기관인 감각기관을 제어해야 한다는 유학자들의 견해는 곧바로 도덕성의 체계에 의해 욕구나 감정, 그리고 심지어는 지적 능력의 체계까지도 통제되어야 한다는 덕성우월론으로 이어진다. 곧 덕성우월론은 여기서 고찰한 바와 같이 마음과 몸의 관계를 주종 관계로 인식하는 입장에서 우러나오고 있다고 추론할 수 있는 것이다.

3. 인식 결과의 편향과 그에서 벗어나는 길[解蔽]

순자는 인간을 덕성주체일 뿐만 아니라 지성주체로도 바라보는 관점에서, 지적 능력을 통한 인식 결과가 올바름을 잃고 어느 한 쪽으로 치우칠 가능성에 대하여 깊은 논의를 제시하고, 이러한 인지적 편향(認知的 偏向, cognitive bias)에서 벗어날 수 있는 처방전[解蔽]을 제시하고 있다. 그의 이러한 노력은 《순자》의 제21편인 〈해폐편(解蔽篇)〉의 주제가 되어 있다.

1) 인지적 편향의 유발 요인

순자는 무릇 모든 사물의 차이를 변별하는 데에서 인지적 편향이 발생한다고 보았다. 이러한 사실을 그는 다음과 같이 진술하고 있다.

> 무엇이 사람의 마음을 가려지게 만드는가? 좋아서 하고 싶은 것[欲]이 가려지게 만들고, 싫어하는 것[惡]이 가려지게 만든다. 처음[始]이 가려지게 만들고, 마지막[終]이 가려지게 만든다. 거리가 멂[遠]이 가려지게 만들고, 가까움[近]이 가려지게 만든다. 지식의 넓음[博]이 가려지게 만들고, 좁음[淺]이 가려지게 만든다. 그리고 옛날[古]이 가려지게 만들고, 지금[今]이 가려지게 만든다. 이렇게 무릇 모든 사물을 변별하게 되면, 서로 가려지지 않는 것은 아무것도 없다. 이것이 "마음 씀의 공통된 걱정거리"[心術之公患]인 것이다.[100]

이와 같이 무엇이든지 변별하여 둘로 나누면[好-惡; 始-終; 遠-近; 博-淺; 古-今] 필연적으로 서로가 서로를 가리게 되고, 이렇게 "어느 한 쪽에 의해 다른 한 쪽이 가려지면, 큰 이치에 어두워지는 걱정거리"[101]를 떠안게 될 수밖에 없다는 것이 순자의 생각이다.

2) 인지적 편향에서 벗어나는 길

그렇다면, 이러한 인지적 편향에서 벗어날 수 있는 방법은 무엇인

100 故爲蔽 欲爲蔽 惡爲蔽 始爲蔽 終爲蔽 遠爲蔽 近爲蔽 博爲蔽 淺爲蔽 古爲蔽 今爲蔽 凡萬物異 則莫不相爲蔽 此心術之公患也 (《荀子》, 解蔽 3)

101 凡人之患 蔽於一曲 而闇於大理 (解蔽 1)

가? 순자는 이러한 변별에서 벗어나 평형을 취하는 일을 그 방안으로 제시하고 있다.

> 성인은 "마음 씀의 걱정거리"[心術之患]와 "가려지고 막히는 폐단"[蔽塞之禍]을 잘 알고 있었다. 그리하여 좋아서 하고 싶은 것[欲]과 미워서 하기 싫은 것[惡], 처음[始]과 끝[終], 멂[遠]이나 가까움[近], 지식이 많은 것[博]이나 적은 것[淺], 옛날[古]이나 오늘[今]에 가려짐이 없었다. 그는 오로지 자기 앞에 모든 사물을 한꺼번에 벌여 놓아[兼陳萬物] 어느 한쪽에 치우치지 않고, 중도(中道)에 맞게 저울을 드리워 평형[懸衡]을 취하였다. 이렇게 함으로써 만물을 아무리 변별한다고 해도, 이들이 서로를 가려서 이치를 어지럽히는 일이 없었던 것이다. 그렇다면, 무엇이 저울인가? 바로 도(道)이다. 그러므로 마음으로 도를 인식하지[知道] 않으면 안 되는 것이다. 마음으로 도를 인식하지 않으면 도를 옳다고 여기지[可道] 않고, 도 아닌 것을 옳다고 여기게 될 것이기 때문이다.[102]

이렇게 모든 사물을 자기 앞에 한꺼번에 벌여 놓고 중도에 맞도록 평형을 취하는 것, 이것이 바로 욕구[欲-惡]나 시공간적인 변별[始-終, 古-今, 遠-近] 및 기존 지식 체계[博-淺]의 가림에서 벗어나 해폐(解蔽)할 수 있는 요체라는 것이 순자의 관점이다. 순자에 따르면, 이러한 해폐는 마음을 "허일이정"(虛壹而靜)하게 유지하여 "맑고 밝은 마음의 상태"[大淸明]를 이루고, 그 결과 도를 밝게 체득함으로써 이루어질 수 있다는 것이다.

---

102 聖人知心術之患 見蔽塞之禍 故無欲無惡 無始無終 無近無遠 無博無淺 無古無今 兼陳萬物 而中縣衡焉 是故衆異不得相蔽以亂其倫也 何謂衡 曰 道 故心不可以不知道 心不知道 則不可道 而可非道 (解蔽 10)

사람은 어떻게 도를 알 수 있는가? 마음을 통해서이다. 그렇다면 마음은 어떻게 하여 도를 인식할 수 있는가? 그것은 마음을 비우는 허(虛)와, 전일하게 하는 일(壹)과, 고요하게 하는 정(靜)에 달려 있다. … 사람은 태어나면서부터 인식능력[知]을 갖추고 있는데, 이를 통한 인식의 결과 기억[志]이 생긴다. 기억이란 채워서 간직하는 것[臧]이지만, 그러면서도 비워질 수 있는데, 이미 간직한 것 때문에 앞으로 받아들일 것이 방해받지 않게 하는 것, 이것이 바로 마음을 비우는 것[虛]이다. 또한 마음은 태어나면서부터 인식능력을 갖추고 있는데, 이를 통한 인식의 결과 변별[異]이 생긴다. 변별이란 동시에 여러 가지를 함께 인식하는 것이다. 동시에 여러 가지를 함께 인식하게 되면 마음이 여러 갈래로 나뉘지만[兩], 그러면서도 하나로 모아질 수 있는데, 이쪽 때문에 저쪽이 방해받지 않게 하는 것, 이것이 바로 마음을 전일하게 하는 것[壹]이다. 마음은 누우면 상상[夢]을 하고, 한가로우면 방종하며[自行], 부려서 쓰면 여러 가지 계획[謀]을 한다. 그러므로 마음은 항상 움직이고[動] 있지만, 그러면서도 고요하게 될 수 있는데, 내외의 복잡하고 번다한 생각 때문에 인식능력이 혼란하지 않게 하는 것, 이것이 바로 마음을 고요하게 하는 것[靜]이다. 아직 도를 얻지 못하고 도를 얻고자 하는 사람에게는 허(虛)와 일(壹)과 정(靜)을 법칙으로 삼도록 가르쳐 주어야 한다. 도를 인식하기를 기다리는 사람[須道者]이 마음을 비우면 도를 받아들일 수 있고, 도를 일삼아 행하려는 사람[事道者]이 마음을 전일하게 하면 도를 다 행할 수 있으며, 도의 원리를 탐구하는 사람[思道者]이 마음을 고요하게 하면 도에 밝게 통할 수 있을 것이다. 도를 인식하여 자세히 통달하고, 도를 인식하여 실행하면, 도와 일체가 된 사람이니, 허일이정(虛壹而靜)을 일러 "크게 맑고 밝은 상태"[大淸明]라 하는 것이다.[103]

103 人何以知道 日 心 心何以知 日 虛壹而靜 … 人生而有知 知而有志 志也者臧也 然

비교적 길게 따온 이 인용문에서 지적하고 있듯이, 순자는 마음을 비우고, 전일하게 하며, 고요하게 하는 일이 바로 도를 얻어 체득하는 전제이며, 따라서 도를 체득하고자 하는 사람은 이러한 허일이정(虛壹而靜)을 배워서 준칙으로 삼아야 한다고 보고 있다.[104] 이렇게 마음을 비우고 전일하게 하며 고요하게 유지하면, 기존의 기억, 사물의 변별 및 마음의 혼란에서 벗어날 수 있다는 것이다.[105] 허일이정을 통해 마음이 크게 맑고 밝은 "대청명"(大淸明)의 상태에 이르게 되면, 서로 다른 것들끼리 서로를 가리는 "마음 씀의 공통되는 걱정거리"[心術之公患][106] 곧 어느 한 쪽에 가려져서 큰 이치에 어둡게 되는 폐단[107]에서 벗어날 수 있다[解蔽]는 것이 순자의 주장이다.

여기서 이러한 허일이정을 통해 깨달아야 하는 도(道)[108]는 곧 인도(人道)의 표준인 예(禮)[109]가 되어야 한다는 것이 순자의 주장이다. 즉 도덕성, 곧 예에 의해 욕구와 정서 및 지적 작용 등 인간의 모든 심적

而有所謂虛 不以所已臧害所將受 謂之虛 心生而有知 知而有異 異也者同時兼知之 同時兼知之兩也 然而有所謂一 不以夫一害此一 謂之壹 心臥則夢 偸則自行 使之則謀 故心未嘗不動也 然而有所謂靜 不以夢劇亂知 謂之靜 未得道而求道者 謂之虛壹而靜 作之則 將須道者之虛則入 將事道者之壹則盡 將思道者之靜則察 知道察 知道行 體道者也 虛壹而靜 謂之大淸明 (解蔽 11-13): 蔡仁厚(1984, p. 415)는 본문 중 未得道而求道者 謂之虛壹而靜의 謂之를 告之로 보아, 이 글에서와 같이 "가르쳐 준다"의 뜻으로 풀이하고 있다. 이 글의 해석은 대체로 蔡仁厚(1984, pp. 413-417)를 따랐다.

104 蔡仁厚, 1984, pp. 413-417.

105 蔡仁厚, 1984, pp. 424-426.

106 解蔽 3.

107 解蔽 1.

108 道者非天之道 非地之道 人之所以道也 君子之所道也 (儒效 9-10)

109 禮者人道之極也 (禮論 13)

작용을 통제하는 것이 해폐의 길이라는 것이 순자의 이론적 관점인 것이다. 다음 진술문들은 이러한 주장을 펴고 있는 예들이다.

> 눈으로 하여금 예(禮: 도덕성의 체계)가 아니면 보려 하지 않게 하고, 귀로 하여금 예가 아니면 들으려 하지 않게 하며, 입으로 하여금 예가 아니면 말하려 하지 않게 하고, 마음으로 하여금 예가 아니면 생각하지 않게 해야 한다.[110]

> 《서경(書經)》에 이르기를 "자기대로의 좋아하는 감정을 억누르고, 오직 옛 성왕이 정하신 법[도덕 원칙]을 따르며, 또 자기대로의 싫어하는 감정을 나타내지 말고, 반드시 옛 성왕의 법을 따르라"고 하였으니, 이것은 군자가 공의(公義: 도덕성의 체계)로써 개인적 감정과 욕구를 이겨야 함을 말한 것이다.[111]

위의 인용문들에서는 도덕성에 따른 욕구와 감정 및 지적 작용의 통제에 대해 논의하고 있다. 이렇게 도덕성에 따라 욕구, 정서 및 지적 활동을 통제하는 것이 모든 잘못된 편향에서 벗어나는 올바른 삶의 자세라는 관점은 유학자들의 공통적인 주장이다. 이러한 사실은 순자 이전에 공자가 이미 제자인 안연(顔淵)과의 문답에서 위의 첫 인용문과 똑같은 지적을 하고 있다는 사실에서 잘 드러나고 있다.

> 안연이 인(仁)에 대해 여쭙자, 공자께서는 "인이란 '자기의 사적인

---

110 使目非是無欲見也 使耳非是無欲聞也 使口非是無欲言也 使心非是無欲慮也 (勸學 21)

111 書曰 無有作好 遵王之道 無有作惡 遵王之路 此言君子之能以公義勝私欲也 (修身 40; 天論 37)

욕구와 감정을 억제하고, 사회적 규범인 예의 체계로 돌아가는 것' [克己復禮]이다. 단 하루라도 극기복례(克己復禮)를 하면, 천하가 인으로 돌아오게 될 것이다. 이러한 인을 행하는 일은 자기에게 달려 있는 것이지, 남에게 달려 있는 것이 아니다"라고 대답하셨다. 안연이 다시 "그 세목에 대해 여쭙겠습니다"고 말씀드리자, 공자께서는 "예(禮)가 아니면 보려 하지도 말고, 예가 아니면 들으려 하지도 말며, 예가 아니면 말하려 하지도 말고, 예가 아니면 움직이려 하지도 말아라"라고 대답하셨다. 그러자 안연이 "제가 비록 불민하오나, 청컨대 이 말씀대로 하겠습니다"라고 말씀드렸다.[112]

유명한 "네 가지 하지 말아야 할 일" 곧 "사물"(四勿)을 제시한 이 인용문에서, 공자는 도덕성에 의해 사적인 욕구와 감정 그리고 지적 활동 등 삶의 모든 측면을 통제하는 것이 도덕 실천을 이루어 군자가 되는 핵심이라 제시하여, 이후의 유학자들이 덕성우월주의를 주장하는 기초를 놓고 있다. 그런데 앞의 인용문에서 보듯이, 순자는 공자보다 한 걸음 더 나아가 덕성우월주의의 논지를 허일이정(虛壹而靜)의 대청명(大淸明)의 상태를 이루어 중도(中道: 도덕의 체계)에 굳게 섬으로써 인지적 편향에서 벗어나는 방안[解蔽]으로까지 확장하고 있는 것이다.

---

112 顔淵問仁 子曰 克己復禮爲仁 一日克己復禮 天下歸仁焉 爲仁由己 而由人乎哉 顔淵曰 請問其目 子曰 非禮勿視 非禮勿聽 非禮勿言 非禮勿動 顔淵曰 回雖不敏 請事斯語矣 (《論語》, 顔淵 1)

4. 유학의 사회인지이론: 군자론을 중심으로

이상에서 유학의 경전들에 나타나고 있는 인식 능력의 본유성, 두 가지 인식기관(감각기관과 마음)과 그 작용, 두 인식기관 사이의 관계, 그리고 인식 결과의 편향성들에 대해 고찰하였다. 이러한 내용들은 대체로 서구 현대 인지심리학에서 탐구되는 내용들과 맥을 같이 하는 것이었다. 다만 서구의 현대심리학의 연구 결과들이 훨씬 깊고 폭 넓게 인지과정 전반을 다루고 있다는 사실은, 마음에 대한 서구인들의 질료적인 이해와 실증적인 연구 방법에 비추어 볼 때 당연한 결과일 것이다.[113]

이렇게 정통 인지심리학의 분야에서는 서구와 유학사상 사이에 커다란 차이를 찾아보기 힘들지만, 일상생활에서 이루어지는 자기 및 다른 사람에 대한 이해와 평가[對人知覺, person perception] 및 자기와 타인의 행동의 원인 상태에 대한 추론[歸因, attribution]의 문제, 곧 사회인지(社會認知, social cognition)의 분야에서는 동·서 사이에 매우 큰 차이를 보일 것으로 추론된다. 이러한 사회인지의 문제는 말하자면 사람에 대한 이해의 문제로서, 이는 필연적으로 동·서의 인간 이해의 관점에 따라 크게 차이가 날 수밖에 없을 것이기 때문이다.

지금까지 보았듯이, 유학의 인성론에서 도출되는 심리구성체론은 덕·지·정·의 사분체계이고, 덕성에 의해 나머지 심리구성체들이 모두 통합되고 제어되어야 한다는 덕성우월론을 근간으로 하고 있다. 스스로 본유하고 있는 도덕성을 주체적으로 자각하고, 이를 일상생활에서

113 정양은, 1970, 1976, 1986.

실천하는 사람이 군자와 성인으로, 이들은 곧 유학적 삶의 이상을 이룬 사람들이다. 그러므로 이들에게서 유학사상이 제시하는 대인평가와 귀인 양상의 전형적인 모습을 찾아볼 수 있을 것이다.

공자는 "군자는 … 자기만 못한 사람을 벗 삼으려 해서는 안 된다"[114]고 하여, 대인평가의 이상적 기준을 군자의 특성에서 찾고 있다. 그가 대인평가의 기준을 군자의 특성에서 찾는 것은 어진 군자를 사귀는 일이 바로 인(仁)을 돕고 행하는[115] 선행 조건이라고 보기 때문이다. 이러한 사실을 그는 다음과 같이 진술하고 있다.

> 자공이 인(仁)을 행하는 일에 대해 여쭙자, 공자께서 "장인(匠人)이 자기 맡은 일을 잘 하고자 하면, 반드시 먼저 그 연장을 예리하게 벼리는 법이다. 이와 마찬가지로, 한 고을에 살면서 인을 행하려면, 먼저 그 대부 가운데 어진 사람을 섬기고, 그 선비 가운데 어진 사람을 벗 삼아야 한다"라고 말씀하셨다.[116]

맹자도 "벗이란 그 덕을 벗 삼는 것"[117]이기 때문에, "한 고을의 좋은 선비는 한 고을의 좋은 선비와 벗 삼고, 한 나라의 좋은 선비는 한 나라의 좋은 선비와 벗 삼고, 천하의 좋은 선비는 천하의 좋은 선비와 벗 삼는다"[118]고 하여, 덕을 이룬 군자가 벗 삼는 사람, 곧 군자의 특성

---

114 子曰 君子 … 無友不如己者 (《論語》, 學而 8; 子罕 24)

115 君子 … 以友輔仁 (顔淵 24)

116 子貢問仁 子曰 工欲善其事 必先利其器 居是邦也 事其大夫之賢者 友其士之仁者 (衛靈公 9)

117 友也者 友其德也 (《孟子》, 萬章下 3)

118 一鄉之善士 斯友一鄉之善士 一國之善士 斯友一國之善士 天下之善士 斯友天下之善士 (萬章下 8)

에서 대인평가의 기준을 찾아야 함을 역설하고 있다.

이러한 입장은 순자에게도 그대로 이어져 유학사상의 특징이 되고 있다. 그는 "벗이란 서로를 잘 간직할 수 있게 해주는 존재이다. 도가 같지 않으면, 어떻게 서로 잘 간직하여 벗이 될 수 있겠는가?"[119]라고 하여, 이루어 놓은 덕이 같은 군자끼리 친구가 됨을 역설하고 있다. 이렇게 군자와 교유하게 되면, 스스로 상대방을 닮아, 자기도 모르는 사이에 군자가 된다는 것이 순자의 생각이다. 이러한 견해는 다음 진술문에 잘 드러나 있다.

> 무릇 사람은 비록 본성적 바탕의 아름다움과 마음의 변별 인식 기능을 갖추고 있다고 하더라도 … 반드시 좋은 벗을 택하여 그를 벗 삼아야 한다. … 좋은 벗을 얻어 그를 벗 삼으면, 보는 것마다 모두 자기를 다하고[忠], 신실하며[信], 남을 공경하고[敬], 사양하는[讓] 행동뿐일 것이다. 그리하여 자기 몸이 날로 인의의 도로 향상되어도 스스로 이를 자각하지 못하게 되는데, 이는 점차 감화를 받기 때문이다.[120]

이러한 관점에 비추어 보면, 유학사상에서 바람직한 것으로 강조하고 권장하는 대인평가와 귀인의 특징은 서로 간에 벗 삼으려 하는 군자들의 특성에서 잘 드러나게 된다고 추론할 수 있을 것이다. 이러한 배경에서 여기에서는 《논어》·《맹자》·《순자》에서 제시되고 있는 군자론을 바탕으로 하여 유학사상에서 도출되는 대인평가와 귀인 등 사회인지의 특징에 대해 살펴보려 한다.

---

119 友者所以相有也 道不同 何以相有也 (《荀子》, 大略 34)

120 夫人雖性質美 而心辨知 必將 … 擇良友而友之 … 得良友而友之 則所見者 忠信敬讓之行也 身日進於仁義而不自知也者 靡使然也 (性惡 20-21)

1) 타인과 사회에 대한 관심과 배려

유학사상에서 제시하는 이상적 인간상의 특징은 자기완성에만 머무르지 않고, 타인에 대한 배려와 사회적 책무의 자임, 곧 관계완성과 사회완성을 지향해 나가는 일을 군자나 성인의 기본적인 자세라고 본다는 데 있다. 말하자면, 군자나 성인은 수기(修己)를 통해 개체로서 존재하는 자기 인격을 수양함과 더불어, 타인과 사회에 대해 관심을 가지고, 이를 우선적으로 배려하는 특징을 지닌 사람들인 것이다. 따라서 타인과 사회에 대한 관심과 배려의 특성이 대인평가에서 강조되고 권장되는 특성으로 부각된다. 이는 인간을 "사회적 관계체"로 파악하는 유학사상의 관점에서 도출되는 대인평가의 차원이라고 볼 수 있다.

《논어》 공자는 인(仁)이란 "자기가 바라지 않는 것을 남에게 베풀지 않는 일"[121] 또는 "자기가 서고자 하면 남을 먼저 세워 주고, 자기가 이루고자 하면 남이 먼저 이루도록 해주는 일"[122]이라고 보아, 인의 핵심이 타인에 대한 배려에 있음을 강조하고 있다. 그렇기 때문에 그는 다른 곳에서 인이란 "다른 사람을 아끼고 사랑하는 일"[123]이라고 표현하고 있는 것이다. 이러한 공자의 입장은 다음의 진술에 잘 드러나 있다.

> 공자께서 "삼(參: 제자인 증자의 이름임)아! 내 도는 하나의 이치로 관통되어 있다"고 말씀하시자, 증자(曾子)가 "예"라고 대답하였다. 그러고 나서 공자께서 방에서 나가시자, 제자들이 "무슨 말씀입니

---

121 己所不欲 勿施於人 (《論語》, 顔淵 2; 衛靈公 23)

122 夫仁者 己欲立而立人 己欲達而達人 (雍也 28)

123 樊遲問仁 子曰 愛人 (顔淵 22)

까?"라고 증자에게 물었다. 이에 대해 증자는 "선생님의 도는 '자기를 다하는 일'[忠]과 '자기를 미루어 남에게 미치게 하는 일'[恕]일 뿐이다"라고 대답하였다.[124]

인의 본질을 이렇게 자기를 다하는 충(忠)과 자기를 남에게까지 미루어가는 서(恕)[125]로 보는 관점은 공자 자신이 "인이란 자기의 사적 욕구와 감정을 억제하고[克己] 도덕규범인 예의 체계로 돌아가는 것[復禮]"[126]이라고 한 설명에서 뚜렷이 드러난다. 여기서 극기(克己)는 자기의 인격을 닦는 일로서, 자기를 다하는 "충"과 같은 것이고, 복례(復禮)는 사람들과 맺는 관계 안에서 예에 맞는 바를 실천하는 일로서, 자기를 미루어 남에게까지 미치는 "서"와 같은 것이다. 그러므로 "극기복례란 자기에게서 시작되어 남에게로 확대되는 인의 사회적 성격을 드러낸다"[127]고 볼 수 있다.

이렇게 공자가 제시하는 유학의 핵심 덕목인 인(仁)은 자기의 인격을 수양함[修己以敬]과 함께, 대인관계에서 조화를 달성[修己以安人]할 뿐만 아니라, 사회적 책무를 자임하고 완수[修己以安百姓]하려 노력하는 데서 드러나는 것이다.[128] 이렇게 군자는 자기를 닦음으로써 삼가게 되어[修

---

124 子曰 參乎 吾道一以貫之 曾子曰 唯 子出 門人問曰 何謂也 曾子曰 夫子之道 忠恕而已矣 (里仁 15)

125 盡己之謂忠 推己之謂恕 (《論語集註》)

126 顔淵問仁 子曰 克己復禮爲仁 (顔淵 1)

127 김승혜, 1990, p. 113.

128 子路問君子 子曰 修己以敬 曰 如斯而已乎 曰 修己以安人 曰 如斯而已乎 曰 修己以安百姓 修己以安百姓 堯舜其猶病諸 (憲問 45)

己以敬], 항상 "자기를 다하고 신실함을 위주로 하기"[129] 때문에, "태연하여 교만하지 않으므로",[130] "삼가 실수가 없고, 다른 사람들에게는 공손하고 예를 갖추어 대한다."[131] 이렇게 다른 사람들을 모두 아끼고 사랑하므로,[132] "군자는 사람들을 두루 사랑하여 편당을 만들지 않으며",[133] "사람들과 널리 조화를 추구하여 사사로운 이익을 붙좇지 않는다."[134] 곧 "군자는 어진 사람을 존중하고, 많은 사람들을 포용하며, 착한 사람을 아름답게 여기고, 무능한 사람을 불쌍히 여겨 도와줌으로써",[135] "사람들이 가진 본래의 아름다움을 완성하도록 해주는 것이다."[136]

이와 같이 군자는 교만하지 않고 공손하게[修己以敬] 널리 사람들을 포용하여, 그들과 조화를 추구할 뿐만 아니라[修己以安人], 그들이 안락한 생활을 할 수 있도록 적극적으로 나서서 도와주는[修己以安百姓] 사람이다. 이러한 사실은 다음 진술에 잘 드러나 있다.

> 공자께서 자산(子産)에 대하여 "그는 군자의 네 가지 도를 갖춘 사람이다. 그의 몸가짐은 공손하였으며, 그가 웃어른을 섬기는 태도는 공경스러웠다. 또한 그는 백성들을 기름에 은혜롭게 이익을 베풀었

129 君子 … 主忠信 (學而 8; 子罕 24)

130 子曰 君子泰而不驕 小人驕而不泰 (子路 26)

131 君子敬而無失 與人恭而有禮 (顔淵 5)

132 樊遲問仁 子曰 愛人 (顔淵 22); 君子學道則愛人 (陽貨 4)

133 子曰 君子周而不比 小人比而不周 (爲政 14); 子曰 君子矜而不爭 群而不黨 (衛靈公 21)

134 子曰 君子和而不同 小人同而不和 (子路 23)

135 君子尊賢而容衆 嘉善而矜不能 (子張 3)

136 君子成人之美 不成人之惡 小人反是 (顔淵 16)

고, 그들에게 일을 시킬 때는 공정하게 하였다"라고 말씀하셨다.[137]

이 인용문에 나타나 있듯이, 군자는 자기수양을 통해 인격의 완성을 이룰 뿐만 아니라, 사회적인 책무를 자임하여 이를 올바르게 완수하려는 태세를 갖추고, 이를 실천하는 사람인 것이다. 이는 전적으로 자기를 다하고, 이를 다른 사람에게 미루어 나가는 서(恕)에 충실한 데서 나오는 군자의 특징이다. 이는 군자에게 요청되는 기본적인 삶의 자세로서, 제자인 자공과 가진 다음과 같은 문답에 잘 드러나 있다.

> 자공이 "한 마디 말로써 평생토록 행해야 할 만한 것이 있습니까?" 라고 여쭙자, 공자께서 "그것은 '자기를 남에게까지 미루어가는 일' [恕]일 것이다. 이는 자기가 바라지 않는 일을 남에게 베풀지 않는 일이다"라고 대답하셨다."[138]

이렇게 "군자는 의(義)로써 바탕을 삼고, 예(禮)로써 그것을 행하며[修己以敬], 겸손함으로써 그것을 드러내고[修己以安人], 신실함으로써 그것을 이루나니[修己以安百姓], 이러한 특징을 겸비하고 있는 사람이 바로 군자이다."[139] 말하자면, 자기 인격의 도덕적 수양뿐만 아니라, 타인과 사회에 대한 관심과 배려를 대인평가의 가장 기본적인 특성으로서 강조하고 권장하는 것이 《논어》에 드러난 공자의 대인평가 기준의

137 子謂子產 有君子之道四焉 其行己也恭 其事上也敬 其養民也惠 其使民也義 (公冶長 15)

138 子貢問曰 有一言而可以終身行之者乎 子曰 其恕乎 己所不欲 勿施於人 (衛靈公 23)

139 子曰 君子義以爲質 禮以行之 孫以出之 信以成之 君子哉 (衛靈公 17)

특징인 것이다.

《맹자》 대인평가의 기준을 타인과 사회에 대한 관심과 배려에서 구하는 것은 맹자도 마찬가지다. 맹자는 인간을 사회적 관계망 속에서 파악하며, 이러한 사회적 관계가 인간의 존재의의를 규정한다고 본다. 공자와 마찬가지로 맹자도 이상적 인간의 특징을 자기 인격의 수양, 대인관계에서의 조화, 그리고 사회적 책무의 자임(自任)에서 찾고 있다.[140] 따라서 그는 사람은 스스로가 체득한 인의의 도를 일상생활에서 실천함으로써 다른 사람들과 함께 선을 이루도록[與人爲善] 노력해야 하며, 이것이 바른 삶의 태도라고 여긴다. 이러한 점에서 삶의 궁극적인 목적은 바로 "여인위선"(與人爲善)에 있다고 볼 수 있다. 이러한 입장은 다음과 같은 진술에서 잘 표현되고 있다.

> 순(舜) 임금은 역시 큰 덕을 지녔다. 그는 착한 일을 남들과 함께 했으며, 남이 옳을 때는 언제나 자기를 버리고 남을 따랐고, 또 자진해서 남의 장점을 취해 착한 일 하기를 즐겁게 여겼다. 그는 일찍이 미천하여 농사짓고, 질그릇 굽고, 물고기를 잡았을 때부터 나중에 임금 자리에 올랐을 때까지 언제나 다른 사람의 선(善)을 취했던 것이다. 남의 착한 점을 취하여 선을 행한다는 것은 남과 더불어 선을 이루는 것이다. 그러므로 군자에게 "다른 사람과 더불어 선을 이루는 일"[與人爲善]보다 더 큰 일은 없는 것이다.[141]

---

140 伯夷聖之淸者也 伊尹聖之任者也 柳下惠聖之和者也 孔子聖之時者也 孔子之謂集大成 (《孟子》, 萬章下 1)

141 大舜有大焉 善與人同 舍己從人 樂取於人以爲善 自耕稼陶漁 以至爲帝 無非取於人者 取諸人以爲善 是與人爲善者也 故君子莫大乎與人爲善 (公孫丑上 8)

이러한 도덕 실천의 요체는 모두 가치 자각을 전제로 하는 것이다. 사람들과 함께 선을 이루기 위해서는 우선 "해야 할 일"[所爲]과 "해서는 안 되는 일"[所不爲], "바라야 할 일"[所欲]과 "바라서는 안 되는 일"[所不欲]을 분별해야 한다. 그래야만 해야 할 일만을 행하고, 바라야 할 일만을 바라는 인의를 실행할 수 있기 때문이다. 맹자는 이러한 사실을 지적하여 "사람은 해서는 안 될 일이 있고 난 뒤에야 할 일을 이룰 수 있다"[142]거나 "해서는 안 될 일은 하지 않고, 바라서는 안 될 일은 바라지 않도록 할 뿐이다"[143]라고 표현하고 있다.

이렇게 맹자는 소위(所爲)와 소불위(所不爲), 소욕(所欲)과 소불욕(所不欲)의 분별을 바탕으로 일상생활에서 인의를 실행함으로써, 다른 사람들과 함께 선을 이루는 일을 궁극적인 삶의 목적으로 여긴다. 이렇게 일상생활에서 인의의 도를 실천하는 것을 맹자는 집의(集義)라 표현하고 있다.[144] 이러한 집의를 통하여 사람은 스스로 체득한 도를 일상생활에서 실천하게 되고, 그렇게 함으로써 다른 사람들과 함께 선을 이룰 수 있게 되는 것이다. 곧 이러한 일상적 도덕 실천을 통하여 사회적 관계망 속에서 생존하고 있는 사람들이 그들의 사회적 존재의의를 달성하여 사회적 책임을 다하게 되는 것이며, 바로 여기에 맹자의 인간론의

142 人有不爲也 而後可以有爲 (離婁下 8)

143 無爲其所不爲 無欲其所不欲 如此而已矣 (盡心上 17)

144 맹자는 유명한 浩然之氣論에서 호연지기에 대해 설명하면서, 이는 "하루 아침에 義를 갑자기 엄습함으로써 얻어지는 것이 아니라[非義襲而取之也]" "義를 오랫동안 쌓아서 생겨나는 것[集義所生者]"이라 표현함으로써, 이러한 입장을 구체화하고 있다(敢問夫子惡乎長 曰 我知言 我善養吾浩然之氣 敢問何謂浩然之氣 曰 難言也 其爲氣也 至大至剛 以直養而無害 則塞于天地之間 其爲氣也 配義與道 無是餒也 是集義所生者 非義襲而取之也 行有不慊於心 則餒矣, 公孫丑上 2).

의의가 있다고 볼 수 있다. 그렇다면, 이러한 집의의 궁극적인 목적은 어떻게 이룰 수 있는가? 맹자가 제시하고 있는 집의의 요체는 바로 "자기를 미루어 남에게까지 미쳐가는 일"[推己及人]이다.

공자는 인이란 "자기가 바라지 않는 일을 남에게 베풀지 않는 일"[145] 또는 "자기가 서고자 하는 곳에 남을 서도록 해주고, 자기가 이르고자 하는 곳에 남이 이르도록 해주는 일"[146]이라고 보고 있다. 맹자도 바로 이러한 입장을 이어받아 "어진 사람은 자기가 사랑하는 것을 그 사랑하지 않는 것에까지 미루어가고, 어질지 못한 사람은 자기가 사랑하지 않는 것을 그 사랑하는 것에까지 미루어간다"[147]고 본다. 곧 "자기가 바라는 일을 남과 더불어 모으고, 자기가 싫어하는 일을 남에게 베풀지 않으면 그들의 마음을 얻게 된다"[148]고 생각함으로써, "추기급인"(推己及人)이 백성들의 마음을 얻고 나아가 천하를 얻는 바탕이 된다고까지 표현하여, 이에 적극적인 의미를 부여하고 있다. 이렇게 자기가 하려는 바를 남들에게까지 미치도록 미루어가고, 또한 자기가 바라는 바를 남들에게까지 미치도록 미루어가는 것, 이것이 바로 사람들과 함께 선을 이루는 하나의 요체라고 맹자는 보고 있는 것이다.

이렇게 맹자는 도덕적 수양을 쌓은 상태[聖之淸] 위에서, 어버이를 친애하고 어른을 공경하는 마음을 뭇 사람들을 인애하고 사물을 아끼고 사랑하는 상태로까지 확장해 나가는 것[聖之和], 그리하여 결과적으

---

145 《論語》, 顔淵 2.

146 雍也 28.

147 仁者 以其所愛 及其所不愛 不仁者 以其所不愛 及其所愛 (《孟子》, 盡心下 1)

148 得天下有道 得其民斯得天下矣 得其民有道 得其心斯得民矣 得其心有道 所欲與之聚之 所惡勿施爾也 (離婁上 9)

로 다른 사람들과 함께 선을 이루는 것[聖之任]이 인간 삶의 이상이라고 본다. 그러므로 타인과 사회에 대한 관심과 배려가 삶의 이상을 이루는 기본 요건이고, 결국 사람을 평가하는 가장 핵심적인 특성이라고 보는 것이 《맹자》에 드러난 대인평가의 기준인 것이다.

《순자》 순자는 사람은 기본적으로 사회 조직을 떠나서는 살 수 없는 존재라고 본다. 곧 사람은 필연적으로 서로 모여 살[群] 수밖에 없는 존재라는 것이다.[149] 이렇게 사회생활을 할 수밖에 없는 까닭은 세 가지이다.[150] 첫째, 인간은 태어날 때부터 허약하고 무력한 존재이기 때문에, 다른 생물과 벌이는 생존경쟁에서 살아남기 위해서 단결할 필요가 생긴다는 것이다.[151] 둘째, 인간 개개인은 능력과 기술에 한계가 있기 때문에, 삶을 영위하기 위하여 협동하고 상부상조할 필요가 생긴다는 것이다.[152] 셋째, 사람들은 많은데 물자가 부족하므로 빚어지는 다툼과 혼란으로부터 탈피하기 위해서 올바른 분배규범을 정립할 필요가 생긴다는 것이다.[153]

---

149 故人生不能無群 (《荀子》, 王制 21); 人之生不能無群 (富國 6)

150 馮友蘭(1948/1977, pp. 202–203)은 순자가 제시하는 사회형성 요인으로, 이 중 첫째와 둘째의 두 요인만을 언급하고 있다. 순자의 사회형성 요인에 관해서는 선행저술(조긍호, 2012, pp. 542–547) 참조.

151 力不若牛 走不若馬 而牛馬爲用 何也 曰人能群 彼不能群也 人何以能群 曰 分 分何以能行 曰以義 故義以分則和 和則一 一則多力 多力則彊 彊則勝物 … 故人生不能無群 群而無分則爭 爭則亂 亂則弱 弱則不能勝物 (王制 20–21)

152 故百技所成 所以養一人也 而能不能兼技 人不能兼官 離居不相待則窮 群而無分則爭 窮者患也 爭者禍也 救患除禍 則莫若明分使群矣 (富國 2–3)

153 欲惡同物 欲多而物寡 寡則必爭矣 (富國 2); 埶位齊而欲惡同 物不能澹 則必爭 爭則亂 亂則窮矣 先王惡其亂也 故制禮義以分之 使有貧富貴賤之等 足以相兼臨者 是養天下之本也 (王制 6)

이렇게 인간은 태어날 때부터 허약하고 무력하며, 또한 한 개인의 능력에는 한계가 있기 때문에 필연적으로 더불어 모여 살 수밖에 없는 존재이면서도, 이렇게 모여 살면 다툼이 있게 되는데, 이러한 다툼을 제거할 수 있는 원칙이 필요해진다고 순자는 보고 있다. 이러한 "모여 사는 도리[群道]가 올바르면, 만물이 모두 마땅함[宜]을 얻게 되고, 가축들이 모두 잘 자라게 되며, 뭇 생물들이 모두 그 명(命)을 보존하게 되는데",[154] 이러한 올바른 군도(群道)가 바로 인도의 표준인 예의라는 것이[155] 순자의 논리이다.

순자의 이상적 인간상은 이러한 그의 예론(禮論)의 입장에서 이해할 수 있다. 곧 예의 제정자가 바로 성인[156]이고, 성인은 이 예의 도를 밝게 깨달아 일상생활에서 실천하는 사람이기 때문이다.[157] 이러한 배경에서 순자가 제시하는 대인평가의 기준은 예의 인식과 실천에서 찾아야 할 것이다.

순자에 따르면, 군자나 성인은 도, 곧 예와 일체를 이룬 사람[體道者]으로서, 도에 한결같기 때문에 항상 올바르고,[158] 따라서 당당함을 견

154 群道當 則萬物皆得其宜 六畜皆得其長 群生皆得其命 (王制 21)

155 禮者人道之極也 (禮論 13)

156 凡禮義者 是生於聖人之僞 非故生於人之性也 … 聖人積思慮 習僞故 以生禮義 而起法度 … 故聖人化性而起僞 僞起而生禮義 禮義生而制法度 然則禮義法度者 是聖人之所生也 (性惡 5-7)

157 好法而行士也 篤志而體君子也 齊明而不竭聖人也 (修身 36); 彼學者 行之曰士也 敦慕焉君子也 知之聖人也 (儒效 13-14); 故學者以聖王爲師 案以聖王之制爲法 法其法以求其統類 以務象效其人 嚮是而務士也 類是而幾君子也 知之聖人也 (解蔽 26)

158 故君子壹於道 而以贊稽物 壹於道則正 以贊稽物則察 以正志行察論 則萬物官矣 (解蔽 17)

지하게 된다. 곧 "이들은 예에 밝기 때문에 천하에 어디를 가더라도 항상 당당하며",[159] 또한 어디를 가더라도 누구에게서나 귀하게 여김을 받는 것이다.[160]

군자가 이와 같이 밝게 인식한 예를 일상생활에서 실천하는 데 가장 중요한 것은 넓은 포용력이라고 순자는 보고 있다. 군자나 성인은 예의에 따라 서로 사귀고, 다른 사람을 너그럽게 포용하는 사람이라는 것이다. 이렇게 사람을 널리 포용할 수 있는 것은 이들이 "자기를 기준으로 하여 남을 헤아리는 사람"[161]이기 때문이다. 이러한 사실을 순자는 다음과 같이 진술하고 있다.

> 그러므로 군자가 자기를 바로잡을 때는 먹줄을 대듯이 엄격히 하고, 남을 접할 때에는 도지개로 이끌어 바로잡아 주듯이 한다. 이렇게 먹줄을 대듯이 자기를 바로잡으므로 천하의 법칙이 되기에 족하며, 도지개로 바로잡아 주듯이 남을 접하므로 능히 널리 포용할 수 있는 것이다. 이렇게 되면 많은 사람이 모이게 되고, 그 결과 천하의 큰 일을 이루어 낼 수 있는 것이다. 그러므로 군자는 현명하면서도 능히 노둔한 사람을 포용할 수 있고, 지혜로우면서도 능히 어리석은 사람을 포용할 수 있으며, 지식이 많으면서도 능히 지식이 얕은 사람을 포용할 수 있고, 순수하면서도 능히 혼잡한 사람을 포용할 수 있는데, 이를 일러 "두루 포용하는 법도"[兼術]라 한다.[162]

159 古者先王審禮 以方皇周浹於天下 動無不當也 (君道 5-6)

160 體恭敬而心忠信 術禮義而情愛人 橫行天下 雖困四夷 人莫不貴 (修身 30)

161 聖人者以己度者也 (非相 13)

162 故君子度己以繩 接人則用抴 度己以繩 故足以爲天下法則矣 接人用抴 故能寬容 因求以成天下之大事矣 故君子賢而能容罷 知而能容愚 博而能容淺 粹而能容雜 夫是之謂兼術 (非相 17)

군자나 성인은 이러한 겸술(兼術)로써 대인관계를 맺기 때문에 "군자는 유능해도 좋고 또 유능하지 못해도 좋다. 군자는 스스로가 유능하면 널리 사람들을 포용하고 솔직하여 남을 열어 이끌어주고, 스스로가 유능하지 못하면 공손하게 삼가고 굽혀서 남을 두려워하며 섬기기 때문이다."[163] 이와 같은 넓은 포용력[兼術]이 이상적 인간의 대인관계에서 나타나는 특징인 것이다.

또한 순자는 군자와 성인 같은 이상적 인간은 사회에 대한 책임을 지고 이를 완수해야 한다는 점을 역설하고 있다. 그들은 "공의(公義)로써 사적인 욕구를 제어하여 공과 사가 분명한 사람"[164]이므로, 예의로써 위아래 사람을 잘 섬기거나 부리며, 그들과 경쟁하려 하지 않고 오로지 자기의 책임을 다하고 또 그들도 그들의 책임을 다하도록 도와주는 사람인 것이다.[165]

이렇게 순자가 보는 군자나 성인은 "그 도를 닦고, 그 의를 행하여 천하 사람들이 함께 바라는 이익을 일으켜 주고, 그들 모두에게 해가 되는 일을 제거해 주는 사람인 까닭에 천하의 모든 사람이 믿고 따르게 되는 것이다."[166] 이러한 맥락에서 보면, 순자 또한 대인평가의 기준을 타인과 사회에 대한 관심과 배려에서 찾고 있음이 분명해지는 것이다.

---

163 君子能亦好 不能亦好 … 君子能則寬容易直 以開道人 不能則恭敬縛絀 以畏事人 (不苟 4)

164 此言君子之能以公義勝私欲也 (修身 40)

165 仁之所在無貧窮 仁之所亡無富貴 天下知之 則與天下同苦樂之 天下不知之 則傀然獨立天地之間而不畏 (性惡 18)

166 修其道 行其義 興天下之同利 除天下之同害 而天下歸之也 (正論 5)

2) 자기억제와 책임의 자기귀인

선진유학 사상에서 제시하는 이상적 인간은 이상에서 본 바와 같이 타인과 사회에 대한 관심과 배려가 깊은 사람들이다. 이들은 다른 사람과의 사이에, 그리고 사회 속에서 항상 조화와 질서를 추구한다. 이렇게 질서와 조화를 유지하려면 자기의 개인적 욕구나 정서 상태를 억제하고, 될 수 있는 대로 자기표현을 삼가며, 모든 일의 책임을 자기에게서 찾는 자세가 요구된다. 그 결과, 자기억제와 책임의 자기귀인이 군자와 성인에게서 중시되는 대인평가와 귀인의 특징으로 부각되는 것이다. 여기에서는 이러한 자기억제와 책임의 자기귀인이라는 측면에서 강조되는 군자와 성인의 사회인지의 특징을 살펴보려 한다. 이는 인간을 "능동적이고 주체적인 덕성 주체"로 파악하는 유학사상의 관점에서 나오는 대인평가의 차원이다.

《논어》 공자는 "말을 잘 하고, 얼굴빛을 잘 꾸미는 사람은 인이 부족"[167]하게 마련이어서, "말을 삼가는 것은 인에 가까워지는 한 가지 조건이 된다"[168]고 보아, 자기표현의 억제를 강조하고 있다.[169] 자기표현의 억제를 강조하는 이러한 입장은 다음의 진술들에서 잘 드러나고 있다.

사마우(司馬牛)가 인(仁)에 대해 여쭙자, 공자께서 "어진 사람은 그

---

167 子曰 巧言令色 鮮矣仁 (《論語》, 學而 3; 陽貨 17)

168 子曰 剛毅木訥近仁 (子路 27)

169 《論語》에는 言이란 말이 124회 출현하는데, 이 가운데 자기표현의 억제와 관련된 내용이 대략 1/3 정도(40여 회)에 이른다는 사실이 이를 입증하고 있다(《論語引得》 참조).

말을 참고 조심한다"[訒]고 말씀하셨다. 사마우가 다시 "그 말을 참고 조심하면, 이를 어질다고 이를 수 있습니까?"라고 여쭙자, 공자께서는 "그렇게 하기는 매우 어려운 일이니, 말을 참고 조심하지 않을 수 있겠느냐?"라고 대답하셨다.[170]

공자께서 "나는 말을 하지 않으려고 한다"고 말씀하시자, 제자인 자공이 "선생님께서 말씀을 하시지 않는다면, 저희들이 어떻게 선생님의 도(道)를 전술하겠습니까?"고 여쭈었다. 그러자 공자께서는 "하늘이 무슨 말씀을 하시더냐? 그래도 사시(四時)가 운행되고, 온갖 사물이 생장하지 않더냐? 하늘이 무슨 말씀을 하시더냐?"고 대답하셨다.[171]

두 번째 인용문에서 공자는 자기표현을 삼가는 것은 하늘의 도라고까지 표현하여, 자기억제를 매우 강조하고 있다. 이러한 자기표현의 억제에 대하여 그는 말을 참고 조심하는 것[訒·訥] 말고도, "말에는 믿음이 있도록 해야 한다,"[172] "일에는 민첩하고, 말은 신중히 해야 한다,"[173] "말보다 행동이 앞서야 한다"[174]라거나 "예가 아니면 말하지 말

170 司馬牛問仁 子曰 仁者其言也訒 曰 其言也訒 斯謂之仁矣乎 子曰 爲之難 言之得無訒乎 (顔淵 3)

171 子曰 予欲無言 子貢曰 子如不言 則小子何述焉 子曰 天何言哉 四時行焉 百物生焉 天何言哉 (陽貨 19)

172 與朋友交 言而有信 雖曰未學 吾必謂之學矣 (學而 7)

173 子曰 君子 … 敏於事而愼於言 … 可謂好學也已 (學而 14); 子曰 君子欲訥於言而敏於行 (里仁 24)

174 子貢問君子 子曰 先行 其言而後從之 (爲政 13); 子曰 古者言之不出 恥躬之不逮也 (里仁 22)

라"[175]는 식으로 구체적인 주문을 하고 있기도 하다.

군자가 이렇게 자기를 드러내지 않으려 하는 것은 도덕 실천, 곧 "인의 실천이 오로지 자신에게 달린 일이지, 남에게 달린 일이 아니기"[176] 때문이다. 군자는 스스로가 도덕 주체라는 사실을 확고히 인식하고 있기 때문에, "남에게 모든 책임을 돌리는 소인(小人)과는 달리, 모든 일의 책임을 자기 자신에게서 찾으려 한다."[177] 따라서 군자는 "남이 알아주지 않는다고 해도 성내지 않는데",[178] 이는 그 원인을 바로 자기의 무능함에서 찾기 때문이다.[179]

이렇게 자기를 드러내려 하지 않고 될 수 있는 대로 억제하며, 또 모든 일의 원인을 자신에게서 찾아, 그 책임을 스스로가 떠맡는 자세가 군자에게 요구되는 특성이라고 보아 공자는 중시하고 있으며, 이 점이 바로 《논어》에서 드러나는 대인평가와 귀인의 또 한 가지 특징인 것이다.

《맹자》 자기표현의 적극적인 억제를 주장한 공자와는 달리, 맹자는 이에 대해 직접 언급하지는 않았다.[180] 자기표현의 억제에 대해서

---

175 非禮勿言 (顔淵 1)

176 爲仁由己 而由人乎哉 (顔淵 1)

177 君子求諸己 小人求諸人 (衛靈公 20)

178 人不知而不慍 不亦君子乎 (學而 1)

179 不患無位 患所以立 不患莫己知 求爲可知也 (里仁 14); 不患人之不己知 患其不能也 (憲問 32); 君子病無能焉 不病人之不己知也 (衛靈公 18)

180 맹자는 제자백가와 벌이는 경쟁에서 유학을 수호하는 일을 자기의 임무로 삼고 있었다. 그가 살았던 시대는 그에게 논변가의 사명을 부여하고 있었던 것이다. 그 결과, 맹자는 "말하기를 좋아하는 사람"이라는 세평을 감수해야 했다. 그러나 그는 "스스로가 말하기를 좋아하는 것이 아니라, 유학을 보전하고 옹호하기 위해 어쩔 수 없이 변론을 한다"(公都子曰 外人皆稱夫子好辯 敢問何也 孟子

는 별로 언급하지 않는 대신, 맹자는 모든 일의 책임을 스스로에게서 구하는 책임의 자기귀인에 관해서는 자주 언급하고 있다. 맹자는 모든 인간사의 통제 소재를 두 가지 요인에서 찾고 있다. 곧 행위자 자신의 요인과 상황 조건 또는 태어난 조건 같은 외적 요인이다. 이러한 점은 현대심리학의 입장과 일치하는 것으로, 맹자는 이를 다음과 같이 지적하고 있다.

> 사람에게는 구하면 얻어지고, 놓아버리면 잃게 되는 것이 있다. 이러한 것은 나에게 갖추어져 있는 것[在我者]을 구하는 것이기 때문에, 노력하면 반드시 얻어지게 될 것이다. 그러나 헛되이 구할 수도 없고, 구한다고 해서 반드시 얻어지지 않는 것도 있다. 이러한 것은 나의 밖에 있는 것[在外者]을 구하는 것이기 때문에, 아무리 노력한다고 해도 소용이 없을 것이다.[181]

주희는 재아자(在我者)를 인의예지(仁義禮智)로 보고 재외자(在外者)를 부귀이달(富貴利達)이라고 보아, 전자는 인간의 본성 속에 본래 갖추

曰 予豈好辯哉 予不得已也 … 我亦欲正人心 息邪說 距詖行 放淫辭 以承三聖者 予豈好辯哉 予不得已也, 《孟子》, 滕文公下 9)고 주장했다. 따라서 그는 적극적인 자기표현을 권장한 것이 아니라, "실체에 가까우면서도 뜻이 큰 좋은 말"(孟子曰 言近而指遠者 善言也, 盡心下 32)을 가려서 해야 하며, 말은 꼭 필요한 곳에서 해야지 쓸데없는 곳에서 하거나, 또 말해야 할 때 말하지 않는 것도 옳지 않다고 보았다(士未可以言而言 是以言餂之也 可以言而不言 是以不言餂之也 是皆穿踰之類也, 盡心下 31). 또한 그는 말과 행동이 일치해야 함을 역설하여, 이 두 가지가 일치하지 않으면 덕을 해치게 된다(鄕原德之賊也 曰 何如斯可謂之鄕原矣 曰 何以是嘐嘐也 言不顧行 行不顧言 … 是鄕原也, 盡心下 37)고 보아, 대체로 적극적인 자기표현보다는 자기억제에 가까운 입장을 표출하고 있다.

181 求則得之 舍則失之 是求有益於得也 求在我者也 求之有道 得之有命 是求無益於得也 求在外者也 (盡心上 3)

어져 있는 것이고, 후자는 모든 인간 외적인 사물로 해석하고 있다.[182] 이러한 부귀이달 말고도 맹자가 재외자라고 보는 것에는 인간의 수명[183]과 생물적·감각적 욕구의 충족[184] 같은 것들이 있다. 이렇게 맹자는 인의예지의 덕을 이루는 일은 전적으로 행위자 자신의 통제 아래 있는 일이지만, 부귀나 수명 및 생물적·감각적 욕구의 충족 같은 것은 오로지 외적 조건의 통제 아래 있는 일이라 보고 있는 것이다.

이렇게 외적 조건에 의해 통제되는 일에 대해 개인은 아무런 책임이 없다. 그러나 행위자 자신에 의해 통제되는 일에 대한 책임은 전적으로 행위자 자신에게 있는 것이다. 이러한 사실을 맹자는 "하늘의 잘못은 오히려 그 책임을 피할 수 있지만, 스스로 초래한 잘못에 대한 책임은 어찌할 수가 없다"[185]라고 표현하고 있다. 곧 전자의 경우에는 통제 불가능한 외적 조건에 그 원인이 있는 것이므로 행위 당사자에게 책임이 없지만, 후자의 경우에는 통제 가능한 내적 요인에 그 원인이 있으므로 행위 당사자에게 그 책임이 있다는 것이다.[186]

---

182 在我者 謂仁義禮智 凡性之所有者 … 在外者 謂富貴利達 凡外物皆是 (《孟子集註》)

183 殀壽不貳 修身以俟之 所以立命也 (盡心上 1)

184 口之於味也 目之於色也 耳之於聲也 鼻之於臭也 四肢之於安佚也 性也 有命焉 君子不謂性也 (盡心下 24)

185 天作孼 猶可違 自作孼 不可活 (公孫丑上 4; 離婁上 8)

186 이는 원인의 통제 가능성과 책임 귀인에 관한 Weiner(1982)의 입장과 유사하다. 맹자는 행위자가 어찌할 수 없는 일을 불능(不能)이라 하여, 스스로가 행할 수 있는 불위(不爲)와 구별하고 있다. 제(齊)나라 선왕(宣王)이 "하지 않는 것"[不爲]과 "하지 못하는 것"[不能]의 차이에 대해 묻자, 맹자는 "태산을 팔에 끼고 북해를 뛰어넘는 일을 두고 '나는 못 하겠다'고 하면, 이는 정말로 못하는 것입니다. 그러나 어른에게 나뭇가지를 꺾어 드리는 일을 두고 '나는 못 하겠다'고 하면, 이는 하지 않는 것이지 못하는 것이 아닙니다. 임금 노릇을 하는 일은 태산

이렇게 인의를 실천하는 일은 스스로가 어찌할 수 없는 불능(不能)이 아니라 스스로가 하기에 달려 있는 불위(不爲)에 속하는 일이므로, 불능에 속하는 부귀나 수명 및 감각적 욕구의 충족과 관련된 일을 제외하고는, 모든 일이 행위 당사자의 책임이라고 보는 것이 맹자의 생각이다. 이를 그는 "화와 복이 모두 자기 스스로가 초래하지 않는 것이 없고",[187] 따라서 "무릇 사람들은 스스로가 먼저 스스로를 모멸한 다음에 남이 그를 모멸하게 되는 법"[188]이라고 표현하고 있다. 곧 "만물의 이치는 모두 나에게 구비되어 있으므로",[189] 행위자 자신이 모든 일의 주체이고, 따라서 모든 일이 스스로의 책임이기 때문에 "모든 일의 책임을 스스로에게 돌이켜 찾아야 한다"[反求諸己]는 것이다.[190]

을 팔에 끼고 북해를 뛰어넘는 것과 같은 불능(不能)한 일이 아니라, 나뭇가지를 꺾는 것과 같은 불위(不爲)의 일로서, 임금이 임금답지 못한 것은 이를 하지 않기 때문인 것입니다"라고 대답하였다(不爲者與不能者之形 何以異 曰 挾太山以超北海 語人曰 我不能 是誠不能也 爲長者折枝 語人曰 我不能 是不爲也 非不能也 故王之不王 非挾太山以超北海之類也 王之不王 是折枝之類也, 梁惠王上 7). 여기서 임금 노릇 하는 일은 인의(仁義)의 도를 백성들에게 베푸는 일이다. 이렇게 인의의 도를 베푸는 일은 행위자 스스로 통제할 수 있는 일이고, 따라서 그에 대한 책임은 행위자 스스로에게 있는 것이다. 이를 맹자는 어른 공경하는 일을 예로 들어, "천천히 연장자의 뒤를 좇는 일을 공경스럽다[弟]고 하고, 연장자의 앞에서 빨리 가는 일을 공경스럽지 못하다[不弟]고 한다. 무릇 천천히 가는 일이 어찌 사람이 할 수 없는[不能] 일이겠는가? 이는 하지 않을[不爲] 뿐이다. 요·순의 도는 이와 같이 불능이 아니라, 불위의 종류인 효제(孝悌)인 것이다"(徐行後長者謂之弟 疾行先長者謂之不弟 夫徐行者豈所不能哉 所不爲也 堯舜之道孝弟而已矣, 告子下 2)라고 지적하고 있다.

187 禍福無不自己求之者 (公孫丑上 4)

188 夫人必自侮然後 人侮之 (離婁上 8)

189 萬物皆備於我矣 (盡心上 4)

190 愛人不親 反其仁 治人不治 反其智 禮人不答 反其敬 行有不得者 皆反求諸己 其身正而天下歸之 (離婁上 4)

이렇게 모든 책임을 스스로에게 돌이켜 찾음으로써, "군자는 인과 예로써 마음을 간직하여 … 어떤 사람이 나에게 포악무도한 태도로써 대한다면, 스스로가 불인하고, 무례하고, 불충한 점이 없었는지를 반드시 반성하게 된다"[191]는 것이다. 이렇게 "자기를 반성해 보아 스스로가 참되다면[反身而誠], 즐거움이 이보다 더 클 수가 없기"[192] 때문이다. 이와 같이 "모든 일의 원인을 스스로에게서 찾는 자세"[反求諸己]가 《맹자》에서 드러나는 대인평가와 귀인의 또 하나의 중요한 특징인 것이다.

《순자》 순자의 입장도 맹자와 마찬가지로 자기표현의 적극적인 억제를 강조하는 것은 아니지만, 그렇다고 해서 자기표현을 권장하는 것도 아니고, 대체로 억제하는 쪽에 가까웠다고 볼 수 있다.[193] 하지만 공·맹과 마찬가지로 순자도 인간의 능동적 주도성과 책임의 자기귀인에 대해서는 매우 강조하고 있다. 서구심리학의 전통적인 환경우세

191 君子以仁存心 以禮存心 … 有人於此 其待我以橫逆 則君子必自反也 我必不仁也 必無禮也 … 我必不忠 (離婁下 28)

192 反身而誠 樂莫大焉 (盡心上 4)

193 순자도 "오늘날 성왕이 사라지고 천하가 혼란하여, 간사스러운 말들이 성행하나, 군자가 세력을 얻어 이에 임하지 못하고, 또 형벌로써 이들을 금하지 못하니, 내가 변설을 하는 것이다"(今聖王沒 天下亂 姦言起 君子無勢而臨之 無刑而禁之 故辯說也, 《荀子》, 正名 14)라고 하여, 유학을 가지고 제자백가를 비판하는 자신의 입장을 변호하고 있다. 어느 면에서 보면, 그는 자기표현을 권장하는 편이다. 그러나 이러한 자기표현이 자기의 모든 욕구나 정서 또는 의견 들을 자유롭게 표출해도 되는 것이 아니라, 도덕적으로 합당한 것에 국한되어야 한다는 한계를 가진다는 점은 맹자와 같다. 이러한 사실을 순자는 "군자는 반드시 변론을 한다. 무릇 사람은 누구나 자기가 좋다고 여기는 것을 말하기 좋아하는 법인데, 군자는 특히 더욱 그렇다. 이러므로 소인이 변론하면 사악한 일을 말하지만, 군자가 변론하면 어진 덕[仁]을 말한다. 말이 어진 덕을 떠나 있다면, 그 말은 침묵만 못하고, 그 변론은 눌변[吶]만 못한 것이다"(君子必辯 凡人莫不好言其所善 而君子爲甚焉 是以小人辯言險 而君子辯言仁也 言而非仁之中也 則其言不若其默也 其辯不若其吶也, 非相 18-19)라고 진술하여 강조하고 있다.

론[194]에 비해, 순자는 인간의 행위 주도 능력과 반성적 능력을 강조하는 입장을 보이고 있는 것이다. 물론 순자도 환경이 인간에게 미치는 커다란 영향을 인정한다.[195] 그러나 "몸과 마음을 두기를 삼가고[謹注錯], 익히는 바를 신중히 하며[愼習俗], 쌓고 따르기를 크게 하면[大積靡] 군자가 되는 법"으로, 이렇게 "누구든지 선(善)을 쌓아서 온전하게 다 이루면[積善而全盡] 성인이 된다"[196]고 순자는 본다. 곧 사람의 삶의 목표인 성덕(成德)의 여부는 스스로가 하기에 달려 있는 것이어서, 모든 일이 자기결정적이라는 것이다. 이를 순자는 다음과 같이 진술하고 있다.

> 지향하는 바를 닦고, 덕행에 힘쓰며, 인식과 판단을 명확히 하고, 오늘날에 태어났지만 옛날에 뜻을 두는 것, 이들은 모두 자신이 하기에 달린 것이다. 그러므로 군자는 자기에게 달려 있는 것[在我者]을 삼가 행할 뿐, 외적 조건에 달린 것[在天者]을 사모하지 않는다. … 그런 까닭에 군자는 날로 발전하는 것이다.[197]

이렇게 모든 일이 자기결정적이기 때문에, 사람들은 스스로를 먼

194 Ross & Nisbett, 1991, pp. 8-11, 27-58.

195 蓬生麻中 不扶而直 … 故君子居必擇鄕 遊必就士 所以防邪僻而近中正也 (勸學 6-7); 居楚而楚 居越而越 居夏而夏 是非天性也 積靡使然也 (儒效 36); 夫人雖有性質美 而心辨知 必將求 賢師而事之 擇賢友而友之 得賢師而事之 則所聞者 堯舜禹湯之道也 得良友而友之 則所見者 忠信敬讓之行也 身日進於仁義而不自知也者 靡使然也 (性惡 20-21)

196 涂之人百姓 積善而全盡 謂之聖人 彼求之而後得 爲之而後成 積之而後高 盡之而後聖 故聖人也者 人之所積也 … 故人知謹注錯 愼習俗 大積靡 則爲君子矣 (儒效 36)

197 若夫心意修 德行厚 知慮明 生於今而志乎古 則是其在我者也 故君子敬其在己者而不慕其在天者 … 是以日進也 (天論 28-29)

저 닦도록 해야 하며,[198] 또한 나라를 다스리는 사람도 역시 마찬가지라는 것이다.[199] 그에 따르면, "자신을 아는 사람은 남을 원망하지 않고, 천명을 아는 사람은 하늘을 원망하지 않는다."[200] 곧 사람의 모든 행위는 자기결정적이므로, 모든 원인을 반드시 스스로에게서 찾아야 하며, 따라서 스스로를 항상 반성해 보아야 한다는 것이다. 이는 다음 진술문에서 자세히 언급되고 있다.

> 군자는 스스로 귀하게 될 수는 있어도, 남들로 하여금 반드시 자신을 귀하게 여기도록 만들 수는 없다. 군자는 스스로 신뢰로운 사람이 될 수는 있어도, 남들로 하여금 반드시 자신을 신임하도록 만들 수는 없다. 군자는 스스로 쓸모 있는 사람이 될 수는 있어도, 남들로 하여금 반드시 자신을 기용하여 쓰도록 만들 수는 없다. 그러므로 군자는 스스로 닦이지 못한 것을 부끄러워할 뿐 남들에게 더럽힘 당하는 것을 부끄러워하지 않고, 스스로 신뢰롭지 못한 것을 부끄러워할 뿐 남들에게 신임 받지 못하는 것을 부끄러워하지 않으며, 스스로 능력이 없음을 부끄러워할 뿐 남에게 기용되지 못하는 것을 부끄러워하지 않는다.[201]

따라서 순자에 따르면, 무엇이든지 남에게 탓을 돌릴 것은 아무것

198 故君子務修其內 … 務積德於身 … 如是則貴名起之如日月 天下應之如雷霆 (儒效 16−17)

199 請問爲國 曰 聞修身 未嘗聞爲國也 (君道 7); 故君國長民者 欲趨時遂功 … 必先修正其在我者 然後徐責其在人者 威乎刑罰 (富國 20−21)

200 自知者不怨人 知命者不怨天 (榮辱 25)

201 君子能爲可貴 不能使人必貴己 能爲可信 不能使人必信己 能爲可用 不能使人必用己 故君子恥不修 不恥見汚 恥不信 不恥不見信 恥不能 不恥不見用 (非十二子 36)

도 없고, 모든 것은 자기 책임이라는 것이다. 곧 "같이 놀면서 사랑받지 못하는 것은 반드시 내가 먼저 어질지 못하기 때문이고, 서로 사귀면서 공경을 받지 못하는 것은 반드시 내가 먼저 상대방을 공경하지 않기 때문인데 … 도대체 자기가 잘못해 놓고서 도리어 남에게 책임을 미루는 것은 아주 사정에 어두운 일"[202]이라는 것이다. 그러므로 모든 일이 자기결정적이라는 사실을 잘 깨달아, 항상 스스로를 반성하여 모든 책임을 스스로에게서 찾는 일, 이것이 자기통제의 핵심이라고 순자는 본다. 이렇게 《순자》에서도 책임의 자기귀인이 대인평가와 귀인의 또 한 가지 기준으로 부각되는 것이다.

3) 자기성찰과 자기개선

유학사상에서는 인간이 능동적이고도 주체적인 가능체로서 존재한다고 본다. 따라서 유학만큼 교육의 중요성을 인식하고, 이를 강조한 사상체계도 드물 것이다. 이는 선진유학에서부터 내려오는 유학의 전통이라고 볼 수 있다. 선진유학자들이 배움[學]과 가르침[教]을 얼마나 중시했는가 하는 점은 학(學)과 교(教)라는 글자가 《논어》·《맹자》·《순자》에 각각 64회와 7회, 32회와 35회, 그리고 81회와 42회나 쓰이고 있다는 사실에서도 잘 드러난다.[203] 유학사상에서 이렇게 배움과 가르침을 중시한다는 것은 유학자들이 대인평가에서 자기성찰과 자기개선의

202 同遊而不見愛者 吾必不仁也 交而不見敬者 吾必不長也 … 失之己 而反諸人 豈不亦迂哉 (法行 21-22)

203 《論語引得》·《孟子引得》·《荀子引得》 참조.

노력을 강조한다는 사실을 의미한다. 이는 "무한한 가능체"로 인간을 파악하는 유학사상의 관점에서 도출되는 대인평가의 차원이라고 볼 수 있다.

《논어》 공자는 스스로를 "배우기를 좋아하는 사람"[好學者][204] 및 "가르치기를 게을리 하지 않는 사람"[誨人不倦者][205]이라고 하여, 가르치고 배우는 일을 중시하고 있다.[206] 배우고 가르치는 일, 그리고 배운 내용을 강구하고 실천함으로써 자기를 개선하는 일은 공자와 제자들이 자기를 성찰하는 핵심 내용이었다.[207] 제자인 안연(顏淵)은 "선생님께서는 차근차근히 사람을 잘 이끌고 가르치시어, 글로써 나의 지식을 넓혀 주시고, 예로써 나의 행동을 단속해 주셨다"[208]고 진술하여, 공자의 교육자적인 풍모를 전해 주고 있다. 공자는 가르침을 베풀면 누구나 착하게 된다고 보아, 사람을 가리지 않았다.[209]

---

204 子曰 十室之邑 必有忠信如丘者焉 不如丘之好學也 (《論語》, 公冶長 27)

205 子曰 若聖與仁 則吾豈敢 抑爲之不厭 誨人不倦 則可謂云爾已矣 (述而 33)

206 《論語》의 제일 첫 머리가 學而時習之 不亦說乎 (學而 1)라고 하여, 배움[學]이란 말로 시작한다는 사실은 공자와 그 제자들이 "가르치고 배우는 일"을 얼마나 중시하였는지 하는 단적인 증거가 된다. 《論語》에는 好學이란 말이 16회 출현하여 (《論語引得》 참조), 배움의 중요성을 역설하고 있다.

207 曾子曰 吾日三省吾身 爲人謀而不忠乎 與朋友交而不信乎 傳不習乎 (學而 4); 子曰 默而識之 學而不厭 誨人不倦 何有於我哉 (述而 2); 子曰 德之不修 學之不講 聞義不能徙 不善不能改 是吾憂也 (述而 3)

208 顏淵喟然歎曰 … 夫子循循然善誘人 博我以文 約我以禮 (子罕 10)

209 子曰 有教無類 (衛靈公 38): 何晏 등의 古注의 전통에서는 이를 "가르치는 데에는 그 대상을 가리지 않는다"(人在見教 無有種類, 《論語集解》)고 보아, 가르침을 베풀기 이전의 그 대상 측면에서 해석하고 있으나, 朱熹의 新注에서는 "가르침을 받으면 모두가 선해져서, 선악의 차이가 없어진다"(故君子有教 則人皆可以復於善 而不當復論其類之惡矣, 《論語集註》)고 보아, 가르침을 베푼 이후의 효과 측면에서 해석하고 있다.

공자는 스스로를 호학(好學)이라고 자평했지만, 제자 중에서는 안회(顔回)만이 "배우기를 좋아하는 사람"이라고 하면서, 호학의 조건 가운데 하나로 "같은 잘못을 두 번 저지르지 않는 일[不貳過]"[210]을 들고 있다. 그는 "잘못을 하고도 고치지 않는 것이 바로 잘못"[211]이라고 보고, "잘못이 있으면, 고치기를 꺼리지 말아야 한다"[212]고 강조한다. 그는 "내게 잘못이 있으면, 사람들이 반드시 알려 주니, 나는 참 다행이다"[213]라고까지 표현하여, 잘못을 고치는 일이 바로 스스로를 개선하는 첩경이 됨을 역설하고 있다. 이러한 태도는 그의 제자인 자공의 다음과 같은 진술에서 잘 드러나고 있다

> 자공이 "군자의 허물은 일식·월식과 같아서, 잘못이 있으면 사람들이 모두 알아보고, 잘못을 고치게 되면 사람들이 모두 우러러 본다"고 말하였다.[214]

그러나 이렇게 잘못을 고치는 일은 매우 어려운 일이어서,[215] 군자와 소인의 구별은 잘못을 고치느냐 아니면 이를 고치지 않고 꾸미느냐에 달려 있다.[216] 이렇게 자기를 성찰하여 잘못을 고침으로써 항상 자기

---

210 哀公問 弟子孰爲好學 孔子對曰 有顔回者好學 不遷怒 不貳過 不行短命死矣 今也則亡 未聞好學者也 (雍也 2)

211 子曰 過而不改 是謂過矣 (靈衛公 29)

212 過則勿憚改 (學而 8; 子罕 24)

213 子曰 丘也幸 苟有過 人必知之 (述而 30)

214 子貢曰 君子之過也 如日月之食焉 過也 人皆見之 更也 人皆仰之 (子張 21)

215 子曰 已矣乎 吾未見能見其過而內自訟者也 (公冶長 26)

216 子曰 人之過也 各於其黨 觀過 斯知仁矣 (里仁 7); 子夏曰 小人之過也 必文 (子張 8)

개선을 이루려 노력하는 자세,[217] 이것이 《논어》에서 도출되는 또 다른 대인평가의 기준인 것이다.

《맹자》 오늘날 쓰이는 교육(敎育)이란 말은 《맹자》〈진심상편(盡心上篇)〉에 처음 나올 정도로 맹자는 교육을 중시했다.[218] 그의 사단설(四端說)에 따르면, 인간이란 결코 완선(完善) 상태로 태어나는 것이 아니라, 단지 착하게 될 수 있는 싹을 지니고 있을 뿐이며, 이러한 점을 자각하여 착하게 될 수 있는 가능성을 갖춘 존재일 따름이다.[219] 이렇게 착하게 될 수 있는 싹을 지니고 있을 뿐이란 생각은 "무릇 나에게 갖추어져 있는 사단(四端)을 모두 넓혀서 채울 줄 알게 되면, 마치 불이 처음 타오르고, 샘물이 처음 흘러내리듯 할 것이니, 진실로 이를 채울 수 있으면 온 천하를 보전할 수 있지만, 진실로 이를 채우지 못하면 부모를 섬기기에도 부족할 것이다"[220]라는 진술에 잘 드러나 있다. 곧 사람에게 갖추어져 있는 사단은 처음 타오르는 불씨나 처음 흘러내리는 샘물의 원천같이 착하게 될 수 있는 가능성을 갖춘 싹에 불과하다는 것이다.

이러한 싹은 아주 약하기 때문에 이를 잘 간직하고 기르기가 어렵다. 여기에서 바로 인간이 본래 선성(善性)을 갖추고 있음에도 교육이

---

217 子曰 見賢思齊焉 見不賢而內自省也 (里仁 17); 子曰 三人行 必有我師焉 擇其善者而從之 其不善者而改之 (述而 21); 司馬牛問君子 子曰 君子不憂不懼 曰 不憂不懼 斯謂之君子矣乎 子曰 內省不疚 夫何憂何懼 (顔淵 4)

218 得天下英才而敎育之 三樂也 (《孟子》, 盡心上 20)

219 乃若其情 則可以爲善矣 乃所謂善也 若夫爲不善 非才之罪也 (告子上 6)

220 凡有四端於我者 知皆擴而充之矣 若火之始然 泉之始達 苟能充之 足以保四海 苟不充之 不足以事父母 (公孫丑上 6)

필요하게 되는 까닭을 만날 수 있다. 곧 "진실로 잘 기르게 되면 어떤 것도 자라지 않는 것이 없고, 진실로 잘 기르지 못하면 어떤 것도 소멸되지 않는 것이 없기"[221] 때문에, 사람에게 본래 갖추어져 있는 착한 성품의 싹이 환경 조건이나 물욕에 가려져서 소멸되지 않도록 해야 한다는 데서 교육의 필요성이 나오는 것이다.

이러한 교육의 필요성에 관한 논의에 따라 유추해 보면, 사람은 누구나 교육을 통해 착한 본성을 회복하거나 간직할 수 있는 가능성을 갖춘 존재라고 볼 수 있다. 이를 맹자는 "비록 아무리 못생긴 사람일지라도 목욕재계하여 몸과 마음을 단정히 가다듬으면, 하늘을 모시는 제사를 지내게 할 수도 있다"[222]고 우회적으로 표현하고 있다.

이러한 교육의 가능성을 맹자는 동류사성관(同類似性觀)과 사람이 본유적으로 갖추고 있는 양지(良知)·양능(良能)에서 찾고 있다. 즉 맹자는 "무릇 같은 종류끼리는 대체로 거의 비슷한 법인데 … 성인이나 나나 같은 인류로서 … 성인은 단지 그러한 이치를 먼저 깨달아 얻은 사람"[223]일 뿐이므로, 성인이 도를 깨우쳤다면 나 역시 도를 깨우칠 수 있다고 본다. 이는 사람이라면 누구나 "배우지 않고서도 할 수 있는 양능과 생각하지 않고서도 알 수 있는 양지"[224]를 본래 갖추고 있기 때문이다. 그러므로 "사람은 누구나 요·순같이 될 수 있는 존재"[225]이며, 이러

221 苟得其養 無物不長 苟失其養 無物不消 (告子上 8)

222 雖有惡人 齋戒沐浴 則可以祀上帝 (離婁下 25)

223 故凡同類者擧相似也 … 聖人與我同類者 … 聖人先得我心之所同然耳 (告子上 7)

224 人之所不學而能者 其良能也 所不慮而知者 其良知也 (盡心上 15)

225 曹交問曰 人皆可以爲堯舜 有諸 孟子曰 然 (告子下 2)

한 교육의 가능성에 맹자의 교육론의 근거가 있는 것이다.

이렇게 누구나 교육의 가능성을 갖추고 있으므로, 교육의 대상에는 차별이 있을 수 없다. 이는 "가르침을 베푸는 데에는 그 종류가 따로 없다"[有教無類][226]는 공자의 말을 이어받은 유학의 공통된 입장이라 할 수 있다. 이러한 태도는 맹자에게도 역시 마찬가지였다. 이는 어떤 사람이 맹자를 평하기를 "선생님께서 가르침을 베푸심에 가는 사람은 좇지 않고, 오는 사람은 거절하지 않으셨다. 진실로 도를 배우겠다는 마음으로 오면, 이를 모두 받아들이실 뿐이었다"[227]고 한 데서 잘 드러나고 있다.

그렇다면, 이러한 교육을 담당할 주체는 누구인가? 맹자는 이를 도(道)를 먼저 깨달은 사람들의 책임이라고 본다. 맹자는 이렇게 도를 자각하여 실현하는 사람을 대장부(大丈夫)·대인(大人)·군자(君子)·현자(賢者)·성인(聖人) 같은 말로 부르고 있는데, 이들에게는 아직 도를 깨닫지 못한 사람들을 깨우쳐 줄 책임이 있다는 것이다. 이는 제자인 만장(萬章)과 가진 문답에서 맹자가 은(殷)나라 초기의 현인인 이윤(伊尹)의 말을 인용해 제시한 다음 구절에 잘 드러나 있다.

> 하늘이 이 백성을 양생(養生)하심에 선지자(先知者)로 하여금 후지자(後知者)를 깨우쳐 주고, 또 선각자(先覺者)로 하여금 후각자(後覺者)를 깨우쳐 주도록 하였다. 나는 하늘이 낳은 백성 가운데 선각자이다. 따라서 나는 응당 내가 먼저 터득한 도를 가지고 세상 백성들을 깨우쳐 주려 한다. 만약 내가 그들을 깨우쳐 주지 않는다면,

226 子曰 有教無類 (《論語》, 衛靈公 38)

227 夫子之設科也 往者不追 來者不拒 苟以是心至 斯受之而已矣 (《孟子》, 盡心下 30)

다른 누가 하겠는가?[228]

그러므로 "중정(中正)의 도를 얻은 사람은 그렇지 못한 사람을 교육하고, 재능 있는 사람은 재능 없는 사람을 교육해야 한다. … 만일 중정의 도를 얻은 사람이 그렇지 못한 사람을 버리고, 재능 있는 사람이 재능 없는 사람을 버려 교육하지 않는다면, 현명한 사람과 어리석은 사람 사이의 차이는 거의 없을 것이기 때문이다."[229]

이렇게 교육은 군자의 지고한 의무이자 책임으로서, 이를 다하였을 때 느끼는 즐거움(三樂)은, 인의 체득과 실천의 대상이 존재하기 때문에 느끼는 즐거움(一樂) 및 실제로 인의를 체득한 데서 느끼는 즐거움(二樂)과 함께 성덕을 지향하는 군자의 진정한 즐거움이 되는 것이며, 그렇기 때문에 "천하를 지배하고 다스리는 것은 군자의 즐거움에 들지 못한다"는 당당함[230]이 나오는 것이라 하겠다.

이렇게 가르침과 배움을 통하여 사람은 누구나 태어날 때부터 갖추고 있는 착한 본성을 회복하여 자기개선을 이루어야 한다는 것이 맹자의 교육론의 요체이다. 맹자도 공자와 마찬가지로 잘못을 고쳐 자기개선을 이루는 일을 중시하고 있으며,[231] 이러한 자기개선의 방법 가운

228 天之生此民也 使先知覺後知 使先覺覺後覺也 予天民之先覺者也 予將以斯道覺斯民也 非予覺之而誰也 (萬章上 7)

229 中也養不中 才也養不才 … 如中也棄不中 才也棄不才 則賢不肖之相去 其間不能以寸 (離婁下 7)

230 孟子曰 君子有三樂 而王天下不與存焉 父母俱存 兄弟無故 一樂也 仰不愧於天 俯不怍於人 二樂也 得天下英才而敎育之 三樂也 君子有三樂 而王天下不與存焉 (盡心上 20)

231 且古之君子 過則改之 今之君子 過則順之 古之君子 其過也 如日月之食 民皆見之 及其更也 民皆仰之 今之君子 豈徒順之 又從而爲之辭 (公孫丑下 9)

데 가장 중요한 일이 교육과 배움이라는 것이다. 이렇게 잘못의 수정과 자기개선은 《맹자》에서도 강조되는 자기평가의 또 다른 기준인 것이다.

《순자》 사람에게 있는 특성을 본유적으로 갖추고 있는 자연적인 성(性)과 후천적으로 배우고 익히는 위(僞)로 나누고[性僞之分], 이러한 근거 위에서 양자의 보완적인 통합을 통해 사회관계에서는 조화와 질서를 이루고, 개인적으로는 완성된 인격체[君子·聖人]를 지향해야 한다[性僞之合]는 것이 순자의 인간론의 핵심이다. 순자에게 "분(分) 개념은 합(合)을 위한 예비적 성격을 띠고 있다." 따라서 그의 "성위지분(性僞之分)은 성위지합(性僞之合)을 위한 것"[232]으로, 순자의 인간론은 성위지합을 그 핵심으로 하고 있다. 여기서 성위지합이란, 사람에게 본유한 자연적이고 질박한 재질[性]과 후천적이고 인위적인 노력과 그 결과[僞]가 분명히 나누어진[性僞之分] 바탕 위에서 이 둘의 통합을 이루어 냄으로써, 인간이 인간된 근거를 완성시키는 것을 말한다. 따라서 "무한한 가능체"로서 가지는 인간의 존재 특성은 이러한 성위지합의 체계에서 최대로 드러난다고 볼 수 있다.

《순자》에서는 성과 위가 하나의 글자로 두 가지 의미를 나타낸다. 이는 가능태(可能態, potentiality)인 인간 본성 또는 능력과 현실태(現實態, actuality)인 작용 결과를 한 가지 용어를 가지고 파악하는 순자의 인간 파악의 이중성[233]을 잘 드러내는 것이다. 이는 다음의 진술에서 잘 드러나고 있다.

232 김승혜, 1990, p. 297.

233 김승혜, 1990, pp. 236–239; 정인재, 1981; 蔡仁厚, 1984, pp. 392–398.

태어난 그대로를 성(性)이라 한다. 나면서부터 타고난 바와 조화를 이루어, 미묘하게 합하여 감응을 일으키나, 노력함이 없이도 그대로 그러한 상태를 일러 또한 성이라 한다 … 마음[心]이 사려하고, 행위 능력[能]이 그를 위해 움직이는 것을 위(僞)라 한다. 사려를 쌓고, 행위능력을 익힌 다음에 이루어지는 것을 일러 또한 위라 한다.[234]

여기서 "태어난 그대로를 성이라 한다"와 "마음이 사려하고 행위능력이 그를 위해 움직이는 것을 위라 한다"는 것은 각각 성과 위의 본연적 상태[可能態]를 가리키는 것이다. 이에 반해, 이들 구절 각각에 이어지는 "나면서부터 타고난 바와 조화를 이루어, 미묘하게 합하여 감응을 일으키나, 노력함이 없이도 그대로 그와 같은 상태를 일러 또한 성이라 한다"와 "사려를 쌓고, 행위 능력을 익힌 다음에 이루어지는 것을 일러 또한 위라 한다"는 것은 이러한 본연적 상태인 성과 위의 현실적 결과[現實態]를 나타내는 것이다.[235]

그런데 "여기서 중요한 것은 순자가 가능태보다도 현실태를 중시하여서, 가능태로서의 인간의 인식능력이나 행위능력에 대해서는 직접적인 언급이 별로 없는 대신에, 사려와 선택을 통해 이루어지는 위, 곧 인간의 도덕적 행위 및 인격 형성에는 지대한 관심을 표명했다는 사실이다."[236] 이러한 가능태가 현실태로 변화되는 것이 바로 성위지합이라 볼 수 있다.

---

234 生之所以然者 謂之性 性之和所生 精合感應 不事而自然 謂之性 … 心慮而能爲之動 謂之僞 慮積焉 能習焉 而後成 謂之僞 (《荀子》, 正名 2)

235 蔡仁厚, 1984, pp. 387−388, 393−394.

236 김승혜, 1990, p. 237.

그렇다면, 이렇게 가능태를 현실태로 변화시켜 성위지합을 이룬다는 것은 실제로 무엇을 의미하는가? 이는 다음과 같은 진술에서 잘 드러나고 있다.

> 무릇 눈은 아름다운 색을 좋아하고, 귀는 아름다운 소리를 좋아하며, 입은 맛있는 것을 좋아한다. … 이는 모두 사람의 정(情)과 성(性)에서 생겨난 것으로, 외부 사물에 감응하여서 스스로 그러한 것이지, 반드시 노력함을 기다려서 얻어진 것은 아니다. 그러나 무릇 외부 사물에 감응하여서 스스로 그러하지 못하고, 반드시 노력함을 기다린 다음에야 그렇게 되는 것이 있는데, 이를 위라고 한다. … 그러므로 성인이 성을 변화시켜서 위를 일으켰다[化性而起僞]. 위를 일으키어 예의가 생겨났고, 예의가 생겨나니 법도가 제정되었다. 그러므로 예의와 법도는 성인이 만들어낸 것이다.[237]

이 인용문에서 보듯이 성위지합의 궁극적인 의미는 화성기위(化性起僞)하여 인도(人道)의 표준인 예의[238]를 생성하는 것이라 볼 수 있다. 화성기위가 곧 성위지합인 것이다. 이러한 "화성기위야말로 순자가 정면으로 주장하려고 한 바로서"[239] 순자 사상의 중심이다.

그런데 위 인용문에서도 드러나듯이, 이렇게 화성기위하여 성위지합이 이루어지는 데는 후천적인 노력인 위가 더욱 중요하다. 곧 성과 위의 관계가 상보적이기는 하지만, 이러한 상보적 관계에서 성위지합

---

237 若夫目好色 耳好聲 口好味 … 是皆生於人之情性者也 感而自然 不待事而後生之者也 夫感而不能然 必且待事而後然者 謂之生於僞 … 故聖人化性而起僞 僞起而生禮義 禮義生而制法度 然則禮義法度者 是聖人之所生也 (性惡 6-7)

238 禮者人道之極也 (禮論 13)

239 蔡仁厚, 1984, p. 392.

이 이루어지는 데는 인위적인 노력인 위가 더 중추적인 역할을 하는 것이다. 이를 순자는 다음과 같이 단적으로 표현하고 있다.

> 성(性)이란 사람이 일삼아 할 수 없는 것이지만, 변화시킬 수는 있는 것이다. 적(積: 여기서는 積이 곧 僞를 가리킨다)이란 사람이 본래 갖추고 있는 것은 아니지만, 노력해서 이룰 수 있는 것이다. 몸과 마음을 올바르게 두고, 옳은 바를 익히는 것[注錯習俗 : 이것은 積의 핵심 내용이다], 이것이 바로 화성(化性)의 방법이다.[240]

이렇게 후천적인 주조습속(注錯習俗)의 적(積)이 본성을 변화시켜 성위지합을 이루는 방법인 것이다. 곧 성인이 지와 능을 통해 성을 변화시키고 위를 일으켜서 위의 핵심인 예의를 만들었으므로, 근본적으로 사람은 이 예의에 몸과 마음을 두고 이를 익혀서 쌓음으로써 성위지합을 이루어야 한다는 것이 순자의 입장인 것이다. 이를테면, 주체적이고도 능동적인 노력을 통해 스스로 본유적으로 갖추고 있는 가능태를 현실태로 전화(轉化)시키는 것, 이것이 바로 화성기위, 곧 성위지합의 요체라고 보는 것이 순자 인간론의 핵심인 것이다.

이렇게 화성기위하는 인위적인 노력의 핵심은 바로 배움과 수신이다. 이러한 사실은 《순자》의 첫 머리가 〈권학편(勸學篇)〉과 〈수신편(修身篇)〉이라는 점에서 단적으로 드러난다. 배움과 수신을 통해 악으로 흐르기 쉬운[向惡] 본성을 교정하고 순화함으로써 자기 본성을 이루는

---

240 性也者 吾所不能爲也 然而可化也 情也者 非吾所有也 然而可爲也 注錯習俗 所以化性也 (儒效 35; 《荀子注》에서는 情也者의 情을 積의 誤字로 보고 있다.)

일, 그렇게 하여 지혜가 밝아지고 행실에 잘못이 없게 하는 것[241]이 바로 삶의 이상적 자세라는 관점이 바로 순자가 주장하고자 하는 요체인 것이다. 이렇게 잘못을 고쳐 자기개선을 이루는 일은 《순자》에서도 역시 대인평가의 또 다른 중요한 기준으로 대두되는 것이다.

5. 유학의 사회인지이론과 현대 동아시아인의 사회인지 행동

중국·한국·일본 같은 동아시아 국가의 역사에서 유학사상은 최근세까지도 오랫동안 관학의 위치를 차지하고 있었다. 한국인들의 경우, 현재 유교를 자기의 종교라고 응답하는 사람은 0.5%에 지나지 않으나, 전체 인구의 91.7%가 그 신념이나 행동 습관으로 보아 유교인이라고 볼 수 있을 정도로, 유학적 사고와 행동 양식이 현대 한국인의 삶을 실제로 지배하고 있음이 드러나고 있다.[242] 이러한 사실은 유교의 기본 가치를 드러내는 문항 40개로 "중국적 가치 검사"를 마련하여 22개국 대학생에게 실시했을 때, 중국·홍콩·대만·일본·한국 같은 동아시아 국가의 대학생들은 매우 강한 유교적 역동성의 가치체계를 보인다는 연구 결과[243]와 일맥상통하는 것이다.

이와 같이 유교적 가치체계는 현재까지도 동아시아 사회의 가장

241 君子博學 而日參省乎己 則智明而行無過矣 (勸學 2)

242 고병익, 1996, p. 294−295; 윤이흠 외, 1985.

243 Hofstede, 1991/2014, pp. 269−311.

중심적인 삶의 가치로 받아들여지고 있다. 이러한 사실은 유학의 체계 속에 동아시아 사회의 집단주의 가치가 그대로 담겨 있음을 뜻하는 것이다. 지금까지 보아왔듯이 유학사상에서 끌어낼 수 있는 사회인지론의 특징들에는 유학사상에서 파악하는 인간이해의 세 가지 관점(사회적 관계체, 덕성 주체, 무한한 가능체)이 그대로 녹아 있음을 확인할 수 있었다. 이러한 사실들은 동아시아 집단주의의 배경에 유학사상이 놓여 있음을 시사하는 것이다.

위에서 보았듯이 인지 일반의 문제 영역에서는 유학사상에서 도출되는 인지심리학의 문제와 서구 현대심리학에서 탐구되는 인지심리학의 문제 사이에 별 차이를 찾아보기 어려웠다. 그러나 사람을 인지의 대상으로 하여 다른 사람을 이해하는 과정에서 개재하는 대인평가와 귀인 같은 사회인지의 문제 영역에서는 동·서 사이에 커다란 차이를 보일 것이라고 예견되었다. 인간을 이해하는 관점에는 동·서 사이에 큰 차이가 있으므로[사회적 관계체 : 자유와 권리의 주체; 덕성 주체 : 이성 주체; 무한한 가능체 : 완비적 실체], 대인평가 과정에서 중요하게 고려하는 특성과 행동의 원인 추론 과정에 필연적으로 차이가 빚어질 수밖에 없을 것이기 때문이다. 현대 문화비교심리학의 연구 결과들에서는 실제로 현대 서구인과 동아시아인들의 사회인지 행동 사이에는 두 사회에서 인간을 이해하는 관점의 차이로부터 예측되는 차이들이 그대로 드러난다는 사실이 확인되고 있다.[244]

---

244 조긍호, 1993, 1996, 2003a, pp. 167–223, 317–391; 2007a. pp. 144–245 참조.

1) 사회적 책무의 자임과 연계성·조화성 강조

수기를 통해 인격적 수양을 이룬 군자는 가족·친척·친구 같은 주위 사람들만 포용하고, 그들과만 조화를 이루려 하는 것은 아니다. 군자는 사회적 존재로서의 인간의 존재의의가 사회적 책무를 자임하여 이를 완수하는 데 있다고 보고, 온 천하의 사람들에게 인의의 도를 가르쳐서 그들로 하여금 인의의 길을 따르도록 이끄는 일, 그리하여 온 천하의 사람들을 편안하게 해주는 일을 자기에게 주어진 천명으로 알고, 이 일을 기꺼이 떠맡아 실행하려 한다. 공자는 이러한 군자의 특징을 "수기이안백성"이라 표현하는데, 여기서의 백성은 온 천하의 사람이라는 의미이다. 곧 수기를 통해 도덕적 수양을 이룬 군자는 자기수양[修己]과 주위 사람에 대한 배려[安人]에 머물지 않고, 사회 전체에 대해 관심을 가지고 모든 사람들을 도덕적 자각의 상태로 이끌어, 그들을 편안하게 해주는 특징을 갖는다고 공자는 보고 있다.[245] 말하자면, 자신이 모든 다른 사람들과 연계되어 있다는 의식과 책임감을 가지고, 그들과 조화로운 삶을 영위하는 것이 군자의 기본적인 특징인 것이다.

맹자는 이러한 특징을 "성지임"(聖之任)이라 부르는데, 그 전형은 이윤(伊尹)으로서, "그는 천하에 대한 무거운 짐을 스스로 지고자 함으로써",[246] 혼란한 사회를 구제하여 함께 살고 있는 사람들을 보호하려는 군자의 책임을 스스로 떠맡고 이를 완수하려는 태도를 굳게 지닌 사람

245 《論語》, 公冶長 15; 顔淵 1, 16; 憲問 45; 衛靈公 17; 子張 3.

246 思天下之民 匹夫匹婦有不與被堯舜之澤者 若己推而內之溝中 其自任以天下之重如此 (《孟子》, 萬章上 7; 萬章下 1)

이었다.[247] 순자도 군자와 성인은 예(禮)로써 위아래 사람을 잘 섬기거나 부리며, 그들과 경쟁하려 하지 않고, 오로지 자기의 사회적인 책임을 다하고, 또 그들도 그들의 책임을 다하도록 도와주는 사람이라고 보아, 사회에 대한 책임을 떠맡고 이를 완수함으로써, 사람들 사이에 연계성과 조화성을 이루는 일을 군자의 중요한 특징으로 제시하였다.[248] 《대학》에서는 이러한 군자의 특징을 "명명덕"(明明德)이라고 하여,[249] 자기가 깨달은 밝은 덕을 천하에 드러내어 비춤으로써, 사람들과 함께 어울려 연계되어 살고 있는 천하를 조화롭고 평화롭게 하는 일이 군자의 가장 큰 지향처라고 보고 있다.

이상에서 보듯이, 군자와 성인은 도덕적 인격을 이루어 주위 사람들을 편안하게 이끈 다음에, 이를 넓혀 온 천하의 사람들과 연계 의식을 가지고, 그들을 편안하게 이끌어 주어야 할 사회적인 중책을 떠맡고, 이를 일상생활에서 실행하려는 삶의 태도를 지니고 살아가는 사람들이다. 이들은 다른 사람들과 강한 연계감을 지니고 살며, 그들과 삶의 과정에서 조화를 이루는 일을 중시하고, 이를 사회적인 책무로 자임하고 있는 것이다.

이렇게 군자와 성인의 사람됨의 핵심적 특징인 조화로운 관계 형성과 사회적 책무의 자임은, 인간 존재를 "사회적 관계체"로 파악하여, 사람을 다른 사람들과 맺는 "연계성" 속에서 이해하고, 남들과 "조화

247 公孫丑上 2; 公孫丑下 2; 萬章上 6, 7; 萬章下 1; 告子下 6; 盡心上 31; 盡心下 38.

248 《荀子》, 勸學 12; 富國 10-11; 君道 6-7; 正論 5.

249 《大學》, 經.

성"을 이룩하는 삶의 태도에서 비롯되는 것이다. 군자와 성인은 인간의 존재의의가 사람들 사이의 관계 속에서 드러난다고 보아, 살아가는 과정에서 사회성을 강조하고 있다. 따라서 사람들은 항상 남들과 조화로운 연계성을 확보하고 이를 유지하는 삶을 살아야 하며, 이러한 과정에서 부과되는 사회적 책무를 회피하지 말고 수용해야 한다고 유학자들은 주장하는 것이다.

이러한 삶의 자세는 오랫동안 유학을 삶의 이념으로 받아들여 온 동아시아인들의 대인평가의 양상 속에 그대로 녹아들어, 그들의 실제의 대인평가 행동으로 드러나고 있다는 것이 현대 문화비교연구의 결과들이 입증하는 바이다.

인간을 사회적 관계체로 보느냐 아니면 자유의 보유자로 보느냐에 따라 타인이 주의(注意)의 초점으로 부각되느냐(동아시아 집단주의사회) 아니면 자기 자신이 주의의 초점으로 부각되느냐(서구 개인주의사회) 하는 점이 달라진다. 이러한 주의의 초점 차이는 두 문화에서 강조하는 사회화의 내용의 차이를 유발하고, 따라서 대인평가에서 중시하는 특성이 달라진다. 집단주의사회에서는 "내가 누구인가?"의 학습(집단 내에서의 위치 확인 및 내집단원과의 동일성 추구)에 사회화의 강조점이 주어지고, 결과적으로 내집단원과 맺는 조화로운 관계의 형성이 긍정적 자기평가의 통로가 된다. 따라서 이들은 관계적 조화추구적 특성(친절성·타인에의 배려·상냥함·겸손성·관대함 등)을 함양하려 노력하고, 대인평가 장면에서 이러한 특성을 높이 평가하게 된다.

이에 비해, 개인주의사회에서는 "내가 무엇을 할 수 있나?"의 학습(능력 확인 및 독특성 추구)에 사회화의 강조점이 주어지고, 결과적으로 개인적 소유(능력·업적 등)의 증진이 긍정적 자기평가의 근거가 된다. 그러므로 이들은 자기의 고유한 능력과 독특한 장점을 확인하고 발전시키기 위해 노력할 뿐만 아니라, 또 이를 적극적으로 드러낼 수 있는 특성(외향성·적극성·지도력·다변)을 대인평가 과정에서 높이 평가하게 되는 것이다.[250]

또한 집단주의사회에서는 개인의 내적 성향보다는 외적 상황적 요인과의 관련성에 중심을 두고 인간을 파악하여, 이러한 관계 속에 내포된 역할과 사회적 압력을 행위의 원동력으로 봄으로써, 행동의 원인을 개인의 내적 성향보다는 상황적 요인에서 찾는 상황주의 편향(situationalist bias)이 특징적인 귀인 양식으로 드러나게 된다. 이와는 반대로, 개인주의사회에서는 사람을 상황유리적인 독립적 존재로 파악하며, 내적 안정적 성향의 보유자로 본다. 따라서 이러한 독립적인 개인의 속성(성향)을 행위의 원동력으로 보게 됨으로써, 행동의 원인을 상황적 요인보다는 개인의 내적 속성에서 찾는 성향주의 편향(dispositionalist bias)이 특징적인 귀인 양식으로 드러나게 되는 것이다.[251]

이러한 맥락에서 보면, "대인관계에서의 조화의 추구"와 "사회적 책무의 자임과 완수"라는 동아시아인들이 추구해 온 이상적 인간상의 특징은 동아시아 집단주의사회인의 주의를 자기 밖의 타인이나 집단 및 사회에 쏠리게 하여, 사람들 사이의 "연계성"과 "조화성"을 높이 평

250 Bond & Hwang, 1986; Fiske et al., 1998; Heine & Lehman, 1997; Kitayama et al., 1997; Markus, Mullally, & Kitayama, 1997; Myers, 1987; Rhee, Uleman, Lee, & Roman, 1995; Taylor & Brown, 1988; Triandis, 1995.

251 Fiske et al., 1998; Markus & Kitayama, 1991a; Morris & Peng, 1994; Nisbett, 2003; Nisbett, et al., 2001.

가하도록 함이 확실하며, 여기에서 동아시아 집단주의의 사상적 배경에 유학의 체계가 놓여 있다는 하나의 논거를 확인할 수 있는 것이다.

2) 대인관계의 인화와 자기억제 강조

공자는 자기를 닦음으로써 삼가게 된[修己以敬] 다음에 군자는 "자기를 닦음으로써 다른 사람들을 편안하게 이끌어 주는 사람"[修己以安人]이라 보아, 일상생활에서 주위 사람들과 조화를 이루며 살아가는 자세를 중시하고 있다.[252] 이렇게 공자는 도덕적 수양을 이룬 군자는 자기 수련에만 머물지 않고, 주위 사람들과 조화롭고 편안한 관계를 맺음으로써, 그들을 도덕적 자각 상태로 이끄는 특징을 지닌다고 보고 있다. 맹자는 이러한 특징을 "인화를 도모한 성인"[聖之和]이라 보았는데, 그 전형은 유하혜(柳下惠)로서, 주위의 모든 사람을 인화로써 품어 안은 사람으로 제시되고 있다.[253] 순자는 대인관계에서 널리 사람들을 포용함으로써 사람들을 의롭게 이끌고 혼란하지 않게 하여, 사람들 사이에 조화가 이루어지게 하는 것이 군자의 특징 가운데 하나라고 보고 있다.[254] 《대학》에서는 이러한 군자의 특징을 "친민"(親民)이라고 표현하여, 도덕적 완성을 이룬 뒤에 이를 주위 사람들에게 확대하고 베풂으로써, 그들 사이에 조화를 이루어 사람들을 친애하는 일을 배움의 두 번째 목표

252 《論語》, 爲政 14; 顔淵 5; 子路 23; 憲問 45; 衛靈公 21; 陽貨 4, 24.

253 《孟子》, 公孫丑上 2; 萬章下 1; 告子下 6; 盡心上 22; 盡心下 15.

254 《荀子》, 勸學 12; 不苟 4; 非相 13, 17; 君道 6-7.

로 삼고 있다.[255] 이처럼 유학의 고전들에서는 공자의 "수기이안인"의 논의를 뒤이어, 대인관계에서 조화를 꾀하는 일을 군자와 성인의 또 하나의 특징으로 제시하고 있는 것이다.

군자와 성인이 이렇게 대인관계에서 조화를 이룰 수 있는 것은, 이들이 다른 사람과의 관계에서 그들에 대한 관심을 가지고 우선 배려함으로써, 그들을 널리 포용하고 자기를 억제하기 때문이다. 공자는 인(仁)이란 "남을 사랑하는 일"[256]이므로, "자기가 하고 싶지 않은 일을 남에게 베풀지 말고",[257] "자기가 서고자 하면 남을 먼저 세워 주고, 자기가 이루고자 하면 남이 먼저 이루게 해주는"[258] 식으로, 타인을 앞서 배려하고 자기를 억제하는 일이 덕을 이루고 다른 사람과 조화를 꾀하는 지름길이라 보았다. 맹자에게는 이러한 다른 사람에 대한 관심과 배려 및 자기억제가 자기를 미루어 다른 사람에게 미치게 하는 "추기급인"(推己及人)[259]과 다른 사람들과 즐거움과 괴로움을 함께하는 "여민동지"(與民同之)[260]의 태도로 드러난다. 순자는 타인에 대한 관심과 배려 및 자기억제는 다른 사람을 너그럽게 포용하는 일로 드러난다는 "겸술론"(兼術論)을 제시하고 있다. 그에 따르면, 다른 사람을 널리 포용하는 겸술은 군자와 성인의 특징으로서, 군자와 성인은 "자기를 기준으로 하

255 《大學》, 經.

256 《論語》, 顔淵 22.

257 顔淵 2; 衛靈公 23.

258 雍也 28.

259 《孟子》, 梁惠王上 7.

260 梁惠王下 4.

여 남을 헤아리기"[261] 때문에 자기를 억제하고, 노둔하거나 어리석거나 지식이 얕거나 순수하지 않은 사람을 포함하여 다른 사람을 능히 포용할 수 있다는 것이다.[262] 이렇게 "자기를 기준으로 하여 남을 헤아리는 일"을 《대학》에서는 "혈구지도(絜矩之道)"[263]라 하여, 인간관계에서 조화를 이루는 핵심으로 제시하고 있다. 이렇게 군자와 성인은 처지를 바꾸어서 남의 상태를 헤아려보는 "역지사지"(易地思之)의 태도로 다른 사람을 두루 포용함으로써, 타인에 대해 관심을 갖고 그들을 먼저 배려하여 자기를 억제하는 태도를 견지하고 있고, 그럼으로써 조화로운 대인관계를 맺을 수 있는 것이다.

이렇게 군자와 성인의 사람됨의 또 한 가지 특징인 조화로운 대인관계는 인간 존재를 "능동적 덕성 주체"로 파악하여, 모든 도덕적 바탕이 사람에게 본래 갖추어져 있다는 사실을 주체적으로 인식하는 태도에서 비롯되는 것이다. 군자와 성인은 다른 사람들도 자기 자신과 똑같은 도덕성과 욕구 및 기호와 감정을 가지고 있다는 사실을 잘 깨닫고 있기 때문에, 다른 사람들과의 관계에서 자기를 억제하고 남들을 먼저 배려할 수 있다.

인간을 덕성 주체로 보느냐 아니면 이성 주체로 보느냐 하는 동·서 인간관의 차이는 자기억제를 강조하느냐(동아시아 집단주의사회) 적극적인 자기주장을 강조하느냐(서구 개인주의사회) 하는 자기표현 양상의 문

261 《荀子》, 非相 13.

262 非相 17.

263 所惡於上 毋以使下 所惡於下 毋以事上 所惡於前 毋以先後 所惡於後 毋以從前 所惡於右 毋以交於左 所惡於左 毋以交於右 此之謂絜矩之道 (《大學》, 傳 10)

화차를 낳는다는 사실은 문화비교연구의 결과들에서 확인되고 있다.

자기표현의 강조점에 대한 이러한 차이는 대인간 갈등 장면에서 이를 해결하는 양식의 차이를 통해 드러난다. 집단주의사회에서는 갈등 장면에서 양보와 중재를 통해 해결하기를 좋아하며, 갈등에 직면하기보다는 이를 회피하는 책략을 선호하는 반면, 개인주의사회에서는 이에 직면하여 경쟁과 대결을 통해 이를 해결하기를 좋아한다.[264] 선호하는 갈등 해결 양식의 이러한 차이는 두 문화권에서 중요한 것으로 추구하는 특성의 차이로 이어진다. 즉, 집단주의사회에서는 대인관계의 조화를 이룰 수 있는 양보·협동·겸손·내향성을 중시하고, 개인주의사회에서는 개인적인 독특성과 수월성을 드러내는 적극성·솔직성·경쟁·외향성을 중시하게 되는 것이다.[265]

또한 성취 결과에 대한 원인 추론 과정에서 집단주의자들은 자기 성공에 대해서는 운이나 타인의 도움 같은 외적 요인, 자기 실패에 대해서는 능력이나 노력 부족 같은 내적 요인에 귀인하는 겸양 편향(modesty bias)이 두드러진다. 이에 비해, 개인주의자들은 자기 성공에 대해서는 능력의 우수함 같은 내적 요인에 귀인하고, 자기 실패에 대해서는 운이 나쁨 같은 외적 요인에 귀인하는 자기고양 편향(ego-enhancing bias)이 두드러진다.[266]

이러한 맥락에서 보면, "조화로운 대인관계의 형성과 유지"라는 군

264 Nisbett, 2003; Peng & Nisbett, 1999; Triandis, 1989.

265 Barnlund, 1975.

266 Davis & Stephan, 1980; Fiske et al., 1998; Heine & Lehman, 1997; Markus & Kitayama, 1991a.

자의 특징은 동아시아 집단주의사회인이 자기표현의 양상 차원에서 강조하는 "자기억제"와 "자기은폐"를 유발함이 명백하며, 여기에서 동아시아 집단주의의 사상적 배경에 유학의 체계가 놓여 있다는 또 하나의 논거를 확인할 수 있는 것이다.

3) 자기수련과 가변성·자기개선 강조

공자는 군자를 "자기를 닦음으로써 삼가게 된 사람"[修己以敬]이라 보아, 도덕적 가치의 자각과 이의 일상적 실천을 군자의 가장 중요한 특징으로 보고 있다. 이렇게 군자는 인의를 바탕으로 자기수양을 이룬 사람이기 때문에 자기에게 잘못이 있을 때 이를 고치기를 꺼리지 않으며,[267] 어진 사람을 보면 그와 같아지려 하고, 어질지 못한 사람을 보면 안으로 스스로를 반성하여 자기를 개선하려 한다.[268] 군자가 이렇게 잘못을 고쳐 자기개선을 할 수 있는 것은 모든 일의 책임을 도덕 주체인 자신에게서 찾기 때문이다.[269] 군자는 이렇게 항상 자기 잘못을 개선하고 모든 책임을 자기에게서 찾기 때문에, 정서적으로 안정되어 있으며,[270] 자기의 이기적 욕구를 억제할 수 있다.[271] 이와 같이 군자가 이루는 자기수련의 핵심 특징을 공자는 인간의 가변성과 자기개선에서 찾고 있는 것이다.

---

267 《論語》, 學而 8.

268 里仁 17.

269 學而 16; 里仁 14; 憲問 32; 衛靈公 18, 20.

270 顔淵 4.

271 學而 14.

이상에서 보듯이 공자가 말하는 군자의 첫 번째 특징으로서의 "수기이경"은 자기수련을 이루어 도덕적 자기완성에 이르는 일을 말한다. 이러한 수기이경의 상태를 맹자는 "깨끗하게 자기를 지키고 완성한 성인"[聖之淸]이라 보았다. 맹자가 말하는 "성지청"의 전형은 백이(伯夷)로서, 그는 자기수련을 통해 평생 도(道)의 실천을 깨끗하게 견지한 사람이어서,[272] 인에 머물고 의를 따름으로써[273] 자기완성을 이룬 성인으로 제시되고 있다. 순자는 자기수련을 이룬 군자의 특징을 "자기수양"과 "일 또는 사물과 맺는 관계"의 측면에서 살피고 있는데,[274] 이러한 군자의 특징은 공자의 "수기이경"과 맹자의 "성지청"의 상태와 마찬가지로 자기개선을 통한 도덕적 자기완성에 있다. 《대학》에서 삼강령으로 제시하고 있는 대학의 도 가운데 지극한 선에 머무르는 "지어지선"도 자기개선과 자기수련을 통한 도덕적 자기완성의 상태를 말한다.[275] 이러한 맥락에서 보면, 유학의 고전들에서 제시하는 군자와 성인의 기본적인 특징은 자기수련을 통한 도덕적 자기완성을 이루는 일이다.

이러한 자기수련의 기본 전제는 도덕 주체인 자기에게 모든 도덕의 바탕이 본래부터 갖추어져 있다는 사실을 자각하는 데 있다.[276] 군자와 성인은 이렇게 도덕 주체라는 자각에 충실하기 때문에, 모든 일의 책임을 스스로에게서 찾으려 하는 반구저기(反求諸己)의 태도를 굳게

272 《孟子》, 公孫丑上 2, 9; 離婁上 13; 萬章下 1; 告子下 6; 盡心上 22; 盡心下 15.

273 盡心上 15.

274 《荀子》, 修身 29-30, 39; 君道 6-7; 解蔽 17.

275 《大學》, 經.

276 《論語》, 雍也 28; 顔淵 1; 《孟子》, 離婁下 14; 告子下 6; 《荀子》, 天論 28-29.

지니고 있다.[277] 군자와 성인은 이렇게 책임의 자기귀인 경향이 강하기 때문에, 자기에게 잘못한 일이 있을 때 이를 고침으로써 자기 개선을 이루기를 주저하지 않는다.[278]

이상에서 보듯이, 군자와 성인은 도덕의 근거가 자신에게 본유한다는 자각을 이루고, 이러한 바탕 위에서 모든 책임을 자기에게서 구함으로써, 항상 자기 잘못을 고치려 노력하는 태도를 굳게 지닌 사람들이다. 그들은 자기들이 해야 할 일과 해서는 안 될 일이 있음을 잘 분별하여,[279] 실생활에서 도덕적 가치에 맞는 일처리를 할 수 있다.[280] 그리하여 그들은 도덕 주체로서 자기가 해야 할 일은 외적·상황적 조건에 따라 유발되거나 충족되는 이기적·생물적 정서나 욕구를 적극 억제하고, 그 대신 타인지향적이고 도덕적인 정서와 욕구는 굳게 간직하고 키워나가는 일이라고 보아, 이러한 자기개선의 삶의 태도를 지향함으로써 도덕적 자기완성을 이루려 하는 것이다.

이러한 삶의 자세는 오랫동안 유학을 삶의 이념으로 받아들여 온 동아시아인들의 대인평가의 양상 속에 그대로 녹아들어, 그들의 실제의 대인평가 행동으로 드러나고 있다는 것이 현대 문화비교연구의 결과들이 입증하는 바이다.

인간을 무한한 가능체로 보느냐 아니면 완비된 실체로 보느냐에

277 《論語》, 學而 16; 里仁 14; 憲問 32; 衛靈公 18, 20; 《孟子》, 離婁上 4; 盡心上 4; 《荀子》, 法行 21-22.

278 《論語》, 學而 8; 里仁 17; 子張, 21; 《孟子》, 公孫丑上 9; 滕文公下 8; 《荀子》, 勸學 2.

279 《論語》, 顔淵 1; 《孟子》, 離婁下 8; 盡心上 17, 44; 《荀子》, 天論 25.

280 《荀子》, 解蔽 17.

따라 인간의 변이가능성을 중시하느냐(동아시아 집단주의사회) 아니면 무시하느냐(서구 개인주의사회) 하는 점이 달라진다. 그렇기 때문에 집단주의자들은 개인주의자들보다 사람의 성격이 시간과 상황에 따라 변화될 수 있다는 가변성에 대한 신념이 강하며, 인간의 행동은 순전히 성격 같은 내적 특성에 의해서만 촉발되는 것이 아니라, 상황과의 상호작용에 의해 촉발된다고 보는 경향이 강하다.[281] 따라서 집단주의자들은 스스로가 정적 특성(예: 예의바르다)과 부적 특성(예: 무례하다)을 공유하고 있다고 보는 "바넘 효과"(Barnum effect)가 개인주의자들보다 더 크다.[282] 그 결과, 개인주의자들(미국인)은 자기개념을 구성하는 특성 가운데 정적 특성이 부적 특성보다 4~5배 많아 주로 정적 특성으로 스스로를 인식하지만, 집단주의자들(한국인·중국인·일본인)은 두 특성의 비율이 같거나 또는 부적 특성의 비율이 높아서, 집단주의사회에서 부적 특성을 용인하는 경향이 높음을 보여 주고 있다.[283]

또한 집단주의사회에서는 상황의 다양성에 비추어 스스로의 행위를 적합하게 조정하는 가변성을 강조하므로, 성취 장면에서도 비교적 고정적이고 안정적인 요인인 능력보다는 상황가변적인 노력을 중시하게 되어, 성취 결과를 능력 귀인보다는 "노력 귀인"하는 경향이 강하다. 이에 비해, 개인주의사회에서는 개인의 지속적이고 안정적인 속성이 모든 행위의 원동력이라고 봄으로써, 상황의 변이에 따라 달라지지 않는 고정적이고 안정적인 능력을 상황가변적인 노력보다 중시하

281 Norenzayan, Choi, & Nisbett, 2002.

282 Choi & Choi, 2002.

283 Bond & Cheung, 1983; Stigler, Smith, & Mao, 1985.

게 되어, 성취 결과를 "능력 귀인"하는 경향이 강하다.[284] 이러한 차이는 두 사회에서의 "성취모형"의 차이를 가져오게 된다. 곧 동아시아인들은 성취 결과를 [능력 + 노력]의 "가산모형"(加算模型, adding model)으로 인식하지만, 서구인들은 이를 [능력 × 노력]의 "승산모형"(乘算模型, multiplying model)으로 인식하는 경향이 강하다.[285] 이러한 성취모형의 차이는 동아시아인들의 유별난 교육열의 요인으로 지적되고 있는데, 이렇게 교육과 이를 위한 노력을 중시하는 자세는 유학사상의 특징이기도 한 것이다.

이렇게 군자와 성인의 사람됨의 기본적 특징인 자기수련은 인간의 "무한한 가능성"에 대한 유학자들의 믿음을 그대로 반영하는 것이다. 이러한 자기수련은 노력에 따른 인간의 가소성에 대한 신념을 바탕에 깔고 있다. 이러한 맥락에서 보면, "자기수련을 통한 자기완성"이라는 군자의 특징은 동아시아 집단주의사회인이 인간의 변화가능성 차원에서 강조하는 "가변성"과 "자기개선"을 유발함이 분명하며, 여기에서 유학의 체계가 동아시아 집단주의의 사상적 배경으로 작용하고 있다는 또 다른 논거를 확인할 수 있는 것이다.

284 Mizokawa & Ryckman, 1990; Stevenson & Stigler, 1992.

285 Singh, 1981; Triandis, 1995, p. 73.

7장

유학의 도덕심리학

7장

유학의 도덕심리학

인간의 심리구성체를 지·정·의 삼분체계로 구분하고, 이 세 요소 사이의 관계를 이성을 중심으로 하여 개념화하는 것은 현대심리학이 받아들인 서구 철학의 전통이었다. 이러한 배경에서 현대심리학은 인지·정서·동기를 기본적인 연구의 내용으로 삼는 전통을 형성하여 왔다. 이러한 서구의 철학에서 도덕성은 인간의 기본적인 심리구성체가 아니라, 다른 기본 구성체의 부속체계이거나 하위체계라고 인식하는 것이 보통이었다. 그러므로 심리학자들도 도덕성의 문제를 독립적인 연구 영역으로 설정하여 탐구하지 않고, 인지나 정서의 부속체계이거나 또는 특수한 하위 행동체계로 간주하고 접근하는 경향을 띠어 왔던 것이다.

이에 비해 유학사상에서는 인간의 심리구성체를 덕·지·정·의 사분체계로 구분하고, 이 네 요소 사이의 관계를 덕성을 중심으로 하여 개념화한다. 이러한 유학의 사분체계에서는 도덕성은 다른 심리구성체의 부속체계이거나 하위체계가 아니라, 욕구와 정서 및 인지와 마찬가지로 인간에게 본유한 독립적인 심리구성체라고 간주한다. 이러한 배경에서 유학심리학에서는 도덕심리학의 문제가 욕구나 정서 및 인지심리학과 똑같이 독립적인 기본 연구 분야로 대두된다.

또한 유학사상은 인간의 모든 심리구성체 가운데 도덕성이 가장 핵심으로, 다른 요소들은 도덕성에 의해 제어되어야 한다는 덕성우월주의를 견지한다. 이렇게 덕성에 의해 나머지 심리구성체들을 통제하는 것이 군자나 성인 같은 이상적 인간상에 이르는 바람직한 삶의 길이라는 것이 유학사상의 기본전제이다. 이러한 유학의 덕성우월주의에서는 도덕성의 통합성의 문제가 중요한 연구문제로 부각된다.

이러한 도덕성의 본유성의 문제와 통합성의 문제에 이어서 유학의 도덕심리학에서 다루어야 할 중요한 연구의 주제는 도덕의 인식과 실천 사이의 관계에 관한 문제이다. 전통적으로 유학은 지행합일(知行合一)을 기반으로 하여 성립하고 있는 삶의 이념이었다. 실천이 따르지 않는 인식은 공허하고, 인식이 전제되지 않는 실천은 위험하다고 보는 것이 유학자들의 신념이다.

이러한 맥락에서 이 장에서는 도덕성의 본유성 및 통합성의 문제, 그리고 도덕 인식과 실천 사이의 관계의 문제를 유학자들의 관점을 중심으로 하여 고찰해 본 다음, 서구심리학자들의 도덕성에 관한 전통적인 연구의 내용들을 개관해 보고, 이어서 유학의 도덕심리학에서 다루어야 할 문제들에 대해 정리해 보기로 한다.[1] 끝으로 진화심리학과 영

---

1 이 장은 선행저술(조긍호, 2006, pp. 513-535; 2008, pp. 107-168, 514-527; 2012, pp. 634-754)의 내용을 보완하고 재정리하여 구성하였으며, 필요한 경우

유아발달심리학에서 전개되고 있는 최신 서구 학계의 도덕성에 관한 연구 결과를 통해, 도덕성에 접근하는 동·서의 노력이 만나는 통섭(統攝)의 개연성을 확인해 봄으로써, 이 시리즈가 지향하는 보편심리학을 구축할 수 있는 가능성의 일단을 타진해 보기로 하겠다.

1. 도덕성의 본유성

도덕성이 태어나면서부터 인간에게 본유적으로 갖추어져 있는 기본적이면서 가장 핵심적인 심리구성체라는 관점은 공자로부터 이어지는 유학사상의 전통이다. 성선론(性善論)의 창안자인 맹자는 말할 것도 없고, 심지어 성악론(性惡論)의 주창자라고 알려져 있는 순자도 도덕성의 인간 본유성을 적극 옹호한다. 즉 인간에게는 욕구, 감정, 인식 능력 이외에 도덕성도 기본적인 심리구성체로 갖추어져 있다는 사분체계론이 유학적 인성론의 기본구조를 형성하는 것이다.

《논어》 《논어》에서 드러나는 인간을 파악하는 기본 관점은 인간 존재의 가소성과 함께 사회성과 도덕성이다. 이 가운데 사회성과 도덕성은 서로 떼어서 생각할 수 없는 특성들이다. 도덕성이란 사회적 존재인 인간이 사회 속에서 타인들과 관계를 맺으면서 살아가는 과정에서 요구되는 기본적인 특성이기 때문이다. 이러한 점에서 도덕성의 기초는 바로 "타인과 사회에 대한 관심과 배려"라고 볼 수 있다.

에는 해당 부분을 그대로 따오기도 하였다.

공자는 자기 사상의 핵심인 인(仁)이 바로 "타인과 사회에 대한 관심과 배려"라고 보아, 도덕성의 근거를 사회적 존재 특성에서 구하고 있다. 그는 인이란 "자기가 바라지 않는 것을 남에게 베풀지 않는 일"[2] 이라거나 "자기가 서고자 하면 남을 먼저 세워 주고, 자기가 이루고자 하면 남이 먼저 이루게 해주는 일",[3] 또는 "남을 사랑하는 일",[4] 그리하여 "어려운 일은 남보다 먼저 하지만, 그 대가는 남보다 나중에 받는 일"[5]이어서, "개인의 사욕과 사적 감정을 이기고 예(禮)의 규범체계로 돌아가는 것이 곧 인"[6]이라 제시함으로써, 타인에 대한 관심과 배려가 인, 곧 도덕성의 중핵이라 보고 있는 것이다.

다음 인용문들에서 보듯이, 《논어》에는 이러한 도덕성과 이에 대한 지향성이 인간의 본성에 본디부터 갖추어져 있다는 사실에 대해 자주 언급하고 있다.

> 인(仁)이 멀리 있는가? (그렇지 않다.) 내가 인을 행하고자 하면, 곧 바로 인이 (마음속으로부터 올라와) 이르게 된다.[7]

> 개인의 사욕과 사적 감정을 이기고 예로 돌아가는 것이 인(仁)을 행하는 일이니, 단 하루라도 사욕과 사적 감정을 이기고 예로 돌아갈 수 있으면, 천하가 인으로 돌아오게 될 것이다. 인을 행하는 것은

---

2 己所不欲 勿施於人 (《論語》, 顔淵 2; 衛靈公 23)

3 夫仁子 己欲立而立人 己欲達而達人 (雍也 28)

4 樊遲問仁 子曰 愛人 (顔淵 22)

5 樊遲 … 問仁 曰 仁者先難而後獲 可謂仁矣 (雍也 20)

6 顔淵問仁 子曰 克己復禮爲仁 (顔淵 1)

7 仁遠乎哉 我欲仁 斯仁至矣 (述而 29)

> 나에게 달려 있는 일이지, 어찌 남에게 달려 있는 일이겠는가?[8]

> 무릇 인(仁)이란 자기가 서고자 하면 남을 먼저 세워 주고, 자기가 이루고자 하면 남이 먼저 이루게 해 주는 일이다. 능히 가까이 자기 몸에서 취해 남에게 미루어 갈 수 있으면, 인을 행하는 방도라고 이를 만하다.[9]

위의 첫 번째 인용문에서는 도덕성이 사람의 외부에 멀리 있는 것이 아니라, 본디부터 바로 자기 마음속에 갖추어져 있기 때문에, 이를 행하고자 하면 곧바로 마음속으로부터 올라오게 된다[我欲仁 斯仁至矣]고 하여, 도덕성의 본유성에 대해 직접 언급하고 있다. 그렇기 때문에 이러한 도덕성의 실천은 자기 자신에게 달려 있는 일[爲仁由己]이지, 외적 조건이나 타인에게 달려 있는 일이 아니라고 두 번째 인용문에서 주장할 수 있는 것이다. 이렇게 도덕성이 인간 본성에 본디부터 갖추어져 있으므로, 나나 타인이나 하고자 하는 것과 이루고자 하는 것은 대체로 비슷한 것이고, 따라서 자기에게 비추어 남에게 미루어 가는 일[能近取譬]이 바로 인간에게 본디부터 갖추어져 있는 도덕성을 일상생활에서 실천하는 방안이 된다고 세 번째 인용문에서 주장하게 되는 것이다.

사람이 태어날 때부터 갖추고 있는 이러한 도덕성은 구체적으로 일상생활에서 인(仁)이나 선(善) 및 의(義)의 추구, 효제(孝弟)의 실천, 그리고 사회 속에서 요구되는 역할 수행 같은 도덕적 지향성들로 드러나

---

8 克己復禮爲仁 一日克己復禮 天下歸仁焉 爲仁由己 而由人乎哉 (顔淵 1)

9 夫仁者 己欲立而立人 己欲達而達人 能近取譬 可謂仁之方也已 (雍也 28)

게 된다[10]는 것이 《논어》에서 제시되고 있는 공자의 관점이다.

《맹자》 맹자의 성선설은 도덕성의 기초[四端] 또는 인의예지 같은 도덕성 그 자체가 인간 본성 속에 본디부터 갖추어져 있다는 사실을 전제로 하여 성립되고 있다. 다음 진술들은 이러한 점을 잘 드러내 주고 있다.

> 곤경에 빠진 사람을 불쌍히 여기는 마음[惻隱之心]이 없으면 사람이 아니요, 자기의 옳지 않음을 부끄러워하고 남의 옳지 않음을 미워하는 마음[羞惡之心]이 없으면 사람이 아니요, 사양하고 공경하는 마음[辭讓之心]이 없으면 사람이 아니요, 옳고 그름을 가리려는 마음[是非之心]이 없으면 사람이 아니다. 남을 불쌍히 여기는 측은지심은 인의 기초[仁之端]요, 옳지 않음을 부끄러워하고 미워하는 수오지심은 의의 기초[義之端]요, 남에게 양보하는 사양지심은 예의 기초[禮之端]요, 옳고 그름을 가리려는 시비지심은 지의 기초[智之端]이다. 사람이 이 네 가지 기초[四端]를 갖추고 있다는 사실은 마치 사람에게 팔과 다리가 갖추어져 있는 것과 마찬가지다.[11]

> 측은지심을 사람이면 누구나 가지고 있고, 수오지심을 사람이면 누구나 가지고 있으며, 공경지심(여기서 공경지심은 사양지심과 같은 것임)을 사람이면 누구나 가지고 있고, 시비지심을 사람이면 누구나 가지고 있다. 측은지심은 인이고, 수오지심은 의이고, 공경지심은

---

10 《論語》, 公冶長 9; 雍也 28; 述而 29; 子罕 17; 顔淵 2, 19; 衛靈公 9, 12, 23, 31, 37; 堯曰 2 등.

11 無惻隱之心 非人也 無羞惡之心 非人也 無辭讓之心 非人也 無是非之心 非人也 惻隱之心 仁之端也 羞惡之心 義之端也 辭讓之心 禮之端也 是非之心 智之端也 人之有是四端也 猶其有四體也 (《孟子》, 公孫丑上 6)

예이고, 시비지심은 지이다. 인의예지 같은 도덕성은 외부로부터 사람에게 스며들어 온 것이 아니고, 사람이 본디부터 갖추고 있는 것이다. 다만 이러한 사실을 깨닫지 못하고 있을 뿐이다.[12]

군자가 사람의 본성으로 삼는 것은 인의예지 같은 도덕성으로서, 이는 사람의 마음에 뿌리를 두고 있는 것이어서, 그 겉으로 드러남이 얼굴에 그대로 나타나며, 등에 가득하며, 팔 다리에 베풀어져서, 굳이 말하지 않아도 팔 다리가 저절로 깨달아 행하게 된다.[13]

위의 첫 인용문에서는 인·의·예·지 같은 도덕성의 기초인 측은지심·수오지심·사양지심·시비지심의 사단이 인간에게 본유적으로 갖추어져 있음을 말하고 있다. 이 첫 인용문에서는 측은·수오·사양·시비가 각각 인·의·예·지의 기초, 곧 사단(四端)이라고 진술하고 있으나, 두 번째 인용문에서는 측은·수오·공경(사양)·시비가 인·의·예·지 그 자체, 곧 도덕성 그 자체라고 진술하고 있다. 이에 대해 주희(朱熹)는 〈고자상편(告子上篇)〉 6장에 붙인 주(註)에서 "〈공손추상편(公孫丑上篇)〉 6장에서는 이 네 가지 마음을 넓혀서 채우게 하려고 네 가지 기초[四端]라 한 것이고, 여기에서는 다만 그 쓰임[用]을 바탕으로 하여 그 본체를 드러내고자 했을 뿐"[14]으로, 둘 사이에 근본적인 차이가 있는 것은 아

12 惻隱之心 人皆有之 羞惡之心 人皆有之 恭敬之心 人皆有之 是非之心 人皆有之 惻隱之心 仁也 羞惡之心 義也 恭敬之心 禮也 是非之心 智也 仁義禮智非由外鑠我也 我固有之也 弗思耳矣 (告子上 6)

13 君子所性 仁義禮智根於心 其生色也 睟然見於面 盎於背 施於四體 四體不言而喩 (盡心上 21)

14 前篇言是四者爲仁義禮智之端 而此不言端者 彼欲其擴而充之 此直因用以著其本體 故言有不同耳 (《孟子集註》)

니라 보고 있다. 곧 측은·수오·사양·시비를 인·의·예·지 같은 도덕성의 기초로 보던, 아니면 도덕성 그 자체로 보던 간에, 인간에게 도덕성이 본디부터 갖추어져 있는 본성이라는 것이 맹자의 주장이며, 이것이 그의 성선설의 근본 취지인 것이다. 위의 세 번째 인용문에서 맹자는 인의예지 같은 도덕성은 사람의 본성에 본디부터 갖추어져 있는 것임을 다시 한 번 강조하고 있다.

이와 같이 인간의 본성에 도덕성이 본유하고 있다는 사실은 도덕적 인식 능력과 도덕적 행위 능력인 양지(良知)와 양능(良能)이 인간에게 본디부터 갖추어져 있다는 맹자의 진술에서도 잘 드러나고 있다. 여기서 양지는 생각하지 않고도 알 수 있는 선천적인 도덕적 인식 능력을 말하는 것이고, 양능은 배우지 않고도 실천할 수 있는 선천적인 도덕적 실천 능력을 말하는 것이다.[15] 이와 같은 맥락에서 생각해 보면, 맹자가 말하는 본유적인 도덕성이란 곧 선천적으로 갖추어져 있는 도덕적 인식 능력과 도덕적 실천 능력을 의미하는 것이라고 추론할 수 있다. 말하자면, 도덕성이란 스스로가 도덕 주체임에 대한 자각과 스스로가 갖추고 있는 도덕성의 일상적 실천 같은 도덕적 지향성[16]에 의해 그 본유성의 여부가 드러나는 인간 본성의 한 부분인 것이다.

《순자》 순자도 공자 및 맹자와 마찬가지로 사람에게 선천적으로 도덕성과 도덕적 행위 능력이 갖추어져 있다고 보고, 사람이 우주

15 人之所不學而能者 其良能也 所不慮而知者 其良知也 孩提之童 無不知愛其親也 及其長也 無不知敬其兄也 親親 仁也 敬長 義也 無他 達之天下也 (盡心上 15)

16 《孟子》, 梁惠王上 1; 梁惠王下 5, 9, 12; 滕文公下 9; 離婁上 2, 9; 離婁下 19, 27; 告子上 7, 8, 10, 16; 告子下 1, 4; 盡心上 21; 盡心下 24 등.

안에서 가장 귀한 존재가 되는 까닭을 이러한 도덕적 본유성에서 찾고 있다. 이러한 사실은 다음의 진술문들에 잘 드러나 있다.

> 물과 불 같은 무생물에게는 자연적인 기(氣)는 있지만, 생명[生]은 없다. 풀과 나무 같은 식물들에게는 생명은 있지만, 지각 능력[知]은 없다. 새와 짐승 같은 동물들에게는 지각 능력은 있지만, 도덕성[義]은 없다. 사람에게는 기도 있고, 생명도 있고, 지각 능력도 있으며, 또한 더 나아가 도덕성도 갖추어져 있다. 그러므로 사람은 천하에서 가장 귀한 존재인 것이다.[17]

> 사람이 사람된 까닭은 단지 사람들이 다른 동물들과는 달리 두 발로 직립하여 서고, 또 몸에 털이 없기 때문만은 아니다. 이는 사람이 옳고 그름을 가려[辨] 도덕적으로 행동할 수 있기 때문이다. 무릇 새나 짐승들에게도 부모와 자식의 관계는 있지만 부모와 자식 사이의 친애함은 없으며, 수컷과 암컷은 있지만 남녀 사이의 분별함은 없다. 그러므로 (옳고 그름을 가려 도덕적으로 행동하는 것은 본디부터 갖추어져 있는 사람의 본성이므로) 사람의 도리에 옳고 그름을 가려 도덕적으로 행동하지 않을 수가 없는 것이다.[18]

위의 첫 인용문에서 보면, 인간은 "무생물 → 식물 → 동물 → 사람"으로 이어지는 우주의 위계질서 가운데 최상위에 자리하고 있는 존재인데, 그 까닭은 바로 우주 안에서 사람만이 도덕성[義]을 갖추고 있

---

17 水火有氣而無生 草木有生而無知 禽獸有知而無義 人有氣有生有知 亦且有義 故最爲天下貴也 (《荀子》, 王制 20)

18 人之所以爲人者 非特以其二足而無毛也 以其有辨也 夫禽獸有父子 而無父子之親 有牝牡 而無男女之別 故人道莫不有辨 (非相 9-10)

는 존재이기 때문이라고 하여, 순자가 인간의 도덕적 본유성을 매우 강조하고 있음을 알 수 있다. 두 번째 인용문에서는 이러한 입장을 더 강하게 함축하여, 인간이 인간으로 인정받고 대접받을 수 있는 근거는 바로 이렇게 인간이 본유적으로 갖추고 있는 도덕성을 도덕적 판단[辨]을 통해 일상생활에서 실천할 수 있기 때문이라고 주장한다.

순자는 이렇게 인간이 인간일 수 있는 근거를 도덕적 본유성과 이의 일상적 실천에서 찾고 있다. 이러한 그의 관점은 자연스럽게 사람이 태어나면서부터 도덕적 행위 능력을 갖추고 있다는 주장으로 이어진다. 그는 인간에게 갖추어져 있는 이러한 도덕적 행위 능력을 "능"(能)이라 표현하고 있다.

> 도덕성을 실천할 수 있는 근거[所以能]가 사람에게 갖추어져 있는 것을 능(能: 도덕적 행위 능력)이라 하고, 이러한 도덕적 행위 능력을 통해 실천한 행위들이 객관적인 도덕 원칙과 합치되는 것을 또한 능(能: 도덕적 행위)이라 한다.[19]

> 사람의 바탕이 되는 본성에 있는 지적 인식 능력[知]과 도덕적 행위 능력[能]은 군자나 소인이나 마찬가지이다. … 그러므로 소인의 지적 인식 능력과 도덕적 행위 능력을 자세히 살펴보면, 그들이 군자가 하는 일을 똑같이 하고도 남음이 있을 만큼 충분히 갖추고 있음을 알 수 있다.[20]

19 所以能之在人者 謂之能 能有所合 謂之能 (正名 3)

20 材性知能 君子小人一也 … 故熟察小人之知能 足以知其有餘可以爲君子之所爲也 (榮辱 28－30)

> 무릇 우(禹) 임금 같은 성인이 우 임금이 될 수 있었던 까닭은 그가 인의 같은 도덕성과 사회 규범 및 올바른 도덕 원칙[仁義法正]을 일상생활에서 실천하여 행할 수 있었기 때문이다. 그러므로 도덕성과 사회 규범 및 올바른 행위 원칙에는 이를 인식하여 알 수 있고, 또 이를 일상생활에서 실천해 낼 수 있는 이치가 갖추어져 있는 법이다. 이렇게 길거리의 보통 사람들에게도 누구에게나 도덕성과 사회 규범 및 올바른 행위 원칙을 깨달아 알 수 있는 바의 바탕이 갖추어져 있을 뿐만 아니라, 이러한 도덕성과 사회 규범 및 올바른 행위 원칙을 일상생활에서 실천할 수 있는 바의 능력이 본디부터 갖추어져 있는 것이다.[21]

위의 첫 인용문에서는 도덕성을 실천할 수 있는 도덕적 행위 능력[能]이 인간에게 본유적으로 갖추어져 있음을 분명히 밝히고 있다. 그런데 여기서 한 가지 분명하게 해 두어야 할 것은, 두 번째와 세 번째 인용문에서 보듯이 순자도 맹자와 마찬가지로 도덕적 행위 능력과 도덕적 인식 능력을 함께 언급하여, 도덕성의 인식은 그 실천을 목표로 하는 것으로 보고 있다는 사실이다. 이는 지행합일(知行合一)을 강조하는 유학사상의 기본 입장에 비추어 볼 때, 매우 당연한 논리적인 귀결이라 할 수 있다. 이러한 도덕적 인식 능력과 도덕적 행위 능력의 관계에 대해 순자는 "도를 알기만 하는 것은 이를 행하는 것만 못하다. 배움이란 배운 것을 실제로 행하는 데에서 끝나는 것이다. 이렇게 배운 것을 행하면 밝게 통하게 되고, 밝게 통하면 성인이 된다"[22]고 하여, 도덕적 인식은

21 凡禹之所以爲禹者 以其爲仁義法正也 然則仁義法正 有可知可能之理 然而塗之人也 皆有可以知仁義法正之質 皆有可以能仁義法正之具 (性惡 13)

22 知之不若行之 學至於行之而止矣 行之明也 明之爲聖人 (儒效 33)

그 실천을 위한 도구일 뿐임을 분명히 하고 있다. 다음 인용문은 여기서 더 나아가 도덕적 인식과 실천의 구체적 내용에 대해 진술하고 있다.

> 마음으로 도(道: 인성에 본유적인 도덕성)를 인식하지 않을 수 없다. 마음으로 도를 인식하지 못하면, 도를 옳다고 받아들이지 않고, 그 대신 도가 아닌 것을 옳다고 받아들이게 될 것이다. … 마음으로 도를 인식하게[知道] 된 다음에라야 도를 올바른 것으로 인정하여 받아들이게[可道] 되고, 도를 올바른 것으로 인정하여 받아들인 다음에라야 도덕적 실천 능력을 통해 도를 지키고[守道] 그럼으로써 도가 아닌 것을 금할 수 있게[禁非道] 되는 것이다. … 이렇게 사람이 마음으로 도를 인식하여 … 도에 밝게 되고, 이러한 도를 실천하여 일상생활에서 행하게 되면, 도를 몸소 체현하는 사람[體道者]이 되는 것이다.[23]

이 인용문에서는 "지도(知道) → 가도(可道) → 수도(守道) → 금비도(禁非道)"의 순서를 도덕성의 인식과 그 일상적 실천의 순서로 제시하고 있다. 여기서 지도는 도덕성의 인식을 말하고, 가도는 상황에 알맞는 도덕적 행위의 선택 작용을 말하는 것으로, 이러한 가도를 포함하여 수도와 금비도가 곧 도덕성의 일상적 실천을 말하는 것으로 볼 수 있다. 이렇게 보면, 순자도 맹자와 마찬가지로 도덕성의 인식은 이의 일상적 실천을 목표로 하는 것이라는 관점을 가지고 있다고 추론할 수 있다. 다만 인간의 지성주체로서의 측면을 강조하는 순자는, 도덕성의 실천은 스스로가 본유하고 있는 도덕성에 대한 확실한 인식과 상황에 맞는 내용의 선택을 전제로 하여 이루어지는 것이라는 견해를 강하게 피

23 心不可以不知道 心不知道 則不可道 而可非道 … 心知道然後可道 可道然後能守道 以禁非道 … 人何以知道 曰 心 … 知道察 知道行 體道者也 (解蔽 10-13)

력하고 있다는 특징을 보이고 있는 것이다.

2. 도덕성의 통합성

유학은 성덕(成德)을 지향하는 이론체계로서, 인간의 심성을 구성하는 네 체계 가운데 덕성이 핵심적으로 중요하며, 이에 의해 나머지 심성의 요소들이 통제되어야 한다는 덕성우월주의를 근간으로 하고 있다. 그러므로 유학에서 추구하는 성덕은 곧 도덕성에 의한 욕구, 정서 및 인지 활동의 통제를 통해 이루어지는 것으로 볼 수 있다.

이렇게 보면, 도덕성이 심성의 다른 요소들에 대한 통제력을 그 자체 속에 내포하고 있거나 또는 심성의 다른 요소들이 그 자체 내에 도덕성에의 지향성을 갖추고 있는 것으로 개념화할 수 있다. 이 문제를 어떻게 보던 간에, 유학사상에서는 이러한 도덕성의 통합성을 전제로 하고 있으며, 이것이 유학적 덕성우월주의의 논리적 기반이 되고 있다고 볼 수 있을 것이다.

1) 도덕적 지향의 욕구와 도덕성

공자를 비롯한 초기 유학자들은 다른 생물체들과는 달리 인간을 진실로 인간답게 하는 근거는 곧 인간만이 도덕적 지향성의 욕구를 갖추고 있다는 사실에서 찾을 수 있다고 여긴다. 이러한 도덕적 지향성의 욕구에는 선(善)의 지향[欲仁·欲義·欲禮·欲善], 도덕체득 및 실천, 역할 수행, 인정(仁政)을 펼침 같은 욕구들이 포함된다.[24] 이들은 동물들과는 달리 인간만이 본유적으로 갖추고 있는 도덕성을 체득하고, 이를 실생활 장면에서 실천하려는 의지를 낳는 욕구들이다.

이러한 도덕적 지향성 욕구에 의해 다른 욕구들을 통제하는 것이 바른 삶의 자세라는 것이 유학자들의 주장인데, 이러한 가능성에 대해 순자는 다음과 같이 진술하고 있다.

> 의(義: 도덕적 욕구)와 이(利: 이기적 욕구)는 사람이 함께 가지고 있는 것이다. 비록 요·순 같은 성인도 사람들의 이익 추구 욕구를 다 없앨 수는 없지만, 이익 추구 욕구가 의를 좋아하는 도덕적 욕구를 이기지 못하게 할 수는 있다.[25]

성리학자들은 이러한 도덕적 지향의 욕구를 도심(道心)이라 하여, 이를 적극적으로 키움으로써 생물적·이기적 욕구인 인심(人心)의 영향력에서 벗어나도록 하는 일이 군자가 되는 일의 핵심이라 보고 있다. 여기서 인심은 사람의 생물적 특성에서 나오는 이기적 욕구[形氣之私]의 근거이고, 도심은 사람의 본성에 뿌리를 두고 있는 바른 도덕성[性命之正]의 근거이다. 이러한 사실을 퇴계는 "인심은 욕구에 눈을 뜬 것이고, 도심은 의(義)와 리(理)에 눈을 뜬 것"이라고 하여, 인심은 생물적

---

24 《論語》, 公冶長 9; 雍也 28; 述而 29; 子罕 17; 顔淵 2, 19; 衛靈公 9, 12, 23, 31, 37; 堯曰 2; 《孟子》, 梁惠王上 1; 梁惠王下 5, 9, 12; 滕文公下 9; 離婁上 2, 9; 離婁下 19, 27; 告子上 7, 8, 10, 16; 告子下 1, 4; 盡心上 21; 盡心下 24; 《荀子》, 修身 33, 40; 榮辱 25; 王霸 11; 君道 4, 9, 21; 彊國 8, 20; 禮論 5; 性惡 7-8, 18; 大略 20; 《禮記》, 禮運 301; 學記 477 등.

25 義與利者 人之所兩有也 雖堯舜 不能去民之欲利 然而能使其欲利不克其好義也 (《荀子》, 大略 20)

욕구와 이기적 욕구의 근원이고, 도심은 도덕적 욕구 또는 도덕성 자체의 근원임을 주장하고 있다.[26]

유학자들이 도덕적 지향 욕구[道心]에 의해 생물적·이기적 욕구[人心]를 억제해야 한다고 주장하는 근거는 전자는 개인이 스스로 하기에 따라 그 충족 여부가 달라지는 재기자(在己者)이지만, 후자는 외적 조건이나 다른 사람에게 그 충족 여부가 달려 있는 재외자(在外者)이기 때문이다. 그러므로 재외자인 이기적·생물적 욕구의 충족을 위해 개인이 노력할 것은 아무 것도 없으므로 이를 무리하게 추구하게 되면 여러 폐단이 따르게 되지만, 재기자인 도덕적 지향의 욕구는 개인의 노력의 정도에 따라 충족 여부가 결정되므로 이의 충족을 위해 부단히 노력하는 것이 바른 삶의 자세라는 것이 유학자들의 공통된 의견이다.[27] 이러한 배경에서 유학적 덕성우월주의가 나오게 되는 것으로 추론할 수 있는 것이다.

여기서 한 가지 고찰해 보아야 할 것은 도덕적 지향의 욕구가 과연 다양한 욕구의 한 유형인지 아니면 다만 인성에 본유한 심리구성체로서의 도덕성이 발동되는 양상일 뿐인지 하는 점이다. 인심이 이기적 욕구의 근원이라는 사실에 대해서는 성리학자들의 의견이 일치한다.[28] 그러나 도심에 대한 의견은 퇴계와 율곡 사이에 다른 측면이 보인다. 항

---

26 人心卽覺於欲者 … 道心卽覺於義理者 … 實以生於形氣 則皆不能無人心 原於性命 則所以爲道心 (《退溪全書 一》, 聖學十圖 心學圖說 208)

27 《論語》, 顔淵 5; 陽貨 15; 《孟子》, 盡心上 3; 盡心下 24; 《荀子》, 天論 28-29; 正論 28-29.

28 《退溪全書 一》, 聖學十圖 心學圖說 208; 《栗谷全書 一》, 說 人心道心圖說 282; 《栗谷全書 一》, 聖學輯要 修己上 窮理章 453.

상 그렇다고는 볼 수 없지만, 퇴계는 대체로 도심은 인의예지의 도덕성 그 자체라고 보는 경향이 강하고,[29] 율곡은 대체로 도심이 도덕적 지향의 욕구라고 보는 경향이 강하다.[30]

이 두 관점 중 어느 쪽을 택하든지 간에, 중요한 것은 유학자들이 도덕적 지향에서 나오거나 이에 의해 충족되는 욕구를 타인이나 외적 조건에 의해 충족되는 욕구보다 중시하여 권장하고 있다는 점에는 변함이 없다는 사실이다. 유학사상이 덕성우월주의를 근간으로 하는 배경을 이러한 점에서 찾아볼 수 있다.

2) 도덕적 정서와 도덕성

초기 유학자들은 인간이 체험하는 정서를 외적 대상에 의해 유발되어 자기를 일차적인 참조 대상으로 하는 "자기중심적 정서"와 자기 이외의 타인과 도덕규범을 일차적인 참조 대상으로 하는 "타인·규범중심적 정서"로 나누고, 전자보다 후자를 중시하고 권장하는 정서이론을 제시하고 있다. 유학자들에 따르면 이는 도덕적 지향성 또는 인의를 체득한 군자의 마음속으로부터 우러나오는 것이라는 점에서 "규범중심적 정서"이면서, 타인 및 사회에 대한 관심과 배려를 바탕으로 하는 것

---

29 實以生於形氣 則皆不能無人心 原於性命 則所以爲道心 (《退溪全書 一》, 聖學十圖 心學圖說 208); 道心以心言 貫始終而通有無 四端以端言 就發見而指端緖 (《退溪全書 二》, 書 答李平叔 259)

30 情之發也 有爲道義而發者 如欲孝其親 欲忠其君 見孺子入井而惻隱 見非義而羞惡 過宗廟而恭敬之類 是也 此則謂之道心 有爲口體而發者 如飢欲食 寒欲衣 勞欲休 精盛思室之類 是也 此則謂之人心 (《栗谷全書 一》, 說 人心道心圖說 282); 忠於君 孝於親之類 道心也 飢欲食 寒欲衣之類 人心也 (《栗谷全書 二》, 語錄上 231)

이라는 점에서 "타인지향적 정서"이기도 하다.[31]

이러한 타인·규범 중심적 정서는 측은·수오·사양·시비의 사단(四端)으로 대표된다. 성리학자들은 사단(四端)을 칠정(七情)과 대비하여 사단칠정설의 정서이론을 제시하고 있는데, 이러한 사단칠정설의 맥락에서 보면, 맹자가 제시하는 측은·수오·사양·시비의 사단은 사회관계에서 타인 또는 도덕규범을 참조 대상으로 하여 촉발되는 "사회 및 도덕규범 지향 정서"라 볼 수 있다.[32] 이렇게 보면, 맹자는 정서와의 통합성을 중심으로 도덕성을 이론화하는 특징을 띠고 있다고 할 수 있다.

유학자들은 자기중심적 정서인 칠정을 억제하고, 타인·규범 중심적 정서인 사단을 권장하는 정서이론을 제시한다. 여기서 후자는 그 촉발 요인이 도덕적 지향성과 도덕적 수양의 정도에 의존하는 재기자(在己者)이고, 전자는 그 촉발 요인이 개인이 어찌 할 수 없는 외적 요인인 재외자(在外者)이기 때문에, 전자를 추구하게 되면 여러 폐단에 빠져 날로 후퇴할 수밖에 없지만, 후자를 추구하게 되면 도덕적 통합을 이루어

31 《論語》, 學而 1, 2, 13, 14, 15; 爲政 3; 八佾 20; 里仁 2, 3, 6, 9, 22; 公冶長 5, 6, 14, 24, 27; 雍也 2, 9, 10, 18, 21, 26; 述而 1, 10, 11, 15, 18, 19; 泰伯 10, 13; 子罕 17, 23, 26; 先進 3, 6, 12; 顔淵 20; 子路 4, 15, 16, 20, 24, 25; 憲問 1, 14, 29, 44; 衛靈公 12, 16, 21, 27; 季氏 5; 陽貨 1, 5, 8, 16, 21; 子張 3, 5, 19; 堯曰 1;《孟子》, 梁惠王上 2, 3, 5; 梁惠王下 1, 3, 4, 5, 10, 11; 公孫丑上 1, 2, 3, 4, 5, 6, 7, 8; 公孫丑下 2, 7, 8, 11, 12; 滕文公上 2, 4; 滕文公下 5, 9; 離婁上 3, 7, 8, 9, 12, 22, 27, 28; 離婁下 2, 7, 18, 20, 27, 29, 30; 萬章上 1, 7, 8, 9; 萬章下 5, 6, 7; 告子上 4, 6, 7, 8, 16; 告子下 4, 5, 8, 13, 14, 15; 盡心上 4, 6, 7, 8, 9, 19, 20, 21, 31, 35; 盡心下 4, 11, 23, 24, 37;《荀子》, 勸學 4; 修身 30; 非十二子 36, 38, 39; 儒效 11; 彊國 6; 禮論 20; 大略 21, 22; 宥坐 8; 法行 20 등

32 정양은, 1970, pp. 88-90; 惻隱羞惡辭讓是非 何從而發乎 發於仁義禮智之性焉爾 喜怒哀懼愛惡欲 何從而發乎 外物觸其形而動於中 緣境而出焉爾 (《退溪全書 一》, 書 答奇明彦 406)

날로 발전하게 된다는 것이다.[33] 이러한 입론도 덕성우월주의가 도출되는 논거의 하나로 볼 수 있다.

여기서 맹자가 제시하는 측은·수오·사양·시비의 사단을 도덕성 그 자체라고 볼 것인지[34] 아니면 타인을 일차적인 참조 대상으로 하거나[측은·사양] 도덕적 표준을 참조 대상으로 하는[수오·시비] 정서, 곧 "타인지향적 정서" 또는 "규범지향적 정서"라고 볼 것인지[35] 하는 문제를 고찰해 볼 필요가 있다. 후자의 관점을 택하면, 맹자는 도덕성의 바탕을 정서에서 찾고 있는 셈이 된다. 이는 맹자가 도덕성의 근거를 인간에게 본유적으로 내재해 있는 타인에 대한 관심과 배려라는 자연스러운 정감(情感)에 있다고 본다는 사실을 의미한다.[36]

주희는 이미 〈공손추상편〉 6장의 주(註)에서 "인의예지는 마음속에 갖추어져 있는 원리인 성(性)이고, 측은·수오·사양·시비는 그러한 마음의 원리가 작용하여 발동된 정(情)"[37]이라고 보아, 사단을 정서로 해석할 수 있는 계기를 제공했다. 또한 율곡은 사단은 칠정에 포함되지만, 그중 착한 정서만을 따로 떼어 말하는 것이라고 보아, 사단이 칠정과 마찬가지로 정서라는 점을 분명히 하고 있다.[38] 심리학자인 정양은

33 《論語》, 學而 1, 15; 《孟子》, 公孫丑上 6; 離婁上 16; 《荀子》, 不苟 4; 非十二者 36.

34 《孟子》, 告子上 6.

35 公孫丑上 6.

36 蒙培元, 1990/1995, p. 67.

37 惻隱羞惡辭讓是非 情也 仁義禮智 性也 … 因其情之發 而本然之性可得而見 (《孟子集註》, 公孫丑上 6): 5장의 주 87 참조.

38 情有喜怒哀懼愛惡欲七者而已 七者之外無他情 四端只是善情之別名言 七情則四端在其中矣 … 七情之外更無四端矣 然則四端專言道心 七情合人心道心而言之也

도 "사단은 인간관계에서 일어나는 정"[39]이라고 하여, 사단이 정서의 체계에 속하는 심성의 내용임을 논의하고 있다. 그러나 퇴계는 사단은 인의예지의 도덕성에서 발동되는 도덕성 그 자체로 볼 수 있다는 견해를 제시하기도 하였다.[40]

여기서 중요한 것은 이 두 관점 중 어느 쪽을 택하든지 간에, 유학자들이 도덕적 지향에 근거를 두고 촉발되는 정서를 타인이나 외적 조건에 의해 촉발되는 정서보다 중시하여 권장하고 있다는 점에는 변함이 없다는 사실이다. 이 점이 바로 유학사상이 덕성우월주의를 근간으로 하는 주장을 펴는 이론적 기반인 것이다.

3) 도덕적 인식과 도덕성

유학의 경전들에서 지(知)라는 글자는 대체로 인식 능력과 인식 작용 및 그 대상을 지칭하는 용법으로 사용된다. 지(知)가 《논어》·《맹자》·《순자》에서 이러한 용법으로 사용되는 경우는 각각 95회, 96회, 385회인데,[41] 이러한 용례들의 분석을 통해서 인식 능력이 인간에게 본유적인 심리구성체라는 사실과 인식 작용에 대해 확인할 수 있었다. 그런데 이 경전들에서 인식 대상을 명시하여, 이러한 대상에 대한 인식의 의미로 지(知)라는 용어가 사용되는 경우는 《논어》·《맹자》·《순자》에서

(《栗谷全書 一》, 書 答成浩原 199)

39 정양은, 1970, p. 88.

40 惻隱羞惡辭讓是非 何從而發乎 發於仁義禮智之性焉爾 喜怒哀懼愛惡欲 何從而發乎 外物觸其形而動於中 緣境而出焉爾 (《退溪全書 一》, 書 答奇明彦 406)

41 《論語引得》·《孟子引得》·《荀子引得》 참조.

각각 64회, 63회, 156회나 된다.

선진 시대 경전들에서 이러한 인식의 대상으로는 자기와 타인의 본성과 역할, 인의예지 같은 도덕성, 천명과 시간 같은 자연현상의 이치, 그리고 기타 여러 가지 구체적 사실 등이 제시되고 있다. 이 중 전자의 두 가지(사람의 본성·역할과 도덕성)에 대한 인식은 도덕적 인식이라 볼 수 있는데, 《논어》에서는 39회(60.3%), 《맹자》에서는 26회(41.3%), 《순자》에서는 76회(48.7%), 곧 세 경전을 합하면 전체의 약 50% 정도가 이렇게 도덕성과 관련되는 대상에 대한 인식의 문제를 다루고 있다. 이러한 사실은 본유적인 인식 능력을 통해 인간이 인식해야 할 핵심은 스스로가 도덕의 주체라는 사실과 스스로가 태어날 때부터 갖추고 있는 도덕성의 내용들이라고 보는 것이 선진유학으로부터 이어져 내려오는 유학사상의 전통임을 확실히 드러내 주고 있는 것이다.

초기 유학자들, 그 중에서도 특히 맹자와 순자는 인간이 외부의 대상 세계를 받아들이는 기관에는 오관(五官)의 감각기관과 마음[心]의 두 기관이 있다고 본다. 이 중 전자의 오관은 대상의 존재 여부에 대한 감각과 감각한 내용들의 동이(同異) 여부에 대한 변별을 주 기능으로 하는 기관이고, 후자의 심(心)은 대상에 대한 감각 이후의 전체 인지 작용, 곧 이해·개념 형성·판단·기억을 담당하는 기관이다.[42]

이러한 인식 작용 가운데 유학자들이 공통적으로 마음[心]의 기능으로서 중시하는 것이 도덕적 판단의 작용이다. 이는 덕성 주체로서의 인간이 덕을 지향하는 과정에서 인식의 내용을 도덕성에 맞추어 조율

42 《孟子》, 告子上 7, 15; 盡心下 24; 《荀子》, 天論 24-25; 解蔽 10-15; 正名 6-8.

하거나 통제하는 작용이다. 공자는 이러한 도덕 판단을 "미혹을 분별하여 도덕적으로 옳고 그름을 판단하는 일"[辨惑]이라 보아, "도덕을 높이는 일"[崇德]과 연결하여 진술하고 있다.[43] 공자에게 있어 미혹됨을 판단하는 것은 도덕적인 기준에 따라 마음의 의혹을 판단하는 것으로, 성덕을 이루는 일, 곧 숭덕의 한 방편인 것이다.

맹자도 공자와 마찬가지로 마음의 미혹을 판단하는 기준은 개인의 본성에 갖추어져 있는 도덕성의 인식에서 나오는 것이라 보고 있다. 맹자는 의혹을 판단하는 기준을 도덕성의 연유 근거인 하늘에서 구하고 있어서, 그에게 있어서도 인식의 판단 작용은 도덕성에 의해 마음의 미혹됨과 흔들림을 제거하는 첩경임을 알 수 있다.[44]

순자도 공자나 맹자와 마찬가지로 도덕적 기준에 의한 판단을 외부 상황과 대상을 인식하는 기능의 한 가지로 보고 있다. 그는 사람이 사람 된 까닭은 두 다리로 걷거나 몸에 털이 없는 것 같은 동물과의 외적인 차이에 그 근거가 있는 것이 아니라, 도덕적인 기준에 따라 옳고 그른 일을 판단하여 성덕을 지향하는 데에 있다는 점을 지적하고,[45] 도덕적인 판단이 사람이 해야 할 일을 행하는 근거가 된다고 주장한다.[46]

이러한 논의들에 비추어 보면, 본유적인 인식 능력을 발휘하여 인간이 인식해야 할 핵심은 곧 도덕성이라는 것이 유학자들의 주장이다. 여기서 도덕적 인식이 도덕성이라는 대상에 대한 인식 작용의 한 측면

43 《論語》, 顔淵 10, 21.

44 《孟子》, 盡心上 1.

45 《荀子》, 非相 9-10.

46 儒效 9-10; 禮論 24-25.

인지 아니면 도덕적 인식은 인간에게 본유적인 심리구성체로서의 도덕성이 겉으로 드러나는 하나의 양상일 뿐인지 하는 문제를 고찰해 볼 필요가 있다. 이 문제와 관련해서는 맹자의 양지(良知)·양능(良能)의 본유설의 관점에서 도움을 받을 수 있다.

> 사람에게는 배우지 않고서도 실천할 수 있는 도덕적 실천 능력이 있으니 그것이 바로 본유적인 양능(良能)이며, 또한 생각하지 않고서도 인식할 수 있는 도덕적 인식 능력이 있으니 그것이 바로 본유적인 양지(良知)이다. 어린아이는 누구나 다 자연히 자기 어버이를 사랑할 줄 알게 마련이고, 점차 자라나게 되면서는 자연히 어른을 공경할 줄 알게 마련이다. 어버이를 친해하는 것[親親]이 바로 인이고, 어른을 공경하는 것[敬長]이 바로 의이다. 인과 의 같은 도덕성은 다른 것이 아니라, 바로 이러한 친친과 경장의 마음을 천하의 다른 사람에게까지 넓혀 가는 일인 것이다.[47]

주희는 양지·양능에서 "양(良)이란 것은 본래 잘하는 것을 말한다"면서, 정자(程子)의 말을 인용하여, "양지와 양능은 모두 후천적인 작위의 근거가 없는 것이니, 이는 바로 선천적으로 갖추어진 것이지, 후천적인 인위(人爲)에 달려 있는 것은 아니다"[48]라고 해석하고 있다. 후한(後漢, 25~220) 시대 조기(趙岐, ?~201)는 양(良)을 "참으로"[甚]라고 풀어, 양능을 "인간 본성에 참으로 실천할 수 있는 것", 양지를 "인간 본성에 참으로 알 수 있는 것"이라 해석하여, 양지·양능은 인성에 본유하

47 人之所不學而能者 其良能也 所不慮而知者 其良知也 孩提之童 無不知愛其親也 及其長也 無不知敬其兄也 親親 仁也 敬長 義也 無他 達之天下也 (盡心上 15)

48 良者本然之善也 程子曰 良知良能 皆無所由 及出於天 不繫於人 (《孟子集註》)

는 인식능력과 행위능력이라는 주장을 펴고 있다.[49] 그러므로 생각하지 않고도 알 수 있는 능력인 양지는 선천적인 도덕적 인식 능력을 말하는 것이고, 배우지 않고도 실천할 수 있는 능력인 양능은 선천적인 도덕적 실천 능력을 말하는 것이라 볼 수 있다. 이러한 관점에서 보면 도덕적 행위 능력인 양능은 별도로 치더라도, 도덕적 인식 능력인 양지는 도덕성을 대상으로 인식할 수 있는 능력을 말하는 것이지 도덕성 그 자체를 말하는 것은 아니라고 볼 수 있다.

그러나 위의 인용문에서 맹자는 이러한 양지와 양능이 부모를 친애하고 어른을 공경하는 도덕성을 통해 발휘된다고 본다. 곧 양지·양능에 따라 친친과 경장을 이룰 수 있다는 것이다. 이와 같은 맥락에서 생각해 보면, 맹자가 말하는 선천적인 도덕적 인식 능력[良知]과 도덕적 실천 능력[良能]은 곧 본유적인 도덕성을 의미하는 것이라고 추론할 수 있다. 말하자면, 도덕성이란 스스로가 도덕 주체임에 대한 자각과 스스로가 갖추고 있는 도덕성의 일상적 실천에 의해 그 본유성의 여부가 드러나는 인간 본성의 일부라는 것이다.

여기서 중요한 것은 이 두 관점 중 어느 쪽을 택하든지 간에, 유학자들이 스스로가 도덕 주체라는 사실에 대한 인식과 각 도덕 원칙의 내용과 그 실천의 필요와 당위에 대한 인식을 중시하고 있다는 사실이다. 즉 도덕성의 인식은 모든 인식 가운데 가장 중요한 것이어서, 여타 인식은 필히 도덕적 인식에 의해 통어되어야 한다는 것이 유학자들의 주장인 것이다. 이 점이 바로 유학사상이 덕성우월주의를 근간으로 삼는

49 不學而能 性所自能 良甚也 是人之所能甚也 知亦猶是能也 (《孟子章句》)

이론적 기반인 것이다.

4) 도덕의 통합성과 덕성우월주의

유학의 심리구성체론에서 특별히 주의해서 생각해 보아야 할 것은, 이 체계에서 지적 인식 능력과 도덕적 행위 능력을 별개의 심리구성체로 상정하기는 하지만, 이 양자의 기능은 유학의 근본 목적인 성덕이라는 한 가지 목표로 통합되는 것이어서, 따로 떼어 고찰할 수가 없다는 사실이다. 스스로에게 갖추어져 있는 도덕성과 스스로가 도덕 주체라는 사실에 대한 인식은 일상생활에서 도덕을 실천할 것을 목표로 하는 것이고, 또 도덕 실천은 도덕 인식을 근거로 하기 때문이다.

이렇게 도덕적 인식과 이의 일상적 구현은 도덕 주체로서 인간이 이루어야 하는, 서로 분리할 수 없는 양 측면이라는 것이 유학사상의 특징이다. 유학자들은 인식 없는 실행이나 실행을 전제로 하지 않는 인식은 모두 공허한 것으로 보고 배격하는 입장을 취하며, 도덕 주체인 인간에게서 이 두 측면(인식과 실행)이 통합되는 것이 바로 덕을 이루어 군자가 되는 길이라고 보는 것이다.[50]

도덕적 인식과 그 실행이 통합되어야 한다는 것은 공자로부터 이어지는 유학의 전통이다. 유학의 가장 핵심 경전인 《논어》는 공자의 "배우고[지적 능력에 의한 인식] 그것을 항상 익히면[도덕적 행위 능력을 통한

50 김승혜, 1990; 勞思光, 1967/1986; 蔡仁厚, 1984; Nisbett, 2003; Tu, Wei-Ming, 1985.

실행] 또한 기쁘지 아니 하겠는가?"[51]라는 말씀에서 시작하여, 도덕적 인식과 그 실행의 통합을 강조하는 유학의 전통을 열고 있다. 이러한 입장을 공자는 "도(道)를 깨달아 알기만 하는 사람은 그것을 실천해 보아서 좋아하는 사람만 못하고, 그것을 좋아하기만 하는 사람은 그것을 체현하여 즐기는 사람만 못하다"[52]고 표현하기도 하여, 사람이 해야 할 일 곧 도덕성의 인식과 실행이 통합되어야 함을 역설하고 있는 것이다.

맹자도 공자의 입장을 이어받아, 도덕적 인식과 실행의 통합이 중요함을 다음과 같이 진술하고 있다.

> 군자가 올바른 방법으로 깊이 탐구하여 나아가는 것은 스스로 깨달아 얻고자 하는 것이다[도덕 인식]. 스스로 깨달아 도를 얻으면 이에 처하는 것이 안정되고, 그렇게 되면 도를 활용하는 데 더욱 깊이가 있게 된다[도덕 실천]. 이렇게 도를 활용하는 데 깊이가 있게 되면, 자기의 좌우 가까이에서 항상 그 근원을 파악하게 된다. 그러므로 군자는 스스로 도를 깨달아 얻고자 하는 것이다.[53]

맹자는 이렇게 도를 깨달아 인식하는 일[明道]과 이를 일상생활에서 실행하는 일[集義]의 조화[配義與道], 곧 도덕 인식과 실행의 통합을 군자가 되는 핵심이라고 본다. 이는 그가 유명한 호연지기론(浩然之氣

---

51 學而時習之 不亦說乎 (《論語》, 學而 1)

52 知之者不如好之者 好之者不如樂之者 (雍也 18)

53 君子深造之以道 欲其自得之也 自得之 則居之安 居之安 則資之深 資之深 則取之左右逢其原 故君子欲其自得之也 (《孟子》, 離婁下 14)

論)에서 밝히고 있는 입장이다.[54]

도덕적 인식과 실천의 통합에 대해서 공자와 맹자보다 더 집중적으로 논의하고 있는 사람은 순자이다. 순자에게 도는 곧 인도(人道)이고,[55] 이는 곧 예의(禮義)이다.[56] 예의는 일상생활, 개인 감정, 자연 질서, 사회 질서 같은 인간 생활 전반의 규범이므로, 이는 실생활의 실천을 전제로 하는 것이다.[57] 그렇다면, 이러한 예의에 대한 인식은 이의 실천과 불가분의 관계에 있을 수밖에 없다. 양자 사이의 관계에 대한 순자의 입장은 다음의 진술에 잘 드러나 있다.

> 마음이 도를 인식한[知道] 다음에야 도를 옳은 것으로 받아들이게 되고[可道], 도를 옳은 것으로 받아들인 다음에야 비로소 도를 지키고[守道], 그럼으로써 도가 아닌 것을 금할 수[禁非道] 있게 된다. … 도를 인식하여 밝게 깨닫고[知道察], 인식한 도를 실행하면[知道行], 도와 일체를 이룬 사람[體道者]이 되는 것이다.[58]

이 인용문에서 "도를 인식하고 옳은 것으로 받아들이는 일"[知道·可道]은 "도를 인식하여 밝게 깨달은 상태"[知道察]에 해당하고, "도

---

54 敢問浩然之氣 日 難言也 其爲氣也 至大至剛 以直養而無害 則塞于天地之間 其爲氣也 配義與道 無是 餒也 是集義所生者 非義襲而取之也 行有不慊於心 則餒矣 (公孫丑上 2)

55 道者非天之道 非地之道 人之所以道也 君子之所道也 (《荀子》, 儒效 9-10)

56 禮者人道之極也 (禮論 13)

57 唐君毅, 1986; 牟宗三, 1979; 柳熙星, 1993; 張其昀, 1984; 蔡錦昌, 1989; 蔡仁厚, 1984; 馮友蘭, 1948/1977; 黃公偉, 1974; Cua, 1985; Dubs, 1927.

58 心知道 然後可道 可道然後能守道 以禁非道 … 知道察 知道行 體道者也 (《荀子》, 解蔽 11-13)

를 지키고, 도 아닌 것을 금하는 일"[守道·禁非道]은 "인식한 도를 실행하는 상태"[知道行]에 해당하는 것이다. 그러니까 도의 인식[察道]은 도를 인식하여 옳은 것으로 받아들이는 일을 말하고, 도의 실행[行道]은 도를 지키고 도 아닌 것을 금하는 일을 말하는 셈이다. 이렇게 "지도찰(知道察)·지도행(知道行)의 구절에 근거하여 마음이 능히 지도(知道)·가도(可道)·수도(守道)·금비도(禁非道)할 수 있다는 말을 살펴보면, 순자가 주장하는 인지심(認知心)은 실제로 지(知)·행(行)의 두 방면을 아울러 포괄하는 것으로, 다만 인지의(認知義)뿐만 아니라, 실천의(實踐義)도 포함하는 것임을 알 수 있다."[59]

이상의 논의들에서 분명히 드러나듯이, 유학사상에서는 도덕적 인식과 실행은 서로 분리하여 생각할 수 없으며, 양자의 통합이 이상적 인간이 되는 지름길이라고 본다. 따라서 유학사상에서 보는 도덕성의 문제를 고찰하기 위해서는 도덕적 인식만이 아니라, 그 실천의 문제를 함께 고려할 필요가 있다. 이렇게 도덕적 인식과 이의 실천의 통합을 이룬 사람들이 바로 군자나 성인인 것이다.

이에 비해, 이기적·생물체적 욕구와 사적 감정 반응이 삶의 중심이 되고 있는 사람이 소인이다. 도덕성을 밝게 인식하여 이를 일상생활에서 실천하는 군자[60]는 이러한 욕구와 감정을 잘 통제하여, 이들이 항상 도덕성의 지도 아래 있도록 한다.[61] 이렇게 도덕성이 심성의 중핵적

59 蔡仁厚, 1984, p. 416.

60 子曰 君子喩於義 小人喩於利 (《論語》, 里仁 16)

61 《論語》, 學而 14; 里仁 5; 述而 11; 衛靈公 8, 31; 季氏 7; 《孟子》, 盡心下 35; 《荀子》, 修身 40; 天論 37; 正名 19-22; 大略 20 등.

요소가 되어야 한다는 것이 공자로부터 이어지는 유학의 전통이다. 이와 같이 도덕성의 인식과 실천이 인간 심성의 중핵적 요소이어서, 생물체적 욕구와 사적 감정 반응의 체계가 도덕성의 체계에 의해 통제받아야 하는 까닭을 유학자들은 두 가지 근거에서 찾고 있다.

그 하나는 도덕성의 인식과 실천은 본인이 하기에 달려 있는 것, 곧 스스로 통제할 수 있는 것[在我者, 在己者]이지만, 생물체적 욕구의 충족과 감정 반응의 유발 조건은 외부 상황의 요인에 달려 있는 것, 곧 본인이 스스로 통제할 수 없는 것[在外者, 在天者]이기 때문이다.[62]

또 하나는 생물체적·이기적 욕구와 사적 감정 반응의 관장 기관은 눈·코·입·귀·피부 같은 감각기관[五官]이지만, 도덕성의 관장 기관은 마음[心]으로서,[63] 마음은 사람의 한가운데 자리 잡고 있어서 감각기관을 다스리는 군주가 되기 때문이다.[64]

이러한 이론적 배경을 바탕으로 하여 선진유학자들은 강한 덕성중심주의의 견해를 굳게 간직하고 있으며, 이러한 태도는 이후 전개된 모든 유학사상의 전통이 되어 왔다. 이와 같이 인간 심성을 구성하는 구성체들 가운데 도덕성이 핵심이라는 덕성우월론의 관점에 서게 되면, 심성을 구성하는 요소들 사이의 관계도 도덕성의 요소를 중핵으로 하고, 나머지 요소들, 특히 욕구와 감정의 체계는 도덕성에 지배되는 부차 체계이거나 또는 이에 부속되는 체계로 볼 수밖에 없을 것이다. 여

62 《論語》, 學而 1, 15; 顏淵 5; 陽貨 15; 《孟子》, 公孫丑上 6; 離婁上 16; 盡心上 3; 盡心下 24; 《荀子》, 不苟 4; 非十二者 36; 天論 28-29; 正論 28-29 등.

63 《孟子》, 告子上 15; 盡心上 1; 《荀子》, 解蔽 10-13; 正名 6-8; 性惡 6.

64 《荀子》, 天論 24-25; 解蔽 14.

기에서 바로 지성중심주의의 맥락 아래 인지우월론의 관점에서 전개되어 온 현대 서구심리학과는 다른 양상을 띠는 유학심리학이 성립할 수 있는 근거를 찾아볼 수 있을 것이다.

3. 도덕 인식과 실천 사이의 관계 문제

유학의 학문적 목표는 태어날 때부터 사람에게 본유적으로 갖추어져 있는 도덕성을 인식하고 이를 일상생활에서 실천함으로써 "덕을 이루는 일"[性德]에 있다. 이러한 배경에서 유학자들은 도덕 인식과 도덕 실천이 하나로 결합되어야 이상적 인간상인 군자의 상태에 도달할 수 있다고 보아, 지행합일(知行合一)을 줄기차게 강조해 왔던 것이다. 그렇다면, 도덕 인식과 도덕 실천의 관계는 어떻게 정립할 수 있는가? 해야 할 일에 대한 인식이 먼저 이루어진 다음에라야 이를 행동으로 옮길 수 있는 것인가? 아니면 행동적 실천을 먼저 한 다음에라야 확고한 인식에 도달할 수 있는 것인가?

1) 선진유학과 성리학의 관점의 차이: 선지후행(先知後行)과 선행후지(先行後知)

유학은 전통적으로 교육을 중시해 온 사상체계이다. 유학자들은 도의 인식과 실천을 교육의 목표로 잡고 제자들을 가르쳐 왔는데, 선진시대에는 아직 정형화된 교재가 없었다. 이 시대에는 특히 아동교육의 교재에 대한 기록은 보이지 않는다. 이 시대에는 대체로 스승과 제자의 문답과 《시경(詩經)》과 《서경(書經)》 등의 경서를 위주로 하는 성인교육이 교육의 위주였던 듯하며,[65] 도덕 인식을 우선하는 경향을 띠었던 것으로 추정된다.

아동교육의 교재인 《소학(小學)》이 편찬된 것은 남송(南宋, 1127-1270) 시대 성리학자인 주희(朱熹)와 유청지(劉淸之)에 의해서였다. 이후 성리학자들은 이를 아동교육서로 중시했으며, 15세 이후의 성인교육에는 《대학(大學)》을 비롯한 유학의 경전을 교재로 삼았다. 주희는 《소학》에 붙인 〈소학제사(小學題辭)〉에서 "《소학》의 교육 방법은 물 뿌리고 쓸며, 부름에 응하고 물음에 답하는 것, 그리고 집에 들어와서는 효도하고 밖에 나가서는 공손한 것 같은 일상적 행실이 조금도 예의에 어긋남이 없게 하고자 하는 데에 있다. 그리고 나서도 남는 힘이 있으면 시를 외우고 책을 읽으며 노래와 춤을 통해 음악을 배워, 생각이 바른 도리에서 벗어나지 않도록 해야 한다"[66]고 하여, 아동교육에 있어서 학문을 하는 것은 나중의 일이고, 우선은 일상생활의 예절을 몸 가까이에서 익히고 실행하는 일부터 시작해야 한다고 진술하고 있다. 즉 먼저 예의를 익히고 실천한 다음에, 그러고도 남는 힘이 있으면 이러한 실천의 바탕 위에서 그 이치와 이를 실천해야 하는 까닭에 대한 이해를 도모해야 한다는 것이 교육의 순서에 대한 주희의 입장이다. 이러한 맥락에서 성리학자들은 《소학》을 모든 교육이 시작되는 출발점으로 중시함으로써,

---

65 子所雅言 詩書執禮 皆雅言也 (《論語》, 述而 17)

66 小學之方 灑掃應對 入孝出恭 動罔或悖 行有餘力 誦詩讀書 詠歌舞蹈 思罔或逾 (《小學》, 小學題辭)

도덕 실천을 우선시하는 입장을 드러내었다.[67]

(1) 선진유학의 관점: 선지후행(先知後行)

선진유학자들은 대체로 선지후행(先知後行)의 입장을 견지하고 있었던 것으로 보인다. 《논어》에서 자하는 "널리 글을 배우고[博學], 뜻을 독실하게 하며[篤志], 절실하게 묻고[切問], 자기 몸 가까이에서 생각하는[近思] 일"[68]을 교수 및 학습의 방법으로 제시하고 있다. 여기서 "박학"(博學)과 "절문"(切問)은 도의 인식과 관련되는 교육 방법이고, "독지"(篤志)와 "근사"(近思)는 도의 실천과 관련되는 교육 방법이라 볼 수 있다. 이러한 자하의 관점은 공자의 "박문약례"(博文約禮)의 교육 방법을 그대로 표현한 것이다.

> 공자께서 "군자가 글을 널리 배우고[博學於文], 예로써 자기 몸을 단속한다면[約之以禮], 또한 도에 어긋나지 않을 것이다"라고 말씀하셨다.[69]

이 인용문에서 글을 널리 배우는 "박문"(博文)은 자하의 "박학"과 "절문"에 해당되고, 예로써 몸을 단속하는 "약례"(約禮)는 "독지"와 "근사"에 해당하는 것으로 볼 수 있다. 그러므로 이는 도의 인식은 "박문"의 방법으로 이루고, 도의 실천은 "약례"의 방법을 통해 이루어야 함

---

67 선진유학과 성리학의 교육에 대한 입장의 같은 점과 차이점에 대해서는 선행저술(조긍호, 2012, pp. 636−673) 참조.

68 子夏曰 博學而篤志 切問而近思 仁在其中矣 (《論語》, 子張 6)

69 子曰 君子博學於文 約之以禮 亦可以弗畔矣夫 (雍也 25; 顔淵 15)

을 말하고 있는 것이라 해석할 수 있다. 주희는 이 인용문에 대한 주석에서 정자의 말을 인용해 "널리 글을 배웠다고 해도 예로써 몸을 단속하지 않으면, 산만하여 기준이 없게 된다. 그러므로 널리 배운 뒤에 또 능히 예를 지켜 행위 규범[規矩]을 따르면, 또한 도에 위반되지 않게 될 것이다"[70]고 진술하여, "박문"은 도의 인식을 위한 방법이고, "약례"는 도의 실천을 위한 방법이라는 사실을 분명히 하고 있다.

이렇게 공자가 "박문"과 "약례" 두 가지를 교육의 방법으로 강조하였다는 사실은 공자가 가장 아꼈던 제자인 안연(顔淵)의 다음과 같은 공자에 대한 평가에서 잘 드러난다.

> 안연이 크게 탄식하여 … "선생님께서는 차근차근히 사람을 잘 이끄시어, 글로써 나의 지식을 넓혀 주시고[博我以文], 예로써 나의 몸을 단속하게 해주셨다[約我以禮]"고 말했다.[71]

주희는 《논어집주》에서 "박문약례(博文約禮)는 가르침의 순서를 말한 것이다. 공자의 도가 비록 높고 묘하나, 사람에게 가르치는 데에는 순서가 있는 것이다"[72]라고 풀이하여, "박문"을 통해 도를 인식한 후에 "약례"를 통하여 도의 실천을 도모하는 것이 공자가 제시하는 교육의 순서라고 진술하고 있다.

맹자는 "학문의 도는 다른 것이 아니라, 그 놓쳐 버린 본심을 찾는

---

70 程子曰 博學於文而不約之以禮 必至於汗漫 博學矣 又能守禮而由於規矩 則亦可以不畔道矣 (《論語集註》)

71 顔淵喟然嘆曰 … 夫子循循然善誘人 博我以文 約我以禮 (子罕 10)

72 博文約禮 教之序也 言夫子道雖高妙 而教人有序也 (《論語集註》)

것[求放心]일 뿐"[73]이라고 하여, 교육이란 인간이 갖추고 있는 측은·수오·사양·시비지심[四端]같은 본유적인 도덕성을 회복하는 일이라 보고 있다. 그는 "보통 사람은 사람과 동물의 차이의 근거인 이러한 도덕성을 놓쳐 버리고 말지만, 군자는 이를 잘 간직함으로써 사람의 도를 잘 깨달아, 이를 일상생활에서 자연스럽게 실행할 수 있다"[74]고 하여, 도덕성의 회복은 도의 인식과 그 실천을 목적으로 하는 것임을 분명히 하고 있다. 이러한 도의 인식과 실천을 위해 필요한 교육의 방법에 대해 맹자는 다음과 같이 간략하게 진술하고 있다.

> 맹자는 "널리 배우고 상세히 가르침은 장차 돌이켜 몸을 단속해야 함을 알게 하기 위해서이다"라고 말하였다.[75]

이 인용문에서 드러나고 있듯이, 맹자도 공자와 마찬가지로 교육의 방법을 널리 자세히 배우는 "박학"(博學)과 자기 몸에 돌이켜 단속하는 "반약"(反約)에서 찾고 있으며, 그 순서는 "박학"이 우선이고 "반약"은 그에 이어지는 것으로 진술하고 있다. 맹자가 교육의 순서를 도의 인식을 우선으로 하고 도의 실천을 그에 따르는 것으로 잡고 있다는 사실은, 그가 "군자가 올바른 방법으로 깊이 탐구하여 나아가는 것은 도를 깨달아 얻고자 하는 것인데[도의 인식], 우선 도를 깨달아 인식하고 나면 후에 이에 처하는 것이 안정되고 또 이를 활용하는 데[도의 실천]

73 學問之道無他 求其放心而已矣 (《孟子》, 告子上 11)

74 孟子曰 人之所以異於禽獸者幾希 庶人去之 君子存之 舜明於庶物 察於人倫 由仁義行 非行仁義也 (離婁下 19)

75 孟子曰 博學而詳說之 將以反說約也 (離婁下 15)

깊이가 있게 된다"[76]고 진술하고 있다는 점에서 잘 드러나고 있다. 이렇게 맹자도 공자와 같이 "선지후행"(先知後行)을 교육의 순서로 제시하고 있는 것이다.

순자는 교육의 목표를 도를 밝게 인식하고[察道] 이를 일상생활에서 실천하여[行道] 도를 체득한 사람[體道者]이 되는 일에서 찾고 있는데,[77] 이러한 교육의 방법과 순서에 대하여 《순자》 첫머리인 〈권학편(勸學篇)〉에서 비교적 자세하게 언급하고 있다. 그가 제시하는 교육의 방법은 널리 배우는 "박학"(博學)과 배운 바를 자기에게 참험(參驗)하여 살펴보는 "참기"(參己)이다.

> 군자는 널리 배우고[博學], 배운 바를 매일 자기 몸에 참험하여 살펴보아야 한다[參己]. 그렇게 되면 도덕 인식이 밝아지고[知明] 행실에 잘못이 없게 된다[行無過].[78]

여기서 박학은 도덕 인식이 밝아지는[知明] 효과를 가져 오는 교육 방법이고, 참기는 행실에 잘못이 없게 되는[行無過] 효과를 가져 오는 교육 방법이다. 즉 도덕 인식을 위한 교육 방법이 곧 "박학"이고, 도덕

---

76 君子深造之以道 欲其自得之也 自得之 則居之安 居之安 則資之深 (離婁下 14)

77 知道察 知道行 體道者也 (《荀子》, 解蔽 13)

78 君子博學 而日參省乎己 則智明而行無過矣 (勸學 2): 王先謙(1891)의 《荀子集解》에 인용된 俞樾은 본문 중 省乎 두 글자는 본래는 없었던 것으로, 후대인들이 參을 三으로 읽어 《論語》 學而 4장의 吾日三省吾身에 의거하여 잘못 첨가한 것으로 보고 있다. 따라서 그는 參을 驗의 뜻으로 보아, 參己를 "자기에게 참험하여 살펴본다" 또는 "자기에게 비추어 살펴본다"의 의미로 풀이하고 있다. 또한 그는 智도 知의 오자로 보아 智明을 知明으로 풀이하고 있다. 여기서는 이러한 俞說을 따랐다.

실천을 위한 교육 방법이 곧 "참기"인 것이다.

순자는 이러한 "박학"을 통한 도의 인식과 "참기"를 통한 도의 실천이라는 교육의 두 가지 목표에 분명한 순서를 부여하고 있다. 도의 인식이 도의 실천보다 선행되어야 한다는 것이다. 이러한 순자의 관점은 다음 인용문에 분명히 제시되고 있다.

> 그러므로 마음으로 도를 인식하지 않을 수 없다. 마음으로 도를 인식하지 못하면, 올바른 도를 옳은 것으로 여겨 선택하지 못하게 되고, 그 대신 도가 아닌 것을 옳다고 여겨 선택하게 된다. 자기가 마음대로 하고 싶다고 해서, 자기가 옳다고 여기지 않는 것을 지키기 위해 옳다고 여기는 것을 하지 않으려고 할 사람이 누가 있겠는가? … 마음으로 도를 밝게 인식한[知道] 다음에라야 도를 옳은 것으로 여겨 선택하게 되고[可道], 도를 옳은 것으로 여겨 선택한 후에야 비로소 도를 지킴으로써[守道] 도 아닌 것을 하지 않을 수 있게[禁非道] 되는 것이다.[79]

이 인용문에서 순자는 도의 인식과 선택[知道·可道]은 도의 실천[守道·禁非道]의 선행 조건이라는 명확한 입장을 드러내고 있다. 그러므로 도의 인식[察道]을 위한 "박학"(博學)은 도의 실천[行道]을 위한 "참기"(參己)보다 선행해야 하는 교육 방법인 것이다.

그러나 도의 인식이 그 실천보다 선행되어야 한다고 보는 순자의 관점이 이 둘의 분리를 의미하는 것은 아니다. 다만 도의 실천은 이에 대한 명확한 인식의 바탕 위에서 이루어져야 한다고 볼 뿐이다. 순자는

---

79 故心不可以不知道 心不知道 則不可道 而可非道 人孰欲得恣 而守其所不可 以禁其所可 … 心知道 然後可道 可道然後能守道 以禁非道 (解蔽 10-11)

"군자의 배움은 귀로 들어와 마음에 꼭 달라붙어, 온몸에 퍼지고 일상 생활의 실천으로 드러나 … 모두 행위의 규범으로 작용하게 되지만, 소인의 배움은 귀로 들어와 곧바로 입으로 나가버리고 마니 … 어찌 사람의 몸을 아름답게 할 수 있겠는가?"[80]라고 진술하여, 도덕 인식은 그 실천의 전제일 뿐 그 자체로 목표가 될 수는 없음을 분명히 하고 있는 것이다.

이상에서 드러나고 있듯이, 공자·맹자·순자 같은 선진유학자들은 도의 인식을 위한 교육 방법으로 널리 가르치고 배우는 일[博文·博學]을 들고 있고, 도의 실천을 위한 교육 방법으로 자기 몸의 단속[約禮·反約·參己]을 들고 있다. 또한 그들은 도의 인식이 도의 실천보다 선행되어야 할 교육의 목표라는 "선지후행"(先知後行)을 교육의 원칙으로 삼는 공통성이 있는 것이다.

(2) 성리학자들의 관점: 선행후지(先行後知)

조선조의 성리학자들은 이기적 욕구에 물든 인심(人心)을 버리고[遏人欲], 천리를 간직한 도심(道心)을 지향해 나가는 것[存天理]이 사람의 할 일이라고 보고, 이러한 알인욕(遏人欲)·존천리(存天理)가 마음을 다잡는 공부의 목표가 된다고 여긴다. 이러한 사실을 지적하여 퇴계는 다음과 같이 지적하고 있다.

80 君子之學也 入乎耳 箸乎心 布乎四體 形乎動靜 … 一可以爲法則 小人之學也 入乎耳 出乎口 … 曷足以美七尺之軀哉 (勸學 13-14)

> 대체로 마음을 다잡는 공부, 곧 심학(心學)의 방법은 비록 많지만, 그 요점을 종합해서 말하면, 사람의 욕구를 억제하고[遏人欲] 천리를 보존하는[存天理] 두 가지에 불과하다.[81]

여기서 사람의 욕구를 버리고 천리를 보존하는 것은 일상적으로 도를 실천하는 일[居敬]과 도의 원천을 강구하여 인식하는 일[窮理]을 통해 이루어진다는 것이 조선조 성리학자들의 주장이다. 퇴계는 이를 "만일 사람의 욕구에 물드는 폐단을 면하려고 하면 다른 데 기대어 구하려 하지 말고, 오직 온 힘을 다하여 거경(居敬)과 궁리(窮理)의 공부에 힘을 쓰면 된다"[82]고 표현하고 있다.

그런데 도의 인식을 위한 공부인 "궁리"는 도의 실천 공부인 "거경"의 기초 위에서 이루어져야 한다는 것이 성리학자들의 한결같은 입장이다. "경(敬)은 마음의 주재로서, 온갖 일의 근본이 되는 것"[83]어어서, "경은 성인이 되고자 하는 학문[聖學: 유학 전체를 가리킴]의 처음이자 마지막"[84]이 되는 요체라는 데에 퇴계와 율곡 등 조선조 성리학자들의 생각이 일치하고 있다. 경 상태에 머물러 도를 실천하는 "거경"은 사물의

---

81 大低心學雖多端 總要而言之 不過遏人欲存天理兩事而已 (《退溪全書 二》, 書, 答李平叔 259)

82 如欲免此 亦不待他求 惟十分勉力於窮理居敬之工 (《退溪全書 一》, 書, 答李叔獻 359)

83 敬者一心之主宰 而萬事之本根也 (《退溪全書 一》, 聖學十圖, 大學圖 203); 蓋心者一身之主宰 而敬又一心之主宰也 (《退溪全書 一》, 聖學十圖, 心學圖說 208); 爲學莫如先立其主宰 曰 何如可以能立其主宰乎 曰 敬可以立主宰 (《退溪全書 四》, 言行錄一, 論持敬 175)

84 敬爲聖學之始終 豈不信哉 (《退溪全書 一》, 聖學十圖, 敬齋箴 210); 敬之一字 豈非聖學始終之要也哉 (《退溪全書 一》, 聖學十圖, 大學圖 203); 敬者聖學之始終也 (《栗谷全書 一》, 聖學輯要, 修己上, 收斂章 431)

이치를 깊이 탐구하는 "궁리"의 근본이 되기도 하기 때문에,[85] 거경은 성학(聖學)의 처음이자 마지막이 된다는 것이다. 이러한 사실을 율곡은 주희와 정자를 인용하면서 다음과 같이 단언하고 있다.

> 경은 성학의 처음이자 마지막이 되는 요체이다. 주자(朱子)는 "경 상태를 간직하는 것은 사물의 이치를 탐구하는 궁리의 근본이다. 아직 도를 깨닫지 못한 사람이 경 상태를 말미암지 않고 도를 깨달을 수는 없다"고 하였으며, 정자(程子)는 "도에 들어가는 데에는 경만한 것이 없다. 사물의 이치를 모두 깨달은[致知] 사람치고 경 상태에 머물지 않았던 사람은 없었다"고 말하였다. 이는 경이 배움의 처음이 됨을 말한 것이다. 또한 주자는 "이미 도를 깨우친 사람은 경을 말미암지 않고는 도를 간수할 수 없다"고 하였으며, 정자는 "경과 의가 이루어져야 덕이 외롭지 않게[德不孤] 되는데, 성인까지도 또한 경에 머무르실 뿐이었다"고 말하였다. 이는 경이 배움의 마지막이 됨을 말한 것이다.[86]

이 인용문에서 명백하게 드러나듯이, "거경"을 통한 도의 실천은 "궁리"를 통한 도의 인식보다 우선해야 할 일이라는 것이 율곡의 주장

---

85 敬以爲主 而事事物物 莫不窮其所當然與其所以然之故 … 至如敬以爲本 而窮理以致知 反躬以踐實 此乃妙心法 而傳道學之要 (《退溪全書 一》, 疏, 戊辰六條疏 185-186); 持敬是窮理之本 未知者 非敬無以知 (《栗谷全書 一》, 聖學輯要, 修己上, 收斂章 431); 大抵敬字 徹上徹下 格物致知 乃其間節次進步處 又曰 今人皆不肯於根本上理會 如敬字只是將來說 更不做將去 根本不立 故其他零碎工夫無湊泊處 (《栗谷全書 一》, 聖學輯要, 修己上, 收斂章 433-434)

86 敬者聖學之始終也 故朱子曰 持敬是窮理之本 未知者 非敬無以知 程子曰 入道莫如敬 未有能致知而不在敬者 此言敬爲學之始也 朱子曰 已知者 非敬無以守 程子曰 敬義立而德不孤 至于聖人亦止如是 此言敬爲學之終也 (《栗谷全書 一》, 聖學輯要, 修己上, 收斂章 431)

이다. 이러한 근거에서 그는 《성학집요(聖學輯要)》를 찬술하면서 《소학》 공부의 효과에 해당하는 〈수렴장(收斂章)〉(마음을 다잡아 일상생활에서 실천해야 함을 역설한 장)을 《대학》 공부에 해당하는 〈궁리장(窮理章)〉(도의 인식을 강조한 장)의 앞에 배치하여,[87] 도의 실천을 그 인식보다 중시하는 입장을 드러내고 있다.

여기서 도의 인식을 위한 교육 또는 학습의 방법으로서의 "궁리"는 공자가 말하는 "박문"과 맹자 및 순자가 말하는 "박학"과 같은 것이고, 도의 실천을 위한 학습의 방법으로서의 "거경"은 공자가 말하는 "약례"와 맹자의 "반약" 및 순자의 "참기"와 같은 것이라 볼 수 있다. 그러나 조선조 성리학자들의 "거경"은 "궁리"의 근본이기도 하다는 점에서 "약례·반약·참기"에 국한되는 것으로 보기는 힘들고, "박문·박학"도 "거경"을 위주로 하여야 하는 것으로 보아야 할 것이다. 이러한 점에서 성리학자들은 도덕 실천이 도덕 인식보다 선행하여야 한다는 "선행후지"(先行後知)의 입장을 견지하는 것으로 보인다.

그러나 그렇다고 해서 도덕 실천만을 위주로 한다거나 도덕 인식은 뒤로 미루어도 된다고 성리학자들이 주장하고 있는 것은 아니다. 양자는 비록 선후는 있지만, 함께 진행되어야 하는 것이다. 퇴계는 이러한 사실을 다음과 같이 진술하고 있다.

87 《聖學輯要》에는 〈總說篇〉 다음에 〈修己上篇〉이 나오는데, 〈修己上篇〉에는 立志章, 收斂章, 窮理章이 순서대로 배치되어 있다. 김경호(2008, pp. 280-290)는 율곡의 공부 순서에 관한 입장은 그가 《聖學輯要》를 저술한 40세(1575년) 이전과 이후가 다르다고 본다. 40세 이전에는 "궁리 → 거경 → 역행"이었다가 《聖學輯要》 이후에 "거경 → 궁리 → 역행"으로 입장이 변화하였다는 것이다.

경을 근본으로 하여 궁리함으로써 완전한 도덕 인식에 이르고, 경을 근본으로 하여 자기 몸을 돌이켜 봄으로써 실천함에 이르는 일, 이것은 마음을 다잡는 법을 이루고 도학을 세상에 퍼뜨리는 요체이다. … 도를 진정으로 깨닫는 일[眞知]과 이를 실제로 실행하는 일[實踐]은 차의 두 바퀴와 같아 하나라도 없어서는 안 된다. 이는 마치 사람의 두 다리가 서로 의지하여 앞으로 나아갈 수 있는 것과 같은 것이다. 그러므로 정자는 "완전한 도덕 인식에 이른 사람치고 경 상태에 머물지 않았던 사람은 없었다"고 말하였고, 주자는 "몸소 실천하는 공부를 하지 않으면 또한 궁리하는 공부도 없다"고 하였다. 이것은 이 두 가지 공부는 합해서 말하면 서로 처음과 끝이 된다는 것이고, 나누어서 말하면 각각이 또 처음과 끝을 가지고 있다는 말이다.[88]

이 인용문에서 퇴계는 거경(居敬)은 궁리(窮理)를 통한 치지(致知) 곧 도의 인식과 역행(力行)을 통한 도의 실천의 바탕이 됨을 분명히 하고 있다. 즉 "도를 인식하는 치지의 방법과 도를 실천하는 역행의 공부는 경 상태에 머무르는 거경에서 시작된다고 말할 수 있다"[89]는 것이 퇴계의 입장인 것이다. 그러므로 성리학자들의 교육 방법을 단순히 "거경·궁리"라고 하기보다는 "거경"을 위주로 한 "치지"와 "역행"이라고 보는 것이 옳을 것이다.[90]

88 至如敬以爲本 而窮理以致知 反躬以實踐 此乃妙心法 而傳道學之要 … 抑眞知與實踐 如車兩輪 闕一不可 如人兩脚 相待互進 故程子曰 未有致知而不在敬者 朱子曰 若躬行上未有工夫 亦無窮理處 是以二者之功 合而言之 相爲始終 分而言之 則又各自有始終焉 (《退溪全書 一》, 疏, 戊辰六條疏 186)

89 其於致知之方 力行之功 亦可謂其始矣 (《退溪全書 一》, 疏, 戊辰六條疏 185)

90 신동은(2002, pp. 18-43)은 敬, 知, 行을 성리학의 세 가지 교육 영역이라고 제시하여 居敬을 致知 및 力行과 동급에 놓고 있으나, 위의 인용문들에서 보면 居敬은 致知와 力行의 바탕이 되는 준비상태 또는 기본이고, 致知와 力行은 그 바

율곡도 《성학집요》의 첫머리인 〈수기장(修己章)〉의 총론(總論) 말미에 "몸을 닦는 공부는 거경과 궁리와 역행의 세 가지에서 벗어나지 않는다"[91]고 말하면서, 《격몽요결(擊蒙要訣)》의 〈지신장(持身章)〉에서는 이 삼자의 관계에 대해 "삼가 몸가짐을 바르게 하는 거경으로 그 근본을 삼고, 이치를 궁구하는 궁리를 통해 착한 본성을 밝게 깨달으며, 힘써 실행하는 역행을 통해 그 실상을 실천해야 한다"[92]고 하여, "거경"을 "궁리"와 "역행"의 바탕으로 보고 있다.[93]

이렇게 퇴계와 율곡은 "거경"을 위주로 하여 "치지" 또는 "궁리"와 "역행"을 이루어야 한다고 보았다. 여기서 "거경"도 도덕 실천의 한 양태라고 본다면, 이는 "거경 → 치지(궁리) → 역행"의 순서, 곧 "행 → 지 → 행"의 부단한 순환과정을 언급한 것이라고 볼 수 있다.[94] 즉 단순한 "선행후지"가 아니라, "선행후지이우행"(先行後知而又行)이 성리학자들의 본 뜻이라 할 수 있다. 이를 중간 이전에서 끊어보면 "선행후지"이지만, 중간 이후로 끊으면 "선지후행"이 될 것이다. 이렇게 조선조 성리학자들은 도덕 인식과 도덕 실천의 상호의존성을 주장하고 있

탕 위에서 이루어지는 교육 활동 또는 삶의 양식이라고 보는 것이 옳을 듯하다.

91 修己之功 不出於居敬窮理力行 (《栗谷全書 一》, 聖學輯要, 修己上, 總論 428)

92 居敬以立其本 窮理以明乎善 力行以踐其實 (《栗谷全書 一》, 擊蒙要訣, 持身章 84)

93 栗谷은 제자들과의 문답에서 이러한 사실을 거듭 밝히고 있다. 예를 들면 問 輯要存德性道問學章下通論日 居敬窮理力行三者 於此章略發其端 愚意以爲尊德性兼居敬力行 而道問學只是窮理也 日 然 力行兼於尊德性中矣 窮理則專屬於道問學 (《栗谷全書 二》, 語錄上 240) 및 問 輯要所論居敬窮理力行三者 似未明白 日 尊德性是居敬 博學於文是窮理 約之以禮是力行 但約禮於力行意似未足 (《栗谷全書 二》, 語錄上 255) 같은 데에서 栗谷의 이러한 입장이 잘 드러나고 있다.

94 陳來, 1987/2008, p. 366.

는 것이다. 이러한 관점은 퇴계의 다음 서간문에 잘 드러나 있다.

> 내가 가만히 살펴보건대, 지(知)와 행(行) 두 가지는 마치 차의 두 바퀴나 새의 두 날개와 같아서 서로 선후(先後)가 되고 서로 경중(輕重)이 되는 것이다. 성현의 말씀에는 "먼저 깨닫고 나서 나중에 행해야 할 것"[先知而後行者]도 있고 … "먼저 행하고 나서 나중에 깨달아야 할 것"[先行而後知者]도 있는 법이다. … 이러한 것들은 너무 많아 이루 다 열거할 수 없을 정도이다. 그러나 먼저 깨달을 것이라고 해서 그것을 완전히 깨달은 다음에라야 비로소 행해야 하는 것이 아니고, 먼저 행해야 할 것이라고 해서 그것을 완전히 행하고 난 다음에라야 비로소 깨닫게 되는 것도 아니다. 이치를 처음 깨닫기 시작할 때부터 완전한 깨달음에 이르러 그칠 때까지, 그리고 처음 행하기 시작할 때부터 그칠 곳을 알아 그만둘 때까지, 지와 행은 항상 서로 의뢰하고 함께 나아가야 하는 것이다.[95]

퇴계가 이 편지에서 "먼저 깨닫고 나서 나중에 행해야 할"[先知而後行者] 성현의 말씀으로 꼽고 있는 대표적인 것이 《대학》이고, "먼저 행하고 나서 나중에 깨달아야 할"[先行而後知者] 대표적인 것이 《중용(中庸)》이다. 《소학》은 아마도 이 후자에 속할 것인데,[96] 퇴계는 "선《소학》·후《대학》"(先小學後大學)을 공부의 순서로 제시하였다[97]는 점에서,

95 竊意知行二者 如兩輪兩翼 互爲先後 相爲輕重 故聖賢之言 有先知而後行者 … 有先行而後知者 … 似此甚多 不可勝擧 然先知者 非盡知而後始行也 先行者 非盡行而後始知也 自始知至知至至之 始行至知終終之 貫徹相資而互進也 (《退溪全書 一》, 書, 答李剛而問目 521)

96 養德性而立根本 在乎小學 廣規模而達幹支 在乎大學 (《退溪全書 二》, 記, 開寧鄕校聖殿重修記 368)

97 所問工夫先後立程規模 則須先小學後大學 而規模節目各具於書 在吾盡心全力以

퇴계와 율곡 같은 성리학자들은 아마도 "선행후지"의 입장에 더 기울어지고 있지 않았나 싶다.

2) 도덕인식과 실천의 통합: 습여성성(習與性成)

선진유학자들과 성리학자들이 도덕 인식과 그 실천의 선후 관계에 대해 의견이 엇갈리고 있기는 하지만, 양자 공히 이 두 가지의 통합을 강조하고 있다는 사실에 대해서는 의심의 여지가 없다. 즉 도덕 인식만 하고 이를 실천하지 않아도 된다거나, 도덕 실천만을 행하고 그 인식은 등한히 해도 된다고 그들이 보고 있는 것은 아니다.

공자는 학문의 방법을 "널리 글을 배우는 일"[博學於文]과 "예로써 몸을 단속하는 일"[約之以禮]의 두 가지로 제시하고 있는데,[98] 여기서 박문(博文)은 도덕 인식 활동을 말하는 것이고, 약례(約禮)는 도덕 실천 활동을 말하는 것이다. 이렇게 공자는 도덕 인식과 그 실천이 하나로 통합되는 것이 바른 배움을 이루는 방법이라고 보고 있다. 그는 인(仁)에 대한 제자들의 물음에 대해 대체로 인의 본체[仁體]를 가지고 응답하지 않고 인의 쓰임과 실천[仁用]을 가지고 응답함으로써[99] 도덕 인식과 실

求之耳 (《退溪全書 二》, 書, 答李宏仲 214)

98 子曰 博學於文 約之以禮 亦可以弗畔矣夫 (《論語》, 雍也 25; 顔淵 15); 顔淵喟然嘆曰 … 夫子循循然善誘人 博我以文 約我以禮 (子罕 10)

99 공자는 仁에 대한 樊遲(雍也 20; 顔淵 22; 子路 19), 子貢(雍也 28; 衛靈公 9), 顔淵(顔淵 1), 仲弓(顔淵 2), 司馬牛(顔淵 3) 및 子張(陽貨 6)의 물음에 대해 모두 각자의 부족한 점을 감안하여 일상생활에서 실천해야 할 요목을 제시해 줌으로써, 仁은 그 본체의 인식이 중요한 것이 아니라 인식과 실천의 통합이 중요함을 강조하고 있다.

천이 결합되어야 한다는 입장을 드러내고 있다. 즉 공자는 "무릇 인(仁)이란 내가 서고자 하면 남을 먼저 서게 해주고, 내가 이루고자 하면 남이 먼저 이루게 해주는 일"이어서, "가까이 자기 몸에서 취해서 남에게로 미루어나가 실천하는 일이 인을 행하는 방도"[100]라고 하여, 인의 인식뿐만 아니라 이러한 인식이 자기 몸 가까이에서부터의 실천과 통합되어야 함을 강조하고 있는 것이다.

맹자도 널리 배워[博學] 도를 인식하는 일과 자기 몸에 돌이켜 단속함으로써[反約] 도를 실천하는 일을 배움의 방도로 중시하고 있다.[101] 그는 "스스로 깨달아 도를 인식한 다음에, 이에 편안하게 거하고 이를 깊이 활용하여 실천함으로써, 좌우 가까이에서 항상 그 근원을 파악하는 일과 연계되어야 한다"[102]고 주장하여, 도의 인식과 실천의 통합을 강조하고 있다. 순자도 "박학"을 통한 도의 인식과 "참기"(參己)를 통한 도의 실천을 배움의 방안으로 제시하면서,[103] 도의 밝은 인식[察道]과 도덕 실천[行道]이 통합되어야 도를 체득한 사람[體道者]이 된다[104]고 주장한다.

선진유학자들은 이와 같이 도의 인식과 실천이 따로 행해지는 것이 아니라, 이 둘이 함께 어우러져야 함을 강조한다. 이러한 입장은 성

---

100 子曰 … 夫仁者 己欲立而立人 己欲達而達人 能近取譬 可謂仁之方也已 (雍也 28)

101 孟子曰 博學而詳說之 將以反說約也 (《孟子》, 離婁下 15)

102 君子深造之以道 欲其自得之也 自得之 則居之安 居之安 則資之深 資之深 則取之左右逢其原 故君子欲其自得之也 (離婁下 14)

103 君子博學 而日參省乎己 則智明而行無過矣 (《荀子》, 勸學 2)

104 心知道 然後可道 可道然後能守道 以禁非道 … 知道察 知道行 體道者也 (解蔽 11-13)

리학자들에게 그대로 이어지고 있다. 이러한 사실을 퇴계는 다음과 같이 진술하고 있다.

> 경(敬)으로 근본을 삼아 일마다 그 "마땅히 해야 할 바"[所當然]와 "그러한 까닭"[所以然]의 이치를 궁구하여, 오래 깊이 반복해서 이를 체인(體認)하게 되면 그 지극한 데에 이르게 될 것이다. … 이렇게 경을 위주로 하여 이치를 궁구함으로써 치지에 이르고[窮理以致知], 자기 몸을 반성하여 이를 실천하는 것[反躬以踐實], 이것이 바로 마음을 바로잡는 법식이고 도학(道學)을 전하는 요체이다. … 이러한 도덕 인식[眞知]과 도덕 실천(實踐)은 마치 차의 두 바퀴가 하나라도 없으면 나갈 수 없으며, 사람의 두 다리가 서로 의지하여 나아가는 것과 같다.[105]

퇴계는 이 인용문에서의 소이연(所以然)과 소당연(所當然)을 각각 주희의 말을 인용하여, 전자는 "사물이 그렇게 된 이치"를 말하는 것이고, 후자는 "사람으로서 반드시 해야 하는 일"을 말하는 것이라고 보아, 소이연은 도덕 인식을 가리키고, 소당연은 도덕 실천을 말하는 것이라 보고 있다.

> 천하의 사물은 반드시 각각이 그렇게 된 까닭[所以然之故]과 그 마땅히 해야 할 일[所當然之則]이 있는 법이다. 이것이 하늘의 이치이다. … 마땅히 해야 할 일은 마치 군주는 아랫사람들에게 어질게 대

105 敬以爲主 而事事物物 莫不窮其所當然與所以然之故 沈潛反覆 玩索體認 而極其至 … 至如敬以爲本 而窮理以致知 反躬以踐實 此乃妙心法而傳道學之要 … 抑眞知與實踐 如車兩輪闕一不可 如人兩脚相對互進 (《退溪全書 一》, 疏, 戊辰六條疏 185−186)

하여야 하고, 신하는 군주를 공경해야 한다는 것과 같은 것이다. 그렇게 된 까닭은 군주가 어째서 아랫사람들에게 어질게 대하여야 하고, 신하는 어째서 군주를 공경해야 하는가와 같은 것으로, 이 양자는 모두 하늘의 이치[天理]가 그렇게 만든 것이다.[106]

이 두 인용문에서 드러나듯이, 궁리를 통하여 모든 일의 "그렇게 된 까닭"을 밝게 인식하고, 역행을 통하여 모든 일에 대하여 "마땅히 해야 할 일"을 실천하는 것, 그렇게 함으로써 도의 인식과 실천의 통합을 이루는 일이 군자가 행해야 할 거경의 요체라는 것이 성리학자들의 입장이다. 이렇게 선진유학자들이나 성리학자들은 모두 도덕 인식과 실천의 통합을 군자의 삶의 목적으로 설정하고 있다는 점에서 공통성을 보인다.

주희는 《소학》 교육의 목표를 도덕 실천과 도덕 인식이 함께 자라고 이루어지게 하는 "습여지장"(習與智長)과 "화여심성"(化與心成)에서 찾고 있다.[107] 즉 바른 습관을 근거로 해서 도덕적 인식이 자라나게 하고[習與智長], 외적 행동의 변화를 통해 본래의 선심(善心)이 완성되기를 도모하는 것[化與心成]이 아동기부터의 교육의 목표라는 것이 유학자들의 관점이다. 이렇게 인식과 실천의 합일을 이루는 일은 교육의 목표이자 유학적 삶의 목표로 부각되는 것이다.

106 天下之物 必各有所以然之故 與所當然之則 所謂理也 朱子曰 所當然之則 如君之仁 臣之敬 所以然之故 如君何故用仁 臣何故用敬云云 皆天理使之然 (《退溪全書 二》, 書, 論所當然所以然是事是理 4)

107 古者小學 教人以灑掃應對進退之節 愛親敬長隆師親友之道 皆所以爲修身齊家治國平天下之本 而使其講而習之於幼穉之時 欲其習與智長 化與心成 而無扞格不勝之患也 (《小學》, 小學書題)

《서경(書經)》에는 늙은 재상인 이윤(伊尹)이 어린 군주인 태갑(太甲)에게 "이러한 불의(不義)는 습관이 되어 성품처럼 굳어지게 됩니다[習與性成]. 나는 도를 따르지 않는 사람을 가까이 하지 않겠습니다"[108]라고 말하여, 어린 군주의 불의를 훈계하는 내용이 나온다. 여기서 "습여성성"(習與性成)은 주희의 《소학서제(小學書題)》에 나오는 "습여지장"이나 "화여심성"과 같은 말이다. 다만 "습여성성"이 좀 더 포괄적인 의미를 담고 널리 쓰이고 있을 뿐이다.

《서경》에서 이 말은 "나쁜 습관이 본성처럼 굳어진다"는 뜻으로 쓰이고 있다. 그러나 이 말은 《논어》 〈안연편〉 1장에서 안연이 공자에게 인(仁)에 관해 묻자 공자가 "자기의 이기적인 욕구를 극복하고 예의 체계로 돌아가는 일[克己復禮]이 인을 행하는 길"이라고 대답한 데 대해, 안연이 다시 그 세목(細目)을 묻자 공자가 "예가 아니면 보지 말고, 예가 아니면 듣지 말며, 예가 아니면 말하지 말고, 예가 아니면 움직이지 말아라"[109]라고 응답한 데 대해, 정이천(程伊川)이 붙인 "사물잠"(四勿箴)에서 사용해서 유명해진 용어이다.

정이천의 "사물잠"의 "동잠"(動箴)에서는 "도리를 따르면 여유롭게 되고, 욕망을 따르면 위태롭게 된다. 급박하고 구차한 때에도 잘 생각하고, 두려워하고 조심하여 스스로를 잘 간직하라. '습관이 성품과 더불어 이루어지면'[習與性成] 함께 성현의 경지에 도달하리라"[110]라고 하

108 伊尹曰 玆乃不義 習與性成 予不狎于不順 (《書經》, 商書, 太甲上 9)

109 顔淵問仁 子曰 克己復禮爲仁 一日克己復禮 天下歸仁焉 爲仁由己 而由人乎哉 顔淵曰 請問其目 子曰 非禮勿視 非禮勿聽 非禮勿言 非禮勿動 顔淵曰 回雖不敏 請事斯語矣 (《論語》, 顔淵 1)

110 順理則裕 從欲惟危 造次克念 戰兢自持 習與性成 聖賢同歸 (程伊川의 四勿箴 중

여, "습여성성"을 수양을 습관화하여 도를 실천하면 성품처럼 굳어져서 자신도 성현이 될 것이라는 말로 쓰고 있다.

이후로 조선조 유학자들의 문집(文集)에는 "습여성성"이란 말이 매우 많이 등장하는데, 그 용례를 보면 대부분 "사물잠"과 같은 맥락으로 쓰이고 있다. 이렇게 유학자들은 도덕 인식과 도덕 실천을 통해 외적 행동 습관과 내적 성품이 하나로 어우러지면 성현의 상태로 변모된다고 보아 "습여성성"을 유학적 삶의 목표로 설정하고 있는 것이다. 이러한 인간의 변모와 본래의 착한 성품의 완성은 거경을 통한 도의 인식과 도덕 실천의 습관화를 전제로 하고 있음은 두말할 나위도 없이 자명한 사실이다.

3) 현대 사회심리학에서의 "지-행" 문제에 관한 논쟁: 태도와 행동의 관계를 중심으로

내적인 인식과 외적인 행동 사이의 관계에 대한 현대심리학의 연구는 주로 사회심리학자들에 의해 태도(態度, attitude)에 관한 연구를 중심으로 이루어져 왔다. 초기의 사회심리학은 사회학자인 로스(E. A. Ross)와 심리학자인 맥두갈(W. McDougall)이 1908년에 《사회심리학》이라는 표제를 붙인 책을 각각 출판한[111] 이래 주로 사회학자들에 의해 연구되어 왔다. 이들은 개인의 사회행동을 실증적으로 검증하려 하기 보다는 실증적 접근이 힘든 집단심(集團心)이나 본능(本能) 같은 근본적인

動箴: 朱熹는 《論語集註》의 顔淵篇 1장의 註에서 四勿箴을 인용하고 있다.)

111 McDougall, 1908; Ross, 1908.

원리에 의해 설명하려 하였으므로, 실증과학을 지향하는 심리학자들의 구미에 맞지 않았기 때문이었다. 그러다가 플로이드 올포트(Floyd H. Allport)가 1924년 《사회심리학》을 출판하여[112] 이 양자를 비판하고 사회행동을 실증적 근거에서 연구할 수 있다는 사실을 밝힘으로써 사회심리학 연구의 중심이 심리학자들의 손으로 넘어오게 되었는데,[113] 태도의 문제는 심리학자들에 의해 탐구된 사회심리학의 가장 중심적인 연구 문제였던 것이다.[114]

태도에 관한 연구가 그렇게 오랫동안 사회심리학자들의 관심을 끌어온 배경에는 이것이 개인의 사회행동을 유발하는 원동자(原動者)라는 생각이 놓여 있다. 즉 어떤 대상에 대한 개인의 행동은 그가 그 대상에 대해 가지고 있는 태도의 함수로 이해할 수 있다는 것이다. 이러한 관점은 태도에 대한 정의(定義) 자체에서 연유한다. 태도에 관한 연구를 사회심리학의 핵심 문제로 끌어올린 고든 올포트(Gordon W. Allport)에 따르면 "태도란 해당 대상과 상황에 관련된 개인의 반응에 직접적이거나 역동적인 영향을 미치는 심적이고 생리적인 준비상태로서 경험을

112 Allport, F. H., 1924.

113 정양은, 1981, pp. 35－42 참조.

114 Murphy, Murphy와 Newcomb(1937)은 일찍이 사회심리학에서의 실험연구들을 다룬 첫 교과서에서 "아마도 사회심리학의 전체 영역 내에서 태도만큼 거의 중심적인 위치를 차지해온 단일개념은 없을 것"(p. 889)이라 진술하고 있으며, Jones(1998)도 시대에 따라 연구 주제가 달라져오기는 하였지만 "태도의 연구는 사회심리학과 거의 동의어로 여겨져 왔을 정도였다"(p. 27)고 기술하고 있다. 이렇게 "태도에 관한 연구는 사회심리학의 최초의 관심사였을 뿐만 아니라 계속 사회심리학의 심장부에 가장 가까이 머물러 있었으며"(Myers, 2010, p. 124), "사회심리학 및 사회과학계 전체에서 태도의 개념만큼 그렇게 오랫동안 보편적인 영향력을 끼쳐온 개념도 없을 것이다"(Fabrigar & Wegener, 2010, p. 177).

통해 형성된 것”[115]이다.

이러한 태도는 인지적 요소인 신념(belief), 감정적 요소인 평가(evaluation) 및 행동적 요소인 의도(behavioral intention)로 구성되어 있다는 것이 태도 연구자들의 공통된 의견이다. 즉 태도는 대상에 대한 신념에 기초한 호·불호(好·不好) 또는 찬성·반대의 평가로서, 그 대상에 대한 개인의 행동 의도를 유발하는 내적인 상태라는 것이다. 따라서 개인이 내적으로 가지고 있는 태도가 경험을 통해 먼저 형성되고, 이어서 이와 일치되는 행동을 그 대상에 대해 실행하게 된다는 것이 태도 연구자들의 기본전제였다. 이렇게 보면 전통적으로 태도의 개념 속에는 “선지후행”의 관점이 스며들어 있었다고 생각할 수 있다.

그러나 일단의 연구자들은 이러한 “태도 → 행동”의 관점과는 달리 특정 대상에 대한 자기 행동을 관찰한 후 이를 기초로 자신이 그 대상에 대해 어떤 태도를 가지고 있는지를 추론하게 되는 경우도 있다고 주장한다. 즉 “태도 → 행동”이 아니라 “행동 → 태도”의 공식이 성립할 수도 있다는 것이다. 이들은 “선행후지”의 관점에서 태도를 이해하려 한다고 생각할 수 있다. 이러한 관점을 제시하는 대표적인 학자가 벰(Daryl J. Bem)인데, 그는 이러한 입장을 “자기지각이론”(自己知覺理論, self-perception theory)[116]으로 체계화하고 있다. 그는 당시에 “태도 → 행동” 관점의 이론들을 지도하고 있었던 페스팅어(Leon Festinger)의 “인지부조화이론”(認知不調和理論, cognitive dissonance theory)[117]을 비판하

115 Allport, G. W., 1935, p. 810.

116 Bem, 1967, 1972.

117 Festinger, 1957.

면서 자신의 관점을 전개하고 있다. 여기서는 이 두 이론적 관점을 비교함으로써 "지-행"의 관계 문제가 갖는 심리학적 함의를 살펴보기로 하겠다.

(1) 인지부조화이론의 관점: 선지후행

페스팅어의 인지부조화이론은 형태주의심리학의 균형이론(均衡理論, balance theory) 또는 일관성이론(一貫性理論, consistency theory) 계열의 이론 중 가장 영향력이 큰 이론이었다.[118] 이 이론이 발표된 후 벰에 의한 비판이 나오기까지 10여 년 동안 모든 사회심리학 잡지에는 이 이론에 관한 논문이 실리지 않는 적이 없을 정도로 심리학자들의 각광을 받았으며, 그런 점에서 인지부조화이론은 당시 사회심리학의 중심 이론이었다.[119]

인지부조화이론은 두 가지 기본전제를 가지고 출발한다. 우선 사람들은 자신이 가지고 있는 인지 내용들 사이에 균형 또는 일관성을 유지하려는 경향성 또는 동기를 가지고 있다는 것이다. 페스팅어는 이러한 균형/일관성 상태를 조화(consonance) 상태라고 부른다. 그런데 인지 내용들 사이에 균형/일관성이 깨져 부조화(dissonance) 상태가 조성되면, 개인 내에 불쾌한 긴장이 유발되어[arousal] 이를 해소하고 균형/일관성의 상태 곧 조화상태로 되돌아가려는 동기[dissonance-reduction motive]가 생성되고, 결국은 그에 상응하는 행동을 취하게 된

---

118 Taylor, 1998, p. 68.

119 Bem, 1967, p. 183.

다는 것이다.

이 이론은 "부조화 → 불쾌한 긴장 유발 → 부조화해소 동기 생성 → 부조화해소 행동 수행"이라는 일련의 계열을 상정한다는 점에서, 기본적으로 동기이론 계열에 속한다. 그러므로 부조화의 크기가 클수록 이를 해소하려는 동기도 커지고, 결과적으로 그러한 행동의 강도도 강해진다고 예측한다. 인지부조화이론에 관한 연구들은 다양한 부조화 상황[선택 결정 상황, 태도-행동 불일치 상황, 신념과 일치하지 않는 정보를 접한 상황]에서 조작된 부조화의 크기에 따라 과연 이를 해소하려는 행동의 크기가 달라지는지를 검증하는 패러다임을 주축으로 하여 진행되었다.

이런 부조화 상태가 유발되는 대표적인 상황이 강제적 순종(forced compliance)에 의해 태도와 일치하지 않는 행동을 한 경우이다. 개인이 어떤 대상에 대해 가지고 있는 기존 태도와 일치하지 않는 행동을 하게 되면, 개인 내에 불쾌한 긴장이 유발되고, 이는 양자를 일치시키려는 동기를 생성하게 되어, 결국 태도를 변화시켜 행동과 일치시키려 하거나 아니면 행동을 변화시켜 태도와 일치시키려 한다는 것이 이 이론의 예측이다. 그런데 이때 이미 한 행동을 돌이킬 수 없을 경우에는, 해당 대상에 대한 태도를 변화시킬 수밖에 없게 될 것이다. 이 이론을 검증한 연구 중 가장 유명한 페스팅어와 칼스미스(J. M. Carlsmith)의 연구[120]가 다루고 있는 것은 바로 이러한 문제였다.

이 실험은 3단계로 진행되었다. 우선 1단계에서 대학생 참가자들에게 아주 지루한 일(나무 손잡이를 계속 돌리는 일, 실패에 실을 계속 되감는

120 Festinger & Carlsmith, 1959.

일, 나무못 말판에 나무못을 끼웠다 뺐다 하는 일 등)을 1시간 동안 하게 하였다. 다음 2단계에서 실험자는 참가자들에게 밖에서 이 실험에 참가하기 위해 기다리고 있는 대기자에게 이 실험과제가 중요하고 아주 재미있는 일이라고 말해 달라는 요구를 하였다. 그 이유는 원래 이 실험의 목적은 실험에 참가하는 사람들이 실험과제에 대해 가지고 있는 선입견(재미있는 과제 또는 재미없는 과제)이 과제수행에 미치는 효과를 알아보고자 하는 것인데, 밖에서 기다리고 있는 사람은 재미있는 일이라는 선입견을 가지도록 설계되어 있다고 설명하였다. 원래 이 역할은 실험보조자가 하도록 되어 있었으나, 그가 사정상 못나오게 되었으므로 이 역할을 대신해 달라는 설명을 첨가하였다. 이 설명과 함께 이 일을 하는 대가로 한 집단에게는 1달러[$1 집단]를, 다른 또 한 집단에게는 20달러[$20 집단]를 지급하겠다고 약속하였다. 모든 참가자들이 기꺼이 수락하여, 밖에 있는 대기자에게 이 실험과제가 아주 재미있다고 이야기하였다. 그런 다음 마지막으로 3단계에서 그들이 실제로 1단계에서 수행한 과제가 얼마나 흥미있었는지, 그리고 앞으로 비슷한 실험에 참여할 용의가 있는지를 측정하였다. 즉 "재미없는 일 수행(재미없다는 태도 형성) → 태도와 일치하지 않는 행동 수행(재미없는 일에 대해 타인에게 재미있다고 이야기함) → 태도 측정"의 단계로 실험이 진행되었으며, 2단계의 일을 하는 대가로 1달러 또는 20달러를 받기로 되어 있었다.

전통적인 강화이론(强化理論, reinforcement theory)의 예측대로라면, 보상을 많이 받는 집단[$20 집단]이 적게 받는 집단[$1 집단]보다 태도 변화의 크기가 더 커야 한다. 즉 $20 집단이 $1 집단보다 1단계에서 수행한 과제가 더 흥미있었고, 앞으로 이러한 실험에 참가할 용의도 더 많다고 응답하여야 한다. $20 집단이 태도와 반대되는 행동을 하는 것에 대한 보상을 더 많이 받도록 되어 있었기 때문이다. 그러나 페스팅어와 칼스미스가 얻어낸 결과는 정반대이었다. $1 집단이 $20 집단보다 과제에 대한 흥미도를 더 높게 평정하였을[+1.35 대 −0.05] 뿐만 아니라, 앞으로 비슷한 실험에 참여할 의도도 더 높게[+1.20 대 −0.25] 평정하였던 것이다.

페스팅어와 칼스미스는 이 결과가 인지부조화이론을 강력하게 지지해주는 것으로 해석하였다. 즉 $1 집단의 참가자들은 1달러라는 작은 보상이 본래의 태도와 반대되는 행동을 한 것을 정당화(正當化, justification)하기에는 턱없이 부족하므로, 태도–행동의 불일치로 인한 부조화가 유발되었고, 따라서 이를 해소하기 위한 동기에서 이미 한 행동을 없었던 일로 할 수는 없으므로 원래의 태도를 변화시키게 되었다는 것이다. 이를 "불충분 정당화 효과"(insufficient justification effect)라 한다. 그러나 $20 집단의 참가자들은 20달러라는 돈은 태도와 일치되지 않는 행동을 한 것에 대해 스스로 정당화하기에 충분히 커다란 양의 보상이므로, 태도와 반대되는 행동을 한 후에도 부조화가 존재하지 않거나 부조화가 존재한다고 하더라도 충분한 크기의 보상에 의해 이미 해소되었으므로, 본래의 태도를 변화시킬 필요가 없었다는 것이 그들의 설명이었다.

이 실험은 당시 지배적인 영향을 미치고 있던 강화이론의 예측과는 반대되는 결과를 얻어냄으로써 많은 연구자들의 관심을 유발하였으며, 그렇지 않았으면 그렇고 그런 균형/일관성이론의 하나로 끝나고 말았을 인지부조화이론에 찬란한 명성을 안겨 준 획기적인 연구였다.

이 연구는 특정한 방향으로 태도를 형성시키거나 변화시키기 위해서는 보상의 크기를 무조건 크게 할 필요가 없다는 시사점을 던져 줌으로써, 강화이론에 치명타를 안겼다. 즉 본래의 태도와 반대되는 행동을 유발한 후에는 보상의 크기를 적게 줌으로써 자신의 행동에 대한 정당화를 할 수 없게 하는 것이 태도 형성 또는 변화를 유발하는 효과적인 방법이 된다는 것이다.

이렇게 이 이론은 "내적인 태도 → 행동 유발"이라는 전제에서 출발하는 이론이어서, "선지후행설"의 논지를 충실하게 따르고 있다. 그러나 위의 실험을 통해 보면, 이 이론은 "행동 유발 → 행동에 대한 불충분 정당화(insufficient justification) → 태도 변화"의 결과를 산출하여 "선행후지설"의 논지를 드러내고 있기도 하다.

(2) 자기지각이론의 관점: 선행후지

사회심리학자인 벰은 위에서 제시된 페스팅어와 칼스미스의 "불충분 정당화 효과"는 인지부조화이론에서 제시하는 바와는 달리 동기의 개념을 배제하고도 충분히 설명할 수 있다는 관점을 제안하였다. 그는 자기지각이론을 제시하여, 사람들은 다른 사람의 행동을 관찰해서 그 사람의 태도와 감정 및 성격 특성이나 능력에 대한 지식을 형성하듯이, 자기 자신에 대한 지식(특정 대상에 대한 태도나 감정 및 자신의 성격 특성이나 능력 등)도 자신의 행동을 관찰하고 이에 대한 추론을 통해 얻게 된다고 주장하였다. 특히 이런 지식을 낳게 되는 내적인 단서가 약하거나 애매할 때, 그리고 자신의 행동의 원인을 설명하기 곤란할 때 사람들은 제삼자와 같은 처지에 놓이게 됨으로써, 자신의 내적 상태(태도·감정·성격·능력 등)를 자신의 행동으로부터 추론할 수밖에 없게 될 것이라는 주장이 이 이론의 골자이다.

벰은 이러한 관점에 입각해서, 위의 실험 결과는 흥미 없는 일에 대한 선행 태도의 존재나 태도–행동 불일치로 인한 부조화해소 동기의 생성을 가정하지 않고도 설명할 수 있다고 보았다. 즉 행위당사가가 아니라 제삼자의 관점에서 보면, 어떤 사람(행위자)이 어떤 일에 대해 1달러라는 적은 돈을 받기로 하고 재미있는 일이라고 말하는 것을 목격한 경우, 관찰자는 행위자가 받기로 한 보상[$1]에서 그 원인을 찾기 힘들므로 행위와 일치되는 태도의 추론["이 사람은 본래 이 일을 재미있다고 생각한 것임에 틀림없어"]을 할 것이다. 그러나 그런 행동을 하기에 충분히 큰 보상인 20달러를 받기로 하고 그런 행동을 한 것을 목격한 경우에는, 그 큰 보상에 그런 행동의 원인을 돌리는 추론["이 사람은 많은 돈에 현혹되어 그런 행동을 한 것임에 틀림없어. 그러니까 이 사람의 진짜 태도는 아마도 재미없다는 것 아닐까?"]을 할 것이다. 이러한 행동 관찰과 그 원인에 대한 추론으로부터 행위자의 태도를 결과적으로 도출해 내는 경향이 페스팅어와 칼스미스 실험에 참가한 사람 자신에게서도 나타났을 것이라고 벰은 상정하였다.

벰은 이러한 가정을 실증적으로 검증해 내고 있다.[121] 그는 실험참가자들에게 페스팅어와 칼스미스의 실험 절차를 자세히 설명하여 녹음기로 들려주었다. 그리고 난 다음, 이 실험에 참가한 사람들이 1단계에

121 Bem, 1967.

서 했던 일에 대해 가지고 있는 태도를 추론해 보게 하였다. 그랬더니 벰의 실험참가자들은 페스팅어와 칼스미스의 실험에 참가했던 참가자들의 태도를 그들이 얻은 실험 결과와 똑같이 추론해 내었다. 즉 벰의 실험참가자들은 페스팅어와 칼스미스의 $1 집단 참가자들은 그 일에 대해 본래 흥미가 있었다고 추론한 반면, $20 집단 참가자들은 그 일에 대해 본래 흥미가 없었다고 판단[+0.52 대 −1.96]했던 것이다.

이렇게 제삼자의 행동을 관찰하고 이에 대한 원인을 찾는 과정을 통해 그의 태도를 추론하게 되는 과정은 자기 자신의 태도에 관한 추론에서도 그대로 드러난다는 것이 벰의 자기지각이론의 주장이다. 이러한 사실은 벰의 이론을 검증하는 한 연구[122]를 통해 확증되고 있다. 이 연구에서는 미국의 보통 대학생들에게 24개의 종교관련 행동[예배 참석, 종교단체에의 기부, 종교서적 독서 등]에 대해 "예" 또는 "아니오"라고 응답하게 하였다. 이때 실험참가자들을 무선적으로 "친종교 집단"과 "반종교 집단"으로 나누었다. "친종교 집단"에게는 친종교 관련행동에 대해서는 "가끔"이라는 말을 넣어 문항을 작성하고[예: "나는 가끔 예배에 참석한다"], 반종교 관련행동에 대해서는 "자주"라는 말을 넣어 문항을 작성하여[예: "나는 종교단체에 기부를 자주 하지 않는다"] 응답케 함으로써, 전체적으로 "예"라는 응답이 83% 정도가 되게 하였다. "반종교 집단"에게는 반대로 친종교 관련행동에 대해서는 "자주"를[예: "나는 예배에 자주 참석한다"], 반종교 관련행동에 대해서는 "가끔"을[예: "나는 보통은 기부를 많이 하지만, 종교단체에는 가끔 기부하지 않는다"] 넣어 작성한

122 Salancik & Conway, 1975, 연구 1.

문항을 제공하여, "아니오"라는 응답이 83% 정도 되게 하였다. 설문지를 작성한 다음 참가자들에게 "당신은 얼마나 종교적인 사람입니까?"와 같은 문항에 응답하게 하여, 자신의 종교에 대한 태도를 평가해 보게 하였다.

실험 결과 "친종교 집단"의 참가자들이 "반종교 집단"의 참가자들보다 자신이 종교에 대해 더 긍정적인 태도를 가지고 있는 것[1.74 대 0.35]으로 평정하였으며, 종교에 대한 호감도도 더 높은 것[3.07 대 1.00]으로 보고하였다. 이 실험의 결과는 "친종교 집단"의 참가자들은 종교관련행동에 대해 자신이 "예"라는 응답을 압도적으로 많이 한 것으로 보아 "나는 종교에 대해 긍정적인 태도를 가지고 있음에 틀림없어"라고 추론하고, "반종교 집단"의 참가자들은 자신이 종교 관련행동들에 대해 "아니오"라는 응답을 많이 한 것으로 보아 "내가 종교에 대해 그리 긍정적인 태도를 가지고 있는 것은 아님에 틀림없어"라고 추론한 데에서 나온 것이라고 해석할 수 있다.

이렇게 특정 대상에 대한 자신의 태도와 감정은 그 대상과 관련된 자신의 행동을 관찰하여 추론한 결과 알게 된다는 것이 자기지각이론의 주장이다. 마치 우리가 다른 사람의 특정 대상에 대한 태도와 감정을 그의 행동 관찰을 통해 추론하는 것과 똑같은 과정을 거쳐 스스로의 태도와 감정도 확인하게 된다는 것이다. 이러한 벰의 자기지각이론은 페스팅어의 인지부조화이론처럼 특정 대상에 대한 기존 태도의 존재를 전제하지 않는다는 점, 그리고 부조화해소 동기를 상정하지 않고도 "불충분 정당화 효과"를 설명할 수 있다는 점에서 과학 이론에서 요구되는 절약의 원칙(어떤 현상을 설명하기 위해 이론적 가정이 적을수록 좋은 이론이

라는 원칙)에 부합되는 것이었고, 따라서 인지부조화이론에 대한 강력한 도전자로 등장하였다.[123]

이러한 자기지각이론은 "자신의 태도나 감정에 대한 내적 단서가 약하거나 애매할 때, 그리고 자신의 행동 원인에 대한 설명이 불분명할 때"[124]라는 한계가 붙기는 하지만, 태도와 행동의 관계를 "행동 → 태도"로 설정함으로써 "선행후지설"의 논지를 드러내고 있다.

(3) 인지부조화이론과 자기지각이론의 시사점

앞에서 인지부조화이론은 선행 태도의 존재를 전제로 하여, 이에 일치되는 행동을 하려는 경향이 인간에게 갖추어져 있다고 가정하고 있음을 보았다. 이러한 관점은 이 이론이 "태도 → 행동"의 관계를 설정하는 "선지후행설"에 근거하고 있음을 드러내는 것이다. 그러나 인지부조화이론의 경우에도 태도와 불일치하는 행동을 한 후 자기 행동에 대한 충분한 정당화가 되지 않는 장면에서는 행동에 맞추어 태도가 변화되는 "불충분 정당화 효과"가 얻어지고 있다. 이러한 경우에는 "행동 → 태도"의 관계가 성립되는 것으로[125] "선행후지설"이 적용됨을 드러내는 것이다. 이에 반해 자기지각이론은 선행 태도의 존재를 가정하지 않는 관점에서, 행동을 통해 태도가 추론된다는 철저한 "선행후지

---

123 Taylor, 1998, p. 72.

124 Bem, 1972, p. 2.

125 Myers(2010)는 이를 "attitudes-follow-behavior"라 표현하여(p. 151), "불충분 정당화 효과"는 "선행후지"를 드러내는 것이라 보고 있다.

설"의 입장을 견지하고 있다.

인지부조화이론에서도 "불충분 정당화 효과"에 대해서는 "선행후지설"에 기울어져 있다는 사실에 터해서 보면, 인지부조화이론과 자기지각이론이 상호 모순되는 이론인 것만은 아니라고 생각할 수 있다. "인지부조화이론은 인간이 분명하게 규정된 태도와 반대되는 행동을 한 경우에 성공적으로 적용된다: 그러한 경우에 인간은 긴장을 느끼고, 따라서 그러한 긴장을 해소하기 위해서 기존 태도를 조정하게 된다. 그러므로 인지부조화이론은 태도 변화(attitude change)를 잘 설명하는 이론이다. 반면에 개인의 태도가 잘 형성되어 있지 않은 장면에서는, 자기지각이론이 잘 적용된다: 그러므로 자기지각이론은 태도 형성(attitude formation)을 잘 설명하는 이론이다. 인간은 행동하고 이에 대해 추론하면서, 그의 미래 행동을 지도할 태도를 발전시키는 것이다."[126]

이렇게 보면, 태도의 형성 장면과 태도불일치 행동을 한 후의 태도의 변화 장면에서는 "행동 → 태도"의 관계, 곧 "선행후지"의 관점이 성립되고, 이러한 점에서 자기지각이론과 인지부조화이론은 같은 입장을 드러내는 것이다. 그러나 인지부조화이론에서는 태도불일치 행동이 나타날 가능성을 강제된 순종과 같은 특수한 경우로 한정하거나 이 경우에도 태도불일치 행동에 대한 정당화를 할 수 없는 "불충분 정당화"[$1 집단의 경우]의 상황으로 한정하고, 이를 충분히 정당화할 수 있는 "충분 정당화"[$20 집단의 경우]의 상황에서는 여전히 "태도 → 행동"의 관계, 곧 "선지후행"의 관점에서 태도와 행동의 관계를 이해하려는 입장을 보인다.

126 Myers, 2010, p. 151.

이러한 이해의 관점에 서서 "행동 → 태도 → 행동 → 태도"의 이중적 계열로 이해할 경우, 자기지각이론은 앞의 두 항목의 관계를 다루어 "선행후지설"의 입장을 드러내고, 인지부조화이론은 중간의 두 항목의 관계에 초점을 맞추어 태도와 행동의 관계를 볼 때는 "선지후행설"에 기울어져 있다가, 강제된 순종에 따라 태도불일치 행동을 한 경우에는 뒤의 두 항목에 기울어져 다시 "선행후지설"의 입장을 띠는 것이라고 정리할 수 있을 것이다. 이렇게 인지부조화이론과 자기지각이론은 마치 퇴계와 율곡이 "거경(함양) → 궁리(치지) → 역행"의 계열로 도덕 인식과 그 실천의 관계를 정리한 것과 같은 이론적 관점에서 태도와 행동의 관계를 개념화하고 있는 것으로 추론해 볼 수 있지 않을까?

여기에서 유학사상의 심리학적 함의를 도출하려는 작업의 이론적 가치에 대해 생각해 볼 필요가 있다. 이 절에서 제시된 문제에 대한 선진유학자들과 성리학자들의 이론적 대립에 관한 논의를 보면서, 많은 독자들이 아마도 "지-행"의 관계를 "선지후행"으로 보든 아니면 "선행후지"로 보든, "그런 공리공론(空理空論)이 도대체 인간에 대한 실증적 이해를 도모하는 심리학과 무슨 관련이 있는가?"라는 의구심을 가졌을 법하다. 이러한 의구심은 유학심리학 구축 작업에 대한 비판적 시선의 초점을 이룬다고 볼 수 있다.

그러나 실증적 연구라고 해서 그 배경에 놓여 있는 지도적 이론의 배경이 없이 진공관 속에서 이루어지는 것은 아니다. 페스팅어와 벰의 이론적 대립은 이러한 사실을 웅변적으로 대변해주고 있다. 그러므로 공리공론 같아 보이는 유학사상의 이론적 논점들도 현대심리학의 연구 논점과 잘 통합될 수 있는 것이다. 이 장의 마지막 부분에서 이러한 동·서의 회통(會通)에 관한 몇 가지 예들이 제시될 것이다.

4. 도덕성에 관한 서구심리학의 연구: 부속체계로서의 도덕성

서구에서 인간 심성의 구성 요소를 지·정·의의 삼요소로 보는 입장은 고대 그리스의 플라톤으로부터 시작되어 연면히 이어오는 전통이었다. 플라톤은 인간의 영혼(psyche)은 욕구(epithumetikon)·감정(thumikon)·이성(logikon)으로 구성되어 있다고 보았다.[127] 그에게 있어서 영혼의 세 가지 요소에 대한 상정은 다음 인용문에서 보듯이 정의(正義)의 개념을 규정하기 위한 전제 조건이었다.

> 인간의 정의는 영혼의 세 부분이 서로 바른 관계를 유지하는 데서 성립한다. 바른 관계는 영혼의 세 부분이 각자 자기 몫을 행함으로써, 즉 각자에게 합당한 일을 행함으로써 달성된다. 이성의 경우 합당한 일은 바르게 사고하는 것이고, 정서의 경우는 적절히 반응하는 것이고, 충동의 경우는 인간의 삶을 적절한 방식으로 규정하는 것이다. 그러나 정서와 충동이 적절히 반응하게 하기 위해서는 이성이 바르게 사고할 뿐만 아니라 일정한 방식으로 정서와 충동을 다스림으로써, 결과적으로 정서와 충동이 이성을 따르게 할 필요가 있다. 이성의 다스림은 정서나 충동에 대한 억압의 한 형식으로 이해되어서는 안 되고, 인간의 감정과 충동의 질서로 이해되어야 한

127 박전규, 1985, p. 44; Bordt, 1999/2003, p. 108; Dickinson, 1967/1989, p. 148; Guthrie, 1960/2003, pp. 148−150.

> 다. 질서는 이를테면 인간의 정서적 반응이 충동을 따르지 않고 이성을 따르는 데에 세워진다 … 정서와 충동은 이성의 다스림을 통해서만 전체로서의 영혼이 일종의 내적 조화를 달성하게끔, 다시 말해서 인간이 아무런 내적 갈등도 겪지 않게끔 정돈될 수 있다. 이런 내적 조화가 곧 인간의 정의이다.[128]

비교적 길게 따온 이 인용문에서 현대심리학의 연구 경향과 관련된 두 가지 사실을 유추할 수 있다. 그 하나는 현대심리학이 따르고 있는 인지우월주의의 교의가 플라톤에서부터 이미 시작되고 있다는 사실이다. 플라톤은 정서와 욕구가 이성의 지배를 통해서라야 제대로 기능을 수행할 수 있다고 봄으로써, 사람의 심성(영혼)을 구성하는 세 가지 요소 중에서 이성을 가장 핵심적인 위치에 놓아, 인간을 이성 주체로 파악하는 전통의 초석을 놓고 있는 것이다.

이 책의 논의와 관련하여 위의 인용문에서 읽어낼 수 있는 또 한 가지 사실은 정의는 영혼의 삼 요소 사이의 내적 조화의 산물이라고 보고 있다는 사실이다. 이는 덕이 인간의 심성에 본유적인 요소가 아니라, 이성에 의한 정서 및 욕구 지배의 결과, 즉 이성의 부속물이라는 입장을 드러내는 것이다.

덕(德, virtue)에 해당하는 헬라어(그리스어)는 아레테(aretē)이다. "아레테는 무엇보다도 우선 어떤 특정한 일에 있어서의 숙달 또는 능함을 의미"[129]하였다. 이는 상대적인 용어로서, 단독으로는 불완전한 단어이다. 언제나 "무엇의 아레테" 또는 "누구의 아레테"라는 종속 관계를 나

128 Bordt, 1999/2003, pp. 109-110.

129 Guthrie, 1960/2003, p. 23.

타내었다. “레슬링 선수들의 아레테, 말 타는 사람들이나 장군들 및 제화공들, 또는 노예들의 아레테가 있다. 정치적인 아레테, 가정적인 아레테, 군사적인 아레테가 있다. 그것은 사실상 ‘능함’(efficiency)을 의미했다.” 따라서 “그와 같은 능함은 종사하는 일에 대한 특유한 이해와 지식에 의존한다.” 그리하여 소크라테스는 “덕은 앎(지식)이다”라고 규정하였다. “그러므로 모든 경우에 있어서 아레테는 먼저 일정한 할 일을 가지는 데 달려 있고, 둘째로는 그 일이 무엇이며, 그것이 달성하고자 목표로 하고 있는 것이 무엇인지에 대한 철저한 앎에 달려 있다.”[130]

이렇게 고대 그리스에서 덕은 자신이 하는 일에서의 능함 또는 탁월성을 의미했으며, 따라서 덕은 지식의 근거로서의 이성의 결과물이었다. 이와 같이 덕을 인간 심성에 본유적인 것이 아니라 이성의 하위체계 또는 이성적 판단의 결과라고 보는 입장은 플라톤 이후 서양 철학의 전통이 되어 왔다. 서양인들은 칸트(Immanuel Kant) 같이 덕의 근거를 선(善) 의지(意志)에 바탕을 둔 보편적 도덕원칙에서 찾으려 하던 아니면 벤담(Jeremy Bentham)이나 밀(John Stuart Mill) 같이 행위의 공리주의(功利主義)적 결과에서 찾으려 하던[131] 대체로 이성적 지식이나 판단 또는 계산의 부속체계라고 보는 관점을 굳게 지니고 있었다. 물론 흄(David Hume)이나 스미스(Adam Smith) 같이 도덕 감정이라는 정서에서 도덕성의 원천을 찾으려는 정서 중심의 이론이 없었던 것은 아니지만,[132] 이 관점도 도덕성을 그 자체 독립적인 체계로 보지 않고, 감정의

130 Guthrie, 1960/2003, pp. 21, 23, 24, 101.

131 Haidt & Joseph, 2007; Haidt & Kesebir, 2010.

132 박재주, 2003; Arrington, 1998/2003.

부속체계로 보는 관점이기는 마찬가지이다.

이러한 서양 철학의 전통은 그대로 심리학의 연구에로 이어지고 있다. 현대 서구심리학에서는 도덕성을 인지 발달의 결과 나타나는 선택 능력의 일종이거나(인지발달이론), 사회화 과정의 결과 습득되는 정서 반응이거나(정신역동이론), 아니면 후천적으로 학습되는 행동 습관(학습이론)으로 보고 연구를 진행해 왔던 것이다.[133]

1) 인지발달이론적 접근

피아제(Jean Piaget)[134]와 콜버그(Lawrence Kohlberg)[135] 같은 발달심리학자들은 도덕성은 인지 능력의 발달에 따라 갖추어지는 도덕적 판단 능력에 불과하다고 본다. 그들은 도덕 판단 능력을 연령의 증가에 수반되는 변화로 규정하고, 개인의 도덕적 판단 능력이 전(前)도덕적인 상태로부터 질적으로 다른 도덕적 성숙의 단계로 발달해 나가는 과정에 근본적인 관심을 둔다. 이들의 이론은 범도덕적 행위의 통정자로서의 초자아와 같은 도덕성의 존재를 부정한다는 점에서 정신역동이론과 구별되며, 객관적 환경 조건의 함수로서 학습되는 구체적 행위가 아니라 다양한 환경 조건에 놓여 있는 도덕적 문제 사태에서의 체계적인 판단 능력을 강조한다는 점에서 학습이론과도 차이를 보인다.

이들은 도덕적 판단 능력의 발달에 초점을 두어, "개인의 도덕성

133 Eisenberg, Fabes, & Spinard, 2006, pp. 648-650.

134 Piaget, 1926, 1932.

135 Kohlberg, 1963, 1964, 1969.

의 발달은 행위의 주체자로서의 개인이 그를 둘러싼 사회적 환경을 어떻게 인식하며, 사회적 환경 내의 제 규율을 어떻게 개념화하느냐에 따라 결정된다"[136]고 주장한다. 즉, 도덕성 또는 도덕적 행위를 개인의 인지 능력의 발달과 그 발달의 단계에 의해 규정되는 도덕적 판단에서 구하고 있다. 이렇게 이들은 개인의 심성 속에 내재하는 도덕성의 존재 자체를 부인하고, 이는 인지 능력 발달의 부수물일 뿐이라고 보아, 도덕성을 인지 능력의 부속 체계라고 간주하는 입장을 견지하고 있는 것이다.

이러한 이론적 관점에서 발달이론가들은 여러 연령층의 아동, 청소년 및 성인들에게 도덕적 비교의 과제나 도덕적 곤경 상황을 제시한 다음, 도덕적 판단과 그러한 판단의 이유를 응답하게 하여, 이를 기초로 도덕 판단 능력의 발달에 개재하는 보편적 단계를 추출해 내고자 한다. 예를 들어, 피아제는 "어머니를 도와 드리려다가 접시를 다섯 개 깨뜨린 아이와 과자를 몰래 꺼내 먹으려다가 접시를 한 개 깨뜨린 아이 중에서 누가 더 착한 아이인지"하는 비교 판단의 과제를 제시하고, 이에 대한 여러 연령층 아동들의 판단 양상을 분석한다.

그는 이러한 도덕적 비교 판단의 과제에 대해 5~6세경까지의 "전조작 단계"(前操作 段階, pre-operational stage)의 인지 능력을 보유하고 있는 아동들은 대체로 후자(접시를 한 개 깨뜨린 아이)가 전자(접시를 다섯 개 깨뜨린 아이)보다 더 착한 아이라고 응답하나, 7~8세 이후의 "구체적 조작 단계"(具體的 操作 段階, concrete operational stage)에 도달한 인지 능력을 보유하고 있는 아동들은 거의 예외 없이 전자(어머니를 도와드리

136 김호권, 1969, p. 224.

려던 아이)가 후자(과자를 몰래 꺼내려던 아이)보다 더 착한 아이라고 응답하는 결과를 얻었다.

이러한 결과를 통해 피아제는 인간의 도덕 판단 능력이 행위의 결과를 중심으로 판단하는 "타율적 도덕 판단"(heteronomous moral judgment)의 단계에서 행위의 동기를 중심으로 판단하는 "자율적 도덕 판단"(autonomous moral judgment)의 단계로 발달해 간다는 비교적 단순한 이론을 제시하였다. 타율적 도덕 판단 단계에서 아동들은 도덕적 규칙이 외부로부터 주어진 절대적이며 불변적인 것이라 생각하고, 이는 행위의 결과와 그 행위에 대한 상·벌에 의해 드러나게 된다고 간주한다. 그리하여 행위의 결과 및 그에 대한 사회적 보상이나 처벌에 따라 도덕 판단을 한다. 이러한 현상은 이 시기의 아동들이 논리적 조작(操作, operation)을 하지 못하여 겉으로 드러난 사실에만 집착하여 직관적으로 세상사를 인식할 뿐만 아니라, 또한 지나치게 자기중심성(自己中心性, ego-centricity)이 강하여 다른 사람의 입장에 서서 생각하지 못하기 때문에 나타나는 것이다. 이러한 사고 능력 상의 한계와 더불어, 이 시기의 아동들은 자기들의 부모나 성인들은 도덕적으로 완전하고 절대적이라 믿기 때문에, 직관적으로 인식한 도덕 규율을 타율적으로 받아들여 맹목적으로 추종하게 된다.

이에 비해, 논리적 조작을 할 수 있게 될 뿐만 아니라 자기중심성에서도 벗어나는 구체적 조작기 이후의 아동들은 직관적·현상적 사고 양식에서 벗어나서 세상사를 인식하고, 또한 타인의 입장에 서서 생각해 볼 수 있는 능력도 갖추어지기 때문에, 겉으로 드러난 결과 배후에 놓여 있는 동기나 의도를 추론하여 사고할 수 있게 된다. 이들은 도덕

규칙은 절대적이거나 불변적인 것이 아니라 상대적이고 가변적인 것이라는 사실을 이해하게 되는 것이다. 이렇게 도덕 판단의 원칙이 외부로부터 주어지는 타율적 단계에서 스스로의 내적 추론에서 나오는 자율적 단계로 도덕 판단 능력이 발달해 간다고 피아제는 보며, 따라서 도덕 판단 능력은 그 자체 독자적인 것이 아니라 인지 능력의 발달 과정에 전적으로 부수되는 것이라고 간주하는 입장이 피아제의 인지발달이론의 근본적인 주장인 것이다.

콜버그는 도덕적 곤경 상황[137]을 제시하고, 이러한 상황에서 주인공이 어떻게 해야 한다고 생각하는지를 판단케 하고, 이어서 그 이유를 기술하게 한 다음, 이를 통해 도덕 판단의 단계를 설정하였다. 그는 다양한 연령층 사람들의 반응을 분석하여, 도덕 판단은 "인습(因習) 이전 수준"(pre-conventional level: 처벌을 회피하거나 보상을 추구하는 차원에서 판단하는 수준), "인습 수준"(conventional level: 사회를 유지하는 규칙과 법률·질서 등의 행위 원칙을 준수해야 한다는 차원에서 판단하는 수준), "인습 이후 수준"(post-conventional level: 개인의 권리나 보편적 인권·도덕률 등에 기초하여 판단하는 수준)의 세 수준으로 나누어지며, 각 수준은 다시 두 단계씩 모두 여섯 단계로 이루어져 있는데, 연령이 높아질수록 상위 단계의 도덕 판단을 하게 된다는 이론을 제시하였다. 이러한 이론은 피아제

137 이러한 곤경 상황의 예를 한 가지만 요약하여 제시하면 다음과 같다: "아내가 큰 병에 걸려 죽어가고 있는데, 그녀를 살릴 수 있는 약을 동네 약국 주인이 최근에 발명하였다. 그런데 그 약값은 매우 비싸서, 온갖 노력을 했으나 약값의 반밖에 마련하지 못했다. 약국 주인에게 나머지 반값은 나중에 갚겠다고 약속하고, 약을 팔라고 사정하였으나 거절당했다. 아내를 살리는 길은 약국에 몰래 숨어 들어가 약을 훔쳐오는 수밖에 없을 것 같다. 이때 남편은 어떻게 해야 할까?"

의 이론을 확장한 것으로 볼 수 있는데, 따라서 콜버그도 피아제와 마찬가지로 도덕성을 인지 능력의 부속 체계로 보고 있는 것이다.

이러한 도덕성에 대한 인지발달이론은 몇 가지 점에서 비판되고 있다.[138] 우선 이들의 이론은 도덕적 사고를 지나치게 강조하고, 도덕적 동기나 감정을 무시하고 있다는 비판을 받는다. 도덕적 행위에 있어서는 도덕적 사고보다 도덕적 정서나 동기가 더욱 핵심적이라는 것이다.[139] 다음으로 도덕적 판단이 도덕적 행위를 보장하는 것이 아니라는 점에서도 비판을 받는다. 도덕적 행위는 도덕적 판단이 성숙하기 훨씬 이전부터 발달하며, 도덕적 판단은 상황의 변화에 무관하게 일관적임에 반해, 도덕적 행동은 상황 및 사회계층에 따라 달라짐으로써, 도덕 판단이 도덕 행동에 대해 예언력을 갖지 못한다는 것이다.[140]

그리고 이는 주로 콜버그에게 집중되는 비판이기는 하지만, 도덕 판단 단계의 발달이 범문화적이거나 모든 집단에게 보편적으로 적용된다고 주장하는 데 대한 비판이다. 콜버그의 이론은 개인의 권리와 자유를 중시하는 서구 개인주의 문화의 가치 중심적이어서, 동아시아 등 집단주의 문화권에는 적용되지 않으며,[141] 개인주의사회에서도 지나치게 경쟁을 추구하는 남성적 가치 중심적이어서, 여성에게는 적용되기 힘들다.[142] 또한 콜버그가 제시하는 도덕 판단의 최종 단계[보편적 도덕 원

138 김호권, 1969, p. 227; 정옥분·곽경화, 2003, pp. 44-46.

139 Haan, 1985; Haidt, Koller, & Dias, 1993; Hart & Chmiel, 1992.

140 김호권, 1969; Kurtines & Gerwitz, 1991.

141 Fiske et al., 1998; Shweder, Mahapatra, & Miller, 1990.

142 김진, 2013, pp. 141-172; Gilligan, 1982.

리]는 "현실 세계에서 사실상 적용될 가능성이 희박하다는 어려움"을 가지고 있을 뿐만 아니라, 그가 제시하는 "인습 이후적 양심은 원리적으로 항상 새롭게 역할기대의 능력을 언제나 이기적·전략적으로 오용할 수 있는 소지"[143]를 안고 있다는 비판을 받기도 한다.

피아제와 콜버그를 중심으로 한 이러한 인지발달론적 접근은 도덕성에 관한 칸트의 형식주의(formalism)적이고 의무론(deontology)적인 이론의 배경에서 도출된 관점이다.[144] 칸트는 인간은 선에 대한 지향성, 곧 선의지(善意志)를 가진 이성적 존재로서, 이성적 추구를 통해 최고의 보편적 도덕률을 찾게 되는데, 이러한 보편적 도덕률은 항상 모든 행동의 의무로서 작용하게 된다고 본다. 이렇게 해서 찾아낸 보편적 도덕률이 도덕성의 객관적 원리인 정언명법(categorical imperative)인데, 그 내용은 "네 의지의 준칙이면서 동시에 도덕의 보편적인 입법 원리로서도 타당성을 가질 수 있는 준칙에만 의거하여 행위하라"는 것이다.[145] 칸트

143 김진, 2013, p. 276.

144 김진(2013)은 콜버그는 "칸트와 롤즈의 도덕철학을 피아제의 발달심리학과 결합시키는 데 성공"(p. 7)했다면서, "콜버그의 도덕발달론은 칸트의 형식주의 윤리학과 롤즈의 정의원리에 기반을 두고 있다. 현상적으로 콜버그가 발달심리학적 사실과 도덕철학적 당위의 일치와 통합을 추구하는 사실에서만 보더라도 칸트의 구성적 종합의 전통에 따르고 있다고 볼 수 있을 것이다. 더 나아가서 콜버그가 제시한 도덕판단 단계 6(보편적 도덕원리 지향 단계)의 내용들은 칸트의 도덕법 그 자체의 형식적 차원을 잘 드러내고 있다. 이런 사실에서 콜버그는 매우 충실한 칸트주의자가 분명한 것처럼 보인다"(p. 109)라고 지적하여, 피아제와 콜버그의 도덕성에 관한 인지발달론적 접근이 칸트의 윤리학에 기대고 있음을 밝히고 있다.

145 칸트의 정언명법의 번역은 Russell(1959)의 원본을 이명숙·곽강제(2003)가 옮긴 책(pp. 353–354)에서 따왔다. 칸트의 윤리학에 대한 이해는 박재주(2003, pp. 181–224), Arrington(1998/2003, pp. 409–458), MacIntyre(1998/2004, pp. 326–339) 등을 참고하였다.

는 이렇게 도덕 원칙을 이성적 추론을 통해 도출해 내는데, 이러한 관점이 도덕성을 인지적 판단 능력의 결과물이라고 보아 결국 도덕성을 인지발달과정의 함수로서 인식하는 피아제와 콜버그의 인지발달론을 낳게 된 배경으로 작용하였던 것이다.

2) 정신역동이론적 접근

정신분석학의 창시자인 프로이트(Sigmund Freud)[146]는 인간의 심성을 구성하는 체계를 무의식적이며 본능적인 욕구의 체계인 원초아(原初我, id), 원초아의 욕구를 현실생활에서 충족시키는 현실생활의 담당 체계인 자아(自我, ego), 그리고 자아가 욕구를 충족시킬 때 사회적으로 용납받는 방법으로 충족시키도록 지도·감독하는 체계인 초자아(超自我, super-ego)의 세 가지로 보고 있다. 여기서 초자아는 바로 개인에게서 양심(良心, conscience)의 역할을 하는 도덕성의 체계이다. 이렇게 보면, 프로이트는 도덕성을 인간의 심성을 구성하는 핵심 체계 중의 하나로 보고 있다고 생각할 수 있다.[147]

그러나 프로이트는 초자아에 본유적인 근거를 부여하지 않음으로써, 초자아를 인간 심성의 부차적인 체계로 보고 있다. 그는 인간 행동의 근거는 모두 원초아의 무의식적·본능적 욕구에 있는 것으로 보고, 자아나 초자아는 이러한 욕구의 집행을 담당하거나 그 과정에 통제적

146 Freud, 1933.

147 Freud의 이론 체계에 대해서는 이진숙(1960/ 1993), 홍숙기(2004), Hall과 Lindzey(1978), Hjelle와 Ziegler(1981/1983) 및 Phares(1984/1989)를 주로 참고하였다.

인 영향을 미치는 기능을 하는 것으로 보고 있다. 즉, 원초아가 인간 심성에 본유적인 체계라면, 자아와 초자아, 특히 초자아는 욕구 충족을 억제하거나 지연시키는 역할을 하는 부수적인 체계라고 보고 있는 것이다. 이를 테면, "인간은 태어날 때부터 쾌락을 추구하는 욕구에 따라 자기 자신의 충동을 표출하기 마련이기 때문에, 출생이라는 자연적 상태로는 도저히 도덕적 행동을 할 수 없는 존재"[148]라는 것이다. 이렇게 프로이트는 개인의 도덕적 행위의 원천이 되는 초자아의 본유설을 부인하고, 성격 발달 단계에 따라 후천적으로 습득되어지는 것으로 보며, 그 기능도 원초아의 욕구 충족 과정에 부속되는 부차적인 체계라고 보고 있다. 즉, 인간에게 본유적인 것은 쾌락추구적인 욕구의 체계이고, 초자아는 욕구 추구 과정에 제한적인 영향을 미치는 하위체계일 뿐이라는 것이다.

프로이트는 이러한 초자아는 성격 발달의 제3 단계인 남근기(男根期, phallic period, 3~5·6세) 동안에 동성 부모에 대한 동일시(同一視, identification) 과정을 통해 발달하게 된다고 본다. 그에 따르면, 본능적·무의식적 욕구 체계인 원초아를 구성하는 가장 기본적인 욕구는 성적인 욕구와 공격 욕구인데, 이 중 핵심적인 것은 성적 욕구이다. 이러한 성적 욕구가 충족되어 가는 양상에 따라 성격이 다섯 단계를 거쳐 발달하게 된다고 그는 보고 있는데, 첫 번째 단계가 구강기(口腔期, oral period, 0~1세), 두 번째 단계가 항문기(肛門期, anal period, 1~3세)이다. 이 시기는 각각 입과 항문이 성감대(erotic zone)가 되어, 빠

148 정옥분·곽경화, 2003, p. 28.

는 활동과 배설 활동을 통해 성적인 욕구가 충족된다. 세 번째 시기가 남근기인데, 이는 자기 성기의 자극을 통해 성적인 만족을 추구하는 시기이다. 이 시기의 아이들은 부모와 자신을 삼각관계로 인식하여, 동성의 부모를 배척하고 이성의 부모에게 애착을 느끼는 심리적인 경험을 하게 된다. 이것이 바로 오이디푸스 복합(Oedipus complex: 사내 아이의 경우) 또는 일렉트라 복합(Electra complex: 여자 아이의 경우)이다.

남근기 동안에 이성 부모에게 애착하고 동성 부모를 배척하는 과정에서 아이들은 동성 부모가 연적(戀敵)으로서의 자기에게 해를 끼칠지도 모른다거나(사내 아이의 경우) 또는 이미 해를 끼쳤다(여자 아이의 경우)고 생각하여, 동성 부모에 대한 공포심을 갖게 된다. 이것이 거세공포(去勢恐怖, castration phobia: 사내 아이의 경우)와 남근선망(男根羨望, penis envy: 여자 아이의 경우)이다. 이러한 공포심으로 인해, 그리고 이성 부모의 관심을 끌기 위해 아이들은 동성 부모에게 동일시하여 오이디푸스 복합과 일렉트라 복합을 극복하고, 동성 부모를 따라 그들의 행동 양식, 금기, 가치관을 받아들여 내면화하게 되는데, 그 결과 갖추어지는 것이 초자아라는 것이다.

이때 여자 아이들은 동성 부모인 어머니가 이미 자기에게 해를 끼쳤다(자기가 본래 가지고 있었던 남자 성기를 빼앗아 버렸다)고 생각하므로, 자기가 본래 가지고 있었던 남자 성기를 되찾고 싶다는 남근선망을 가지게 되어 일렉트라 복합의 극복이 완전하지 못하고, 따라서 어머니에 대한 동일시가 철저하게 이루어지지 않는다고 프로이트는 본다. 따라서 여성은 남성보다 약한 초자아를 발달시키게 되어, 도덕적인 면에서 남

자보다 덜 엄격하게 된다는 것이다.[149]

이렇게 프로이트에게 있어서 도덕성의 근거는 개인의 외부에 존재하는 사회적인 행동 규범과 금기 등의 도덕 기준이다. 오이디푸스 복합과 일렉트라 복합을 극복하는 과정에서 동성 부모에의 동일시를 통해 개인 외부에 있는 도덕규범이 개인에게 들어와 내면화하게 되면, "밖으로부터 들어온 도덕적 기준이 마치 내부에서 발생한 것과 같은 양심으로 인식되며, 만약 불완전한 도덕적 기준이 내면화되면, 초자아의 힘은 그만큼 약해져서 도덕적으로 성숙되지 못한 성격을 지니게 된다 … 따라서 프로이트의 양심, 즉 초자아는 무의식 속에 숨겨진 형태로 존재하며, 이는 인지적 특징보다는 정의적 특성[도덕적 감정]을 더 많이 지니게 된다".[150]

위에서와 같은 과정을 통해 외부 준거적인 도덕규범이 내면화된 도덕 감정은 죄책감(guilty feeling)을 통해 개인의 행동에 영향을 미친다고 프로이트는 본다.[151] 초자아를 갖춘 사람은 스스로 "의식하지 못하는 '나쁜' 생각에 대해 스스로를 나쁜 놈이라고 비난하며 죄책감(양심의 가책)에 시달리게"[152] 되므로, 이를 피하기 위해 도덕적 행동을 하게 된다는 것이다. 말하자면, 죄책감으로 인해 도덕적 행동을 하게 된다는 가설이 성립하는데, 이러한 입장은 "범칙 행위 뒤에 오는 반응이 진실로 죄책감이나 후회감을 표출할 것이라는 가정, 즉 이 죄책감이 다른 목적

149 정옥분·곽경화, 2003, p. 29; 홍숙기, 2004, p. 108.

150 정옥분·곽경화, 2003, p. 29.

151 김호권, 1969, pp. 216-219; 정옥분·곽경화, 2003, p. 29; 홍숙기, 2004, p. 98.

152 홍숙기, 2004, p. 98.

을 위한 수단적인 반응이 아니라 정말로 자신에게 심리적 고통을 가하는 자기견책적인 것이라는 가정 위에서만 비로소 성립된다".[153] 요컨대, 사회 규범에 어긋나는 행동을 했을 때 나타나게 될 초자아의 비난과 견책, 즉 죄책감을 피하기 위해서 도덕적 행동을 하게 되며, 따라서 도덕적 행위는 죄책감을 피하기 위한 자기 방어적인 반응일 뿐이라고 프로이트는 보고 있는 것이다.[154]

이상에서 고찰해 온 바와 같은 초자아[도덕성]의 근거와 발달 과정 및 그 작용 기제에 대한 프로이트의 이론은 많은 비판을 받아 왔다.[155] 말리노프스키(Bronislaw Malinowski) 같은 인류학자들의 비교문화적 연구들에서는 오이디푸스 복합 및 일렉트라 복합과 그에 뒤이은 동성 부모에의 동일시가 모든 문화에 보편적인 것이 아니라는 관찰 결과들이 밝혀짐으로써, 도덕성 발달에 관한 프로이트의 기본 교설의 근거가 흔들리게 되었다. 또한 호나이(Karen Horney) 같은 많은 여성심리학자들은 남근선망에 대한 해석을 기초로 한 여성비하적인 측면을 비판하였고, 아들러(Alfred Adler) 같은 신분석학자(neo-analyst)들은 성격에 미치는 사회·문화적 요인의 영향을 너무 도외시했다는 점과 인간을 지나치게 수동적·기계적·과거결정론적으로 이해하려 한다는 점에서 비판하였다.[156] 그리고 프로이트가 제시한 죄책감–도덕적 행동 가설도 실증적 연구들에 의해 검증이 되지 않거나, 프로이트의 예측과 다른 결과들이

153 김호권, 1969, pp. 217–218.

154 Eisenberg et al., 2006, pp. 648–649.

155 Hall & Lindzey, 1978, pp. 66–70.

156 Hjelle & Ziegler, 1981/1983, pp. 70–71.

얻어지는 등 많은 비판을 받았다.[157]

이렇게 도덕성[초자아]의 근거를 동성부모에 대한 적개심과 공포, 그리고 이성부모에 대한 애착 같은 감정 반응에서 이끌어 내는 정신역동이론적 접근은 흄과 아담 스미스의 도덕감정론의 배경에서 도출된 이론으로 볼 수 있다.[158] "칸트는 감정을 도덕의 적으로 간주한 대표적인 사람인 반면, 흄은 감정을 도덕의 기초로 생각한 대표적인 사람이다."[159] 흄에 따르면, 이성은 의욕을 불러일으킬 수 없기 때문에 행위를 유발할 수 없고, 오직 대상을 좋아하거나 싫어하는 감정만이 인간의 행위를 유발할 수 있다는 것이다. 그러므로 이성은 감정의 노예일 뿐 그 이상이어서는 안 되며, 따라서 이성은 감정에 봉사하고 복종하는 것 이외에 어떤 역할도 할 수 없다는 것이 흄의 관점이다.

이러한 맥락에서 흄은 도덕성도 이성의 대상이 아니라 느낌[감정]의 대상이라고 본다. 도덕적 구별의 원천은 곧 도덕감이라는 감정인데, 이는 "자기에게 유리한 사건에 대해서는 기쁨을 느끼고, 불리한 사건에 대해서는 괴로움을 느끼는 일종의 유용성과 관련된 감정"[160]이라는 것이다. 이러한 도덕감이라는 개인적 감정이 객관적인 보편성을 가지게 되는 근거는 바로 "공감"(sympathy)에 있다는 것이 흄과 스미스의 견해이다. 공감은 다른 사람의 관점에서 사태를 파악하려는 경향으로, 누구나 같은 사물이나 사건에 대해서는 비슷한 감정을 가지게 되고, 이에

157 김호권, 1969, pp. 218-219; 정옥분·곽경화, 2003, p. 29.

158 흄과 스미스의 도덕감정론은 박재주(2003, pp. 123-1544), Arrington(1998/2003, pp. 363-407), MacIntyre(1998/2004, pp. 294-308) 등을 참고하였다.

159 박재주, 2003, p. 124.

160 박재주, 2003, p. 139.

따라 여러 사람들의 도덕감에 객관성과 보편성이 보장될 수 있다는 것이다.

이와 같이 도덕성을 도덕감이라는 감정으로 환원하여 이해하려는 흄과 스미스의 관점은 프로이트에 의해 받아들여져서, 초자아라는 도덕 원리를 동성부모와 이성부모에 대한 애증(愛憎)이라는 감정의 결과물로 간주하는 정신역동이론을 낳게 되었던 것이라고 볼 수 있다.

3) 학습이론적 접근

행동주의(行動主義)에 기반을 둔 학습이론가들은 인간의 모든 행동은 보상(reward)과 처벌(punishment)이라는 강화(强化, reinforcement)의 원리에 의해 학습되어진 것이라고 주장한다. 그들은 본유적인 인간의 특성이라는 관념을 거부하고, 인간의 행동은 오로지 강화의 원리에 의해 후천적으로 학습되어진 것이며, 따라서 모든 행동은 학습의 결과물일 뿐이라고 본다. 이러한 "학습이론적 입장에서는 도덕성이라는 것을 개별적인 사태 속에 산재하는 도덕적 행위의 총합으로 규정하고 있으며, 이런 입장에 따른다면 그러한 모든 도덕적 행위를 내면적으로 통합하고 통제하는 일반적이고 기저적인 '양심'의 존재가 일단 부인되지 않을 수 없다."[161]

이들이 주장하는 학습의 원리도 간단하기 그지없다. 이들은 인간을 철저한 쾌락추구적 존재라고 보는 입장에서, 사람들은 과거의 경험을 통해 보상받은 대상 또는 보상을 가져온 대상에는 접근하고 추구하

---

161 김호권, 1969, pp. 215-216.

려 하지만, 처벌을 받은 대상 또는 처벌을 가져온 대상은 회피하려 한다고 본다. 물론 보상이나 처벌을 자기가 직접 체험하지 않더라도, 모델(model)이 되는 제삼자의 경험을 모방(imitation)하여 대리적으로 체험함으로써 학습이 이루어질 수도 있다.[162] 어쨌든 직접 체험을 통해서나 대리적 체험(vicarious experience)을 통해서나, 과거 경험을 통해 보상받은 행동은 습득되어 개인의 행동 목록에 등록되고 유지되지만, 처벌을 받은 행동은 억제되고 개인의 행동 목록으로부터 탈락된다.

이러한 과정을 통해 특정 상황에서 특정 행동을 하는 경향성, 즉 습관이 형성되는 과정이 학습의 과정이며, 인간의 모든 행동은 이러한 습관 형성(habit formation)의 결과물일 뿐이라는 것이 행동주의적 학습이론의 관점이다. 이러한 관점에서 보면 도덕적 행위란 특정 상황에서 사회 규범이 권장하는 방향으로 행동하는 습관이 형성된 것일 뿐이며, 이러한 개별 습관들의 총합체가 곧 도덕적 행위의 집합이 된다는 입장이 학습이론적 접근의 요체인 것이다.

학습이론에서는 이렇게 인간의 행동은 환경 조건과 과거 경험의 함수로 이해할 수 있다고 본다. 인간의 본유적이거나 내재적인 특성, 예를 들면 도덕성 같은 것을 전제하지 않아도, 환경 조건과 과거의 강화사(强化史, history of reinforcement)만을 알게 되면, 개인의 구체적 상황에서의 구체적 행동을 이해할 수 있다는 것이다. 요컨대, 인간은 환경 조건의 생성물일 뿐이어서, "자유 의지" 같은 것은 허구이며, 이에 기초를 둔 인간의 "존엄성"이란 개념도 허구일 뿐이라는 극단론으로까

162 Bandura, 1986.

지 치닫게 되는 것이 학습이론의 입장이다.[163] 이러한 입장에 서면, "인간의 행동이 환경에 적합하지 못할 때 그 행동은 가차없이 도태되며, 결국은 그 인간도 도태되고 만다"고 본다. "그러므로 인간은 살아남기 위하여 환경에 적합한 행동을 할 필요가 있으며, 환경은 상과 벌을 통하여 체계적인 자극을 주어서 개인의 바람직한 행동을 조장하고, 바람직하지 않은 행동은 적극적으로 감소"[164]시키게 되는데, 이렇게 환경적 요구에 순응하는 행동의 학습을 통해 도덕적 행위가 학습되는 것이다.

이러한 입장에서는 도덕성이란 구체적 상황에서의 구체적인 행동으로 나타나는 것일 뿐이지, 그 배후에 있는 내면적 감정이나 판단은 문제되지 않는다. "예컨대, 정직성이란 덕목 내지 특성은 남에게 발각당할 염려가 없어 보이는 장면에서 정직성이라는 준칙을 어기는 행위를 나타내느냐 않느냐에 의해서 측정될 수 있다고 보는 것이다. 이런 장면에 놓인 개인의 내면적인 '이유'나 갈등보다는 외면적으로 발현되는 행위의 '결과'가 중요시된다".[165]

이렇게 구체적 상황에서의 "좋은 습관"들의 총합체로 도덕성을 규정하는 학습이론적 접근이 실제로 인간 삶의 장면에서 유용성을 가지기 위해서는 특정 상황에서의 "좋은 습관"이 다른 상황에로 일관성 있게 전이되어 나타날 수 있어야 할 것이다. 삶의 과정에서 부딪치는 모든 구체적 상황에서의 구체적 행동들을 모두 학습할 수는 없고, 또 이들을 모두 교육시킨다는 것은 불가능하기 때문이다.

---

163 Skinner, 1971/1982.

164 정옥분 곽경화, 2003, p. 30.

165 김호권, 1969, p. 213.

학습이론가들은 하나의 상황에서 학습된 행동은 비슷한 다른 사태로 전이된다는 일반화(generalization)의 원리를 통해 이러한 문제를 해결하려 한다. 그러나 실제 연구의 결과들에서는 특정 상황에서의 구체적인 "좋은 습관"[도덕적 행동]의 비슷한 사태로의 일반화 경향성은 매우 낮으며, 장래 행동에의 예측 가능성도 매우 낮다는 사실들이 밝혀지고 있다.[166] 즉, "직접적 훈련과 신체적인 처벌이 단기간의 사태적 순종을 유발하는 데에는 효과적일지라도, 장차의 생활과 가정 이외의 장면과 허용적인 조건 속으로 확산될 수 있는 도덕적 인격의 일반적이고 내면화된 습관을 만들어내지는 못한다."[167] 이렇게 하나의 상황에서 학습된 "좋은 습관"이 다른 상황 또는 장래 행동으로 일반화될 가능성이 실제로 낮다면, 도덕성이라는 보편 특성의 존재를 부정하고 구체적 행동 습관의 학습만을 강조하는 학습이론은 그 자체 논리적 함정뿐만 아니라, 실용적 관점에서도 한계를 가질 수밖에 없는 것이다.

도덕성에 대한 학습이론의 관점은 벤담과 밀의 결과주의(consequentialism)적인 공리주의(功利主義, utilitarianism)에 입각한 도덕관의 배경에서 도출된 이론으로 볼 수 있다.[168] 결과주의란 "어떤 행위가 옳은지 그른지를 행위자의 의도에 의해서가 아니라 그 결과에 기초해서 판단하는 윤리이론"[169]으로, 행동주의의 학습이론의 관점과 직접

---

166 김호권, 1969, pp. 213-215.

167 Kohlberg, 1964, p. 389.

168 벤담과 밀의 공리주의적 윤리이론은 Arrington(1998/2003, pp. 491-551), MacIntyre(1998/2004, pp. 384-420), Warburton(1995/2003, pp. 105-115) 등을 참고하였다.

169 Warburton, 1995/2003, p. 105.

적으로 연결된다. 공리주의는 사람들이 자신의 행위를 통하여 쾌락의 양을 최대한 늘리고, 고통의 양을 최대한 줄이려는 방향으로 행동을 하여, 결국 최대 다수의 최대 행복을 가져오는 행동이 가장 선한 행동이라고 본다. 이렇게 공리주의란 기본적으로 쾌락주의에 기초해서 성립하고 있는데,[170] 이러한 사실도 행동주의 학습이론의 관점과 일치한다. 이러한 도덕성에 대한 공리주의의 관점은 도덕적 행동이란 쾌락원리에 따라 학습된 행동 습관의 한 종류라고 보는 쾌락주의적이자 결과론적인 학습이론의 관점을 낳는 이론적 배경으로 작용하였던 것이다.

4) 세 접근의 종합

이상에서 보았듯이 도덕성에 대한 서구심리학의 인지발달론적 관점, 정신역동이론적 관점, 학습이론적 관점은 각각 칸트의 이성적 추론에 의한 의무론적 도덕관, 흄의 감정론적 도덕관, 그리고 벤담의 공리주의적 결과론적 도덕관에 근거를 두고 나온 이론들이다. 이러한 철학적 배경들은 도덕성을 각각 이성, 감정, 행위 결과의 효용성에 환원하여 이해하고자 함으로써, 도덕성을 인간 심리의 기본구성체로 보지 않는 서구 철학의 전통을 이어받고 있다는 공통점을 가지고 있다.

도덕성에 관한 서구심리학의 이론들[인지발달론·정신역동론·학습이론]이 도덕성을 "개인에 의해서 내면화된 사회적 행위 상의 일련의 문

---

170 Arrington(1998/2003)은 "벤담은 쾌락주의적인 공리주의자"(p. 494)라고 진술하여, 이러한 사실을 분명히 하고 있다.

화적 규칙"[171]이라 규정한 다음, 인지발달이론은 내면화 현상 속의 인지적 판단의 측면, 정신역동이론은 내면화의 정의적(情意的) 측면, 학습이론은 내면화의 행동적 측면을 중요시하여 연구함으로써,[172] 도덕성이 인간 심리에서 차지하는 위상을 부차적인 것으로 설정하는 경향을 띠어 온 배경은 바로 이러한 이론적 연원에서 찾을 수 있다. 이러한 도덕성에 관한 과학적 연구는 서구 사회에서 "아직까지도 학문의 본류에 끼지 못하고 있는 것이다."[173]

이러한 접근들은 모두 도덕성의 본유설을 부정하고 있다는 공통점을 띠고 있다. 프로이트의 정신역동이론에서는 도덕성의 존재 자체는 인정하나, 그 근거는 개인 밖의 사회 속에 있다는 입장이다. 즉, 개인 밖의 사회에 존재하는 도덕적 가치가 동성 부모에 대한 동일시 과정을 거쳐 내면화되어 개인 속에 자리잡게 된다는 것이다. 이에 비해, 학습이론이나 인지발달이론에서는 도덕성의 존재 자체를 거부하거나 인정하지 않는 입장을 취한다. 다만 사회적 규칙이 강화의 원리에 따라 학습되어 내면화되거나, 인지 능력이 발달하는 데 따라 판단 과정에서 고려되거나 고려되지 않거나 할 뿐이라는 것이다.

또한 이들은 모두 도덕성을 인간 심성을 구성하는 고유 체계가 아니라, 하위 체계 또는 부속 체계라고 본다. 프로이트는 도덕성의 존재 자체는 인정하나, 이는 욕구 체계에 부속되거나 욕구 체계에 의존해서 발달되는 하위 체계라고 본다. 학습이론에서는 행동 습관만이 있을 뿐

171 Kohlberg, 1964, p. 384.

172 김호권, 1969, pp. 211-212.

173 Bloom, 2012, p. 71.

이라고 보아, 도덕성이라는 것의 존재 자체를 거부하므로 말할 것도 없고, 인지발달이론에서도 도덕성은 인지 능력의 발달에 수반되는 인지 능력의 부속 체계라고 보고 있는 것이다.

5. 유학사상에서 도출되는 도덕심리학의 연구 문제

지금까지 고찰해 보았듯이, 지·정·의 삼분체계론의 관점에서 인간의 심리구성체 문제에 접근해 온 것은 면면히 이어져 온 서구의 전통이었다. 이러한 서구 철학의 배경에서 태동된 현대 서구심리학이 인지·정서·동기의 세 분야를 기본적인 탐구의 영역으로 설정하여 온 것은 당연한 논리적 귀결이었다. 서구인들은 도덕성이란 지·정·의 같은 심성의 기본구성체가 아니라, 단지 이러한 기본구성체들의 부속체계 또는 하위체계라고 이해하여 왔다. 그러므로 서구심리학자들은 도덕성의 문제를 심리학의 기본 탐구 주제로 여기지 않고,[174] 다만 인지나 정서와의 관련성 하에서 그 부속체계로 다루거나 또는 특수한 하위 행동체계로 간주하고 접근하는 경향을 띠어 왔던 것이다.

유학사상에서와 같이 인간의 심리구성체의 문제에 덕·지·정·의 사분체계론의 관점에서 접근하게 되면, 이러한 서구심리학의 연구 분야 설정은 크게 방향 선회를 하지 않을 수 없게 된다. 이러한 유학적 인

174 Bloom, 2012, p. 71.

성론의 관점에 서서 보면, 심리학에서 다루어야 할 기본 연구 분야는 인지·정서·동기만이 아니라, 도덕성도 이에 포괄하지 않을 수 없는 것이다.

또한 인간을 이성 주체로 개념화하는 자유주의 사상과는 달리, 유학사상은 인간을 덕성 주체로 보아 도덕성이 인간의 가장 근본적이고도 중요한 특성이라고 인식한다. 이러한 맥락에 서서 보면, 인지우월주의를 견지해 온 서구에서 인지의 내용과 그 과정의 문제 및 인지와 욕구 및 정서 사이의 관계의 문제가 심리학의 핵심 연구 주제가 되었던 것처럼, 유학심리학의 가장 핵심적인 체계는 도덕심리학이 되어야 할 필연성이 도출된다. 이러한 도덕심리학에서는 도덕성의 존재 근거의 문제, 도덕성의 본질과 기능의 문제, 그리고 덕성우월성의 문제들이 중요한 연구 문제로 등장될 것이다.

1) 도덕성의 존재 근거

도덕심리학에서 다루어야 할 가장 기본적인 물음은 도덕성의 존재 근거에 관한 문제일 것이다. 도대체 도덕성이 인간 심성에 본유적인 것인가, 아니면 심성의 다른 요소에 부속되거나 다른 요소에 의해 부차적으로 갖추어지는 것인가? 만일 전자라면, 도덕성의 문제는 심리학의 고유한 문제 영역으로 검토되어져야 할 것이다. 그러나 만일 후자라면, 도덕성은 다른 심성 요소와의 관계에서 부차적으로 다루어질 수밖에 없을 것이다.

(1) 서구심리학의 부차요소설

앞에서 보았듯이, 서구심리학에서 도덕성에 관한 연구는 인지발달이론·정신역동이론·학습이론의 관점에서 탐구되어 왔다. 이들은 모두 도덕성의 인간 본유설을 부정하고, 이를 부차적이거나 다른 심리구성체의 하위 종속 요인으로 본다는 공통점이 있다.

프로이트는 초자아(super-ego)라는 도덕성의 존재 자체는 인정하지만, 이는 욕구 체계(id)에 딸려 있거나 욕구 체계에 의존해서 발달되는 하위 체계라고 본다. 이렇게 프로이트의 정신역동이론에서는 도덕성의 존재 자체는 인정하나, 그 근거는 개인 밖의 사회 속에 있다는 견해를 편다. 곧 개인 밖의 사회 속에 존재하는 도덕적 가치가 동성 부모에 대한 동일시 과정을 거쳐 내면화 되어 개인 속에 자리 잡게 되는 것이지, 도덕성이 인간 심성 속에 본유한 심리구성체는 아니라는 것이다.

학습이론에서는 행동 습관만이 있을 뿐이라고 보아, 도덕성이라는 것의 존재 자체를 거부하는 관점을 제시한다. 학습이론가들은 사회적 규칙이 강화의 원리에 따라 학습 및 습관화되어 실제 행동으로 드러날 뿐으로, 도덕성이라는 심리구성체를 가정할 필요는 없다는 극단론을 펴고 있는 것이다.

심리학에서의 도덕성 연구를 주도해 온 인지발달이론에서도 도덕성은 인지능력의 발달에 수반되어 달라지는 인지능력의 부속체계라는 위상을 가질 뿐이다. 이들은 도덕성이라는 별도의 심리구성체가 존재하는 것이 아니라, 다만 도덕적인 문제 상황에서 도덕적인 추론과 이에 따른 판단만이 있을 뿐이라고 본다. 즉 도덕의 문제는 인지적 추론과 판단의 문제로 환원하여 이해할 수 있는 것이지, 별도의 심리구성체를 상정할 필요는 없다는 것이다.

(2) 유학사상의 본유설

이렇게 서구심리학에서는 도덕성을 인간 심성을 구성하는 고유 체계가 아니라, 하위체계 또는 부속체계라고 보고 탐구해 왔다. 그러나 도덕성의 본유설을 부정하고, 이를 인간 심성의 부차체계 또는 하위체계라고 보는 서구심리학의 연구 경향과는 대조적으로, 유학사상에서는 도덕성의 본유설에 바탕을 두어, 이를 인간 심성을 구성하는 가장 기본적이고도 핵심적인 체계라고 본다. 이러한 사실은 공자·맹자·순자에게 공통적인 입장이다.

> 인(仁)이 멀리 있는 것이 아니다. 내가 인을 행하고자 하면, 곧바로 인이 (마음속으로부터 올라와) 이르게 된다.[175]

> 인의예지 같은 도덕성은 외부로부터 사람에게 스며들어 온 것이 아니라 사람이 태어날 때부터 갖추고 있는 것이다.[176]

> 길거리의 보통 사람들에게도 누구에게나 도덕성과 올바른 행위원칙을 깨달아 알 수 있는 바탕이 본래부터 갖추어져 있을 뿐만 아니라, 이러한 도덕성과 올바른 행위원칙을 실천할 수 있는 능력이 본

---

175 仁遠乎哉 我欲仁 斯仁至矣 (《論語》 述而 29)

176 仁義禮智非由外鑠我也 我固有之也 (《孟子》 告子上 6)

래부터 갖추어져 있다.[177]

이 이외에 맹자는 측은지심·수오지심·사양지심·시비지심, 곧 인·의·예·지 같은 도덕의 근거가 인간에게 본유적으로 갖추어져 있음을 설파하고 있고,[178] 순자는 동물과는 달리 인간에게는 옳고 그름을 구별하는 변(辯)과 의(義) 같은 도덕성의 바탕이 본래부터 갖추어져 있기 때문에 우주에서 가장 귀한 존재가 된다고 보아,[179] 도덕성의 본유설을 내세우고 있는 것이다.

이와 같이 도덕성을 인간 심성을 구성하는 중핵 체계로 보는 유학사상의 입장은 도덕성(초자아)을 욕구(원초아)의 하위체계로 보는 정신역동이론이나 인지 능력 발달의 부산물이라고 보는 인지발달이론 등 현대 서구심리학의 입장과 크게 대비되는 것이다. 도덕성의 존재 근거를 보는 관점이 이렇게 달라지게 되면, 도덕심리학이 심리학 전체에서 차지하는 위상이 달라진다. 현대 서구심리학에서와 같이 도덕성을 인간 심성의 하위체계 또는 부속체계로 보는 관점에서는 이를 욕구나 인지의 하위 요소로 탐구하면 되므로, 도덕성은 그 자체가 심리학적 탐구의 중심 문제에서 밀려나게 된다. 그러나 유학사상에서와 같이 본유설에 근거하여 도덕성을 인간 심성의 중핵체계로 보게 되면, 도덕성의 문제가 심리학에서 다루어야 할 가장 중심적인 문제 영역으로 떠오를 것이다. 곧 유학사상을 바탕으로 정립될 유학심리학의 체계에서는 도덕심

177 然而塗之人也 皆有可以知仁義法正之質 皆有可以能仁義法正之具(《荀子》 性惡 13)

178 《孟子》, 公孫丑上 6; 告子上 6.

179 《荀子》, 非相 9-10; 王制 20-21.

리학이 중핵적인 위치를 차지하게 되는 것이다.

2) 도덕성의 본질 또는 기능

위에서 살펴본 도덕성의 존재 근거에 관한 물음은 도대체 도덕성이 심리학의 연구 문제로서 어떠한 위상을 갖는 것인지에 관한 물음일 뿐이었다. 이러한 도덕성의 존재 근거에 대한 물음보다 도덕성에 관한 심리학적 탐구에서 더욱 중요한 물음은 도덕성의 본질 또는 기능에 관한 물음이다. 심리학은 인간의 행동에 미치는 상황적이거나 개인적인 요인의 영향을 객관적으로 분석하여 인간 행동 및 심성에 개재하는 법칙을 정립하려 하는 학문으로서, 이러한 법칙은 연구 주제가 되는 심리구성체 또는 심성 특성의 기능과 영향의 탐구를 통해 정립될 수 있을 것이기 때문이다. 그러므로 도덕성에 관한 심리학적 탐구는 도덕성이 개인에게 어떠한 기능을 하는지, 그리고 이것이 개인의 행동과 심성에 어떠한 영향을 미치는지 하는 문제에 대한 분석에 초점을 맞추게 될 것이다.

한 사회의 도덕 관념은 그 사회의 인간관을 그대로 반영하기 마련이어서, 도덕성의 본질 또는 기능은 필연적으로 각 사회에서 인간을 파악하는 입장이 달라지는 데 따라 변화하게 된다.[180] 서구 개인주의사회에서는 인간을 타인 및 집단과 분리되고 구획된 독립적인 실체라고 보므로, 개인은 자기실현을 비전으로 하여 자기가 지향하고 있는 바를 자유롭게 추구하고, 이에 맞게 살 자율적 권리를 보유하고 있다는 관점에

180 Taylor, 1989.

서, 도덕성의 본질을 개인의 자유 선택과 독립적인 개인 사이의 계약에서 찾는다. 이에 비해, 동아시아 집단주의사회에서는 인간은 타인 및 집단과의 관계 속에서 존재의의를 찾을 수밖에 없다고 보므로, 자기확대를 비전으로 하는 타인 및 집단에의 배려에서 도덕성의 본질을 찾는다.[181] 도덕성의 본질에 관한 이러한 두 문화권의 입장의 차이는 도덕적 문제 상황의 규정 및 도덕성의 기능 등에 관한 제반 차이를 유발하는 것으로 밝혀지고 있는데, 이러한 문화차 연구가 도덕성에 관한 현대심리학적 탐구의 중심 주제가 되고 있다.

(1) 개인주의사회와 정의의 도덕성

서구의 자유주의 사상에서는 존재론적 우선성(ontological priority)을 공동체나 집단보다는 개별적이고 비사회적(nonsocial)인 개인에게 두고 있으며, 사회관계란 이러한 개인들이 비슷한 처지에 있는 다른 사람들과의 합의에 의해 형성되는 이차적이고 후속적인 것이라고 간주한다. 그러므로 이러한 자유주의를 사상적 배경으로 하고 있는 서구 사회의 도덕적 전통은 극히 개인주의적이었다.[182] 개인을 제반 개인적 권리와 자유를 보유하고 있는 이성의 주체일 뿐만 아니라, 스스로 모든 행위의 원천이 되는 고정적·안정적 속성을 완비하고 있는 존재라고 간주

---

181 Fiske et al., 1998; Gilligan, 1982; Hamilton, Blumenfeld, Akoh, & Miura, 1990; Miller, 1991, 1994, 1997; Miller & Bersoff, 1992, 1994; Miller, Bersoff, & Harwood, 1990; Miller & Luthar, 1989; Shweder et al., 1990; Shweder, Much, Mahapatra, & Park, 1997; Taylor, 1989.

182 Fiske et al., 1998, p. 940.

하는 자유주의의 관념은 이들의 도덕성에 관한 접근의 핵심을 이루고 있는 것이다.

이러한 서구식 접근의 근본적 가정은 사회란 개인들이 이익 갈등을 최소화하고, 스스로의 이익을 지키기 위하여 타 성원들과 계약을 맺음으로써 형성된 것이며, 개인들은 이러한 계약을 통해 자기이익을 최대로 보장해 줄 수 있는 사회적 행위 원칙에 합의하게 된다는 것이다. 이러한 행위 원칙들은 상호간에 개인적 이익을 보장해 줄 수 있는 만큼의 범위에서 합법적이며, 사회의 안녕은 부당한 침해로부터 개인적 이익을 보호하는 데에서 나오게 된다. 이러한 견해에 따르면, 사람들은 타인과의 사이에 이익 갈등이 빚어졌을 때 어떤 원칙을 따라야 할는지에 대해 이성적 사고를 통해 분별할 수 있어야 하며, 그 결과 개인은 도덕적 자율성을 보유하게 된다는 것이다.[183] 이러한 행위 원칙 중 핵심이 되는 것은 정의(正義)의 원칙이며, 도덕성은 이러한 정의 원칙에 따른 자율적 선택에서 나온다고 보는 것이 "정의의 도덕성"(the morality of justice)의 핵심이다.

이와 같이 정의의 도덕성은 개인적 자유의 관념과 사회계약의 개념을 핵심으로 하고 있다. 이 전통에서는 도덕성에 합치하느냐의 여부를 타인의 권리를 침해하느냐의 여부에 따라 판단한다. 여기서는 도덕 판단의 목표를 타인의 권리를 침해하지 않으면서 자기의 이익을 최대로 확보하는 것에 두게 되며, 타인의 권리를 증진시키거나 타인을 돕는 것은 도덕 판단의 전제 조건이 아니다. 이렇게 정의의 관점에 초점

183 Kittay & Meyers, 1987.

을 맞추게 되면 남을 도울 의무나 책임은 없게 되고, 따라서 남을 돕거나 집단의 이익을 도모하는 것은 전적으로 개인의 재량권에 속하는 문제이지 도덕적 전제 조건은 아니게 된다. 이와 같이 서구 개인주의사회에서 지배적인 정의의 도덕성은 개인의 권리와 자유, 그리고 사회계약을 기초로 하여 성립되고 있으며, 자율적인 선택이 도덕 판단의 핵심이라 보는 입장인 것이다.[184]

현대 서구심리학에서 이루어진 도덕성에 관한 연구들은, 특히 인지발달론자들의 연구들은 이러한 정의의 도덕성의 개념을 기반으로 하여 이루어진 것으로 볼 수 있다. 그들은 도덕적으로 자율적인 개인을 이상으로 규정하여 도덕 판단 단계를 설정하고 있으며, "도덕적 세계에 대한 판단도 물리적 세계에 대한 판단에서와 마찬가지로 진·위 또는 정·오의 문제"[185]라고 보고 있는 것이다. 또한 이러한 객관적인 정의 원칙이 도덕적 행위와 그 판단의 준거로 작용한다면, 스스로가 이러한 원칙에 위배되어 타인의 권리를 침해할 경우 이는 심한 죄책감을 유발하게 될 것이라고 추론할 수 있다. 이러한 맥락에서 보면, 양심의 가책에서 나오는 죄책감을 도덕적 행위의 근거라고 간주하는 프로이트의 입장도 정의의 도덕성의 관념에 기반을 두고 있는 것으로 생각해 볼 수 있을 것이다.

184 Nunner-Winkler, 1984.

185 Fiske et al., 1998, p. 940.

(2) 집단주의사회와 배려의 도덕성

동아시아의 유학사상에서는 사회의 궁극적인 구성 단위를 독립적이고 개별적인 개인 존재에서 찾지 않고, 개인 간의 관계 또는 그러한 관계의 원형인 가족과 같은 일차 집단에서 찾는다. 여기에서는 개인의 존재의의는 이렇게 관계를 맺고 있는 타인과의 상호연계성 속에서 찾아야 한다고 간주하며, 상호 관계에서 도출되는 쌍무적인 역할과 의무 및 상대방에 대한 관심과 배려가 사회행위의 근본적인 원동력이라고 본다. 이들은 개인을 의무·역할·배려의 복합체, 타인을 우선적으로 고려하고 그들의 복지에 책임을 지는 덕성의 주체, 그리고 성덕을 지향하여 자기개선을 이루려 하는 가변적·과정적 존재로 파악한다. 인간에게서 사회성을 사상(捨象)해 버리면, 개인은 존재의의를 상실하게 된다고 유학자들은 보고 있는 것이다. 이러한 유학의 체계를 사상적 배경으로 하고 있는 집단주의사회에서 개인의 권리와 객관적인 정의의 원칙은 이차적인 관심으로 밀려나게 되며,[186] 따라서 이들의 도덕성의 관념은 지극히 관계중심적인 것일 수밖에 없는 것이다.

객관적인 행위 원칙인 정의의 원칙은 절대적이거나 보편적인 것이 아니라 이차적인 중요성을 가지는 것일 뿐이며, 이보다 대인관계에서의 상대방에 대한 배려와 책임감이 더 중요하다는 사실을 공자는 다음과 같이 제시하고 있다.

섭공(葉公)이란 사람이 공자에게 "우리 무리에 정직하게 행동하는

186 Yeh, 1996.

사람이 있습니다. 그는 자기 아버지가 남의 양을 훔치자, 관가에 고발하여 이를 증언하였습니다"라고 말씀드렸다. 이에 대해 공자께서는 "우리 무리의 정직한 사람은 이와 다릅니다. 아버지는 자식을 위하여 숨겨 주고, 자식은 아버지를 위하여 숨겨 줍니다. 정직함은 바로 이러한 가운데에 있는 것입니다"라고 말씀하셨다.[187]

객관적인 정의의 원칙보다 부모–자식 사이의 윤리가 더욱 중요하며, 구태여 정의의 원칙을 내세우지 않아도 사람들 사이의 관계가 바로 정립되면, 저절로 바른 행위가 이루어진다고 보는 것이 공자의 입장이었다. 사람들 사이의 관계 윤리, 즉 타인에 대한 배려와 책임이 객관적이고 보편적인 행위 원칙보다 우선한다고 공자는 보고 있는 것이다.

물론 이 인용문에서 공자가 객관적인 정의 원칙을 무시하는 것이 옳다고 보는 것은 아니다. 다만 객관적 원칙보다는 모든 행위 원칙의 출발 원천으로서의 대인관계, 그중에서도 특히 부모-자식 사이의 관계에서 서로 간에 배려하고 상대방의 복지에 대해 책임을 지려 하는 자세가 더욱 중요함을 역설하고 있을 뿐인 것이다. 대인관계에서 서로 간의 배려와 책임이 도외시되거나 무시되면, 객관적인 행위 원칙의 도출 근거 자체가 사라지게 된다고 공자는 보고 있었던 것이라 생각할 수 있다. 이렇게 다른 사람에 대한 배려와 책임감에서 도덕성의 근거를 찾으려 하는 것이 "배려의 도덕성"(the morality of caring)으로, 동아시아 집단주의사회에서는 이러한 관점에서 도덕성을 개념화하고 있다.[188]

---

187 葉公語孔子曰 吾黨有直躬者 其父攘羊 而子證之 孔子曰 吾黨之直者異於是 父爲子隱 子爲父隱 直在其中矣 (《論語》, 子路 18)

188 Fiske et al., 1998; Miller, 1994, 1997; Miller & Bersoff, 1992, 1994.

이렇게 배려의 도덕성은 도덕성의 출처를 대인관계에서의 타인에 대한 관심과 배려 및 책임감에서 찾으려 하는 입장이다. 개인이 스스로의 권리나 자유 또는 이익보다는 관계를 맺고 있는 타인에 대한 배려와 책임을 우선시하는 데에서 도덕성이 나오게 된다고 보는 것이 집단주의사회의 특징이다. 즉, "집단주의사회에서 개인의 욕구와 권리에의 관심은 사회적 의무보다 부차적이며, 개인 간의 근본적인 상호의존성에서 나오는 대인간 책임감은 강력한 도덕적 '선'으로 경험되는 것이다."[189]

도덕성의 본질을 이렇게 서로 다르게 개념화하면, 도덕적 문제 상황의 규정이나 도덕성이 인간 삶에서 수행하는 기능들에 관해 서로 다른 관점을 가지게 된다. 개인주의사회에서 도덕적 문제 상황은 개인의 권리가 침해되었는지의 여부이고, 이에 개입할 것인지는 개인의 자율적 선택에 달려 있지만, 집단주의사회에서 도덕적 문제 상황은 관계 당사자가 곤경에 빠져 있는지의 여부이고, 이에 개입하는 것은 개인의 책임이자 의무가 된다.[190] 그러므로 어떤 것이 도덕적인 문제 상황이고, 또 어떤 행동이 도덕적으로 착한 행동인지에 대한 규정과 그러한 행동이 가져오는 효과들을 놓고 서로 다른 관점을 가지게 되므로, 유학심리학에서 전개될 도덕성에 관한 탐구 주제들은 서구심리학의 그것과는 크게 달라질 것이다.

콜버그의 인지발달론적 관점에서 도덕성을 연구해 온 길리건(C.

189 Fiske et al., 1998, p. 941.

190 Fiske et al., 1998; Miller & Bersoff, 1992, 1994; Miller et al., 1990; Miller & Luthar, 1989.

Gilligan)은 개인주의사회에서조차도 정의의 도덕성은 남성들만의 도덕 원리일 뿐, 대인관계의 조화에 깊은 관심을 가지고 있는 여성들은 배려의 도덕성의 관념에 기초하여 도덕의 문제를 규정하는 경향이 강하다고 함으로써,[191] 도덕성의 본질이 문화 간에서 만이 아니라 한 문화권 내에서도 집단 간에 차이가 있을 수 있다는 사실을 밝혀내고 있다. 이러한 맥락에서 보면, 앞으로의 도덕심리학의 연구에서는 개인주의사회와 집단주의사회뿐만 아니라, 그 하위 집단이나 계층별로 개념화하는 도덕성의 개념 규정과 그 기능의 차이에 대해서도 폭 넓은 검토가 이루어져야 할 것이다.

3) 지배적인 심리구성체

서구심리학은 서구 철학의 전통인 인간 심성에 관한 지·정·의 삼분체계설을 바탕으로 하여 성립되고 있으며, 이 세 요소 가운데 지적인 요소를 핵심으로 여기는 이성중심주의의 지배를 받아 왔다. 이에 비해

191 Gilligan, 1982: 콜버그의 제자였던 길리건은 "콜버그의 윤리학이 성차적 편견에 기초한다고 공격하였다. 또한 그녀는 콜버그가 중시하는 정의의 원리가 남성 중심적인 덕목인데다가, 콜버그의 연구실험에서조차도 여성들이 전적으로 배제되어 있어서, 그의 방법론은 근본적으로 잘못을 범하고 있다고 맹렬하게 비난하였다. 그녀는 여성들에게는 정의보다는 배려의 원리가 더 친근하다고 주장하면서, 남상 위주의 정의 원리와의 대결 구도를 만드는 데 주력하였다"(김진, 2013, p. 6). 그러나 Miller와 Bersoff(1992)는 Gilligan의 입장은 타인에 대한 관심보다는 개인의 욕구와 감정 중심적일 뿐만 아니라, 집단의 맥락을 고려하더라도 여전히 개인의 개성의 발견을 도덕성의 목표라고 보고 있으며, 또한 자기에 대한 책임과 타인에 대한 책임 사이의 갈등을 핵심 경쟁 요인으로 설정함으로써, 진정한 의미에서의 배려의 도덕성을 다루고 있는 것이라 보기 힘들고, 여전히 개인주의적 윤리학의 범위를 벗어나고 있지 못하다고 비판하고 있기도 하다.

유학사상은 인간 심성의 구성 요소를 덕·지·정·의의 사분체계로 이해하고, 이 가운데 도덕성이 핵심이라는 덕성중심주의의 교의를 간직하고 있다. 이러한 심리구성체론의 차이는 양 진영에서 전개되어 왔거나 혹은 앞으로 전개될 심리학의 근본적인 차이를 낳는다. 즉, 서구심리학에서는 인지심리학이 중심이지만, 유학심리학은 도덕심리학이 위주인 것이다.

(1) 서구심리학의 인지우월주의

이성·감성·욕구의 삼 요소로 인간의 심성을 이해하는 고대 그리스 이래의 서구 철학의 전통은 서구심리학에 그대로 이어졌다. 서구심리학에서 이성은 인지로, 감성은 정서로, 그리고 욕구는 동기로 개념화하여 연구해 오고 있는 것이다.

서구 철학에서 이 세 체계 가운데 중핵을 이루는 것은 이성이었는데, 감성과 욕구는 동물들도 가지고 있지만 이성은 인간만의 고유한 특성이라고 보았기 때문이었다. 그러므로 서구심리학에서 항상 관심의 제일 대상이 되었던 것은 지적인 과정에 대한 연구였다. 정서나 동기는 인지와 대등한 위상을 갖는 심리구성체로 인정되었다기 보다는 인지보다 중요성이 떨어지거나, 인지의 결과로 유발되거나, 합리적 인지 과정을 방해하는 요소로 간주될 뿐이었다.

서구심리학 자체가 지적 인식의 결과인 관념의 구성 요소의 분석이나 관념 연합의 문제를 객관적 과학적으로 분석하려는 시도에서 출범되었다는 사실은 서구심리학에서의 이러한 인지중심주의의 경향을 잘 드러내 주고 있다.[192] 이러한 경향은 1950~1960년대에 전개된 인지 혁명 이후에 더욱 심화되어, 인지 과정을 컴퓨터에서 정보가 처리되는 과정을 모사(computer simulation)하여 설명하게 되면서 더욱 굳어진 현대 서구심리학의 가장 핵심적인 조류가 되고 있는 것이다. 인지 과정은 이성의 지배를 받는 것이어서 합리적인 추구가 가능하지만, 정서나 동기는 이성의 지배를 벗어나는 것이어서 합리적인 접근이 힘들다고 본 데에 이러한 태도의 원인이 있었다.[193]

물론 서구심리학에서 이러한 인지중심주의에 대한 반발이 없었던 것은 아니다. 1970년대 이후 인지 과정에 미치는 정서와 동기의 영향들이 밝혀지고, 인간의 합리성에 대한 신념을 절하시키는 여러 발견들이 이어지면서, 정서와 동기를 인지의 구속으로부터 해방시키려는 시도들이 나타났던 것이다.[194] 그러나 아직까지도 서구심리학이 인지중심주의에 의해 지배되고 있다는 사실은 부인하기 어렵다.

이러한 맥락에서 서구심리학에서는 도덕성의 문제도 인지 능력 발달의 부수물로 보려는 관점이 지배적이다. 도덕성을 초자아 발달의 부수물로 보려는 정신분석학이나 사회 관습에 따르는 행동 습관일 뿐이라고 보는 행동주의보다 콜버그 같은 인지발달론자들이 이 분야의 연구를 주도하고 있다는 사실[195]은 서구심리학을 지배하고 있는 인지중심주의의 또 다른 일면을 드러내고 있는 것이다.

192 Mandler, 2007, pp. 1−15.

193 White, 1993, p. 31.

194 Petri, 1996, pp. 354−355; Pittman, 1998, pp. 549−550: 이러한 논의는 선행저술(조긍호, 2003a, pp. 226−233, 264−272; 2007a, pp. 248−257, 324−330) 참조.

195 Haidt & Kesebir, 2010, p. 797.

(2) 유학사상의 덕성우월주의

유학자들은 도덕성의 본유설에 대한 강한 신념에 덧붙여서, 도덕성이 인간 심성의 가장 중핵적인 체계라는 덕성우월론을 견지하고 있다. 맹자나 순자는 양지·양능 또는 지·능 같은 도덕적 인식 능력과 도덕적 행위 능력을 사람이 본유적으로 갖추고 있다고 보고, 이를 통해 스스로가 덕성 주체라는 자각을 이루어야 할 뿐만 아니라, 이기적 욕구와 정서를 억제하여, 이러한 이기적 욕구와 정서가 도덕성에 의해 지배되고 통어되도록 해야 한다고 주장한다. 이러한 관점은 공자로부터 이어지는 유학의 전통이며, 특히 성리학자들은 삶의 목표를 "이기적 욕구와 정서를 통제하고, 도덕성을 간직하는 일"[遏人欲·存天理][196]이라고 보아, 도덕성에 의한 이기적 욕구와 정서의 통제를 중시하고 있다.

이러한 맥락에서 보면, 유학자들이 도덕성의 본유설을 통해 주장하려 했던 핵심은 덕성우월론의 관점이라 할 수 있다. 곧 유학자들은 도덕성에 의해 인간 존재가 지닌 특성들이 모두 통합되어야 함을 강조하고 있는 것이다. 유학심리학에서는 이러한 도덕성에 따른 욕구와 정서의 통제가 어떻게 가능하고, 또 이는 개인에게 어떠한 효과를 가져올 것인지가 또 하나의 중요한 탐구 문제로 등장하게 될 것이다. 특히 이

196 自精一擇執以下 無非所以遏人欲而存天理之工夫也 愼獨以下 是遏人欲處工夫 戒懼以下 是存天理處工夫 (《退溪全書 一》, 聖學十圖 心學圖說 208); 大抵心學雖多端 總要而言之 不過遏人欲存天理兩事而已 … 凡遏人欲事當屬人心一邊 存天理事當屬道心一邊 可也 (《退溪全書 二》, 書 答李平叔 259); 治心者 於一念之發 知其爲道心 則擴而充之 知其爲人心 則精而察之 必以道心節制 而人心常聽命於道心 則人心亦爲道心矣 何理之不存 何欲之不遏乎 (《栗谷全書 一》, 說 人心道心圖說 282–283)

문제는 자기심리학에서 다루어질 자기통제의 핵심이 된다는 점에서 도덕심리학과 자기심리학을 관련짓는 연결 고리가 될 수 있을 것이다.

6. 도덕성에 대한 최신 연구 경향과 유학사상의 회통(會通)

전통적으로 심리학자들의 관심은 사람들이 "여기서 현재"(here and now) 경험하는 주관적 체험에 머물러 있었다고 할 수 있다. 시간적으로는 대체로 언어를 습득하고 사회적인 상호작용을 하게 된 이후의 "현재"에 집중되고 있었고, 공간적으로는 연구가 이루어지는 주요 공간으로서의 서구 사회 곧 "여기"에 집중되고 있었다. 그러나 20세기의 말엽에 접어들면서 심리학자들의 조망은 시·공간적으로 크게 확대되었다. 이러한 심리학적 관심의 시·공간적인 조망 확대가 오늘날의 심리학 연구를 이끌어 가고 있는 원동력인 것이다.

심리학적 관심의 공간적인 확대는 문화차 연구의 흐름이 이끌고 있다. 전통적으로 서구 사회에서 이루어진 연구들이 밝혀낸 행동과 심리 원리들의 보편성에 대한 회의로부터 시작된 문화 연구들을 통해, "여기"(서구 사회)라는 좁은 공간에 갇혀 있던 심리학자들의 관심이 세계 곳곳의 "저기"(비서구 사회)로 열리는 공간적 확대가 이루어짐으로써, 이제 심리학자들은 공간적으로 "여기와 저기"(here and there)를 아우르는 조망을 희구하고 있다. 유학심리학의 탐색은 이러한 시대적 요구에 부응하는 작업의 일환이다.

심리학적 관심의 시간적인 확대는 영유아 연구와 진화심리학 연구의 흐름이 견인하고 있다. 종래까지 주로 언어 습득 이후로 집중되었던 인간발달 연구가 언어 습득 이전의 영유아로까지 확대되어 시간적인 차원의 조망 확대가 초래되었다. 뿐만 아니라 진화심리학이 등장함으로써 이러한 시간적 조망은 지구상에 인류가 탄생했을 때로까지 확대되었다. 이제 심리학자들은 시간적으로 "현재와 과거"(now and then)를 아우르는 조망을 갖추게 된 것이다.

이러한 심리학적 조망의 시·공간적인 확대 현상이 잘 어우러지고 있는 영역이 도덕성에 관한 연구의 분야이다. 유학사상에서 보듯이 인간은 태어날 때부터 도덕성을 본유하고 있는지 아니면 전통적인 심리학 연구에서 가정해 왔듯이 도덕성은 태어난 이후에 발달되거나 학습되는 것인지? 그리고 이러한 도덕성은 인지적 추론이나 판단에만 의존하여 드러나는 것인지 아니면 인지가 개입하기 전에 감정적 반응이 선행되는 것인지? 전자는 도덕성의 본유성에 대한 관심으로, 주로 영유아발달심리학, 영장류학, 진화심리학자들의 탐구의 중심이 되어 있는 주제이다. 후자는 도덕성의 통합성에 대한 관심으로, 주로 도덕성을 주제로 삼고 있는 사회심리학자들과 문화학자들의 탐구의 중심을 이루고 있다.

지금까지 서구심리학에서 진행되어온 도덕성에 관한 연구의 양상에 대한 고찰에 이어서, 유학사상에서 도출되는 도덕심리학의 주요 연구문제들을 살펴보았다. 여기에서는 최근 진화심리학, 영유아심리학 및 사회심리학의 연구를 통해 전개되고 있는 도덕성에 대한 두 가지 연구의 경향, 곧 도덕성의 본유성에 대한 연구 경향과 도덕성의 통합성에 관한 연구 경향을 간단히 소개하여, 이러한 새로운 방향의 연구들에 유학의 도덕성에 대한 이해의 관점이 어떻게 스며들어 있는지 살펴봄으로써, 이 책의 결론으로 삼고자 한다.

1) 도덕성의 본유성에 관한 최신 연구

모든 생물체는 자연선택(natural selection)의 원리에 따라 도태되거나 생존한다는 진화론(進化論)은 기본적으로 생명체들의 이기성(利己性)을 전제로 한다. 이러한 진화론이 부딪친 가장 풀기 어려운 수수께끼 두 가지 가운데 하나는 자기 생존 기회를 희생하면서까지 동종의 타 개체를 돕는 이타행동의 문제였다.[197] 이타행동은 모든 생명체의 자기보존을 위한 이기성과는 역행되는 행동이기 때문이다.[198]

이타행동의 문제는 곧 도덕성의 문제라고 볼 수 있는데, 이는 최근 영유아발달 과정에 대한 연구와 유전적으로 인류(Homo Sapience)와 가장 근연종(近緣種)인 고릴라·침팬지·오랑우탄·보노보 같은 영장류 유인원(類人猿, Great Apes)의 이타행동에 대한 진화심리학자들의 연구들을 통해 도덕성의 본유성에 관한 탐구로 접근되고 있다.

---

197 Cronin, 1991/2016, p. 23.

198 표준적으로 진화심리학자들에게 "이타행동(altruism)은 행위자는 적합도 부담(fitness cost)을 지면서 수혜자는 이득을 보는 상호작용을 지칭하는 것"(Kurland & Gaulin, 2005, p. 448)으로 받아들여진다. 곧 자기의 번식적 이기성은 포기하면서, 타 개체에게 이득을 주는 행위가 이타행동인 것이다.

(1) 영유아발달심리학의 연구

최근 아동의 인지 능력과 사회성의 발달 수준이 과거에 상정했던 것보다 훨씬 빨라, 출생 후 2세 이전의 영유아, 특히 출생 후 3~4개월의 영아에게서도 나타난다는 사실이 실증적인 연구의 결과들을 통해 드러나고 있다. 이러한 결과가 얻어진 것은 전통적으로 언어 행동이나 구체적인 행동 지표를 종속측정치로 삼아 인지능력이나 사회성의 발달을 다루던 관행에서 벗어나, 언어 습득이나 복잡한 행동발달 이전 시기의 영유아의 특정 행동(예: 응시하기, 손을 뻗치기 등)을 종속측정치로 삼아 연구를 진행하게 된 데에서 그 연원을 찾을 수 있다. 이러한 연구들을 통해서 언어가 학습되기 이전의 영유아들도 이미 타인에 대한 관심을 가지고 있으며, 또한 선(善)에 대한 선호와 악(惡)에 대한 처벌 의지를 갖추고 있음이 밝혀져, 도덕성이 인간에게 본유적으로 갖추어져 있다는 사실에 대한 증거들이 쌓이고 있는 것이다.

생후 1년이 채 되지 않은 영아들도 애매한 상황에 부딪쳤을 때 타인의 해석을 이용하여 자신의 해석을 구성하는 사회적 참조(social referencing)의 현상을 보인다. 이 시기의 영아에게 애매하게 생긴 장난감을 제시하면 이들은 흔히 뒤에 앉아 있는 엄마를 쳐다보며, 이때 엄마가 긍정 정서를 보내면 그 장난감에 접근하지만, 엄마가 부정 정서를 보내면 장난감에서 회피하는 행동을 보인다.[199] 만 1세경에 즈음하여 나타나는 이러한 영아의 사회적 참조 행동은 이 나이 또래의 영유아도 애매한 상황에 처하면 타인의 행동을 참조하며, 그들의 반응에 따라 자신

199 Walden & Ogan, 1988.

의 행동을 조정한다는 점을 함의한다.[200] 최근의 연구에서는 5~6개월 된 영아에게서도 이러한 사회적 참조 행동이 나타남이 관찰되었다.[201]

영유아의 인지발달 수준을 고려한다면, 이 시기의 영아들이 이러한 사회적 참조 행동을 보인다는 것은, 사람들이 타인에 대한 사회적 정보를 추구하여 세상에 대한 지식을 구성하는 행동은 태어날 때부터 갖추어져 있는 것으로 볼 수 있음을 의미하는 것이다. 또한 영유아들은 갓 태어났을 때부터 타인의 고통에 대한 정서 반응(예: 따라 울기, 우는 아이 달래기, 곤경에 빠진 아이 도와주기 등)을 보인다는 사실도 관찰되었다.[202] 도덕성이란 타인에 대한 관심으로부터 비롯된다는 사실을 생각해 보면, 이러한 결과는 도덕성의 인간 본유성을 시사하는 증거가 된다.

생후 6개월 된 영아들은 제삼자가 언덕을 올라가는 것을 도와주는 인형과 방해하는 인형을 보여준 다음 선택하게 했을 때, 전자에게 더 많이 손을 뻗쳐 가지려고 하는 선호 행동을 보였으며,[203] 이러한 경향은 심지어 생후 3개월짜리 영아들에게서도 관찰되었다.[204] 또한 생후 5개월 된 영아들도 제삼자를 돕는 인형이 보상받는 경우를 제삼자를 방해하는 인형이 보상받는 경우보다 더 좋아하였으며, 남을 돕는 인형이 받은 보상과 방해한 인형이 받은 보상 중에서 골라 가지게 하면 후자의

200 김근영, 2014.

201 Vaillant-Molina & Bahrick, 2012; Walden, Kim, McCoy, & Karrass, 2007.

202 Warneken & Tomasello, 2009a.

203 Hamlin, Wynn, & Bloom, 2007.

204 Hamlin & Wynn, 2011; Hamlin, Wynn, & Bloom, 2010.

것을 빼앗아 가지려 하였다.[205] 이렇게 선한 행동을 하는 대상을 그렇지 않은 대상보다 더 선호하거나, 규칙의 준수자를 보상해 주고 규칙위반자를 처벌하려는 경향이 매우 어렸을 때부터 관찰된다는 결과들은 인간에게 도덕성이 태어날 때부터 갖추어져 있다는 사실을 시사한다.

이렇게 언어 습득 이전의 매우 어렸을 때부터 다른 사람으로부터 세상에 대한 정보를 얻으려 하고, 타인들의 상태에 대해 관심을 보이며, 더욱이 착한 행동을 하는 사람을 그렇지 않은 사람보다 선호할 뿐만 아니라, 규칙준수자를 보상하고 규칙위반자를 처벌하려는 행동을 보인다는 사실은 도덕성의 인간 본유성에 대한 훌륭한 증거인 것이다.

(2) 영장류의 이타행동 연구

고릴라·침팬지·오랑우탄·보노보 같은 유인원 중에서도 침팬지는 인류와 가장 가까운 근연종으로, 유전부호(genetic code)의 96%를 공유할 정도로 양자 사이의 유사성은 매우 크다.[206] 양자 사이의 이러한 유전적 유사성은 행동적 측면에서 다양한 유사성을 산출하고 있는데, 이러한 행동적 유사성이 가장 잘 드러나는 분야가 이타행동의 영역이다.[207] 이러한 배경에서 침팬지와 인간 유아 사이의 이타행동의 관련성에 관한 문제는 최근 이삼십 년 동안 진화심리학자들의 많은 관심을 끌어온 주제였다. 이러한 연구들은 대체로 타 개체의 목표추구 행동에 대

205 Hamlin, 2012, 2013.

206 Varki & Nelson, 2007.

207 McCullough & Tabak, 2010, p. 263.

한 의도적이고 자발적인 도움(helping) 행동의 장면에서 이루어져 왔다.[208]

생후 14개월 된 유아들은 어른이 양손 가득 물건을 나르다가 한 개를 사고로 떨어뜨리면 다가가서 그것을 집어주며, 양손 가득 물건을 들고 옷장 문을 열려고 하면 다가가서 문을 열어 주었다. 이런 도움행동은 아무런 물질적 보상이나 칭찬이 없어도 자발적으로 나타났다. 동물원에서 기른 침팬지나 자연상태에서 큰 침팬지도 언어적 보상이나 물질적 보상이 없어도 위에서와 똑같은 도움행동을 보였다.[209] 침팬지도 인간과 동일한 상황에서 동일한 도움행동을 나타낸다는 이러한 결과는 도움행동이 인간에게 고유한 문화 때문에 나타나는 행동이 아니라는 사실을 강력하게 시사해 주는 것이다.

인간의 의도적·자발적인 도움행동이 후천적인 근거를 갖는 것이 아니라 인간에게 본유적인 행동 경향성의 발현일 것이라는 추론은 동일한 도움행동이 침팬지에게서도 나타난다는 실험 결과 이외에도 여러 관찰 결과와 추론에서 뒷받침 되고 있다.[210]

첫째, 이러한 의도적·자발적인 도움행동이 생후 14개월이라는 매우 이른 시기에 나타난다는 사실이다. 이 시기는 대부분의 부모들이 아동에게서 친사회적인 행동이 나올 것을 기대하거나 또는 이러한 행동을 훈련시키기도 전이므로, 이 결과는 도움행동의 인간 본유성을 시사

208 Tomasello, 2009; Warneken & Tomasello, 2009a, b.

209 Warneken & Tomasello, 2006, 2007; Warneken, Hare, Melis, Hanus, & Tomasello, 2007.

210 Tomasello, 2009, pp. 6–13.

하는 것으로 보인다. 그러나 이는 생후 14개월 동안 어른들이 하는 도움행동에 대해 사회학습(social learning)을 했을 가능성도 있다는 점에서 논란을 불러올 수 있는 해석이다.

둘째, 이 실험들에서는 부모가 물질적인 보상을 주거나 언어적인 보상을 주는 것이 도움행동의 크기에 아무런 영향을 가져오지 못하는 것으로 나타났다. 심지어 20개월짜리 유아를 대상으로 한 어떤 실험에서는 물질적 보상을 주면 도움행동이 줄어들기도 하였다.[211] 물질적 보상이 유아의 도움행동을 줄인다는 이러한 결과는 외적 보상이 내적 동기를 감소시킨다는 사실을 의미하는 것으로,[212] 도움행동의 본유성을 암시하고 있다.

셋째, 이러한 도움행동은 아직 서구화되지 않은 전통적인 문화권의 동일 연령층의 유아들에게서도 동일하게 나타난다.[213] 이러한 문화 연구의 결과는 도움행동이 문화의 영향을 받아 형성되는 행동이 아님을 시사하는 것이다.

넷째, 생후 18개월짜리 유아들은 피해자에게 공감적 관심(empathetic concern)을 가지고 있을수록, 피해자를 더 많이 도와주었다. 어떤 아이(피해자)의 그림을 제삼자가 찢어버리는 것을 본 유아가 얼굴을 찡그리는 정도를 측정한 후, 피해자의 장난감을 또 다른 아이가 뺏으려고 할 때 피해자를 도와주는 정도는 그의 불행을 보고 얼굴을 찡그린 정도와

211 Warneken & Tomasello, 2008.

212 Lepper, Greene, & Nisbett, 1973, 1975.

213 Tomasello, 2009, pp. 11−12.

비례하고 있었던 것이다.[214] 이러한 결과는 유아의 도움행동을 유발하는 원동력은 타인의 곤경에 대한 관심과 그에 대한 배려에 있음을 의미하는 것이다.

이러한 결과들과 추론들을 고려해 볼 때, 유아들의 도움행동은 문화적 학습이나 부모의 훈련(사회화) 때문에 산출되는 것이 아니라, 태어날 때부터 인간이 본유하고 있는 도덕성에서 나오는 행동이라는 사실이 확실한 것이다.

(3) 이타행동과 도덕의 본유성 문제: 서구 최신 연구와 유학사상의 회통

진화론을 연구하는 진화생물학자와 진화심리학자들의 최근의 핵심적인 관심사는 이러한 실험과 관찰을 통해 밝혀진 이타행동의 진화 기제를 밝혀 보려는 것이다. 진화란 자연선택의 원리에 의한 이기적 투쟁의 결과라는 진화론의 기본 명제에 비추어 보면, 얼핏 보기에 이타행동은 자연선택의 법칙에 어긋나는 것처럼 보인다. 곧 진화란 진화의 단위[215]가 가진 포괄적합도(inclusive fitness)를 높임으로써 이루어지는

214 Vaish, Carpenter, & Tomasello, 2009.

215 진화의 단위 문제는 매우 복잡한 문제인데, 복제되어 후대에 전달되는 자기복제자(replicator)를 무엇으로 보느냐의 문제로 정리할 수 있다. Darwin(1859)의 고전진화론에서는 자기복제되는 진화의 단위를 개체(organism)라고 보지만, 1960년대 이후, 특히 Williams(1966) 이후의 현대진화론에서는 복제되는 진화의 단위를 유전자(gene)라고 본다. 그러니까 고전진화론이 "개체 중심의 관점"을 택해 왔다면, 현대진화론은 "유전자 중심의 관점"에서 개체는 다만 유전자의 운반체일 뿐이라고 여긴다.

데, 이타행동에 의해 자손을 낳기 전에 죽기라도 한다면 자기 유전자를 후대에 전달할 수 없으므로, 이타행동은 진화 과정에서 선택되지 못하고 도태될 수밖에 없을 것이기 때문이다. 그러나 이타행동은 진사회성(eusociality) 곤충이나 인간을 비롯한 영장류의 특징적인 행동이라는 사실은 어떻게 설명할 수 있는가?

현대진화론에서 이러한 문제는 "포괄적합도"(inclusive fitness)의 개념[216]으로 접근한다. 여기서 "포괄적합도는 어떤 개체나 생물의 성질이라기보다는 그 행동이나 효과의 성질이다. 따라서 포괄적합도는 어떤 개체가 지닌 번식성공도(번식적합도)에다가 그 개체의 행동이 유전적 친족의 번식 성공에 미치는 효과를 더한 것이다."[217] 유전자 중심의 관점에서 보면, 포괄적합도를 높이는 일이라면 유전자의 운반체로서의 개체를 희생해서라도 친족의 생식성공도를 높임으로써 유전자의 복제 성공을 가져오는 방안을 생각할 수 있고, 이것이 바로 이타행동이라는 것이다. 이렇게 보면 이타행동은 자연선택의 원리 속에 자연스럽게 통합된다는 것이 현대진화론의 관점이다. 즉 이타행동을 통해 협력자[시혜자]는 부담(cost)을 지게 되지만, 수혜자는 이득(benefit)을 얻게 되는데, 양자 사이의 근연도 등 특정 확률이 "이득대비 부담비율"(cost-to-benefit-ratio: c/b)보다 커지면, 이타행동이 포괄적합도를 높이는 유리한 행동 양식으로 부각된다는 것이다.

현대진화론에서는 친족끼리의 이타행동은 친족선택(kin selection)

216 Hamilton, 1964.

217 Buss, 2012/2012, p. 44.

의 개념으로,[218] 직접 접촉하고 있는 집단의 구성원에 대한 이타행동은 직접적 교호성(direct reciprocity)의 개념으로,[219] 직접 접촉하지 못하는 구성원에 대한 이타행동은 간접적 교호성(indirect reciprocity)의 개념이나,[220] 연결망 교호성(network reciprocity)의 개념 또는 신호이론(signaling theory)으로,[221] 그리고 집단 수준의 집단선택(group selection) 또는 다수준선택(multilevel selection)의 개념으로[222] 접근하여 이타행동의 진화에 대해 설명하려 한다.[223]

---

218 Hamilton, 1964: 이 이론에 따르면, 친족 사이의 근연도 r이 이득대비 부담비율보다 큰 조건(r 〉 c/b)에서 친족 사이에 이타행동이 늘어난다.

219 Trivers, 1971: 이 이론에 따르면, 한 집단의 성원들 중 특정 성원과의 계속적인 접촉 확률 w가 이득대비 부담비율보다 큰 조건(w 〉 c/b)에서 두 성원 사이의 이타행동이 늘어난다.

220 Nowak & Sigmund, 1998: 이 이론에 따르면, 곤경에 빠진 낯선 개체를 도와주면 협력자(시혜자)라는 명성(reputation)을 얻게 되고, 이러한 명성은 시혜자가 비슷한 곤경에 빠졌을 때 모르는 개체로부터 도움을 받을 확률을 높이게 되므로, 이타행동이 늘어난다는 것이다. 이 이론에서는 어떤 개체의 명성에 대해 알게 될 확률(q)이 이득대비 부담비율보다 큰 조건(q 〉 c/b)에서 이타행동이 늘어난다.

221 Maynard Smith & Harper, 2003: 이 이론은 협력자들은 자기들의 이타행동을 통해서 자기가 가진 유전형적 장점(예: 지능, 신체적 힘, 자원의 풍부함, 친절성, 배우자나 동맹자로서의 가치 등)을 신호로 내보내고, 이 신호를 받는 개체들은 그를 선호함으로써, 이러한 개체들끼리 연쇄망 군집(network cluster)을 형성하게 되어 이타행동이 증가한다고 본다. 여기서는 이러한 연쇄망의 평균 이웃의 수(k)가 이득대비 부담비율보다 큰 조건(k 〉 c/b)에서 이타행동이 증가하게 된다고 예측한다.

222 Wilson & Wilson, 2007: 이 이론은 집단 사이의 경쟁을 통해 협력자가 많은 집단이 수혜자만 있는 집단보다 더 번영하게 되어, 이타행동이 늘어나게 된다고 본다. 이 이론에 따르면, 집단의 최대 크기(n)와 집단의 수(m)의 비율과 "부담대비 이득비율"(benefit-to-cost-ratio: b/c) 사이에 [b/c 〉 1 + n/m]의 관계가 성립할 때, 집단선택에 의한 이타행동이 증가한다.

223 McCullough & Tabak, 2010, pp. 264-271; Nowak, 2006: 최근 압도적으로 경쟁이 유리한 "죄수 곤경 게임"(prisoner's dilemma game) 상황에서도 두 게임당사자의 관계가 오래 지속되면, "맞받아치기 전략"(tit-for-tat strategy) 곧 협동

이타행동을 이렇게 시혜자의 부담과 수혜자의 이득 사이의 비율로 계산해서 이해하는 관점에 따라 분석하게 되면, 시혜자의 이타행동도 장기적으로는 자기에게 번식적 이득을 가져오게 되는 것이므로, 이타행동도 결국 이기적인 관점으로 환원해서 이해하는 것이 아니냐는 반론이 나올 수 있다. 그러나 시혜자는 이런 장기적인 이득을 기대하고 곤경에 빠진 사람을 돕는 행동을 하는 것이 아니라, 다만 수혜자의 필요에 의해 그를 곤경으로부터 구출하겠다는 동기에 따라 즉각적으로 행동할 뿐이다.

또한 어떤 사람은 시혜자는 스스로의 돕는 행동으로 인해 쾌락을 얻기 위해 남을 돕는 것이기 때문에, 이는 궁극적으로 이기적인 행동이라고 주장하기도 한다. 그러나 타인이 자기의 도움을 받고 이득을 얻는 것을 보면서 얻는 즐거움을 도움행동으로 인해 사회적 인정이나 물질적 보상과 같은 자기이익을 누림으로써 얻는 쾌락과 같은 것으로 볼 수는 없다.[224] 더욱이 곤경에 빠진 사람이 얻는 복지를 보면서 얻는 즐거움은 내적 동기에 따른 쾌락(intrinsic pleasure)이고, 따라서 본질적으로 이타적인 성격의 것이다. 뿐만 아니라 이타행동을 수행하는 것이 본질적으로 내적인 자기보상을 가져오는 것이라면, 이타행동을 유발하는 심리적 기제는 그 자체 생물학적으로 갖추어져 있는 본유성을 갖는 것이라 해석할 수 있는 것이다.[225]

하는 경향의 전략이 우세하게 된다는 컴퓨터 모사(computer simulation) 연구들(Axelrod, 1984; Axelrod & Hamilton, 1981; Trivers, 1985)도 도덕성의 진화가능성을 입증해 주고 있다.

224 Batson, 2010; Batson, Dyck, Brandt, Batson, Powell, McMaster, & Griffitt, 1988.

225 de Waal, 2007; Warneken & Tomasello, 2009b, p. 456, 각주 1.

이러한 맥락에서 보면, 영유아와 영장류에게서 나타나는 이타행동의 결과들은 인간에게는 태어날 때부터 도덕성이 본유적으로 갖추어져 있다는 사실을 일관되게 확인해 주고 있다.[226] 이는 유학자들이 2,500여 년 전부터 줄기차게 주장해 온 바이다. 인간은 덕성의 주체로서, 도덕성의 본유성은 인간의 조건이자 존재이유라는 관점은 유학자들이 인간을 파악하는 핵심명제였던 것이다. 이렇게 보면, 도덕성에 관한 유학사상의 관점은 최근 진화심리학과 영유아발달심리학에서 실증적인 증거를 확보하게 되었다고 볼 수 있다. 이러한 만남이 바로 동·서의 회통(會通) 또는 통섭(統攝, consilience)[227]이 이루어지는 진정한 모습이라 할 수 있을 것이다.

2) 도덕성의 통합성에 관한 최신 연구

도덕성에 대한 인지발달이론에서는 도덕성을 인지능력 발달의 부산물로 보고, 도덕적 판단 과정의 분석을 통해 이 문제에 접근해 왔다.

---

226 최근 "사회적 대뇌 가설"(social brain hypothesis)을 주장하는 학자들(Gamble et al., 2014/2016; Liberman, 2013/2015)에 따르면, 영장류는 다른 포유류들과는 달리 사회집단을 형성하여 삶을 유지하는 특징을 보이는데, 영장류 특히 인류(Homo Sapience)의 진화 과정에서는 사회집단의 크기가 커지는데 따라 대뇌의 크기가 정비례하여 커지게 되었다고 한다. 집단생활이란 기본적으로 집단성원에 대한 관심과 배려를 요구하므로, 집단의 크기가 커지면 자연히 관심을 기울여야 할 대상이 많아지므로, 그 인지적 수요를 감당하기 위해 대뇌의 크기가 커질 수밖에 없었다는 것이다. 이러한 관점에서 보면, 타인에의 관심과 배려는 집단생활을 하는 영장류 특히 인류의 본유적인 특성이고, 따라서 인류에게 있어서 도덕성은 원초부터 갖추어져 있는 본성임이 분명한 것이다.

227 Wilson, 1998.

인지발달론자들에게 도덕성은 도덕적 문제 상황에 대한 인지적 추론과 판단의 문제일 뿐이었다. 정신역동이론에서는 이성부모와 동성부모에 대한 애증의 결과 나타나는 동성부모에의 동일시를 통해 도덕규범을 내면화함으로써 형성되는 초자아가 도덕성의 근거라고 여긴다. 이렇게 도덕성을 감정적 반응의 부산물로 여기는 정신역동이론에서는 주로 부적응적인 감정 반응이 야기하는 부적응행동을 중심으로 도덕성의 문제에 접근해 왔다. 정신역동이론가들에게 도덕성은 다만 감정적 반응의 문제일 뿐이었다.

과연 도덕성은 인지적 추론과 판단의 문제일 뿐인가? 아니면 감정적 반응에 그치는 문제일 뿐인가? 이러한 문제는 도덕성의 통합성에 대한 관심을 유발하는데, 최근에 도덕성을 주제로 삼는 사회심리학자들과 문화학자들이 이 문제에 접근하여 괄목할 만한 성과를 내고 있다.

(1) 도덕성의 다차원 기반이론: 도덕성의 복합성과 통합성

전통적으로 인지발달론자들은 도덕성을 정의(justice)의 단일원칙에 따라 개념화하고,[228] 도덕성의 문제를 정의라는 단일차원의 인지적 추론과 판단의 문제로 환원하여 이해하려는 전통을 형성하였다. 그러다가 1980년대에 들어서면서 정의는 남성들이 중시하는 가치일 뿐이라는 관점에서, 여성들의 도덕성을 포괄하기 위해 정의와 더불어 배려(caring)의 원칙도 포함하고자 하는 관점이 대두되었다.[229] 한편 일부의

228 예: Piaget, 1932/1965; Kohlberg, 1969.

229 Gilligan, 1982.

인류학자들은 이러한 도덕원칙들이 서구 개인주의사회의 도덕 판단 양상을 반영할 뿐, 문화보편적인 도덕원칙이 될 수는 없다고 보았다.[230] 그들은 인도인의 도덕 판단의 양상을 분석하여, 인도인들의 도덕 판단 양상은 자율성(autonomy), 공동체성(community) 및 신성성(divinity)의 원리를 포괄적으로 고려하여 이루어지며, 이러한 포괄적인 도덕원칙들은 서구인들의 도덕 판단의 양상을 분석할 경우에도 적용될 수 있다고 보고, 이를 지지하는 실증적인 증거들을 제시하였다.

이러한 맥락에서 하이트(Jonathan Haidt)를 중심으로 한 일군의 사회심리학자들은[231] 인류학, 심리학 및 진화심리학의 연구들을 포괄적으로 개관하여, 진화적인 근거를 갖는 문화보편적인 도덕기반(moral foundation)을 찾아내려 하였다. 그 결과 도덕 판단이 다섯 가지 기반(배려/위해, 공정/부정, 충성/배신, 권위/전복, 고결성/타락)을 기초로 하여 이루어진다는 도덕기반이론을 제시하였다.

여기서 배려/위해(care/harm) 기반은 신생아와 같이 연약한 대상에 대한 직관적 반응으로, 아이가 고통스러워하거나 스트레스 상황에 놓여있을 때 적응적 기제로 작용하는데, 이는 다른 모든 동물들에게서도 발견되는 것으로 진화적 근거를 갖는 보편적 반응이다. 이러한 반응기제는 누군가의 고통을 덜어주는 일은 옳은 것으로, 잔인한 행동은 옳지 않은 것으로 판단하도록 작용한다. 이 차원에서 특징적으로 유발되는 감정은 동정심(compassion)이며, 배려(caring)와 친절(kindness)이 이 차

230 Shweder et al., 1997.

231 Haidt, 2012; Haidt & Graham, 2007; Haidt & Joseph, 2004, 2007; Haidt & Kesebir, 2010; Graham, Haidt, Koleva, Motyl, Iyer, Wojcik, & Ditto, 2012.

원과 관련된 덕목(virtue)이다.

공정/부정(fairness/cheating) 기반은 쌍방향의 주고받기가 특징이 되어 있는 교환관계 상황에서 개인들 간의 협동과 동맹 형성을 도모하는 적응기제로 작용한다. 이 차원에서는 공정하게 주고받는 반응은 옳은 행동으로, 교환의 공정성을 깨뜨리거나 상대방을 속이는 반응은 나쁜 행동으로 판단된다. 이 차원의 특징적인 감정 반응은 분노(anger), 죄책감(guilt), 감사함(gratitude) 등이며, 관련 덕목은 공정감(fairness), 정의감(justice), 신뢰감(trustworthiness) 등이다.

충성/배신(loyalty/betrayal)은 집단에 대한 위협이나 도전의 상황에서 단결력 있는 연합을 구성함으로써, 집단의 유지와 번영을 도모하는 적응기제로 작용한다. 이 차원에서는 소속 집단에 충실히 봉사하는 행동은 옳은 것으로, 집단에 해를 끼치거나 배반하는 행동은 나쁜 것으로 판단한다. 이 차원에서 유발되는 특징적인 감정 반응은 집단에의 긍지(group pride)와 배신자에의 격노(rage at traitors) 등이며, 충성심(loyalty), 애국심(patriotism), 자기희생(self-sacrifice) 등이 관련 덕목으로 부각된다.

권위/전복(authority/subversion)은 지배와 복종의 위계 서열 내에서 서로에게 유리한 관계를 다짐으로써, 질서 있는 공동체의 형성을 도모하는 기제로 작용한다. 이 차원에서는 위계 질서를 준수하는 행동은 옳은 것으로, 위계에 도전하거나 이를 깨뜨리는 행동은 나쁜 것으로 상정된다. 이 차원의 특징적인 감정 반응은 존경심(respect)과 두려움(fear)이며, 경의(deference)와 복종(obedience)이 대표적인 관련 덕목이다.

마지막으로, 고결성/타락(sanctity/degradation)은 병원균과 기생충 문제에 대한 적응적 반응 기제로서, 오염을 피하고 청결과 고귀함을 지향하는 기반이다. 이 차원에서는 고귀함과 깨끗함 및 신성을 지향하는 반응은 옳은 것으로, 더러움과 오염 및 신성모독을 가져오는 반응은 나쁜 것으로 받아들여진다. 혐오감(disgust), 숭배감(reverence), 경외감(awe) 등이 이 차원의 대표적인 감정 반응이며, 관련 덕목으로는 절제(temperance), 순결(chastity), 경건(piety) 등을 들 수 있다.[232]

이들 다섯 가지 차원은 정도의 차이는 있지만 어느 누구나 관심을 갖는 판단 규범이고, 자동적인 감정적 평가를 수반하며, 문화적으로 널리 분포하고 있음이 밝혀지고 있다. 또한 최근의 많은 진화생물학과 진화심리학의 연구 결과들에 따르면, 인간은 이 다섯 가지 차원을 유발하는 문제 상황에 대해 생득적인 준비성(innate preparedness)을 갖추고 있을 뿐만 아니라, 이들은 환경 세계에 대해서도 지대한 적응적 가치를 가지고 있음이 밝혀지고 있다. 이렇게 이들 다섯 가지는 모두 원시 상황에서부터 지속적으로 작용해 온 적응기제들로, 오늘날에도 다양한 현상에 대한 옳고 그름의 반응을 이끌어 내는 도덕적 반응의 실질적인 차원으로 작용하고 있기 때문에, 도덕성의 기반(moral foundation)이라고 볼 수 있다는 것이 도덕기반이론의 골자이다.[233]

이 다섯 가지 도덕기반 중 앞의 두 가지(공정과 배려)는 개인의 안녕과 권리 및 자율성을 강조하는 개별화 기반(individualizing foundations)이고, 뒤의 세 가지(충성, 권위, 고결성)는 집단의 결속을 위한 의무와 자

232 이 다섯 가지 도덕 기반에 대한 설명은 주로 Haidt의 최신 저술(Haidt, 2012, pp. 125, Figure, 6.2; 128-154; Graham, Haidt et al., 2012)에 의존하였다.

233 Graham, Haidt et al., 2012.

기조절을 강조하는 결속 기반(binding foundations)이다.[234] 이렇게 보면, 자율성의 원리를 중심으로 하여 도덕 판단 능력이 발달해 간다고 보는 서구 인지발달론자들의 도덕 판단에 관한 전통적인 연구들은 도덕성에 관한 개별화 기반에만 초점을 맞추어 연구를 진행해 왔다고 볼 수 있다.

하이트와 그 공동연구자들은 개인의 문화적 성향에 따라 중시하는 도덕적 기반의 차이를 보일 뿐,[235] 기본적으로 이들 다섯 가지 도덕기반 모두는 진화적 기원을 갖는 문화보편적인 것이어서 서구인들이 도덕 판단을 할 때 실제로 적용된다는 사실을 밝히고 있다.[236] 위의 5차원 도덕기반의 설명에서 보았듯이, 각 차원의 기반은 도덕적 상황에서 나타나는 정서, 도덕 판단, 행동 및 덕성을 모두 아우르고 있다. 도덕기반의 복합성(pluralism)[237]에 대한 도덕기반이론의 이러한 관점은, 도덕성이 인지적 판단이나 도덕적 감정 등 어느 하나의 심성 차원에만 국한되는 것이 아니라, 통합성을 갖는 심리구성체라는 사실을 전제로 하여 성립되고 있는 것이다.

---

234 Graham, Haidt, & Nosek, 2009.

235 Haidt를 중심으로 한 연구자들이 이 다섯 가지 도덕기반의 문화보편성을 밝히고자 했던 대표적인 영역이 미국 내에서 "문화전쟁"(cultural war: Graham, Nosek, & Haidt, 2012, p. 15)이라고까지 표현되는 진보주의자(liberal)와 보수주의자(conservative)들의 도덕 판단 기준의 차이에 관한 문제이다. 이러한 연구들에 따르면, 진보주의자들은 공정과 배려의 두 차원에만 근거하여 도덕 판단을 하는 데 비해, 보수주의자들은 다섯 차원을 모두 이용하여 도덕 판단을 하는 것으로 밝혀지고 있다. 이러한 경향은 우리나라의 경우에도 마찬가지인 것으로 드러나고 있다(이재호·조긍호, 2014).

236 Haidt & Graham, 2007; Haidt & Joseph, 2007.

237 Graham, Haidt et al., 2012.

(2) 도덕 판단의 직관주의 모형: 감정의 우선성과 인지적 합리화의 후속성

하이트는 5차원 도덕기반이론 이외에 도덕 판단에 대한 "사회적 직관주의 모형"(social intuitionist model)을 제시하여,[238] 도덕적 문제 상황에 접했을 때 이에 대한 추론과 해석 같은 인지적 반응이 선행되어 도덕 판단이 이루어지는 것이 아니라, 당혹감이나 불쾌감과 같은 정서적 반응이 선행되고 그에 대한 인지적 합리화 과정이 따르게 된다고 주장하였다. 즉, 도덕 판단의 과정에서는, 도덕 판단에 대해 합리주의 모형(rationalist model)을 따르는 인지발달이론가들이 주장하듯이, 인지적 추론이 선행되고 이에 의해 도덕 판단이 이루어지는 것이 아니라, 정서 반응이 선행되고 이에 따라 나머지 과정(도덕 판단과 도덕 추론)이 영향을 받게 된다는 것이다.[239]

그는 이러한 주장을 검증하기 위해 "도덕적인 당혹감"(moral dumbfounding)을 유발하는 문제 상황을 제시하고, 이에 대한 판단을 하게 한 다음 그 까닭을 계속 추궁하는 방법으로 직관적 판단 모형을 검증하였다.[240] 이러한 문제에 대해 사람들은 단호하게 어떤 판단을 제

---

238 Haidt, 2001, 2007, 2012; Haidt & Bjorklund, 2008; Haidt & Kesebir, 2010.

239 Haidt(2001)는 도덕 판단에 대한 직관주의 모형의 주장을 편 첫 논문에 "정서적인 몸통과 그 합리적인 꼬리"(the emotional dog and its rational tail)라는 은유적인 제목을 붙여, 이러한 주장의 설득력을 높이려 시도하고 있다.

240 이러한 문제 상황의 한 가지 예는 다음과 같다: "대학생인 줄리와 마크는 오누이인데, 여름방학을 맞이하여 함께 프랑스를 여행하는 중이다. 어느 날 밤 그들은 해변 근처의 오두막에 함께 머물게 되었는데, 그들은 자기들이 성관계를 가진다면 재미있을 뿐만 아니라, 최소한 서로에게 새로운 경험이 될 것이라고 여겼다. 임신을 방지하기 위해 줄리는 피임약을 복용하였고, 마크는 콘돔을 사용하였다.

시한다(예: 오누이끼리 성관계를 가진 일은 나쁜 일이다). 그러나 왜 그렇게 생각하는지를 추궁하면, 대부분의 사람들은 문제 상황에 제시되어 있는 것과는 반대되는 이유를 들어 자신의 판단을 옹호하려 한다(예: 근친상간으로 임신을 하면 유전적 결함을 가진 아이가 태어날 테니까; 정서적인 위해를 입을 테니까; 다른 사람들이 알게 되면 따돌림을 당할 테니까 등). 그러나 그럴 때마다 문제 상황에 제시되어 있는 반대 증거를 제시해주면서 응답자가 내린 판단의 근거를 계속 추궁하면, 응답자들은 필경 "모르겠어요. 그 이유를 설명할 수가 없네요. 그러나 그들의 행동이 잘못인 것은 분명하잖아요?"라는 응답을 하게 마련이다.

이러한 결과들에 대해 직관주의 모형에서는 인지발달이론 같은 합리주의 모형에서 주장하듯이 도덕적 추론이 이루어진 다음 이에 기초를 두고 도덕적 판단을 하게 되는 것이 아니라는 사실을 입증해 주고 있다고 해석한다. 그 대신 도덕적 문제 상황에 부딪치면 우선 직관적인 감정 반응(예: 도덕적 당혹감, 불쾌감 등)이 나타나고, 이어서 이러한 감정 반응에 기초를 둔 도덕 판단이 이루어진 후, 자기의 판단에 대한 합리적인 추론이 이루어지게 된다는 것이다. 즉 도덕적 문제 상황에서는 합리적 추론 모형에서 전제하듯이 [도덕적 추론 → 도덕 판단]을 거치는 것이 아니라, [직관적 감정 평가 → 도덕 판단 → 도덕적 추론]의 과정을 거쳐 도덕적 문제 상황에 대처한다는 것이 직관주의 모형의 주장인 것이다.

그들은 성관계를 즐겼지만, 두 번 다시 함께 성관계를 갖지 않기로 결정하였다. 그들은 그날 밤 일을 아무도 모르는 둘만의 특별한 비밀로 하기로 했는데, 이로 인해 그들은 서로 더 가까워진 것을 느끼게 되었다. 당신은 이 일을 어떻게 생각하는가? 그들이 성관계를 가진 것은 괜찮은 일인가?"

이러한 직관주의 모형의 주장은 "전동차 문제"(trolley problem)[241] 상황에서의 응답자들의 반응을 통해서도 입증되고 있다. 이 문제의 기본안에 대해 응답자들은 대부분(87%) 전환 스위치를 누르겠다고 응답한다. 공리주의에 따른 결과론적 판단을 한 것이다. 그러나 비교안을 받은 경우 뚱보를 밀어 떨어뜨리겠다는 응답자는 3분의 1도 되지 않았다(31%). 두 문제의 내용은 동일한 데도 불구하고(매우 단순한 어떤 행동을 하면 5명이 살고 그 대신 1명이 죽지만, 그대로 있으면 5명이 죽는다), 응답자들의 응답은 매우 달랐던 것이다. 기본안에 대해 응답자들은 이를 감정적 반응이 개재하지 않는 단순한 계산문제로 받아들였는 데 반해, 비교안에 대해 응답자들은 감정적 반응이 개재되는 도덕적 문제로 인식하고 있음이 드러났는데, 기능적 자기공명영상(fMRI) 등 여러 분석 결과 감정적 반응의 개재 여부가 이러한 응답률의 차이를 유발한 것으로 밝혀졌다.[242]

이러한 결과들에서 밝혀지고 있는 사실은 도덕적 문제에 놓이게

---

241 Thomson(1985)이 제시한 전동차 문제의 기본안과 비교안은 다음과 같다:
기본안: "통제 불능의 전동차가 당신 눈앞에서 질주한다. 전동차가 계속 진행하면, 저 앞에서 철도 공사를 하고 있는 5명의 공사원이 치어 죽는다. 당신 앞에는 선로 전환기가 있는데, 그 스위치를 누르면, 전동차는 옆 선로로 빠지게 되고, 그러면 그 앞에 있는 1명의 공사원이 치어 죽게 된다. 당신은 전환기 스위치를 누를 것인가?" [그대로 있으면 5명 죽음; 스위치 누르면 1명 죽음]
비교안: "기차역의 육교에 서서 통제 불능의 전동차가 저 멀리서 질주해 오고 있는 광경을 보게 되었다. 전동차가 계속 진행하면 선로 저 앞에서 철도 공사를 하고 있는 5명의 공사원이 치어 죽게 된다. 당신 옆에는 마침 매우 뚱뚱한 사람이 커다란 가방을 메고 있는데, 그를 밀어 선로에 떨어뜨리면 전동차가 멈추게 되어 5명의 공사원은 무사하게 된다. 그러나 떨어진 뚱보는 전동차에 치어 죽는다. 당신은 그 뚱보를 밀어 떨어뜨릴 것인가?" [그대로 있으면 5명 죽음; 뚱보를 밀어 떨어뜨리면 뚱보 1명만 죽음]

242 Greene, 2013, pp. 105-131.

되면, 합리적인 인지적 추론에 따른 판단만을 하게 되는 것이 아니라, 감정적 반응과 인지적 반응이 나타나 함께 작용한다는 사실이다. 이때 대부분의 경우에는 감정적 반응이 우선적으로 나타나고, 인지적 판단과 추론은 이러한 감정적 반응이 주도하는 방향으로 가닥을 잡는다는 것이 도덕 판단에 대한 직관주의 모형의 주장이다. 이러한 직관주의 모형은 합리주의 모형과는 달리 도덕의 통합성을 전제로 삼고 있는 관점을 취하고 있다고 볼 수 있을 것이다.

(3) 도덕성의 다차원 기반이론과 도덕의 통합성 문제: 서구 최신 연구와 유학사상의 회통

도덕성에 대한 하이트의 다차원 기반이론과 직관주의 모형은 도덕성을 주로 인지 또는 감정 일원론(monism)의 관점에서 접근해 온 서구 사회에서 도덕성의 복합성(pluralism) 또는 통합성에 대한 관점을 강력하게 제시했다는 점에서 중요성을 갖는다.[243] 곧 도덕성은 개체로서의 개인의 행동을 규율하는 원리로서의 자율성(autonomy), 집단의 소속원으로서의 공동의 행동을 규율하는 원리로서의 공동체성(community), 종교적 신념과 지향성을 규율하는 원리로서의 신성성(divinity) 등 다양한 근거를 갖는다는 것이 하이트의 도덕기반이론의 전제이다.[244]

이러한 도덕성의 삼대 원칙(Big Three of Morality) 이론은 원래 인류

243 Graham, Haidt et al., 2012.

244 Haidt의 5차원 기반 중 배려/위해와 공정/부정은 자율성의 근거, 충성/배신과 권위/전복은 공동체성의 근거, 고결성/타락은 신성성의 근거에서 도출되는 도덕 기반들이다.

학자로서 인도에서 오래 현장연구를 하여 동양문화에 익숙할 뿐만 아니라, 이에 깊이 빠져 있었던 쉬웨더(Richard A. Shweder)의 이론이었다.[245] 쉬웨더의 이론에 깊이 경도되어 있었던 하이트는 박사과정을 마친 후 쉬웨더와 2년간 공동연구를 하였으며, 그 후에는 직접 인도에 건너가 인도 문화와 접촉하면서 쉬웨더 이론의 진실성을 직접 체험하기도 하였다.[246] 이렇게 하이더는 동양의 문화 전통에 깊이 심취하고 있었으며, 이러한 동양문화에 대한 이해가 그의 도덕성 연구의 이론적 배경으로 작용하고 있었던 것이다.

물론 그가 유학사상을 얼마나 이해하고 있는지는 확실치 않다. 그러나 그가 인도 문화에 매우 심취하고 있었다는 점에서 생각해 보면, 그가 동양문화 전반에 대해서 깊은 관심을 가지고 있었을 것이라는 사실을 추론하기는 그리 어렵지 않다. 그러므로 그는 유학사상의 도덕성 이론이 도덕성의 본유성과 통합성을 기초로 하고 있다는 사실을 인식하고 있었을 가능성이 크다. 이러한 맥락에서 하이트의 도덕성에 관한 두 이론(다차원 기반 이론과 직관주의 모형 이론)이 모두 도덕성의 복합성과 통합성을 전제하고 있다는 사실과 유학의 도덕성 이론이 도덕의 통합성을 기초로 하고 있다는 사실 사이의 유사성을 이해할 수 있다.

이러한 유사성에서 도덕성의 문제에 접근하는 동·서 회통의 또 다른 측면을 찾아볼 수 있다. 이와 같은 맥락에서 보면, 앞으로 도덕성의 문제를 조망하는 관점은 유학사상에서 도출하고, 이 문제에 실증적으로 접근하는 방법론은 서구의 학문체계에서 제공하여, 양자가 상호 보

245 Shweder et al., 1997.

246 Haidt, 2012, pp. 98-106.

완적으로 통섭을 이루는 일이 필요할 것이다. 아마도 동도서기(東道西器)의 참 모습을 도덕성 연구의 실제에서 보게 될 날이 멀지 않을는지도 모른다.

참고 문헌

유학경전 관련 자료

大東文化研究院 刊 (1971).《栗谷全書》(1 ～ 2 권). 서울: 成均館大學校 출판부.

______ (1997).《退溪全書》(1 ～ 5 권, 4판). 서울: 成均館大學校 출판부.

民族文化推進會 編 (1976).《국역 퇴계집》(수정판). 서울: 경인문화사.

______ (1997).《국역 율곡집》(중판). 서울: 솔.

成百曉 譯註 (1997).《論語集註》. 서울: 傳統文化研究會.

______ (1998).《大學 中庸集註》. 서울: 傳統文化研究會.

______ (1998).《書經集傳》. 서울: 傳統文化研究會.

______ (1999).《孟子集註》. 서울: 傳統文化研究會.

楊倞 (818).《荀子注》. (服部宇之吉編,《漢文大系》卷十五. 東京: 富山房, 1972.)

王夢鷗 註譯 (1969).《禮記今註今譯》. 臺北: 臺灣商務印書館.

王先謙 (1891).《荀子集解》. (服部宇之吉編,《漢文大系》卷十五. 東京: 富山房, 1972.)

李相玉 譯著 (1993).《禮記》(上·中·下). 서울: 명문당.

李珥 (1575?).《小學集註》. (成百曉 역주.《小學集註》. 서울: 전통문화연구회. 1993.)

張基槿 譯 (1980).《孟子新譯》. 서울: 汎潮社.

鄭長澈 譯解 (1992).《荀子》(惠園東洋古典 19). 서울: 惠園出版社.

趙岐 (130-201?).《孟子章句》. (服部宇之吉編,《漢文大系》卷一. 東京: 富山房, 1972.)
朱熹 (1177).《論語集註》. (京城書籍組合編,《原本備旨 論語集註》. 서울: 太山文化社, 1984.)
朱熹 (1177).《孟子集註》. (京城書籍組合編,《原本備旨 孟子集註》. 서울: 太山文化社, 1984.)
______ (1177).《大學章句》. (京城書籍組合編,《原本備旨 大學·中庸》. 서울: 太山文化社, 1984.)
______ (1177).《中庸章句》. (京城書籍組合編,《原本備旨 大學·中庸》. 서울: 太山文化社, 1984.)
朱熹·劉淸之 (1187).《小學》. (윤호창 역.《小學》. 서울: 홍익출판사. 2009.)
蔡沈 (1209).《書經集傳》. (成百曉 역주.《書經集傳》. 서울: 전통문화연구회. 1998.)
何晏 (248).《論語集解》. (服部宇之吉 編,《漢文大系》卷一. 東京: 富山房, 1972.)
Dubs, H. H. (1966). *The works of Hsüntze*. Taipei: Ch'eng-Wen Publishing Co. (Original ed. published by Arthur Probsthain, London in 1928.)
Harvard-Yenching Institute (1940).《論語引得》. HYI Sinolcgical Index Series, Supplement 16. Cambridge, Massachusetts: Harvard University Press.
______ (1940).《孟子引得》. HYI Sinological Index Series, Supplement 17. Cambridge, Massachusetts: Harvard University Press.
______ (1950).《荀子引得》. HYI Sinological Index Series, Supplement 22. Cambridge, Massachusetts: Harvard University Press.
Watson, B. (1963). *Hsün Tzu: Basic wrightings*. New York: Columbia University Press.

심리학 및 기타 관련 자료

고병익 (1996).《동아시아의 전통과 변용》. 서울: 문학과 지성사.
郭沫若 (1945).《十批判書》. 重慶: 科學出版社. (조성을 역.《중국고대사상사》. 서울: 까치, 1991.)
권덕주 (1998). 〈대학 해제〉. 김시준 역해,《대학·중용》(혜원동양고전 3,

pp. 8−35.). 서울: 혜원출판사.
길희성 (1998). 〈철학과 철학사: 해석학적 동양철학의 길〉. 한국철학회 1998 년도 춘계 학술 발표회 주제 논문.
김경호 (2008). 《인격 성숙의 새로운 지평: 율곡의 인간론》. 경기: 정보와 사람.
김근영 (2014). 《사회적 참조》. 미간행 원고, 서강대학교.
김석근 (2000). 〈현대 일본 사회와 유교: 로고스와 파토스의 거리〉. 성균관 대학교 유학 동양학부 편, 《동아시아의 유교문화와 미래적 전망》 (pp. 51−68). 서울: 성균관대학교 유학 동양학부.
김성기 (2000). 〈동아시아에 있어서 유교의 현황과 미래〉. 성균관대학교 유학 동양학부 편, 《동아시아의 유교문화와 미래적 전망》 (pp. 33−50). 서울: 성균관대학교 유학 동양학부.
김성태 (1976). 《성숙인격론》. 서울: 고려대학교 출판부.
______ (1984). 《발달심리학》 (전정판). 서울: 법문사.
______ (1989). 《경과 주의》 (증보판). 서울: 고려대학교 출판부.
김수인 (1996) 《집단주의−개인주의 성향과 1차−2차 통제 양식이 정신건강에 미치는 영향》. 미간행 석사학위 논문, 가톨릭대학교.
김승혜 (1990). 《원시유교》. 서울: 민음사.
김영한 (1975). 〈서평: Steven Lukes (1973), *Individualism*〉. 《서양사론》, 16집, 107−114.
______ (1998). 〈휴머니즘〉. 김영한 편, 《서양의 지적 운동 Ⅱ》 (pp. 11−32). 서울: 지식산업사.
김진 (2013). 《콜버그의 도덕발달》. 울산: 울산대학교 출판부.
김충렬 (1982). 〈동양 인성론의 서설〉. 한국동양철학회 편, 《동양철학의 본체론과 인성론》 (pp. 169−184). 서울: 연세대학교 출판부.
김태영 (2002). 《유교 문화의 돌연변이 일본》. 서울: 보고사.
김호권 (1969). 〈도덕성의 발달과 교육〉. 정원식 편, 《정의의 교육》 (pp. 211−234). 서울: 배영사.
노명식 (1991). 《자유주의의 원리와 역사: 그 비판적 연구》. 서울: 민음사.
唐君毅 (1986). 《中國哲學原論: 原性篇》. 臺北: 學生書局.
勞思光 (1967). 《中國哲學史: 古代篇》. 臺北: 三民書局. (정인재 역. 《중국철학사: 고대편》. 서울: 탐구당, 1986.)
牟宗三 (1979). 《名家與荀子》. 臺北: 學生書局.

蒙培元 (1990). 《中國心性論》. 臺北: 學生書局. (이상선 역. 《중국심성론》. 서울: 법인문화사, 1996.)

민경환 (1986). 〈사회심리학의 방법론 논쟁〉. 김경동 안청시 편, 《한국 사회과학 방법론의 탐색》 (pp. 233-267). 서울: 서울대학교 출판부.

______ (2002). 《성격심리학》. 서울: 법문사.

민석홍 (1984). 《서양사개론》. 서울: 삼영사.

박우룡 (1998). 〈자유주의〉. 김영한 편, 《서양의 지적 운동 Ⅱ》 (pp. 65-110). 서울: 지식산업사.

박재주 (2003). 《서양의 도덕교육 사상: 소크라테스에서 레비나스까지》. 서울: 청계.

박전규 (1985). 《아리스토텔레스의 실천적 지혜》. 서울: 서광사.

박준철 (1998). 〈프로테스탄티즘〉. 김영한 편, 《서양의 지적 운동 Ⅱ》 (pp. 33-64). 서울: 지식산업사.

徐復觀 (1969). 《中國人性論史: 先秦篇》. 臺北: 商務印書館.

小島毅 (2004). 《朱子學と陽明學》. 東京: 放送大學 出版會. (신현승 역. 《사대부의 시대: 주자학과 양명학 새롭게 읽기》. 서울: 동아시아, 2004.)

신동은 (2002). 《소학의 실천교육 원리와 현대적 의의》. 미간행 박사학위논문, 연세대학교.

辻本雅史 (1998). 〈일본의 전통유학과 대학〉. 성균관대학교 대동문화연구원 편, 《동아시아의 유학전통과 대학》. 서울: 성균관대학교 대동문화연구원.

아리스토텔레스. 《영혼에 관하여》. (유원기 역주. 서울: 궁리, 2001.)

안병주 (1987). 〈퇴계의 학문관: 심경후론을 중심으로〉. 《퇴계학연구》 (단국대학교 퇴계학연구소), 1, 39-59.

柳熙星 (1993). 〈荀子禮論的價值根源硏究〉. 미간행 석사학위 논문, 中華民國 東海大學.

윤사순 (1992). 〈머리말: 민족과 사상〉. 민족과 사상 연구회 편, 《사단칠정론: 민족과 사상 1》 (pp. 5-9). 서울: 서광사.

______ (1994). 〈인성·물성의 동이논변에 대한 연구〉. 한국사상사연구회 편, 《인성물성론》 (pp. 21-40). 서울: 한길사.

______ (1997). 《한국 유학 사상사론》. 서울: 예문서원.

윤이흠·박무익·허남린 (1985). 〈종교인구조사의 방법론 개발과 한국인의 종교성향〉. 장병길 교수 은퇴기념논총 발간위원회 편, 《한국 종교의 이해》 (pp. 343-371). 서울: 집문당.

윤진 (2003). 《헬레니즘》. 서울: 살림.

이강수 (1982). 〈원시 유가의 인간관〉. 한국동양철학회 편, 《동양철학의 본체론과 인성론》 (pp. 185-219). 서울: 연세대학교 출판부.

이광세 (1998). 《동양과 서양: 두 지평선의 융합》. 서울: 길.

이기동 (2003). 〈일본 유학을 통해 본 일본 문화의 뿌리〉. 홍윤식 편, 《일본 문화의 뿌리를 찾아서》 (pp. 55-98). 서울: 솔.

이부영 (2002). 《자기와 자기실현: 하나의 경지, 하나가 되는 길》 (분석심리학의 탐구 3). 서울: 한길사.

이상은 (1976). 《유학과 동양문화》. 서울: 범학도서.

이수원 (1984). 〈한국인의 인간관계 구조와 정〉. 《교육논총》 (한양대학교 교육문제연구소), 1, 95~125.

이승환 (1998a). 《유가 사상의 사회철학적 재조명》. 서울: 고려대학교 출판부.

______ (1998b). 〈후기 근대 유학담론의 두 유형: 뚜웨이밍(杜維明)과 에임스(Roger Ames)를 중심으로〉. 《동아연구》 (서강대학교 동아연구소), 35, 363-416.

______ (2000). 〈"아시아적 가치" 논쟁과 유교 문화의 미래〉. 《퇴계학》, 11, 197-226.

______ (2004). 《유교 담론의 지형학》. 서울: 푸른숲.

이재호·조긍호 (2014). 정치성향에 따른 도덕 판단 기준의 차이. 《한국심리학회지: 사회 및 성격》, 28(1), 1-26.

이정모 (1994). 〈심리학의 개념적 기초의 제 문제 (Ⅰ): 과학이론의 재구성과 인지주의 심리학 연구의 의의〉. 《한국심리학회지: 일반》, 13(1), 21-61.

______ (1997). 〈심리학 방법론의 개념적 재구성〉. 한국심리학회 편, 《동양심리학의 모색》 (한국심리학회 1997년도 추계심포지움 자료집, pp. 155-180). 서울: 한국심리학회.

______ (2006). 〈마음 개념의 재구성과 심리학 외연의 확장: 인지과학적 접근과 심리학의 미래〉. 한국심리학회 편, 《변화하는 심리학의 지평과 교육》 (한국심리학회 창립 60주년 특별심포지움 자료집,

pp. 7−33). 서울: 한국심리학회.
______ (2007). 〈심리학의 개념적 기초의 재구성 (Ⅱ): 인지과학적 접근에서 본 '마음' 개념의 재구성과 심리학 외연의 확장〉. 《한국심리학회지: 일반》, 26(2), 1−38.
이진숙 (1960/1993). 《프로이드》. 서울: 중앙적성출판부.
張其昀 (1984). 《中華五千年史: 戰國學術編》. 臺北: 華岡書城. (中國文化硏究所 譯. 《中國 思想의 根源》. 서울: 文潮社, 1984).
정양은 (1970). 〈감정론의 비교연구: 사회적 감정을 중심으로〉. 《한국심리학회지》, 1(3), 77−90.
______ (1976). 〈심리구조이론의 동서 비교〉. 《한국심리학회지》, 2(2), 68−79.
______ (1981). 《사회심리학》. 서울: 법문사.
______ (1986). 〈심리적 사실에 관한 동서 비교〉. 《사회심리학 연구》, 3(1), 1−16.
______ (1988). 〈조직에서의 인간관계〉. 《사회심리학 연구》, 4(1), 1−13.
______ (1995). 〈Willam James의 근원적 경험주의〉. 《학술원 논문집: 인문사회과학편》, 34집, 1−28.
______ (2003). 〈진리적 지식과 현상적 지식〉. 《학술원 논문집: 인문 사회과학편》, 42집, 1−41.
정영숙 (1994). 〈어머니에 대한 배려가 자기통제에 미치는 효과〉. 미간행 박사학위 논문, 서울대학교.
______ (1995). 〈두 유형의 사회적 기대가 자기통제에 미치는 효과〉. 《한국심리학회지: 사회》, 9(1), 85−97.
정옥분·곽경화 (2003). 《배려지향적 도덕성과 정의지향적 도덕성》. 서울: 집문당.
정인재 (1981). 〈순자의 지식론〉. 강성위 외. 《동서 철학의 향연》 (pp. 323−357). 대구: 이문사.
조경욱 (2000). 〈일본 사회의 "이에"(家) 의식에 나타난 효와 조상 숭배〉. 《동양사회사상》, 3집, 211−236.
조긍호 (1993). 〈대인평가의 문화간 차이: 대인평가 이원모형의 확대 시론〉. 《한국심리학회지: 사회》, 7(1), 124−149.
______ (1995). 〈순자에 나타난 심리학적 함의 (II): 인성론을 중심으로〉.

《한국심리학회지: 사회》, 9(1), 1−25.
______ (1996). 〈문화유형과 타인이해 양상의 차이〉. 《한국심리학회지: 일반》, 15(1), 104−139.
______ (1997). 〈문화유형과 정서의 차이: 한국인의 정서 이해를 위한 시론〉. 《심리과학》 (서울대학교 심리과학연구소), 6(2), 1−43.
______ (1998). 《유학심리학: 맹자·순자 편》. 서울: 나남출판.
______ (1999a). 〈선진유학에서 도출되는 심리학의 문제〉. 최상진·윤호균·한덕웅·조긍호·이수원, 《동양심리학: 서구심리학에 대한 대안 모색》 (pp. 31−161). 서울: 지식산업사.
______ (1999b). 〈문화유형에 따른 동기의 차이〉. 《한국심리학회지; 사회 및 성격》, 13(2), 233−273.
______ (2000). 〈문화유형과 동기의 차이: 한국인의 동기 이해를 위한 시론〉. 《한국심리학회지: 사회 및 성격》, 14(2), 83−122.
______ (2003a). 《한국인 이해의 개념틀》. 서울: 나남출판.
______ (2003b). 〈문화성향과 통제 양식〉. 《한국심리학회지: 사회 및 성격》, 17(2), 85−106.
______ (2006). 《이상적 인간형론의 동·서 비교: 새로운 심리학의 가능성 탐색 Ⅰ》. 서울:지식산업사.
______ (2007a). 《동아시아 집단주의의 유학사상적 배경: 심리학적 접근》. 서울: 지식산업사.
______ (2007b). 〈동아시아 집단주의와 유학사상: 그 관련성의 심리학적 탐색〉. 《한국심리학회지: 사회 및 성격》, 21(4), 21−53.
______ (2008). 《선진유학사상의 심리학적 함의》. 서울: 서강대학교출판부.
______ (2012). 《사회관계론의 동·서 비교: 새로운 심리학의 가능성 탐색 Ⅱ》. 서울: 서강대학교출판부.
조긍호·강정인 (2012). 《사회계약론 연구》. 서울: 서강대학교출판부.
조긍호·김은진 (2001). 〈문화성향과 동조행동〉. 《한국심리학회지: 사회 및 성격》, 15(1), 139−165.
조은경 (1994). 〈사회심리학의 최근 동향: 동기와 정서의 복귀〉. 한국심리학회 편, 《심리학 연구의 최근 동향: '94》 (pp. 39−82). 서울 : 한국심리학회.
______ (1995). 〈정서적 균형과 삶의 질〉. 한국심리학회 편, 《삶의 질의 심

리학》(pp. 25－43). 서울: 한국심리학회.
주명철 (1994). 〈계몽주의〉. 김영한·임지현 편, 《서양의 지적 운동》(pp. 373－404). 서울: 지식산업사.
陳大齊 (1954). 《荀子學說》. 臺北: 中華文化出版.
陳來 (1987). 《朱熹哲學研究》. 北京: 中國社會科學出版社. (이종란·이상성·이종상 역. 《주희의 철학》, 서울: 상지사. 2008.)
차경호 (1995). 〈한국, 일본 및 미국 대학생들의 삶의 질의 비교〉. 한국심리학회 편, 《삶의 질의 심리학》(pp. 113－144). 서울: 한국심리학회.
차하순 (1963). 〈Renaissance Individualism의 개념〉. 《사양사론》, 4집, 50－74.
蔡錦昌 (1989). 《荀子思想之本色》. 臺北: 唐山出版社.
蔡仁厚 (1984). 《孔孟荀哲學》. 臺北: 學生書局.
최상진 (1995). 〈한국인의 통제 유형〉. 임능빈 편, 《동양사상과 심리학》(pp. 535－543). 서울: 성원사.
______ (2000). 《한국인 심리학》. 서울: 중앙대학교 출판부.
최영진 (2000). 〈90년대 한국사회의 유교담론 분석〉. 성균관대학교 유학 동양학부 편, 《동아시아의 유교문화와 미래적 전망》(pp. 20－32). 서울: 성균관대학교 유학·동양학부.
馮友蘭 (1948). *A short history of Chinese philosophy*. 臺北: 雙葉書店. (정인재 역. 《중 국철학사》. 서울 : 형설출판사, 1977.)
한규석 (2002). 《사회심리학의 이해》(개정판). 서울: 학지사.
한덕웅 (1994). 《퇴계심리학》. 서울: 성균관대학교 출판부.
______ (1999). 〈한국 유학의 심리학〉. 최상진·윤호균·한덕웅·조긍호·이수원, 《동양심리학》(pp. 163－286). 서울: 지식산업사.
______ (2000). 〈대인관계에서 4단7정 정서의 경험〉. 《한국심리학회지: 사회 및 성격》, 14(2), 145－166.
______ (2003). 《한국유학심리학: 한국유학의 심리학설과 유교문화에 관한 심리학적 접근》. 서울: 시그마프레스.
胡適 (1961). 《中國古代哲學史》(二版). 臺北: 商務印書館.
홍숙기 (2004). 《성격심리 상》(수정판). 서울: 박영사.
黃公偉 (1974). 《孔孟荀哲學證義》. 臺北: 幼獅書店.
黑住眞 (1998). 〈일본사상사와 유학〉. 경상대 개교 50주년 기념 남명학연구

소 국제학술심포지움 발표 논문.

Adler, A. (1929). *Problems of neurosis*. London: Kegan Paul.

Allport, F. H. (1924). *Social psychology*. Boston, MA: Houghton Mifflin.

Allport, G. W. (1935). Attitudes. In C. Murchinson (Ed.), *A handbook of social psychology* (pp. 798-844). Worchester, MA: Clark University Press.

______ (1937). *Personality: A psychological interpretation*. New York: Holt, Rinehart & Winston.

______ (1940). The psychologist's frame of reference. *Psychological Bulletin*, 37, 1-28.

______ (1961). *Pattern and growth in personality*. New York: Holt, Rinehart & Winston.

Angell, J. R. (1907). The province of functional psychology. *Psychological Review, 14*, 61-91.

Arrington, R. L. (1998). *Western ethics: An historical introduction*. Blackwell Publishers. (김성호 역. 《서양 윤리학사》. 경기: 서광사, 2003.)

Axelrod, R. (1984). *The evolution of cooperation*. New York: Basic Books. (이경식 역. 《협력의 진화: 이기적 개인의 텃포탯 전략》. 서울: 시스테마, 2012.)

Axelrod, R. & Hamilton, W. D. (1981). The evolution of cooperation. *Science, 211*, 1390-1396.

Bagozzi, R. P., Wong, N., & Yi, Y. (1999). The role of culture and gender in the relationship between positive and negative affect. *Cognition and Emotion, 13*, 641-672.

Bandura, A. (1977). Self-efficacy: Toward a unifying theory of behavioral change. *Psychological Review, 84*, 191-215.

______ (1986). *Social foundations of thought and action: A social cognitive theory*. Englewood Cliffs, NJ: Prentice-hall.

______ (1997). *Self-efficacy: The exercise of control*. New York: Freeman.

Barnes, J. (1982). *Aristotle*. Oxford: Oxford University Prass. (문계석 역. 《아리스토텔레스의 철학》. 서울: 서광사. 1989.)

Barnlund, D. C. (1975). *Public and private self in Japan and the United States*.

Tokyo, Japan: Simul Press.

Barry, H., Child, I., & Bacon, M. (1959). Relation of child training to subsistence economy. *American Anthropologist, 61*, 51–63.

Batson, C. D. (2010). Empathy-induced altruistic motivation. In M. Mikulincer & P. R. Shaver (Eds,), *Prosocial motives, emotions, and behavior: The better angels of our nature* (pp. 15–34). Washington, DC: American Psychological Association.

Batson, C. D., Dyck, J. L., Brandt, J. R., Batson, J. G., Powell, A. L., McMaster, M. R., & Griffitt, C. (1988). Five studies testing two new egoistic alternatives to the empathy-altruism hypothesis. *Journal of Personality and Social Psychology, 55*, 52–77.

Baumeister, R. F., & Leary, M. R. (1995). The need to belong: Desire for interpersonal attachments as a fundamental human motivation. *Psychological Bulletin, 117*, 497–529.

Bem, D. J. (1967). Self-perception: An alternative interpretation of cognitive dissonance phenomena. *Psychological Review, 74*, 183–200.

______ (1972). Self-perception theory. In L. Berkowitz (Ed.). *Advances in experimental social psychology* (Vol. 6, pp. 1–62). New York: Academic Press.

Berry, J. W. (1979). A cultural ecology of social behavior. In L. Berkowitz (Ed), *Advances in experimental social psychology* (Vol. 12, pp. 177–206). New York: Academic Press.

Berry, J. W., Poortinga, Y. H., Segall, M. H., & Dasen, P. R. (1992). *Cross-cultural psychology: Research and applications*. New York: Cambridge University Press.

Bloom, P. (2012). Moral nativism and moral psychology. In M. Mikulincer & P. R. Shaver (Eds.), *The social psychology of morality: Exploring the causes of good and evil*. Washington, DC: American Psychological Association.

Bond, M. H. (1988). *The cross-cultural challenge to social psychology*. Beverly Hills, CA: Sage.

Bond, M. H., & Cheung, T. S. (1983). College students' spontaneous self-concepts: The effect of culture among respondents in Hong Kong, Japan, and the United States. *Journal of Cross-Cultural Psychology, 14*, 153–171.

Bond, M. H., & Hwang, K. K. (1986). The social psychology of Chinese people. In M. H. Bond (Ed.), *The psychology of Chinese people* (pp.213–266). New York: Oxford University Press.

Bond, M. H., & Smith, P.B. (1996). Culture and conformity: A meta-analysis of studies using Asch's (1952b, 1956) line judgement task. *Psychological Bulletin, 119*, 111–131.

Bordt, M. (1999). *Platon*. Freiburg: Verlag Herder. (한석환 역. 《철학자 플라톤》. 서울: 이학사, 2003.)

Boring, E. G. (1950). *History of experimental psychology* (2nd ed.). New York: Appleton–Century–Crofts.

Brehm, S. S. (1992). *Intimate relationship* (2nd ed.). New York: McGraw–Hill.

Brett, G. S. (1921). *A history of psychology: Medieval and early modern period* (Vol. 1–3). London: George Allen & Unwin.

Briggs, J. (1970). *Never in anger: Portrait of an Eskimo family*. Cambridge, MA: Harvard University Press.

Burckhardt, J. (1860). *The civilization of the Renaissance in Italy*. Berlin. tr. by S. G. C. Middlemore, London, 1955.

Burns, E. M., Lerner, R. E., & Meacham, S. (1984). *Western civilizations* (10th ed.). New York: Norton. (박상익 역. 《서양문명의 역사》 Ⅰ–Ⅳ. 서울: 소나무, 2003.)

Burr, V. (2002). *The person in social psychology*. New York: Taylor & Francis.

Buss, D. (2012). *Evolutionary psychology: The new science of the mind* (4th ed.). Pearson Education, Inc. (이충호 역. 《진화심리학: 마음과 행동을 탐구하는 새로운 과학》. 서울: 웅진지식하우스, 2012.)

Cattell, R. B. (1965). *The scientific analysis of personality*. Baltimore, MD: Penguin.

Chagnon, N. A. (1968). *Yanomamö : The fierce people*. New York: Holt,

Rinehart & Winston.

Chang, W. C., Chua, W. L., & Toh, Y. (1997). The concept of psychological control in the Asian context. In K. Leung, U. Kim, S. Yamaguchi, & Y. Kashima(Eds.), *Progress in Asian social psychology* (Vol. 1, pp. 95–117). Singapore: Wiley.

Chinese Culture Connection (1987). Chinese values and the search for culture–free dimensions of culture. *Journal of Cross-Cultural Psychology, 18*, 143–164.

Choi, I. (2002). *Who trusts fortune telling? Self-concept clarity and the Barnum effect*. Unpublished manuscript, Seoul National University, Seoul, Korea.

Choi, I., & Choi, Y. (2002). Culture and self–concept flexibility. *Personality and Social Psychology Bulletin, 28*, 1508–1517.

Cronin, H. (1991). *The ant and the peacock: Altruism and sexual selection from Darwin to today.* Cambridge, UK: Cambridge University Press. (홍승효 역. 《개미와 공작: 협동과 성의 진화를 둘러싼 다윈주의 최대의 논쟁》. 서울: 사이언스북스, 2016.)

Cua, A. S. (1985). *Ethical argumentation: A study in Hsün Tzu's moral epistemology*. Honolulu, HI: University of Hawaii Press.

D'Andrade, R. G. (1992). Schemas and motivation. In R. G. D'Andrade & C. Strauss (Eds.), *Human motives and cultural models* (pp. 23–44). New York: Cambridge University Press.

Darwin, C. (1859). *On the origin of the species*. London: Murray.

______ (1872). *The expression of the emotions in man and animals*. New York: Philosophical Library. (최원재 역. 《인간과 동물의 감정표현에 대하여》. 서울: 서해문집, 1999.)

Davis, M. H., & Stephan, W. G. (1989). Attributions for exam performance. *Journal of Applied Social Psychology, 10*, 235–248.

Davis, W. B. (1987). Religion and development: Weber and the East Asian experience. In M. Weiner & S. P. Huntington (Eds.), *Understanding political development* (pp. 221–280). Boston, MA: Little, Brown and Co.

de Bary, Wm. T. (1983). *The liberal tradition in China*. New York: Columbia University Press. (표정훈 역. 《중국의 '자유' 전통》. 서울: 이산, 1998.)

Deuchler, M. (1992). *The Confucian transformation of Korea: A study of society and ideology*. Boston, MA: Harvard University Press. (이훈상 역. 《한국 사회의 유교적 변환》. 서울: 아카넷, 2003.)

de Waal, E. (2007). With the little help from a Friend. *PLoS Biology, 5,* 1405–1408.

Dickinson, G. L. (1967). *The Greek view of life* (4ch ed.). New York: Macmillan. (박만준·이준호 역. 《그리스인의 이상과 현실: 서양철학의 뿌리》. 서울: 서광사, 1989.)

Diener, E., & Diener, M. (1995). Cross–cultural correlates of life satisfaction and self–esteem. *Journal of Personalty and Social Psychology, 68*, 653–663.

Diener, E., & Larsen, R. J. (1993). The experience of emotional well–being. In M. Lewis & J. M. Haviland (Eds.), *Handbook of emotion* (pp. 405–415). New York: Guilford.

Diener, E., Suh, E., Smith, H., & Shao, L. (1995). National and cultural difference in reported subjective well–being: Why do they occur? *Social Indicators Research, 34*, 7–32.

Draguns, J. (1997). Abnormal behavior patterns across cultures: Implications for counseling and psychotherapy. *International Journal of Intercultural Relations, 21*, 213–248.

Dubs, H. H. (1927). *Hsüntze: The moulder of ancient Confucianism*. London; Arthur Probsthain

Dülmen, R. v. (1997). *Die Entdeckung des Individuums 1500-1800*. Frankfurt am Main: Fischer Taschenbuch Verlag. (최윤영 역. 《개인의 발견: 어떻게 개인을 찾아가는가 1500–1800》. 서울: 현실문화연구, 2005.)

Dumont, L. (1970). *Homo hierarchicus*. Chicago, IL: University of Chicago Press.

Eible–Eibesfeldt, I. (1979). *The biology of peace and war* (E. Mosbacher,

Trans.). New York: Viking.

Eisenberg, N., Fabes, R. A., & Spinard, T. L. (2006). Prosocial development. In W. Damon & R. M. Lerner (Series Eds.) & N. Eisenberg (Vol. Ed.), *Handbook of child psychology: Vol. 3. Social, emotional, and personality development* (6th ed., pp. 646–718). New York: John Wiley & Sons.

Ekman, P. (1982). *Emotions in the human face* (2nd ed.). Cambridge, UK: Cambridge University Press.

Elkin, H. (1965). The unconscious and integration of personality. *The Review of Existential Psychology and Psychiatry, 5(2)*, 176–189.

Emerson, R. M. (1992). Social exchange theory. In M. Rosenberg & R. H. Turner (Eds.), Social psychology: *Sociological perspectives* (pp. 30–65). New Brunswick, NJ: Transaction Publishers.

Erikson, E. H. (1959). Growth and crisis on the healthy personality. *Psychological Issues, 1*, 50–100.

______ (1963). *Childhood and society* (2nd ed.). New York: Norton. (윤진·김인경 역. 《아동기와 사회: 인간발달 8단계 이론》. 서울: 중앙적성출판사, 1988.).

______ (1964). *Insight and responsibility*. New York: Norton.

Fabrigar, L. R., & Wegener, D. T. (2010). Attitude structure. In R. F. Baumeister & E. J. Finkel (Eds.), *Advanced social psychology: The state of the science* (pp. 177–216). New York: Oxford University Press.

Festinger, L. (1957). *A theory of cognitive dissonance*. Evanston, IL: Row, Peterson.

Festinger, L., & Carlsmith, J. M. (1959). Cognitive consequences of forced compliance. *Journal of Abnormal and Social Psychology, 58*, 203–210.

Fiske, A. P., Kitayama, S., Markus, H. R., & Nisbett, R. E. (1998). The cultural matrix of social psychology. In D. T. Gillbert, S. T. Fiske, & G. Lindzey (Eds.), *The handbook of social psychology* (4th ed., Vol. 2, pp. 915–981). Boston, MA: McGraw–Hill.

Fiske, S. T., & Taylor, S. E. (1991). *Social cognition* (2nd ed.). New York: McGraw-Hill.

Freud, S. (1933). *New introductory lectures on psychoanalysis* (W. J. H. Sproutt, Trans.). New York: Norton.

Frijda, N. H. (1986). *The emotions.* Cambridge, UK: Cambridge University Press.

______ (1988). The laws of emotion. *American Psychologist,* 43, 349-358.

Frijda, N. H., & Mesquita, B. (1994). The social rules and functions of emotions. In S. Kitayama & H. R. Markus (Eds.), *Emotion and culture: Empirical studies of mutual influence* (pp. 51-87). Washington, DC: American Psychological Association.

Fromm, E. (1941). *Escape from freedom*. New York: Rinehart.

______ (1947). *Man for himself.* London: Routledge.

______ (1955). *The sane society*, New York: Rinehart.

Galton, F. (1869). *Hereditary genius*. London: Macmillan.

Gamble, C., Gowlett, J., & Dunbar, R. (2014). *Thinking big: How the evolution of social life shaped the human mind*. London, UK: Thames & Hudson Ltd. (이달리 역. 《사회성: 두뇌 진화의 비밀을 푸는 열쇠》. 서울: 처음북스, 2016.)

Geen, R. G. (1995). *Human motivation: A social psychological approach*. Pacific Grove, CA: Brooks/Cole.

Gergen, K. J. (1973). Social psychology as history. *Journal of Personality and Social Psychology*, 26, 309-320.

______ (1982). *Toward transformation in social knowledge*. New York: Springer.

______ (1985). Social constructionist inquiry: Context and implications. In K. J. Gergen & K. E. Davis (Eds.), *The social construction of the person* (pp. 3-18). New York: Springer.

______ (1994). *Realities and relationships: Soundings in social construction.* Cambridge, MA: Harvard University Press.

Gilligan, C. (1982). *In a different voice: Psychological theory and woman's development*. Cambridge, MA: Harvard University Press.

Graham, J., Haidt, J., Koleva, S., Motyl, M., Iyer, R., Wojcik, S. P., & Ditto, P.H. (2012). Moral foundation theory: The pragmatic validity of moral pluralism. *Advances in Experimental Social Psychology, 47,* 55−130.

Graham, J., Haidt, J., & Nosek, B. A. (2009). Liberals and conservatives rely on different sets of moral foundations. *Journal of Personality and Social Psychology, 96*, 1029−1046.

Graham, J., Nosek, B. A., & Haidt, J (2012). The moral stereotypes of liberals and conservatives: Exaggeration of differences across the political spectrum. *PLoSone, 7*(12), e50092.

Gray, J. (1995). *Liberalism*. London: Open University Press. (손철성 역. 《자유주의》. 서울: 이후, 2007.)

Greene, J. (2013). *Moral tribes: Emotion, reason, and the gap between us and them*. New York: The Penguin Press.

Guilford, J. P. (1959). *Personality*. New York: McGraw−Hill.

Guthrie, W. K. C. (1960). *The Greek philosophers: From Thales to Aristotle*. New York: Harper & Row. (박종현 역. 《희랍 철학 입문: 탈레스에서 아리스토텔레스까지》. 서울: 서광사, 2003.)

Haan, N. (1985). Processes of moral development: Cognitive or social disequilibrium. *Developmental Psychology, 21*, 996−1006.

Haidt, J. (2001). The emotional dog and its rational tail: A social intutionist approach to moral judgment. *Psychological Review, 108*, 814−834.

______ (2007). The new synthesis in moral psychology. *Science, 316*, 998−1002.

______ (2012). *The righteous mind: Why good people are devided by politics and religion*. New York: Pantheon Books.

Haidt, J., & Bjorkland, F. (2008), Social intuitionist answer six questions about social psychology. In W. Sinnott−Armstrong (Ed.), *Moral psychology: The cognitive science of morality* (Vol 2, pp. 181−217). Cambridge, MA: The MIT Press.

Haidt, J., & Graham, J. (2007). When morality opposes justice: Conservatives have moral intuitions that liberals may not recognize. *Social Justice*

Research, 20, 98–116.

Haidt, J., & Joseph, C. (2004). Intuitive ethics: How innately prepared intuitions generate culturally variable virtues. *Daedalus*, fall, 55–66.

Haidt, J., & Joseph, C. (2007). The moral mind: How 5 sets of innate moral intuitions guide the development of many culture–specific virtues, and perhaps even modules. In P. Carruthers, S. Laurence, & S. Stich (Eds.), *The innate mind* (Vol. 3, pp. 367–391). New York: Oxford.

Haidt, J., & Kesebir, S. (2010). Morality. In S. T. Fiske, D. Gilbert, & G. Lindsey(Eds.), *Handbook of social psychology* (5rh ed., Vol. 2, pp. 797–832). Hoboken, NJ: John Wiley & Sons.

Haidt, J., Koller, S. H., & Dias, M. G. (1993). Affect, culture, and morality, or is it wrong to eat your dog? *Journal of Personality and Social Psychology, 65,* 613–628.

Hall, C. S., & Lindzey, G. (1978). *Theories of personality* (3rd ed.). New York: Wiley. (이상로·이관용 역. 《성격의 이론》. 서울: 중앙적성출판부, 1987.)

Hall, D. L., & Ames, R. T. (1987). *Thinking through Confucius.* Albany, NY: State University of New York Press.

Hamilton, V. L., Blumenfeld, P. C., Akoh, H., & Miura, K. (1990). Credit and blame among American and Japanese children: Normative, cultural, and individual differences. *Journal of Personality and Social Psychology, 59*, 442–451.

Hamilton, W. D. (1964). The genetical evolution of social behavior, Ⅰ and Ⅱ. *Journal of Theoretical Biology, 7*, 1–52.

Hamlin, J. K. (2012). *When antisocial others are good: Data from 5- and 3-month-olds*. Unpublished manuscript, University of British Columbia.

Hamlin, J. K. (2013). Moral judgment and action in preverbal infants and toddlers: Evidence for innate moral core. *Current Directions in Psychological Science, 22*, 186–193.

Hamlin, J, K., & Wynn, K. (2011). Young infants prefer prosocial to antisocial others. *Cognitive Development, 26*, 30–39.

Hamlin, J. K., Wynn, K., & Bloom, P. (2007). Social evaluation by preverbal infants. *Nature, 450*, 557–559.

Hamlin, J. K., Wynn, K., & Bloom, P. (2010). Three–month–olds show a negativity bias in their social evaluations. *Developmental Science, 13*, 923–929.

Harré, R. (1984). *Personal being.* Cambridge, MA: Harvard University Press.

______ (Ed.) (1986). *The social construction of emotions*, Oxford, UK: Blackwell.

Harré, R. & Secord, P. F. (1972). *The explanation of social behavior*. Oxford: Blackwell.

Hart, D., & Chmiel, S. (1992). Influnce of defense mechanisms on moral judgment development: A longitudinal study. *Developmental Psychology, 28,* 722–730.

Heelas, P. (1986). Emotion talk across cultures. In R. Harré (Ed.), *The social construction of emotions* (pp. 234–266). Oxford, UK: Blackwell.

Heider, F. (1958). *The psychology of interpersonal relations.* New York: Wiley.

Heine, S. J., & Lehman, D. R. (1995). Cultural variation in unrealistic optimism: Does the West feel more invulnerable than the East? *Journal of Personality and Social Psychology, 68*, 595–607.

______ (1997). The cultural construction of self–enhancement: An examination of group–serving biases. *Journal of Personality and Social Psychology, 72,* 1268–1283.

Hilgard, E. R. (1980). The trilogy of mind: Cognition, affection, and conation. *Journal of the History of the Behavioral Sciences, 16*, 107–117.

Hjelle, L. A., & Ziegler, D. J. (1981). *Personality theories: Basic assumption, research, and applications* (2nd ed.). New York: MaGraw–Hill. (이훈구 역. 《성격심리학》. 서울: 법문사, 1983.)

Höffe, O. (1994–1995). *Klassiker der Philosophie* (Vol. 1–2). München:

Beck'sche Verlagsbuchhandlung. (이강서·한석환·김태경·신창석 역. 《철학의 거장들》 1~4. 서울: 한길사, 2001.)

Hofstede, G. (1980). *Culture's consequences: International differences in work-related values*. Beverly Hills, CA: Sage.

______ (1991). *Cultures and organizations: Software of the mind*. London: McGraw-Hill. (차재호 · 나은영 역. 《세계의 문화와 조직》. 서울: 학지사, 2014.)

Hofstede, G. & Bond, M. H. (1988). The Confucius connection: From cultural roots to economic growth. *Organizational Dynamics, 16*, 4-21.

Homans, G. C. (1961). *Social behavior: Its elementary forms.* New York: Harcourt, Brace, Jovanovich.

______ (1974). *Social behavior: Its elementary forms* (rev. ed.). New York: Harcourt, Brace, Jovanovich.

Howell, S. (1981). Rules not words. In P. Heelas & A. Lock (Eds), *Indigenous psychologies: The anthropology of the self* (pp. 133-143). London: Academic Press.

Jenkins, J. H. (1994). Culture, emotion, and psychopathology. In S. Kitayama & H. R. Markus (Eds.), *Emotion and culture: Empirical studies of mutual influence* (pp. 307-335). Washington, DC: American Psychological Association.

Jones, E. E. (1998). Major developments in five decades of social psychology. In D. T. Gilbert, S. T. Fiske, & G. Lindzey (Eds.), *The handbook of social psychology* (4th ed., Vol. 1, pp. 3-57). Boston, MA: McGraw-Hill.

Jung, C. G. (1963). *Zur Psychologie westlicher und östlicher Religion* (G. W. Bd. 11). Zörich: Rasher Verlag.

Kagitcibasi, C. (1997). Individualism and collectivism. In J. W. Berry, M. H. Segall, & C. Kagitcibasi (Eds.), *Handbook of cross-cultural psychology* (2nd ed., Vol. 3, pp. 1-49). Boston, MA: Allyn & Bacon.

Kant, I. (1888). *The philosophy of Kant: As contained in extracts from his own writings* (New ed.). Glasgow: Maclehose, Jackson. (Selected and Translated by J. Watson.)

Kelley, H. H. (1979). *Personal relationships: Their structure and processes*. Hillsdale, NJ: Erlbaum.

Kelley, H. H., & Thibaut, J. W. (1978). *Interpersonal relations: A theory of interdependence*. New York: Wiley

Kemper, T. (1984). Power, status, and emotions: A sociological contribution to a psychophisiological domain. In K. Scherer & P. Ekman (Eds.), *Approaches to emotion* (pp. 369-383). New York: Erlbaum.

Kim, U. (1994). Individualism and collectivism: Conceptual clarification and elaboration. In U. Kim, H. C. Triandis, C. Kagitcibasi, S. C. Choi, & G. Yoon (Eds.), *Individualism and collectivism: Theory, method, and applications* (pp. 19-40). Thousand Oaks, CA: Sage.

______ (1995). *Individualism and collectivism: A psychological, cultural and ecological analysis*. Nordic Institute of Asian Studies (NIAS) Report Series, No. 21. Copenhagen, Denmark: NIAS Books.

Kim, U., & Choi, S. C. (1993). Asian collectivism: Indigenous and comparative perspectives. 중앙대학교 사회과학연구소 편, 《한국적 심리학의 탐색》('93 사회 과학연구소 국제학술세미나 자료집, pp. 1-28). 서울: 중앙대학교 사회과학연구소.

King, A. Y. C., & Bond, M. H. (1985). The Confucian paradigm of man: A sociological view. In W. S. Tseng & D. Y. H. Wu (Eds.), *Chinese culture and mental health* (pp. 29-46). New York: Academic Press.

Kitayama, S., & Markus, H. R. (1990). *Culture and emotion: The role of other-focused emotions*. Paper presented at the 98th Annual Convention of the American Psychological Association, Boston, MA.

______ (Eds.) (1994). *Emotion and culture: Empirical investigations of mutual influence*. Washington, DC: American Psychological Association.

______ (1995). Construal of self as cultural frame: Implications for internationlizing psychology. In N. R. Goldberger & J. B. Veroff (Eds.), *The culture and psychology reader* (pp. 366-383). New York:

New York University Press.

Kitayama, S., Markus, H. R., & Kurokawa, M. (1994). *Cultural views of self and emotional experience: Does the nature of good feelings depend on culture?* Unpublished manuscript, Kyoto University, Kyoto, Japan.

Kitayama, S., Markus, H. R., & Lieberman, C. (1995). The collective construction of self-esteem: Implications for culture, self and emotion. In J. Russel, J. Fernandez-Dols, T. Manstead, & J. Wellenkamp (Eds.), *Everyday conceptions of emotion: An introduction to the psychology, anthropology, and linguistics of emotions* (pp. 523-550). Dordrecht, Netherlands: Kluwer.

Kitayama, S., Markus, H. R., Matsumoto, H., & Norasakkunkit, V. (1997). Individual and collective processes of self-esteem management: Self-enhancement in the United States and self-criticism in Japan. *Journal of Personality and Social Psychology, 72*, 1245-1267.

Kittay, E. F., & Meyers, D. T. (Eds.). (1987). *Women and moral theory*. Totowa, NJ: Rowman & Littlefield.

Kohlberg, L. (1963). The development of children's orientation toward a moral order: I. Sequence in the development of moral thought. *Vita Humana, 6*, 11-33.

______ (1964). Development of moral character and moral ideology. In M. L. Hoffman & L. W. Hoffman (Eds.), *Review of child development research* (Vol. 1, pp. 383-431). New York: Russell Sage Foundation.

______ (1969). Stage and sequence: The cognitive-developmental approach to socialization. In D. A. Goslin (Ed.), *Handbook of socialization theory and research* (pp. 347-480). Chicago, IL: Rand McNally.

Kunda, Z. (1990). The case for motivated reasoning. *Psychological Bulletin, 108*, 480-498.

Kurland, J. A., & Gaulin, S. J. C. (2005). Cooperation and conflict among kin. In D. Buss (Ed.), *The handbook of evolutionary psychology* (pp. 447-482). Hoboken, NJ: John Wiley & Sons.

Kurtines, W. M., & Gerwitz, J. (Eds.). (1991). *Moral behavior and development: Advances in theory, research and application.* Hillsdale, NJ: Erlbaum.

Kwan, V. S. Y., Bond, M. H., & Singelis, T. M., (1997). Pancultural explanation for life satisfaction: Adding relationship harmony to self-esteem. *Journal of Personality and Social Psychology, 73*, 1038-1051.

Laurent, A. (1993). *Historie de l'individualisme.* Paris: Presses Universitaires de France. (김용민 역. 《개인주의의 역사》. 서울: 한길사, 2001.)

Lawton, G. (1946). *Aging successfully.* New York: Columbia University Press.

Lazarus, R. S. (1982). Thoughts on the relations between emotion and cognition. *American Psychologist, 37*, 1019-1024.

______ (1984). On the primacy of cognition. *American Psychologist, 39*, 124-129.

______ (1991). *Emotion and adaptation*. New York: Oxford University Press.

Lazarus, R. S., & Lazarus, B. N. (1994). *Passion and reason: Making sense of our emotions.* New York: Oxford University Press. (정영목 역. 《감정과 이성》. 서울: 문예출판사, 1997.)

LeDoux, J. E. (2002). *Synaptic self: How our brains become who we are.* Penguin Books (강봉균 역. 《시냅스와 자아: 신경세포의 연결방식이 어떻게 자아를 결정 하는가?》. 경기: 동녘사이언스, 2011.)

Lefley, H. P. (1994). Mental health treatment and service delivery in cross-cultural perspective. In L. L. Adler & U. P. Gielen (Eds.), *Cross-cultural topics in psychology* (pp. 179-199). Westport, CT: Praeger.

Lepper, M. R., Greene, D., & Nisbett, R. E. (1973). Undermining children's intrinsic interest with extrinsic reward: A test of the 'overjustification' hypothesis. *Journal of Personality and Social Psychology, 28*, 129-137.

______ (1975). Turning play into work: Effects of adult surveillance and extrinsic rewards on children's intrinsic motivation. *Journal of Personality and Social Psychology, 31*, 479-486.

Levy, R. I. (1973). *The Tahitians*. Chicago, IL: University of Chicago Press.

______ (1984). The emotions in comparative perspective. In K. R. Scherer &

P. Ekman (Eds.), *Approaches to emotion* (pp. 397–412). Hillsdale, NJ: Erlbaum.

Levy, R. I. (1990). *Mesocosm: Hinduism and the organization of a traditional Newar city of Nepal*. Berkeley, CA: University of California Press.

Lew, S. K. (1977). Confucianism and Korean social structure. In C. S. Yu (Ed.), *Korean and Asian religious tradition* (pp. 151–172). Toronto, Canada: University of Toronto Press.

Lewin, K. (1935). *A dynamic theory of personality*. New York: McGraw–Hill.

Li. J., Wang, L., & Fischer, K. W. (2004). The organization of Chinese shame concepts. *Cognition and Emotion, 18*, 767–797.

Lieberman, M. D. (2013). *Social*. Brockman, Inc. (최호영 역. 《사회적 뇌: 인류 성공의 비밀》. 서울: 시공사, 2015.)

Lukes, S. (1973). *Individualism*. New York: Harper & Row.

Lutz, C. (1982). The domain of emotion words on Ifaluk. *American Ethnologist, 9,* 113–128.

______ (1988). *Unnatural emotions: Everyday sentiments on a Micronesian atoll and their challenge to Western theory*. Chicago, IL: University of Chicago Press.

MacIntyre, A. (1998). *A short history of ethics*. (김민철 역. 《윤리의 역사, 도덕의 이론》. 서을: 철학과 현실사, 2004.)

Maehr, M. (1974). Culture and achievement motivation. *American Psychologist, 29,* 887–896.

Maehr, M., & Nicholls, J. (1980). Culture and achievement motivation: A second look. In N. Warren (Ed.), *Studies in cross-cultural psychology* (Vol. 2, pp. 221–267). New York: Academic Press.

Mandler, G. (2007). *A history of modern experimental psychology: From James and Wundt to cognitive science*. Cambridge, MA: The MIT Press.

Mann, L. (1988). Culture and conformity. In M. H. Bond (Ed.), *The cross-cultural challenge to social psychology* (pp. 184–187). Newbury Park, CA: Sage.

Markus, H. R., & Kitayama, S. (1991a). Culture and the self: Implications for cognition, emotion, and motivation. *Psychological Review, 98*, 224–253.

Markus, H. R., & Kitayama, S. (1991b). Cultural variation in the self-concept. In J. Strauss & G. R. Goethals (Eds.), *The self: Interdisciplinary approaches* (pp. 18–48). New York: Springer.

______ (1994a). A collective fear of the collective: Implications for selves and theories of selves. *Personality and Social Psychology Bulletin, 20*, 568–579.

______ (1994b). The cultural construction of self and emotion: Implications for social behavior. In S. Kitayama & H. R. Markus (Eds.), *Emotion and culture: Empirical investigations of mutual influence* (pp. 89–130). Washington, DC: American Psychological Association.

Markus, H. R., Mullally, P. R., & Kitayama, S. (1997). Self-ways: Diversity in modes of cultural participation. In U. Neisser & D. Jopling (Eds.), *The conceptual self in context* (pp. 13–61). New York: Cambridge University Press.

Markus, H., & Wurf, E. (1987). The dynamic self-concept: A social psychological perspective. *Annual Review of Psychology, 38*, 299–337.

Markus, H. R., & Zajonc, R. B. (1985). The cognitive perspective in social psychology. In G. Lindzey & E. Aronson (Eds.), *Handbook of social psychology* (3rd ed., Vol. 1, pp. 137–230). New York: Random House.

Marsella, A. J. (1979). Cross-cultural studies of mental disorders. In A. J. Marsella, K. Tharp, & T. Ciborowski (Eds.), *Perspectives in cross-cultural psychology* (pp. 233–262). New York: Academic Press.

______ (1985). Culture, self, and mental disorder. In A. J. Marsella, G. DeVos, & F. L. K. Hsu (Eds.), *Culture and self: Asian and Western perspectives* (pp. 281–307). New York: Tavistock.

Maslow, A. H. (1954). *Motivation and personality*. New York: Happer & Row. (2nd ed. in 1970.)

______ (1962). *Towards a psychology of being*. New York: Van Nostrand. (2nd

ed. in 1968.)
______ (1967). A theory of metamotivation: The biological rooting of the value-life. *Journal of Humanistic Psychology, 7*, 93-127.
______ (1971). *The farther reaches of human nature*. New York: Viking.
Matsumoto, D. (1989). Cultural influence on the perception of emotion. *Journal of Cross-Cultural Psychology, 20*, 92-105.
______ (2000). *Culture and psychology: People around the world* (2nd ed.). Belmont, CA: Wadsworth.
Matsumoto, D., & Ekman, P. (1989). American-Japanese cultural differences in the recognition of universal facial expression of emotion. *Motivation and Emotion, 13*, 143-157.
Matsumoto, D., Kudoh, T., Scherer, K. R. & Wallbott, H. G. (1988). Antecedents of and reactions to emotions in the United States and Japan. *Journal of Cross-Cultural Psychology, 19*, 267-286.
Maynard Smith, J., & Harper, D. (2003). *Animal signals*. Oxford: Oxford University Press.
McCullough, M. E., & Tabak, B. A. (2010). Prosocial behavior. In R. F. Baumeister & E. J. Finkel (Eds.), *Advanced social psychology: The state of the science* (pp. 263-302). New York: Oxfoed University Press.
McDougall, W. (1908). *Social psychology*. Boston, MA: Houghton Mifflin.
______ (1923). *Outline of psychology*. New York: Scribner.
Mead, G. H. (1934). *Mind, self and society*. Chicago, IL: University of Chicago Press.
Miller, J. G. (1984). Culture and the development of everyday social explanation. *Journal of Personality and Social Psychology, 46*, 961-978.
______ (1991). A cultural perspective on the morality of beneficence and interpersonal responsibility. *International and Intercultural Communication Annual, 15*, 11-23.
______ (1994). Cultural diversity in the morality of caring: Individually-oriented versus duty-based interpersonal moral codes. *Cross-*

Cultural Research, 28, 3–39.

______ (1997). Cultural conceptions of duty. In D. Munro, J. F. Schumaker, & S. C. Carr (Eds.), *Motivation and culture* (pp. 178–192). New York: Routledge.

Miller, J. G., & Bersoff, D. M. (1992). Cultural and moral judgement: How are conflicts between justice and interpersonal responsibilities resolved? *Journal of Personality and Social Psychology, 62*, 541–554.

______ (1994). Cultural influences on the moral status of reciprocity and the discounting of endogenous motivation. *Personality and Social Psychology Bulletin, 20*, 592–602.

Miller, J. G., Bersoff, D. M., & Harwood, R. L. (1990). Perceptions of social responsibilities in India and the United States: Moral imperatives or personal decision? *Journal of Personality and Social Psychology, 58*, 33–47.

Miller, J. G., & Luthar, S. (1989). Issues of interpersonal responsibility and accountability: A comparison of Indians' and Americans' moral judgement. *Social Cognition, 3*, 237–261.

Miyake, K., Campos, J. J., Kagan, J., & Bradshaw, D. L. (1986). Issues in socioemotional development. In H. Stevenson, H. Azuma, & K. Hakuta (Eds.), *Child development and education in Japa*n (pp. 239–261). New York: Freeman.

Mizokawa, D. T., & Ryckman, D. B. (1990). Attributions of academic success and failure: A comparison of six Asian–American ethnic groups. *Journal of Cross-Cultural Psychology, 21*, 434–451.

Morling, B. (1997). *Controlling the environments and controlling the self in the United States and Japan.* Paper presented at the Second Conference of the Asian Association of Social Psychology, Kyoto.

Morling, B., Kitayama, S., & Miyamoto, Y. (2002). Cultural practices emphasize influence in the U.S. and adjustment in Japan. *Personality and Social Psychology Bulletin, 28,* 311–323.

Morris, M. W., & Peng, K. (1994). Culture and cause: American and

Chinese attributions for social and physical events. *Journal of Personality and Social Psychology, 67*, 949–971.

Munro, D. (1997). Levels and process in motivation and culture. In D. Munro, J. F. Schumaker, & S. C. Carr (Eds.), *Motivation and culture* (pp. 3–15). New York: Routledge.

Munro, D. J. (1969). *The concept of man in early China.* Stanford, CA: Stanford University Press.

Murphy, G., Murphy, L. B., & Newcomb, T. M. (1937). *Experimental social psychology* (rev. ed.). New York: Harper.

Myers, D. G. (1987). *Social psychology* (2nd ed.). New York : McGraw–Hill.

______ (2010). *Social psychology* (10th ed.). New York : McGraw–Hill.

Needham, J. (1969). *Science and civilization in China* (3 Vols.). Cambridge, UK: Cambridge University Press. (이석호·이철주·임정대 역. 《중국의 과학과 문명》. 서울: 을유문화사, 1986.)

Nisbett, R. E. (2003). *The geography of thought: How Asians and Westerners think differently and why.* New York: Free Press.

Nisbett, R. E., Peng, K., Choi, I., & Norenzayan, A. (2001). Culture and systems of thought: Holistic vs. analytic cognition. *Psychological Review, 108*, 291–310.

Norenzayan, A, Choi, I., & Nisbett, R. E. (2002). Cultural similarities and differences in social inference: Evidence from behavioral predictions and lay theories of behavior. *Personality and Social Psychology Bulletin, 28,* 109–120.

Nowak, M A., (2006). Five rules for the evolution of cooperation. *Science, 314*, 1560–1563.

Nowak, M. A. & Sigmund, K. (1998). Evolution of indirect reciprocity by image scoring. *Nature, 393*, 573–577.

Nunner–Winkler, G. (1984). Two moralities? A critical discussion of an ethic of care and responsiblility versus an ethics of rights and justice. In W. M. Kurtines & J. L. Gerwitz (Eds.), *Morality, moral behavior and moral development* (pp. 348–361). New York: Wiley.

Oatley, K. (1993). Social construction in emotions. In M. Lewis & J. M. Haviland (Eds.), *Handbook of emotions* (pp. 341−352). New York: Guilford.

Oatley, K., Keltner, D., & Jenkins, J. M. (2006). *Understanding emotions* (2nd ed.). Cambridge, MA: Blackwell

Parkinson, B., & Colman, A. M. (1995). Introduction. In B. Parkinson & A. W. Colman (Eds.), *Emotion and motivation* (pp. xi–xvi). London: Longman.

Peng, K., & Nisbett, R. E. (1999). Culture, dialectics and reasoning about contradition. *American Psychologist, 54*, 741−754.

Petri, H. L. (1996). *Motivation: Theory, research, and applications* (4th ed.). Pacific Grove, CA: Brooks/Cole.

Phares, E. J. (1984). *Introduction to personality.* Glenview, IL: Scott, Foresman & Co. (홍숙기 역. 《성격심리학》. 서울: 박영사, 1989.)

Piaget, J. (1926). *The language and thought of the child.* New York: Harcourt Brace.

______ (1932). *The moral judgement of the child.* (tr. by M. Gabain, New York: Free Press, 1965.)

Pittman, T. S. (1998). Motivation. In D. T. Gilbert, S. T. Fiske, & G. Lindzey (Eds.), *The handbook of social psychology* (4th ed., Vol. 1, pp. 549−590). Boston, MA: McGraw−Hill.

Reeve, J. (1992). *Understanding motivation and emotion.* Fort Worth, TX: Harcourt Brace Jovanovich.

______ (2005). *Understanding motivation and emotion* (4th ed.). Hoboken, NJ: Wiley.

Rhee, E., Uleman, J. S., Lee, H. K., & Roman, R. J. (1995). Spontaneous self−descriptions and ethnic identities in individualistic and collectivisitic cultures. *Journal of Personality and Social Psychology, 69,* 142−152.

Ricken, F. (1988). *Philosophie der Antike.* Berlin: Verlag W. Kohlhammer GmbH. (김성진 역. 《고대 그리스 철학》. 서울: 서광사, 2000.)

Riesman, D., Glazer, N., & Denney, R. (1950). *The lonely crowd: A study of the changing American character.* New Haven, CT: Yale University Press.

Robinson, M. (1991). Confucianism in twentieth century Korea. In G. Rozman (Ed.), *The East Asian region*. Princeton, NJ: Princeton University Press.

Rogers, C. R. (1951). *Client-centered therapy: Its current practice, implications, and theory*. Boston, MA: Houghton Mifflin.

______ (1959). A theory of therapy, personality, and interpersonal relations, as developed in the client-centered framework. In S. Koh (Ed.), *Psychology: A study of a science* (Vol. 3). New York: McGaw-Hill.

______ (1961). *On becoming a person.* Boston, MA: Houghton Mifflin.

Rohner, R. (1984). Toward a conception of culture for cross-cultural psychology. *Journal of Cross-Cultual Psychology, 15*, 111-138.

Ross, E. A. (1908). *Social psychology: An outline and a source book.* New York: MacMillan.

Ross, L., & Nisbett, R. E. (1991). *The person and the situation: Perspectives of social psychology*. New York: McGraw-Hill.

Rothbaum, F., Weisz, J. R., & Snyder, S. S. (1982). Changing the world and changing the self: A two-process model of perceived control. *Journal of Personality and Social Psychology, 42, 5-37.*

Russell, B. (1959). *Wisdom of the West: A historical survey of Western philosophy in its social and political setting.* London: Crescent Books. (이명수·곽강제 역. 《서양의 지혜: 그림과 함께 보는 서양철학사》. 서울: 서광사, 2003.)

Salancik, G. R., & Conway, M. (1975). Attitude inferences from salient and relevant cognitive content about behavior. *Journal of Personality and Social Psychology, 32*, 829-840.

Sampson, E. E. (1983). *Justice and the critique of pure psychology*. New York: Plenum.

Sastry, J., & Ross, C. E. (1998). Asian ethnicity and the sense of personal control. *Social Psychology Quarterly, 61*, 101-120.

Scheler, M. (1928). *Die Stellung des Menschen im Kosmos*. Darmstadt.

Seeman, J. (1959). Toward a concept of personality integration. *American Psychologist, 14*, 633–637.

Segall, M. H., Dasen, P. R., Berry, J. W., & Poortinga, Y. H. (1999). *Human behavior in global perspective: An introduction to cross-cultural psychology* (2nd ed.). Boston, MA: Allyn & Bacon.

Seligman, M. E. P. (1975). *Helplessness: On depression, development, and death*. San Francisco, CA: Freeman. (윤진·조긍호 역. 《무기력의 심리》. 서울: 탐구당, 1983.)

Shaw, M. E., & Constanzo, P. R. (1982). *Theories of social psychology* (2nd ed.). New York: McGraw–Hill. (홍대식 역. 《사회심리학이론》. 서울: 박영사, 1985.)

Shweder, R. A., Mahapatra, M., & Miller, J. G. (1990). Culture and moral development. In J. W. Stigler, R. A. Shweder, & G. Herdt (Eds.), *Cultural psychology: Essays on comparative human development* (pp. 130–204). New York: Cambridge University Press.

Shweder, R. A., Much, N. C., Mahapatra, M., & Park, L. (1997). The "big three" of morality (autonomy, community, divinity), and the "big three" explanations of suffering. In A. Brandt & P. Rozin (Eds.), *Morality and health* (pp. 119–169). New York: Routlege.

Singh, R. (1981). Prediction of performance from motivation and ability: An appraisal of the cultural difference hypothesis. In J. Pandey (Ed.), *Perspectives on experimental social psychology in India* (pp. 31–53). New Delhi, India: Concept.

Skinner, B. F. (1971). *Beyond freedom and diginity*. New York: Knopf. (차재호 역. 《자유와 존엄을 넘어서》. 서울: 탐구당, 1982.)

Stevenson, H. W., & Stigler, J. W. (1992). *The learning gap.* New York: Summit Books.

Stigler, J. W., Smith, S., & Mao, L. (1985). The self–perception of competence by Chinese children. *Child Development, 56*, 1259–1270.

Suh, E., & Diener, E. (1995). Subjective well–being: Issue for cross–cultural research. 한국심리학회 편, 《삶의 질의 심리학》 (pp. 147–

165). 서울: 한국심리학회.

Taylor, C. (1989). *Soures of the self: The making of modern identities.* Cambridge, MA: Harvard University Press.

Taylor, S. E. (1998). The social being in social psychology. In In D. T. Gillbert, S. T. Fiske, & G. Lindzey (Eds.), *The handbook of social psychology* (4th ed., Vol. 1, pp. 58–95). Boston, MA: McGraw–Hill.

Taylor, S. E., & Brown, J. D. (1988). Illusion and well–being: A social psychological perspective on mental health. *Psychological Bulletin, 103*, 193–210.

Taylor, S. E., Peplau, L. A., & Sears, D. O. (2003). *Social psychology* (11th ed.). Upper Saddle River, NJ: Prentice–Hall.

Thibaut, J. W., & Kelly, H. H. (1959). *The social psychology of groups.* New York: Wiley.

Thomson, J. (1985). The trolley problem. *Yale Law Journal, 94*, 1395–1415.

Tomasello, M. (2009). *Why we cooperate?* Cambridge, MA: The MIT Press.

Tomkins, S. S. (1981). The quest for primary motives: Biography and autobiography of an idea. *Journal of Personality and Social Psychology, 41*, 306–329.

______ (1984). Affect theory. In K. R. Scherer & P. Ekman (Eds.), *Approaches to emotion* (pp. 163–195). Hillsdale, NJ: Erlbaum.

Triandis, H. C. (1988). Collectivism versus individualism: A reconceptualization of a basic concept of cross–cultural psychology. In G. K. Verma & C. Bagley (Eds.), *Cross-cultural studies of personality, attitudes and cognition* (pp. 60–95). London: Macmillan.

______ (1989). The self and social behavior in differing cultural contexts. *Psychological Review, 96*, 506–520.

______ (1990). Cross–cultural studies of individualism and collectivism. In J. J. Berman (Ed.), *Cross-cultural perspectives: Nebraska Symposium on Motivation, 1989* (pp. 41–133). Lincoln, NB: University of Nebraska Press.

______ (1994). Major cultural syndromes and emotion. In S. Kitayama & H.

R. Markus (Eds.), *Culture and emotion: Empirical studies of mutual influence* (pp. 285–306). Washington, DC: American Psychological Association.

______ (1995). *Individualism and collectivism*. Boulder, CO: Westview.

Triandis, H. C., Bontempo, R., Villareal, M. J., Asai, M., & Lucca, N. (1988). Individualism and collectivism: Cross–cultural perspectives on self–ingroup relationships. *Journal of Personality and Social Psychology, 54*, 323–338.

Trivers, R. (1971). The evolution of reciprocal altruism. *Quarterly Review of Biology, 46*, 35–57.

______ (1985). *Social evolution*. Menlo Park, CA: Benjamin/Cummings.

Tu, Wei–Ming (1985). Selfhood and otherness in Confucian thought. In A. J. Marsella, G. A. DeVos, & F. L. K. Hsu (Eds.), *Culture and self: Asian and Western perspective* (pp. 231–251). New York: Tavistock.

______ (1996). *Confucian tradition in East Asian modernity.* Cambridge, MA: Harvard University Press.

Vaillant–Molina, M., & Bahrick, L. E. (2012). The role intersensory redundancy in the emergence of social referencing in 51/2–month–old infants. *Developmental Psychology, 48*, 1–9.

Vaish, A., Carpenter, M., & Tomasello, M. (2009). Sympathy through affective perspective–taking and its relation to prosocial behavior in toddlers. *Developmental Psychology, 45*, 534–543.

Varki, A., & Nelson, D. L. (2007). Genomic comparisons of humans and chimpanzees. *Annual Review of Anthropology, 36*, 191–209.

Walden, T. A., Kim, G., McCoy, C., & Karrass, J. (2007). Do you believe in magic? Infants' social looking during violations of expectations. *Developmental Science, 10*, 654–663.

Walden, T. A., & Ogan, T, A, (1988). The development of social referencing. *Child Development, 59*, 1230–1240.

Walster, E. E., Berscheid, E., & Walster, G. W. (1976). New directions in equity research. In L. Berkowitz & E. Walster (Eds.), *Advances in experimental social psychology* (Vol. 9, pp. 1–42). New York:

Academic Press.

Walster, E., Walster, G. W., & Berscheid, E. (1978). *Equity: Theory and research*. Boston, MA: Allyn & Bacon.

Warburton, N. (1995). *Philosophy: The basics*. Routledge. (최희봉 역. 《철학의 주요 문제에 대한 논쟁》. 서울: 간디서원, 2003.)

Warneken, F., Hare, B., Melis, A. P., Hanus, D., & Tomasello, M. (2007). Spontaneous altruism by chimpanzees and children. *PLoS Biology, 5*, 1414–1420.

Warneken, F., & Tomasello, M. (2006). Altruistic helping in human infants and young chimpanzees. *Science, 311*, 1301–1303.

______ (2007). Helping and cooperation at 14 months of age. *Infancy, 11*, 271–294.

______ (2008). Extrinsic rewards undermine altruistic tendencies in 20–month–olds. *Developmental Psychology, 44*, 1785–1788.

Warneken, F., & Tomasello, M. (2009a). Varieties of altruism in children and chimpanzees. *Trends in Cognitive Science, 13*, 397–402.

______ (2009b). The roots of human altruism. *British Journal of Psychology, 100*, 455–471.

Warren, H. C. (1906). The fundamental functions of consciousness. *Psychological Bulletin, 3*, 215–230.

Weiner, B. (1974). *Cognitive views of human motivation*. New York: Academic Press.

______ (1982). The emotional consequence of causal attributions. In M. S. Clark & S. T. Fiske (Eds.), *Affect and cognition: The 17th annual Carnegie Symposium on Cognition* (pp. 185–210). Hillsdale, NJ: Erlbaum.

Weisz, J. R., Rothbaum, F. M., & Blackburn, T. C. (1984). Standing out and standing in: The psychology of control in America and Japan. *American Psychologist, 39*, 955–969.

Wesley, F. (1972). History of psychology. In H. J. Eysenck, W. Arnold, & R. Meili (Eds.), *Encyclopedia of psychology* (Vol. 2, pp. 57–63). London: Search Press.

White, G. M. (1993). Emotions inside out: The anthropology of affect. In M. Lewis & J. M. Haviland (Eds.), *Handbook of emotions* (pp. 29–39). New York: Guilford.

White, G. M. (1994). Affecting culture: Emotion and morality in everyday life. In S. Kitayama & H. R. Markus (Eds.), *Emotion and culture: Empirical studies of mutural influence* (pp. 219–239). Washington, DC: American Psychological Association.

Wiggins, J. S. (1992). Agency and communion as conceptual coordinates for the understanding and measurement of interpersonal behavior. In W. M. Grove & D. Cicchetti (Eds.), *Thinking clearly about psychology* (pp. 89–113). Minneapolis, MN: University of Minnesota Press.

Williams, G. C. (1966). *Adaptation and natural selection*. Prinston, NJ: Prinston University Press.

Wilson, D. S., & Wilson, E. O. (2007). Rethinking the theoretical foundation of sociobiology. *Quarterly Review of Biology, 82*, 327–348.

Wilson, E. O. (1998). *Consilience: The unity of knowledge*. New York: Knopf.

Yang, K. S. (1982). Causal attributions of academic success and failure and their affective consequences. *Acta Psychologica Taiwanica, 24*, 65–83.

______ (1986). Chinese personality and its change. In M. H Bond (Ed.), *The psychology of the Chinese people* (pp. 106–170). Hong Kong: Oxford University Press.

Yang, K. S. & Liang, W. H. (1973). Some correlates of achievement motivation among Chinese high school boys. *Acta Psychologica Taiwanica, 15*, 59–67.

Yeh, C. (1996). *A cultural perspective on interdependence self and morality: A Japan-U. S. comparison.* Unpublished doctoral dissertation, Stanford University.

Zajonc, R. B. (1980). Feeling and thinking: Preferences need no inferences. *American Psychologist, 35*, 151–175.

______ (1984). On the primacy of affect. *American Psychologist, 39*, 117–

123.

______ (1998). Emotion. In D. T. Gilbert, S. T. Fiske, & G. Lindzey (Eds.), *The handbook of social psychology* (4th ed., Vol. 1, pp. 591–632). Boston, MA: McGraw–Hill.

찾아보기

사 항

ㄱ

ㄴ

ㄷ

ㄹ

ㅂ

ㅇ

ㅈ

ㅎ

인 명

국·한문

구미 어문

고전 장·쪽

《論語》

《孟子》

《禮記》

《書經》

《大學章句》

《中庸章句》